경제학에 기댄 탈무드

경제학에 기댄 탈무드

최희갑 지음

율곡출판사

들어가는 글

이 책은 경제학에 기대어 탈무드가 전하는 경제생활의 지혜를 소개한다. 이 말에 대부분의 사람들은 "그 탈무드?"라고 반문할 것이다. 어린 시절 도덕적 지혜를 일깨워주던 먼 옛날의 우화를 치열하게 손익을 따지는 경제문제에 견주는 것은 시대착오적이고 치기 어린 과욕으로 비추어질 수 있다. 그러나 우리가 접해 온 탈무드, 그리고 오늘도 서점에서 마주할 수 있는 탈무드가 아쉽게도 거의 대부분 탈무드의 흥미로운 이야기 부분(하가다)에 머물고 있음에 유의할 필요가 있다. 사실 우리 대부분은 탈무드의 본령으로서 모세가 시내산에서 받은 성스러운 가르침(성문 토라라 불리는 모세 오경)을 자세히 밝힌 법전인 구전 토라와 그 주석서인 할라카를 직접 마주한 적이 거의 없다. 우리가 아는 하가다의 지혜를 기준으로 볼 때 과연 이 할라카에는 어떤 지혜가 얼마나 담겨 있을까? 할라카는 일상 속의 현실을 정면으로 다루고 있고 또 탈무드 분량의 2/3를 점하는 만큼 그 내용이 다양하고 분량도 많다. 그만큼 요령 있게 할라카를 이해하는 것은 지난한 일이다. 그래서 이 책은 현대경제학의 체계에 기대었다. 선택에 따른 눈앞의 손익을 따지는 데 익숙한 경제학자가 지혜의 서에 관심을 갖게 된 것은 여러 가지 이유 때문이다.

첫째, 자본주의에 기대고 있는 우리의 삶 때문이다. 우리가 본격적으로 자본주의로 삶을 구성한 것은 넉넉잡아 1백 년 가까이 되었다. 3세대를 넘어서는 길다면 길다고 할 수 있는 시간이 흘렀다. 하지만 아직도 자본주의에 익숙하지 않은 것이 현재의 우리이다. 자본주의와는 어울리지 않는 양반 관료의 유교 이념이 경제 전반에 강건하게 남아 있는 가운데 벌거벗은 경제적 본능의 추구가 모두의 탄식을 자주 불러일으키고 있다. 과연 우리들의 경제적 삶과 성공은 지속 가능한 것일까? 지속 가능하게 하려면 어떻게 하여야 하는 것일까? 우리가 지금 손에 쥐고 있는 이론과 경험은 이 질문에 답을 주기에는 역부족으로 보인다. 전자는 좌우의 이념으로 채

색되어 믿음의 지식으로 변해 있고, 후자는 유통기간이 한참 지난 잡담으로 들린다.

둘째, 탈무드는 유대인들이 2천 년 이상 치열하게 살아 온 자본주의적 삶의 체험적 기록이기 때문이다. 물론 유대인 스스로 자본주의를 선택한 것은 아니었다. 자본주의적 삶이 그들에게 던져졌다. 그들은 어느 한 곳에 정착하지 못하고 이리저리 내쫓기던 노예와 추방자로서 농업과 토지 소유가 금지되어 상업 외에는 딱히 삶을 도모할 만한 것이 없었다. 그럼에도 유대인들은 단순한 생존을 넘어 경의와 분노를 동시에 일으키는 놀라운 경제적 성공과 지적 성취를 꾸준히 보여 왔다.

셋째, 탈무드는 유대인들이 성서의 보편적 가치로 어떻게 거친 자본주의를 조율하였는가에 대한 기록이기 때문이다. 그들은 거친 자본주의에 압도되어 '개같이 벌어서 정승같이 쓰기'보다는 창조주가 의도했던 바대로 '사람답게 벌어서 사람답게 쓰기' 위해 끝없이 논쟁하고 행동에 옮겼다. 거친 자본주의를 외면하고 피안의 세계로 눈을 돌리기보다는 자신이 발을 딛고 있는 바로 그 자본주의 세계를 좀 더 나은 곳으로 바꾸려는 티쿤 올람의 노력을 쉬지 않고 기울였다. 그리고 그 논쟁과 노력의 과실을 탈무드에 기록하며 경제생활의 지혜를 전하려 했던 것이다.

이런 이유로 할라카의 존재를 알게 되었고 관심을 갖게 되었다. 이후 책과 논문을 추적하였고 메모와 노트로 정리하였으며, 이를 책으로 옮기는 데 5년의 시간이 걸렸다. 이 책에는 지난 5년 동안 저자가 탈무드에서 직간접적으로 발견한 것들이 담겨져 있다. 자본주의와 더불어 태어난 현대경제학은 자본주의적 삶을 조망하는 탈무드의 지혜들을 담아내기에 제격이었다. 알버트 아인슈타인은 다시 태어나면 무엇을 하시겠냐는 기자의 질문에 주저없이 탈무드를 공부하겠노라고 답한 바 있다. 이 책을 시작으로 독자 모두 탈무드의 본령으로 나아갈 기회를 가지기를 희망해 본다. 영민하지만 정이 많고 홍익인간을 당연히 여기는 한국인에게 탈무드의 할라카

역시 자연스럽게 다가오리라 생각된다.

이 땅에 자본주의가 착근되어 가는 모든 과정을 지켜보며 경제학을 전공한 세대로서 뒤를 이어 이 땅에서 새로운 세계를 개척해 나가는 세대들에게 할 말이 무척 많다. 물론 이 세대에는 우리 가족도 포함된다. 저자가 전해 들었던 경험과 또 저자가 겪었던 경험이 모두 유통기간이 지나버렸음을 알게 되었을 때의 좌절감은 작지 않았다. 하지만 탈무드 덕분에 앞선 세대로서 하고 싶었던 잔소리를 조금이나마 할 수 있어서 무거웠던 어깨가 이제는 한결 가벼워진 듯싶다.

이 책은 앞서 출판했던 『한국경제론 : 성취와 유산, 그리고 도전』의 맺음말이기도 하다. 한국경제는 혁신에 목말라한 지 오래되었다. 저자를 거시경제학으로 초대한 노벨 경제학상 수상자 Edmund Phelps 컬럼비아대학 교수는 『대번영의 조건(Mass Flourishing)』(열린책들, 2013)의 서문에서 이렇게 말했다. "참여와 도전 정신, 자기표현, 개인의 성장과 같은 번영하는 삶이야말로 국가 번영의 핵심이다. (중략) 국가적 규모의 번영, 즉 다수의 번영(mass flourishing)은 사람들이 혁신하는 과정에 폭넓게 참여할 때, 즉 보통 사람들 사이에서 혁신이 자생적으로 발생할 때 생겨난다." 개인의 번영하는 삶, 그리고 그로 말미암은 국가의 번영을 향한 여정에 탈무드가 큰 디딤돌이 되리라 생각된다.

이 책의 출판을 기쁘게 수락해 주신 율곡출판사 박기남 사장님, 이번에도 편집에 수고를 아끼지 않은 박세린 님, 그리고 출판부 여러분께 깊은 감사의 말씀을 전한다.

2024년 6월

최희갑

차 례

제2부

교환과 시장의 역할

제4장 교환과 협력의 이득

제5장 수요·공급과 시장균형, 그리고 후생

제3부

소비자의 경제활동

제6장 소비 선택

제7장 노동과 임금

제8장 저축과 대출, 그리고 기부

제9장 불확실성과 투자

제10장 금융 순환과 금융위기

제4부

사업과 기업

제11장 기업과 경영 : 사업영역의 선택

제12장 시장과 경쟁 : 경쟁방식의 선택

제13장 기업의 조직운영 : 조직의 선택 문제

제1부 서론

1장 탈무드와 경제학

1. 경제생활의 지혜로서의 탈무드 / 2. 경제와 경제학 / 3. 탈무드와 경제학

1. 경제생활의 지혜로서의 탈무드

탈무드, 유대인의 경제적 지혜

이 책은 현대 경제학의 체계에 기대어 인류가 가진 지혜서의 하나인 탈무드(Talmud, '위대한 배움')를 소개한다. 왜 경제학인가? 경제학에 대한 관심은 두 가지에서 비롯할 것이다. 첫째는 너무나도 복잡해진 경제 현상에 대한 이해를 위해서이다. 글로벌화한 세계에서 경제 현상은 80억 명을 넘는 사람들과 204여 개의 국가들이 상호 작용한 결과물이기에 직관적인 이해를 거부한다. 둘째는 복잡 다단해진 경제의 세계에서 각자가 보다 만족스런 경제 활동을 하기 위해서이다. 현대 경제학은 첫 번째 관심에 집중하여 많은 성과를 일구어냈다. 하지만 아쉽게도 두 번째 관심에 대해서는 다소 초연하다. 물리학자는 원자의 세계를 이해하려 양자역학에 의존하지만, 원자가 "만족스런 원자 생활을 도모하려면" 따위의 것은 상상도 하지 않는다. 하지만 경제학이라면 문제가 다르다. 적절한 경제생활은 번영을 넘어 당장의 생존과도 관련될 수 있기 때문이다. 하지만 현대 경제학은 이를 각 개인이 풀어나가야 할 몫으로 돌릴 뿐이다. 오늘날 우리가 알고 있는 현대 경제학은 18세기에 유럽에서 비로소 구체화되기 시작했으며, 인류의 경제 분석은 이보다 훨씬 더 긴 계보를 가지고 있다. 경제 분석은 고대 그리스 철학자, 유대주의, 이슬람 학자, 중세 학자, 그리고 16세기와 17세기 중상주의자들의 저술에서 찾아볼 수 있다. 인도뿐만 아니라 고대 중국의 문헌 역시 많은 사례를 제공한다. 물론 오랫동안 인류는 경제생활을 하는 가운데 자신들이 직면한 경제 문제에 대처해 왔지만, 그에 대해 명백한 이론화를 추구하지는 않았다. 하지만 그렇다고 경제 활동이 이루어지고 그것이 관찰되는 곳에서 그 원인과 결과에 대해 추론하는 마음이 없었다고 판단하는 것은 현대인의 오만일 것이다. 실제로 경제생활의 다양한 측면에 대한 풍부한 고찰을 담고 있는 구약성서의 최초 기록은 기원전 12~9세기로 거슬러 올라가며, 중국에서 상가(商家)의 비조로 칭해지는 관자는 기원전 5세기와 서기 1세기의 저술들을 모아 7가지 경제문제를 다루었다.

태초 이래 인류가 발전시켜온 이러한 추론들은 '경제생활의 지혜'라고 부를 수 있을 것이다. 현대 경제학은 경제과학이라고 불리는 만큼 경제현상에 대한 이해를 중심으로 하지 일상의 경제생활에 대한 권고나 지혜에는 큰 관심을 두지 않아왔다. 그만큼 현대경제학은 인류가 경제생활을 하며 추론해 온 '경제생활의 지혜'와는 거리가 멀다. 이 책은 역사상 가장 오랫동안 경제활동 특히 상공업의 모든 측면에 적극적으로 참여하고 놀라운 성과를 보여온 상업 공동체 중 가장 두드러진 유대인의 경제적 지혜를 검토하고자 한다.

▶ 현대는 유대 시대이고, 특히 20세기는 유대 시대이다. 현대화는 모든 사람이 도시화되고, 유동적이고, 글을 읽고, 명확하고, 지적으로 복잡하고, 육체적으로 까다롭고, 직업적으로 유연해지는 것을 의미한다. … 유대인 자신보다 유대인이 되는 것을 더 잘해낸 사람은 없다. … 가장 오래된 유대인 전문분야 중 일부는 현대의 모든 활동 중에서 가장 근본적인(그리고 가장 유대인적인) 분야가 되었다. 유대인들이 모범적인 현대인이 된 것은 모범적인 고대인이 되었기 때문이다(Yuri Slezkine, *The Jewish Century*, Princeton University Press, 2006).

유대인에 대한 경의와 분노

현대 자본주의 사회에서 유대인의 불균형적인 경제적 성공과 지적 성취는 경의와 분노의 대상이었다.[1] 자본주의와 유대인은 오랫동안 서구인들의 마음 속에 연결되어 있었으며 자본주의에 대한 평가는 종종 유대인에 대한 태도와 얽혀 있다. 상업이 사람들을 문명화한다는 젠틀 코머스(Doux Commerce) 또는 상업 공화주의를 제창했던 몽테스키외(Baron de Montesquieu)는 1748년 『법의 정신』의 "상업이 유럽

1. 모세 율법에 충실했던 유대인은 율법이 기독교 신앙을 통해 성취되고 폐지되었다는 기독교의 가르침에 도전하는 존재였다. 아우구스티누스는 유대인들이 구약 예언의 역사적 진정성과 예수 그리스도 안에서 그 성취를 보지 못한 오류에 대한 증인으로서 포로와 비참함 속에서 살아남았다고 해석하였다. 그러나 유대인들이 현대 자본주의 세계에서 가장 부유한 사람들 중 하나로 자리 잡음으로써 이러한 해석을 무색케 하고 있다.

의 야만성을 어떻게 극복했는가"라는 장에서 현대적 형태의 상업을 부활시킨 공로를 유대인에게 돌리며 자본주의 도래에서 유대인의 역할을 인정하고 찬양하였다. 특히 그는 상업의 신학적·정치적 통제로부터의 독립이 물질적 풍요를 넘어 관용과 평화, 인류애를 키웠다고 하였다.

> ▶ 상업은 파괴적인 편견에 맞서 싸우며, 온화한 매너(moeurs douces)가 있는 곳에는 상업이 있고, 상업이 있는 곳에는 온화한 매너가 있다는 것이 거의 일반적인 규칙이다.

현대 자본주의의 등장과 발전을 설명한 베르너 좀바르트(Werner Sombart)는 자본주의가 북유럽 농민에게는 전혀 낯선 사막 유목민의 냉철한 계산과 합리성의 특성, 즉 유대인의 상업 정신으로 거슬러 올라갈 수 있다고 주장했다. 좀바르트는 근본적으로 청교도는 유대교이기 때문에 막스 베버(Max Weber)가 『프로테스탄트 윤리와 자본주의 정신』에서 자본주의 정신을 유대교로 국한시켰어야 했다고 주장하였다.

반면 자본주의 비판은 반유대주의로 가득 찼다. 자본주의 사회에서 유대인의 유난스런 경제적 성공으로 자본주의는 유대인의 음모와 지배, 그리고 착취의 한 형태로 비난된다. 시장 활동을 비난하는 가장 오래된 패러다임 중 하나인 고리대금에 대한 비판은 곧 그 일을 가장 잘 다루어 왔던 유대인에 대한 비판이기도 하였다. 유대인들은 눈에 띄는 현대 자본주의가 등장하기 훨씬 전인 17세기부터 상업 및 대금업과 연관되어 있었다. 중세 유럽에서는 돈을 빌려주는 일이 유대인과 연결되어 있었기 때문에 상업에 대한 비난은 흔히 반유대주의와 연결되었다. 유대인의 성공은 유대인의 불미스러운 특성 탓으로 돌려지기도 하였다. 이른바 주로 돈에 관심이 있고 상업적 이익을 도덕적 가치보다 우선시하며 교활하고 이기적이며 탐욕스러운 유대인이라는 잘 알려진 고정관념이 그것이다. 유대교는 사기꾼, 즉 자본주의와 동의어로 이해하고 유대인을 맘몬의 숭배자로 지목한 칼 마르크스(Karl Marx)는 1844년 『유대인 문제에 관하여』에서 "유대교로부터 인류의 해방"에 대해 절규하였다. 고립·배제되고 자유가 박탈되고 끔찍한 폭력을 당하기는커녕, 유대인들이 실제로는 모든 것의 정복을 꾀하는 역사적 억압자들로 규정되었다. "일상의 유대인들은 끊임없이 교환에 헌신했다. 승리한 것은 여전히 본질적으로 실용적인 유대교였다. … 이기주의가 사회에 스며들었다."

유대인이 이룬 경제적 성취의 기반

계속된 유대인의 경이로운 경제적 지적 성취에 대해 신화나 유전학, 그리고 음모론을 넘어 많은 설명이 시도되었다. 유대인의 특수성, 소외성, 사회적 자본이 그것이다.

첫째 설명은 유대인의 특수성이다.[2] 유대인들은 다른 민족과는 다른 신념이나 행동 때문에 성공했다는 것이다. 전통적인 유대인 생활에서 공부 및 교육의 중요성과 노동(윤리)의 강조, 그리고 내세가 아닌 현세에서의 성취를 중시하는 신앙이 그것이다. 이로 말미암아 유대인이 비유대인보다 교육을 더 많이 받고 더 오랜 시간 일하기 때문에 더 많은 돈을 번다는 것이다. 랍비 유대교는 유대법의 습득과 전승을 소중히 여겨 기원 3세기부터 유대교를 토라, 미슈나, 탈무드의 규칙을 읽고, 연구하고, 이행하는 데 중심을 둔 종교로 변형시키기 위해 아이들의 공부와 교육을 강력히 장려하였다. 이에 따라 대부분 문맹인 당시의 세계에서 (남성들 사이에) 폭넓은 문해력과 높은 수준의 분석적 사고를 장려하여 의도치 않게 유대인들이 살았던 곳에서 발전한 도시 직업과 상업적 활동을 위해 유대인들을 준비시켰다. 처음 디아스포라(diaspora, 이산) 상황에서 종교를 유지 전승하기 위해 습득한 기술(예 : 히브리어 읽기 쓰기 능력)은 경제적으로 유용한 기술(예 : 현지 언어의 읽기·쓰기 능력)을 습득하는 능력을 향상시켰다. 교육의 관점에서 1980년대 이래 경제학자들은 유대인과 비유대

---

2. 특정 인종과 민족이 그들의 행동을 결정하는 식별 가능한 일반적인 사회적 특성이나 태도를 가지고 있다고 간주하는 것은 신화이거나 명백한 오류일 것이다. 한국인 물리학자와 미국인 물리학자가 다른 유형의 물리학에 종사하지 않는 것처럼 유대인인 은행가의 세계가 개신교나 가톨릭의 은행가의 세계와 다르지 않을 것이다.

인의 차이를 인적자본 모델로 설명하고 있다.[3]

둘째 설명은 유대인의 소외성이다. 디아스포라로 새로이 정착한 이민족의 사회로부터의 소외는 유대인들로 하여금 전통적인 생각에 회의적으로 만들었고 종종 지적 탁월함과 경제적 성공으로 이어지는 창의력을 자극했다(Thorstein Veblen). 중세와 근대 초기에 유럽의 유대인들은 다양한 경제적 규제에 직면했다. 특히 토지 소유가 금지되어 농업을 버리고 공예와 무역을 전문으로 하는 도시인이 되었으며 수공업 및 상인 길드의 통제를 벗어난 유일한 직업, 즉 대금업을 하게 되었다. 유럽의 유대인들은 그러한 제약과 금지 때문에 무역과 대부업에 특화하였다. 한편 추방과 강제 이주에 대한 두려움으로 몰수될 자원보다는 지식(의학지식)과 상업, 그리고 수공예에 관심을 기울였다. 그러나 이러한 전통적 설명과 달리 유대인이 살았던 로마, 비잔틴, 페르시아 제국, 무슬림 칼리프, 중세 유럽, 20세기 미국에서 유대인의 경제 활동에 대한 중요한 제한이 존재하지 않았다는 점에 주의할 필요가 있다. 규제가 성립하였어도 그 이전부터 유대인은 무역 및 대부업에 이미 전문화하였다.

셋째 설명은 유대인에게 풍부했던 사회적 자본의 뒷받침이다. 우리는 단일의 개인으로서 시장에서 경쟁하지 않는다. 사회적 자본이란 공동체 조직의 구성원 자격을 통해 혜택을 확보하는 능력이다. 긴밀한 공동 네트워크와 상호 지원이 그것이다. 유대인 소수민족은 촘촘한 사회 네트워크를 통해 디아스포라에 살았으며, 그 결속력은 외부 위협, 종교, 내부 결혼으로 뒷받침되었다. 토라는 유대인의 "고대 조국"이라고 불리며 유대인들의 집단적 정체성을 형성하고 결속력을 강화하였다. 동시에 육체적으로 말살될 정도로 차별, 배제, 박해가 상존하는 적대적 환경은 사회적 연대를 형성하도록 압박하고 종종 내부 조직 능력을 향상시켰다. 디아스포라 상황에서 종

---

3. 루터의 주요 요구 중 하나가 모든 신자가 성경을 읽을 수 있어야 한다는 것이었다. 이는 애초에 성경을 독일어로 번역한 이유 중 하나였다. 19세기 후반 프로이센 452개 지역의 개신교(직업 윤리), 교육, 경제적 번영 사이의 연관성을 조사한 결과 개신교가 아니라 교육이 경제적 번영에 가장 큰 설명력을 갖고 있음을 확인할 수 있다[Becker, S. O. and L. Woessmann(2009), "Was Weber Wrong? A Human Capital Theory of Protestant Economic History," *The Quarterly Journal of Economics* 124(2)].

교 공동체 조직은 정보나 투자에 대한 접근성을 높여 상업적 성취에 기여하였다. 선택과 압박의 조합으로 농업이 아닌 몇 가지 직업에 전문화하였고 기술을 가르치고 자원을 공유하는 직업 공동체를 형성하여 서로를 지원하였다.

이상의 설명 중 교육 및 사회적 자본과 경제적 성취의 긍정적 관계는 자주 관찰되고 검증되어 온 중요한 명제이다. 본서에서는 교육 년수나 사회적 관계망의 강도 등의 양적 측면보다는 그 질적 측면을 살펴보고자 한다. 이를 위해 본서에서는 유대인의 교육 내용과 사회적 자본 형성에 지속적으로 영향을 미쳐온 탈무드를 중심으로 교육과 사회관계의 내용에 관심을 두고자 한다. 특히 우리가 주의하는 것은 유대인의 유별난 상업 정신이 어디에서 비롯하며 그 실질적 내용이 무엇일까라는 점이다. 세계 3대 종교 중 기독교와 이슬람교는 모두 유대교에서 파생되었고 유대교의 구약성경을 경전으로 공유한다. 특히 유대교의 십계명은 기독교와 이슬람교에서도 기본 규칙이 되었다. 중국 상인들은 "동양의 유대인"이라고 불리지만 유대인을 "서양의 중국인"이라고 부르는 사람은 아무도 없다. 경전이나 공동체의 원리를 상당 부분 공유하는 종교들의 존재에도 불구하고 유대인의 독특함, 특히 그들의 상업 정신은 어디에서 찾아볼 수 있을까? 다행히 유대인은 고유의 종교 유대교를 간직해 왔고 유대교는 성문 경전인 토라(구약성경의 모세오경, 즉 창세기, 출애굽기, 레위기, 신명기, 민수기)와 구전 경전인 탈무드에 의해 인도되는 종교이어서 인류가 발전시켜온 경제생활의 지혜가 무엇인지 그 규명이 용이하다. 토라와 탈무드는 비록 현대적 의미에서 경제 분석은 포함하지 않고 있지만, 오랜 기간 동안 축적해 온 경제 문제에 대한 풍부한 통찰과 방대한 논의를 담고 있다는 점에서 독특하다. 물론 모든 유대인이 종교적인 것은 아니며 많은 사람들이 토라에 대해 학문적으로 이해하지 못하더라도 여전히 거의 4천년의 전통을 이어가고 있다. 수천 년 동안 토라와 탈무드는 어린 시절부터 노년기까지 모든 유대인에게 가르쳐졌고, 지금도 다수의 유대인은 여전히 토라 및 탈무드에 대한 지식과 독특한 세계관이 스며든 사회에서 성장하고 있다. 물론 매일 토라를 공부하고 그 계명에 따라 생활한 친척을 기억하지 못하는 유대인조차도 여전히 다른 모든 유대인들과 매우 실질적인 공통점을 갖고 있다.

상업, 유대사, 그리고 탈무드

토라와 탈무드는 경제학설이나 사상의 역사에 관심이 있는 경제학자뿐만 아니라 경제에 관심 있는 일반대중에게도 의의가 크다. 유대인은 하루에 세 번 암송하는 쉐마(Shema ; 신명기 6:4–9)를 따라 토라와 탈무드를 배우고 가르치는 것이 여전히 평생의 과업이다.[4]

> ▶ 이스라엘아 들어라. 우리 하나님 여호와는 오직 유일한 분이시다.
> 너는 네 마음과 목숨, 힘을 다해서 하나님 여호와를 사랑해야 하고,
> 내가 오늘 네게 명령하는 이 말씀들을 마음에 새겨야 한다.
> 너는 그 말씀들을 네 자녀들에게 부지런히 가르치고, 네가 집에 앉아 있을 때나 길을 걸어갈 때, 누워 있을 때나 일어나 있을 때도 강론해야 한다.
> 너는 그 말씀들을 손목에 징표로 매고, 성구함에 넣어 두 눈 사이에 두어야 하며,
> 그 말씀들을 네 집 문설주와 대문에 써 붙여야 한다(신명기 6:4–9).

널리 회자되듯이 탈무드는 유대인 5,000년 삶의 지혜를 담고 있는 것으로 알려진 만큼, 경제 분야에 있어서 인간의 삶에 대한 지혜도 풍성하게 담고 있다. 모세 오경과 탈무드는 공동체의 경제생활에 대해 수많은 언급을 담고 있으며, 소비, 가정관리, 노동, 교환, 시장, 농경, 상업, 사업과 같은 경제 문제를 직접적으로 다루고 있다. 이들은 절대자의 지배 아래 있는 사회에서의 바람직한 경제생활에 대한 다양한 지침들로 제시된 것이다. 노동을 통해 얻은 세속적 부를 신성한 축복으로 선언하며 경제활동에 매우 긍정적 태도를 견지하는 동시에 시장교환에 있어 지켜져야 할 윤리적 규칙을 설정하고 절대자의 뜻을 사회의 필요와 연관시키며 경제활동에 한계를 설정하고 가난한 사람을 포함하여 공동체에 대해 많은 책임을 부여하였다. 경제활동에

---

4. 토라의 핵심은 신명기 6:4–9에 나오는 쉐마다. 해당 구절이 '쉐마 이스라엘'이라는 말로 시작하기에 붙여진 이름이다. '쉐마'는 히브리어로 '듣다'라는 뜻이지만, 신의 명령이므로 '들어라'로 번역된다. 물론 이스라엘 유대인이라고 모두 탈무드를 배우거나 능통한 것은 아니다. 학교에서 역사의 일부로 성경을 배우기는 하지만 탈무드는 종교인, 특히 정통파 유대인들만이 배운다.

대한 이러한 상세한 지침들은 수천 년간 한국인의 정신적 토양이 된 불교와 유교에서는 찾아보기 어렵다. 거꾸로 욕구를 버리고 이익을 논하지 말라는 지침을 가진 불교와 유교와 달리 탈무드에서는 종교와 경제 사이의 깊은 간극을 찾아보기 어렵다.

유대인의 경전은 타나크(tanakh)라 불리는데, 이는 토라(torah, 모세오경, 가르침[5]), 네비임(nebiim, 선지서), 케투빔(kethubim, 성문서)의 첫 글자를 모은 뒤 거기에 모음을 추가한 명칭[6]이다. 토라는 좁은 의미에서 성문 토라(토라 쉐-비-크타브 ; Torah she-bi-khethav)로서 모세 오경(Pentateuch)을 의미하지만, 넓은 의미로 히브리 성경 전체를 포함하여 유대교의 종교적 윤리적 문헌 모두를 의미하여 말로 전달된 구전 토라(토라 쉐베알페 ; Torah she-be-al-peh)를 포함한다. 랍비들은 토라를 창조의 청사진이자 그것의 지속적인 존재에 필수적인 것으로 여겼다.[7] 성문 토라와 구전 토라는 유기적으로 연결되어 있는데, 예를 들어 성문 토라에는 초막절 절기에 대한 율법이 기록되어 있고, 구전 토라에는 초막을 짓는 구체적 방법이 설명되어 있다. 결국 토라는 율법[8]을 넘어 하나님의 가르침 모두를 의미하는데, 이는 모두 오랫동안 조심스럽게 보존되며 세대에서 세대로 부지런히 전달되었다. 토라는 종종 간결하게 제시된 명시적 율법과 암묵적 율법이 모두 포함하기 때문에 이러한 율법은

---

5. 천지창조부터 모세의 죽음까지 다루는 모세 오경(Torah 또는 Pentateuch)은 모세가 기록한 것으로 전해지며 출애굽기 3장에서 모세가 하나님께 부름을 받은 이후부터 신명기 34장에서 모세가 죽기 전까지, 즉 BC 1446년 출애굽 연대부터 약 40년의 기간 동안 기록된 것으로 볼 수 있다.

6. 예수도 히브리 성경을 이런 방식으로 구분하였다.
   ▶ 또 이르시되 내가 너희와 함께 있을 때에 너희에게 말한 바 곧 모세의 율법과 선지자의 글과 시편에 나를 가리켜 기록된 모든 것이 이루어져야 하리라 한 말이 이것이라 하시고(누가복음 24:44)

7. "토라가 없었다면 하늘과 땅은 지속되지 않았을 것이다"(Pes. 68b). "이스라엘이 토라를 받아들이면 너희는 계속 존재할 것이다. 그러나 그렇지 않다면 나는 너희를 공허하고 형태 없는 상태로 되돌릴 것이다. [즉, 토라에서 예시된 법과 질서가 없으면 세상은 혼란과 무정부 상태에 빠질 것이다(Shab. 88a). "바다의 물고기가 육지에 올라오자마자 죽는 것처럼, 인간도 토라와 계명을 버리면 즉시 멸망한다"(Av. Zar. 3b)].

8. 모세오경의 계명은 미츠보트(mitzvot)라 불리는데 하지 말라는 부정적 계명은 1년의 날 수와 같은 365개고, 해야 할 긍정적 계명은 인간의 뼈와 모든 장기를 포함한 숫자와 같은 248개로 모두 613개의 계명이 있다. 후에 랍비들이 추가로 의식 의무를 부과함에 따라 미츠보트는 두 가지 주요 범주, 즉 성경적 계명과 랍비 계율로 분리되었다.

해석과 설명의 대상이 되었고 그에 따라 해석과 설명을 담은 탈무드가 성립하게 되었다.

고대 제국에서 상업 활동은 상대적으로 미미했다. 농업혁명으로 성립한 농업 사회에서는 공동체가 확대되며 성직자, 군인, 관료, 장인 등 사회적 전문화와 분업이 진행되었다. 어떤 경제활동으로부터도 자유로운 소수가 생겨나며 문명이 성립하였다. 이들 문명은 경제활동에서 자유로운 소수의 지배 엘리트를 절대 다수인 소농과 노예 노동이 뒷받침하였다. 지배 엘리트는 소농들의 납세 능력을 훼손하지 않으면서 공납을 극대화하는 엄격한 위계질서를 유지하며 소농과 상인, 그리고 장인을 멸시하였다. 사막으로 고립된 이집트는 오랫동안 농업 국가에 머물렀지만, 원자재가 부족했던 지중해와 메소포타미아 지역은 일찍부터 상업이 활성화되었다. 특히 시리아와 팔레스타인 해안 지역의 페니키아인은 지중해 해상무역을 장악한 상업민족으로 부상하였으며 그 뒤를 이어 카르타고로 대표되는 그리스 도시국가들이 지중해의 상업 패권을 잡게 되었다. 이러한 변화 속에서도 성서 시대에 팔레스타인의 히브리인들은 고지대에서 목축과 농경에 의존하는 자연적인 자급자족 경제에서 살았다. 각 가계는 필요한 음식, 의복, 도구를 스스로 재배하거나 만들었다. 자급할 수 없었던 금, 은, 철, 소금과 같은 사치품이나 필수품은 가나안 상인들에 의해 공급되어 전국 각지로 운반되었다. 선한 아내가 자신의 양털을 팔 때 가나안 사람들에게 처분하였다. 따라서 구약에서 상업에 대한 언급은 이스라엘이 아닌 다른 민족, 즉 이스마엘인(창세기 37:25)과 페니키아인(이사야 23 ; 에스겔 27:27)에 대한 것이다. 상업에 대한 불신이 존재하였으며 이스라엘인들이 대외무역을 확대한 징후는 솔로몬의 통치 때에 나타났지만 그의 후계자들은 이를 따르지 않았다.

▶ 그는 상인이라 손에 거짓 저울을 가지고 속이기를 좋아하는도다(Hosea 12:7).

유대교 실천의 중심지는 기원전 10세기나 9세기에 세워진 예루살렘 성전이었다. 그러나 기원전 586년 바빌로니아 제국에 의해 성전이 파괴되고 바빌로니아로 유배되자 유대 생활에서 기록된 토라(모세 오경)의 중심적 역할이 등장하고 현자가 유대 지도자로 부상하였다. 이 시기에 유대인들은 페니키아인, 시리아인, 그리스인과 접촉하며 오래된 상업 전통을 알게 되었다.

이후 페르시아(키루스 황제)가 등장한 뒤 이스라엘로 복귀한 유대인들은 성전을 재건(기원전 515년)할 수 있었다. 그러나 곧 이어 수백 년간 이스라엘은 헬레니즘 통치자 알렉산더 대왕, 이집트를 통치한 프톨레마이오스 왕조, 헬레니즘 셀레우코스 왕조의 지배를 받게 되었다. 그렇지만 유대인들은 공동체적 자치권과 종교의 자유를 누렸다. 이 시대에는 여러 세대에 걸쳐 기록된 토라를 연구 해석 응용한 구전 토라가 성립하며 기록된 토라와 함께 이후 일상생활과 공공체 생활을 규율하는 유대인 율법의 중추를 형성하게 된다. 유대교는 소수의 대제사장이 수행하는 성전 봉사와 제사 의식으로 구성되었다. 토라는 평생 학습을 강조하고 아버지의 자녀 훈육 의무를 확립하여 고등교육기관과 중등교육기관 발전의 원동력이 되었다. 헬레니즘 시대에 접어들어 예루살렘은 상업 중심지로 등장하였지만, 성서 시대 이후에도 오랫동안 유대인들이 생계수단으로서의 상업에 관심과 역량이 거의 없었다.

로마는 피지배 민족의 노동, 즉 정복지의 세금과 공물에 의존하여 유지되었고 군사 도로 목적의 도로망을 발전시켰다. 비록 로마가 상업적 발전을 도모하지는 않았지만, 안정적 정치질서, 재산권과 계약을 보호하는 보편적인 로마법, 그리고 도로망은 사람과 물건의 통행을 촉진하여 상업 발전을 뒷받침하였다. 유대인은 기원전 63년부터 시작된 로마 지배 하에서도 자치권을 누렸지만, 서기 70년 유대인 반란과 그에 대한 보복으로 성전이 파괴되자 북아프리카, 중동, 지중해 전역으로 흩어졌다.[9] 이 상황에서 랍비 요하난 벤 자카이(Johanan ben Zakkai)를 따라 제사장 중심의 성전 봉사와 제사 의식 중심의 삶을 포기하고 랍비 중심의 토라 학습과 연구와 미츠바(mitzvah, 올바른 행동, 즉 유대인의 율법), 그리고 아버지가 아들의 토라를 읽고 쓰는

---

9. 이스라엘 땅 밖에서 유대인이 널리 퍼져 있는 것을 디아스포라라고 한다. 이슬람 지역과 기독교 지역의 차이가 뚜렷하여 전자 출신 유대인을 Ashkenazim으로 후자 출신의 유대인을 Sephardim으로 구분된다. Ashkenazim과 Sephardim 공동체 모두에서 중세 유대인들은 공동체 자치의 대가로 세금을 내야 했다.

능력과 교육에 투자하는 것이 의무인 종교로 변화하며 탈무드 시대로 접어든다. 요하난 벤 자카이는 성전이 없어진 상황에서 선지자 호세아가 밝혔듯이 제사 의식이 아니라 일상생활의 고양을 통해 거룩함을 경험하도록 하나님과 그 백성의 관계를 전환시켰다.

▶ 나는 인애를 원하고 제사를 원하지 아니하며 번제보다 하나님을 아는 것을 원하노라(I desired deeds of lovingkindness and not sacrifice, Hosea 6:6).

우선 220년 랍비 예후다 하나시(Yehuda ha-Nasi)를 중심으로 유대 구전 전통을 체계화하고 후세에 전달되도록 하기 위해 이전 세대의 방대한 논쟁, 판단, 판결을 조사한 뒤 미쉬나(Mishna, 가르침의 반복)로 집대성되었는데, 미쉬나는 농업(제라임), 절기(모에드), 결혼(나심), 민법 및 형법(네지킨), 제사 및 성전 봉사(코다심), 의식적 정결(토호롯)의 여섯 주제로 나뉘어져 유대인 삶의 모든 영역을 규범화하였으며 아카데미의 공식 교과서가 되었다.[10]

시간이 흐르면서 전통에 대한 올바른 독해의 확립을 넘어 다양한 상황에 맞추어 미쉬나 자체가 다시 해석되고 설명되어 갔으며 이에 따라 미쉬나도 추가로 설명(게마라, Gemara, 연구 또는 완성)되어 미쉬나와 게마라는 결국 하나로 결합되어 탈무드로 불리게 되었다. 즉, 미쉬나를 본문으로 하고 이를 해석하는 주석 게마라가 덧붙여져 서기 450～600년 경에 탈무드가 완성되었다.[11] 탈무드는 팔레스타인 탈무드(약 B.C. 100년 ~ C.E. 425년)과 바빌론 탈무드(B.C. 300년 ~ C.E. 500년)의 두 가지가 있다. 예루살렘 탈무드는 로마군 점령으로 소멸되어 사라지고, 현재 우리에게 알려진 탈무드는 바로 바빌론 탈무드이다. 탈무드는 미쉬나의 구조를 그대로 따라 6

10. 소 항목 중 가장 유명한 것은 피르케이 아보트(Pirkei Avot, Ethics of the Fathers)로 62명의 선조들이 남긴 다양한 지혜와 도덕적 교훈을 담고 있다.

11. 탈무드 외에 탈무드 전통에는 미슈나를 보충하는 토세프타(Toseptah, 추가), 탈무드를 설명하는 미드라쉬(Midrash, 주해)가 포함된다.

부 63제로 구성되며, 12,000페이지에 약 250만 단어로 구성되어 있다. 내용 면에서 탈무드는 토라에 대해 설명하며 제사, 예술, 식사, 대화, 대인관계를 다루는 할라카(Halakha, 행동하는 방법 또는 유대인의 법)가 2/3이고 하가다(Aggada, 이야기)가 1/3로 역사, 철학, 시, 속담, 신학, 과학, 의학, 천문학, 수학을 담고 있다. 종교법 문제에서는 후자가 더 권위 있는 것으로 간주되지만, 역사적 사실의 문제에서는 전자가 더 오래되어 팔레스타인 유대교에 관한 더 신뢰할 수 있는 자료를 포함한다.[12]

탈무드는 미쉬나의 한 문단으로 시작하고 그에 해당하는 게마라가 이어진다. 여백에는 저명한 랍비들의 논평이 나와 있다. 게마라의 대부분은 분석으로 구성되는데 분석의 출발점은 대개 미쉬나에 나오는 진술이다. 진술은 분석되어 다른 진술과 비교되는데, 종종 질문자와 답변자 간의 논쟁으로 이루어진다. 탈무드의 기본적 특징은 이유를 찾기 위한 끊임없는 토론, 주장, 반론으로 구성된다는 점에 있는데, 이론이 발전되고 모순이 지적되며 그 다음에는 반박, 수정, 설명이 뒤따른다. 궁극적 목적은 진리를 찾는 것이며 그것도 매일매일 배움의 깊이를 더해가는 것이다. 깨달음에 이르기보다는 깨달음이 깊어가는 것이다. 탈무드의 짝으로 이루어진 '폴리오(folio)'라는 형태의 페이지 형식만 보더라도 그렇다. 즉, 첫 번째 폴리오와 마지막 폴리오는 비어 있는데 이는 탈무드가 평생 반복해서 읽고 탐구해야하는 책이지 처음과 끝이 있는 책이 아니라는 의미를 가진다. 여기서 첫 폴리오의 여백은 모두가 탈무드 연구자가 되어 자신의 경험을 쓰기 위한 것이며, 마지막 폴리오의 여백은 각자가 스스로 계속 덧붙일 수 있다는 의미다. 탈무드의 또 다른 특징은 주로 진리를 찾고 이해하는 것과 관련이 있다는 점이다. 진리의 수용이 아니라 이해가 중요하다는 것이다. 이에 따라 오늘날까지 탈무드가 유대법의 주요 원천으로 남아 있지만 통치 목적

---

12. 이후 첫 번째 천년기 말까지 탈무드 전통은 두 가지 형태로 발전하였다. 하나는 팔레스타인에서 번성했던 설교문학인 미드라쉬(Midrash) 서적으로 우화와 전설이 생겨났고, 다른 하나는 다양한 지역에서 제기된 질문에 대한 메소포타미아 아카데미의 답변(Geonica)이었다. 유대인 공동체의 지리적 분산으로 특정 지역 상황을 반영한 탈무드 주석과 평결 및 응답이 확산되자 다시 탈무드의 구속력 있는 주요 의견을 추출하려는 시도가 있었는데 이 중 널리 수용되고 지속적인 영향력을 갖게 된 것이 라시의 11세기 주석과 마이모니데스의 12세기 미쉬네 토라(Mishneh Torah)이다.

의 권위로 인용될 수는 없다. 이는 토라 공부에 '반드시 질문한다', '반드시 두 사람 이상이 함께 연구한다'는 원칙이 존재한다는 것으로부터도 알 수 있다. 이에 따라 탈무드는 혼자 앉아 책장에 집중하거나 강사의 설명을 듣거나 집단 토론에 참여하는 것이 아니라 짝을 이루어 공부하는 형식을 취한다. 본문의 모든 단어를 큰 소리로 읽고, 이들 표현의 의미를 다 이해할 때까지 함께 묻고 대답하며 토론한다. 결과적으로 유대인의 일상생활 대부분은 토론으로 구성된다.

토라의 초등교육이 보편화되며 마침내 탈무드 시대(3～6세기)가 열린다. 회당은 어린이와 성인 모두가 토라를 읽고 연구하는 장소가 되었으며 유대교는 문자를 읽을 수 있는 종교로 변모하였다. 예루살렘 성전을 순례하고 제사를 드리는 유대인 농부는 서기 70년까지 유대교의 상징이었다. 7세기 초 유대인 농부가 회당에서 토라를 읽고 공부하며 아들들을 학교나 회당에 보내서 율법을 배우도록 보내는 모습이 세계 유대인의 상징이 되었다. 그리고 여전히 대부분의 유대인들은 농업으로 생계를 꾸렸고, 유대인의 압도적 다수는 농부였다.

한편 476년 로마가 멸망하고 게르만의 침입에 이어 5세기 동안 서유럽은 자급자족 농업경제가 되었고 많은 경쟁 왕국으로 분열되어 사람과 물건의 자유로운 통행을 방해하는 온갖 장애물이 등장하였다. 반면 동로마 지역은 기독교의 비잔틴 제국으로 잔존하여 유럽과 아시아 간 무역을 장악하며 상업 및 도시 경제가 발전하였다. 7세기에는 이슬람이 부상하며 이베리아 반도에서 인도까지 포괄하는 역사상 가장 크고 가장 도시적이며 가장 상업적인 제국이 세워졌다. 공통의 제도, 법, 언어가 성립하며 제조업, 지역 상업, 원거리 무역이 크게 활성화되었다. 이에 따라 유대인들은 이슬람의 전 제국에 걸쳐 거주하게 되었고, 탈무드 시대 후반기에 시작된 농촌에서 도시로, 농업에서 상공업과 서비스업으로의 이동이 본격화되었다. 도시, 고학력, 상인, 브로커, 은행가, 의사, 그리고 학자라는 단어는 오늘날까지 유대인과 영구적으로 연관되었다. 중동, 유럽, 북아프리카, 아시아에 걸친 무역 네트워크, 그리고 계약 집행을 보장하는 공동체 규율과 결합된 유대인의 높은 문해력은 수공업, 무역, 상업 및 대부업에서 유대인에게 비교 우위를 제공했다. 특히 이슬람 국가가 유럽이 필요로 하는 사치품이 나오는 지역을 통제하자 직접 거래가 곤란했던 기독교인과 이슬람 국가를 중개하는 역할을 유대인들(Radhanites, 라다니트)이 떠맡았다. 한편 로마제국 멸망 후 서유럽은 제조업, 지역 무역, 장거리 상업이 붕괴되어 8세기 말까지 정치적으로 분산된 농촌 지역으로 변모하였다. 그러나 전염병이나 인구 충격이 없는 가운데 유럽 인구는 꾸준히 증가함에 따라 드넓은 황무지는 점차 잘 개간된 지역으로 변모해 갔다. 농촌이 확장되자 상업이 부활되고 도시가 성장하였고 장거리 무역도 점차 확대하였다. 특히 동과 서를 잇는 중계기능을 수행하며 이탈리아 도시들이 부활하였다. 행상으로 자유민이었던 상인들은 도시에 정착하여 자치조직을 만들어 공동의 이익을 지키고 분쟁을 스스로 해결하다 도시정부로 발전했다. 이들은 봉건영주로부터 자유헌장을 돈으로 사거나 무력으로 쟁취하였다. 도시화와 상업 성장의 기회, 그리고 통치자의 유인책을 배경으로 유대인은 유럽으로 이동하여 소규모 도시 공동체를 구성하며 제조업 뿐만 아니라 상업과 대금업을 담당하였다. 정치적으로 분열된 유럽 내에서 유대인들은 경쟁하는 왕국들을 넘나드는 무역 및 통신 네트워크를 만들었다. 유럽의 경제 활성화는 자본, 네트워킹, 문해력, 그리고 계약집행 제도에 기반한 유대인의 활발한 금융활동에 힘입은 바가 컸다. 중세 초기 유대인은 비잔틴 제국에서 남부 유럽으로, 그리고 다시 프랑스, 독일, 영국으로 이주하였다. 하지만 유럽에서는 로마 황제 콘스탄티누스가 기독교로 개종한 이후 유대인 박해가 시작되었고 11세기와 12세기에 십자군 폭도들은 유럽 전역에서 유대인들을 학살했다. 성지를 빼앗으려던 무슬림들이 고향에서 멀리 떨어져 있었기 때문에 대신 유럽에 살던 유대인들은 십자군의 초기 표적이 되었다. 하지만 이슬람 땅의 유대인들의 삶은 비교적 평온했다. 무슬림 지배 지역에서 유대인들은 성경에 나오는 사람들인 '딤미(Dhimmi, 보호받는 백성)'로 용납되었다. 기독교 세계와는 달리 유대인만이 비무슬림 주민이 아니었고 기독교인, 조로아스터교인, 힌두교인, 불교인도 있었다. 유대인은 다른 민족과 소통했지만, 공동체 생활은 대부분 분리되어 유대법은 종교 밖의 결혼을 금지하고 유대인과 이웃 사이의 경계를 굳건히 하였다.

13세기 몽골이 메소포타미아와 페르시아를 정복하며 중동의 상업경제가 붕괴되어 자급농업으로 후퇴하고 유대인 공동체 역시 약화된다. 13세기 후반부터 대부분의 유대인은 유럽의 도시지역에 거주하게 되지만 각국에서 탄압과 추방을 경험하게 되었다. 14세기와 15세기에 걸쳐 스페인은 이베리아 반도의 많은 유대인들을 강제로 개종시키고 추방했다. 도시의 모든 무역이 상인 길드에 의해 독점되며 유대인은 제외되었는데, 이에 따라 유대인의 상업은 19세기까지 대부업과 소액 거래로 제한되었고, 유대인의 무역은 각국 정부의 태도에 크게 의존하였다. 하지만 교회와 거리를 두려는 국가가 자리잡아 가면서 유대인들이 점차 용인되었다. 프랑스 유대인들은 1791년과 1792년에 시민권을 얻었지만, 1871년까지 통일 국가가 성립하지 못한 독일에서는 유대인들에게 완전한 평등이 보장되지 않았고 시민권은 지방자치단체에 달려 있었다. 하지만 식민지화와 더불어 유대인에 대한 반대가 거의 없었던 앵글로색슨 세계를 중심으로 유대인 무역이 본격화되었다. 아울러 미국으로 이주하여 산업 도시에서의 상공업자와 노동자를 시작으로 빠르게 중산층 지위로 발전하였고 20세기 동안 그들의 후손들은 인상적인 경제적 성취를 이루었다.

2. 경제와 경제학

머리에 맴돌기만 하는 경제와 경제학

우리들 대부분은 경제학이 머리 위에서만 맴돌 뿐 알기 어렵다고 느낀다. 경제는 중요하지만 제대로 이해하기 곤란하다고 생각하기 쉽다. 경제를 보거나 느끼지 못하거나 구체적 방식으로 관여할 수 없으며, 뉴스에 경제 이야기가 나오면 달려들기에는 너무 지루하거나 복잡하게 들릴 수도 있다. 경제와 그것을 파고드는 경제학이라는 단어 뜻만 보더라도 그렇다. economics는 한국, 중국, 일본 모두에서 경제학이라고 번역된다.[13] 자주 말해지듯이 경제는 천하를 경륜하고 세상을 다스려 사람

13. economics를 경제학(經濟學)으로 처음 번역한 것은 일본인이었다. 메이지 초기 개성학파(도쿄대학의 전신 중 하나) 문학부에는 3학년에 경제학 과정이 있었는데, 전통적인 '국가관리와 민부의 전략'으로서의 경제학이 아닌 서구의 현대 경제학이 다루어졌다.

을 구한다(經綸天下, 濟世救人)는 經世濟民의 약자이다. 대만의 국사로 알려진 남회근은 경제라는 단어가 풍기는 어려운 의미를 중국에서 널리 사용되는 표현으로 다시 설명한다. 그것은 "문장은 서한의 두 사마요, 경제는 남양의 한 와룡(文章西漢雙司馬, 經濟南陽一臥龍)"이라는 구절이다. 이 구절에서 와룡은 경세제민을 대표하는 인물로 제갈량에 해당한다. 제갈량은 국가 대사가 잘 이루어지도록 지혜를 내어 돕는 책사의 상징어이다. 또한 경세세민은 유가 철학의 궁극적 과제이자 모든 학문이 도모하는 핵심적 목표의 하나다. 하지만 이런 의미의 경제 또는 경세제민은 경제학만의 것은 아닐 것이다. 공학이나 의학 또는 정치학도 경제학만큼 경세제민을 지향한다. 경세제민, 즉 국가관리로서 경제의 개념은 춘추전국시대에 확립된 이래 큰 변화가 없었으며 중국의 문화를 공유한 우리나라도 조선말까지 그 울타리를 벗어나지 못했다. 중국의 경우 4세기에 공식문서에 經濟라는 단어가 등장하기 시작하였고[14] 수당시대에는 그 사용이 더 보편화되었다. 특히 당나라 태종의 이름인 세민(世民)은 "사회를 다스리고 서민을 위로 한다"는 뜻이었으며, 經濟學이라는 용어도 처음 등장하였다. 한편 청대에 이르면 국익과 민생을 중시하는 관료들이 경제학을 강조했고, 복잡하고 비실용적인 학문에 대한 반대의 상징어로 받아들여졌다.

과거 중국에서 經世濟物과 經國濟民으로서의 '경제'는 "사람을 잘 관리하고 국가안보를 보장하며 국가를 통치하고 세계에 평화를 가져옴"을 의미하여, '경제학'은 "국가 거버넌스와 관련된 관련된 지식과 및 학습"을 말하였다. 이에 따라 재정적 경제적 측면뿐만 아니라 정치, 법률, 군사 연구, 지리, 건설 및 소위 '외국에 대한 지식'도 포함되었다. 통치자의 정치적 성공의 맥락에서 가장 중시된 것은 좁게는 정부 재정과 넓게는 사람들의 생계와 복지, 즉 민생(民生)이었다. 패권을 위해서는 강력한 군사력이 필수적이지만, 탄탄한 경제력 없이는 강력한 군사력을 구축할 수 없다고 본 것이다. 지금의 눈으로 보면 너무나 당연한 것이겠지만, 민생이 강국을 뒷

14. 동진 왕조(317년 건국)에 원제는 장관을 칭찬하기 위해 충성스럽고 고귀하며 세련되고 정직하며 경제에 관심이 많고 지식이 풍부하다는 황실 칙령을 발표했으며, 같은 시기 유명한 신인 계홍도 경제정책을 연구하는 것은 유학자들의 임무라고 했다.

받침한다는 사고방식은 당장 생사를 다투는 전쟁을 치르고 있는 당사자들 입장에서는 한가한 소리로 들렸을 것이다. 하지만 마침내 이러한 관점이 생겨나기 시작했고, 춘추시대에 처음으로 이 관점을 공식적으로 체계화한 것이 제나라의 관중(管仲, BC 725~645)으로 『관자』는 이를 보여준다.

- ▶ 나라가 부유하면 군대가 강해지고, 군대가 강해지면 전쟁에서 승리하고, 전쟁에서 승리하면 영토가 넓어진다.
- ▶ 그러므로 나라를 잘 경영하는 사람은 반드시 먼저 백성들을 부유하게 한, 그러한 뒤에야 다스리게 된다.
- ▶ 국가의 도덕의 근본은 예의염치다. 이것이 없으면 나라는 망한다.
- ▶ 창고에 곡식이 가득 차면 예절을 알고, 의식이 갖추어지면 영욕을 안다.
- ▶ 백성들이 부유하면 다스리기 쉽지만, 백성이 가난하면 다스리기 어렵다.

요약하면 중국의 고대 경제학은 부국(富國, state-enrichment)을 지향하였는 바, 이에는 넓은 의미와 좁은 의미가 있었다. 좁은 의미로는 국고(國庫)를 늘리는 것(부고(富庫), national treasury enrichment)이며, 넓은 의미로는 사회의 국고(國富)를 늘리는 것(부민(富民), people-enrichment)이다. 부국과 강병을 가장 강력히 주장한 법가에게 있어 강병이 압도적 우선 순위를 가졌고 이를 위해 국부를 정부에 집중시켜 최대한 군사적 용도로 활용하여야 했다. 따라서 법가에게 있어 부국은 곧 국고를 늘리는 것이었다. 농업이 지배하는 고대사회인만큼 법가는 농업을 통한 부국을 제창하고, 농업과 전쟁을 강조하는 강국을 부강의 핵심 정책으로 삼았다.[15] 한편 관중은

15. 법가는 과도한 빈곤과 불안정한 사회보장이 전쟁을 위한 권력통합에 도움이 되지 않는다는 점도 인식했다. 그래서 국민은 너무 부유하지도 너무 가난하지도 않아야 했고, 이를 위해 가난한 사람을 부자로 만들고 부자를 가난하게 만드는 정책을 추진했다. 가난한 사람들을 부자로 만든다는 것은 빈곤층에게 밭과 집을 제공하고 그들이 가족의 생계를 유지하고 국가에 세금과 차입금을 지불할 수 있게 하는 것을 의미했다. 부자를 가난하게 만든다는 것은 국고가 전쟁의 필요를 충족시키기 위해 사람들의 기본 생활을 유지하는 데 필요한 것 이상의 모든 부를 충당한다는 것을 의미했다.

패권과 강병을 위해서는 단순히 국민을 착취하는 조세수입이 아니라 부민을 통해서 부국을 도모할 것을 주장하였다. 그는 패권 쟁취에 필요한 내부 안정과 통합 역시 부민에 기반한다고 하였다. 즉, 부민과 그를 통한 부국은 군사력 강화뿐만 아니라 국가 통합을 위한 것이었다. 여기서 군주의 요구를 충족시키는 것은 협소한 국가 부양을 의미하고, 백성의 요구를 충족시키는 것은 인민 부양을 의미한다. 한편 공자는 국가 안보와 국가 통치의 관점에서 부민이 필요하다는 관중의 사상을 더욱 발전시켰으며 물질적 기반을 우선하되 정신적 영역에서의 훈육을 더하게 되었다.[16] 그만큼 경제에 대한 국가주의적 관점은 지속되었다.

▶ 공자가 말하셨다. "백성이 번성하구나!" 염유가 물었다. "백성이 번성한 다음에는 또 무엇을 더하여야겠습니까?" "부유하게 해줘야지." "부유하게 된 다음에는 또 무엇을 더하여야겠습니까?" "그들을 가르쳐야지"(논어, 자로)

공자의 제자인 유약은 고대 중국의 부민과 부국(국고의 확충) 사이의 상호관계를 최초로 이론적으로 설명한 것으로 알려졌다.

▶ 노나라 애공이 유약에게 물었다. "흉년이 들어서 재정이 부족하니 어떻게 하면 좋겠소? 유약은 수확의 10분의 1을 조세로 걷는 철법을 백성에게 시행하라고 말했다. 그러자 애공은 "10분의 2를 거두어도 내가 오히려 부족한데 어찌 10분의 1을 걷으란 말이오?"라고 했다. 이에 유약이 대답했다. "백성이 풍족하면 어찌 군주가 풍족하지 않겠습니까? 백성이 풍족하지 않은데 어찌 군주가 풍족하겠습니까?"

---

16. 유교에서 국가는 가족의 연장이며 국가에는 부국, 강병, 통합과 같은 고유한 목적이 있다. 가족과 국가에 속하는 개인은 별도의 목적을 갖지 못하고 가족과 국가의 목표를 달성하기 위해 존재한다. 인(仁)의 관념은 개인의 성취에 충분한 주의를 기울이지만, 최고의 목표는 가족을 통합하고 훌륭한 통치를 수행하는 것이다. 개인 활동을 이해하기 위해서는 개인과 국가의 관계를 살펴볼 필요가 있다. 국민을 풍요롭게 한다는 사고도 개인이 개별 경제활동을 통해 어떻게 부유하게 될 수 있는지에 대한 분석에 근거한 것이 아니다. 국가 경제활동은 많은 개별적 독립적 경제활동의 집합체로 주장되지 않았으며 국가 전체의 목적은 개인의 목적으로 나눌 수 없다.

맹자는 법가의 부강정책을 폭정의 부활로 비난하고, 법가를 전제적 통치자와 폭군적 관료로 묘사하였다. 사람을 풍요롭게 하는 것이 사람을 가르치고 도덕 기준을 향상시키는 기초이므로 통치를 위해 인민을 부유하게 만드는 것의 중요하며, 통치자의 덕은 백성을 부유하게 할 수 있다고 믿었다. 백성 부유를 위해 토지 관리(에 의한 농업발전)와 가벼운 과세를 제안했다.

한편 순자는 부고와 부민을 국부의 성장을 통해 조화시킨 부국론을 제시하여 법가와 유가의 전통을 통합하였다. 국민의 부와 국가의 수입은 국부(national wealth)의 구성 요소로 국부의 분배와 재분배의 결과이므로 부고과 부민을 동시에 이룰 수 있는 것은 국부의 성장뿐이다. 국부 자체가 불변하다면 부고와 부민을 동시에 달성하는 것은 불가능하다. 이때 국부의 원천은 토지와 산업으로 토지를 비옥하게 하고 농·공·상을 조직해야만 부유해질 수 있다. 이렇게 부고와 부민이 통합된 순자의 부국론에 의해 부고와 부민은 부국론의 핵심이 되었고, 이 둘을 다루는 방식과 상호 관계 역시 부국론의 핵심이 되었고 이후 중국의 거시경제 연구를 장악하게 되었다.

통치자의 정치적 성공의 맥락에서 인민들의 생계와 복지, 즉 민생(民生)에 관심을 기울였던 동양의 전통에 비추어볼 때 economics가 경세제민의 학으로 번역된 것은 매우 자연스럽다고 할 수 있다. 이러한 번역은 근대에 들어 economics의 문을 연 아담 스미스(Adam Smith)의 저서의 명칭 『국부론』과도 일맥상통한다. 국부론의 원저명은 '국부의 본질과 원인에 관한 연구(An Inquiry into the Nature and Causes of the Wealth of Nations)'로서 국가의 부를 관리하는 '국부의 과학'을 표방하였고 그래서 정치경제(political economy)라 불리었던 것이다. 실제로 아담 스미스는 국부론 4편에서 경제학을 국민과 국가가 충분한 수입을 얻도록 부유하게 하는 목적을 갖는다고 밝히고 있다.[17]

---

17. 경제학은 '부의 과학'이라는 주장은 심한 비판을 받아왔다. 종교와 윤리가 인간 마음을 강하게 사로잡던 17~18세기에는 부와 그에 관련된 모든 것이 추악하고 비열한 것으로 여겨졌다. 경제학은 부에 대한 연구로 정의되었기 때문에 문필가들, 특히 칼라일(Thomas Carlyle)과 러스킨(John Ruskin)은 경제학을 '맘몬의 복음(mamon worship)', '돼지 철학(pig philosophy)'이라 불렀고 이기심을 가르치는 것

▶ 모든 나라의 정치경제학의 가장 큰 목적은 그 나라의 부와 권력을 늘리는 것이다 (But the great object of the political oeconomy of every country, is to encrease the riches and power of that country)(국부론 II. w.31)

그러나 치국의 방편에 지나치게 초점을 맞춘 경제학은 그로 인한 부작용으로 치국이나 그에 대한 거대 담론에 관심이나 이해관계를 갖지 못하는 일반 국민들이 경제나 경제학을 가깝게 하는 데 있어 어려움을 가중시키게 되었다.

경제는 먹고 사는 일 : 부가

국가 관리의 관점에서 거시적으로 나라와 국민의 부유에 초점을 맞추는 경제학 내에서는 개인이나 그 가족이 부유해지는 미시적인 부가(富家, family-enrichment) 문제는 뒤로 미루어지거나 부정적으로 대해질 수밖에 없었다. 사적 경제활동을 부국강병에 해로운 것으로 보았던 법가뿐만 아니라 부민을 내세웠던 공자도 마찬가지였다. 공자는 부와 명예는 모든 사람이 원하는 바라고 선언하였다. 그러나 귀족의 위치에 있는 군자들이 서로 부가를 다투면 사회통합을 위태롭게 할 것이다. 특히 서민의 원한과 저항을 불러일으킬 수 있다. 따라서 불충과 부당의 위험성을 가진 富家의 논의나 추구는 한계가 있어야 하며, 그것은 주나라 예법의 도덕규범으로 귀족에게 규정된 기준에 따라 교육되어야 했다. 즉, 가족 부양은 예를 넘어서는 안 되며, 그렇지 않으면 그것은 부당한 방법으로 얻는 것으로 아무런 의미가 없기에 버려져야 했다.[18] 결과적으로 사마천 등 상가(商家)[19]로 분류되는 일부의 주장을 제외하곤 가족

으로 여겨졌기에 '암울한 과학'이라고 불렀다. 경제학자들이 삶의 더 높은 가치를 무시하고 물질적 풍요만을 갈망한다는 것이다.

18. 법가는 농업과 전쟁에 종사하는 사람들에 대해서도 가족 부양을 극히 낮은 수준으로 제한할 것을 제안했다.

19. 상가는 관중이 사상적 비조로 상가의 실천가로서 공부와 사업을 병행하는 유상(儒商)의 효시로 자공을 내세운다. 평준서와 화식열전을 쓰며 상가를 집대성한 사마천 역시 상가의 일원으로 간주된다.

의 사사로운 이익을 돌보는 부가의 문제는 사라지거나 무시되었다.[20] 다만 상가만은 상인들의 상업 경험을 요약하고 시장 조건, 가격 변동, 수요와 공급, 사업 기회와 관련된 다양한 원칙을 제시하며 부가문제를 다루었다. 상가의 견해는 그 대표자 중 한 사람인 사마천의 『사기(史記)』 화식열전(貨殖列傳)에 가장 잘 드러나 있다.

상가문제에 초점을 맞춘다면 economics는 어떻게 번역했어야 했을까? 남회근에 따르면 economics는 과거 동양에서 식화(食貨) 또는 화식(貨殖)에 해당하였다. 실제로 중국의 두 번째 정사로 인정되는 반고(班固, 32년~92년)의 한서(漢書)나 우리나라의 고려사(高麗史) 등의 역사서들은 산업과 경제를 다루기 위해 식화지(食貨志)를 포함하고 있고, 중국의 첫 번째 정사인 사마천의 사기는 화식열전을 포함한다. 반고에서 시작된 식화지는 식량의 생산을 의미하는 식(食)과 농부산물의 생산과 화폐의 유통을 의미하는 화(貨)의 두 부분으로 나뉘어진다. 먹고 쓰는 것 또는 농업과 상공업이 식화이며 경제는 먹고 사는 문제인 것이다. 반고에 앞서 사마천은 화식열전에서 재물(貨)을 불림(殖)을 뜻하는 '화식(貨殖)' 문제를 개인적 차원과 국가적 차원에서 다루고 있다.[21] 경제를 식화나 화식으로 이해할 경우 경제는 단지 먹고사는 일상생활의 물질적 문제일 뿐이다.

사마천은 부가를 추구하는 것이 인간의 본성이라고 주장했다. 신분이나 직업을 불문하고 모든 사람들이 재물과 이익을 구하며 산다. 그는 불법 이외의 수단, 특히 농업, 공업, 상업의 정상적 경제 활동을 통한 부는 자연스러운 것이며 정부에 의해 억압되거나 간섭되어서는 안 된다고 보았다. 그는 부자가 되면 유능하고 도덕적인 사람으로 여겨지는 반면, 가난하면 수치심이 따른다고 주장했다. 부의 양극화는 자연 현상과 일치하며, 지혜로운 자는 넘치고 어리석은 자는 부족하다고 하였다. 그는

20. 이에 따라 중국의 새로운 왕조가 '사기'를 따라 이전 왕조의 정사를 편찬하며 사기의 경제정책서인 '평준서'를 모방한 '식화지'로 남겨두고, 후술하듯이 富家 문제를 다루었던 '화식열전'은 아예 편제하지 않게 되었다.

21. 화식이라는 단어는 공자가 자공에 대해 숙명을 받아들이지 않고 상업에 종사하였는데, 시장 동향을 잘 예측하였다고 평가하며 사용하였다(不受命而貨殖焉 億則屢, 논어 선진편).

부가의 정당성을 확인하였을 뿐만 아니라 富國과 양립할 수 없다는 주장을 부정하고 부의 축적이 약탈보다는 농상공의 생산활동에 기반한다면 부가는 부국과 일관될 수 있다고 주장했다.

경제학은 가정의 관리

동양과 달리 서양에서는 오랫동안 이어진 富家에 대한 논의 전통을 찾아볼 수 있다. economics의 어원이 된 오이코노미코스(Oiknomikos)에 따르면 경제학은 먹고 사는 일상생활, 특히 가정관리의 지혜에 대한 것임을 알 수 있다. 그리스어 오이코노미아(oikonomia)는 아내, 자녀, 노예를 포함한 인간과 소유물을 통칭하는 재산의 의미를 갖는 오이코스(oikos)와 공유, 관리를 의미하는 동사 네마인(nemein)의 합성어다. 즉, 오이코노미아는 (당시의 의사결정자 계층에 속하는 남성 지주들의) 재산 관리를 의미하여 재산의 취득(acquisition), 보존(conservation), 질서 있는 관리(orderly arrangement), 사용(use)을 포함하였다. 재산관리에 있어 그 목표는 이익을 최대화하고 손실을 최소화하는(the more and the less) 것이었다. 그리스 철학자 크세노폰(Xenophon)은 오이코노미코스가 가정의 부를 증식할 수 있게 한다고 하고 있다. 재산 증식의 성공은 경제활동에 필요한 자질과 미덕의 결과이지만, 실패는 결점과 악덕(소크라테스가 말한 정욕의 노예)에 따른 결과로 보았다. 그리스에서 가정은 비혈연자도 포함한 자급자족적 가족공동체로서 삶의 대부분이 이루어지는 사회정치적 기본 단위(모든 도시는 가정으로 구성)로서 생산의 기본단위이기도 하였다. 오이코노미코스는 남편과 아내의 관계, 부모와 자녀의 관계, 주인과 노예의 관계, 재산 취득에 대한 주인의 관계에 대한 것이고, 이를 다룰 수 있는 소양이 오이코노미코스였다. 그리스에 있어 자유시민인 家長의 삶은 철학, 정치, 경제의 3차원으로 진행되었다. 경제는 생계 수단을 확보하고 철학 활동과 정치 참여의 삶을 위해 필요한 잉여를 창출하는 것이었다. 이는 생산을 늘리거나 소비를 조절하는 두 가지 방법으로 도모되었다. 자연은 절약되면 모든 필요를 충족시킬 수 있는 풍요로움을 가지고 있으므로 생존과 철학 및 정치참여에 필요한 잉여 창출을 넘어 부 획득 자체를 목표로 하거나

(재산창출 기술) 호화로운 삶에 몰입하는 것 모두가 경계의 대상이었다.[22] 한편 그리스에서 여성은 유능한 청지기로서 가장인 주인(master)에 상응하는 여주인(matron)으로 고전적 오이코스는 행복한 존재를 목표로 하는 주인과 여주인 간의 파트너십으로 인식되었다. 여주인은 공적 정치에서 배제되고 학교에서 철학에 참여할 수도 없어 경제 활동에 전념하였기에 오이코노모로 곧잘 불리었다. 여주인에 의한 재산의 합리적인 보존과 관리, 그리고 사용으로 한편으로는 필요를 충족시키고 다른 한편으로는 잉여를 창출하여 주인이 정치와 철학에 자유롭게 참여하도록 지원하는 구도였다. 이런 면에서 그리스 문화는 '경제 현상에 대해 시장 접근 방식이 아닌 행정적 접근 방식'을 따랐다(Lowry 1987, p. 12).[23] 경제 문제는 가정 관리나 정치제도의 틀에서 다루어졌다. 전자를 대변하는 것이 크세노폰(Xenophon)의 오이코노미코스이며, 후자를 대변하는 것이 플라톤의 공화국(Republic)이나 아리스토텔레스의 정치학(Politics)이라고 할 수 있다. 그러나 그리스 문화에서는 가족 행정가의 관점과 폴리스 정부의 관점 사이에 대조가 없었다. 크세노폰과 플라톤은 이 사실을 명시적으로 밝혔다. 무엇보다도 자신의 사업을 관리할 수 있는 능력은 공적 임명, 심지어 군사 임명의 귀속과 관련하여 믿을만한 증거로 간주되었다.

로마와 중세에서도 경제의 개념은 대부분 크세노폰, 플라톤, 아리스토텔레스의 오이코노미코스에 고착되어 있었다. 즉, 중세까지도 경제의 개념은 가정의 재산을 관리하는 방법과 부를 늘리고 보존하는 올바른 방법을 가르치는 단계로 남아 있었다. 오늘날의 의미에서 국가의 역할은 지배적이지 못해 자연적 소비가 지배적이고 자급자족적 가정을 중심으로 먹고 사는 문제가 해소되던 고대와 중세에는 이러한 이해만으로 충분하였다.

---

22. Leshem, D.(2016), "What Did the Ancient Greeks Mean," *Journal of Economic Perspectives*, 30(1).

23. Lowry, S. Todd(1987), *The Archaeology of Economic Ideas : The Classical Greek Tradition*, Duke University Press.

성경과 오이코노미코스

가정관리로서 주인-노예, 남편-아내, 부모-자녀, 주인-재산의 관계를 관리하는 오이코노미코스에 대한 성서의 묘사는 종종 철학자들의 묘사보다 더 포괄적이고 구체적이었다. 성경에서 육신의 아버지는 권위를 행사하고 가족 안에서 자신의 성취를 찾으며 영원히 거할 집을 짓는 사람이다. 집은 직접 관리되거나 관리자가 지정되어 관리된다. 여성과 자녀들은 순종할 것이, 가장은 사랑과 양육으로 아내와 자녀를 대할 것이 요구되었다. 구약 성경은 유능한 아내로서 오이코노미아의 이상적 모습을 가장 잘 보여준다. 자녀 양육과 가사를 넘어 집 안팎을 다 관할하며 사업 수단까지 갖추고 재덕을 겸비한 잠언 31:10~31의 유능한 또는 현숙한 여인은 동양의 현모양처를 훌쩍 뛰어넘는다. 유능한 여인은 신뢰할만한 사람으로 평생 남편의 유익을 위해 일한다. 게으르지 않고 일찍부터 일어나 열정과 기술을 다하고 가정을 관리하며 가족이 필요한 것을 집 안팎에서 때에 맞게 양질의 것으로 준비한다. 신중하게 부동산을 구입하며 생산적 목적으로 활용한다. 힘든 일에도 팔을 걷어부치고 직접 나서며 사업을 일구고 수익을 따져가며 밤늦게까지 일한다. 가족 부양을 넘어 추가로 판매할 상품도 만들어낸다. 자신감으로 현재를 대하고 웃음으로 미래를 맞이한다. 말은 지혜롭고 인자하며 소외된 사람을 돌보며 친절과 관대함을 보여주며 하나님을 경외한다. 자녀와 남편은 그녀를 축복하고 최고라며 칭찬한다. 아내의 가정관리에 힘입어 남편 역시 널리 공경을 받는다.

▶ 누가 유능한 아내를 맞겠느냐? 그 값은 진주보다 더 뛰어나다.
남편은 진심으로 아내를 믿으며 가난을 모르고 산다.
그의 아내는 살아 있는 동안, 오직 선행으로 남편을 도우며, 해를 입히는 일이 없다.
양털과 삼을 구해다가, 부지런히 손을 놀려 일하기를 즐거워한다.
또한 상인의 배와 같이, 먼 곳에서 먹거리를 구하여 오기도 한다.
날이 밝기도 전에 일어나서 식구들에게는 음식을 만들어 주고, 여종들에게는 일을 정하여 맡긴다.
밭을 살 때에는 잘 살펴본 다음 사들이고, 또 자기가 직접 번 돈으로 포도원도 사서 가꾼다.
허리를 단단히 동여매고, 억센 팔로 일을 한다.
사업이 잘 되어가는 것을 알고, 밤에도 등불을 끄지 않는다.
한 손으로는 물레질을 하고, 다른 손으로는 실을 탄다.
한 손은 펴서 가난한 사람을 돕고, 다른 손은 펴서 궁핍한 사람을 돕는다.
온 식구를 홍색 옷으로 따스하게 입히니, 눈이 와도 식구들 때문에 걱정하는 일이 없다.
손수 자기의 이부자리를 만들고, 고운 모시 옷과 자주색 옷을 지어 입는다.
남편은 마을 원로들과 함께 마을회관을 드나들며, 사람들의 존경을 받는다.
그의 아내는 모시로 옷을 지어 팔고, 띠를 만들어 상인에게 넘긴다.
자신감과 위엄이 몸에 배어 있고, 미래에 대한 두려움이 없다.
입만 열면 지혜가 저절로 나오고, 혀만 움직이면 상냥한 교훈이 쏟아져 나온다.
집안 일을 두루 살펴보고, 일하지 않고 얻은 양식은 먹는 법이 없다.
자식들도 모두 일어나서, 어머니 업적을 찬양하고 남편도 아내를 칭찬하여 이르기를 "덕을 끼치는 여자들은 많이 있으나, 당신이 모든 여자 가운데 으뜸이오" 한다.
고운 것도 거짓되고, 아름다운 것도 헛되지만, 주님을 경외하는 여자는 칭찬을 받는다.
아내가 손수 거둔 결실은 아내에게 돌려라. 아내가 이룬 공로가 성문 어귀 광장에서 인정받게 하여라(잠언 31:10~31).

부에 대해서는 눈썹에 땀을 흘려야 부를 얻을 수 있는 것으로 여겨졌다. 구약에서 큰 부는 경건한 인물의 징표였지만, 신약에서 재산의 취득은 천국에서의 영생과 관련하여 중요하지 않은 세부 사항이었다. 경제 활동을 신앙과의 연관 아래 제한하는 태도는 경제 활동을 윤리적 목적에 종속시켰던 그리스의 전통과 이어졌다.

▶ 네가 흙으로 돌아갈 때까지 얼굴에 땀을 흘려야 먹을 것을 먹으리니 네가 그것에서 취함을 입었음이라 너는 흙이니 흙으로 돌아갈 것이니라 하시니라(창세기 3:19)
▶ 우리가 먹을 것과 입을 것이 있은즉 족한 줄로 알 것이니라. 부하려 하는 자들은

시험과 올무와 여러 가지 어리석고 해로운 욕심에 떨어지나니 곧 사람으로 파멸과 멸망에 빠지게 하는 것이라. 돈을 사랑함이 일만 악의 뿌리가 되나니 이것을 탐내는 자들은 미혹을 받아 믿음에서 떠나 많은 근심으로써 자기를 찔렀도다(디모데전서 6:8-10)

이러한 기본 관계 외에도 성경의 경제 기술에는 농사, 목축, 어업, 노예를 얻는 전쟁 기술이 포함되며, 부가 근면, 독창성, 현실감, 대담함 및 절제에서 얻어지는 것으로 가르친다. 결과적으로 성경과 탈무드는 가정관리로서 오이코스노모스를 다루며 시대를 초월한 유대민족 전체의 창의적 사고와 생활에 얽힌 지혜를 담고 있다.

국가 관리로서의 경제

그리스 도시국가에서의 가정관리로서의 오이코노미코스는 도시 국가(폴리스 따라서 정치)의 일이 상류층의 삶에서 중요성이 커져가며 그 의미가 확대되고 오이코노미아도 일반적 용어로 사용되었다. 이어 군주제가 자리잡게 된 헬레니즘 시대에 들어서는 군주의 국가관리로 확장되고 재정관리를 의미하는 politike oikonomia도 등장하였다. 이미 다루었듯이 중국에서는 전제적 영토국가가 성립한 전국시대 이래 국가 간 경쟁에서의 성공과 안정적 존속을 위한 군주의 국가관리가 경제 논의의 중심을 차지하였다. 특히 조세 수입의 기반인 생산 기반의 안정화에 큰 관심을 기울였다. 그러나 전제군주제 하에서 정치의 주체가 될 수 없었던 가장(家長)의 가정관리에 대한 논의는 찾기 어려웠다. 반면 서양은 중세까지 봉건사회에서 오이코노미아의 담론이 지배적이었으나 17세기에 절대왕권의 국가체제가 성립한 뒤에는 국가관리로서의 political economy의 담론이 활성화되었으며, 중상주의 시대에는 국가 재정이 경제학의 주요 논의 대상이었다.

동서양 간의 경제학 개념의 차이는 특정 기후조건과 문화적 전통을 반영하였다. 고대 이집트나 중국과 같은 강변 문화에서는 더 많은 집단적 노력이 필요했다. 따라서 그들은 홍수 단계에서 인간의 노동을 조정했고 결국에는 훨씬 더 많은 집단주의적 제도를 발전시켰다. 유럽에서는 낮은 인구 압력과 온화한 기후 덕분에 경제적 자율성과 분산된 경제 조정이 가능해졌고 그에 따라 노예를 포함한 개인 가족을 주요 경제 단위로 생각하는 확대된 가족 접근 방식을 취했다. 이들 간에는 경제 또는 국민경제(national economy)에 대한 태도도 구별된다. 전자에서 (국민)경제를 가계나 기업처럼 제어 가능한 하나의 유기체로 그 자체가 일정한 생성과 발전의 법칙을 가지며, 이를 규정하는 변수를 조정함으로써 정해진 목표에 도달할 수 있다고 생각한다. 한편 후자에서 국민경제는 서로 다른 목표와 자원을 가진 다수의 경제(주체)가 교환하고 조정한 결과로 생겨나는 통계적 집계치로서의 자생적 질서(spontaneous order) 또는 시장 질서(market order)로 다루어진다(F. A. Hayek).

현대의 경제가 복잡해진 이유

원격지 무역을 따라 11세기 이후 유럽에서 도시를 중심으로 상업과 시장이 성장하고 유럽의 세계 경제가 성립하였고 국민국가가 부상한 16세기 이후에는 전지구적 시장으로 확대되었다. 상품 생산과 시장이 만연하여 더 이상 먹고 사는 문제를 가정에 의존하는 것만으로 해소할 필요가 없게 되었다. 또한 비혈연자가 가정으로부터 분리되며 가정의 생산과 자급자족 기능이 약화되었다. 가정은 요소시장에 노동과 자원을 제공하고 그로부터 얻은 소득으로 상품시장에서 상품을 구매하여야 했고, 생계의 대부분을 시장에 의존하게 됨에 따라 가정관리에 한계가 드러났다. 또한 이렇게 변화한 세계에서 살아가기 위해서는 자신의 삶을 거의 대부분 의존하지만 자신이 통제할 수 없는 시장들에 대한 이해와 대응이 필요하게 되었다.

결과적으로 현대의 경제 개념은 가정 내 관계만을 포함했던 예전의 경제 개념보다 훨씬 더 포괄적으로 변화하였다. 오늘날의 경제 관계는 남편과 아내, 주인과 노예, 부모와 자녀의 관계, 재산 취득 방식으로 축소될 수 없게 변모하였다. 그리고 경제 개념은 노예와 봉건 시대보다 더 보편적으로 변화하였다. 경제는 이제 '공동체에 속한 사람들의 욕구를 충족시키는 재화와 용역의 생산, 교환, 유통, 소비를 위한 조직 체계'를 의미하게 되었다. 현대의 경제는 가족 성원의 요구를 충족시키기 위해 재화와 서비스의 생산, 교환, 유통, 소비를 위한 조직 체계로서 전통적인 가정관리를 포함한다. 하지만 모든 시민의 필요를 충족시키기 위해 재화와 서비스의 생산, 교환, 분배, 소비를 위한 조직체계로서 국가도 포함하게 되었다(이 경우 국회가 주인이고 행정부가 경제의 주요 관리자라고 볼 수 있다).

이렇게 정의된 경제에 있어 희소한 자원에 직면하여 자신과 공동체의 욕구를 충족시키려는 의도적인 활동이 경제 활동의 본질이라 할 수 있다. 필요를 충족시키기 위해 희소한 가용 자원을 관리하는 곳마다 경제 문제가 있다. 이런 면에서 현대의 경제는 어떤 목적을 위해 자원을 관리하는 사람을 의미하는 희랍어 오이코노모스(oikonomos)와 여전히 일맥상통한다 할 수 있다. 그리스의 오이코노미코스와 현대 경제학은 대체 용도가 있는 목적과 수단 사이의 관계로 인간 행동을 연구하며, 경제 활동의 합리성은 수단의 검소한 사용에 달려 있다고 주장한다.

경제문제에 대응하기 위해 사회는 사회구성원의 행동을 제한하는 제도를 수립할 수 있으며, 제도의 선택은 경제가 달성할 사회적 상태를 결정할 것이다. 아담 스미스를 비롯한 많은 경제학자들은 뉴턴의 자연과학이 제시한 조화롭고 질서 있는 우주처럼, 인간의 자유로운 경제활동에 의존하는 시장경제에도 조화롭고 사회복지를 증진하는 질서가 존재한다는 주장을 전개하고 그 질서를 탐구하는 것을 경제학의 본령으로 삼았다. 그러나 다른 경제학자들은 고대부터 이어져 내로 온 시장경제에 대한 의혹을 간직한 채 (인민의) 정부가 무엇을 할지를 결정하는 중앙계획경제를 대안으로 제시하였다.

3. 탈무드와 경제학

실증 경제학과 규범 경제학

현대 경제학에서는 주인과 노예의 관계, 부모와 자식의 관계, 남편과 아내의 관계, 주인이 재물을 얻기 위해 필요한 요령은 경제학의 현장에서 사라진 것으로 보인다. 이는 오늘날에 가계가 경제에서 그다지 중요한 부분이 아니라는 것을 의미하지는 않는다. 하지만 주인과 상품, 남자와 아내, 부모와 자녀 사이의 이전의 도덕적 관계는 전혀 언급되지 않는다. 그만큼 경제학은 과거 가정에서 사용되었던 풍성한 삶의 규칙을 포함하지 않게 되었고 그만큼 더 빈약하게 보이게 되었다. 우리가 곧잘 관심을 갖게 되는 "인간은 어떻게 행동해야 하는가?"에 대한 논의가 경제학에서 찾아보기 어렵게 된 것이다. 대신 "인간은 어떻게 행동하며 그 결과로서 사회에는 어떤 일이 생겨나는가?"에 관심이 집중되었다.

사람들이 실제로 무엇을 하는지 그 결과로서 사회에는 어떤 일이 생겨나는가에 대한 묘사는 세계에 관한 객관적 진술로서 이 일을 하는 경제학의 영역을 실증 경제학(positive economics)이라 한다. 실증적 주장은 "무엇인가"에 대한 설명이다. "covid 19의 발생은 택배주문을 증가시켰다"나 "covid 19의 발생은 일시적으로 세계 경제성장률을 감소시켰다"는 대표적인 실증 경제학적 주장으로 데이터 수집을 통해 검증할 수 있다.

한편 무엇을 어떻게 하여야 한다라는 조언, 즉 개인과 사회가 내리는 결정에 대한 조언은 규범으로서 이 일을 하는 경제학의 영역을 규범 경제학(normative economics)이라 한다. 실증적 진술이 사실에 대한 진술이라면 규범적 진술은 가치와 신념에 대한 진술이다. 즉, 무엇이 되어야 하는지, 어떤 것이 바람직한지에 대한 진술이다. '가난한 사람보다 부자에게 더 많은 세금을 부과해야 한다', '정부는 인플레이션을 완화하여야 한다', '의료 보험료를 인상해야 한다'는 모두 규범적 진술의 예다. 이들은 사실에 대한 단순한 호소로 증명되거나 반증될 수 없다. 규범적 진술은 옳고 그름이 아니라 가치, 신념, 의견에 따라 다른 관점이다. 규범적 진술은 정책당국자, 유권자, 이념가의 영역이다. "정부는 농산물 무역장벽을 줄여야 한다"는 표현은 규범 경제학적 주장이다. 농산품 무역장벽을 줄이는 것은 도시민에게는 유리하겠지만 농부에게는 불리할 수 있다. 농부라면 농산품 무역장벽을 줄여야 한다는 주장은 절대 하지 않을 것이다. 무엇을 해야 하는지를 주장하기 위해서는 그에 앞서 가치 있게 여기는 것이 무엇인지를 분명하게 해야 한다. 즉, 규범 경제학이 성립하기 위해서는 감정이나 취향이나 의견을 포함한 주관적 판단이 필요하다.

윤리학과 규범 경제학

고대 오이코노미코스와 현대 경제학의 가장 두드러진 차이점은 윤리와의 관계에서 찾아 볼 수 있다. 현대 경제학은 기본적으로 윤리와 구별되며, 그 이론은 원칙적으로 특정 윤리적 입장과 무관하여 목적 사이에서 중립적이다. 현대 경제학자들은 일반적으로 인간이 수단이 희소한 세상에 사는 것을 자연스러운 상황으로 보지만, 고대 오이코노미코스를 다룬 철학자들은 인간이 이미 생존에는 충분한 자원이 존재하는 풍요로운 세계에서 살고 있다고 믿었다. 이들의 관점에서 경제적 합리성의 주요 목적은 자신들이 이해한 좋은 삶을 발전시키는 것이었다. 즉, 그들은 목적 그 자체와 가능한 목적 간의 선택에 깊은 관심을 두어 칭찬할 만한 목적을 향해 어떤 행위가 취해질 때만 경제적으로 합리적이라고 간주된다. 고대 철학자들은 그러한 목적이 무엇인지를 분명히 하고 있다. 특히 철학자로서 행동하거나 도시 국가의 삶에 능동적으로 참여해야 한다는 뚜렷한 가치판단을 가지고 있었다. 중세까지도 경제학은 윤리학의 일부로서 경제활동은 신앙적 목적과의 연관 아래 제한되었다. 그러나 현대 경제학은 무엇이 더 좋은 삶인지, 어떤 목표가 더 바람직한지에 대한 뚜렷한 가치판단을 갖고 있지 않다는 면에서 특정 윤리적 입장과 무관하다. 현대 경제학은 "특히 '윤리와 관련된' 관점에 대한 확고한 거부"를 포함하였지만 고대 그리스인들은 "경제는 오직 윤리적 영역으로서만 이해될 수 있다"고 주장하였다(Sen, 1987).

그러나 현대의 실증 경제학은 규범 경제학에 도움을 줄 수 있다. 실증 경제학적 주장은 가치판단 없어도 수행할 수 있지만, 규범 경제학은 실증 경제학에 크게 의존한다. 세계의 특정 현상을 이해하지 않은 상황에서 무엇을 해야 할지 말지를 이야기할 수 없다. 대부분의 규범적 질문에는 실증적 질문이 포함된다. 즉, 특정 행동을 취해야 하는지 여부를 알려면 먼저 행동을 취한 데 따른 결과가 무엇인지 알아야 한다. 더욱이 무엇이 좋은 삶인지에 삶의 목표를 보다 명확하게 설정을 한 뒤라면 실증 분석을 통해 개인과 사회에 무엇이 더 나은 결정인지 조언과 도움을 줄 수 있다.

과학으로서의 경제학

이상의 논의를 따르다보면 실증 경제학의 주장은 참된 주장이고 규범 경제학의 주장은 참과 거짓이 분명하지 않은 주장이라고 생각할 수 있다. 그러나 그렇지 않다. 실증 경제학의 주장이 되기 위해 그 주장이 정확하거나 분별력이 있는 주장일 필요는 없다. 단지 그 진술이 데이터를 사용하여 확증하거나 검증을 할 수 있으면 충분하다. 맞을 수도 있고 틀릴 수도 있지만 사실에 호소하여 그 정확성을 검증할 수 있으면 된다. 즉, 실증적 진술은 참과 거짓을 검증할 수 있는 주장이지만, 규범적 진술은 검증할 수 없는 주장이다.

현대 경제학이 사용하는 방법은 자연과학자들의 과학적 방법과 공통된다. 과학적 방법은 4단계로 구성된다:

첫째, 관심 있는 현상을 관찰한다.

둘째, 관찰을 바탕으로 현상을 설명하는 가설을 수립한다.

셋째, 가설(과 그것이 시사하는 예측)이 맞는지를 검증하기 위해 실험을 설계한다.

넷째, 실험을 실시하여 데이터를 수집한 후 가설을 확인한다.

다섯째, 다수의 실험을 통해 검증되어 기각되지 않은 가설은 이론으로 받아들여진다.

과학적 가설은 (수학적) 모형의 형태로 제시되며 현실을 단순화하는 많은 가정에 의존한다. 관심있는 현상에서 복잡성을 피하고 중요한 요소를 포착하기 위해서이다. 가정은 그 자체의 외견상 적합성이 아니라 그렇게 가정함으로써 얻게 되는 예측이 얼마나 타당한지에 따라 판단된다. 경제학의 경우 가장 대표적으로 사용되는 가정으로 '인간의 합리성'이 있다. 예를 들어 소비자는 자신의 만족을 극대화하기 위해 여러 상품들 중에서 선택한다는 가정이나 기업은 이윤이 극대화되는 생산수준을 선택한다는 가정이 그것이다. 합리성 가정의 타당성은 사람들에게 '당신은 합리적입니까?'라고 직접 물어봐서 검증할 수 있는 것은 아니다. 대신 합리성의 가정에 의거하여 얻은 예측이 관찰된 사실과 일치하는가를 보아야 한다. 만족을 극대화하는 합리적 소비자는 가격이 오를 때 해당 상품의 소비를 줄이고, 이윤을 극대화하는 합리적 기업은 가격이 오를 때 생산량을 늘리는 것으로 관찰되어야 한다. 경제학자의 실험실은 우리 주변의 세계이며 기업과 개인이 내리는 결정부터 국민경제나 세계경제 전체에 이르기까지 다양하다. 결과적으로 경제학자들은 자신의 가설을 검증하기 위한 실험을 항상 설계할 수는 없다. 종종 경제를 더 잘 이해하기 위해서는 과거 데이터를 수집하거나 실제 사건(예 : 2007 ~ 2009년의 대침체)이 발생할 때까지 기다려야 한다.

과학과 탈무드의 충돌과 그 해소

종교와 과학은 우주론과 생물학의 문제뿐만 아니라 경제 문제에서도 충돌할 수 있다. 탈무드와 과학 일반은 모순될 수 있고, 특히 탈무드의 가격통제 규정은 현대 경제이론과 충돌할 수 있다. 현대 경제이론에 따르면 가격통제는 빈곤층과 고통받는 사람들을 돕는 데 거의 도움이 되지 않을 것이며 사실상 그들의 궁핍을 더욱 악화시킬 수 있기 때문이다. 그렇지만 가격통제 규정들은 윤리적 종교적 근거를 가지고 있다. 이러한 갈등이 있을 때 탈무드는 어떻게 대응할까? 탈무드는 규정의 동기가 여전히 도덕적으로 정당하고 신성한 종교 전통은 틀릴 수 없다는 이유로 경제 과학이 틀릴 수 있다고 주장하지 않았다. 그렇다고 경제학에 근거하여 탈무드를 포기하지도 않았다. 유대인의 대응방식은 두 가지로 나타났다. 첫째는 규정을 우회할 정당한 수단을 찾는 것이다. 이는 유대인의 이자 금지나 안식년의 빚탕감 규정에서 찾아볼 수 있다. 상업 및 금융발전에 따라 유대인들은 이들 두 규정의 시행이 재앙을 초래할 것임을 알았다. 그래서 랍비들은 투자에 대한 배당(heter iska) 수취를 공식화함으로써 이자수취 금지를 창의적으로 비켜갔다. 또한 랍비 힐렐은 안식년의 부채 무효화 조치를 막기 위해 개인의 부채를 사법당국에 대한 부채로 전환시키는 프로즈불(prozbul)을 도입함으로써 극복하였다. 이렇게 율법과 경제적 필요 사이의 갈등은 창의적으로 해소되었다.

하지만 보다 근본적으로 탈무드는 과학에 더 많은 신뢰를 부여하는 동시에 종교적 전통의 본질 역시 그대로 유지하는 방식을 통해 율법과 과학의 충돌을 극복해 왔다. 이러한 탈무드의 전통은 오래되었다. 오래 전 랍비들은 탈무드의 의학이 탈무드 이후의 의학과 모순된다는 것을 깨달았다. 이에 따라 의학에 관한 현자들의 진술을 구전 토라의 필수적인 부분으로 간주하지 않고 단순히 그들 자신의 경험에 기초한 조언으로 간주했다. 이 때문에 10세기 바빌로니아 랍비인 셰리라 가온(Sherira Gaon)은 다음과 같이 썼다.

▶ 우리 랍비들은 의사가 아니었음을 말해야 한다. 그들은 단지 여기저기서 환자들 사이에서 관찰한 것을 말했을 뿐이다. 이것들은 [반드시 지켜야 하는] 계명이 아니다. 그러므로 [탈무드에 있는] 이러한 치료법에 의존하지 말라.

탈무드는 탈무드의 의학과 모순된다고 해서 오늘날 의대에서 가르치는 교육에 반대하지 않는다. 탈무드의 의학은 시나이 전통의 일부라기보다는 그 시대에 알려진 과학 지식을 따라 결정했다. 따라서 유대인은 현대 의학에 기초해 탈무드의 의학을 무시하는 것에 양심의 가책이 없다. 사실 탈무드에서 랍비들은 천문학 문제에 있어서도 자신들이 틀렸다고 인정했으며, 이방인 천문학자들의 견해가 선호되어야 한다고 인정한 바 있다. 마이모니데스(Moses Maimonides)와 그의 아들인 랍비 아브라함 마이모니데스(Abraham Maimonides)은 각각 다음과 같이 말했다.

▶ 그 당시 학문적 지식이 부족했기 때문에 천문에 관해 언급한 모든 것이 사실과 일치해야 한다고 주장하지 말라. 그들이 이 일을 선지자의 유전으로 말한 것이 아니라 그들이 이 일에 있어서 그 세대의 학자였거나 그 시대의 학자에게서 배웠기 때문이라.

▶ 탈무드의 현자들이 토라에 관한 모든 것과 그 다양한 세부 사항에 대한 완전한 지식을 가진 위대한 사람들이라는 것을 알고 있다. 그렇다고 간단하게 의학, 물리학, 점성술에 관한 현자들의 의견을 모든 면에서 옳다고 변호할 의무는 없다. 토라에 대한 지식에 관한 한 현자들이 가장 높은 단계에 도달했다고 믿어야 하는 것이 사실이다(신명기 17:11). 그러나 진정한 궁극적 결론에 도달하지 못한 다른 지식 분

야에 대해서는 반드시 그렇지는 않다.

임대료 통제가 주택공급을 감소시킨다는 것이 입증된 사실이라고 가정하면, 모든 종교는 주택공급을 줄이는 대가를 치르더라도 '공정한' 주택 가격 인하를 선호한다고 주장할 수 있다. 이 경우 종교는 과학의 실증적 발견을 받아들이지만 그 규범적 의미는 달리 해석하는 것이다. 그러나 종교가 집세 통제를 통해 주택의 가용성을 높이는 것을 목표로 한다고 선언하는 것은 정당하지 못한 것이다. 단순히 과학적 사실의 도덕적 의미에 동의하지 않는 것이 아니라 입증된 과학적 사실 자체를 부정하기 때문이다. 주관적 판단과 윤리적 취향을 따르는 규범적 문제에서는 어떤 증거도 엄격하게 필요하지 않지만, 사실적 문제에서는 과학적 증거에 기초하여 수용하거나 거부할 수 있다.

유대 문헌에 따르면 시나이 산에서 받은 것과 탈무드 랍비들이 독자적인 과학 연구를 바탕으로 결정한 것과 구별하는 것이 가능하다. 따라서 율법의 본질적인 '계시된' 종교적 핵심을 버리지 않고 과학적 사실의 새로운 발견에 따라 할라카(유대인 율법)를 변경할 수 있다. 따라서 어떤 면에서 나중에 부정확한 것으로 판명된 특정 과학적 사실을 잘못 추정한 윤리적 철학자에 관한 연구와 양립할 수 있다. 추정된 과학적 '사실'이 적절하게 대체되더라도 윤리 이론의 본질적인 핵심이 살아남을 수 있다.

종교가 현대 경제 과학과 충돌하는 경우, 충돌이 존재하지 않는 것처럼 단순히 무시할 것이 아니라 과학과 종교 간의 다른 충돌처럼 다루어야 한다. 특히 윤리 이론의 본질적 핵심과 윤리 이론가에 의해 참이라고 추정되는 과학적 사실을 구별하여야 한다. 그래서 과학적 사실이 거짓으로 입증된다고 해서 반드시 그 윤리 이론을 통째로 포기하는 것은 아니다. 윤리 이론의 잘못된 과학적 '사실'을 버려도 윤리 이론의 본질은 지킬 수 있을 것이다. 더 나아가 유대 율법조차도 과학적 발견에 비추어 변경될 수 있다는 전통을 가지고 있다.

- [할라카가 새로운 과학적 발전에 비추어 변경되어야 하는지 여부에 대한] 이 질문에 대한 대답은 분명히 할라카의 근거에 달려 있다. 할라카가 시나이 산에서 전해진 것이라면 과학적 발견에 의해 영향을 받지 않을 것이다. 반면에 추정된 사실에 근거한 경우 이러한 사실을 결정하는 것은 할라카에 영향을 미친다(Yehudah Levi, 2006).
- 과학자들이 마음을 바꿀 수 있기 때문에 우리는 할라카를 바꾸려고 서두르지 말아야 한다. 할라카는 오랫동안 우리 곁에 있어야 한다. 그러나 수년이 지나고 어떤 것이 [할라카와 모순되는] 과학적 사실로 받아들여진다면 우리는 할라카를 재고해야 한다(Hershel Schachter, 2014).

| 참고문헌 |

Bokser, Ben Zion(2001), *The Wisdom Of The Talmud_ A Thousand Years of Jewish Thought*, Wisdom Library.

Kraemer, David C.(2019), *A History of the Talmud*, Cambridge University Press

Leshem, Dotan(2013), "Oikonomia in the age of empires," *History of the Human Sciences* 26(1).

Leshem, Dotan(2014), "The Ancient Art of Economics," *European Journal History of Economic Thought* 21(2).

Muller, Jerry Z(2010), *Capitalism and the Jews*, Princeton University Press.

Price, Betsy(1997), *Ancient Economic Thought*, Routledge.

Slezkine, Yuri(2004), *The Jewish Century*, Princeton University Press.

Sombart, Werner(2010), *The Jews and Modern Capitalism*, Batoche Books.

부, 욕망, 상공업에 대한 태도

2장

1. 부에 대한 태도의 변천 / 2. 경제적 욕망에 대한 태도 / 3. 상공업에 대한 태도

1. 부에 대한 태도의 변천

인류는 씨족과 부족의 공동체 사회에서 농경과 더불어 토지 소유자와 세습적 귀족이 지배하는 계급사회로 전환하여 대중은 궁핍한 삶을 이어갔다. 전통적인 농업사회에서는 국내외 교역을 기반으로 상인계층이 등장하며 기득권층에 끊임없이 도전하였다. 자본주의가 기정 사실로 받아들여지기 시작한 것은 17세기 들어서였고, 그 전까지는 부와 상업이 거부되고 농업에 기반을 둔 공동체 사회나 예외적 미덕을 가진 지배층이 이끄는 귀족 사회로의 회귀가 끊임없이 제기·도모되었다.

(1) 동양 : 경제는 중대한 문제

동양에서 식화 문제는 개인과 국가의 중대사로 다루어져 왔다. 식화의 중요성은 고대 중국의 정치를 기록한 서경(書經)에서 찾아볼 수 있다. 우왕이 요순 이래의 사상을 집대성한 정치도덕의 기본적 아홉 법칙을 담은 서경 주서의 홍범 구주에는 국가가 힘써 행해야 할 여덟 가지 정사의 첫째가 식이고 둘째가 화(一日食 二日貨)라고 적고 있다. 식화는 행복의 일부분이었다. 동양에서는 행복이라는 단어가 원래 없고 대신 복(福)이 사용되어 왔는데, 복은 가득 차서 갖추어진 상태를 의미하였다. 홍범 구주는 행과 불행을 오래 삶(壽)·부유함(富)·편안함(康寧)·덕을 좋아함(攸好德)·편안한 죽음(考終命)의 오복(五福)과 횡사요절·질병·근심·빈곤·악·약함의 육극(六極)으로 각각 제시한 바 있다. 이처럼 (행)복에는 부를, 불행에는 가난을 포함하고 있다. 오복을 누리고 육극을 피할 수 있으면 그것이 최고의 행복이었다. 그러나 예기, 시경, 서경은 행복에 있어 한결같이 덕이 강조된다.

- ▶ 덕을 닦을지어다. 길이 천명에 합함이 스스로 복을 구하는 길이니라(시경 대아).
- ▶ 덕은 근본이고 재물은 말단이다. … 근본을 밖으로 여기고 말단을 안으로 여기면 백성을 다투게 하여 약탈하게 하는 것이다(대학 전 10장).

▶ 덕이 있으면 인민이 있고, 인민이 있으면 토지가 있고, 토지가 있으면 재물이 있고, 재물이 있으면 쓰임이 있다(대학 전 10장).

▶ 하늘의 도는 선한 자에게는 복을 내리고 음탕한 자에게는 화를 내린다(서경 탕고).

▶ 덕과 선이 날마다 쌓이면 복록이 날로 이르니(주역, 태괘)

전쟁이 끊이지 않았던 춘추전국의 혼란 시대를 거치면서 행복에 있어 도덕적 삶은 더욱 강조된다. 공자는 행복이 신의 은총이나 신을 따르는 감각보다는 하늘이 부여한 덕을 실천하여 도(道)가 구현되도록 하는 삶에 있으며 그로 말미암아 즐거움(락, 樂)을 경험할 것이라고 믿었다. 각자 세속적 욕망을 억제하고 유덕한 삶을 영위함으로써 사회적 역할을 달성하고 그로 말미암아 사회 전체로는 조화를 실현함으로써 도가 구현된다. 결과적으로 개인과 사회가 함께 번창하는 것이다. 특히 하늘의 도를 따르는 위정자는 덕치가 중요하다.

▶ 하늘이 나에게 덕을 부여해 주셨다(논어 술이).

▶ 공자가 말하였다. 대덕(大德)을 가진 자가 반드시 지위, 복록, 명예, 수명을 얻게 된다(중용 17장).

이러한 행복론에서 공자는 종종 부나 그 축적에 초연하고 무관심할 것을 권한다고 이해된다. 이러한 이해는 공자가 총애한 제자 안회의 안빈낙도(安貧樂道)에서 비롯한다.

▶ 한 그릇의 밥과 한 표주박의 물을 먹으며 좁고 누추한 거리에 사는 것을 다른 사람들은 그 근심을 견디지 못하거늘, 안회는 그 속에서도 즐거움을 고치지 아니하니 어질도다 안회여!(논어 옹야)

공자 역시 자신의 꿈을 이루지 못하자 고향으로 돌아가 소박하게 살아가는데, 이는 안회의 삶을 닮았다. 부귀에 초연한 태도는 가난이나 부가 하늘과 운명에 의해 결정된다는 숙명론에 기인하지만 동시에 부귀는 의로움에 기반하여야 함을 주장한다.

- ▶ 거친 밥을 먹고 물을 마시고, 팔을 굽혀 베더라도 즐거움이 또한 그 가운데 있으니, 의롭지 않은 부귀는 나에게 있어 뜬구름 같도다(논어 술이).
- ▶ 생과 사는 명에 달려있고, 부와 귀는 하늘에 달려있다(논어 안연).
- ▶ 부유함과 귀함은 사람들이 바라는 것이지만, 정당한 방법으로 얻은 것이 아니라면 그것을 누려서는 안 된다. 가난함과 천함은 사람들이 싫어하는 것이지만 부당하게 그렇게 되었다 하더라도 억지로 벗어나려 해서는 안 된다(논어 리인).

공자는 인(仁)하다면 곤궁하게 지내더라도 어려움이 없으며, 더 나아가 예(禮)를 좋아한다면 부가 문제가 될 수 없다고 주장한다.

- ▶ 자공 : 가난하면서 아첨하지 않고 부유하면서 교만하지 않으면 어떻습니까?
  공자 : 가난하면서 즐거워하고, 부유하면서 예를 좋아하는 것만 못하다(논어 학이 1-15).
- ▶ 공자께서 말씀하셨다. "인하지 못한 사람은 오랫동안 곤궁하게 지내지도 못하고 오래도록 안락하게 지내지도 못한다"(논어 리인 2)
- ▶ 공자께서 말씀하셨다. "마을의 풍성이 인하다는 것은 아름다운 것이다. 인한 마을을 잘 골라서 거처하지 않는다면 어찌 지혜롭다 하겠는가?"(논어 리인 1)

공자는 부를 거부하지 않고 도덕적 수단을 통해 얻은 부와 귀를 받들고 있다. 특히 나라에 도가 있는 상황이라면 능력을 최대한 발휘하여 부를 축적하고 풍요롭게 살도록 해야 한다. 이런 상황에서 게으르고 어리석어 가난한 것은 부끄러운 일이다.

- ▶ 도가 천하를 지배할 때는 자신을 드러내고, 그렇지 않을 때는 눈에 띄지 않게 하라. 나라에 도가 있을 때 가난하고 천한 것은 부끄러운 일이다. 마찬가지로, 나라에서 도가 통하지 않을 때 부자와 귀족이 되는 것은 부끄러운 일이다(논어 태백).

▶ 부를 구해서 얻을 수 있다면, 내 말채찍을 잡는 자의 짓이라도 내 또한 그것을 하겠다. 그러나 만일 구하여 될 수 없는 것이라면, 내가 좋아하는 바를 따르겠다(논어 술이).

공자가 중국의 문화를 지켜낸 이로 칭송한 관중(管仲, BC?~BC 645)은 예의염치(禮儀廉恥)가 나라의 멸망을 막는 네 기둥(國之四維)이라 하였지만, 동시에 "창고가 가득 차야 예절을 알고, 의식이 족해야 영욕을 안다"라며 예의염치에 앞서 우선 부가 갖추어져야 함을 말하고 있다. 같은 맥락에서 맹자 역시 일정한 자산, 즉 항산이 있으면 항심이 있고, 항산이 없으면 항심도 없다(등문공장구상 3장 3)고 일갈하였다. 사마천도 관중을 따라 예라는 것은 재산이 있는 데서 생겨나고 재산이 없는 데서 사라지며, 그런 이유로 "군자도 부유해야 덕을 실천하고, 소인도 부유해야 있는 힘을 다한다며 사람은 부유해야 인의가 따른다"고 반복하였다.[1] 사마천은 재산의 축적이 관직이나 작위를 갖는 것에 못지않다고 하고 있다.

▶ 관직의 지위에 따라서 받는 봉록도 없고, 작위에 봉해 짐에 따라 받는 식읍의 수입도 없으면서, 그러나 이런 것을 가진 사람들처럼 즐거워하는 사람이 있으니, 이를 봉지나 작위가 없는 봉군이란 말에서 '소봉(素封)'이라고 한다. … 천금이 나가는 집은 한 나라의 군주와 맞먹고, 천 만금을 가진 자는 왕과 맞먹는 즐거움을 누린다. 이런 자들이 '소봉가'가 아니고 무엇인가?(사마천, 사기 화식열전)

더 나아가 가난하다면 부끄러워야 할 것이라고까지 비판하였다.

▶ 집안이 빈곤하고 … 음식과 의복도 자급 못하면서도 부끄러운 줄 모른다면 말할 필요조차 없다. 어떤 사람이 시종 가난하고 비천하면서도 고담준론 논하기를 좋아하고 무슨 인의도덕을 계속 운위하는 것은 진실로 수치스럽고 부끄러운 일이다!

---

1. 주공은 19년 동안에 세 차례나 천금을 벌었는데, 그중 두 번은 가난한 친구들과 먼 형제들에게 나누어 주었다. 이것이 이른바 '부유하면 그 덕을 즐겨 행한다'라는 것이다.

(사마천, 사기 화식열전)

(2) 서구 : 그리스와 로마, 그리고 기독교

오늘날에도 그렇듯이 서구의 고대에서도 대부분의 사람들은 가난한 것보다 부자가 되는 것을 더 좋아했다. 호메로스 시대에는 물질적 부와 사회적 지위가 높은 상관관계를 보였던 것으로 보인다. 윤리나 법에 부합하는지에 상관없이 부를 성공적으로 축적할 수 있다면 그 사실 자체가 그의 기량을 보여주고 그의 지위를 높였다. 그러나 대내외 상업이 활성화되고 화폐의 사용이 진전하면서 근본 없고 교육받지 않고 예의 없는 사람들도 부를 축적하게 되자 호메로스 이후 그리스 문학은 부 자체를 비난한 것은 아니지만 부에 대해 매우 다양한 태도를 보이기 시작하였다. 첫째, 부는 좋은 것이지만. 구한다고 얻어지는 것이 아니며 신의 뜻으로 주어지는 것이다. 둘째, 부는 잘못된 사람들에게도 주어진다. 셋째, 부가 개인과 국가를 부패시키지만, 그것은 부 그 자체가 아니라 부에 대한 과도한 욕망이다. 탐욕은 불의와 약탈을 초래한다. 넷째, 부 그 자체가 부패하는 것은 아니지만 너무 많은 부는 확실히 부패한다. 부는 신의 질투를 불러일으키므로 위험하다. 부를 가질 만큼 운이 좋은 사람은 부가 자신을 타락하지 않도록 조심해야 한다.

서양 최초의 역사책인 헤로도토스의 『역사』는 행복의 위험성을 지적하였다. 거부였던 리디아의 왕 크로이소스(Croesus)는 현자 솔론(Solon)에게 자신의 부를 과시하며 세상에서 가장 행복한 사람이 바로 자신일 수 있고 또는 그러한 사람이 되기 위해 노력할 수도 있다고 믿는다. 그러나 솔론의 충고와 그 뒤를 이은 연속된 불운을 겪으며 마침내 그는 신의 질투로 말미암아 행복은 항상 전복될 위험이 있다고 고백한다. 그리스어 eu(선)와 daimon(신, 정신, 악마)으로 구성되어 행복을 뜻하는 에우다이모니아(eudaimonia)에는 운과 악령의 개념이 숨어 있다.

인간사의 우연 또는 불가측성에 대한 이러한 강조는 도전받았고, 소크라테스, 플라톤, 아리스토텔레스에서 알렉산더의 정복 이후 에피쿠로스 학파와 스토아 학파까지 행복(eudaimonia)은 철학적 성찰과 정치 활동의 최종 목표로 선언되었다. 풍요로운 삶의 비밀을 발견하는 것이 최고의 선이 되었으며, 우연에 맡기려 하지 않았다. 이들은 인간이 덕스럽게 살면 삶의 운명을 상당히 통제할 수 있다고 믿었다. 데모크리토스(Democritus)는 행복한 삶이 순조로운 운명이나 외부 환경의 산물이 아니라 마음가짐의 산물이라고 주장한 서양 최초의 철학자로 간주된다. 플라톤은 행복을 "선하고 아름다운 것의 안전한 향유"로 정의하며 객관적이고 절대적 용어로 행복을 개념화하였다. 아리스토텔레스는 행복이 "미덕을 표현하는 영혼의 활동"이라 하며, 선해지는 법을 배울 수 있는 만큼 행복해지는 법을 배울 수 있다고 믿었다. 그러나 미덕에 대한 강조에도 불구하고 행복에서 악운을 추방할 수는 없었다. 미덕을 가질 수 있지만 여전히 불행을 겪을 수 있으며, 모든 미덕을 갖고 더 행복한 삶일수록 그것을 소멸시키는 죽음 앞에서 더 많은 고통을 느낄 것이라는 모순을 인정한다. 아리스토텔레스는 죽음을 직시하고 웃으며 견뎌야 한다고 추가하였다. 하지만 이런 주장에 고대인들은 충분히 만족하지 않았다. 뒤이어 고대 세계를 휩쓴 위대한 행복 철학인 기독교의 엄청난 성공이 이를 보여준다. 이 새로운 믿음에서 행복 추구의 역설은 더욱 배가되었다. 그리스인과 로마인 사이에서 이성과 도덕성이 결여된 훌륭한 삶이란 결코 달성할 수 없다는 광범위한 합의가 있었다. 때때로 방종적 쾌락주의로 치부되는 에피쿠로스(Epicurus)조차도 덕과 쾌락은 상호 의존적이며 신중하고, 명예롭고, 정의롭게 살지 않고 즐겁게 사는 것은 불가능하다고 확신하였다. 고통의 신봉자로 여겨지는 스토아 학파조차도 고통이나 쾌락에만 무관심했을 뿐 행복 자체에는 반대하지 않았다. 스토아 학파의 키케로(Marcus Tullius Cicero)는 덕을 소유한 사람은 고문을 받는 동안에도 행복할 수 있다고 믿을 정도로 덕이 가진 축복의 힘을 옹호했다. 훨씬 후에 최고의 기독교 신학자인 성 어거스틴은 삶은 비참했고 행복은 불가능하지만, 그래도 행복이 달성될 수 있다면 반대하지 않았다. 아리스토텔레스와 기독교 교리를 종합한 후기 중세 기독교 신학자 성 토마스 아퀴나스는 아리스토텔레스가 에우다이모니아를 비슷한 용어로 생각한 것처럼 행복이 인간의 자연스러운 목표라고 주장했다.

행복에 대한 관점의 변화만큼 부에 대한 태도도 크게 변화하였다. 부에 대한 단순 명료했던 판단은 보다 회의적으로 바뀌었다. 소크라테스는 노예보다 가난하였지만, 가난을 벗어나려 노력하기보다는 가난에 만족하며 쉽게 견뎌내고 부로 대변되는 외부 여건을 무시했다. 소크라테스의 삶을 보며 크세노폰은 부가 돈의 문제가 아니라 (소크라테스가 달성했던) 영혼, 즉 지식과 자제력의 문제라며 돈을 무시하는 태도를 정당화하였다. 더 나아가 지혜가 가장 가치 있는 재산이며 가장 지혜로운 사람이 가장 부유하며, 부는 현명한 사람에게는 좋지만, 무지한 사람에게는 나쁘다고 주장하였다. 그럼에도 불구하고 크세노폰은 적절한 재산 관리, 어느 정도의 부, 수사학과 같은 외부 여건을 위한 자리를 남겨두었다. 하지만 플라톤은 한발 더 나아가 부는 사람을 타락시키며 부를 추구하는 것은 고통과 악의 근원이라 하였다. 그러기에 무역은 금지되어야 했고 공화국의 수호자들은 자신을 타락시키는 부를 소유하지 않고 공유하여야 했다. 그들(의 영혼)에는 이미 신이 제공한 신성한 보화가 있는데, 부는 이러한 지혜와 함께 사용되어야만 좋은 것이 될 수 있다.

- ▶ 가장 위대한 부는 최소의 것으로 만족하며 사는 것이다(플라톤).
- ▶ 만족은 자연의 부요함이라, 가장 적은 것으로 만족하는 자가 가장 부유한 자이다(소크라테스).
- ▶ 부는 소유가 많은 데 있는 것이 아니라 원하는 것이 적은 데 있다(에픽테토스).

아리스토텔레스는 인간의 고유한 능력을 반영하고 다른 것에 의존하지 않고 그 자체로서 완전한 삶이 인간의 최고 목적이 되어야 한다고 주장하였다. 부는 그 자체로 바람직하긴 하지만 삶의 목적이 될 수 없다. 다른 것에 유용할 때만 가치를 갖기 때문이다. 덕만이 이러한 조건을 충족한다. 덕은 이성의 요구를 따라 상황에 적절한 감정을 갖는 성향이다. 위험에 너무 두려워하거나 반대로 너무 무모하지 않고 용감하게 대하는 중용적 성향이 그것이다.

고대 그리스 철학자는 경제를 인간생활의 필수적인 부분으로 인정하였지만 인간의 궁극적인 이상과 인간의 진정한 행복 달성에 깊은 관심을 갖고 있었기 때문에 경제 연구를 철학 정치의 하위 집합으로 여겼고, 경제 메커니즘을 윤리적 종교적 틀 내에 남기려 하였다. 플라톤과 아리스토텔레스는 모두 부가 필요하지만 "덕의 실천을 위한 발판과 공간을 제공"하기 위해서만 필요하다고 보았다. 이들에게 있어 경제 연구의 기본 목표는 경제 법칙을 제시하는 데 있지 않았고 대신 가계 관리를 연구하고 부족 문제를 해결하기 위한 규칙을 구하는 것이었다. 이 점은 고대 히브리적 사고도 마찬가지였다.

부가 문제가 되는 것은 사람들이 그 사용법을 모르는 데 있는 것이 아니라 수단이어야 할 것을 목표로 추구하는 데 있다. 생활에 유용한 물건을 추구하는 무역은 필요하고 자연스럽지만, 돈을 추구하는 무역은 그렇지 못하다. 부는 참으로 좋은 것이지만 다른 좋은 것을 얻기 위한 수단일 뿐이며 자급자족을 넘어서면 더 이상 유용하지 않다. 돈과 관련된 악은 돈이 수단이 아니라 목적이 될 때 생겨난다. 돈의 필요성이 무한해지고 자신을 통제할 수 없게 된다. 돈에 한계가 있음을 알지 못하는 것은 도덕적 결함이 아니라 지적 결함에서 비롯하며 탐욕의 결과가 아니라 원인이 된다. 이런 점에서 교환가치가 과도하게 추구되는 재산권의 사용은 제한을 두고자 하였는데, 이는 후에 중세 교회법의 원천이 되었다. 그럼에도 불구하고 아리스토텔레스에게 있어 부를 비롯한 외적 조건과 그 관리는 삶에 있어 여전히 유용한 것들이다. 부는 좋은 것이고 다른 재화를 위한 수단이다. 추구하는 진정한 목표를 항상 염두에 두어야 하지만, 필요한 만큼 돈을 모으는 것은 완전히 합리적이다. 아리스토텔레스는 적절한 목적을 가진 돈벌이는 좋은 돈벌이이며, 돈 버는 방법에 대한 개요서가 가치 있는 연구대상이 될 것이라고 제안했으며 실제로 '가정 관리'를 의미하는 경제학은 그의 실천 철학에 포함되었다. 그는 돌봄 유인을 감안하여 재산의 획득·관리할 권리는 개인에게 주어져야 한다며 플라턴의 재산 공유론을 강력히 비판하고 사유재산을 적극 옹호하였다.

돈을 비롯한 외적 조건에 대한 소크라테스의 경멸을 극단으로 몰아간 사람은 외투를 입고 살면서 식사를 구걸하고 온 세상을 경멸한 견유학파(Cynicism) 디오게네

스였다. 디오게네스는 미친 소크라테스였다(플라톤). 스토아 학파는 견유학파에서 영감을 받아 (덕 외에) 다른 모든 것과 더불어 부는 개인의 진정한 행복의 일부가 아닌 "무관심(indifferent)"해야 할 것에 속한다는 체계적 철학을 만들어 냈다. 스토아 학파는 외적조건이 행복에 필요하지 않기 때문에 무관심해야하지만, 견유학파와 달리 다른 모든 것이 동일하다면 적절한 외적 조건을 갖는 것이 합리적이기 때문에 선호되는데, 이것이 이른바 선호되는 무관심이다.

중세의 기독교 철학자들 역시 덕을 선한 삶에 필수불가결한 것으로 여겼다. 그럼에도 불구하고 덕은 더 이상 행복에 충분한 것으로 간주되지 않았다. 행복은 이제 영적인 문제로 오직 헌신적 믿음과 하나님의 은혜를 통해서만 얻을 수 있는 하나님의 손에 달려 있다. 지상의 행복은 불가능하지 않지만 불완전하고 헛된 반면 천국은 완전하고 영원한 행복을 약속했다. 하나님은 지상에서의 행복을 쉽게 수포로 만드실 수 있고, 완전한 행복은 오직 하나님의 은혜로 죽음에서 올 수 있기에 지상의 행복이나 그것을 얻기 위한 노력은 헛된 것이다.

기독교는 극빈층의 유대인을 기반으로 성장한 만큼 개인의 재산에 대해 강한 거부감을 드러냈다. 산상수훈에서 예수는 "너희가 하나님과 재물을 함께 섬기지 못하느니라"(마태복음 6:24)고 하셨다. 또한 다른 곳에서는 큰 재산을 가진 신자에게 경고한다. "네게 아직도 한 가지 부족한 것이 있으니 네게 있는 것을 다 팔아 가난한 자들에게 나눠 주라 그리하면 하늘에서 네게 보화가 있으리라"(누가복음 18:22). 신자가 근심하자, 예수는 "재물이 있는 자는 하나님의 나라에 들어가기가 얼마나 어려운지 낙타가 바늘귀로 들어가는 것이 부자가 하나님의 나라에 들어가는 것보다 쉬우니라(누가복음 18:24-25)"며 다시 경고하였다. 신약은 부자에 대한 경고와 빈자에 대한 칭송을 이어갔다.

▶ 예수께서 이르시되 내가 진실로 너희에게 이르노니 나와 복음을 위하여 집이나 형제나 자매나 어머니나 아버지나 자식이나 전토를 버린 자는 현세에 있어 집과 형제와 자매와 어머니와 자식과 전토를 백 배나 받되 박해를 겸하여 받고 내세에 영

생을 받지 못할 자가 없느니라(마가복음, 10:29–30)

- ▶ 그러나 화 있을진저 너희 부요한 자여 너희는 너희의 위로를 이미 받았도다. 화 있을진저 너희 지금 배부른 자여 너희는 주리리로다 화 있을진저(누가복음, 6:24)
- ▶ 너희 가난한 자는 복이 있나니 하나님의 나라가 너희 것임이요(누가복음, 6:20)

서구에서 경제학 개념의 역사적 기원은 기독교보다 훨씬 오래전인 기원전 4세기로 거슬러 올라간다. 기독교가 등장했을 때 아리스토텔레스를 포함한 그리스 철학과 문화는 로마 제국의 주요 준거점을 형성하였고 수세기 동안 기독교 경제사상에 영향을 미쳤다. 특히 경제학과 치부학(chrematistics)의 차이는 계몽주의 시대까지 중세 사상에 영향을 미쳤다. 가사로서의 경제학이 수입과 지출의 균형(따라서 '적절한' 생활 수준 보장)을 맞추는 데 중점을 두는 반면, 치부학은 더 많은 돈을 축적하고 궁극적으로 부의 창출을 위해 노력한다. 아리스토텔레스에게 있어 치부학은 부자연스러우며 그것을 추구하는 사람의 인간 발전을 방해한다. 그것은 상인이나 대금업자, 즉 고대의 관점에서 생산적이지 않은 사람의 직업과 관련이 있다. 생산된 물건을 한 곳에서 사서 다른 곳에서 더 높은 가격에 파는 것, 이자 지불을 위해 돈을 빌려주는 것은 가치 증대에 기여하지 않는 것으로 보여졌다. 많은 고대 및 중세 학자들은 제품의 가치를 특정 시장상황과 무관하다고 생각하였다. 따라서 그것을 풍부한 지역에서 희소한 지역으로 운송하는 것이나 특정 시기에 돈을 빌려주고 나중에 이자를 붙여 돌려받는 것은 어떤 가치도 추가하지 않는 것으로 간주되었다.

교회의 초기 교부들은 아담과 이브의 타락 이후 인간은 바다와 공중의 동물, 더 나아가 지상의 모든 재산에 대한 지배권을 잃었다고 규정하였다. 다만 "하나님의 형상대로 빚어졌기에" 인간은 하나님의 은혜와 자비를 받을 수 있고 세상에 봉사할 능력을 가졌고 그 능력의 행사를 통해서만 구원될 수 있었다. 원죄로 타락된 죄 많은 인간은 이 세계에 대한 지배권이 박탈되었다. 대신 지상의 모든 소유물은 오직 신의 권리에 따라 신에게 속하거나, 인간의 권리에 따라 지상의 왕들의 관할에 속하므로 개인이 자신의 것이라고 주장하는 것은 잘못이다. 즉, 인간은 자신의 기본적인 필요에 따라서만 국한되어 혜택을 얻을 수 있도록 허용되고 그만큼 재산의 소유가 허용되지만 진정한 소유권은 오직 신에게만 속하는 것으로 간주되었다. 재산은 그 자체가 아니라 그 용도에 따라 정의되어야 하였기에 검소하게 살아가는 데 필요한 것 이상의 과도한 재산을 가난한 이들에게 주는 것을 거부하는 것은 소유권을 무효화시키고 더 나은 용도로 사용되도록 하여야 했다. 인간이 죄로 인해 지울 수 없을 정도로 오염되었기에 세상에 긍정적 영향을 미칠 것이라고 기대될 수 없으며, 신이 그에게 맡긴 것을 받아들여야 하며, 자신의 필요를 충족시키는 데 필요한 최소의 것만 취해야 했다. 결국 교회의 초기 교부들은 그리스와 로마의 세속적 재산에 대한 초연함과 가난을 고무하였지만, 이후 모든 사람이 그렇게 할 수 없다는 점을 받아들인 가톨릭 교회는 가난함을 구원을 위한 요건이 아니라 사제와 수도회에 대한 권고로 제한하였고, 이들의 독신, 가난, 순종의 서약(과 그에 기초한 권위)은 교회 계층구조의 기반이 되었다. 자연스럽게 기독교에는 청부론(淸富論, 하나님의 축복을 받는 사람은 많은 재물을 누린다)이 아닌 청빈론(淸貧論, 최소한의 물질로도 충분히 살 수 있으며 정신적이고 신앙적인 참 삶을 살게 한다)이 자리 잡았다.

도시와 시장이 지배적으로 성장한 중세 후기에 들어서면 부를 긍정하는 태도가 등장하였다. 대표적으로 스콜라 철학자 토마스 아퀴나스(Thomas Aquinas)는 아리스토텔레스에 의존하여 재산의 획득·관리에 대한 개인의 권리를 긍정하였다. 하지만 재산의 사용은 그 자체로 당연시되기보다는 공동체의 이익을 위한 의무가 부과되어야 할 대상이었다. 부는 현세의 인간 생활에서 어쩔 수 없는 것이지만, 그 본성이 허용하는 한에서는 개선되어야 할 또 다른 불완전성의 하나였다. 주류 중세 기독교 사상은 물질적 재화에 대한 무제한적인 욕망을 억제하기를 원했지만, 아시시의 성 프란체스코(St Francis of Assisi)가 보여준 모든 종류의 물질적 번영의 추구를 총체적인 죄악으로 간주하는 극단적인 입장으로까지는 나아가지 않았다. 중세 말까지 서구 세계의 경제사상은 윤리적/경제적 행동의 확산이나 특정 지침과 법률을 통한 인간행동의 변화를 다루었다. 공정 가격, 고리대 규제, 사유재산, 독점, 이윤 창출 등에 관한 아이디어는 경제적 궁핍을 완화하고 인간의 천성적으로 이기적인 동기를 약화시키기 위한 규범적 지침으로 발전하였으며, 이런 의미에서 경제학은 윤리학의 시녀에 불과했다.

행복에 대한 오래된 우려가 행복에 대한 인간의 기대를 약화시켜서인지 계몽주의 시대에 이르면 행복은 보다 소박해진다. 행복은 신성한 선물이나 다른 세상에서의 보상을 넘어 재산보다는 덜 우연한 것이지만, 천년 왕국의 꿈보다 덜 고귀한 것으로 생각되었다. 이제 절대 다수의 대중은 삶의 권리로서 쾌락의 형태로 행복을 기대할 수 있고 기대해야 한다는 새로운 전망이 생겨났다. 행복에 대한 생각이 덜 초월적이고 더 세속적으로 변한 것이다. 이에 따라 성 프란체스코는 하나님의 종이 슬픔과 침울한 얼굴을 보이는 것은 옳지 않다고 하였으며, 마틴 루터(Martin Luther)와 장 칼뱅(Jean Calvin)은 행복과 좋은 기분은 하나님의 은총이 출현하는 징표로 볼 수 있다고 강조했다. 이에 따라 행복에 이르는 길, 심지어 행복의 동의어로서의 쾌락에 대한 강조가 커졌다. 이러한 변화는 19세기 초의 공리주의 철학에서 가장 잘 설명되는데, 행복은 효용과 같고 효용은 최대의 즐거움에서 나온다고 판단되었다. 영국 철학자 제러미 벤담(Jeremy Bentham)과 같은 공리주의자(Utilitarian)들은 고통에 대한 최대의 쾌락 과잉을 인간 노력의 기본 목표로 간주하고 최대 다수의 최대 행복이 도덕과 입법의 기초가 되어야 한다고 주장했다. 결국 인간은 행복해야 하며 이것이 고유한 상태이자 자연권이라는 확신이 생겨났다. 미국 독립선언서에서 토머스 제퍼슨(Thomas Jefferson)은 행복 추구가 창조주가 모든 인간에게 부여한 양도할 수 없는 권리로 명시하였다. 아울러 윌리엄 블랙스톤(William Blackstone)은 영국법 주석에서 법이 자연법칙에 부합하는지 알려면 그 법이 행복을 가져다주는지 자문하면 알 수 있다고 하였다. 제퍼슨과 블랙스톤은 모두 행복을 인간의 번영이나 웰빙에 대한 고대 그리스 개념인 에우다이모니아로 정의했다.

(3) 탈무드 : 부는 긍정되지만 하나님의 것

유대교와 탈무드의 제1원리는 인간이 "하나님의 형상대로" 창조되었다는 사고에서 시작된다.[2] 모든 사람의 육체와 영혼은 다른 생물처럼 물질 세계에 뿌리를 둔다. 그러나 인간만이 하나님의 형상으로 창조되었다는 사실은 인간의 물적 존재를 지상의 다른 모든 피조물을 넘어 고양시킨다. 인간의 자리는 물적 존재의 필수적인 부분으로서 여기 이 세상이다. 그러나 하나님이 세상의 창조자이시며, 인간 행동은 Imitatio Dei(이미타티오 데이, Imitation of God, 하나님 닮아가기)이어야 하기에 인간 역시 세상의 창조자로 해석된다. 인간은 창조 행위에서 하나님과 협력하기 위해 신성한 본질을 받았다(Shabbat 10a). 미드라쉬는 "하나님이 세상을 창조하신 6일 동안 창조된 모든 것에는 여전히 일이 필요하다"(Genesis Rabba 11:6)고 한다. 인간은 창조물에 대한 자신의 지배권을 표현하고, 세속적 활동에 노력을 기울이고, 그 과정에서 물질세계를 고양시킬 의무가 있다. 하나님은 인간에게 불완전한 세상을 주셨고, 인간은 물질적 자원, 노동, 혁신의 지배를 통해 세상을 완성하도록 하여야 한다. 노동, 창조 활동, 혁신 등의 경제활동은 모두 신의 형상이 표현되는 통로들이다.

- ▶ 아름다운 생물과 아름다운 나무를 본다면, '자신의 세상에 이런 것이 있는 사람은 복이 있도다'라고 한다.'(Brachot 58b)
- ▶ 하나님께서 사람을 에덴동산에 두셨을 때, 그분은 그에게 "그것을 경작하고 지키라"고 명하셨다. 즉, 그것으로부터 유익을 얻을 뿐만 아니라 미래 세대를 위해 그것을 보호하라는 것이기도 했다(18 Genesis 2:15).
- ▶ 겨자씨라도 달게 해야 하고 밀은 갈아야 한다(Genesis Rabba 11:6).

---

2. Sauer, C. and R. Sauer(2010), "Jewish theology and economic theory," 17(1), Religion & Liberty.

인간의 세상에 대한 지배권은 우선 세상으로부터 유익을 얻는 것을 포함한다. 인간은 경제적으로 독립하고 열심히 일하고 창조하며, 정직하게 얻은 노동의 결실을 즐기도록 장려된다. 세상에서 즐거움을 누릴 자격과 의무가 있는 것이다. 이는 쾌락주의를 지지하는 것이 아니며 세상에 참여할 뿐만 아니라 창조에 숨겨진 잠재력을 실현하여 하나님의 창조 작업을 완성하는 것이다. 동시에 지배권은 인간이 세상을 보호하고 보존할 책임도 져야 한다는 것을 의미한다. 특히 자선의 계명을 통해 도움이 필요한 사람들을 돌보아야 할 의무를 수행해야 한다.

인간의 세계에 대한 지배권은 법, 특히 사유재산제를 통해 표현된다. 소유권은 조건적이며 물건의 사용방식과 관련 있다는 초기 교회의 견해와 달리 유대교의 사유재산에 대한 권리는 거의 절대적이며 극단적 상황에서만 제한될 수 있다. 인간이 창조 행위에 참여하라는 계명을 이행하도록 동기를 부여하기 위해서는 사유 재산을 부여하고 타협하지 않고 보호하는 것이 필수적이라고 인식되었다. 개인 재산을 보호함으로써만 인간은 자신 안에 신성한 형상을 실현하고 창조의 완전한 파트너로 행동할 수 있다. 십계명 중 두 계명인 "도둑질하지 말라"와 "네 이웃의 소유를 탐내지 말라"는 사유재산 보호와 관련된다. 절도의 금지에는 노골적인 강도뿐만 아니라 속임수와 비윤리적인 사업 관행(예 : 허위 저울 사용)도 포함된다. 더 나아가 불법적 재산취득을 넘어 다른 이의 소유물을 단순히 탐내는 것도 금한다. 토라는 타인 재산과 관련된 수많은 금지를 분명히 한다.[3]

3. *The Wealth and Poverty of Nations*에서 D. Landes는 구약의 재산권 존중을 고대 세계에 대한 혁명과 국민 재산을 자신의 것으로 여기는 통치권력에 대한 혁명으로 간주한다. 구약에서 통치자의 재산권 남용은 권력의 큰 부패 중 하나다. 유대교는 노예로 태어나 구원을 갈망했던 사람들의 종교다. 인간 존엄성에 대한 노예제의 가장 큰 문제는 개인이 창출한 부의 소유권을 빼앗는 것이다. 성경의 중심에는 자유로운 인간의 자유로운 예배를 추구하는 하나님이 있으며, 자유의 가장 강력한 보호장치가 사유재산과 경제적 독립이다. 선지자들이 상상한 이상 사회는 각 사람이 "자기 포도나무와 무화과나무 아래" 앉을 수 있는 사회이다. 선지자 사무엘은 군주제의 위험성에 대한 연설에서 공공의 이익을 위해 사람과 재산을 몰수하려는 왕의 끊임없는 유혹에 대해 경고한다. 그는 정부가 필요할 수도 있지만 정부가 작을수록 좋다고 주장한다.

- 이웃의 잔돈조차 빼앗는 것은 그 사람의 생명을 빼앗는 것과 같다(Baba Kama 119a).[4]
- 절도와 사기는 우상숭배와 더불어 세 가지 최악의 죄악이다(Baba Metzia 59a).
- "이웃의 경계 표시를 제거해서는 안 된다"(신명기 19:14)는 토지를 훔치는 것을 금지한다.
- "너는 네 주머니에 두 종류의 저울 추 곧 큰 것과 작은 것을 넣지 말 것이며 네 집에 두 종류의 되 곧 큰 것과 작은 것을 두지 말 것이요. 오직 온전하고 공정한 저울추를 두며 온전하고 공정한 되를 둘 것이라 그리하면 네 하나님 여호와께서 네게 주시는 땅에서 네 날이 길리라. 이런 일들을 행하는 모든 자, 악을 행하는 모든 자는 네 하나님 여호와께 가증하니라"(신명기 25:13-16)"는 사기를 통해 재산을 취득하는 것을 금지한다.
- "네 형제의 소나 양이 길 잃은 것을 보거든 못 본 체하지 말고 너는 반드시 그것들을 끌어다가 네 형제에게 돌릴 것이요"(신명기 22:1)는 다른 사람의 재산이 관리되지 않는 경우에도 방치하는 것을 금지하고, 분실물을 반환하도록 의무화한다. 다른 사람의 재산 손실을 초래하는 모든 것을 범죄로 선언하는 것이다.
- "네 이웃의 집이나 그의 소나 그의 나귀나 네 이웃에게 속한 모든 것을 탐내지 말라(레위기 19:13)"는 금지사항에 재산의 불법적 취득을 넘어 다른 사람의 소유물을 탐내는 것도 포함한다.
- "와서 도둑질의 힘이 얼마나 큰지 보라. … 홍수의 세대가 모든 것을 범하였느니라. 그러나 그들이 손을 펴서 도적질하기까지 멸망되지 않았다"(Sanhedrin 108a.)는 노아의 홍수가 다른 사람의 재산에 대한 죄를 벌하는 형벌임을 강조하고 있다.

부에 대한 긍정

부를 외면하는 신약 성경과 달리 히브리 성경과 탈무드의 세속적 소유물에 대한 태도는 긍정적이다. 언약의 맥락에서 부는 백성을 젖과 꿀이 흐르는 땅으로 인도하

4. 토라는 재산권 자체보다는 재산에 대한 지배권을 존중하는 데 초점이 맞추어 있다. 이는 개인의 존엄성과 주권을 보존하고 물질 세계의 작은 부분에 대한 그의 지배권이 침해되는 것을 방지하는 것을 목표로 하는 유대법의 기본 원칙이다.

겠다는 하나님의 약속에서 알 수 있듯이 완전히 긍정적인 가치를 지닌다. 따라서 부는 양육적이고 달콤한 것으로 인식된다. 부유한 것 자체는 아무런 문제가 없다. 다만 그것을 어떻게 얻었는지, 그리고 어떻게 사용하는지가 중요했다. 거꾸로 부에 대해 '아니요'라고 말하는 것은 광기로 이어질 수 있는 위험한 행동이다.[5]

아브라함, 이삭, 야곱은 모두 유목 생활 속에서도 막대한 부를 일구어냈으며, 토라(모세 5경)는 이들의 부나 축재 역량에 적대감이나 양가적 감정을 보여주지 않는다. 하나님은 아브라함을 매우 부유하게 만드셨고(창세기 13:2), 이삭도 매우 부유하게 만드셨다(창세기 26:13). 또한 야곱은 매우 열심히 일했고, 하나님은 그를 축복하셔서 심히 부자(창세기 30:43)가 되게 하셨으며 요셉이 하는 모든 일이 형통하게 하셨다(창세기 39:3)

- 아브람에게 육축과 은금이 풍부하였더라(창세기 13:2)
- 이삭이 그 땅에서 농사하여 그 해에 백 배나 얻었고 여호와께서 복을 주시므로 그 사람이 창대하고 왕성하여 마침내 거부가 되어(창세기 26:12~13)
- (야곱도) "심히 번성하여 양 떼와 남종과 약대와 나귀가 많았(다)"(창세기 30:43)

구약의 번영은 아브라함, 이삭, 야곱의 족장들에게만 국한되지 않는다. 욥은 시련을 겪은 후에 전보다 두 배나 번영을 누렸으며(욥 42:10). 솔로몬의 부와 지혜가 천하 모든 왕보다 뛰어났다. 이스라엘의 모든 예언자들 역시 모두 부유했다(Nedarim 38a). 구약에서 순종의 축복은 물질적인 번영이며(신명기 28:1~14). 시편 144:12-15는 번영을 위한 기도이다.[6] 부로 인해 영적 지위가 떨어지지는 않았으며,

---

5. Bainerman, J.(2006), *Jewish economic morality*, France–Israel Chamber of Commerce.
6. 반면 신약은 빈곤에 초점이 맞춰져 있다. 예수는 가난하셔서 머리 둘 곳도 없었고(마태 8:20), 제자들을 무일푼의 순회 일꾼으로 보냈다(누가 9:3). 예수의 사명은 가난한 사람들에게 좋은 소식이었다(누가 4:18). 예수께서는 부자 청년 관원에게 그의 소유를 포기하지 않으면 그가 왕국에 들어가지 못할 것이라고 말씀하셨다(마가 10:17~31). 삭개오는 자신의 돈의 절반을 가난한 사람들에게 기부하겠다고 자원했다(누가 19:8). 예수님은 돈을 사랑하는 바리새인들에게 부자와 거지 나사로의 이야기를 들려주셨고(누

거룩함과 토라 공부는 큰 부와 양립할 수 있는 것이었다. 부자가 되는 것은 토라에서 성공의 표시이자 은총의 징표로 간주된다. 예를 들어 예루살렘 성전의 대제사장직에 지원하는 사람은 자격을 갖추려면 부유해야 했다. 재정적으로 성공한 사람들은 흔히 다른 분야에서도 성공하기 때문에 좋은 행정가이자 현명한 의사결정자가 되기 때문이다. 게다가 번영은 하나님께서 부의 축복을 주신 개인에 대한 하나님의 신뢰의 표시로 여겨졌다. 실제로 신은 성경의 많은 사람들을 형통하게 하고 있으며, 그 형통함은 종종 부를 포함하는 것이었다.

▶ 네 하나님 여호와를 기억하라 그가 네게 재물 얻을 능을 주셨음이라. 이같이 하심은 네 열조에게 맹세하신 언약을 오늘과 같이 이루려 하심이니라(신명기 8:18).

▶ 또 두렵건대 네가 마음에 이르기를 내 능과 내 손의 힘으로 내가 이 재물을 얻었다 할까 하노라(신명기 8:17).

탈무드는 부가 지혜의 적절한 장식품이며 현자가 받을 자격이 있는 그의 가치에 대한 일반적인 인정의 한 측면으로 간주되었다. 부는 외적 요인으로 말미암은 것이 아니라 현자로서의 그의 내재적 가치와 영향력을 확인시켜주는 것이다. 그러므로 부는 그의 경력의 절정과 관련이 있으며, 이런 의미에서 그의 노력의 정점이다.

▶ 지혜로운 자의 재물은 그의 면류관이요 미련한 자의 소유는 다만 미련한 것이니라(잠언 14:24).

부와 지혜 사이의 상관성에 대한 동일한 이해가 열왕기에서 극적인 형태로 표현된다. 지혜의 원형적 인물인 솔로몬의 개인적인 부와 왕국의 번영은 지혜의 선물에

가 16:19) 부자에게 화를 내렸다(누가 6:20, 24). 야고보는 부자들이 차별(야고보 2:1~7)하고 주제 넘으며(4:13~16), 근로자 착취를 한다고 비난했다(5:1-6). 이로 말미암아 구약의 축복은 번영이고 신약의 축복은 역경이라고 지적되었다. 차이가 너무 크다보니 이를 조화시키려는 시도도 있었다. 베드로는 예수님을 따르려 희생한 것보다 훨씬 더 많은 것을 약속받았다(누가 18:28-30).

대한 솔로몬의 요청을 들어준 것과 관련된 하나님의 선물로 설명된다. 재물은 지혜로운 자의 장식품으로 더해진다. 그것은 솔로몬과 하나님 사이의 대화가 설명하듯이(열왕기상 3:9-13) 지혜를 얻고자 하는 욕구의 부산물이다.

> ▶ 누가 주의 이 많은 백성을 재판할 수 있사오리이까. 듣는 마음을 종에게 주사 주의 백성을 재판하여 선악을 분별하게 하옵소서. 솔로몬이 이것을 구하매 그 말씀이 주의 마음에 든지라. 이에 하나님이 그에게 이르시되 네가 이것을 구하도다 자기를 위하여 장수하기를 구하지 아니하며 부도 구하지 아니하며 자기 원수의 생명을 멸하기도 구하지 아니하고 오직 송사를 듣고 분별하는 지혜를 구하였으니. 내가 네 말대로 하여 네게 지혜롭고 총명한 마음을 주노니 네 앞에도 너와 같은 자가 없었거니와 네 뒤에도 너와 같은 자가 일어남이 없으리라. 내가 또 네가 구하지 아니한 부귀와 영광도 네게 주노니 네 평생에 왕들 중에 너와 같은 자가 없을 것이라(열왕기상 3:9-13).

반면 탈무드는 가난에 대해 부정적 태도로 일관하고 있다. 축복을 위한 수단으로 가난을 서약하는 일이 없을 뿐만 아니라 오히려 형통의 결여, 즉 궁핍은 신에서 멀어질 때 오게 되는 저주의 하나였다(신명기 28:29). 또한 가난은 일부 신앙처럼 축복받은 상태가 아니며 비할 것 없는 비극이자 무의미한 고통으로 간주되었다.

> ▶ 부자의 재물은 그의 견고한 성이요 가난한 자의 궁핍은 그의 패망이니라(잠언 10:15).
>
> ▶ 가난한 자는 죽은 자와 같다(Bezah, 32b).
>
> ▶ 가난보다 더 나쁜 것은 없다(Exodus Rabba).
>
> ▶ 가난은 가장 가혹한 고통이다. 가난으로 고통받는 사람은 이 세상 모든 고통의 무게를 어깨에 짊어지고 있는 것과 같다. 이 세상에서 겪는 모든 시련과 고통을 저울의 한쪽에 올리고, 다른 한쪽에 가난을 올리면 저울은 가난 쪽으로 기울게 될 것이다(Exodus Rabbah 31:14).

▶ 랍비 이스마엘 : 이스라엘의 딸들은 아름답지만 가난은 그들을 흉하게 만든다 (Mishnah Nedarim 9:10).

이런 이유로 탈무드는 랍비 아키바가 "다른 사람에게 의존하는 것보다 안식일을 더럽히는 것이 낫다"(Pesahim 112b)고 자신의 아들을 가르쳤듯이 지역 사회에 대한 의존을 피하기 위해 모든 수단을 동원할 것을 강조하였다. 인간은 (정부에 의존함으로써) 스스로에 대한 책임을 면제받을 수 없으며, 다른 사람에게 부담을 주는 것도 허용되지 않는다. 그러므로 가난은 무슨 수를 써서라도 피해야 하는 것이다. 이를 위해 누구나 일을 통해 생계를 꾸려야 한다.

부자의 재산은 전적으로 그들의 것이며 그들이 원하는 대로 할 수 있다. 부자와 빈자 사이에 심각한 소득 격차가 있는 사회에서도 빈자는 부자에 대해 법적 청구권을 가질 수 없다.[7] 토라는 판사들이 부자에게 유리하게 정의를 왜곡해서는 안 되며 빈자도 편애하지 말라고 권한다. 자발적 기부에서도 율법은 과도한 관대함을 경고하고 자산의 1/5 이상을 기부하는 것을 금한다.

▶ 결코 자신의 모든 소유를 헌납해서는 안 된다. 그것은 경건이 아니라 성경의 의도에 어긋난 것이며 어리석은 것이다. 결국 재산을 모두 상실하고 그를 불쌍히 여기지 않을 다른 사람들에게 의존하게 될 것이기 때문이다. 랍비들은 이들에 대해 "경건하라 어리석은 자는 세상을 멸망시키는 자들 중 하나니라"고 했다. 오히려 선한 일에 돈을 쓰고자 하는 사람은 5분의 1 이하만 써야 한다. 그래야 선지자들이 명한 대로 토라 문제든 세상 문제든 "자기 일을 올바로 다루는 사람"이 될 수 있다 (Psalms 112:5 ; Maimonides, Mishneh Tora, Laws of Oaths and Vows 8:13).

---

7. 현자들은 사람이 모두 다르게 창조되었으며, 이 차이는 모든 개인의 독특함, 즉 모든 사람이 하나님의 형상대로 창조되었음을 표현한다는 점을 강조했다. 재산에 대한 유대인의 접근 방식에 따르면 경제적 평등은 불가능할 뿐만 아니라 바람직하지도 않다. 그러한 조건은 개인의 고유성을 부정하고 따라서 그 사람 안에 있는 하나님의 형상을 부정한다. 성경은 "땅에는 가난한 자가 그치지 아니하리라"고 한다(신명기 15:11). 경제적 격차는 사회의 도덕적 부패를 보여주는 것이 아니라 사회를 구성하는 개인 간의 근본적인 차이를 보여준다.

유대인 관점에서 경제성장은 빈곤을 완화할 수 있다는 점에서 종교적 의미를 갖는다. 정부의 재분배를 통한 빈곤 퇴치에는 그다지 관심을 두지 않았다. 대신 그들이 만들고자 했던 것은 가난한 사람들이 필요할 때 도움을 받을 수 있는 사회, 특히 일자리 창출을 통해서도 도움을 받을 수 있는 사회였다. 누군가에게 일자리를 제공하는 것이 다른 어떤 복지 혜택보다 우선된다. 최고의 자선은 대출을 제공하거나 사업 동업을 받아들이거나 직업을 찾도록 도와줌으로써 돕는 것이다. 다른 형태의 자선은 수혜자를 자선에 의존하게 만들지만 일은 그의 자존심과 독립성을 회복시킨다. 다른 사람의 도움이 더 이상 필요 없도록 하는 것이다. 그러한 도움에 관해 "네 형제가 가난하게 되어 빈 손으로 네 곁에 있거든 너는 그를 도와 거류민이나 동거인처럼 너와 함께 생활하게 하되"(레위기 25:35)라고 했다.

대부분의 사람들은 부를 꿈꾸지만 돈에 대한 지나친 집착은 비참한 결과를 초래할 수 있다는 이해도 있다. 그러나 빈곤한 삶을 위해 부의 꿈을 포기하는 것이 숭고한 희생일 필요는 없으며 그에 상응하는 또 다른 도전이 존재한다. 빈곤은 우리 자신과 창조주의 뜻을 거스를 수밖에 없는 상황으로 우리를 내몰기 때문이다. 솔로몬은 그 아이디어를 간결하게 표현하고 있다.

▶ 곧 헛된 것과 거짓말을 내게서 멀리 하옵시며 나를 가난하게도 마옵시고 부하게도 마옵시고 오직 필요한 양식으로 나를 먹이시옵소서. 혹 내가 배불러서 하나님을 모른다 여호와가 누구냐 할까 하오며 혹 내가 가난하여 도둑질하고 내 하나님의 이름을 욕되게 할까 두려워함이니이다(잠언 30:8-9).

더 나아가 부자 역시 긍정적 대상이었다. 부자들은 재산 때문이 아니라 신으로부터 물질적 축복을 크게 받은 자들로 존경의 대상이다. 빈자는 가진 것이 없어 선행의 기회를 얻기 힘들뿐더러 영적인 삶을 추구하는 것조차 어려워하겠지만, 부자는 역설적으로 물질 세계에 덜 사로잡혀 있으며 더 나아가 부로 선행을 마음껏 베풀 수 있기에 신을 닮은 행동을 하고 신의 형상을 표현하기가 더 용이하다. 마이모니데스는 토라에는 영혼의 안녕과 육체의 안녕이라는 두 가지 목적이 있고 영적 성취가 물질적 성취보다 높지만 후자를 먼저 보장해야 한다고 말한다. 육체의 안녕 없이 영혼의 안녕을 도모하기 어렵기 때문이다. 큰 배고픔, 목마름, 더위 또는 추위로 고통받는 사람은 다른 사람이 전달하더라도 아이디어를 파악할 수 없으며, 하물며 자신의 추론으로 그에 도달할 수 없다. 즉, 기본적인 육체적 필요가 부족하면 영적인 높이에 도달할 방법이 없다. 힘든 노동으로 영혼이 상하면 모세의 말을 들을 수 없다. 사람들의 영적인 상황을 개선하려면 먼저 그들의 육체적인 상황을 개선해야 한다.

▶ 모세가 이스라엘 자손에게 이 말을 하였더니 그들이 듣지 아니하였으니 이는 그들의 심령이 상하고 일이 혹독하였음이라(출애굽기 6:9).

더욱이 체다카(Tzedakah, righteousness, 공의)를 하는 자에게는 보상이 있는 것으로 약속되었다.

▶ 가난한 자를 불쌍히 여기는 것은 여호와께 꾸어 드리는 것이니 그의 선행을 그에게 갚아 주시리라(잠언 19:17).

물론 유대교에 있어 부 그 자체는 행복을 가져다주지 않는다. 부는 우리 삶의 궁극적 목표가 아니며 규모의 문제가 아니라 태도의 문제이다. 그러기에 진정한 부자는 자신이 가진 것에 만족하는 사람이다. 억만장자라도 가진 것에 만족하지 않으면 부자라 할 수 없고, 반대로 가난한 사람이라도 자신이 가진 것에 만족한다면 부자라고 할 수 있다. 이는 행복 연구의 결과와 일치한다(Stutzer, 2004 ; Senik, 2008).

▶ 벤 조마 : 누가 부자입니까? 자신의 몫에 만족하는 자이다(피르케이 아보트 4:1).

부자가 하나님을 거역하기 더 쉬울 뿐만 아니라 가난한 사람도 어쩔 수 없이 도둑질과 거짓 맹세를 하기 쉽다. 이런 이유 때문에 우리는 부유하건 빈곤하건 상관없이 모두 그 결말에 주의하지 않고 맹목적으로 앞으로 나아가기보다는 자신의 경제생활을 일정한 지침 하에서 적절히 계획할 필요가 있다. 특히 가난을 핑계로 토라를 공부하지 않거나, 자신의 부에 기대어 토라를 공부하지 않아서는 안 된다.

유대 민족에는 대단한 부자도 있고 빈자도 있었지만 토라가 주는 지침은 경제적 성취를 포함한다. 하지만 그에는 노력이 요구된다. 탈무드는 "빈곤은 가난한 사람을 쫓는다"며 "빈곤의 악순환"을 지적한다. 부자는 부를 유지하기는 더 쉬울 것이며, 빈곤층은 부를 키워가는 것이 더 어려울 것이다. 하지만 부자에게도 부는 모호한 것으로 드러날 수 있다. 재산의 변화에도 순환이 있으며 빈곤은 결국 모든 이에게 닥칠 것이다(Shabbat 151b).

가난에서 벗어나려면 본질적으로 자신을 개조하여야 한다. 그것은 늘 안락하게 여겼던 상태에서 벗어나 완전히 다른 사람이 되는 것이다. 빈자가 부를 축적하고 싶은 것처럼 부자 역시 토라의 지침에 따라 자신의 부를 확고하게 확보하기를 원할 것이다. 이러한 과정은 개인적 성장이라 불리는데, 개인적 성장과 자산의 성장은 둘 다 노력과 위험부담을 요구하기 때문에 상관성이 있다. 우리의 목표로 우리를 이끄는 것은 획득하는 특정 상품, 재산, 투자수단 이상의 것으로 소득을 저축으로 떼어놓는 극기하는 어려운 작업이다. 대부분의 사람에게 있어 이는 그리 편안한 과정이 아니다. 더욱이 더 높이 올라가려면 떨어질 위험을 감수할 필요가 있다. 금융 면에서 성장하고 앞으로 나아가는 것에 대한 토라의 지침은 인간적인 자기계발의 여정을 요구한다.

기독교와 유대인의 부에 대한 태도가 다른 이유는

기독교와 유대인의 성경 사이에 부에 대한 태도가 이렇게 차이가 나는 이유는 무엇일까? 신약성서를 지배하고 있는 것은 종말론적 지평이었다. 가까운 미래에 역사의 종말과 하느님 나라의 시작이 설교되었다. 본디오 빌라도(Pontius Pilatus)는 이렇게 들었다.

▶ 내 나라는 이 세상에 속한 것이 아니니라. 만일 내 나라가 이 세상에 속한 것이었더라면 내 종들이 싸워 나로 유대인들에게 넘겨지지 않게 하였으리라. 이제 내 나라는 여기에 속한 것이 아니니라(요한복음 18:36).

예수 자신도 좋은 경제 관행에 대한 성찰이나 권고를 삼간 종말론적 성격으로 인해 초기 기독교 경전에는 유대 성경은 물론 코란에도 담긴 경제적 지혜에 대한 논의가 부족하였다. 그리스에서 시작된 오이코스노모스는 하나님의 왕국과 함께 종말을 맞이할 세속의 것으로 간주되었다. 그리스도인들은 이 세상에서 살아야 하지만 그 (경제적) 법칙의 지배에 놓여서는 안 되었다. 사도행전과 초대교회 시대에는 집단 소유와 재화의 공유가 경제에 대한 기독교적 접근 방식을 대표한다고 여겨졌다. 이 주장은 종교적 가르침과 재산 공유를 실천하며 함께 살아가는 초기 기독교 공동체에서도 구현된다. 기독교 공동체는 로마 제국의 여러 지역과 민족집단에 흩어져 있어 오랫동안 경제구조에 대한 기독교의 침묵은 이어졌다. 각 지역에서 그들은 대부분 가난하고 교육을 받지 못한 지역 사회 구성원을 대표했다. 더 나아가 로마 제국의 쇠퇴와 그로 인한 불안과 단절은 기독교의 사유를 같은 방향으로 강화했다. 4세기 콘스탄티누스 혁명으로 기독교는 사회적 소외를 뒤로하고 점차 로마 국교로서 우세한 위치로 옮겨갔고 기독교 교부들이 이제 영향력 있는 대중 지식인들을 대표하게 되었다. 이들은 경제에 관한 설교와 지침을 개발했지만 아우구스티누스의 신국론(De Civitate Dei)에서 잘 드러나듯이 로마 제국의 계속된 불안정성은 신플라톤주의와 스토아주의의 경향을 조장했고, 이는 다시 세속적 존재의 유한성과 덧없음을 강조했다. 아리스토텔레스학파와 아우구스티누스의 경제관은 토마스 아퀴나스로 대변되는 중세 기독교 사상가들이 '자연법'으로 정의한 보수적 경향에 큰 영향을 미쳤다. 특히 하나님의 도성에 대비되는 세속적인 지상의 도성에서는 소득 불평등, 특히 부자들의 재산권은 보편적인 것으로 확인되었고 그 완화를 도덕적 권고에 의지하였다.

18세기 들어 경제학은 기독교 학문으로 출발하여 다양한 경제 주체의 생산, 유통, 소비를 다루는 세속적 연구 분야로 점차 발전했다. 이는 세계가 규율된 우주로 인식되는 계몽주의 관점으로 뒷받침되었다. 하나님은 '자연의 법칙'을 정하시고 이후에도 계속 개입하지 않으시는 우주의 창조자를 대표하셨다. 현대 경제학의 아버지인 도덕 철학자 아담 스미스는 대학에서 도덕 철학과 자연신학을 맡아 상업과 교환이 조직되어야 하는 신성한 질서의 사회 경제적 법칙을 가르쳤다. 하나님께서 더 이상 개입하지 않는 자연법칙을 공식화하는 데 성공한 자연과학처럼 '경제 법칙'을 탐구하는 경제학을 추구하며 정부 개입이 불필요한 시장의 자율규제적 질서를 제시하였다. 동시에 종말론과 세속적 현실 사이의 전통적인 서구 이원론은 규범적 분석과 실증적 수준의 분석이라는 이중성으로 전환되었다.

반면 히브리 성경은 신약과 달리 개인의 구원에 대한 소식을 전하는 것이 아니라, 정의와 공평에 기초한 이상적인 사회의 비전을 제시하는 공동체적·현세적인 것이었다.[8] 즉, 인류는 도피하기 위해서가 아니라 번영하기 위해 이 땅에 태어난 것이다.

▶ 하나님이 그 일곱째 날을 복되게 하사 거룩하게 하셨으니 이는 하나님이 그 창조하시며 만드시던 모든 일을 마치시고 그 날에 안식하셨음이니라(So God blessed the seventh day and made it holy, because on it God rested from all his work that He had done in creation)(창세기 2:3 ESV)

창세기 2:3은 from all his work that He had done in creation 또는 from all His work that God created to do/make로 끝나는데, 여기서 "to do/make"는 히브리어 라소트(la'asot)로 미래에 있을 것으로 이 문구를 있는 그대로 번역하면 "하나

8. 토라는 토지관리와 무이자 대출의 율법으로 사회공학적 체계를 마련하였다. 7년마다의 희년에는 땅을 휴경하고 빚을 탕감 받았으며, 그 동안 유대인들 상호 간에 돈을 빌릴 때 서로에게 이자를 청구하는 것은 금지되었다. 이 두 가지 정책을 통해 가진 자와 가지지 못한 자의 간극을 넓히지 않도록 설계된 것이다. 차입은 농업사회에서 최후의 수단이었지만, 상업활동의 중요성이 커짐에 따라 무이자 대출을 우회하려는 노력이 생겨났지만, 부를 다른 사람과 공유할 책임이 있다는 믿음을 지키려는 노력도 계속되었다.

님이 만드시려고 창조하신 것"을 의미한다. 이는 세상이 아직 완성되지 않았음을 의미하여 하나님에 의해 우주가 창조되었을 때 그 안에 있는 모든 것이 고정되어 있었던 것도 아니며, 모든 창조물이 지어졌을 때 그것이 의도한 목적에 도달하기 위해 이루어질 모든 길이 정해진 것도 아니며 우주의 모든 사건은 태초에 하나님의 마음 속에서 이미 확립된 것도 아니었다. 만약 그랬다면 과거와 현재와 미래의 모든 인간의 모든 선택은 창조의 순간에 이미 고정되어 있음이 암시한다. 만약 하나님께서 인간 모두가 무엇을 할지 미리 아셨다면, 인간에게 "자유로운" 선택이 있다고 말하기 어려우며, 책임을 묻기도 어려울 것이다. 결국 창세기에 따르면, 하나님은 세상을 "미완성"으로 창조하셨고, 일꾼이자 동역자로 인간을 창조하였으며 세상을 만들어가는데 도움을 주는 것은 인간의 특권이다. 세상을 만들어가는 것은 최초의 창조과정을 멈추고 하나님이 안식에 들 때 인간에게 맡긴 임무이다. 이는 세상이 우리가 내리는 선택에 따라 형성된다는 의미로 세상은 영원히 고정되지 않는다. 하나님은 형성될 수 있는 세상을 창조하신 것이며 그에 따라 모든 가능성이 열려 있고 인간은 선택을 통해 이 열린 세계를 형성하여 가는 것이다.[9]

신은 덕을 계발하고 삶의 계속적 완성을 통하여 창조주를 영화롭게 하려 인간을 존재의 무대로 데려왔다. 탈무드는 삶의 완성이 무엇을 의미하는지에 대한 토론으로 가득하다. 인간은 자신의 창조주를 기쁘게 하고 그에 따라 자신의 존재를 정당화할 수 있는 방대한 이상과 행동규칙을 제공받았다. 핵심 규칙은 윤리적인 것으로 창조주의 피조물에 대한 연민과 사랑의 친절로 행동하는 것이었다. 랍비 아키바는 "토라에서 선언한 가장 근본적인 원리"로 다음의 황금률을 제시한다. 물론 이러한 윤리적 삶을 규정하는 태도와 행동에 영감을 주는 것은 하나님에 대한 경외심이다.[10]

---

9. Moen, Skip(2012), "la'asot, The Open Universe," Hebrew Word Study. (https://skipmoen.com/tag/laasot/)

10. 하나님에 대한 믿음과 도덕적 삶 사이의 관계에 대한 이러한 개념은 많은 탈무드 토론에서 전달된다. 랍비 심라이의 잘 알려진 강론이 있다 : "613계명이 모세에게 주어졌으니 곧 일수에 해당하는 365개의 금지계명과 인체의 뼈 수에 해당하는 248개의 긍정적 계명이었다. 다윗이 와서 이들을 시편 15편에 열거한 11개 원칙으로 줄였다. 이후 이사야가 와서 그것들을 6개로 줄였으니 이는 일렀으되 의롭게 행

▶ 네 이웃 사랑하기를 네 자신과 같이 사랑하라(레위기 19:18).

히브리어 성경은 부를 확장하여 결핍 없는 세상을 만듦으로써 전반적인 삶의 질을 높이는 것을 모든 사람의 의무로 두고 있다. 더욱이 오늘 살아있는 사람들은 내일 우리 뒤에 올 사람들이 더 풍요한 삶을 누리도록 하는 세대 간의 언약(m'dor l'dor covenant)을 배운다. 더 풍요로운 세상을 만들고 지원하는 yishuvo shel olam(세계의 안정과 발전, settling and developing the world 또는 civilization)은 많은 다른 계명을 뒷받침하는 핵심적 계명이다. 이 계명은 하나님이 이 세계를 인간이 살만한 곳으로 만들었다는 말씀에서 비롯한다.

▶ 대저 여호와께서 이같이 말씀하시되 하늘을 창조하신 이 그는 하나님이시니 그가 땅을 지으시고 그것을 만드셨으며 그것을 견고하게 하시되 혼돈하게 창조하지 아니하시고 사람이 거주하게 그것을 지으셨으니 나는 여호와라 나 외에 다른 이가 없느니라(이사야서 45:18).

유대인의 부에 대한 이러한 긍정적 태도에도 불구하고 부의 소유에는 한계가 두어졌다. 출애굽 사건은 유대인과 부 간의 관계를 상징한다. 이집트를 탈출한 뒤 유대인들은 부 앞에 절하게 되었고 하나님을 섬기는 도구여야 할 부가 하나님의 경쟁자가 되었다. 부 그 자체를 위해 부를 얻으려 하는 숭배가 지배하였다. 모세는 금 송아지 대신 율법을 건네며 삶의 동기가 되도록 하였다. 그리하여 십계명은 경제문제를 포함한 모든 사회 활동에 대한 새로운 준거가 되었다. 유대인에게 있어 부는 봉사의 수단일 뿐 그 이상은 아니다. 그 이상이 된다면 풍요는 우상 숭배일 뿐이다. 부

하고, 정직하게 말하고, 학대의 이익을 가증히 여기고, 손을 흔들어 뇌물을 받지 아니하고, 귀를 막아 피 흘리는 꾀를 듣지 아니하며 눈을 감아 악을 보지 아니하는 것이다(이사야 33:15). 미가가 와서 그들을 3개로 줄였으니 정의를 행하며 인자를 사랑하며 겸손하게 하나님과 함께 행하는 것이다(미가 6:8). 이후 이사야는 '정의를 지켜 의를 행하라'(이사야 56:1)고 말하며 둘로 줄였다. 마지막으로 하박국이 와서 '의인은 그의 믿음으로 말미암아 살리라'(하바국 2:4)며 하나로 줄였다.

는 하나님의 뜻이 이루어지는 수단이 되어 하나님을 기쁘시게 할 때만 의미가 있다. 더욱이 토라는 모든 것이 하나님의 소유이며, 인간은 주인인 하나님의 계명을 따라 재산과 사람을 보호하며 관리할 책임을 위임받은 관리인 또는 청지기이다. 인간 자신은 노동과 혁신을 통해 세상을 보호하며 강화하고 개선하는 창조자이다.

- 땅과 거기 충만한 것과 세계와 그중에 거하는 자가 다 여호와의 것이로다(시편 24:1).
- 토지를 영구히 팔지 말지니 토지는 다 내 것임이니라 너희는 거류민이요 동거하는 자로서 나와함께 있느니라(레위기 25:23).
- 너희는 내 규례를 행하며 내 법도를 지켜 행하라 그리하면 너희가 그 땅에 안전하게 거주할 것이라(레위기 25:18).

토라는 '부의 성취와 세속적 성공'이 '토라와 율법의 삶이라는 진정한 부를 실현하는 것'과 양립할 수 있고 심지어 함께하는 것이라고 단호하게 제시한다. 하나님을 섬기는 성공적 삶을 영위하기 위해 경제문제가 바로 잡혀야 한다. 그러나 토라가 제시하는 부유는 끝없는 소비와 축적이라는 소비주의적 또는 물질주의적 관점과는 거리가 멀다. 포브스의 세계 억만장자 순위와 달리, 부자가 되기 위해 특정 금액을 가질 필요가 없다. 부자 클럽에 가입하려면 두 가지 요구 사항이 있다. 첫째 요구 사항은 자신이 가진 것에 만족하는 것이다.[11] 만족은 더 많은 것에 대한 끊임없는 열망을 존중하는 현대 사회의 치열한 경쟁과는 반대이다.

11. 유대인들은 자기 몫에 대한 만족을 자기가 가진 것을 행복해하고 감사함을 느끼는 것으로 해석한다. 실제로 유대 현자들이 사용한 용어는 "만족하다"를 의미하는 소베아(soverah)라는 단어가 아니라 "행복하다"를 의미하는 사메아흐(Sameach)라는 점에 유의할 필요가 있다. 성취한 것에 대한 단순한 만족은 더 이상 성취하려는 동기가 생기지 않을 수 있기 때문이다. 우리가 가진 것에 만족한다면, 우리는 다른 것을 원하지 않는다는 느낌을 갖게 될 것이다. 그러나 우리가 가진 것에 대해 행복하여 감사함을 느낀다면 우리는 더 많이 원하게 될 것이다[Brackman, Levi and Sam Jaffe(2008), "Jewish Wisdom for Business Success: Lessons from the Torah and Other Ancient Texts," Amacom].

▶ 네 손으로 일한 만큼 네가 먹으니, 이것이 복이요, 은혜이다(시편 128:2).

자신이 사용할 수 있는 것보다 더 많은 돈을 가지고 있음에도 불구하고 계속 일하고 쉬지 않는 부자는 실제로 부자가 되는 목표를 달성하지 못한다. 가진 돈은 적지만, 자신의 수입 범위 내에서 생활할 수 있을 만큼 일하는 사람은 부를 성취한 것이다(Kedoshim, gate 56).[12] 이유는 간단하다. '은을 사랑하는 자는 은으로 만족하지 못하고 풍요를 사랑하는 자는 소득으로 만족하지 아니하나니 이것도 헛되도다'(전도서 5:10) 100을 가진 사람은 200을 원하고, 200을 얻으면 또 400을 원하게 된다. 잠재적으로 얻을 수 있는 돈의 양에는 한계가 없으며 그에 따라 원할 수 있는 돈의 양에도 제한이 없다. 오직 이성만이 한도를 설정할 수 있다. 열망하는 정확한 금액은 구체적인 사용 측면에서 정의되어야 한다.

▶ 람밤 : 의인의 하찮은 소유는 악인의 많은 재산보다 낫다(시편 37:16)는 말과 같이, 자기가 당면한 상황에 필요한 것을 얻기 위해서만 수고해야 한다(Hilchot Deot 1:4).

부자 클럽에 오르기 위한 두 번째 요구 사항은 하나님의 세계에 기여하고 따라서 영원한 보상을 받을 가치가 있는 열매를 생산하기 위한 노력이다. 부를 가진 사람은 부족한 사람에게 필요한 것을 제공하여 네 성문 안에 있는 너, 아들, 딸, 여종, 레위인, 나그네, 고아, 과부 모두가 여러분의 축제에 참여할 수 있도록 해야 한다.

▶ 너희는 타작 마당과 포도주 틀에서 소출을 거두어들일 때에, 이레 동안 초막절을 지켜야 한다. 너희는 이 절기에 너희와 너희의 아들과 딸과 남종과 여종과 성 안에서 같이 사는 레위 사람과 떠돌이와 고아와 과부까지도 함께 즐거워해야 한다(신

12. 이에 따라 목표를 줄이면 줄일수록 훨씬 더 쉽게 목표를 달성할 수 있으므로 "자신의 몫에 만족"하기가 훨씬 더 쉬워진다.

명기 16:14).

한편 만족과 노력이라는 이 두 가지 요소는 휴식을 통해 조정되어야 한다. 목표를 달성하고 휴식을 취하는 것은 목표를 달성하는 데 있어 필요조건이다. 차고에 값비싼 새 자동차가 있는 해변가 맨션이 아니라 풍요로운 순간에 스스로 만족하고 부족한 사람에게 필요한 것을 제공하고 저택을 떠나 오두막에 앉아 탈무드를 읽는 모습이 부자의 이미지이다.

2. 경제적 욕망에 대한 태도

(1) 동양 : 부정적 태도

동양에서 식화 문제는 개인과 국가의 중대사로 다루어져 왔지만, 식화를 늘려나가는 활동인 화식에 대한 태도는 양극단이 대립해 왔다. 유교는 욕망을 수정하고 인도하는 것을 주장한 반면, 도교는 욕망을 제거하거나 탐닉하는 것을 옹호했다. 욕망의 충족에 대한 공자의 생각은 도덕적 설교로 알려졌다. 공자는 "부(富)를 올바로 추구할 수 있다면 나는 반드시 그것을 나의 목표로 삼을 것이다"라고 선언하며 부의 추구에 적극적 태도를 보인다. 하지만 '욕망'은 도(道)에 순응해야 한다는 것인데, 이는 기업윤리보다는 사회적 지위와 신분에 부합해야 한다는 뜻이다. "군주는 군주답게, 신하는 신하답게, 아버지는 아버지답게, 아들은 아들답게(君君臣臣父父子子)"라는 원칙에 따라 경제 활동을 해야 했다. 동시에 그는 의와 리를 대립적으로 파악하며 군자의 이익 추구를 반대한다. "군자는 정의에 밝고, 소인은 이익에 밝다" 군자는 지식인을 포함한 지배계급의 일원이며, 소인은 피지배자 전체다. 의로움과 이익 추구를 배치되는 두 가지 성향으로 간주하여, 대학은 "덕은 근본이요 재물은 말단이다"라며 식화의 동기나 이익의 추구가 부정되었다.

따라서 유교에서 군자는 군자답게 의를, 소인은 소인답게 이를 추구한다. 이익

추구는 자연스러운 것이지만 올바른 방법이어야 한다는 제한이 따랐다. 부나 높은 지위를 얻거나 가난과 비천의 극복은 윤리적 기준 내에서 이루어져야 한다. 이를 벗어나는 자는 불의한 자며, 불의한 부귀에 대해서는 냉정하여야 한다. "나라가 어지러울 때 부유하고 귀한 것도 부끄러운 일"이라며 "도덕이 지배할 때 가난하고 천한 것도 부끄러운 일"이다. 따라서 조건이 맞을 때 부와 명예를 적극적으로 추구할 수 있었다. 덕의 결과로 복이 반드시 이루어지는 것은 아니지만 그 전제가 되어야 한다.

맹자는 부, 귀, 색을 누구나 다 원하는 바라고 반복하였다. 인간이 선한 본성을 갖고 태어나지만, 욕망이 생겨나고, 그 욕망에서 벗어날 수 없다. 인간의 욕망이 과도해지면 대립과 투쟁이 생겨 혼란한 현실을 낳는다. 맹자는 인의에 대해서만 얘기할 것이지 이익에 대해서는 말하지 말아 달라며 리(利)를 비난하였으며, 윗사람과 아랫사람이 서로 이익만 따지고 들면 그 나라는 위태로워진다(맹자 양혜왕 상편)고 경고하였다. 욕망은 경계해야 하지만 그 자체를 없앨 수는 없기에, 욕망을 제어하여 선한 본성을 확충하는 것이 필요하다. 욕망의 제어는 사색을 통해 욕망을 줄이는(과욕, 寡慾) 것과 더불어 의로운 일을 꾸준히 실천하여 지극히 크고 굳센 도덕적 기상(호연지기, 浩然之氣)'을 기르는 것이 필요하다.

한편 순자는 인간은 태생적으로 욕망에 사로잡혀 있고 만족할 줄 모르며 개인적 사색만으로 욕망을 제어하기 어려우므로 규범인 '예(禮)'를 정하여 백성들의 욕망을 조절해야 한다고 보았다. 한비자는 인간이 욕망을 추구하는 이기적 본성을 가지며 교화도 될 수 없으므로 법을 엄격히 적용하여 부국강병에 이르는 길로 이기적 본성이 사용되도록 하여야 한다고 주장하였다. 법가는 분명한 상벌 정책으로 이익을 국가에 환원시킬 것을 설파하는 가운데, 유가는 도덕(예의)으로 교화하여 인간의 욕망을 최소화하여야 할 것을 설파하였다. 동중서(董仲舒, BC 176?~104)는 예의(禮儀)로써 인욕(人慾)을 억제해야 할 것을 강조하였다.

사마천의 윤리 비판

이익 추구의 자연스러움에 대한 언급은 사마천에게 가장 두드러지게 나타난다. 사마천은 "부를 추구하는 욕망은 인간의 타고난 본성으로 배우지 않아도 모두 바라게 되는 바"로, "조정에서 모든 힘을 다하여 건의하는 현인들과 죽음으로 신의를 지키며 동굴에 은거하는 선비들은 모두 부를 위한 것이다"고 하고 있다. 또한 욕망에 대해서도 긍정적이다.

> ▶ 귀와 눈은 소리와 색의 극치를 바라고, 입은 온갖 고기의 진미를 바라며, 몸은 편안하고 즐거운 것을, 마음은 허풍 떨고 교만하며 세력과 권한이 넘쳐나길 바란다. 이러한 풍속이 백성들에게 스며든지 오래되었다. 비록 집집마다 찾아가 세세히 말하더라도 끝내 교화시킬 수 없다(사마천,『사기』화식열전).

사마천은 피지배층의 생산활동과 지배층의 통치활동을 구분하지 않고 모두 돈을 벌려는 활동으로 간주했다. 그 결과 부를 추구하는 것이 모든 인간 활동의 유일한 목표로 설정하고 있다. 그는 "부자가 되고자 하는 욕망은 인간의 타고난 본성이다. 그것은 배울 필요가 없는 것이며, 모든 사람들의 공통된 것이다. 이 모든 현상은 자연에 의해 확인될 수 있다." 분명히 그는 사회경제적 활동을 인간의 의지와 무관한 객관적인 과정으로 보았다. 사마천은 관자의 관점을 수용한다 : 사람은 창고와 헛간이 가득 차야 예를 중히 여기고, 옷과 먹을 것이 넉넉해야 명예와 치욕을 심각하게 여길 것이다. 의식은 '가진' 상태에서 일어나 '갖지 않은' 상태에서 버려진다(사마천『사기』화식열전).

사마천은 더 나아가 인간이 추구하는 두 종류의 덕을 구분한다. 하나는 지배층이 추구하는 덕으로 유교에서 인의(仁義, benevolence and righteousness)로 불렀다. 장악한 정치권력과 부의 규모가 클수록 덕이 커진다. "사람의 인의를 어떻게 알 수 있겠는가? 실제로 복을 누리는 사람은 덕이 있는 사람으로 간주된다. 작은 바늘을 훔치는 사람은 사기꾼으로 처형하지만 나라를 훔친 사람은 공작이 될 것이다. 그러므로 인의는 공작의 저택 안에만 있을 수 있다"(사마천『사기』협객열전) 사람이 부자가 되면 "인과 의가 그의 속성이 된다"(사마천『사기』화식열전) 분명히 그는 도덕적 우월성에 대한 지배층의 주장을 폄하하였다. 소유한 권력과 부의 크기가 그 미덕의 표준 척도다. 다른 하나는 피지배층이 추구하는 덕이다. 그 잣대나 척도는 다른 사람의 친절에 동등하게 보답할 수 있는지, 어려운 시기에 다른 사람에게 동정을 보여주고 도움을 줄 수 있는지 여부였다. 그는 "면옷을 입은 남자들[공직 없이 검소한 삶을 사는 남자들]! 오, 그들은 약속을 지킨다. 한 번 약속하면 죽어도 천 리를 달려간다"고 극찬했다. 그래서 "군자는 가난하고 위험할 때 자신의 생명을 그들에게 맡길 수 있다. 그들은 사람들이 현인이나 협객이라고 부르는 것이 아닌가! … 요컨대, 그들은 덕성을 성취하고 약속을 지킨 사람들이다. … 도덕적으로 깨끗하고 겸손하다."(사마천『사기』협객 열전) 사마천은 피지배층과 함께 하면서 지배층의 위선적 미덕을 맹렬히 공격한 것이다. 결국 사마천은 계층별로 도덕성을 차별화했을 뿐만 아니라, 지배층의 위선적 미덕을 맹렬히 공격하는 한편, 피지배층의 진정한 미덕을 칭송하고 억압받는 사람들과 함께 섰다. 후자에는 수공업자, 상인, 유명한 부자를 포함하는데, 이 사업가들은 "국가에 해를 끼치지 않고 누구의 일에도 간섭하지 않았으며, 적절한 시기에 매매함으로써 단순히 부를 축적한" 사람들이었다(사마천『사기』태사공 전서).

(2) 서구 : 그리스와 로마, 그리고 기독교

아리스토텔레스는 경제학을 두 부문, 즉 생활에 필요한 여러 가지 재화를 취득하는 가정관리의 학문인 고유의 경제학(Oikonomia)과 물자를 획득하는 기술을 다루는 공급의 학문인 치부학(Khrematistike)으로 구분하였다. 물자를 획득하는 데 점점 더 그 의존성이 높아진 교환의 기술을 분석하면서 아리스토텔레스는 자연스런 교환과 부자연스러운 교환을 구분하였다. 전자는 인간의 자연적 욕망의 충족(욕망의 좀 더 넉넉한 충족)을 위해서 가계의 경제가 확장된 것이지만, 후자는 부의 축적이나 교환 자체를 위한 교환 또는 화폐 그 자체를 축적의 원천으로 이용하는 상업과 대금업에 해당한다. 교환은 윤리적 토대 위에 서야 하며 부자연스러운 교환이 발생하지 않도록 상업의 범위를 제한하여야 했다. 한편 로마에서는 여기와 현재를 강조하는 견유주의와 스토아 주의가 발전하여 필요를 최소한으로 줄임으로써 가난한 생활을 하며 욕구로부터 자유로워질 것이 권유되었다. 행복은 물질적 소유로부터가 아니라 덕에서 생겨나며, 덕은 자연 순응과 관련지어졌다. 사유재산을 정당하게 바라본 아우구스티누스(Augustinus Hipponensis)는 사람들이 재산을 사랑하면 그것을 잘못 사용할 수 있다고 주의를 주었다.

한편 메시아로서 가난하고 억눌린 자를 해방하는 사명을 가졌던 그리스도는 약자를 착취하고 이웃을 돌보지 않고 개인의 부를 축적하는 자를 비난하였다. 신약 안에 믿음과 구원에 관한 구절은 각각 215개와 218개이지만, 금전과 청지기직과 책임에 대해 다루는 구절은 2,084개나 된다. 또한 예수의 38개의 비유 가운데 16개가 금전을 다루고 있는 비유이다. 하지만 기독교는 최소한의 물질로도 충분히 살 수 있으며 정신적이고 신앙적인 참 삶을 살게 한다는 청빈론에 기울어진다. 세속적 재산에 대한 초연함과 가난이 고무되었다.

- ▶ 부하려 하는 자들은 시험과 올무와 여러 가지 어리석고 해로운 정욕에 떨어지나니 곧 사람으로 침륜과 멸망에 빠지게 하는 것이라. 돈을 사랑함이 일만 악의 뿌리가 되나니 이것을 사모하는 자들이 미혹을 받아 믿음에서 떠나 많은 근심으로써 자기를 찔렀도다(디모데전서 6:9, 10)
- ▶ 오직 너 하나님의 사람아 이것들을 피하고 의와 경건과 믿음과 사랑과 인내와 온유를 좇으며 믿음의 선한 싸움을 싸우라 영생을 취하라 이를 위하여 네가 부르심을 입었고 많은 증인 앞에서 선한 증거를 증거하였도다(디모데전서 6:11,12)
- ▶ 한 사람이 두 주인을 섬기지 못할 것이니 혹 이를 미워하며 저를 사랑하거나 혹 이를 중히 여기며 저를 경히 여김이라 너희가 하나님과 재물을 겸하여 섬기지 못하느니라(마태복음 6:24)
- ▶ 네가 이 세대에 부한 자들을 명하여 마음을 높이지 말고 정함이 없는 재물에 소망을 두지 말고 오직 우리에게 모든 것을 후히 주사 누리게 하시는 하나님께 두며(디

모데전서 6:17)

아울러 예수는 쓸 것의 근원에 대해 염려하지 말고 근심하지 말라 하신다.

- 공중의 새를 보라 심지도 않고 거두지도 않고 창고에 모아들이지도 아니하되 너희 천부께서 기르시나니 너희는 이것들보다 귀하지 아니하냐(마태복음 6:25-26)
- 너희는 먼저 그의 나라와 그의 의를 구하라 그리하면 이 모든 것을 너희에게 더하시리라(마태복음 6:33)

중세의 교회법은 아리스토텔레스를 따라 경제학과 치부학을 구분하는 한편, 경제활동이 선량하게 관리되도록 하기 위한 도덕적 계율과 규범 체계가 경제학의 근간이 되도록 하였다. 신앙적 형제들의 요구와 내세에 구원받기 위한 조건이 개인의 물질적 향상보다 우선시되고 물욕과 탐욕을 비난하였다(에릭 롤, 1989). 중세의 기독교 교부들은 그리스가 남긴 고전적 지혜에 의지하여 경제생활에 대한 냉소적이고 금욕적인 태도를 보였다. 경제적 복지 문제에 진지한 관심을 기울이는 것이 개인적으로 품위를 떨어뜨리고 사회적으로 쓸모가 없는 것으로 간주되었다. 오직 "기독교적 사랑"만이 이교도의 절망과 무관심을 막을 수 있다. 의미 있는 경제 활동은 분배 문제로 축소된다. 현재 필요를 초과하는 수입이나 재산을 구호품으로 나누어 주는 것보다 생산적으로 사용하여 값싼 생필품을 제공하거나 보수가 좋은 고용을 제공하는 것이 가난한 사람들에게 더 도움이 될 가능성은 인식되지 못하였다.

원래 기독교는 박해로 억압받는 소수 종파였으며 주로 사회의 낮은 계층에 퍼졌다. 이 초기 단계에서 생존의 여지를 찾으려는 노력은 자연스럽게 정치에 대한 무관심으로 이어졌다. 즉, '가이사의 것은 가이사에게 바치라'는 그리스도의 가르침을 따라 기존 사회 체제를 받아들였다. 기독교가 로마의 국교로 도래한 이후 상황은 달라졌지만 관심은 여전히 '죽음 이후의 삶'과 엄격하게 종교적 측면에 집중되었고, 교부들은 당시의 사회정치 제도를 불변의 사실로 받아들였다. 그들은 항상 신앙적 교리의 틀 안에서 실천적 문제를 다루었다. 특히 교부들은 소수의 신자에게 유효한 이상과 전체 신자 공동체에 적용되는 계율을 구별하였다. 예를 들어 사유재산제도는 신의 법이 아닌 인간의 법으로 간주되었고, 공동 재산은 종교적 이상이었다. 사회생활의 다른 모든 측면과 마찬가지로 사유 재산에 관한 일반 규범은 기존 법률을 존중하는 것으로 구성되었고, 인간 본성의 한계 속에서 사유재산법은 인간의 탐욕을 제한하고 갈등과 사회 불안을 최소한으로 줄이는 것으로 간주되었다. 사치나 부에 대한 추구는 절대적 우선순위인 영원한 구원의 추구에서 벗어나기 때문에 비난을 받았다. 이에 따라 도덕적 위험의 근원일 수 있다는 이유로 상업은 무시당했지만 그렇다고 직접적 비난의 대상은 아니었다. 중요한 것은 그것이 기독교인의 삶 내에서 정직한 방식으로 수행되어야 한다는 것이었다. 이러한 교부들의 주장은 토마스 아퀴나스의 중재를 통해 교회의 공식 교리가 되었다. 즉, 사유 재산은 자연법을 위반하지 않으며 사회적으로 유용한 행동을 선호하는 반면, 공동 재산은 소수(예를 들어 수도원 조직 내)에게만 적합한 완벽함의 이상을 구성한다고 주장되었다. 마찬가지로 많은 경우 상업적 이익 추구는 합법적으로 간주되었다. 토마스 아퀴나스와 함께 스콜라주의는 만개를 맞이하게 되었다.

(3) 탈무드 : 경제적 욕구의 긍정

부의 축적의 긍정

부에는 영적인 차원이 있다. 소유(지향적 삶)와 존재(지향적 삶)를 대립하는 것으로 간주한 에리히 프롬(Erich Fromm)이 지적한 바와 같이 히브리어에는 '가지다'라는 동사에 해당하는 단어가 없다. 반면 소유의 관계는 이에 대립하는 용어인 'jesh'(to be, 그것은 내게 속한다 또는 존재한다)로 표현된다. jesh는 존재하는 것과 그 소유자의 관계를 결정한다. 즉, 소유물은 그 소유자에 의해 정의되는 것이다. 소유물은 자아의 일부로 소유물은 그 소유자인 목자의 삶을 살아가는 것으로 이해된다. 따라서 소유(having)는 존재(being)를 의미하고, 존재는 소유의 중요성을 결정한다.[13] 부의 축적은 자신의 이기적 목적이 아니라 신성한 목적에 봉사해야 한다. 이처럼 재산이 세상을 변화시키는 데 도움을 주는 것이라면 재산을 획득하는 것은 일종의 명령이 된다. 이런 의미에서 부유하라는 계명을 실천하는 것은 하나님의 계획을 실현하는 것과 일치한다. 결국 신성한 목적과 이를 위한 부의 축적은 이상이기에 유대인은 부유해야 하고 다른 사람들을 부유하게 하여야 한다. 그렇지 못한 빈곤은 우리의 도덕적 결함과 관련이 있는 것으로 간주되었다.

- 네가 만일 네 하나님 여호와의 말씀만 듣고 내가 오늘 네게 내리는 그 명령을 다 지켜 행하면 네 하나님 여호와께서 네게 기업으로 주신 땅에서 네가 반드시 복을 받으리니 너희 중에 가난한 자가 없으리라(신명기 15:4).
- 땅에는 언제든지 가난한 자가 그치지 아니하겠으므로(신명기 15:11)

뒤이은 탈무드 역시 이러한 태도를 이어갔다. 탈무드는 편안하게 생존할 수 있는 충분한 부를 갖는 것의 중요성을 가르쳤다. 번영을 위해 기도하는 것은 정당한 것으로 간주되었다. 지금도 유대인은 일상에서 "우리 조상 아브라함, 이삭, 야곱이 한때 모든 일에 축복을 받은 것처럼 자비로우신 하나님께서 우리와 우리의 모든 것을 축복하시기를 기도"하고 있으며, 안식일이 끝날 때(하브달라, Havdalah)에는 "거룩함과 속됨을 구별하시는 하나님께서 또한 우리 죄를 사하시며 우리의 씨와 재산을 하늘의 모래알과 별처럼 증가시키시기를" 기도한다. 이처럼 유대인들의 일상 기도에는 하나님의 용서, 평화, 병든 자들의 치유뿐만 아니라 풍족한 삶에 대한 요청이 담겨 있다. 실제로 탈무드에 등장하는 유대인 가정의 표준적 모습은 농장, 농업 생산 설비, 재산과 생산적 자산, 긴급자금을 갖춘 바쁜 가정으로 그려진다.

탈무드는 "스스로 수고하여 이익을 얻는 사람은 하늘을 경외하는 사람보다 크다"(Berachot 8a, Avot 4:1)고 가르친다. 토라에서는 생산적이고 덕망 있는 일꾼들이

---

13. Attali, J.(2011), The Jews, the World and Money. An Economic History of the Jewish People, Romanian translation, Univers, Bucharest, 2011

반복적으로 엄청난 부를 보상받는다. 토라는 아브라함, 이삭, 야곱의 부를 매우 자세히 설명한다. 정직하게 축적된 부는 창조과정에서 하나님과 협력하는 데 있어 엄청난 노력과 기술, 성공을 나타내는 신호이다. 부유한 개인은 물질 세계를 향상시키고 신성한 형상을 표현하는 데 있어서 유난히 성공을 거둔 것이다.

탈무드는 자신의 노동으로부터 이익을 얻고 부를 축적하려는 시도를 거부하는 것을 광기로 이어질 수 있는 위험한 행동으로 간주한다. 게으름에 대한 특히 강력한 진술은 마이모니데스에서 찾을 수 있다: "어떤 일도 하지 않고 토라 연구에 전념하고 자선에 의존하겠다는 마음을 품은 사람은 하나님의 이름을 모독하고, 토라를 불명예스럽게 하고, 믿음의 빛을 끄고 악을 스스로에게 가져오고, 다가올 세계에서의 삶도 포기하는 것이다. 이 세계에서 토라의 말씀으로부터 이득을 얻는 것이 금지되어 있기 때문이다"(Matnot Aniyim 10:18(35)). 마이모니데스의 성명은 일보다 종교적 학습을 선택하는 개인을 대상으로 한다. 토라를 배우는 것 자체가 종교적 의무라는 점을 고려하면, 부자든 가난하든 여가만을 선택하는 사람에게는 그의 말이 얼마나 더 강력한지 쉽게 유추할 수 있다.

두 가지 충동의 긍정

탈무드는 개인이 상황에 대처할 수 있다면 부자가 되는 것이 좋은 것이지만 부를 얻거나 유지하려는 개인적인 집착에 대해 경고한다. 특히 부의 획득이 개인을 쇠약하게 만들며, 부를 유지하는 일 역시 극도로 힘든 일이 될 수 있기 때문이다(잠언 23:4–5).

- 부자 되기에 애쓰지 말고 네 사사로운 지혜를 버릴지어다(잠언 23:4).
- 네가 어찌 허무한 것에 주목하겠느냐. 정녕히 재물은 스스로 날개를 내어 하늘을 나는 독수리처럼 날아가리라(잠언 23:5).

탈무드는 인간의 경제적 욕구를 부정적으로, 특히 악하다고만 보지 않는다. 탈무드는 인간이 두 가지 충동을 가진다고 보고 있다: 선한 충동(yetzer tov, 예체르 토브)과 악한 충동(yetzer ra, 예체르 라).

▶ 여호와 하나님이 땅의 흙으로 사람을 지으시고 생기를 그 코에 불어넣으시니 사람이 생령이 되니라(창세기 2:7)

▶ 여호와 하나님이 흙으로 각종 들짐승과 공중의 각종 새를 지으시고(창세기 2:19)

예체르 라는 정의하기 쉽지 않지만 일단은 무의미한 피해를 낳는 악을 행하려는 욕망은 아니다. 그것은 이기적인 본성, 욕구 충족의 도덕적 결과를 고려하지 않고 개인적인 욕구(음식, 주거, 성관계 등)을 충족하려는 욕구로 이해된다. 예체르 라는 동물도 가진 욕구이다. 자신을 돌보고 싶은 충동이 지나치면 자신에 대한 집착은 삶에 파괴적인 힘이 될 수 있다. 굶주림이 본질적으로 잘못된 것은 아니지만 음식을 훔칠 수 있다. 성적 욕망에 본질적으로 잘못된 것은 없지만 강간, 간통, 기타 성적 변태를 저지를 수 있다.

한편 예체르 토브는 이성, 도덕적 양심, 금지된 일을 할 때 하나님의 법을 생각나게 하는 내면의 목소리이다. 모든 고귀한 노력을 촉진하기 위해 자기를 부정하는 살신성인의 행동조차 하도록 우리를 자극하는 선함을 향한 충동이다. 두 충동은 모두 하나님께서 창조하셨는데, 하나님께서 창조하신 모든 것은 선하므로 악한 것은 아니다. 탈무드는 창세기 1장 31절에 대한 논평을 통해 두 가지 충동에 대한 자신들의 판단을 선언한다.

▶ 이렇게 만드신 모든 것을 하느님께서 보시니 참 좋았다(창세기 1:31).

두 가지 충동 모두가 참 좋다는 것이다. 특히 예체르 라가 없으면 사람은 집을 짓거나, 결혼하거나, 자녀를 낳거나, 사업을 하지 않을 것이라고 지적한다. 하지만 예체르 라는 예체르 토브에 의해 제어되지 않을 때, 특히 순전히 감정에 따를 때 종종 잘못된 행동으로 이어질 수 있다. 모든 열정의 행위는 소멸시킬 것이 아니라 지성에 의해 조절되어야 하는 것이다.

▶ 누가 강한 사람인가? 자신의 충동을 이기는 사람이다(피르케이 아보트 4:1).

하나님을 본받아 균형을 잡으라

하지만 본능적 충동은 선의 도구로까지 사용될 수 있다. 탈무드는 신명기(6:5)에 대한 주석에서 이를 분명히 한다. 즉, "네 마음을 다하여 네 하나님 여호와를 사랑하라"에 대해 '네 마음'은 "선과 악이라는 두 가지 충동을 가지고"라는 의미로 받아들여진다. 사람들은 어떤 충동을 따를지 선택할 수 있다. 이것이 유대교가 자유 의지와 선택을 접근하는 방식의 핵심이다. 천사들은 특정한 목적을 위해 창조되었으며, 그 목적 외에는 아무것도 할 수 없다. 하지만 인간에게는 야망과 목표도 있지만 선택권도 있다. 특히 감정적 충동과 지성적 충동 사이에서 올바른 균형을 맞추고, 감정과 지성의 결합을 통해 행동하여야 한다. 유대 철학자들은 종종 자유 선택을 지적 강박과 감정적 충동 사이에서 선택하는 능력으로 정의한다. 마이모니데스는 이것을 좋은 상식으로 열정을 누그러뜨리는 것을 의미한다고 이해하고, 현명한 사람은 항상 지성을 통해 자신의 감정적 충동을 걸러낸다고 한다. 감정적 애착이 없으면 열정적으로 추구하기 어렵다. 그러나 동시에 아이디어가 적절하고 체계적으로 고려되어 둘 사이의 적절한 균형을 맞추어야 한다.

토라는 이러한 방법을 가장 잘 보여주는 가장 위대한 교사가 다름 아닌 하나님 자신이라고 제시한다. 토라(신명기 28:9)는 인간이 하나님의 길로 행해야 한다고 말한다. 그래서 탈무드는 기록된 바와 같이 하나님과 마찬가지로 벗은 자에게 옷을 입히고, 병든 자를 돌보고, 슬퍼하는 자를 위로하라고 한다. 마이모니데스는 이를 인간은 최선을 다해 신을 모방하라는 명령을 받았다고 설명한다. 그런데 하나님은 분노와 자비로 행동하지만 실제로는 분노와 자비라는 감정의 지배를 받는 것이 아니라 그 특정한 순간에 올바른 행동이기 때문에 그렇게 하는 것이라고 마이모니데스는 설명한다. 특별한 상황과 신성한 지성에 따라 필요한 대로 행동하시는 것이다. 지성이 필요할 때 행동하는 것이고 결코 감정이 행동이나 행동 과정을 좌우하는 것이 아니다. 자비로운 행동조차도 감정에만 이끌려서는 안 되며 지성이 지도하는 역할을 한다.

▶ 여호와께서 네게 맹세하신 대로 너를 세워 자기의 성민이 되게 하시리니 이는 네가 네 하나님 여호와의 명령을 지켜 그 길로 행할 것임이니라(신명기 28:9)[14]

요약하면 탈무드는 부 자체가 신성한 선물이자 인간의 삶을 편하게 하기 위한 신성한 사랑의 표시로써 부에 대해 근본적으로 긍정적 태도를 갖고 있다. 그러나 부와 경제는 진정으로 종교적이고 신성한 문제에 해당하며 세속적 영역이 아닌 신성한 영역의 관점에서 평가되어야 한다. 부와 경제는 그 자체가 목적이 된다거나 돈이나 재산을 축적하는 방법에 대한 것이 아니며 인간과 사회의 삶과 선택을 신성하게 하기 위한 것이다.

3. 상공업에 대한 태도

(1) 동양 : 상업은 나라를 어지럽힌다

중국이나 우리나라 모두에서 전통적으로 상인들을 고운 시각으로 대하지 않았던 것으로 알려져 있다. 최초의 상인은 중국의 최초 왕조국가인 상나라가 망하여 왕족들이 떠돌며 생계수단으로 장사를 하면서 역사에 등장하였고, 상가의 비조인 관중조차도 상업에 적대적이었으며 상공업을 금하면 부국이 이루어진다 주장한다.

14. God will establish you as God's holy people, as was sworn to you, if you keep the commandments of your God and walk in God's ways

▶ 무릇 나라를 다스림에 급한 것은 반드시 먼저 상업이나 사치스런 장식물을 금하는 것이다. 상공업이나 사치스런 장식물을 금하면 백성들이 놀고 먹는 일이 없다. 백성들이 놀고 먹는 일이 없으면 반드시 농사를 짓는다. 백성들이 농사를 지으면 농토가 개간되고, 농토가 개간되면 곡식이 많아지고, 곡식이 많아지면 나라가 부유해진다(관자 15:48 치국).

한편 공자는 덕에 따르는 재물 추구를 권한만큼 경제 활동에 대한 원칙으로 "사람들이 스스로 이롭다고 생각하는 것으로 그들을 이롭게 하는 것"(논어 요왈 2장)임을 제시하였다. 이는 바로 은혜를 베풀되 허비하지 않는 정사의 방법이다. 사람들의 일상사에 제약을 두지 않아야 한다. 그에 따른 부의 창출은 전적으로 자연에 달려있다. "하늘이 무슨 말을 한 적이 있더냐? 사철이 돌아가고 만물이 자라고 있다." 하늘은 인간의 통제를 벗어나서 작용하므로, 사람들이 자신에게 이롭다고 생각하는 것은 간섭 없이 저절로 이루어지도록 허용되어야 한다.

그러나 공자는 군자의 일과 소인의 일을 명확히 구분지으며 신분적 분업을 추구하였다. 군자는 도를 추구하고, 소인은 일 혹은 생계를 추구한다. 공자는 가난보다 고른 분배를 걱정하였으며, 각 직업들의 고유한 영역을 침범하지 않고 균형을 유지해 나가는 것이야말로 균등한 분배를 실행하는 것이라 보았다. 군자는 귀를 추구하고 소인은 부를 추구한다. 다만 군자의 일과 소인의 일, '백공(百工)의 일과 군자(君子)의 일'(논어, 자장 7), '모식(謀食)의 일과 모도(謀道)의 일'(논어, 위령공)은 대비되지만 의주리종(義主利從)를 따른다는 면에서 호혜적이고 통합적이다. 그렇지만 소인의 일이라 해도 서구에서의 그리스나 기독교의 노동관처럼 저주받은 활동으로 인식되지는 않았으며, 지배층 관점에서 주로 위정자의 노동에 대해 말했고 서민의 노동에 대해 직접 언급한 경우는 매우 드물었다.

부의 창출에 대한 공자의 또 다른 의견은 군자들의 직접 생산에 참여하거나 관련 지식을 습득하는 것을 반대하는 것이었다.

▶ 번지가 농사짓는 법을 가르쳐 달라고 하자, 공자가 "나는 늙은 농부만 못하다"고 하였다. 다시 채소밭 가꾸는 법을 가르쳐 달라고 하자, "나는 늙은 채소 농사꾼만 못하다"고 하였다. 번지가 나가자, 공자가 "번수는 소인이다. 윗사람이 예를 좋아하면 백성들은 감히 경건하지 않을 수가 없게 되고, 윗사람이 의로움을 좋아하면 백성들은 감히 복종하지 않을 수가 없게 되며, 윗사람이 신의를 좋아하면 백성들은 성실히 행동하지 않을 수 없게 된다. 이렇게 되면 곧 사방의 백성들이 제 자식을 포대기에 싸 업고 모여들 것인데, 농사짓는 법을 어디에 쓰겠느냐(논어, 자로).

지배층과 군자가 예, 의, 신뢰를 다하면 봉록으로 생계가 가능하다. 그렇게 함으로써 농민들이 더 효과적으로 생산활동에 종사할 수 있는 여건이 만들어질 수 있다. 따라서 군자가 직접 생산에 대한 지식을 습득할 필요가 없다. 또한 군자의 가족이 수공예에 참여하는 것도 적절하지 못하다. 군자가 도를 추구해야 한다고 강조하는 것은 부의 추구를 백성과 더불어 다투지(與民爭利) 말라는 의미를 담고 있다. 백성들과 이익을 다투지 않아야 하고 장인에게 맡겨야 한다. 군자는 직접적 생산활동 대신 공부와 행정관리를 담당하면 된다. 군자는 백성을 물질적으로 풍요롭게 해 주어야 하지만 자신들은 가난에 구애받지 않고 도를 추구하는 것이 본분이며 그 속에서 즐거움을 얻어야 한다.

▶ 군자는 먹음에 배부름을 구하지 않으며, 거처할 때에 편안함을 구하지 않는다(논어 옹야).

▶ 선비가 도에 뜻을 두고서 나쁜 옷과 나쁜 음식을 부끄러워하는 자는 더불어 도를 의논할 수 없다(논어 리인).

▶ 군자는 도를 추구하지 먹을 것을 추구하지 않는다. 농사를 지어도 굶주림이 그 가운데 있지만, 공부를 하면 녹봉이 그 가운데 있게 된다. 군자는 도를 걱정하지 가난을 걱정하지 않는다(논어 위령공).

반고와 상공업 천시의 전통

흥미롭게도 공자에게서는 생산활동과 달리 군자의 상업활동 참여에 반대하는 목소리를 찾을 수 없다. 공자는 제자 자공의 적극적 상업 활동에 대하여 폄하하지 않았으며 그의 상업적 성공을 긍정한다. 또한 자신의 상황을 상품의 교환에 비교하기까지 하고 있다. 맹자는 상업을 이른바 유무상통(有無相通), 즉 자기가 소유한 물건으로 자기가 소유하지 못한 물건과 바꾸는 기회임에 주목하였다.

그러나 시간이 흐름에 따라 유가는 국가가 어지럽게 되는 원인을 자유로운 화식과 상업에서 찾았다. 중국 역사에서 본격적인 상공업의 등장은 전국시대 이후의 일이다. 정치적 요지나 상업 교통로의 요충지에 도시가 출현하고 상업과 수공업이 발전하며 전업적 수공업자와 상인이 증대하였다. 한편 상업의 발달은 가격의 급변과 농민들의 농업이탈을 야기하고 상공인 세력이 확장하며 기존의 정치세력과 그 기반을 위협하였다. 이에 따라 공자와 달리 맹자는 시장의 이익을 독점하는 상인을 천장부(賤丈夫)라 비난하고 정부는 분쟁중재를 넘어 과세에도 나서게 되었음을 지적하였다. 한편 순자 역시 유무를 상통시키는 상업을 높게 평가하였으나 상인과 공인의 수를 통제할 것을 주장하였다. 이를 배경으로 중국사회에서는 이른바 상업해국해농론(商業害國害農論)이 널리 퍼지면서 상인을 비천한 계층(한 무제), 사회의 해충(한비자), 범죄자(진시황)로 다루며 신분적 차별이 가해졌고, 동시에 상인들의 이윤을 국가 재정에 흡수하려 과세가 강화되었고 제철과 제염을 비롯해 다수의 상업과 수공업을 관영으로 흡수되며 상업에 대한 국가통제(염철전매법, 균수, 평준, 고민령)가 강화되고 상공인의 재산은 빈번하게 몰수되었다.

상업에 대한 차별과 통제는 반고의 식화지에 극명하게 드러난다. 반고는 선왕의 세도라 불리는 신분에 따른 차등적 질서가 있은 뒤에야 경세활동이 가능하다고 하였는데, 그 질서의 하나가 농업과 농민의 중시이며 상공업과 상공인에 대한 차별이었다. 즉, 상업은 가르쳐 깨우칠 대상(教海之)을 넘어 가지런히 바로잡고(整齊之), 백성들과 다투어야 할 대상(與之爭)이었다.

우선 반고는 관자처럼 의식이 족해야 예절을 안다고 하지만 "농사를 짓지 않으면 굶주리는 사람이 있을 것이다. 옷을 짜지 않으면 추위에 처한 사람이 있을 것이다"라며 상공업의 역할을 완전히 무시한다. 농부 대신 상인이 되는 사람이 있다면 모든 사람에게 식량이 부족할 것이다. 농부와 달리 아무것도 생산하지 않고 오직 자신만을 위한 이익 창출에만 집중하므로 장사를 하는 것은 국가의 번영에 기여하지 못한다. 민간기업 부문의 발전을 억제할 이유가 큰 것이다. 이어서 반고는 공자의 불평등한 분배와 불안정에 대한 우려를 제시하며 대중에 있어서의 공평한 부의 분배가 사회 안정을 가져오며 이를 통해 통치와 왕권 보호가 가능하다고 주장한다. 반고는 선비-농민-공인-상인의 순서로 신분의 귀천을 매김으로써 이후의 중국과 한국의 모든 왕조에서 채택된 직업에 대한 유교적 태도를 시작하였다. 이 중 왕이 국가를 통치하고 대중에게 도움을 줄 수 있는 잠재적 정부관료인 선비가 가장 중요하다. 강력하고 안정적 국가를 유지하려면 한편으로는 선한 왕이 비용을 절감하고 다른 한편으로는 대다수의 서민이 생산적 농부가 되도록 장려되었다. 이를 통해 국가는 재해에 대비할 수 있는 충분한 잉여와 식량을 비축할 수 있다. 그러나 공과 상의 민간기업의 확장은 농업의 황폐, 그리고 그에 따라 국가의 불안정을 초래할 것이다. 이처럼 반고에서 출발하여 상업을 억압하는 사고방식이 본격적으로 출현하여 동북아 역사에서 오랫동안 주류적 지위를 차지하게 되었다.

이러한 반고의 상업 천시의 태도는 안회와 자공에 대한 반고의 평가에서도 나타난다. 원래 공자는 안빈낙도의 안회와 상업에 재능을 발휘하는 자공을 모두 높이 평가했으나, 반고는 "공자가 안회를 칭찬하고 자공을 놀렸다"고 진술한다. 동시에 반고는 사마천이 제시했던 모든 성공적인 돈벌이를 왕과 서민을 약탈하는 부도덕하고 불법적인 범죄라고 선언한다.

▶ 장사를 통해 이익을 얻는 상인들은 열심히 일하는 농부들을 "속이는 것"이다. 장사꾼은 농작물 재배나 방목에 관여하지 않고 단지 장사 기회를 잘 잡을 뿐이다. 그들은 서로 다른 지역에서 물건을 사고팔거나, 좋은 가격을 기다리며 획득한 물건을 더 높은 가격에 팔아 이익을 챙긴다. 반고에게 사업가는 '생산'하는 것이 아니라 열

심히 일한 1차 생산자가 제공하는 상품을 거래하는 것만으로도 '쉬운' 돈을 번다.

결국 중국과 한국에서 "모든 토지와 자원은 왕에게 속한다(王土思想)"는 사고방식이 지배하여 사업 거래의 모든 이익은 왕에게 귀속되어야 했고 귀중한 자원을 가진 사람들은 왕(국)의 부를 훔치는 도둑에 가깝게 간주되었다. 따라서 민간기업 부문은 규제·제한되어야 하며, 보다 효과적인 통제를 위해서는 정부가 직접 관리하여야 했다. 책임감 있고 도덕적인 왕은 왕국의 관리 책임자로서 각종 사업 번창을 도모하되 동시에 서민의 복지를 돌보아 세금과 부역을 감당할 수 있게 하고 위기에 처한 서민의 고통을 줄일 수 있어야 했다.

사마천과 사업 성공의 열쇠

공자는 덕에 기초한다면 재물을 추구하는 것을 반대하지 않았다. 그러나 그는 부를 얻기 위한 도덕적 수단으로 간주되는 것에 대한 명확한 지침을 제공하지 않는다. 사마천은 사기의 화식열전을 통해 성공적으로 사업을 하고 부를 축적하는 다양한 사례를 제공하여 공자에게 부족하였던 지침을 메꾸게 되었다. 우선 사업과 축재는 민감하게 사업 기회를 파악함으로써 정부나 사회에 해를 끼치지 않으며 국가의 번영에 기여하기 때문에 도덕적일 수 있다.

▶ 벼슬이 없는 필부 신분으로 정치를 해치지도 않고, 백성에게 방해 되지 않으면서 때에 맞춰 팔고 사서 재산을 늘린 살마이 있다. 지혜로운 자도 이들에게서 취할 점이 있다. 그래서 화식열전 제 69를 지었다(사마천『사기』, 태사공자서).

사마천은 화식열전에서 인간이 본능적으로 돈과 자산을 축적하는 데 모든 능력을 사용하지만, 유교의 가르침과 사상을 따르기보다는 관중의 사상으로 인간 본성을 파악하여 부유해야 덕과 예가 가능하다고 한다.

▶ 부는 사람의 본성이라 배우지 않아도 누구나 얻고 싶어한다.

▶ 그러므로 '창고가 가득 차야 예절을 알고, 먹고 입는 것이 넉넉해야 영욕을 안다'고 한다. 예는 재산이 있는 데서 생겨나고 재산이 없는 데서 사라진다. 그러므로 군자가 부유하면, 덕을 즐겨 실천하고, 소인이 부유하면 능력에 닿는 일을 하게 된다. 못이 깊어야 고기가 생겨나고, 산이 깊어야 짐승들이 오가며, 사람은 부유해야 인의를 따른다.

하지만 동시에 부자에게도 덕을 권고한다.

▶ '일 년을 살려 하거든, 곡식을 심을 것이며, 십 년을 살려 하거든, 나무를 심을 것이고, 백 년을 살려 하거든, 덕을 베풀어야 한다'고 하였다.

▶ 주공은 19년 동안에 세 차례나 천금을 벌었는데, 그것을 두 번은 가난한 친구들과 먼 형제들 에게 나누어 주었다. 이것이 이른바 '부유하면 그 덕을 즐겨 행한다'라는 것이다[범려의 삼치삼산(三致千金, 三聚三散)].

▶ 욕심 많은 상인은 3할을 벌고, 양심적인 상인은 5할을 번다(貪賈三之, 廉賈五之).

사마천은 농업, 공업, 임어업, 상업의 네 업종을 모두 백성의 '의식지원(衣食之源)'으로 간주(四業竝興)하여 그 원천이 크면 의식이 풍요롭고 원천이 작으면 의식이 빈곤하다고 보았다. 이 네 가지 업종이 모두 정상적으로 발전해야 위로 나라가 부유해지고 아래로 각자가 부유해진다고 강조한다. 상업은 천시되기보다는 농업이나 공업에 비해 돈을 버는 가장 효율적 방법으로 권해진다. 재화가 인간에게 이용되기 위한 중요한 경로가 "상업에 의한 유통"이기에 농업이나 공업처럼 필수적인 부문이다. 아울러 농민이 힘들면 농지가 개간되지 않듯이, 상인이 힘들면 재물이 나오지 않는다며 상업의 중요성을 개진한다.

▶ 대체로 가난에서 벗어나 부자가 되는 길에는, 농업이 공업만 못하고, 공업은 상업만 못하며, 비단에 수를 놓는 것이 저잣거리에서 장사하는 것만 못하다. 이것은 말

단의 생업인 상업이, 가난한 사람이 부를 얻는 길임을 말하는 것이다.

더불어 돈벌이가 권력이나 악행에 기초할 필요는 없다고 하며, 부가 능력에 따라 얻어지는 것이라는 능력주의를 개진하며 오히려 돈을 버는 사람들의 능력을 분명히 칭찬하다.

▶ 그들은 모두 작읍이나 봉록을 가진 것도 아니고 법률을 교묘하게 운용하고 사악하게 나쁜 짓을 하여 부자가 된 것도 아니다. 모두 사물의 이치를 헤아려 행동한 것이고 … 대체로 아껴쓰고 부지런한 것은, 생업을 다스리는 바른 길이다. 그렇지만 부자가 된 사람은 반드시 기이한 방법을 사용하였다.

▶ 빈부의 도라고 하는 것은, 빼앗거나 안겨 준다고 해서 되는 것이 아니며, 그리고 교묘한 재주가 있는 사람은 부유해지고, 재주가 졸렬하여 모자라는 사람은 가난하게 되는 것이다.

▶ 재물이 없는 사람은 힘써 일하고, 재물이 조금 있는 사람은 지혜를 짜내고, 이미 많은 재산을 가진 사람은 이익을 쫓아 시간을 다툰다. 이것이 그 대강의 이치인 것이다.

▶ (부모가 땅과 재산을 가진) 본부(本富)를 으뜸이라 하고, (자수성가로) 부를 얻는 말부(末富)는 그 다음이며, (간사한 방법으로) 부를 얻는 간부(奸富)가 최하책이다.

한 국가의 발전을 위해서는 똑같이 중요한 농업, 광업, 공업, 상업의 성장에 달려 있다. 그러나 정부의 통제는 기업 부문의 성장에 해를 끼치고 결국 국가 전체의 발전을 지연시킬 것이며, 기업에 대한 정책은 자유방임주의 정책과 시장 메커니즘임을 제시한다.

▶ 한나라가 일어나, 천하를 통일하고, 관문과 다리를 개방하고, 산림과 소택의 나무를 베고 고기를 잡지 못하게 한 금령을 완화하였다. 그래서 부상과 대고들은 천하를 두루 다닐 수 있게 되어, 교역을 하는 물건은 유통되지 않는 것이 없었으므로,

원하는 것은 무엇이든지 얻을 수 있게 되었다.

▶ 각자가 그 생업에 힘쓰고, 즐겁게 일하는 것이, 마치 물이 낮은 곳으로 흐르는 것과 같아서, 물건은 밤낮으로 쉴 새 없이, 부르지 않아도 모여들고, 구하지 않아도 백성들이 만들어 낸다. 이야말로 어찌 도와 부합하지 않는 것이며, 그리고 자연 법칙의 징험이 아니겠는가?

반면 사마천은 국가가 상공업에 개입하여 통제하는 정제지(整齊之)나 여지쟁(與之爭)의 행태가 오히려 사회 혼란의 근원이라고 주장하였다.

▶ 세상을 가장 잘 다스리는 방법은 자연스러움을 따르는 것이고, 그 다음은 이익을 이용하여 이끄는 것이며, 그 다음은 (도덕으로) 가르쳐 깨우치는 것이고, 또 그 다음은 (법률로) 백성들을 가지런히 바로잡는 것이고, 가장 정치를 못하는 것은 재산을 가지고 백성들과 다투는 것이다.

(2) 서구 : 그리스와 로마, 그리고 기독교

서구에서도 상업은 오랫동안 부자연스러울 뿐만 아니라 의심의 대상이었다. 전쟁과 정복에 기반을 두는 토지 소유가 부의 주요 원천이었던 고대 그리스와 로마의 사회에서 부를 획득하는 방법으로 농경, 선물, 약탈, 공물에 비해 교역이나 서비스업은 열등한 것이었고 그에 종사하는 것 역시 무시되거나 경멸과 의심의 대상이었다. 지배자는 품위 없이 부를 끝없이 추구하는 데서 벗어나 이성을 따라 공동체를 통치하는 데 헌신하여야 했다. 아리스토텔레스 역시 교역 자체를 위한 교역, 즉 돈벌이를 부정하며 상업을 윤리적 토대 위에 세우고자 하였다. 아우구스티누스도 교역은 물자를 유통시켜 사람들에게 이익을 주므로 그 자체가 잘못된 것이 아니지만, 교역을 잘못된 방식으로 사용하는 장사꾼을 훈계하였다.

기독교에서는 부를 어떻게 다루어야 할지 다양한 관점이 나타난다. 우선 중세의 청빈론은 최소의 물질로 충분히 살 수 있으며 정신적이고 신앙적인 참삶을 살 것을 요구한다. 특히, 부는 하나님의 것이며 인간은 그 청지기로서 소임을 다하기를 권한다.

- 토지는 다 내 것임이니라. 너희는 거류민이요 동거하는 자로서 나와 함께 있느니라(레위기 25:23)
- 잘하였도다. 착하고 충성된 종아 네가 적은 일에 충성하였으매, 내가 많은 것을 네게 맡기리니 네 주인의 즐거움에 참여할지어다(마태복음 24:23).

하지만 중세에 청지기의 역할은 진리와 교회를 맡아 봉사하는 성직자로 제한되며, 일반 신도에게는 청빈의 삶만이 남게 된다.

- 사람이 마땅히 우리를 그리스도의 일꾼이요 하나님의 비밀을 맡은 자로 여길지어다(고린도전서 4:1).

초기 기독교 교부들은 무역을 사기와 탐욕의 근원으로 여겼지만 그 자체로 비난받기 보다는 자연 질서의 일부로 간주되었으며 때로 무역을 지지하는 입장도 존재하였다. 가장 영향력 있는 기독교 학자 중 한 사람인 토마스 아퀴나스는 재산이나 교역 그 자체를 선하거나 당연한 것으로 보지 않았다. 대신 교역은 불완전한 세계에서 불가피한 악으로 상인이 그의 가족을 부양하고 국가를 이롭게 하는 것이어야 하며 교환은 자발적이고 공정한 가격으로 이루어지는 것이 중요했다.[15]

종교개혁 이후 프로테스탄트의 직업 소명설이 등장한다. 중세 교회 개혁의 선봉

15. 무역에 관한 이슬람의 견해는 기독교와 상당히 다르다. 기독교에서 무역은 거래되는 상품에 가치를 더하지 않는 필요악이지만, 이슬람에서는 무역이 생산만큼 중요하다. 교환이 없으면 생산 가치가 훨씬 낮아질 것이라고 주장된다. 무역 우호적 입장은 코란에서 명시적으로 선언되어 Sura 4:29에서는 개인 재산에 대한 배타적 통제권을 유지하라고 경고하며 "상호 호의에 의한 거래를 허용하라"고 가정한다. 이슬람교는 매우 무역 친화적이어서 거래는 양 당사자 모두의 복지를 향상시키는 것으로 명시적으로 인식되지만 규칙 준수와 정직이 강조되었다. 코란은 거래에서 기만을 비난하고 거래되는 상품의 품질에 대해 책임을 질 수 있는 경우에만 거래에 참여하도록 하고 있다.

에 섰던 칼뱅은 구원은 교회가 아닌 신의 뜻에 달려 있다며(구원예정설), 신이 주신 소명인 각자의 성스러운 직업(직업소명설)에서 그리스도를 따르는 삶을 살아갈 것을 요청하였다.

- ▶ 나를 능하게 하신 그리스도 예수 우리 주께 내가 감사함은 나를 충성되이 여겨 내게 직분을 맡기심이니(디모데전서 1:12)
- ▶ 무슨 일을 하든지 마음을 다하여 주께 하듯 하고 사람에게 하듯 하지 말라(골로새서 3:23)
- ▶ 각각 은사를 받은 대로 하나님의 여러 가지 은혜를 맡은 선한 청지기 같이 서로 봉사하라(베드로전서 4:10)

(3) 탈무드

윤리와 경제의 상생

유대교에는 금욕주의나 물질적 재화와 상업 생활에 대한 불신이라는 전통이 존재하지 않는다. 오히려 상업과 무역을 포함한 경제활동은 세속적 존재의 필수 불가결한 측면으로 여겨졌고 이윤 동기의 중요성과 정당성을 인식했다. 이는 부분적으로 유대인 공동체가 시작부터 서로 다른 신앙을 가진 이웃들로 둘러싸여 있었기 때문일 수 있다. 유대인들은 자신들을 선민으로 여겼지만, 다른 신앙을 가진 사람들과의 정상적인 상업 관계를 주저하지 않았다. 고대 이스라엘의 유대인 부족들은 이웃 국가들과 긴밀한 무역 관계를 가졌다. 특히 부를 획득하고 유지하는 활동을 정당하고 유익한 것으로 간주한다. 그래서 의사가 환자를 무료로 치료하는 것조차 금지되었다. 그가 환자의 친척이어도 마찬가지다. 랍비들은 금전적 유인의 힘과 정당성을 인식하여 "아무것도 받지 않고 치료하는 의사는 아무런 가치도 없다"(Tractate Baba Kamma 85a)고 판결했다.

창세기(2:15)는 인간에게 땅을 "경작하고 가꾸는" 임무를 부여하였는데 이는

yishuv olam(세계의 안정)을 의미하는, 즉 사회 전반의 삶의 질을 높이기 위해 쉼 없이 노력해야 한다는 것으로 해석되었다. 자신의 부뿐만 아니라 우리를 둘러싼 세계의 부를 확장해야 하는 것이 인간의 의무로 간주되고 있다. 그러나 다른 종교처럼 탈무드 역시 종교적 또는 윤리적 규범의 틀 내에서 수행되는 사업 활동만을 허용하고 승인한다. 탈무드는 욕망 그 자체가 아니라 그 욕망이 어떻게 추구되는가가 문제라며 부를 정직하게 얻어야 한다고 가르친다.

▶ 빵이 없으면 토라도 없으며, 토라가 없으면 빵도 없다(피르케이 아보트 3:21).

탈무드는 우리가 죽은 뒤 신 앞에서 자신의 삶을 설명할 때 가장 먼저 제기되는 첫 번째 질문이 "당신은 사업 문제를 정직하게 처리했는가?(Nasata V'netata Be'emunah)"라고 한다. 앞서야 할 "토라를 일정 시간 공부했는가?"라는 질문은 두 번째 질문으로 밀려있다. 금전 문제의 정직성이 토라를 공부하는 것보다 우선적으로 다루어진다는 것이다. 성스러운 삶을 이끌어야 하지만 그 이상으로 일상적 삶, 특히 상업거래에 있어서의 정직성이 중요하다는 것이다.

▶ 거룩하게 살기를 원하는 사람은 상업과 금융의 참된 법칙에 따라 살기를 기도한다(바바 카마 30a).

"하나님이 자기 형상 곧 하나님의 형상대로 사람을 창조하시"(창세기 1:27)었기에 '신을 본받아'야 한다는 관점이 경제생활을 안내한다. 신성한 이미지와 사회적으로 책임있는 행동을 연결하고 이를 믿음보다 우선시하며, (경제)생활에서 '하나님 보시기에 의와 선'(신명기 6:18)을 모두 행하여야 한다. (의와 선의) 토라에서 613계명 중 백 개가 넘는 것이 경제활동과 관련되는데, 유대인을 상징하는 엄격한 식사법에 대한 계명이 24개에 지나지 않는다. 더 나아가 계명의 준수가 부로 인도할 것이라고 약속된다.

▶ 너희가 내 규례와 계명을 준행하면 내가 너희에게 철따라 비를 주리니 땅은 그 산물을 내고 밭의 나무는 열매를 맺으리라(레위기 26:3-4).

어떤 윤리

하나님은 사람이 인생에서 추구해야 할 올바른 행로를 스스로 더듬으며 스스로 찾아내도록 사람을 세상에 보내지 않았다. 사람이 스스로 방향을 잡을 수 있는 도표를 직접 주기까지 하였다. 이 도표가 바로 토라와 계명인 것이다. 유대인들은 하나님이 토라의 진리에 대한 증인이 되기에 가장 잘 준비된 사회를 찾았고 그 결과 이스라엘이 선택되었다고 한다. 이스라엘을 통해 온 인류에게 하나님의 메시지를 전하게 된 것이다.[16] 창세기의 두 구절에서 하느님은 왜 아브라함을 새로운 믿음의 창시자로 선택하였는지를 설명하며 아브라함과 그 자손들이 영원히 지켜가야 할 사명을 정해주고 있다. 옳고 바르게 사는 것이 그것이다.

▶ 내가 아브라함을 선택한 것은, 그가 자식들과 자손을 잘 가르쳐서, 나에게 순종하게 하고, 옳고 바른 일을 하도록 가르치라는 뜻에서 한 것이다. 그의 자손이 아브라함에게 배운 대로 하면, 나는 아브라함에게 약속한 대로 다 이루어 주겠다(창 18:16-19).

▶ 옳고 바르게 하는 것은 제사드리는 것보다 여호와께 기쁘게 여기시느니라(잠언 21:3).

여기서 옳고 바른 일은 각각 미슈팟과 체다카이며, 미슈팟(mishpat, just)은 사법적 정의이고, 체다카(tzedaka)는 회복적 정의이다. 미슈팟은 누군가에게 정당한 몫을 주거나 사람들의 권리를 보호하는 것을 의미한다. 실생활에 있어 가장 중요한 지침인 십계명 중 세 가지는 경제 문제와 관련이 있는데, 그중 절도와 탐욕의 금지는

16. Midrash에 따르면 토라는 원래 이스라엘 땅이 아닌 사막에서 계시되었는데, 그 가르침이 특정 민족만을 위한 것이 아니라 모든 인류를 위한 것임을 암시하기 위해서였다고 한다.

사업을 질서있게 수행하고 공정한 교환을 강조한다. 한편 판사와 통치자는 공평하고 공정한 권력 사용과 사법 기능을 제공해야 한다. 분쟁은 권력이 아닌 권리에 의해 해결되는 법의 지배를 통해 해결되어야 한다. 출애굽기 23:6에서는 "가난한 자의 재판을 굽게 하지 말라"고 한다. 미슈팟은 사회 구성원이 다른 사람의 권리와 자유를 침해하지 않고 자신의 이익을 추구하는 방식으로 모든 사람을 구속하는 일련의 규칙을 설정한다. 이는 자유 사회의 가장 기본적인 제도로서, 하나님이 주로 율법의 형태로 자신을 계시한 것은 우연이 아니다. 유대교는 구원(salvation, 하나님과의 관계 속에 놓이는 영혼)뿐만 아니라 구속(redemption, 신성이 출현하는 수단으로서의 사회)에도 관심을 둔다. 법이 지배하는 사회가 미슈팟의 장소이다. 미슈팟은 법적 형평성을 넘어서서 개인 입장에서 정직하고 공정한 사업 거래와 약속을 지키는 성실함, 그리고 가난한 사람이나 권력이나 보호가 약한 사람들을 이용하지 않는 것을 포함한다.

그러나 미슈팟만으로는 모두가 번영하는 사회를 만들지 못한다. 회복적 정의인 체다카가 필요하다. 법의 지배하더라도 불평등이 너무 커서 부가 소수의 손에 집중되고 다수는 존엄한 존재라면 마땅히 갖추어야 할 가장 기본적인 요건 없이 방치되는 사회를 상상할 수 있다. 높은 실업률과 광범위한 빈곤이 있을 수 있다. 법이 적용되는 방식뿐만 아니라 존재를 위한 수단의 분배 방식에도 정의가 있어야 한다. 체다카는 무관심의 냉담함과 공평함의 신중함을 거부하고 다른 사람과의 관계 속에서 하나님 보시기에 옳은 일을 하는 것이다. 체다카는 자주 자선을 의미한다. 가난은 자연적 측면과 인간적 측면을 모두 가진 보편적인 적으로 함께 맞서 yishuv olam(세계의 안정)이 만인에게 이루어지도록 할 것이 요청되었다. 모든 생명은 신성하다. 창세기는 신이 이 세계를 창조하였으며 "보기에 좋았다." 모든 사람이 하나님에 의해 창조되었으며 성령을 가지고 태어난 신성한 존재로 모두 동등하게 대우받아야 한다(pikuach nefesh). "하나의 영혼을 파괴하는 자는 세계 전체를 파괴한 것으로 간주된다. 그리고 누구든지 하나의 생명을 구하면 세계 전체를 구한 것으로 간주된다"(Mishnah Sanhedrin 4:9). 사회적 정의는 유대주의에서 중심적이다. 모두가 서로를 돌볼 의무가 있으며, 특히 모든 사람은 빈곤으로 고통받는 다른 사람들을 도울 책임이 있다. 자선에는 돈이나 소유물을 주고 자신을 바치는 것뿐만 아니라 사람들이 스스로를 도울 수 있도록 투자하는 것도 포함된다.

- ▶ 땅에는 언제든지 가난한 자가 그치지 아니하겠으므로 내가 네게 명령하여 이르노니 너는 반드시 네 땅 안에 네 형제 중 곤란한 자와 궁핍한 자에게 네 손을 펼지니라(신명기 15:11).
- ▶ 하나님이 병든 자를 방문하시고 굶주린 자를 먹이시며 헐벗은 자를 입히시는 것과 같이 너희도 그와 같이 하라(Sotah 14a).

티쿤 올람(tikkun olam)의 기원과 보편화

많은 미국 유대인들은 "세상을 고치다"라는 뜻의 히브리어 티쿤 올람을 유대인 정체성의 초석으로 여긴다. 1987년 교황 요한 바오로 2세와 만난 유대인 대표단 지도자 랍비 모르드개 왁스만(Rabbi Mordecai Waxman)은 공개 연설에서 "유대인 신앙의 기본 믿음은 '하나님의 주권 아래 세상을 고치는 것'의 필요성이다. 세상을 고치는 것은 세상에서 하나님의 일을 하는 것을 의미한다"고 하였다. 하지만 공교롭게도 히브리어 성경에서는 티쿤 올람을 찾아볼 수 없다. 대신 기원후 1천 년 동안 편찬된 랍비 주석서인 탈무드에 처음 등장했다. 탈무드에서 랍비들은 히브리어로 "사회의 발전을 위해"라는 뜻의 mipnei tikkun ha-olam에 관해 썼다. 이러한 맥락에서 티쿤 올람은 사회 질서를 유지하기 위해 고안된 랍비의 개입을 정당화했다. 예를 들어 신명기에서는 고대 이스라엘인들에게 7년마다 안식년을 지켜야 하며, 밭을 묵혀 두고 모든 빚을 탕감해 주어야 한다고 규정한다. 이것이 과거의 이스라엘인들에게는 이해가 되었을지 모르겠지만, 랍비들이 탈무드를 쓴 시기에는 문제가 되었다. 빚이 곧 탕감될 것이라는 것을 안다면 왜 대출금을 갚겠는가? 그래서 랍비들은 티쿤 올람을 근거로 부채 탕감 율법으로 인한 문제를 해소하는 방법을 고안해냈다. 결과적으로 티쿤 올람은 신용제도에 대한 대중의 신뢰를 보장하여 사회질서를 보호할 수 있었다.

티쿤 올람은 3세기에 작성된 기도문인 알레이누(Aleinu)에도 등장했지만, 1200년대 초에야 전례의 일부가 되었다. 히브리어에서 번역된 이 구절은 다음과 같다. "하나님이여, 모든 사람이 사랑으로 당신께로 돌아올 때, 우리 세상의 모든 부서진 것이 우리 손과 우리의 일로 회복(티쿤 올람)될 때가 멀지 않게 하소서. 당신의 토라 말씀에 영감을 받은 마음입니다." 여기서 티쿤 올람은 그 경제적 의미를 상실하고 종교적 차원을 띠게 되었다. 세상을 고치면 천국이 이루어질 것이라는 메시아적 생각이자, 세상의 종말이 오면 깨어진 세상이 더욱 정의롭고 경건한 세상으로 대체될 것이라는 믿음이었다. 그러나 티쿤 올람은 시오니즘이 이를 재차용한 20세기까지 유대교의 주요 개념으로서는 거의 사라졌다. 특히 티쿤 올람은 북미나 이스라엘에서 인기를 끌지 못했다.

하지만 티쿤 올람은 결국 사회 정의와 연관되게 되었다. 이는 주로 보수주의와 재건주의 유대인, 특히 1960년대와 1970년대 초반에 정치적으로 활동했던 하부라 운동을 전개한 유대인에 의해 이루어졌다. 아울러 정치적, 사회적 행동주의에 대한 유대인의 시각을 제공하는 데 관심이 있는 교육자들도 있었다. 이들에게 티쿤 올람은 세상을 더 나은 곳으로 만드는 것에 관한 것이었다. 예를 들어 베트남 전쟁의 종식, 삼림 벌채에 맞서고 노인들을 돌보는 일 등은 티쿤 올람으로 간주되었다. 또한 1980년대 유대인 진보주의자들은 이스라엘-팔레스타인 분쟁과 관련하여 티쿤 올람을 사용하였다. 이들은 "우리는 진정한 유대성이 티쿤 올람(tikkun olam, 인간 관계와 신체-정신 세계의 정의로운 질서)에 대한 진지하고 일관된 관심을 통해서만 완성될 수 있다고 강하게 믿는 유대인이다"라고 선언하였다. 이들의 정의로운 질서는 환경주의, 경제 정의, 중동 평화를 포함하였다.

자료 : Krasner, Jonathan(2014), "The Place of Tikkun Olam in American Jewish Life," *Jewush Political Studies Review*, 25(3-4)

체다카는 자선이 아니라 정의이기에 의무이기도 하다. 세상 만물은 하나님의 것이어서 우리가 재산의 주인이 아니고 하나님을 대신한 관리인에 불과하므로 우리가 가진 것을 궁핍한 자들과 나누는 것은 우리의 자비가 아니라 우리의 도덕적 의무가 된다. 우리에게 절대적인 소유권이 있다면 체다카는 아량으로 베푸는 자선에 머물렀을 것이다. 그러나 하나님의 것을 나누는 것은 요구사항이며 필요할 때면 법정이 강제로 시행할 수 있는 행위이다. 누구나 삶의 기본요건을 갖추고 살아야 하며 필요한 것보다 많이 가진 자들이 남는 일부를 덜 가진 자들과 나누어야 하는 것은 정의에 속한다. 체다카는 구성원이 물질적 필요를 넘어 존엄성과 독립성을 회복하고, 궁극적으로는 존엄성과 독립성을 가진 개인들의 언약공동체 사회의 실현하는 것을 목적으로 한다. 바른 행동인 체다카는 세계를 회복(티쿤 올람, tikkun olam, repairing the world)하는 것이다. 티쿤 올람은 인간이 세계의 조화에 책임을 갖는 것으로 세상에 많은 고통이 있기 때문에 수선되거나 치유되어야 한다는 개념이다. 대부분의 종교는 수용의 문화를 가지고 있다. 이 세상에는 가난과 굶주림과 질병이 있다. 그것이 세상의 방식이며 그러기에 우리는 행복, 열반, 희열을 찾아 나선다. 그것을 달성하려면 명상, 은둔이나 마약, 또는 황홀경이나 다가올 세상에서 마주할 기쁨을 참을성 있게 기다리며 이 세상으로부터 탈출해야 한다. 하지만 유대교는 그렇지 않다. 세상의 빈곤과 고통을 수용하지 않고 항의하고 극복하려 분투한다. 하나님은 이 일에 인간을 대리자로 삼았고, 이들 구속 사업에 그분의 동역자가 되기를 원하신다.

농업경제에 놓였던 유대 사회는 체다카에 기초하여 땅과 집을 원래의 주인에게 돌리고 노예를 해방시키고 부채를 면제하는 희년제를 운영함으로써 20세기에 복지국가로 알려지게 된 첫 번째 사회형태를 확립하였다. 그러나 체다카와 티쿤올람은 특정 시대나 특정 경제질서를 넘어 계속됨으로써 존엄성과 독립성을 가진 개인들의 언약 공동체 사회의 실현을 위한 주요 규율 메커니즘으로 남아 있다. 이는 빈곤을 자연 그대로 받아들여야 할 것을 암암리에 시사하고 있는 논어나 화식열전과 대비된다.

- 죽음과 삶도 천명이고 부귀도 천명에 달려있다(논어 안연 편).
- 빈부의 도라고 하는 것은, 빼앗거나 안겨 준다고 해서 되는 것이 아니며, 그리고 교묘한 재주가 있는 사람은 부유해지고, 재주가 졸렬하여 모자라는 사람은 가난하게 되는 것이다(사마천『사기』화식열전).

서구 문명의 발전에 대한 유대교의 공헌 중 가장 중요한 것은 선형 시간의 강조 또는 발명일 수 있다.[17] 고대에는 시간을 순환적, 계절적, 불변적 본질의 영원한 반복으로 생각하는 경향이 있었다. 이와 달리 유대 선지자들은 시간을 목적지를 향한 여정으로 간주하였다. 비록 끝(메시아 사회)이 항상 지평선 너머에 있더라도 시작과 중간이 있는 이야기로 말이다. 사물이 항상 원래대로 유지되도록 예정되어 있지 않다는 진보라는 개념은 궁극적으로 이 혁명 덕분이다. 필요 이상으로 희망은 발명의 어머니이다.

Meir Tamari는 유대인 경제사상 연구를 통해 가난한 사람들에 대한 자비로운 관심이 기독교 이전 그리스인과 로마인들에게는 해당되지 않았던 강력한 유대인의 주제임을 분명히 하였다. 토라는 레'에(Re'eh) 파라샤트에서 자선(체다카, 말 그대로 정의)을 베푸라는 계명을 언급한다. "너는 네 궁핍한 형제에게서 네 마음을 강퍅하게 하지 말며 네 손을 움켜쥐지 말라"(신명기 15:7–8). 세상에서 인간의 역할은 일하고, 창조하고, 혁신하고, 부를 축적하고, 물질 세계를 향상시키는 것뿐만 아니라 도움이 필요한 사람들을 돌보는 것이기도 한다. 마이모니데스가 *The Guide for the Perplexed*에서 설명했듯이, "우리의 도덕적 양심이 우리에게 부과하는 의무를 동료 인간에 대해 수행할 때 우리는 체다카의 행위를 수행한다. 예를 들어, 고통받는 사람의 상처를 치료할 때 말이다."

자선에 대한 유대인의 관점을 이해하려면 유대인이 두 가지 계명에 의해 그 행동이 규제된다는 점을 인식하는 것이 유용한다. 첫째, 인간이 하나님께로 향하는 계명들이 있다. 둘째, 사람 대 사람이라는 제목에 속하는 계명이 있다. 식사 제한은 사람이 신에게 바치는 계명으로 도덕적 원칙이며 사랑 역시 마찬가지다. 적절한 사업 거래에 관한 규정은 인간관계에 대한 계명으로 법적 원칙으로 간주된다.

모든 개인은 자선 기부를 통해 사회의 가장 가난한 구성원을 도와야 한다. 랍비 이스라엘 살란터는 "다른 사람의 물질적 필요는 나 자신의 영적 필요이다!"라고 하였

17. Sacks, J.(2000), "Markets and Morals," First Things

다. 그러나 체다카의 의무는 일반적인 소득 재분배와 혼동해서는 안 된다. 일반적으로 소득 재분배는 소득 불평등을 불공평하거나 부도덕한 것으로 간주하기 때문에 소득 불평등을 줄이는 것을 목표로 한다. 이는 유대인의 관점이 아니다. 가난한 사람들과 나누어야 할 의무가 있지만 무작위로 나누어서는 안 되었다. 오히려 그것은 가난하기 전과 동일한 생활 수준으로 가난한 자들을 데려옴으로써 그들의 존엄성을 회복하는 방식으로 이루어져야 했다. 그래서 탈무드는 경제적 성공을 위한 많은 실용적 조언을 제공한다. 부는 권장되어 성취되어야 할 과제이며, 가난은 미덕이 아니다.

사람은 하나님 앞에서 모두 평등하므로 모두가 동등하게 그의 자비를 받을 자격이 있다는 초기 교회의 접근과는 비교된다. 모두가 하나님 앞에 평등하므로 모두 동일한 크기의 은혜를 받을 자격이 있다. 그러므로 기독교의 사랑은 초인간적이며 개인의 자유선택의 여지를 거의 남기지 않는다. 개인은 소유한 부가 실제 자신의 것이 아니므로 누구에게나 기부할 의무가 있다. 이로써 기부는 개인적 감정보다는 신성한 은혜의 보편성에 기초한다. 유대교에 있어서 부는 환영받는다. 그러나 그것은 보상이 아니라 과제이다. 부자는 세상을 통치하는 데 책임을 져야 하기 때문이다. 물론 이기적이거나, 과시하거나, 사악하거나, 거짓으로 겸손하거나, 허영심 등이 있어서는 안 된다. 기독교와 달리 유대교에서 자선은 개인적 인간관계에 초점을 맞춘 의무감으로 낯선 사람보다 친척이 더 선호되었다. "너희 자신의 가난한 사람과 이 도시의 가난한 사람 사이에서 선택할 때, 너희 자신의 가난한 사람이 먼저다"(Mechilta d'Rabbi Ishmael, Masechta Dechaspa Mishpatim, ch. 19 ; Bava Metzia 71a) 자신이 특별한 의무를 느끼는 사람들에게 기부함으로써 기부자는 그 자신의 주변 사람들에 대해 책임을 지는 독특한 개인으로서의 자기 이해를 표현한다. 부유한 사람에 대한 가난한 사람의 정당한 요구를 충족시키는 '정의'가 아니라 주변 사람들에 대한 개인적인 책임 감각에서 비롯된 개인적인 의무 행위이다.

한편 바른 일에는 다른 사람들에게 친절(게밀루트 하사딤, gemilut hasadim)하라는 계명과 관련된 자원봉사도 포함된다. 이에는 벌거벗은 자를 입히고, 굶주린 자를 먹이고 병자를 방문하고, 애도하는 자를 위로하고, 죽은 자를 장사하는 일들이 포함된다. 가난한 이들을 대상으로 하는 체다카와 달리 게밀루트 하사딤은 빈자, 사자, 병자 등을 대상으로 하나님 수준의 자비와 긍휼을 보이기에 체다카보다 더 중요하다고 가르친다.[18] 돈 없이도, 빈부의 차이 없이, 생사의 구분없는 행동이기 때문이다. 특히 장례식 참여는 사자가 친절을 되갚을 기회가 없으므로 가장 높은 수준의 게밀루트 하사딤이라고 이야기된다.

▶ "체다카와 친절한 행동은 토라의 모든 계명과 일치한다"(탈무드)

인간에게 땅을 "경작하고 가꾸는" 임무를 부여한 창세기 2:15에서 파생된 yishuv olam이나 Tikkun olam 개념은 우리가 사회 전반의 삶의 질을 높이기 위해 쉼 없이 노력해야 한다고 말한다. 우리 자신의 부뿐만 아니라 우리를 둘러싼 세계의 부를 확장해야 하는 것이 인간의 의무이다. 특히 자신의 이웃에서 결핍을 야기하지 않으면서 풍요를 늘리는 것이 모든 사람의 의무로서, 한쪽의 손해 없이 다른 쪽은 이익을 얻는 것(one party doesn't lose, and the other gains)이 요청된다. 모든 시장이 성장하며 세계를 풍성하게 하려면 이 조건을 만족해야만 하며, 의인은 이것이 가능하도록 만들 책임이 있다.

마지막으로 미쉬팟과 체다카, 그리고 게밀루트 하사딤은 인간이 가진 가장 깊은 욕망인 다른 사람과의 연결과 더 높은 것과의 연결을 낳는다. 가치 있는 대의를 위한 행위가 우리를 우리 자신보다 더 높은 존재와 연결시켜 준다. 자수성가한 부자들 사이에서는 드물지 않게 성공과 부유에 대한 죄책감이 생겨난다고 한다. 부로 말미암아 자신들은 매우 편안하지만 다른 사람들은 계속해서 그들 주위에서 고통을 받는다는 사실 때문이다. 더욱이 자신들은 단지 돈을 벌고 있을 뿐 다른 사람들에게 의

---

18. 토라는 하나님이 게밀루트 하사딤(gemilut chasadim)이라는 최고의 유대인 미덕을 수행하시는 것으로 시작하고 끝난다(Sot. 14a). 아담과 이브가 에덴에서 쫓겨날 때, 하나님은 "가죽옷을 지어 입히시"었다(창 3:21). 모세가 들어갈 수 없는 약속의 땅을 보고 느보산에서 홀로 죽었을 때, 하나님은 그를 "모압 땅 골짜기에 장사하셨다"(신명기 34:6)

미 있는 방식으로 기여하지 않는다고 느끼는 것이다. 우리는 깨어있는 하루의 대부분을 생계를 위해 보내는 만큼 이러한 죄책감은 고통스러운 것이다. 그러나 물질적인 대상을 취하고 미쉬팟과 체다카, 그리고 게밀루트 하사딤을 위해 사용함으로써 우리는 그 대상을 높이고 영적인 영역에 올려놓을 수 있다. 생계를 꾸리기 위해 이루어지는 사업 수행에 대한 느낌을 우리가 세상을 더 나은 곳, 더 신성한 곳으로 만들기 위한 노력으로 거룩하게 할 수 있다면 그것은 엄청나게 유익할 것이다. 부유해지기 위해 노력하는 과정은 더욱 만족스럽게 만들고 더 즐겁게 만들 것이다. 부자가 되는 경험을 더욱 즐겁게 만들고 죄책감을 덜 느끼게 될 것이다. 아니 오히려 기업가는 비즈니스에 보다 더 집중할 수 있다. 토라는 그렇게 하면 우리의 부가 증가할 것이라고 약속한다.

| 참고문헌 |

김용남(1999), "유교의 행복관", 『동양철학연구』 21, 동양철학연구회.

민황기(2019), "유학사상에 있어서의 도덕적 행복론과 인간존재", 『동서철학연구』 91, 한국동서철학회.

사마천 저 · 김원중 역(2007) 『사기』, 민음사

신동준, 『사마천의 부자경제학 사기 화식열전』, 위즈덤하우스

에릭 롤 저 · 정윤형 역(1989) 『경제사상사』, 까치글방

이상호(2009), "五福개념을 통해 본 유교의 행복론", 『동양철학연구』 60, 동양철학연구회.

이우성(2001), "기독교 경제학에 대한 역사적 소고", 『신앙과 학문』 6(2), 기독교학문연구회

임정환(2017), 『행복으로 보는 서양철학』, 씨아이알.

Amelung. I. and B. Schefold(2022), *European and Chinese Histories of Economic*

Thought : Theories and Images of Good Governance, Routledge.

Brackman, Levi and Sam Jaffe(2008), *Jewish Wisdom for Business Success : Lessons from the Torah and Other Ancient Texts*, American Management Asso ciation.

Cheng Lin, Terry Peach, Wang Fang(2014), *The History of Ancient Chinese Economic Thought*, Routledge

Greenspoon, Leonard(2015) "Wealth and Poverty in Jewish Tradition," *Studies in Jewish Civilization* 6. (https://docs.lib.purdue.edu/sjc/6)

Hamburger, Max(1959) "Aristotle and Confucius: A Comparison", *Journal of the History of Ideas* 20(2)

Heath, E., B. Kaldis, et al.(2017), *Wealth, Commerce, and Philosophy : Foundational Thinkers and Business Ethics*, University of Chicago Press,

Jichuang, Hu(2009), *A Concise History of Chinese Economic Thought*, Foreign Languages Press.

Kramm, M. and I. Robeyns(2020), "Limits to wealth in the history of Western philosophy," *European Journal of Philosophy* 28.

Levine, A. Aaron(2015), *Economic Morality and Jewish Law*, Oxford University Press.

Lowry, S. Todd,(2003), Chapter 2 Ancient and Medieval Economics in W. J. Samuels, eds : A Companion to the History of Economic Thought.

Nadler, Steven, and T. M. Rudavsky(2009), *The Cambridge History of Jewish Philosophy : From Antiquity through the Seventeenth Century* Vol. 1, Cambridge University Press.

Neusner, Jacob(1990), The Economics of the Mishnah, Chicago Studies in the History of Judaism, University of Chicago Press.

North, Gary(1974), *An Introduction to Christian Economics*, Craig Press.

Ohrenstein, Roman A.(1968) "Economic Thought in Talmudic Literature in the

Light of Modern Economics," *The American Journal of Economics and Sociology* 27(2).

Samuels, W. J.(2004), "How I taught the History of Economic Thought," *Australasian Journal of Economics Education* 1(2).

Schorsch, Ismar(1996), "The Morality of Wealth,"(www.jtsa.edu/torah/the-morality-of-wealth)

Sen, Amartya(1987) "Freedom of Choice : Concept and Content," WIDER Working Paper Series WP-1987-025, World Institute for Development Economics Research.

Senik, Claudia(2008), "Ambition and Jealousy : Income Interactions in the 'Old' Europe versus the 'New' Europe and the United States," *Economica*, 75(299)

Stearns, Peter N.(2021), *Happiness in World History*, Routledge.

Stutzer, A.(2004), "The Role of Income Aspirations in Individual Happiness," *Journal of Economic Behavior & Organization*, 54(1).

Weber, Isabella(2021), "China's Ancient Principles of Price Regulation through Market Participation : The Guanzi from a Comparative Perspective". WP 313, Economics Department, University of Massachusetts Amherst.

Wilson, Rodney(1997), *Economics Ethics and Religion: Jewish, Christian and Muslim Economic Thought*, Palgrave Macmillan.

선택의 일반원리와 한계 3장

1. 선택의 원리 : 기회비용과 이익의 비교 / 2. 비합리적 선택과 행동경제학 / 3. 탈무드와 선택의 지혜

희소성은 문명의 골칫거리였고 현대 경제학자들은 국가건 개인이건 상관없이 경제 문제를 곧 희소성의 문제로 다루고 있다. 창세기 역시 거의 시작부터 희소성과 선택의 문제를 다루고 있으며, 선택을 할 때마다 마주하게 되는 인간의 두 가지 본성을 보여준다. 희소성의 본질에 대한 은유 중 하나는 창세기의 에덴동산에 대한 이야기, 특히 뱀과 아담-이브 사이의 대화(창세기 3:1-19)를 통해 강조된다. 대화는 인류가 지식의 열매를 맛볼 것인가 아닌가에 대한 질문을 던진다. 지식은 인간이 높은 수준의 의식에 도달할 수 있고, 심지어 선악을 아는 신처럼 될 수도 있다.

▶ 너희가 그것을 먹는 날에는 너희 눈이 밝아져 하나님과 같이 되어 선악을 알 줄 하나님이 아심이니라(창세기 3:5).

자유의지를 가진 아담과 이브는 지식의 열매를 선택하고, 결국 낙원에서 쫓겨나 그 풍요로움을 상실하고 엉겅퀴와 가시가 무성한 열악한 땅에서 생존을 도모해야만 하게 되었다. 아담과 이브가 에덴동산을 떠날 때 하나님은 아담에게 이렇게 말한다.

▶ 내가 네게 먹지 말라 한 나무의 열매를 먹었은 즉 땅은 너로 말미암아 저주를 받고 너는 네 평생에 수고하여야 그 소산을 먹으리라. 땅이 네게 가시덤불과 엉겅퀴를 낼 것이라 네가 먹을 것은 밭의 채소인즉 네가 흙으로 돌아갈 때까지 얼굴에 땀을 흘려야 먹을 것을 먹으리니 네가 그것에서 취함을 입었음이라(창세기 3:17-19).

결과적으로 인류는 희소성의 문제를 창조주의 자비에 맡기기보다는 독립적 방식으로 대처하기로 선택한 셈이 되어 버렸다. 인류는 선택의 일부로 에덴동산을 포기하고, 내신 수고와 고난을 비용으로 치르면서 지상에서의 생존을 도모하는 문제를 받아들인 것이다. 그럼에도 불구하고 창조주는 생존을 스스로 책임지려는 인류의 선택을 존중하였다. 이어지는 창세기의 2～11장은 주로 자연에서의 희소성이 낳는 생존과 번영을 위한 인간 투쟁의 파노라마를 이어간다. 하나님은 처음부터 실수할 능력이 없는 인간을 만들 수 있었다. 그러나 그렇게 하면 인간의 자유 의지를 파괴했을 것이다. 대신에 하나님은 처음부터 인간을 자유로운 행위자로 만들었고, 인간은 도덕적 결과에 상관없이 어떤 방향으로든 강요 없이 행사할 수 있는 자유 의지를 가진 존재가 되었다. 역사적으로 자유의 개념은 유대교 전통의 소중한 초석이다. 그것은 의지의 자유에 관한 신명기(30:19)에 분명히 표현되어 있다.

> ▶ … 내가 생명과 사망과 복과 저주를 네 앞에 두었은 즉 너와 네 자손이 살기 위하여 생명을 택하고 …"(신명기 30:19).

자유의 기풍은 밀교철학을 연구하기 위해 과수원에 들어가는 것이 정당한 탐구 방법이 될 수 있는지에 대한 탈무드의 논쟁에서 잘 드러난다. 학자들은 하루스(haruth, 새겨진)를 헤룻(heruth, 자유)으로 고쳐 읽으며 계명은 판에 새겨졌다지만 하루스로 읽지 말고 헤룻으로 읽어야 한다고 선언했다. 토라는 자유의 헌법이기 때문이다. 자유를 의미하는 또 다른 단어 d'ror는 참새를 의미하기도 하는데 탈무드는 d'ror를 들판에서뿐만 아니라 집에서도 자유롭게 움직이는 것을 좋아하는 새라고 설명한다. 의심을 표명하는 것은 탈무드에서 정당할 뿐만 아니라 필수적인 것으로 간주되었다. 탈무드뿐만 아니라 그것을 연구하고 추구하는 방식에서도 마찬가지다.

3장은 우선 인간이 합리적으로 행동한다고 가정하는 경우의 선택이론으로 1절을 시작한다. 합리적 선택이란 제한된 자원의 한계 안에서 자신의 목표를 달성하기 위해 대안의 상대적 비용과 상대적 편익을 따져보는 것이다. 합리적 선택이론은 사람들이 가지고 있는 목표에 대해 판단하지 않으며, 단지 그러한 목표를 추구하기 위해 합리적으로 행동하는 사람들의 의미를 살펴본다. 그러나 때때로 사람들의 선택은 합리적 선택이론에 반하는 것처럼 보인다. 2절은 비합리적 선택에 대한 일반이론으로 행동경제학(behavioral economics)을 다룬다. 사람들의 선택은 제한된 정보와 시간, 그리고 정보처리 능력과 실행 능력으로 제약을 받는다. 이러한 어려움에 직면하여 사람들은 선택의 틀과 맥락의 구성이나 대안의 평가를 단순화한다. 또한 때때로 사람들의 선택에는 다른 사람들의 취향과 그들에 대한 감정이 고려되기도 하는데 이는 합리적이지 못한 선택으로 이어진다.

3절은 탈무드에서 바라보는 선택의 문제를 다룬다. 선택에 대한 합리성과 비합리성의 탐구는 인간의 본성에 대한 근본적 질문을 촉발한다. 인간의 합리성은 교과서에나 있는 것이고 인간은 근본적으로 비합리적이라 하며, 본성을 정오(正誤)로 나누고 본성은 오(誤)가 지배한다고 보는 태도를 쉽게 떠올릴 수 있다. 실제로 기독교를 비롯한 많은 종교들의 전통은 곧잘 인간의 영혼이 영구적으로 손상되어 죄악된 행동, 즉 '타락한 본성'에 대한 성향을 갖게 되었다고 가르친다. 많은 기독교인들은 인간은 하나님께 순종하고 선을 행하기 위해 자신의 악한 본성과 싸워야 하지만, 개인은 예수를 구세주로 받아들임으로써만 영원한 저주를 피할 수 있다고 하는 원죄 교리에 동의한다. 그러나 탈무드는 기독교처럼 인간이 원죄에 의해 영구적으로 타락하거나 더럽혀진 죄의 본성을 가지고 있다는 견해를 가지고 있지 않다. 동시에 계몽주의가 제안한 것처럼 창조에서 주입된 '아주 좋은' 본성은 인간이 선하게 태어난다는 것도 의미하지 않는다. 탈무드는 인간 본성에 대한 논의에 있어 이러한 도그마가 없으며 다양한 인간 속성이 모두 신에 의해 창조된 것으로 있는 그대로 인정된다. 신의 형상으로 창조된 인간은 이해하고 분별할 수 있는 능력을 갖지만, 동시에 충동적이기도 하여 선할 수도 있고 악할 수도 있다. 악과 오는 외부의 초자연적 힘이 아니라 내적 충동에서 비롯한다. 충동은 삶을 지탱하고 가능하게 하고 도전하게 하지만 지나친 이기심과 탐욕에 내몰리게 할 수 있다. 탈무드는 인간이 충동을 얼마나 따를지 어떻게 다룰지를 선택할 수 있는 자유 의지를 갖는다고 인식한다. 하나님의 평가대로 (인간 본성의) 창조가 매우 좋았지만, 성품의 위대함은 우리의 충동을 얼마나 적절히 제어하는 데 성공하느냐로 결정된다. 즉, 인간의 본성이 죄가 아니라 인간의 행동만이 죄가 될 수 있다.

▶ 하나님이 그 지으신 모든 것을 보시니 보시기에 심히 좋았더라(창세기 1:31).

▶ 네가 선을 행하면 어찌 낯을 들지 못하겠느냐 선을 행하지 아니하면 죄가 문에 엎

드려 있느니라 죄가 너를 원하나 너는 죄를 다스릴지니라(창세기 4:6).

1. 선택의 원리 : 기회비용과 이익의 비교

이 절의 결론부터 우선 밝혀두자. ① 희소한 자원은 의사결정자들이 비용과 편익을 포함하는 결정을 내리도록 요구하며, ② 이러한 결정은 선택의 한계편익이 선택의 한계비용으로 정확히 상쇄될 때 가장 잘 내려진다.

1) 생산자원이 희소하므로 선택을 해야 한다

생산자원

경제학은 개인, 기업, 사회가 그들의 무한한 경제적 욕구를 가장 잘 충족시키기 위해 희소한 생산자원을 어떻게 사용하는지에 대한 연구이다[1]. 생산자원 또는 생산요소는 일반적으로 4가지로 분류된다.

- **노동** : 인간의 육체적 정신적 노력과 재능, 교육과 훈련(인적 자본)을 통해 개선될 수 있다.
- **토지 또는 천연 자원** : 자연이 만든 모든 자원. 경작지, 광물 매장량, 석유와 가스 매장량 또는 물일 수 있다.
- **물적 자본** : 기계와 같은 인공 장비뿐만 아니라 건물, 도로, 차량, 컴퓨터도 있다.
- **기업가적 능력** : 혁신적인 벤처에서의 다른 생산자원들을 통합하려는 노력과

1. 재화와 용역을 소비함으로써 충족될 수 있는 욕구는 만족될 수 없는 것으로 간주되는 인식 전통은 지옥과 죽음의 힘 못지않게 만족할 줄 모르는 것이 눈을 통해 시작되는 인간의 탐욕이라는 잠언 구절에서도 발견된다.

▶ 아바돈은 만족함이 없고 사람의 눈도 만족함이 없느니라(잠언 27:20).

노하우이다.

희소성

위의 모든 자원은 부족하거나 공급이 제한적이다. 생산자원이 희소하기 때문에 그것을 활용해 만들어지는 재화와 용역의 생산량도 희소해야 한다. 학기말에 제출 마감일이 얼마남지 않은 보고서 작성을 되돌아보면 이를 더 쉽게 알 수 있다.

- **노동** : 계획, 연구, 보고서 작성과 수정의 시간은 부족하거나 하루 중 깨어있는 시간으로 제한된다.
- **토지 또는 천연 자원** : 종이(나무), 전기(강, 석탄, 천연가스, 풍력, 태양열) 공급이 부족하여 가격을 치러야만 얻을 수 있고
- **자본** : 컴퓨터, 프린터, 책상, 펜 및 연필, 도서관은 종종 만족스럽지 못하며
- **기업가적 능력** : 창의성뿐만 아니라 연구를 일관성 있고, 사려 깊고, 명료하게 편집하는 데 필요한 기술도 부족함을 곧잘 느낀다.

생산자원의 희소성으로 말미암아 개인이든 단체든 정부든 선택의 상황에 직면한다.

- **개인** : 소비자는 주택, 교통수단, 식료품, 기타 일상용품에서 선택해야만 한다. 전세를 살까 자기 집을 살까? 근로자는 다양한 고용 기회 중에서 선택해야 한다. MBA나 박사과정 중 무엇을 밟을까? 아니면 그만두고 추가 근무를 할까?
- **기업** : 기업의 결정은 종종 어떤 재화를 공급할 수 있는지, 얼마나 생산할지, 그 재화를 어떻게 생산할지에 중점을 둔다. 골목식당은 토요일 밤 늦게까지 문을 열지 말지를 고민한다. 때때로 기업은 어떤 국가에 공장을 둘지도 결정해야 한다.
- **정부** : 모든 사회는 어떤 형태든 정부나 지방자치단체(지자체)의 손에 많은 어

려운 결정을 맡긴다. 당연히 지자체는 지역 시민의 삶에 즉각적 영향을 미칠 수 있는 문제들에 직면해 있다. 세금 수입을 도로포장에 사용해야 할까 아니면 새로운 공공버스를 장만하는 데 사용해야 할까? 중앙정부 차원에서 이루어지는 선택의 경우 대부분의 시민이 그 영향을 즉시 느낄 수 있는 것은 아니다. 하지만 그 결정에 따른 위험은 훨씬 더 높을 것이다. 청년층 임대아파트 확충을 위해 그린벨트를 해제해야 할까? 수입 농산물에 관세를 부과해야 할까?

생산자원은 희소하여 한 곳에 사용되면 다른 곳에는 쓰이지 못한다는 점에서 다른 곳을 포기해야만 한다. 예를 들어 공부나 여행은 모두 중요하다. 그러나 경제학 공부를 하면 (희소한 시간을 쓰므로), 다른 공부를 하지 못한다. 또한 가족 여행을 가면 (희소한 돈을 써서) 저금을 하지 못한다. 자원이 희소한 상황은 선택을 요구한다.

2) 선택은 그에 따른 편익과 대가를 비교하여 이루어진다

선택은 이처럼 포기와 희생을 동반한다. 더 많은 음식을 구매할수록, 다른 상품에 지출할 수 있는 돈이 줄어든다. 한 국가가 더 많은 식량을 생산할수록, 다른 재화를 생산하는 데 사용하는 필요한 자원이 줄어들 것이다. 즉, 한 가지의 생산이나 소비는 다른 대안의 희생을 수반한다. 특정 선택에 따른 대안의 희생 또는 선택의 대가를 비용 또는 기회비용(opportunity cost)이라고 한다. 예를 들어 우리가 선택할 수 있는 대상이 영화 관람과 외식으로 제한되어 있고 이 중에서 외식을 선택했다면 외식의 기회비용은 곧 영화를 못 본 것이다. 선택은 선택에 따른 편익과 기회비용을 비교하여 이루어진다.

기회비용은 어떻게 구할 수 있을까? 기회비용은 보통 특정 안을 선택했기 때문에 포기해야 하는 생산자원의 규모나 특정 안을 선택했기 때문에 포기한 대안이 낳는 편익으로 계산된다. 이렇게 보면 선택은 선택할 특정 안이 제공하는 편익과 포기한 차선의 대안의 편익(기회비용)을 비교하여 이루어진다. 좀 더 엄밀하게 보면 기회비용은 다음의 순서로 계산될 수 있다.

① 선택한 특정 안에 투입되는 생산자원이 무엇인가를 파악한다. 많은 경우 이는 투입된 자원의 금전적 가치로 계산된다.
② 이 생산자원을 사용할 수 있는 차선의 대안이 무엇인지 파악한다.
③ 파악한 차선의 대안에 생산자원을 투입할 때 생겨나는 편익을 파악한다.

이런 기회비용의 파악 과정을 감안할 때 어떤 일을 할 때 드는 기회비용은 그것을 하기 위해 희생하는 것으로, ① 생산자원의 금전적 가치나 ② 다른 차선의 대안 또는 ③ 다른 차선의 대안이 제공하는 편익으로 파악할 수 있다. 즉, 편익 100을 제공하는 활동 *X*를 하기 위해 희소한 자원인 현금 2만 원이 투입되어야 하는데, 이 2만 원을 활동 *X* 대신 활동 *Y*에 투입하여 편익 90을 제공받을 수 있다고 하자. 이 경우 활동 *X*의 기회비용은 ① 2만 원이거나 ② 활동 *Y* 또는 ③ 활동 *Y*가 낳는 90의 편익이 된다. 이를 바탕으로 보면 다음과 같은 표현들이 모두 가능하다. 농장의 노동자가 1,000톤의 밀이나 2,000톤의 보리를 생산할 수 있다면, 밀 1톤을 생산하는 기회비용은 2톤의 보리이다. 교과서를 사는 데 드는 기회비용은 포기해야만 했던 새 청바지이다. 노후를 위한 저축의 기회비용은 젊었을 때 희생하는 소비이다. 1시간을 시험공부를 하거나 시간당 2만 원으로 커피숍에서 일할 수 있는데, 공부를 한다면, 공부의 기회비용은 2만 원이다. 1시간을 시험공부를 하거나 시간당 2만 원으로 커피숍에서 일하거나. 시간당 4만 원으로 잔디를 깎는 일을 할 수 있다고 하자. 이 상황에서 공부를 선택한다면, 공부의 기회비용은 얼마인가?

암묵적 비용을 무시하지 않아야 한다

회계사와 경제학자는 이윤을 달리 본다. 학부에서 회계와 경제학을 복수 전공했던 준호가 은행의 영업사원으로 매달 2백만 원의 월급을 받고 있었다고 하자. 새해 들어 준호는 은행을 그만두고 동네의 번화한 거리 모퉁이에 식혜를 파는 회사를 설립하였다. 한 잔에 1천 원으로 식혜를 파는 준호는 한 달에 1,000잔을 판다. 회계사와 경제학자는 매월 총수입(TR) = 2천 원 × 1,000잔 = 200만 원이라는 점에 동의한다. 준호의 회계 교과서는 총수입에서 총비용(TC)을 빼서 이익(Π)이 계산된다고 명시하고 있다. 준호는 부모님으로부터 매달 75,000원에 테이블을 임대하고, 매달 300,000원으로 엿기름과 컵을 매입하고, 25,000원에 쓰레기 처리비용을 지불한다. 이렇게 직접 매입하는 데 지불한 현금 비용을 회계적 비용 또는 명시적 비용이라고 한다.

$$\begin{aligned} \text{회계적 이윤 } \Pi &= TR - \text{명시적 비용} \\ &= 2{,}000{,}000 - 75{,}000 - 300{,}000 - 25{,}000 \\ &= 1{,}600{,}000\text{원} \end{aligned}$$

경제학자는 동의하지 않는다. 식혜 판매대를 운영하는 데 드는 비용은 이것만이 아니다. 위에서 설명하지 않은 생산요소의 기회비용을 고려해야 한다. 준호는 회사에서 영업사원으로 일하며 받았던 2백만 원의 월급을 포기하였다. 이윤을 더 잘 측정하기 위해서는 이렇게 포기된 기회비용을 총수입에서 빼야 한다. 이와 같이 간접적이고 구매되지 않은 기회비용을 암묵적 비용(implicit cost)이라고 한다. 그리고 명시적 비용(explicit cost)에 암묵적 비용을 합한 것을 경제적 비용(economic cost)이라고 하는데 경제학에서 말하는 비용은 모두 이 경제적 비용에 해당한다.

$$\begin{aligned} \text{경제적 이윤 } \Pi &= TR - \text{명시적 비용} - \text{암묵적 비용} \\ &= 2{,}000{,}000 - 75{,}000 - 300{,}000 - 25{,}000 - 2{,}000{,}000 \\ &= -400{,}000\text{원} \end{aligned}$$

많은 기업이 부담하는 암묵적 비용에는 저축이 청산될 때 포기한 이자나 개인이 집이나 차고에서 일할 경우 포기한 임대료가 포함된다. 다음은 명시적 비용과 암묵적 비용을 명확히 다룰 수 있는 한 가지 방법이다.

- 외부의 생산요소 공급자(임직원, 지주, 식품 도매점)에 지급되었나? 실제로 돈이 지급되었나? 그렇다면 명시적 비용이다.
- 자신이 직접 소유하여 공급한 자원(자신의 시간을 투입한 데 따른 급여나 자신의 은행예금을 투입한 데 따른 은행이자 포기)이 있었나? 그렇다면 암묵적 비용이다.

경제적 이윤을 계산할 때에는 암묵적 비용을 포함해야 한다. 하지만 왜 그럴까? 그게 더 정확하기 때문이다. 어떤 것의 비용은 명시적인 가격표를 넘어선다. 가격이 매겨지지 않았을 뿐이지 희소성의 세계에서 공짜라는 것은 없다. 교습학원의 상담실을 방문하는 경우 문을 통과하기 위해 돈을 지불하지 않아도 되지만, 방문하는 그 시간에 다른 일을 할 수 있다. 이는 가격이 책정되지 않은 암묵적 비용이다. 마찬가지로 식혜 판매대에서 준호의 노동과 노력은 무료인 것처럼 보인다; 이것이 회계사가 이윤을 계산할 때 그러한 노력을 포함하지 않는 이유이다. 그러나 그것은 분명히 공짜가 아니며, 단지 가격이 매겨지지 않았을 뿐이다. 영업사원으로 일할 수도 있는 준호의 차선책은 노력의 가치를 평가하여 그 가격을 수량화하여야 한다. 경제학에 있어서 비용은 곧 경제적 비용을, 그리고 이윤은 곧 경제적 이윤(economic profit)을 의미한다.

결과적으로 익숙하지 않은 개념인 기회비용을 통해 의사결정을 하려면 의도적 노력이 필요하다. 그러나 이는 더 나은 선택을 하는 데 도움이 되기 때문에 가치 있는 연습이다. 예를 들어 여러분이 중소기업을 운영하고 있다고 상상해 보자. 재무담당자는 여러분이 상당한 수익을 올려 성공적인 한 해를 보냈다고 알려줄 수 있다. 그럼 다 좋은 것인가? 그렇지는 않다. 경제학자는 "다른 사업을 했더라면 더 많은 이익을 얻을 수 있었을까?"라고 자문하라고 말할 것이다. 평범한 개인도 항상 이 질문을 던져야 한다. "내 시간, 재능, 그리고 열정을 나에게 더 이익이 되도록 쓸 수 있는 다른 일은 없을까?" 경제적 사고에는 최선의 결정을 내릴 수 있는 기회에 대한 의도적인 평가가 포함된다.

3) 새로운 선택이 낳는 편익과 비용만을 비교한다

대부분의 결정은 전부 또는 전무의 일도양단적으로가 아니라 한계적으로 이루어진다. 어떤 일을 하거나 하지 않거나가 아니라, 더 하거나 덜 하거나가 중요하다. 예를 들어, 프로 운동선수는 훈련의 여부가 아니라 훈련 기간과 빈도를 결정한다. 그리고 훈련 시간이 추가될 때마다 운동선수는 추가 시간으로 인한 편익과 비용을 분석한다. 마찬가지로 우리는 진공 청소기로 청소하고, 먼지를 털고, 욕실을 닦고, 차고를 청소하고, 창문을 닦으면서도 냉장고 밑의 먼지 덩어리는 그대로 남겨 둔다. 한계적 결정은 현재 상태 또는 현상에서의 점진적 변화에 대한 것이다. 커피 한 잔을 마시고(현재 상태) 난 뒤에 추가로 커피를 마실지를 결정해야 한다. 경제학 시험을 위해 이미 5시간을 공부했고(현재 상태), 추가로 한 시간을 더 공부하는 것이 가장 좋은지 결정해야 한다. 이러한 결정을 두고 한계적 선택을 하였다고 한다. 추가적 커피 한 잔은 소비자에게 추가 편익을 제공하지만 추가 비용이 발생한다.

"추가"는 "다음", "증분" 또는 "한계"로 표현되며, 한계적으로 이루어지는 선택에 대해 그 편익과 비용은 한계편익과 한계비용으로 부를 수 있다.

- **한계편익**(marginal benefit, *MB*) : 재화의 추가 단위를 소비함으로써 얻게 되는 추가 편익
- **한계비용**(marginal cost, *MC*) : 재화의 추가 단위가 소비됨으로써 야기되는 추가 비용

총편익과 한계편익

한계적 선택과 연관되어 보통 사람들이 갖고 있는 또 다른 오해는 사람들이 자신의 총편익을 극대화하기 위해 노력해야 한다는 것이다. 예를 들어 중간고사를 위

해 경제학을 공부할 시간을 결정해야 하는 선택을 고려하자. 공부시간에 따라 얻으리라 기대되는 성적이 〈표 3-1〉과 같다고 하자.

표 3-1 **공부시간에 따른 경제학과 수학에서의 총점수와 한계점수**

공부시간	경제학 총점수	경제학 한계점수	수학 총점수	수학 한계점수
0시간	30	–	0	–
1시간	65	35	6	6
2시간	85	20	13	7
3시간	95	10	22	9
4시간	100	5	34	12
5시간	95	−5	49	15

이런 경우 학생이 자신의 총편익, 즉 총점을 극대화하고 싶다면 4시간을 공부할 것이다. 4시간 공부의 총점은 100점의 성적이다. 다른 어떤 시간도 이런 점수를 안 겨주진 않을 것이다. 그렇다면 몇 시간을 공부해야 할까? 당연히 4시간이다. 그러나 실제로는 그렇지 못하다. 결정은 한계적으로 이루어지기 때문이다. 즉, 결정을 내릴 때 한계편익과 한계비용을 살펴봐야 한다. 한계는 단순히 전체의 변화를 의미한다. 공부시간에 대한 한계편익은 추가로 공부시간을 늘린 것에 총편익, 즉 총점의 변화이다. 〈표 3-1〉에서 한계편익을 나타내는 3번째 열은 각 총 공부시간만큼 공부시간을 추가했을 때 얻게 되는 추가점수, 즉 한계점수를 보여준다. 한계 편익은 해당 시간 동안의 총편익의 변화다. 첫 공부시간의 한계편익은 35점인 반면, 세 번째 공부시간의 한계편익은 10점이다. 한계편익은 생산자원을 투입하여 제품을 생산하는 제조업체의 생산량 결정에 있어서는 한계생산(marginal product)이라 불린다. 한편 소비자의 경우 한계편익은 추가로 재화나 서비스를 소비할 때 얻게 되는 만족을 의미하는데 통상적으로 한계효용(marginal utility)이라 불린다. 한계효용은 때때로 소비자가 재화나 용역을 추가로 구입할 때 지불할 의사가 있는 최대 금액으로 측정된다. 다양한 어휘에도 불구하고 개념은 동일하다.

총비용과 한계비용

앞에서 보았듯이 선택을 위해 살펴보아야 할 것은 편익만이 전부는 아니다. 경제학 공부에 드는 비용(한계비용)도 살펴봐야 한다. 중간고사 기간 중인데 내일 시험보는 과목이 경제학뿐만 아니라 다른 과목, 예를 들어 수학도 있다고 하자. 이 경우 수학도 공부해야 하므로 경제학 공부시간을 늘리려면 수학 공부시간을 줄여야 한다. 결국 경제학 공부의 한계비용은 추가되는 경제학 공부시간이 되는데 이는 줄어들게 된 수학 공부시간이자 수학 시험에서 줄어들게 될 기대점수이기도 하다.

한계편익 체감과 한계비용 체증

경제학의 근본 개념 중 하나는 '한계편익 체감(decreasing marginal benefit)'이라는 아이디어다. 대표적인 예로 논농사에서의 비료의 사용이다. 비료를 더 사용할수록 수확량이 증가하겠지만, 증가 규모는 점차 감소할 것이다. 이러한 현상은 생산현장에서 생산요소 투입이 증가함에 따라 흔히 발생하며 한계생산 체감(decreasing marginal prouct)이라 불린다. 소비자의 한계효용 역시 소비가 증가함에 따라 또는 소비가 빈번해 짐에 따라 일반적으로 감소하며, 이를 한계효용 체감(decreasing marginal utility)이라 한다.[2] 소비가 증가할수록 또는 소비가 빈번해질수록 추가 단위의 소비와 관련된 만족도가 증가하겠지만, 증가 규모는 점차 감소할 것이다. 결과적으로 추가 소비가 이루어지기 위해서는 기존보다 더 낮은 가격을 제시받아야 할 것이다. 예를 들어, 소비자가 오른쪽 손가락에 보석 반지를 구입하였다 하자. 그가 제대로 된 보석반지를 사는 데 1백만 원을 사용하였다. 두 개의 반지가 필요하지 않기 때문에, 두 번째 반지에는 1백만 원을 더 쓰기를 원하지 않을 것이다. 하지만 그 두 번째 반지를 50만 원에 구매하도록 설득될 수 있다. 이 경우 첫 번째 반지의 한계 편익은 1백만 원이고 두 번째 반지의 한계 편익은 50만 원이다.

---

2. 잠언은 꿀과 같은 진미가 소비품목인 경우에도 효용 감소의 법칙이 적용됨을 말한다: "배부른 자는 꿀이라도 싫어하고 주린 자에게는 쓴 것이라도 다니라"(잠언 27:7).

마찬가지로 앞의 〈표 3-1〉에서 한계 편익은 각 단위마다 감소하였는데, 이는 [그림 3-1]에서 한계 편익이 우하향하는 곡선으로 나타난다. 한계편익이 감소하는 경향이 있다면, 한계비용은 단위가 증가할 때마다 증가하는 경향을 보일 것이다. 우리의 경우 경제학에 투입된 공부시간이 추가될 때마다 매 공부시간은 점점 더 소중해진다. 수학 공부시간이 줄어들어 포기해야 할 수학의 기대점수는 점점 더 커질 것이기 때문이다. [그림 3-1]에는 이렇게 단위가 추가될 때마다 증가하는 한계비용도 나타나 있다. 어떤 일을 더 많이 할수록 활동의 한계비용이 증가하는 경향이 있고 그림에서 한계비용은 우상향의 곡선으로 표시된다.

그림 3-1 한계편익곡선과 한계비용곡선

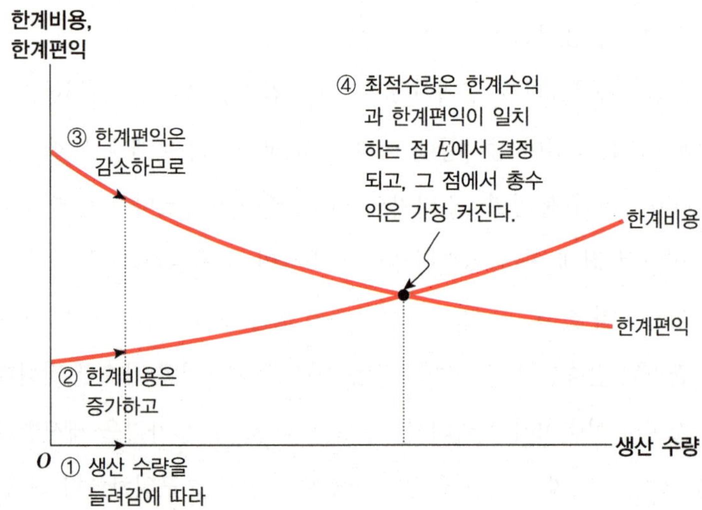

한계편익, 특히 한계생산이 체감한다면 한계비용은 체증하는 것으로 예상할 수 있다. 희소한 생산자원을 특정 생산활동에 계속 투입하면 해당 자원의 추가될 때마다 기회비용은 증가하는데 이를 기회비용 체증의 법칙(law of increasing opportunity cost) 또는 한계비용 체증의 법칙(law of decreasing marginal cost)이라고 한다. 5명의 세일즈 직원이 일하는 컴퓨터 판매 가게를 생각해 보자. 이 중 한 명을 창고 정리를 위해 창고로 보내면 어떻게 될까? 고객을 설득하여 구매하도록 하는 직원이 한

명이 줄어들고 그 결과 매출이 떨어질 수 있다. 창고 정리로 두 번째 직원을 창고로 또 보내면 어떻게 될까? 직원이 한정되어 있으므로 창고로 보낸 두 번째 직원이 첫 번째 직원보다 더 많은 매출을 잃게 될 것이다. 이어서 세 번째 직원을 추가로 창고 정리에 보내면 두 번째 직원보다 더 큰 손실이 발생할 것이다.

어떤 활동을 한 단위씩 증가시킬 때마다 한계편익은 전보다 점차 감소(한계생산 체감)하는 반면, 한계 (기회)비용은 전보다 점차 증가(한계비용 체증)할 것이다 : [그림 3－1]을 통해 보면 한계비용 곡선은 위쪽으로 기울어지고, 한계편익 곡선은 아래쪽으로 기울어지며, 한계편익 곡선과 한계비용 곡선이 교차하는 지점에서 편익을 극대화하는 수량이 발견된다.

편익 극대화 행동은?

경제학에서는 합리적 선택이 한계비용과 한계편익의 저울질이라고 주장된다. 한계비용과 한계편익은 특정 활동을 조금 더 하거나 더 적게 하는 데 따른 비용과 편익이다. 이들은 특정 활동의 총비용과 총편익과 대비된다. 결정은 전체 공부시간의 총비용과 총편익의 비교가 아니라 추가 공부시간의 비용과 편익의 비교에 근거한다. 특히 한계편익이 한계비용보다 크거나 같은 한 그 활동을 계속할 때 이익을 극대화한다. 위의 예에서 처음 3시간의 공부는 한계비용보다 한계편익이 더 크다. 해당 시간 동안 공부하면 순편익(총편익 – 총비용)이 증가한다. 그러나 4시간과 5시간의 공부는 한계편익보다 한계비용이 더 크다. 따라서 그 시간을 공부하면 상황이 악화되고 순편익이 감소하게 된다. 결과적으로 $MB = MC$에서 편익 극대화가 발견된다.

이 같은 원리는 소비자, 근로자, 기업이 내리는 결정에도 그대로 적용된다. 예를 들어, 자동차 회사는 자동차 생산의 한계비용과 한계편익을 저울질할 것이다. 즉, 추가로 자동차를 생산하는 비용과 편익을 비교할 것이다. 추가로 생산되는 자동차가 회사에 비용보다 편익을 더 많이 추가한다면, 추가로 자동차를 생산하는 것은 수익성이 있을 것이다. 따라서 합리적인 의사결정은 한계 편익과 한계 비용을 평가하는 것이다. 어떤 선택이 낳는 한계편익이 한계비용을 초과하면 그 선택을 하는 또는 활동을 하는(또는 더 많은 활동을 하는) 것이 합리적이다. 어떤 선택이 낳는 한계비용이 한계편익을 초과하면 그 선택을 하지 않는 것이 합리적이다.[3] 냉장고 아래의 먼지가 거슬린다 해도 그것을 청소하는 데 드는 한계비용이 너무 높으며, 추가 청소를 정당화하기에는 노력의 부가가치 또는 한계 편익이 너무 낮을 수 있다.

매몰비용 오류의 함정

선택이 전부 또는 전무가 아니라 한계적으로 이루어진다면 비용 계산에 있어 매몰비용(sunk cost)을 포함해서는 안 된다. 매몰비용은 이미 지출되어 피할 수 없으며 결정이 내려지는 순간 어떤 선택을 하더라도 회복될 수 없는 비용이다. 선택을 무엇을 하건 전혀 영향받지 않는 비용이라면 선택에 고려될 필요가 없고 무시되어야만 한다. 이를 무시하지 않으면 매몰비용의 오류(fallacy of suck cost)가 발생하였다고 하는데 선택에서 피해야 할 중요한 함정이다. 소설을 읽고 있지만 즐기만하지 못하다는 생각이 점점 커갈 때 어떻게 해야 할까? 답은, 곧 그 이야기를 즐기는 순간이 다가올 것이라고 생각되지 않는다면 읽기를 중단해야 한다는 것이다. 많은 사람들이 책값을 지불했기 때문에 끝까지 읽어야 한다고 주장할 수 있다. 하지만 이는 합리적이지 않다. 그 책이 5,000원인지 50,000원인지는 중요하지 않다. 계속 읽을지의 결정은 단지 미래의 (기회)비용과 미래의 편익만을 고려해야 한다. 매몰비용 오류의 또 다른 예를 보자. 1만 원짜리 극장표를 사서 영화를 보기 시작했으나, 이미 본 영화이다. 계속 보아야 하나? 계속 보는 데 따른 이득이나 기회비용 무엇에도 1

---

3. 선택이 한계적으로 이루어지는 것이라면 우리가 따지는 가격은 사용가치(총만족 또는 총효용)가 아닌 교환가치(가격 ; 한계만족 또는 한계효용)가 기준이 되어야 한다. 다이아몬드보다 소중(사용가치)할 수 있는 물은 가격이 낮나(가치의 역설). 1776년 아담 스미스(Adam Smith)가 처음 설명한 다이아몬드-물 역설은 왜 생명에 필수적인 물이 저렴하고 생명을 유지하지 못하는 다이아몬드가 비싼지를 설명한다. 스미스 시대의 많은 사람들은 이 가치역설이 당혹스럽다고 생각했다. 그러나 다이아몬드-물 역설은 소량의 희귀한 것(다이아몬드)으로부터 얻는 한계효용과 이미 대량의 물을 소비한 후 추가로 소량의 물을 소비함으로써 얻는 한계효용의 양을 불공평하게 비교한다. 매우 풍부한 물이 희귀한 다이아몬드보다 한계효용이 적다는 사실은 놀랄 일이 아니다. 그러나 물이 다이아몬드만큼 희귀하다면 물의 가격이 다이아몬드의 가격을 초과할 것이라는 데에는 의심의 여지가 없다.

만 원은 포함될 수 없다. 계속 보건 말건 1만 원은 결코 회수될 수 없어, 1만 원은 되돌릴 수 없는 비용, 즉 매몰(된) 비용이다. 합리적 선택이라면 과거에 이미 이루어진 선택 또는 매몰비용을 따지지 않아야 한다. 이를 조금 더 확장하여 영우와 준호라는 두 친구가 함께 영화를 보러 간다고 가정하자. 영우는 몇 주 전 행사기간 때에 이미 무료 티켓을 받았다. 한편 준호는 공연 직전에 티켓을 구매하였다. 영화를 보기 시작한 지 30분 후, 두 친구는 영화가 마음에 들지 않는다는 데 동의하고 차라리 산책을 하고 싶어한다. 그럼에도 영우가 떠날 준비를 하는 동안 준호는 방금 구입한 1만 원짜리 입장권에 대해 불평하고 극장에 머물기로 결정한다. 입장료가 매몰비용이기 때문에 두 친구는 같은 방식으로 행동해야 하지만 그렇지 못한다. 매몰비용 오류에 빠지지 않는다면 무료로 티켓을 구했건 티켓을 구매하였건 선택은 동일해야 한다. 그러나 매몰비용 오류에 빠지면 미래의 비용과 미래의 편익이 아니라 과거에 이미 치러진 매몰비용에 얽매여 결정한다. "Do not throw good money after bad"라는 영어 속담이 있다. 이는 이미 많은 돈을 낭비한 것에다 돈을 더 쓰지 않아야 한다는 의미로 실패한 투자를 추가 자금으로 어떻게든 만회해 보려는 시도는 피해야 한다는 것이다. 그렇지 않으면 그 동안의 손실보다 더 큰 손실을 낳을 수 있기 때문이다. 이는 실패한 프로젝트에 대한 투자를 추가자금을 투자하는 것보다 포기하는 것이 보다 더 합리적인지에 질문을 제기한다. 신생 벤처가 신제품 개발에 상당한 투자를 한 뒤에 제품 출시를 앞두고 있는데, 생각지도 못했던 경쟁사에서 동일한 제품을 더 경쟁력 있는 가격으로 시장에 출시하였다면 어떻게 하여야 할까? 이 경우 제품 출시는 분명히 합리적이지 못하다. 하지만 대부분의 신생 벤처는 기어코 출시를 한다. 제품의 연구개발 비용은 매몰비용이지만 제품 출시 결정에 큰 영향을 미치고 있는 것이다. 도박 중독도 매몰 비용이 큰 영향을 미친다. 이전 손실을 만회하려고 계속 도박을 하며 이전에 손실이 없었다면 하지 않았을 베팅을 이어간다.[4]

4. 과거에 손실을 본 비용, 즉 매몰비용이 증가할수록, 손실의 한계 고통은 점차 감소하고 도박꾼의 위험회피가 감소하여 매몰비용을 회수하려는 의지가 더욱 커지는 악순환의 역학이 유발된다.

돈 외에도 시간은 의사결정 과정에 영향을 미치는 중요한 희소 자원의 하나이므로 매몰비용 오류를 낳을 수 있다. 특히 시간이 많이 걸리는 행동들이 그렇다. 대표적인 예가 버스 대기의 딜레마이다. 버스를 기다리는 사람이 이미 기다리며 보낸 시간이 1분 더 기다리려는 의지에 영향을 주어야 하나? 이는 이른바 "덫에 걸린 상황"(entrapment situation, Arkes & Blumer, 1985, p. 137~138)으로 도착하지 않는 버스를 기다리는 것과 같은 실패한 프로젝트에 시간을 낭비하는 것이 손실에 필적하는 결과를 가져올 수 있음을 보여준다.[5]

한편 매몰비용을 이해하지 못하는 사람들은 이미 가지고 있는 것을 최대한 활용하는 것의 이점을 지적할 수도 있다. 오래된 경기장이 구조적으로 여전히 건전한데 철거하고 새로 짓는 것은 낭비로 보일 수 있다. 하지만 새 경기장의 건설이 경제적일 수 있다. 비용을 지출하여 짓게 되는 새 경기장이 충분한 추가 수익을 낳는다면 매력적일 수 있다. 즉, 적절한 선택은 매몰비용을 무시하고 새로운 시설이 낳는 한계편익과 한계비용을 비교하는 데 기초하여야 한다. 새로운 경기장과 그에 따른 수익이 기존 경기장보다 더 많은 가치를 창출한다면, 기존 경기장은 철거되어야 한다.

사람들은 유인에 반응한다

자주 배움은 그 자체로 즐거운 것이라는 조언을 듣는다. 공자는 "배우고 때로 익히면 또한 기쁘지 아니한가"라고 하였다. 하지만 경제학자들은 사람들이 유인(incentive)에 반응한다고 한다. 긍정적이든 부정적이든 유인이 학생들에게 배움에 대한 관심을 불러일으킨다는 것이다. 이때 유인은 행동하거나 노력하도록 동기를 부여하는 요소로 편익과 비용의 변화를 말한다. 이에 따라 유인은 통상적으로 긍정적 유인과 부정적 유인으로 나뉘어진다. 사람들은 편익과 비용을 비교하여 선택하므로 결국 비용과 편익이 변화하면 사람들의 유인이 바뀌고 행동도 바뀐다. 예를 들

5. Arkes, H. R., & Blumer, C.(1985), The Psychology of Sunk Cost. Organizational Behavior and Human Decision Processes, 35(1).

어 가격이 상승하면 구매자는 한계비용의 증가에 따라 소비를 줄이고, 판매자는 한계편익이 증가하였으므로 생산을 늘린다. 정부 정책 역시 많은 경우 비용-편익 구조를 바꿈으로써 사람들의 선택과 행동을 변화시킨다. 예를 들어 안전띠를 의무화하면, 사고 당 사망률은 감소했으나 사고 건수는 더욱 증가한다. 운전을 조심하는 데 따른 비용과 편익의 구조가 바뀌기 때문이다. 즉, 안전띠 덕분에 사고 시 부상(사망) 가능성이 줄어듦에 따른 조심 운전의 편익이 감소한다. 사마천이 화식열전에서 정부 정책이 추구해야 할 방향으로 가장 좋은 방법은 민간에 맡겨두는 것이지만, 간섭이 필요하다면 이익으로 이끄는 것이 교화나 처벌보다 앞서야 할 것이라고 요약하고 있다.

> ▶ 태사공은 말한다. "대개 신농 이전은 내가 모른다. 『시경』이나 『서경』에서 말하는 우(虞 ; 순임금)나 하(夏 ; 우임금) 이래로는 눈과 귀는 좋은 것을 보고 들으려 했고, 입은 맛난 야채와 고기를 먹으려 했고, 몸은 편한 것울 누리려 했으며, 마음은 권세와 능력으로 인한 영광을 자랑하려 했다. 이것이 인민의 습속으로 스며든 지 오래되어 아무리 미묘한 논리로 집집을 설득하려 해도 결코 교화시킬 수 없게 되었다. 따라서 가장 좋은 정치는 순리에 따르는 것이며, 그 다음은 이익으로 이끄는 것이고, 그 다음은 가르쳐 깨우치려는 것이며, 그 다음은 가지런히 바로 잡으려는 것이고, 가장 못한 것이 인민들과 싸우는 것이다(사마천 『사기』 화식열전).

2. 비합리적 선택과 행동경제학

표준 경제이론은 사람들이 '합리적 선택'을 한다고 가정한다. 합리적 인간에는 판단의 합리성, 무한한 의지력, 자기이익 추구라는 세 가지 요소가 담겨 있다. 판단의 합리성은 수단·방법에 대한 것으로 이성적, 논리적, 손익계산의 교묘함을 의미한다. 이를 위해 선택에 필요한 모든 정보를 가지고 있어야 하고, 그 정보를 제대로 처리하는 무한한 능력을 지니고 있어야 한다. 사람들은 관련된 모든 비용과 편익을 정확히 평가한다. 소비자만 하더라도 쇼핑을 할 때 판매자별 가격 차이를 포함하여 제품의 가격과 속성에 대한 완전한 정보를 가지고 있고, 여러 제품에 걸쳐 그 편익과 비용을 일일이 계산해 낼 수 있다. 또한, 합리적 인간은 그 선호체계가 명확하고, 모순이 없고, 변함이 없어야 하며, 일단 결심한 것을 반드시 실행하는 자제력을 갖춘 의지의 소유자여야 한다. 결국, 합리적 인간은 '전지전능한 신과도 같은 존재'여야 한다(H. A. Simon). 하지만 합리적 인간의 행복은 오직 자기 이익에만 의존한다. 그만큼 합리적 인간은 현실성 없는 이야기로 들릴 수 있다.

- 자신이 겪는 편익과 비용만을 토대로 결정 내리지 않는다. 사회규범과 기대에도 관심을 가지며, 자원봉사와 자선 활동에 시간을 보낸다.
- 마음은 심리적 요인에 영향받으며 시간이 지남에 따라 변화한다.
- 개인은 무한한 의지력을 갖지 못한다. 자신에게 최선인 것이 무엇인지 알고 있음에도 자제력이 부족한 경우가 많다.

경제학자들도 실제 인간이 역부족이고 종종 다른 사람들에게 관심을 둔다는 것을 인정한다. 경제학이 가정하는 것은 이론적 모델을 따르는 사람들이 합리적이고 이기적인 방식으로 행동한다는 것이다. 하지만 합리적 선택이론에서 상정하는 사람들이 실제 세계의 사람들과 다르게 행동한다고 가정하는 이유는 무엇일까?

- 첫째 이유는 이것이 근대 과학에서 의존하는 추상화의 사례에 해당한다는 것이다. 모든 모형은 현실을 모두 담아내지 못한다는 의미에서 비현실적이다. 대신 모형의 타당성은 현상을 얼마나 잘 설명·예측하는 가로 평가된다. 단순한 모형이라도 실제 현상을 설명하고 예측하는 데 도움이 된다면, 필요 이상으로 복잡하게 만들 이유가 크지 않다.
- 둘째 이유는 합리적 인간이 일반적으로 인간의 실제 행동에 근접한다는 것이다. 사람들은 많은 실수를 하지만, 이들은 서로 상쇄된다. 또한, 완벽한 합리성과 자기 이익에 부합하는 방식으로 행동하지 않는 사람들은 경쟁으로 말미암

아 시장에서 쫓겨날 것이다. 더 나아가 사람들은 경험과 성찰을 통해 합리적 결정을 내리는 방법을 배울 것이다.

기존의 경제이론은 실제 행동을 얼마나 성공적으로 설명하고 예측할까? 많은 경우 꽤 잘 작동하며, 주류 교과서가 이러한 가정에 기초한 경제이론으로 가득 찬 이유를 설명한다. 그러나 때때로 사람들의 행동이나 그것이 이루어지는 환경은 이에 반하는 것처럼 보인다. 즉, 사람들은 종종 제한된 정보를 기반으로 선택을 하고, 최적의 선택을 계산해낼 시간이나 능력 없으며 감정적 충동에 지배된다. 하지만 20세기 후반에 경제학은 인간 행동에 대한 보다 현실적인 이해를 통합하는 지점에 이르렀다. 정치학자 허버트 사이먼(Herbert Simon)은 1947년 최적을 추구하는 호모 에코노미쿠스(homoeconomicus)와는 대조적으로 만족에 머무는 행정 인간(administrative man)을 제안하였다. 그는 인간의 문제해결 능력에 대한 보다 현실적인 개념을 설명하기 위해 1957년에 제한된 합리성(bounded rationality)을 도입하였다. 개인은 정보, 시간, 인지능력, 기타 자원이 제한되어 있어 이를 염두에 두고 그 안에서 합리적이고자 노력한다는 것이다. 이제 그의 논의를 검토해 보자.

정보의 부족과 정보처리 능력의 부족 : 제한된 합리성

개인이 목표 지향적이라 하더라도 그러한 목표를 달성하는데 필요한 합리적 능력은 자신이 처한 상황으로 말미암아 '제한된다'. 제한적 상황은 두 가지 이유로 생겨난다. 첫째는 정보 부족이다. 선택 대상의 특징이 완전히 이해되지 않거나 불확실할 수 있다. 둘째는 정보 처리능력 부족이다. 필요한 정보는 모두 얻었지만, 너무 복잡하거나 시간과 인내심이 부족하여 이를 제대로 다루지 못할 수 있다. 따라서 합리성은 상황에 의해 '제한된다'는 의미에서 제한적 합리성에 머물 수밖에 없다. 제한 때문에 최적화를 포기하고 가능한 선택 대안을 좁히거나, 선택 기준을 줄임으로써 선택 문제를 단순화하려 한다. 단순화의 정도는 개인이 가진 자원에 직접적으로 의존한다. 선택은 여전히 합리적이지만, 제한된 범위 내에서 합리적이다.

- 디지털 오디오 제품을 휴대전화기가 비닐이나 CD보다 "환경친화적"이라고 판촉하여 소비자의 선택을 도덕적으로 책임 있는 선택으로만 제한할 수 있다.[6]
- 대형 가전제품 구매 때 소비자는 가격이 낮고 에너지 요금이 높은 모델을 구매할 가능성이 크다. 우리는 수년에 걸쳐 전기 비용이 얼마나 들지 빠르게 계산할 수 없으므로 제한받는다. 결국, 구매 당시에는 만족스러웠지만 길게 보면 후회할 결정을 한다.

결과적으로 제한된 합리성을 따르는 선택은 이용 가능한 정보뿐만 아니라 당사자의 특성에 따라서도 달라진다. 따라서 교육, 경험, 감정, 시간제한, 스트레스가 선택에 직접적 영향을 미칠 수 있다. 여기에서 한발 더 나아가 사이먼은 추론의 심리적 과정에 기초하여 (특히 사람들이 어떻게 불완전한 검색을 수행하고 다양한 목표 사이에서 균형을 이루는지에 대한 설명을 기반으로) 합리성의 절차적 모델, 즉 절차적 합리성(procedural rationality)을 도입했다.

절차적 합리성 : 단순화된 기준과 타협

정보와 인지적·정서적 능력의 제약 아래서 인간이 추구할 수 있는 것은 최적보다는 어느 정도의 만족이다. 사이먼은 이를 만족스러운(satisficing) 대안을 선택하는 것이라고 하였다. 만족스러운 해결책의 하나는 제한적 합리성만이 가능하다는 실존 조건에 대응하여 절차적 합리성을 따르는 것이다. 절차적으로 합리적인 선택은 정보, 시간, 능력의 부족이 작용하지만 그래도 선택에 도달하는 절차 자체는 논리적이다. 특히, 인지적 한계 속에서도 다룰 수 있도록 (1) 단순화된 기준을 설정하고, (2) 그 기준으로 최적보다는 충분한 만족 수준에 도달하면 선택을 멈춘다. 예를 들어 아파트를 찾는 부부는 가격, 통근 거리, 면적에 있어서 어느 정도 만족스러운 최상위 대안을 선택한다. (3) 선택 절차에는 적응과정이 포함되어 다단계 구조를 갖는다.

---

6. 그러나 온라인 스트리밍 서비스는 모든 데이터 센터는 전 세계 탄소 배출량의 2%를 생성하는데 이는 항공 산업의 탄소 배출량과 거의 같다.

- 첫째, 첫 탐색에서 몇 가지 대안이 발견되면 우선 그에 대해서만 평가한다. 그 대안 중에 선별된 기준에 합격한 것이 있다면 그 대안 중 최선의 것이 만족스러운 대안으로 선택된다.
- 둘째, 첫 탐색에서 발견된 대안 중 만족스러운 대안이 없다면, 새로운 다른 대안을 구하는 두 번째 탐색이 시작된다. 그리고 그에 의해 발견된 대안에 관한 평가가 이루어진다.
- 셋째, 반복적 탐색으로 만족스러운 대안이 발견되지 않는 경우 기준 자체가 검토대상이 된다. 그리고 기준이 수정된다.
- 넷째, 수정된 새로운 기준을 토대로 다시 위의 과정이 되풀이된다. 한편 선택을 할 때 사용된 기준이 적절한지 반성될 수 있다. 이런 면에서 선택 기준 자체도 선택 대상이며 이 역시 최적보다는 만족스러운 기준이면 충분한 것이다.

1) 실제 선택은 어떻게 이루어지나 : 행동경제학

이상의 합리적 선택이론이나 절차적 합리성은 의사결정을 규범적으로 분석한다. 합리적 개인이라면 따라야 할 선택이 무엇인지 밝히려 한다. 이와 달리 선택이 실제 어떻게 이루어지는지 밝히려는 노력이 행동경제학(behavioral economics)으로 구체화하였다. 이는 실제 선택이 어떻게 이루어지며 전통적 가정에서 어떻게 벗어나는지를 설명한다. 왜 그런 선택이 이루어지는지 이유를 찾기보다는 무엇이 발생하고 있는지 알려 한다. 행동경제학은 경험적 관찰에 기반하므로 단순하고 체계적인 이론을 기대할 수 없다. 이하에서는 선택의 두 단계와 두 경로 그리고 전망이론을 기반으로 행동경제학의 주요 성과를 소개한다.

(1) 선택의 두 단계 : 프레이밍과 평가

사람들은 대안들을 비교하여 선택할 때 두 가지 단계를 거친다[prospect theory, Kahneman and Tversky(1979)]. 첫째는 프레이밍 단계(framing or editing phase)로 평가를 위한 문제의 틀과 맥락이 구성된다. 선택 문제를 단순화시키는 단계이다. 문제가 예비적으로 분석되며 선택이 더 효율적으로 이루어지도록 대안과 그에 따른 결과 그리고 결과의 가치가 구조화되어 선택의 맥락이 정의된다. 즉, 주어진 선택 문제에 대해 대안들을 일정 형식으로 구성하여 평가가 쉽게 이루어지도록 준비한다. 당면 문제와 상관성이 적은 평가 기준은 배제되고 상관성이 높은 평가 기준은 수용 · 조합 · 단순화되며, 효과 면에서 같은 결과가 묶이고 대안의 순위를 지정하기 위해 평가 기준별로 기준점(reference point)이 설정된다. 프레이밍은 많은 정보에 직면한 개인의 인지적 한계를 완화한다. 기준점 선택은 대안을 이득 또는 손실로 평가될 수 있게 한다(코딩, coding).

프레임은 선택 문제의 내용에 기초하지만, 내용 그 자체와는 무관하다는 의미에서 임의적이거나 외부적이다. 프레임은 선택이 설명되고 제시된 방식이기도 하지만 상황이 복잡하거나 모호할 때 당사자 스스로에 의해서도 만들어질 수 있다. 후자의 경우 당사자(가 속한 사회)의 규범, 습관, 기대의 영향을 받는다. 프레이밍은 대안이 제시되는 형식에 대한 것이고, 선택은 내용이 아니라 프레이밍 형식에 의존해서는 안 된다. 그러나 프레이밍은 선택에 분명한 영향(프레이밍 효과, framing effect)을 미친다.

둘째는 평가 단계(evaluation phase)이다. 평가 단계에서는 프레이밍이 완료된 결과로 갖게 된 각 대안이 평가되어 가치가 가장 높은 대안이 선택된다. 즉, 각 대안은 기준별로 가치가 이득과 손실로 평가되어 최상의 결과를 낳을 대안이 선택된다. 가치 평가에서는 이득의 추구 이상으로 손실의 회피가 중요하며, 절대적 가치보다는 상대적 가치가 평가된다.

(2) 선택의 두 경로 : 시스템 I과 시스템 II

인지를 직관과 이성의 두 범주로 구분해 온 고대의 생각은 현대에 들어와 인지, 선택, 행동을 직관과 분석의 두 시스템이 줄다리기한 결과로 보는 이중 경로론(dual process theory)으로 이어지고 있다. 즉 판단 시스템은 직관(intuition) 또는 연관적 사고 시스템(시스템 I)과 추론, 분석 또는 규칙 기반 사고 시스템(시스템 II)으로 구성된다.[7] 직관은 얼굴 이미지에서 분노를 감지하거나 짧은 순간에 말을 이해할 때 이루어지는 작업이며, 추론은 25 × 178을 계산하거나 입사 원서를 작성할 때 수행하는 작업이다.

▶ 야구 방망이와 공의 가격은 1달러 10센트인데, 방망이가 공보다 1달러 더 비싸다면 공의 가격은 얼마일까? 이 퍼즐에 대해 대부분은 즉시 10센트라고 답한다. 그러나 정답은 5센트(0.05 + 1.05 = 1.10)이다. 이 답은 오랜 시간 생각한 후에야 떠오른다. 이 사례는 사고방식이 빠르고 직관적인 사고와 느리고 분석적인 사고에 의해 동시에 지배된다는 것을 잘 보여준다.

인간이 무엇이든 처음 보고 지각(perception)하게 되었을 때 직관 시스템 I은 자신이 보는 것에 대한 인상(impression, 내용)과 감정(emotion, 내용에 대한 느낌)을 갖게 만들고 선택으로 이끈다. 이 과정은 선택 당사자의 통제가 거의 없이 빠르고 무

7. 시스템 I과 시스템 II라는 표현과 달리 인간 뇌는 문자 그대로 물리적으로 둘로 나누어져 있지 않다. (창의적) 우뇌형이거나 (분석적) 좌뇌형이라는 통념이 거짓인 것과 마찬가지다. 뇌의 일부 영역이 두 시스템 중 하나와 약간 더 연관되어 있기는 하다. 정서적 인지(감정 반응에 대한 시스템 I 유형 사고)가 중변연계 도파민 보상 시스템에 위치하여 도파민 방출을 담당한다. 인간은 즉각적 만족을 추구하는 경향이 있으므로 도파민은 "빠른" 사고에 핵심적 역할을 한다. 반면 전두엽과 두정엽은 분석 시스템(시스템 II)과 연결되어 있으므로 이 영역은 복잡한 추론 및 고차원적인 "느린" 사고와 더 관련이 있다. 그러나 결정은 중변연계 경로, 전두엽 피질, 두정 피질 등 여러 시스템에서 수집된 정보의 조합에 의존한다는 점에 유의해야 한다. 즉, 뇌의 서로 다른 지역이 시스템 I 또는 시스템 II와 어느 정도 관련되지만 특정 반구가 시스템 I이나 시스템 II 유형의 의사 결정에만 제한되지 않는다.

의식적으로 이루어진다. 시스템 I은 지각 시스템과 유사하게 작동하며 환경에서 지각된 단서들과 저장된 개념의 연관성을 파악하고, 언어로 자극될 수 있다. 직관은 불투명하게 성립하여 그리된 이유가 명확하지 않다. 인간으로서 우리는 주의가 필요한 일이 너무 많고 매일 내려야 할 결정이 너무 많지만, 능력의 한계가 있으므로 일상적 질문은 시스템 I을 따른다. 더욱이 일상적인 선택을 할 때 시스템 II는 시스템 I을 대체하기에는 너무 느리고 비효율적이다. 시스템 I은 다양한 경험적 방법에 의존한다. 예를 들어, 자신의 경험, 사회집단의 관점 또는 그것이 미디어에 나타난 방식에 따라 교외 생활에 대해 부정적 연관성이 있을 수 있다. 그에 대해 심각하게 생각할 필요가 없으므로 집을 구할 때 교외는 고려 대상에서 자동으로 버려진다. 생각할 필요도 없는 일이다. 다양한 지역의 주택을 신중하게 고려하고 각지의 장단점을 비교하여 평가하는 것보다 선택이 훨씬 쉬워진다.

그러나 동시에 사람들은 의도적 추론에 의존하여 대안을 살펴보며 신중하게 정보에 입각한 판단을 내리는 분석 또는 규칙 기반 사고 시스템 II를 따르기도 한다. 선택을 위해 일련의 규칙이나 기준을 의식적으로 사용하므로 느리며 감정적으로 중립적 방식으로 작동한다. 시스템 II는 복잡한 문제를 체계적으로 해결하려 작은 덩어리로 나누는 경우가 많아 분석적 추론이라고 부른다. 분석적 추론은 개념 간의 관계를 이해하고 논리적으로 추론하는 과정을 거친다. 이를 통해 패턴과 불일치를 식별하고 가설을 생성·검증하여 문제를 해결한다. 분석적 추론은 불확실성 대처에 도움이 된다. 새로운 것에 직면하거나 정보가 불완전할 때 이를 이해하고 가능한 설명을 생성할 수 있다. 우리는 판단과 선택을 최대한 정확하게 하고 싶을 때 시스템 II에 의존한다. 이 역시 지각뿐만 아니라 저장된 개념을 다루고 언어로 자극될 수 있다. 또한 다양한 기준이 있을 때, 경험이 많지 않은 문제일 때, 또는 중대하고 위험도가 높을 때 시스템 II가 작동한다.

그림 3-2 선택모형 비교와 인지 시스템 구성

(a) 경제학의 표준적 선택모형　　　(b) 행동경제학의 선택모형

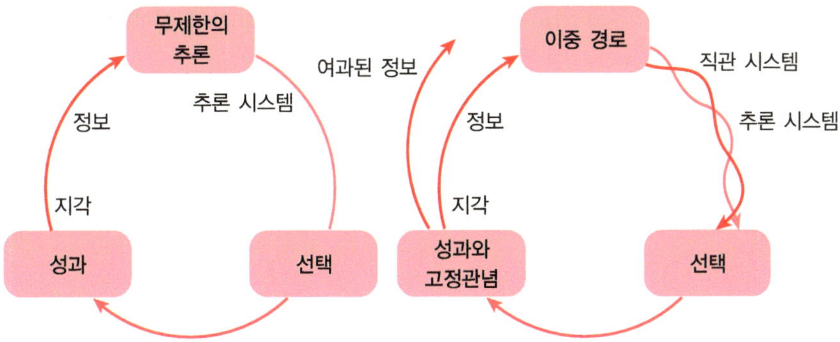

(c) 행동경제학의 인간 인지 시스템의 구성 : 지각, 직관, 추론

<table>
<tr><th></th><th>지각(perception)</th><th>시스템 I : 직관(intuition)</th><th>시스템 II : 추론(reasoning)</th></tr>
<tr><td>과정</td><td colspan="2">빠름, 병렬적, 자동적(습관의 지배로 통제 곤란), 노력 불필요, 연상적, 경직적이며 수정이 곤란, 감정적</td><td>느림, 순차적, 통제, 노력이 필요, 추론(규칙 기반), 신축적, 감정 중립적</td></tr>
<tr><td>내용</td><td>인상
현재의 자극
자극에 구속받음</td><td colspan="2">개념적 표상
과거, 현재, 미래
언어에 의해 자극됨</td></tr>
</table>

주 : 경제학의 표준적 선택모형에서 무제한의 정보와 추론이 성립하지만, 행동경제학의 선택모형에서 추론은 그의 고정관념에 의해 영향을 받으며, 모든 정보가 사용되지 않는다.

자료 : D. Kahneman(2003), "Maps of Bounded Rationality : Psychology for Behavioral Economics," *The American Economic Review*, 93(5) ; World Bank(2015), "World Development Report 2015 : Mind, Society, and Behavior".

규칙 기반 사고는 연관 사고보다 더 정확한 경우가 많지만, 시간이 더 많이 걸리고 구현하기 어려울 수도 있다. 이 때문에 사람들은 모든 대안을 신중하게 고려하는 데 시간을 들이는 대신 더 쉽다는 이유만으로 자신의 직관에 자주 의존한다. 그러나 시스템 I 사고는 때때로 차선책으로 이어지며, 특히 사려 깊은 고려가 필요한 복잡한 문제에 직면할 때 더욱더 그렇다.

시스템 I과 시스템 II는 동시에 병렬로 작동한다. 종종 작동이 빠른 시스템 I의

판단이 먼저 나타나지만 두 시스템은 여러 방식으로 상호 작용한다. 최초의 지각과 직관은 뒤따르는 추론의 출발점에 영향을 미친다. 시스템 I 판단이 내려지면 시스템 II는 그 판단을 승인하여 기준점으로 사용하고 다른 상황적 특성에 따라 판단을 조정한다. 시스템 II의 승인을 받으면 인상과 직관은 신념이 되고 충동은 자발적 행동이 된다. 시스템 I 판단은 유효하지 않은 것으로 규정되기도 하지만, 일반적으로 시스템 II는 시스템 I의 제안을 받아들인다. 더 나아가 시스템 I이 어려움에 부닥칠 때 시스템 II로 전환하여 문제를 해결할 수 있는 보다 적절한 절차가 제안된다. 시스템 I의 판단이 잘못되었음을 인식하더라도 시스템 I의 작동 자체는 의지로 억제될 수 없으므로 종종 끌리는 느낌을 받는다.

앞에서 다룬 선택의 틀이 구성되는 프레이밍과 그에 따른 평가로 구성되는 선택의 두 단계가 모두 지각과 직관(시스템 I)으로 이루어질 가능성이 크다. 하지만 거꾸로 프레이밍이 지각과 직관에 영향을 미칠 수도 있다. 프레이밍은 지각 체계의 초점을 바꾸어 직관(시스템 I)에 영향을 미치고 이는 다시 추론(시스템 II)과 선택에 영향을 미칠 수 있다.

2) 프레이밍 단계의 행동경제학

(1) 프레이밍과 프레이밍 효과

같은 선택 문제라도 다양한 방식으로 표현될 수 있다. 예를 들어, 손 소독제가 90% 효과가 있다고 할 수도 있고 10% 효과가 없다고도 소개될 수도 있다. '15% 지방 쇠고기'는 '85% 살코기 쇠고기'로도 소개될 수 있다. 어떻게 소개되었든 두 가지 모두 같은 정보를 담고 있다. 이때 문제나 선택 사항이 제시된 틀을 프레임(frame)이라 한다. '90% 유효'는 이익이 강조되는 이익(긍정적) 프레임이고 '10% 무효'는 손실이 강조되는 손실(부정적) 프레임이다. '15% 지방 쇠고기'는 긍정적 프레임이고, '85% 살코기 쇠고기'는 부정적 프레임이다. 프레임 그 자체는 명시적으로 표시되지 않기 때문에 꿰뚫어 보기 어렵다.

우리가 접하는 표현의 프레이밍은 정보처리에 어떻게 영향을 미치는지에 관한 속성 프레이밍과 목표 프레이밍 그리고 위험한 선택과 관련된 위험 프레이밍으로 분류될 수 있다.

- **속성(attribute) 프레이밍**은 사물이나 사건의 특성을 어떻게 제시하느냐에 관한 것이다. 특성이 부정적으로 설명될 때보다는 긍정적으로 설명될 때 더 호의적으로 평가된다.

▶ 쇠고기 부위가 부정적(25% 지방)으로 표시되기보다는 긍정적(75% 살코기)으로 표시될 때 맛이 더 좋고 기름기가 덜한 것으로 평가된다. 수술의 생존율이 강조되면 사망률을 강조할 때보다 수술을 받아들일 가능성이 더 크다. 샷의 실패율로 소개된 농구 선수보다 성공률로 소개된 농구 선수가 훨씬 더 높게 평가된다.

- **목표(goal) 프레이밍**은 행동의 목표가 어떻게 표현되느냐에 관한 것이다. 시술 참여의 긍정적 결과가 강조된 정보보다 시술 불참 시의 부정적 결과를 강조하는 정보가 시술 참여율을 더 높여준다. 또한, 행동에 따른 이득의 확보(행위의 긍정적 결과)보다 행동에 따른 손실의 예방·회피(행위의 부정적 결과)가 더 강력한 행동의 동기가 된다. 부정적인 목표 프레임은 긍정적인 목표 프레임보다 더 설득력이 있는 것이다.

▶ 현금 지급 시 할인이라는 긍정적 표현보다 신용카드 지급 시 추가 요금이라는 부정적 표현은 소비자를 더 자극한다.

- **위험(risk) 프레이밍**은 위험한 선택에 따른 결과를 어떻게 제시하느냐에 관한 것이다. 대안을 이익 측면(이익 획득의 기회, 긍정적 기회)보다는 손실 측면(손실 회피의 기회, 부정적 기회)에 초점을 맞추면 사람들은 위험을 감수하려 한다. 하

지만 전자에 초점이 맞추어지면 위험을 피하려 한다.

▶ 긍정 프레임(1/3을 확실히 구제 vs 모두 구할 확률이 1/3이고 모두 잃을 확률이 2/3)에서는 확실한 전자의 대안을 선택하지만, 부정 프레임(2/3는 확실히 상실 vs 모두 잃지 않을 확률이 1/3이고 모두 잃을 확률이 2/3)에서는 후자의 불확실한 대안을 선택한다.[8]

표 3-2 프레이밍의 유형 : 대상, 영향, 그리고 그 측정

유형	대상	영향	영향의 측정
위험 프레이밍	다른 위험도의 대안들	위험에 대한 선호	위험한 대안의 선택 여부
속성 프레이밍	사물과 사건의 속성	사물과 사건의 평가	특정 사물과 행동에 대한 매력도
목표 프레이밍	행동의 결과나 목표	설득	행동의 수용 여부

자료 : Levin, Irwin P. Sandra L. Schneider, Gary J. Gaeth(1998), "All Frames Are Not Created Equal," *Organizational Behavior and Human Decision Processes*, 76(2).

내용은 같은데 프레임이 바뀌면 선택도 바뀐다 : 프레이밍 효과

합리적 선택이라면 문제가 제시된 틀, 즉 프레임에 의존하지 않아야 할 것이다. 하지만 사람들의 선택은 자주 표현 방식에 따라 달라진다. 프레임은 특정 정보를 강조하고 특정 관점에 주의를 집중시킨다. 그에 따라 정보를 생각하는 방식과 결과적으로 행동하는 방식에 영향을 미친다. 즉, 선택이 정보에 의해 결정되기보다는 정보가 제시되고 두드러진 방식, 즉 프레임에 의존한다(프레이밍 효과, framing effect). 사람들은 90% 효과적이라는 살균제와 85% 살코기 쇠고기에 더 호의적으로 반응한다. 마찬가지로 사람들은 90%의 사람들에게 효과적인 백신을 선호할 수 있지만 같은 백신이 10%의 사람들에게 효과가 없다고 광고되면 주저한다.

한편 두 대안 A와 B 중의 선택은 A와 B 중 무엇을 기본옵션으로 지정하느냐에

8. 사람을 구할 수 있다는 확신은 매력적이지만, 사람의 죽음을 받아들이는 것은 혐오스럽기 때문이다.

영향을 받는다. 기본옵션으로 지정된 대안은 중요한 결정에서도 우위를 갖는다. 장기 기증 프로그램의 경우 등록이 기본옵션인 국가들의 등록률(평균 97.4%)이 그렇지 않은 경우의 등록률(평균 18%)보다 압도적으로 높다. 프레이밍은 주어진 프레임이 수동적으로 수용된다는 특성을 갖는다. 이는 뒤에서 검토하는 정보의 가용성에 기인한다. 수동성 때문에 사람들은 상황에 대한 보다 보편적인 프레임을 구성해내는 데 큰 어려움을 갖아 주어진 프레임에 쉽게 함몰된다. 현재의 문제와 선택에 따른 현재의 직접적 결과는 다른 것보다 가용성이 높으므로 선택 문제는 합리적 선택모형이 상정하는 것보다 훨씬 좁게 프레임(narrow framing)된다.

(2) 선택의 규격화

사물을 분류해 파악하는 선택의 규격화(choice bracketing)도 존재한다. 즉, 대안들은 범주화되어 좁은 프레임에 끼워 넣어 평가되고 선택된다. 유사한 것들을 함께 묶어내는 분류는 복잡한 세상을 이해하는 필수적 방법이다. 만물과 상호작용할 때마다 우리가 무엇을 해야 할지 알려면 그것이 속했다고 판단되는 해당 범주에 대해 가졌던 지식을 활용한다. 공원에 가면 다양한 크기와 모습을 가진 반려견을 볼 수 있다. 이들을 모두 '반려견'으로 분류할 수 있어서 무엇을 기대해야 할지 즉시 알 수 있다. 이런 분류범주가 없다면 새로운 사물을 접할 때마다 그것이 무엇이며 어떻게 작동할지에 대해 처음부터 알아가야 한다.

선택의 규격화는 여러 가지 문제점을 안고 있다. 사물을 분류해 파악하고 그에 따라 선택이 이루어지므로 상황이 어떻게 분류되느냐는 인식과 선택에 큰 영향을 미친다(분류 의존성). 사물은 다양하게 나누어지고 합쳐질 수 있으므로 사물에 관한 판단은 분류에 의존한다.

▶ 흡연을 1개의 담배를 피우는 것(좁은 분류)으로 생각할 때 건강 걱정보다 흡연의 즐거움이 더 클 수 있다. 담배 1개를 피울지 말지에 대한 결정은 매우 하찮을 수

있고, 1개를 피웠을 때의 결과만을 고려했을 때는 건강에 크게 나쁘다는 생각이 들지 않을 수 있다. 하지만 하루 1갑, 1년 7,300개의 담배를 피우는 것(넓은 분류)이라고 생각하면 건강 걱정을 더 크게 하고 다른 선택에 다다를 수 있다. 마찬가지로 한 달 동안의 점심 식사를 월초에 모두 선택할 수도 있고 매일 선택할 수도 있는데 이는 편식 여부에 큰 영향을 미치게 된다.

- 게임 예산의 책정은 하루 1만 원보다 일주일 7만 원으로 책정하는 것이 지출을 통제하기가 더 쉬울 수 있다. 일주일 7만원이라는 통합적 결과가 아닌 하루 1만 원이라는 개별적 결과가 달성하기 쉬워 보이기 때문이다.
- 택시 기사는 잘 벌리는 날에 더 오래 일하고 잘 안벌리는 날에 일찍 귀가해야 하지만 실제로는 일정 액수를 벌 때까지만 일하기 때문에 잘 벌리는 날에 더 일찍 귀가한다.

개별 사물은 어떤 분류체계를 따르냐에 따라 그 평가가 달라지므로 개별 사물의 고유성이 곧잘 무시된다. 특히 범주에 잘못된 특성이 연관된 경우 고정관념에 시달린다. 또한, 심적 계정에서 전용할 수 없어지는 것처럼(6장 참고), 선택의 규격화에서는 사물 간 대체를 불가능하게 만든다. 선택 대상이 나누어진 개별 집단 단위로만 선택이 이루어지는 경우 최적의 선택이 방해받을 수 있다[근시안(myopia), 좁은 프레임(narrow frame), 좁은 규격화(narrow bracketing)].

(3) 휴리스틱에의 의존

정보의 처리·평가와 이를 잇는 선택에는 시간과 노력이 필요하다. 평균의 성인은 하루에 33,000~35,000번의 선택을 한다고 한다. 선택에 직면하여 인간은 관련된 모든 정보를 처리하고 해석할 능력이 없다. 자신의 경험이 제공하는 제한된 정보에 기대어 선택에 나설 수밖에 없다. 상황이 복잡하고 불확실할 때에는 더욱더 그렇다. 제한된 정보에 의존하는 마음의 정신적 지름길이나 경험 법칙(rule of thumb)을 휴리스틱(heuristics)이라 한다. 사람들은 친구들이 산 것을 사거나, 할인 가격이라서 사거나, 신뢰해 온 브랜드여서 사는 등 다양한 휴리스틱을 사용한다. 휴리스틱이 없다면 선택은 매우 어려울 것이다. 슈퍼마켓에서 사과를 살지 오렌지를 살지 고민하는 상황에서 항상 오렌지를 사들여 온 습관은 쉽게 선택을 하게 한다. 휴리스틱 중 일부는 진화 과정을 통해 내장되어 있고 일부는 경험을 통해 학습된다. 휴리스틱은 일종의 연관적 사고로 시스템 I과 연관된다. 즉, 의식적으로 숙고하지 않고도 정보를 연관시킨다. 휴리스틱은 작업의 정보처리 요구를 사용 가능한 정보와 인지능력 범위 내에 머물게 하고 그만큼 제한된 정보 처리자로서 개인의 능력을 향상한다. 불확실성이 높고 대안이 많거나 표본 크기가 작은 경우 휴리스틱이 합리적 선택보다 더 효과적일 것이다. 물론 신뢰할 수 있는 데이터를 사용할 수 있고 상당한 비용이 드는 프로젝트(신축, 수술, 진학 여부 등)나 협상 또는 집단적 선택의 경우 합리적 선택원리는 매우 중요하다. 경영은 경험에 기반한 직관이 귀중한 상황과 그러한 직관이 쓸모없는 새로운 상황이 반복되는 상황의 혼합이다. 이에는 위험과 기대이익의 계산이 적합한 프로젝트가 포함되지만, 계산이 오해를 일으킬 가능성이 있는 획기적 시도도 포함된다. 아마도 경영은 다양한 선택 전략이 가장 필요한 직업일 것이다.

가용성 휴리스틱(availability heuristics)은 모든 관련 정보를 고려하기보다는 쉽게 사용할 수 있는 정보에 의존하는 것이다. 특히 정보 탐색의 가용성을 기반으로 사건의 가능성을 판단한다. 사건이 자신의 삶에서 얼마나 널리 퍼져 있고 친숙하냐로 결과의 확률을 추정한다. 가장 기억하기 쉬운 사건, 특히 감정적으로 두드러진 사건이 가능성에 대한 통계를 형성하는 과정을 대체한다. 쉽게 기억되는 상황을 상상하기 어렵거나 이해하기 어려운 상황보다 가능성이 더 큰 것으로 인식한다. 그에 따라 쉽게 이용할 수 있는 증거나 특별한 중요성이 있는 증거의 영향을 크게 받으며, 기억에 남거나, 감정을 고조시켰거나, 최근에 발생한 상황의 가능성을 과대 평가한다. 이에 따라 사람들은 선택할 때 해당 사건에 대해 자신이 가지고 있는 사전 정보에 무심코 의존하는 경향이 있다. 즉시 마음에 와닿는 정보를 바탕으로 선택하고 익숙한 대상을 더 빨리 신뢰한다. 접근성이 높은 개념일수록 지각과 직관 시스템 I이 빠르게 그리고 노력의 필요 없이 작동한다. 쉽게 사용할 수 있는 정보는 특정 정보나 자극에 노출된 빈도와 밀접한 관련이 있다.

▶ 대부분의 사람은 상어의 공격이 하늘에서 떨어지는 비행기 부품보다 더 자주 사망을 초래한다고 생각한다. 그러나 후자의 실제 발생 가능성은 30배 더 높다. 또한, 많은 사람은 자동차 충돌보다 치명적인 비행기 충돌의 생생한 이미지를 기억하기가 더 쉬우므로 운전이 비행보다 안전하다고 잘못 생각한다.
▶ 광고의 생생함은 사람들의 눈을 사로잡고 뇌리에 박혀 오랫동안 구매에 영향을 미친다.

대표성 휴리스틱(representative heuristics)은 불확실한 상황에서 사건의 확률을 판단할 때 자신의 기존 믿음과 일치하도록 하는 것이다. A가 B를 대표하는 정도, 즉 A와 B가 닮은 정도로 확률을 판단한다. 대표성은 고정관념의 사용을 설명하는 심리학 용어이다. 기존에 알고 있던 사건과의 유사성을 찾아내어 눈앞의 사건을 정의하는 것이다. 과거의 친숙한 패턴이 미래의 패턴을 예측할 것이라고 가정한다.

▶ 싼 게 비지떡이지. 비싼 게 좋은 거야.

사물에 대한 우리의 인식은 유사한 것들을 함께 그룹화하는 분류에 크게 의존한다고 하였다. 삶의 경험을 통해 사물과 생각을 분류하고, 이렇게 구축된 기존 분류방식에 새로이 마주친 현상을 종속시켜 접근한다. 각 범주 내에는 프로토타입, 즉, 각 범주를 가장 잘 나타내는 "평균" 구성원이 있다. 우리는 무의식적인 정신적 통계를 사용하여 범주의 "평균" 구성원이 어떤지 파악한다. 익숙하지 않은 사물이나 사람에 대해 결정을 내릴 때 전체 범주의 대표적 예로서 이 평균, 즉 프로토타입을 참조하여 유사하다면 연관성이 있다고 믿는다.[9] 대표성 휴리스틱은 객체가 특정 집단에 속하

9. 인간이 어떻게든 "평균" 범주 구성원을 계산할 수 있다. 사람들은 컴퓨터에서 생성된 "평균" 얼굴에 가까울수록 얼굴이 더 매력적이라고 생각하는 경향이 있다.

는지를 결정할 때 자주 사용된다. 대표성 휴리스틱은 가용성으로 설명되기도 한다. 즉 다양한 프로토타입 정보(와의 유사성)는 쉽게 접근할 수 있는 평가이지만 확률에 관한 판단은 어렵다.

- 호주 의사가 스트레스가 아닌 박테리아가 위궤양을 유발한다는 사실을 발견했을 때, 다른 의학 전문가들은 그의 말을 믿지 않았다. 전통적으로 스트레스가 궤양을 유발한다고 평가되어 왔기 때문이다.
- 어떤 정당에 속하냐가 특정 국회의원에 대한 호감을 결정하며, 더 근육질이고 더 현실적이며 덜 소심한 사람을 농부로 생각하며, 옷 입는 방식으로 처음 만난 사람의 직업을 추측한다.

대표성 휴리스틱으로 말미암아 우리는 객체와 집단 간의 유사성이나 차이점을 지나치게 강조하는 경향이 있다. 관련 정보보다 대표성에 더 많은 가치를 부여한다. 대표성에 의존하는 경향 때문에 다른 유형의 정보를 고려하지 않아 잘못된 예측을 하는 경우가 많다. 때때로 새로운 현상은 완전히 다른 유사체일 수 있다.

사람들은 객관적 정보가 아닌 당장의 감정 반응에 따라 선택을 달리한다(**감정 휴리스틱**, affect heuristic). 특히 감정적 인상은 선택이 복잡하거나 불확실할 때 확률을 판단하는 것보다 빠른 결정을 내리는 데 사용된다. 가용성 관점에서 볼 때 감정은 자동으로 생겨나고 항상 접근 가능한 평가이다. 모든 자극은 의도하지 않은 감정적 평가를 유발하여 선택의 휴리스틱으로 작용할 수 있다. 사람들의 사물과 사건의 마음속 표상(인식)에는 정서적 태도가 붙는다(Robert B. Zajonc). 그만큼 감정 휴리스틱의 영향은 클 수 있다. 우리의 기분 상태는 위험과 이점에 대한 평가에 영향을 미치고, 결국 선택에 영향을 미친다. 인지된 편익이 높은 대안은 긍정적 감정 평가를 낳고 인지된 위험을 낮춘다. 반대로, 인지된 편익이 낮은 대안은 부정적 감정 평가를 낳고 인지된 위험을 높인다. 실제 선택의 세계에서 비용과 편익 사이에 긍정적 상관관계가 존재하지만 선호되는 대안은 비용은 낮고 편익은 크다고 평가된다.

- ▶ 우리는 성공하지 못할 것이라는 직감 때문에 자신을 세상에 내놓고 싶지 않을 수 있다.
- ▶ 운전면허시험에 떨어진 직후에 부정적 감정으로 실패 가능성을 크게 여겨 입사 면접을 포기할 수 있다.
- ▶ 공중보건 캠페인은 공포라는 감정 휴리스틱에 의존한다.

특정 사건이 발생할 확률을 나타내는 통계에 대한 노출도 감정적 반응을 끌어낸다. 정신과 환자 100명 중 20명이 퇴원 후 6개월 동안 폭력 행위를 저질렀다는 말을 들은 임상의들은 환자의 퇴원에 조심스러워진다. 피곤하거나 시간적 압박을 받는 경우 경험 법칙, 특히 감정 휴리스틱에 의존할 가능성이 더 크다. 리더의 위치에 있는 사람이 중요한 결정을 내릴 때 종종 오로지 자신의 감정에만 기초하여 결론을 내릴 수 있다.

감정 휴리스틱은 다른 휴리스틱과 함께 작동할 수 있다. 특히 가용성 휴리스틱은 기억된 이미지가 정서와 연관되기 때문에 작동할 수 있다. 감정 처리는 시스템 II가 아닌 시스템 I에서 이루어진다. 맥락이 조성하는 분위기와 그에 따라 생겨나는 희로애락의 감정의 영향을 받아 지각과 직관이 형성된다. 한편 사람들은 이익을 얻을 수 있을 때마다 거짓말을 하기도 하지만 동시에 다른 사람을 속이지 않기나 신뢰하기가 선택에서 중요하게 작용할 수 있다. 사람은 거짓말에서 죄책감을 그리고 정직함에서 자부심을 느끼며. 누군가가 진실을 말할 때 기쁨을, 속았을 때 분노를 느낀다. 유권자는 마음에 안 드는 정당이기 때문에 그 정당이 내세우는 정책은 볼 필요도 없다고 한다.

신뢰의 감정도 휴리스틱으로 사용된다. 정보 부족과 기회주의에 직면하여 사람들은 상대방에 대한 신뢰에 기댄다. 신뢰도가 높을수록 정보를 확인하고 통제를 가할 필요가 줄어든다. 결과적으로 신뢰는 거래비용을 줄이는 윤활유로 작용한다. 따라서 신뢰는 상대방의 말을 받아들일까를 결정하는 중요한 휴리스틱이다. 이로 말미암아 자원봉사나 시민단체는 사기업이나 정부보다 소외된 사람들에게 도움을 제공하는 데 더 나은 위치에 있을 수 있다. 사람들은 신뢰라는 감정에 대한 의존도가 편향적이어서 자기 삶의 여러 측면에서 과신하는 경향이 있다(**과신 휴리스틱**, overconfidence heuristic). 과신은 자신의 지식을 과대평가하고, 위험을 과소평가하며, 사건을 통제하는 능력을 과장하게 만든다. 사람 대부분은 자신이 평균 이상의 운전자이고, 다른 사람보다 오래 살 가능성이 크며, 공부할 때 평균을 능가할 가능성이 더 크다고 생각한다. 일부 심리학자는 과신보다 더 널리 퍼져 있고 더 큰 재앙을 초래할 문제는 없을 것이라고 한다.

- 사람들은 낯선 지역을 방문할 때 자신의 방향 감각이 뛰어나다고 생각한다. 자신의 능력을 믿기 때문에 지도를 확인하거나 다른 사람의 도움을 요청하지 않는다.
- 과신 휴리스틱은 데이트 신청을 하고, 면접에 나서고, 경기에 출전할 용기를 제공한다.

모든 정보를 평가한 결과로써 최적이 아니라 비용과 제약을 고려하여 순차적으로 만족스러운 대안을 찾아가는 절차적 합리성도 휴리스틱(**만족 휴리스틱**, satisficing heuristic)으로 작용한다. 대안들은 순차적으로 검토되며 소수의 기준을 만족하는 대안이 나타나면 선택이 끝나므로 선택 절차가 쉽고 실제로 선택이 이루어진다.

- 동생의 결혼식 날 결혼식장에 가려 집을 나서는 데 구두 밑창에 문제가 생겨 새 구두를 사야만 한다면 어떻게 할까? 결혼식이 30분 뒤에 시작한다면 먼저 고려해야 할 것은 새 구두 한 벌일 것이다. 시간 제약 때문에 최적의 결정은 할 수 없다. 보통 때라면 여러 가게를 들러야 하겠지만, 당장의 상황에서는 만족한 선에서 그쳐야 한다. 즉, 다른 모든 것은 무시되고 한 벌의 구두를 찾는 것이 최우선 과제이다. 새 구두는 평상시에 사 왔던 가격의 두 배에 달할 수 있지만 지금 가격이 문제가 아니다.

(4) 앵커링 효과 : 최초 프레임의 지속성(anchoring and adjustment, 고정 효과)

사람들은 논의나 선택의 출발점으로 주어진 것(닻, anchor)을 우선시하고 이에 얽매인다(초기 방안의 구속력, default sensitivity). 출발점 부근에서 맴돌고(anchoring, 앵커링) 충분히 조정(adjustment)하지 못한다. 이른바 관성이 존재한다. 모든 것을 우리가 받은 최초의 정보와 비교하여 평가한다. 추정이나 예측을 할 때 초깃값에서 시작한 다음 거기에서 조정해 간다. 결국, 우리는 초기 정보에 지나치게 의존하고, 기존 상태가 고수되고 즉각적으로 그리고 충분히 조정되지 못한다. 합리적이라면 새로운 정보는 즉각적으로 수용되어 기존 상태는 전면적으로 재평가되고 그에 따라 수시로 변동되어야 한다.

- 선물을 사러 쇼핑을 나갔다고 상상해 보자. 맘에 드는 선물을 찾았지만, 가격이 예상보다 훨씬 비쌀 수 있다. 많은 사람이 값비싼 이 선물은 포기하고 좀 더 저렴한 다른 선물을 고르게 된다. 하지만 새로 고른 선물은 여전히 애초 예상을 뛰어넘는 비싼 것에 머물게 된다.
- 형사 사법제도에서 검사와 변호사는 유죄 판결을 받은 사람에게 특정 형량을 요구한다. 판사는 자기 판단대로 구형할 자유가 있지만, 검사와 변호사의 요구 형량에 영향받는다.
- 8×7×6×5×4×3×2×1과 1×2×3×4×5×6×7×8의 계산 결과는 당연히 같은 40,320이다. 하지만 학생들에게 그 값을 계산기 없이 추정해 보라 하면 첫 문제의 평균 추정치는 2,250이고, 두 번째 문제의 평균 추정치는 512였다. 학생들이 머릿속으로 앞자리에 대해 부분적 계산을 시도한 다음, 이 계산 값을 조정해 최종 답을 추정하므로 큰 차이가 발생한다.
- 등록이 자동(옵트인)으로 되는지 아니면 직접 선택(옵트아웃)해야 하는지에 따라 등록률이 크게 영향받을 수 있다. 일반적으로 30~40%대 80~90%이다.

거래, 협상, 공공정책, 법원의 판결, 경매에서 첫 제안이 최종 결정에 상당한 영향을 미친다. 협상에 뛰어난 판매원은 고객을 설득할 때 절대로 처음부터 고객에게 좋은 조건을 말하지 않는다. 맨 처음에는 고객이 절대 승낙할 리 없는 조건을 제시한다. 그러고는 점차 그 조건을 완화해 나가는 방법으로 협상을 진행해 나간다. 고객은 계속 최초의 조건에 머물기 때문이다.

▶ 협상에서 앵커링은 최종 결과에 상당한 영향을 미친다. 초기 입찰가는 첫 앵커 역할을 하고 둘째 입찰가는 반대 앵커 역할을 한다. 이것이 전체 협상의 분위기를 결정하는 두 가지 가치이다. 보통 첫째 앵커를 설정한 쪽이 협상에서 더 유리한 경향이 있다. 급여 협상이 이를 잘 보여준다. 최초의 급여 제안이 낮게 설정되면 근로자는 처음에 더 큰 급여를 제안받았을 때보다 더 낮은 급여를 수락할 가능성이 크다.

처음 가졌던 아이디어의 지속성은 관련되고 좋은 의사결정에 이바지할 때는 도움이 될 수 있다. 예를 들어 자녀에게 통금 시간을 오후 10시로 설정했는데 현재 시각이 오후 9시 55분이라면, 자녀는 약간 당황하고 귀가를 서두를 것이다. 그러나 앵커링은 편향을 초래하기도 한다. 무엇보다 계획이나 예측을 필요한 만큼 업데이트하지 못할 수 있다.

▶ 프로젝트 완료를 위한 초기 계획을 설정하고 나면 그 계획에 지나치게 얽매이게 되어 결과적으로 더 많은 시간과 예산이 필요하다는 것이 분명해진 뒤에도 계획의 수정을 꺼린다.

3) 평가 단계의 행동경제학

평가 단계에서는 프레이밍 단계에서 편집된 잠재 대안이 평가되고 선호하는 대안이 선정된다. 즉, 대안이 낳을 결과의 가치가 계산되고 각 결과에 결정 가중치(인지된 가능성이 아닌)가 부여된 후 가장 높은 가치를 가진 것이 선택된다. 평가 단계에서 사람들의 평가는 위험과 손익에 대한 태도에 의해 영향을 받으며, 확률을 정확하게 평가할 수 없는 체계적 무능력 때문에 영향을 받는다.

욕망뿐만 아니라 공포도 동기를 부여

우리는 알지 못하는 사이에 자신이 이해한 세계를 향해 삶의 의지를 분출하며 "樂을 추구"한다. 하지만 그것이 다가 아니다. 우리는 樂을 추구하는 이상으로 "苦를 회피"하려 한다. 우리의 두뇌는 위협을 감지하면 두려움을 의식적으로 인식하기도 전에 공포 신호로 몸을 가득 채우는 코르티코스테로이드(corticosteroid)과 같은 화학물질이 분비된다.

▶ **사람들은 "쾌락을 추구하고 고통은 회피한다"**(쾌락주의, hedonic principle).

좋은 상태는 쾌락으로 접근(approach)하는 것이, 나쁜 상태는 고통으로 회피(avoidance)하는 것이 삶의 목표가 되며, 서로 다른 두 개의 동기체제로 이어진다. 모든 형태의 욕망은 더 큰 성취로 이어지며 삶의 개선을 가져올 수 있으며, 공포는 신중하게 생각할 시간이 없이 생존을 도모하는 것이 필요한 순간 도움을 준다. 즐거움이 없다면 우리는 먹거나 마시거나 번식을 하지 않을 것이다. 고통이 없다면 우리는 부상과 죽음으로부터 자신을 보호할 수 없을 것이다.

생리학적으로 우리는 항상 변화에 적응하고 있다. 생물학적으로는 내부 신체 평형, 즉 항상성(homeostasis)이 기준점이다. 신체가 균형을 회복하려 시도할 때 발생하는 일시적 선호 왜곡(원격이상 감각, allesthesia)을 통해 지각은 항상성을 회복하도록 조정된다. 예를 들어, 배고픈 상태에서는 일반적으로 감지되지 않는 위 수축이 느껴진다. 결국, 항상성 설정점(setpoint)으로부터의 편차를 반영하여 즐거움과 고통의 감정이 생겨난다. 예를 들어 따뜻한 물에 손을 넣으면 추운 날씨에는 기분이 좋지만 매우 더운 날씨에는 불편하다. 원격이상 감각은 음식 섭취나 체온 조절과 같은 행동에 대한 적절한 동기가 된다. 항상성과 원격이상 감각의 생리학 원리는 인식과 판단이 상대적이며 변화에 의해 좌우된다. 이처럼 생리학적 인식과 판단이 변화에 의해 좌우되는 것과 마찬가지로 사고와 선택도 변화에 의해 좌우되며, 변화가 수준보다 더 중요하다.

뇌는 세 가지 해부학적 부분으로 나눠 설명될 수 있다[삼층구조 뇌(Triune Brain) 가설]. 가장 바깥층은 분석적 의사결정을 처리하고(피질), 중간층에서는 동기와 욕구가 발생하며(대뇌변연계), 가장 안쪽의 층에서는 생명 유지에 필요한 생리적 과정이 이루어진다(중뇌). 피질은 뇌의 물류센터 역할을 하면서 집행기능과 운동 조절을 감독한다. 특히 전전두엽 피질은 추상적 사고와 계획, 계산, 학습, 전략적 의사결정 등과 관련 있다. 대뇌변연계는 두려움과 흥분 같은 원초적 욕구와 감정을 조정하는 운전자이다. 중뇌(파충류의 뇌, reptilian brain)는 호흡이나 심박 수 등 신체의 생리적 과정을 관리하는 층이다. 변연계에는 보상 추구와 손실 회피 회로라는 두 가지 중요한 영역이 존재하여, 신경회로는 (1) 보상 추구와 (2) 손실 회피의 두 목표에 따라 행동을 관리한다. 보상 추구 회로와 손실 회피 회로는 유기체를 (1) 쾌락으로 이끌고 (2)두려움과 의심을 바탕에 깔며 인지된 손실을 피하도록 유도한다. 두 시스템은 대부분 각기 독립적으로 움직이지만, 한쪽이 활성화되면 다른 쪽이 비활성화 반응을 일으킬 수도 있다.

쾌락과 고통의 인지는 성취 지향형이냐 아니면 안전 지향형이냐에 따라 달라진

표 3-3 자기조절 초점이론의 성취지향형과 안정지향형

	성취지향(promotion)	**안정지향**(prevention)
쾌락의 접근 (approach)	+1 이득(gain) 성장	0 무손실(non-loss) 안전
고통의 회피 (avoidance)	0(not +1) 무이득(non-gain) 정체	−1(not 0) 손실 위험

다[Higgins(1997)의 자기조절 초점 이론(self-regulatory focus theory)].[10] 성취 지향형은 향상, 승진, 열망, 성취에 초점을 두어 성장(이득, +)에 접근할 때 쾌락이 생겨나고 정체(–)되면 고통을 느낀다. 무이득 대 이득에 민감하며 중립 지점으로부터의 부정적 변화보다 긍정적 변화에 민감하여 성장을 낳는 전략을 중시한다. 그만큼 위험을 감수하는 전략을 선택한다. 기회가 올 때마다 하나씩 증가(+)시켜 가려는 성향을 드러낸다.

안정지향형은 예방, 의무, 책임, 안전에 초점을 두어 안전(무손실, 0)에 접근할 때 쾌락이 생겨나고 위험(–)하면 고통을 느낀다. 손실 대비 무손실에 민감하며, 긍정적 변화보다 부정적 변화에 더 민감하여 안전한 전략을 중시한다. 기회가 올 때마다 하나씩 피하는(–) 전략이다. 성취 지향형은 더 얻기 위해 행동하고, 안정 지향형은 잃지 않기 위해 행동한다. 따라서 안정 지향형은 성취 지향형보다 현상이나 기준점 이하로 떨어지는 부정적 변화나 손실에 더 관심을 둔다. 그만큼 위험을 회피하는 선택이 생겨난다. 안정 지향형의 위험에 대한 태도는 현상으로의 회복 능력에 달려 있다. 안전한 플레이를 통해 달성될 가능성이 더 커진다면 위험을 회피할 것이다. 그러나 현상 유지가 고위험 전략에 의해서만 달성될 수 있다면 예방 중심의 사람들은 위험을 추구할 것이다.[11]

쾌락과 공포의 상쇄과정론[opponent-process theory, Solomon and Corbit (1978)]에 따르면[12] 우리의 두뇌에 일종의 저울 균형이 존재한다. 쾌락을 경험할 때 보상 경로에서 도파민이 방출되고 균형이 쾌락 쪽으로 기울어진다. 균형이 쾌락 쪽

10. Higgins, E.(1997)., "Beyond Pleasure and Pain." American Psychologist, 52(12)

11. 사람은 두 기질을 모두 타고나지만, 기질의 강도는 사람마다 상황마다 달라지며 사회 분위기와 양육 환경의 영향을 받는다. 예를 들어 '인생은 도전' '열심히 공부하면 보상받을 것'이란 성취 지향적 메시지를 들으며 자란 아이와 '세상은 무서운 곳' '사람들에게 무시당하지 않으려면 공부를 열심히 해야 해'라는 안정 지향적 메시지를 들으며 자란 아이는 다르다. 결국, 사람은 긍정적 결과로 강한 동기부여가 되기도 하지만, 부정적 결과의 회피에 의해서도 동기가 부여되므로, 무조건적 당근이나 채찍보다는 성향별 그리고 상황별 동기부여가 중요하다.

12. Solomon, Richard L. and John D. Corbit(1978), "An Opponent-Process Theory of Motivation" The American Economic Review, Vol. 68, No. 6

으로 더 많이 기울어지고 더 빠르게 기울어질수록 더 큰 쾌락을 느낀다. 그러나 뇌는 균형을 유지하기를 원하여 한쪽으로 오랫동안 기울어지는 것을 원하지 않는다. 따라서 균형이 즐거움 쪽으로 기울어질 때마다 강력한 자기조절 메커니즘이 반사적으로 작동하여 균형이 다시 유지된다. 균형이 이루어진 뒤에도 반사작용은 계속 진행되어 고통 쪽으로 동일하고 반대되는 양만큼 기울어진다. 정서적 균형에서 장기간 또는 반복적으로 벗어나는 데는 비용이 들며 그 비용은 최초의 작용(stimulus)과 반대되는 반작용(after−reaction)이다. 즉, 오르막이 있으면 내리막도 있다. 결과적으로 최초의 쾌락 경험은 그것을 뒤따르는 고통 감을 낳고 역설적으로 이를 회피하려는 동기가 지배하는 행동 경향을 발생시키고, 최초의 고통 경험은 그것을 뒤따르는 쾌락 감정을 낳고 이에 대한 접근 동기를 발생시킨다.

- 행복감을 일으키는 사랑은 점차 외로움의 느낌을 낳는데 이를 회피하려는 노력은 사랑 관계를 유지하려는 동기를 갖게 된다.
- 마약 중독자에게는 금단 증상의 고통이 더 크게 나타나는데 이를 피하려고 점점 더 많은 양의 약물을 복용한다.
- 부정적 감정(예 : 공포 또는 불안)에서 이루어진 낙하산 타기는 이후 보람찬 느낌을 일으키는 데 이러한 보람찬 느낌에 접근하려는 동기를 일으킨다.

정보가 이익과 손실의 관점에서 구성되면 기준 의존성과 손실 회피의 징후가 나타난다.

기준 의존성 : 기준점 설정과 편차 평가

선택의 결과는 절대적 가치에 따라 평가되는 것이 아니라 일정 기준과 대비한 상대적 가치(의 변화)에 따라 평가된다. 자신이 어떤 것을 좋아하는지 평가할 때 "무엇과 비교하면?"이라고 암묵적으로 자문하는 경향이 있다. 이를 기준 의존성(reference dependence)이라 한다. 결과를 상대적으로 평가하므로 대안 간의 유사점보다는 차이점에 초점을 맞춘다. 기준 의존성에 따르면 선택 결과에 대한 만족 또는 불만족 수준은 기준점(reference point)과 비교하여 결정된다. 지각 시스템은 변화와 차이에 민감한 특성을 가져, 기준 의존적인 것이다.[13]

우리는 선택의 결과에 대해서 만족감이나 불만감을 가진다. 이러한 주관적 만족도를 '가치'라 하는데 이를 가치함수로 나타낼 수 있다. 대안의 결과는 가치 척도의 영점 역할을 하는 기준점으로부터의 편차 값 즉, 이득과 손실로 평가된다. 그림을 통해 보면 가치함수의 수평축은 오른쪽이 '이익'의 크기, 왼쪽이 '손실'의 크기를 표시한다. 수직축은 이익이나 손실에 대한 만족도, 즉 '가치'를 나타낸다. 가치함수 그

그림 3-3 가치함수

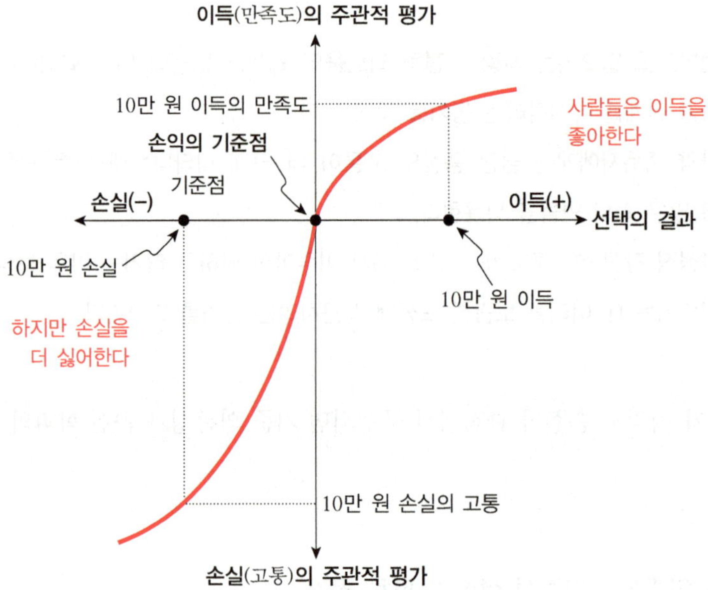

자료 : Kahneman, D. and A. Tversky(1979), "Prospect Theory : An Analysis of Decision under Risk," *Econometrica*, 47(2).

---

13. 자극이 지각된 속성은 주어진 자극과 이전(및 동시) 자극의 맥락 사이의 대조를 반영한다. 20° C의 물에 손을 담그면 훨씬 더 차가운 물에 오랫동안 담근 뒤라면 기분 좋게 따뜻해지고, 훨씬 더 따뜻한 물에 담근 뒤라면 기분 좋게 시원해진다. 기준 의존성은 결과에 대한 직관적 평가도 기준 의존적임을 말하는 것이다.

래프의 2개 축이 교차하는 원점을 '기준점'이라고 한다. 기준점은 사람이 느끼는 만족감, 즉 가치의 기준이다. 이 기준점에서의 변화에 따라 플러스(+) 또는 마이너스(−)의 가치를 얻는다. 원점을 기준으로 위쪽은 만족도가 플러스이고 아래쪽은 마이너스이다. 마이너스가 된다는 것은 불만족해지고 있다는 뜻이며 아래로 내려갈수록 불만족의 정도는 커진다.

손익을 평가하는 기준점은 과거에 오랫동안 노출되어 익숙해진 자극, 소득, 가격, 성과, 소비, 명망, 복지 수준에 의해 결정된다. 그렇다고 고정된 것은 아니며 인간의 주관적 판단에 따라 변화한다. 동시에 기준점은 타인의 상태 또는 기대 상태일 수도 있다. 입시생이 원하는 목표점수나 목표 대학, 임금이나 저축 등의 달성 목표는 성과를 측정하는 기준점이 된다.

- ▶ 경험이 많은 마라톤 주자의 만족도는 시간 목표뿐만 아니라 자신이 가장 최근에 경험한 또는 역대 최고의 기록에 의존한다.
- ▶ 급여는 그 가치가 절대적으로 평가되기보다는 이전 급여나 동료 급여와 비교되는 경우가 많다. 자신의 필요에 이미 충분하더라도 기준점보다 낮은 경우 불만을 일으킬 수 있다.

기준 의존성이란 개인의 선택이 기준에 의존하며 기준이 바뀔 경우 선택도 바뀌는 것을 말한다. 이는 어떤 선택이 제공하는 가치는 기준(예 : 절대적 소득수준) 뿐만 아니라 기준점과 얼마나 차이가 났느냐에도 의존한다. 기준점은 선택하기 이전의 출발점으로 간주할 수 있다. 기준 의존성은 최종 결과뿐 아니라 출발점(초기 상태)이 가치 그리고 그에 따라 선택에도 영향을 미친다는 뜻이다. 합리적 선택이론은 (과정은 물론이고) 출발점에 관심을 두지 않으며 오로지 최종 결과만 평가한다. 기준점 설정은 지각과 판단의 기본 원칙과 양립할 수 있다. 인간의 지각 장치는 절대 크기보다는 변화나 차이의 평가에 맞춰져 있다. 밝기, 소리, 온도에 반응할 때 경험의 과거 및 현재의 맥락은 적응 수준 또는 기준점을 정의하고 새로운 자극은 이 기준점과

관련하여 인식된다.[14]

기준점이 바뀌면 손익과 득실 그리고 선택이 달라진다

기준점으로 결과가 부호화되고 이득과 손실이 차등적으로 처리되어 기준점의 식별이 중요하다. 기준점의 영향은 선택 문제의 틀이 선택에 영향을 미치는 프레이밍 효과의 하나이다. 프레이밍처럼 기준점의 위치에 따라 손익이 달라지고 그에 따라 선택이 달라질 수 있다.

- ▶ A와 B는 경제학 수업을 듣고 있다. 둘 다 보고서를 쓰는 데 비슷한 노력을 했고 점수도 똑같이 60점을 받았다. 둘 다 똑같이 행복할까? A가 70점을 기대했다면 불행하다고 생각할 수 있다. 반면 B는 50점을 기대했다면 행복해 할 것이다.
- ▶ 고객이 본인이 구매한 제품에 대해 10% 할인을 받는 경우, 처음에는 만족감을 느끼고 결과를 이득으로 인식할 수 있다. 그러나 나중에 다른 고객이 동일 제품에 대해 20% 할인을 받았다는 것을 알게 되면, 이는 기준점을 변경시킬 수 있고 이 결과를 손실로 인식할 수 있다.

손실에 대한 과잉 반응

사람들은 똑같은 가치변화에 대해 이익보다는 손실을 크게 평가하는 경향(**손실 회피성**, loss aversion)이 있다. 10만 원을 얻었을 때의 기쁨은 10만 원을 잃었을 때의 괴로움이 더 크다.[15] "이기는 것보다 잃는 것이 더 싫은 것이다."(영화 〈머니볼〉의

---

14. 기준점이라는 심리 개념은 항상성(homeo-stasis)과 이항상성(allo-stasis)이라는 생물학적 메커니즘과도 관련된다. 항상성은 신체의 다양한 시스템이 최적의 설정점을 가지며 이 점에서 벗어나면 이를 복원하려는 부정적 피드백이 촉발된다. 예를 들면 체온, 혈당 수준, 전해질 균형이 그렇다. 한편 이항상성은 변수가 건강한 범위 내에서 유지되지만 동시에 환경 요구에 따라 변할 수 있는 다른 유형의 피드백 시스템을 말한다. 심박 수, 혈압, 호르몬 수치는 이 범주에 속하는 변수다. 따라서 우리가 운동할 때 성능을 최적화하기 위해 심박 수와 혈압이 모두 상승하도록 허용된다. 종종 행복도 이 범주의 변수로 판단된다.

15. 손실 회피로 말미암아 무언가를 얻었다가 잃는다면 출발점이 무엇이건 더 비참해진다. 다른 이에게 약

브래드 피트), 이익과 손실에 대한 불균형적 태도로 인해 플러스적인 자극보다 마이너스적인 자극에 훨씬 더 민감하며, 이익을 얻으려 위험에 도전하기보다는 손실을 피하는 것을 선호한다. 앞면이 나오면 특정한 이득을 얻고 뒷면이 나오면 같은 손실을 낳는다면, 동전 던지기에 돈을 걸지 않는다. 사람들은 비슷한 규모의 이익에 비해 손실에 두 배 이상 더 민감한 것으로 알려져 있다. 진화심리학자들은 이를 두고 이득이 생존과 번식 전망을 개선할 수 있지만, 손실은 우리를 완전히 '게임에서 탈락'시킬 수 있기 때문이라고 설명한다. 그러나 중요한 결정 중 상당수는 이익을 바라면서 손실을 감수해야 한다. 따라서 손실 회피는 사람들이 실패를 피하려고 최선의 결정이나 혁신적 결정을 내리는 것을 방해할 수 있다. 한편 이익으로 프레임 하기보다 손실로 프레임하는 것이 더 강렬한 반응을 낳는다.

- 체험단 모집, 시식 코너 등의 마케팅은 무료에 유념하는 경향을 이용한다. 소비자는 포기할 경우 느낄 손실을 피하려고 노력한다.
- 가격 변화에 대한 민감도는 손실 회피의 영향을 받는다. 달걀 가격이 10% 상승했을 때 달걀 수요가 7.8% 감소했지만 달걀 가격이 10% 하락했을 때 수요 증가율은 3.3%에 그쳤다. 절감에 따른 이득보다 구매에 따른 추가 지출에 더 큰 영향을 받는다.[16]
- 손실 회피 성향은 필요 이상의 지출을 피하려고 이전과 같은 모델에 만족하게 한다.
- 거의 모든 경우에 있어 고통은 상응하는 쾌락보다 더 강렬한 느낌이다(애덤 스미스).

손실 회피성은 다양한 편향으로 이어진다. 우선 **보유 효과(endowment effect)**를 높인다 : 자신이 보유한 물건, 권력, 이권에서 더 큰 가치를 찾아내는 경향이 있다. 사람들은 이미 소유하고 있는 물건에 더 많은 가치를 부여하고 최초로 구입할지

속한 선물은 실제로 주는 것이 좋은 것이다. 공약을 남발하는 것은 현명하지 못하다.

16. Putler, D. S.(1992). "Incorporating Reference Price Effects into a Theory of Consumer Choice," *Marketing Science*, 11(3)

를 고민할 때보다 가진 물건을 포기할지를 고민할 때 그 물건에 더 많은 가치를 부여한다. 똑같은 재화임에도 살 때보다 팔 때 더 높게 평가한다: 처분하는 것은 손실로 볼 수 있어 보유하고 있다는 이유만으로 재화의 가치가 높아진다. 즉, 사람들은 소유하지 않았을 때보다 소유하였을 때 더 높은 가치를 부여하도록 기준점이 변경된다.

- 실험에 따르면 NCAA(National Collegiate Athletic Association, 전미 대학 체육 협회) 최종 4개 토너먼트 입장권에 대한 참가자들의 가상 판매가격은 가상 구매가격보다 14배 높았다.
- 주어진 생산 목표를 달성하면 보너스(아직 보유하지 못한 보너스)를 받을 것이라는 근로자와 비교해 보너스를 주겠지만 생산성이 기준에 못 미치면 보너스(이미 보유한 보너스)를 잃을 것이라는 근로자가 더 열심히 일한다.
- 물건 대부분은 그것을 가진 사람이냐 아니면 그것을 얻고자 하는 사람이냐에 따라 다르게 평가된다. 우리에게 속한 것과 우리가 주는 것은 항상 우리에게 매우 소중해 보인다(아리스토텔레스, 니코마코스 윤리학).

보유 효과는 **현상 유지 편향**(status quo bias), 즉 사람들이 사물을 그대로 두거나 이미 내린 결정을 계속하는 것을 선호하는 경향을 설명할 수 있다. 현상 유지 편향은 현재의 선택과 행동 패턴을 고수하는 경향, 즉 현상 유지를 과도하게 선호하는 것을 말한다. 현상 유지의 고집은 더 적극적인 조치를 하려 고민하면 정신적 노력이 더 필요하므로 생겨난다. 의식적으로 결정을 내리려 하기기보다는 제공된 기본옵션을 고수하는 경향이 있는 것이다.

민감도 체감성 : 한계가치 체감의 법칙

즐거움의 여파로 말미암아 갈망이 생겨난다. 두 번째 떡볶이를 집어 먹으려 하는 경우든, 게임을 한 번 더 하려고 클릭하는 경우든, 그러한 좋은 감정을 재현하거나 사라지지 않도록 노력하는 것은 자연스러운 일이다. 간단한 해결책은 계속해서 먹고, 놀고, 보고, 읽는 것이다. 하지만 여기에는 문제가 있다. 같거나 유사한 쾌락 자극에 반복적으로 노출되면 쾌락 측으로의 초기 이탈은 점점 더 약해지고 짧아진다는 것이다. 이익과 손실에 대한 우리의 가치 평가나 감정적 반응은 무제한이 아니며 어느 시점부터는 가치 평가와 감정적 반응의 강도는 줄어든다. 이처럼 손익 변화에 대한 가치의 민감도가 줄어드는 현상을 '민감도 체감성(diminishing sensitivity)'이라 한다.

▶ 특정 제품의 새로운 기능이나 서비스에 대한 고객들의 반응은 매우 뜨겁지만, 고객들이 익숙해짐에 따라 흥분은 점차 약해진다. 점점 더 높아지는 고객 기대치를 충족시키려면 기업은 지속해서 기능을 개선해야 한다. 하지만 제품의 속성 개선에 대한 고객의 인지된 가치는 매 개선이 이루어질 때마다 점진적으로 감소한다. 결국, 기업은 성과 정체 또는 인식 정체에 직면하며 개선은 더 이상 의미 있는 영향을 미치지 못하게 된다.

생리적 반응은 한계 반응의 감소 현상을 반영하는 오목한 함수이다. 예를 들어 찬물에 손을 담그면 온도의 1도 변화가 우리의 편안함에 미치는 영향은 초기에 상당하다. 그러나 편안함은 증가하는 속도가 감소한다. 13° 변화와 16° 변화보다 3° 변화와 6° 변화를 구별하기가 더 쉽다. 많은 상황에서 생존과 번식의 열쇠가 되는 것은 절대적 변화가 아니라 상대적 변화인 것 같다. 예를 들어 배가 고플 때 (0 또는 매우 적은 양에 비해) 고기 1kg은 매우 유용하다. 10kg은 그만큼 유용하지 않을 것이다.

▶ 고객이 더는 제품 개선의 가치를 인식하지 못하는 지점에 도달하지 않으려면 기업은 가격, 기능, 정서 등의 다양한 차원에서 제품의 가치를 다양화해야 한다. 이 중 하나의 차원에만 초점을 맞추면 결국 성과 정체 또는 인식 정체에 직면할 위험이 있을 뿐만 아니라 더 균형 잡힌 경쟁제품에 밀릴 수 있다.

자산의 변화에 대한 민감도가 기준점에서 양방향으로 멀어짐에 따라 감소하기 때문에 이득이 발생하는 영역에서는 위험을 회피하고 손실 영역에서는 위험을 추구한다.[17] 이에 따라 사람들은 더 큰 이득이 걸린 낮은 확률의 일은 주저하고, 더 큰 손실이 걸린 낮은 확률의 일에는 과감히 뛰어든다. 이익 국면에서는 위험 회피적(risk averse)이고, 손실 국면에서는 위험 추구적(risk-seeking)으로 행동한다.[18] 많은 감각 및 지각(sensory and perceptual) 역시 이러한 속성을 공유한다.

한편 상쇄 과정론의 맥락에서 같은 쾌락 자극에 반복 노출되면 쾌락 측으로의 초기 이탈은 점점 더 약해지고 짧아지며, 통증 측에 대한 사후 반응은 더 강해지고 길어지는 신경 적응(neuro-adaptation)이 발생한다. 따라서 이전과 동일 용량의 약물을 반복 사용하면 즐거움을 덜 경험하고 동일 효과를 얻으려면 약물이 더 많이 필요한 내성과 중독이 생겨난다. 이로 말미암아 약물을 과다하게 장기간 사용하면 즐거움-통증의 균형이 결국 통증 쪽으로 쏠리게 된다. 즐거움을 경험하는 능력이 감소하고 고통에 대한 취약성이 증가함에 따라 우리의 쾌락 기준점(hedonic set point 또는 pleasure set point)이 변경된다. 결국, 약물은 더 강해지고, 쾌락은 더 줄어들고 통증은 더 심해진다. 이에 따라 단지 정상적 느낌만 가지려 해도 약물이 필요하고 마침내 약물이 효과를 멈추는 지경에 이른다(애나 렘키(2022), 『도파민네이션』, 흐름출판).

4) 타인에 대한 고려와 사회적 비교

호모 에코노미쿠스의 주요 특징 중 하나는 다른 사람을 철저히 무시하는 것이다. 일반적으로 경제 모델은 효용이건 이윤이건 자신의 행복을 극대화하기로 선택한 행위자들을 특징으로 하며, 다른 사람의 행복은 무시된다. 이러한 행동은 합리성

17. 사람들은 결과가 확실한 대안에 비중을 두는 경향이 있으며 이익이 훼손될 위험을 회피한다. 더 많은 것을 얻을 기회를 잡기보다는 확실하고 적은 승리를 원한다(하지만 아무것도 얻지 못할 위험도 있다). 손실을 다룰 때는 그 반대다. 더 큰 손실을 피하려고 위험을 추구하는 행동을 한다.

18. 손실 회피는 매몰비용 오류를 설명하는 데 도움이 된다. 이미 투자한 돈, 시간, 노력 때문에 기존의 활동을 계속 이어간다. 이미 투입되어 돌려받지 못할 비용임에도 활동을 멈추면 손실로 간주하여 이를 피하고자 한다.

을 위해 필요하지는 않지만, 선택의 수학적 모델을 훨씬 더 단순하게 만들기 위해 종종 가정된다. 하지만 우리 선택의 많은 부분이 다른 사람들과의 사회적 상호작용으로 형성되므로 타인의 영향을 무시하기 어렵다. 타인의 감정, 타인의 딱한 처지, 문화적 규범에 대한 우리의 관심은 분명히 우리의 결정에 중요하므로 경제학에서도 중요해야 한다. 애덤 스미스는 이미 『도덕 감정론』에서 인간 본성에 대한 보다 포괄적 개념을 묘사했다.

> ▶ 인간이 아무리 이기적이라고 생각하더라도, 인간의 본성에는 분명히 다른 사람의 행운에 관심을 두고 그들의 행복을 필요로 하는 몇 가지 원칙이 있다. 비록 그가 그것에서 보는 즐거움 외에는 아무것도 얻지 못하더라도 말이다[애덤 스미스(1759), 『도덕 감정론』].

다른 사람의 형편을 개선하기 위해 기꺼이 노력하는 사람들을 이타적(altruistic)이라고 한다. 이타주의는 다른 사람의 안녕이나 행동을 고려하는 사회적 선호(social preferences) 또는 다른 이를 고려하는 선호(other-regarding preferences)의 하위 클래스이다. 이타적이라는 것은 비합리성을 의미하지 않는다. 사회적 선호는 개인이 다른 사람의 복지에 대해 관심이 있고 이를 적극적으로 고려함을 상정한다. 상당한 비율의 사람들이 사회적 선호를 가지며 타인의 복지, 공정성, 호혜성, 평등, 사회적 규범에 관한 관심을 무시할 수 없다.

이중 공정성에 대한 욕구는 균등하게 분배되는 보상을 추구하며, 사람들은 공정하다고 인식되는 사람에게 보상하고 그렇지 않은 사람을 처벌하려 한다. 예를 들어 개인은 다른 개인의 친절한 의도를 긍정적으로 평가하고 적대적 의도를 부정적으로 평가한다. 따라서 A가 B의 보수를 줄여 자신의 몫을 높인 경우라면, B는 A를 벌할 것이다. 하지만 운이 나빠 B에서 A로 소득이 재분배된 경우라면 B는 A를 처벌하지 않을 것이다. 반대로 불평등한 결과 자체를 싫어하는 욕구가 존재한다면 불운한 상황에서 B에게 소득을 재분배하는 조치를 도모할 것이다. 또한, 우리는 다수의 의견을 수용하고 행동을 따르는 경향이 있다. 대다수가 투표할 의향이 있음을 암시하는 "기록적인 투표율이 예상됩니다"라는 뉴스는 유권자 투표율을 높이는 데 도움이 된다.

5) 행동경제학의 시사점

이상에서는 선택의 두 단계와 두 경로 그리고 전망이론 논의를 중심으로 인간 행동의 현실을 살펴보았다. 특히 시스템 I로 말미암은 다양한 편향의 사례를 검토하였다. 이러한 논의를 따라가다 보면 시스템 I은 오류가 생겨나기 쉽지만 시스템 II는 분석적이므로 정확하다고 오해할 수 있다. 특히 시스템 I은 편견의 근원이고, 시스템 II는 그러한 편견을 바로잡는 이성의 목소리라고 불릴 수 있다. 그러나 둘 다 편견에 취약하며 모두 실수할 수 있으므로 어느 쪽도 좋거나 나쁘지 않다. 예를 들어 시스템 I이 정확한 정보를 수집했지만, 시스템 II가 이를 제대로 처리 못 해 실수할 수 있다. 반대로, 시스템 I이 편향된 정보를 수집할 수 있으므로 시스템 II가 정확히 처리하더라도 결론이 부정확할 수 있다. 그만큼 의식적 노력이 커진다고 선택의 정확도가 항상 높아지는 것은 아니다. 더 많은 정보, 더 많은 계산, 더 많은 시간이 항상 더 나은 성과를 낳는 것은 아니다. 오히려 거북한 증거를 무시하고, 사소하고 무관한 것을 지나치게 생각하고, 편견을 합리화하고, 잘못된 결정을 정당화시키기도 한다. 임상의가 보여주듯이 때때로 시스템 I의 경험적 전략은 시스템 II의 복잡한 전략보다 더 효과적이기도 하다.

사실 거의 모든 선택에서 두 시스템은 혼합되며 상호보완적으로 작용한다. 사람들이 표현하는 판단, 취하는 행동, 저지르는 실수는 시스템 II의 감시·수정 기능과 시스템 I이 생성하는 인상 및 경향이 함께 작용한 결과이다. 또한, 일찍이 데이비드 흄(David Hume)이 지적하였듯이 무의식적 감정(시스템 I)은 논리적 추론(시스템 II)에서 중요한 역할을 한다. 이성만으로는 동기와 추진력을 갖지 못하기에 머리(시스템 II)에는 마음(시스템 I)이 중요하다. 감정이 없다면 이성은 단지 냉정한 계산기일 뿐이며, 행동의 결과가 무엇인지는 알려 주지만 그것이 바람직한지는 알려주지 않는다. 감정은 우리의 선택을 의미 있고 종종 목적 있게 만든다. 실제로 뛰어난 수리 능력을 갖춘 사람은 시스템 I을 더 자주 그리고 안정적으로 사용한다.

- ▶ 직관적 사고는 하늘이 주신 신성한 선물이며, 합리적 사고는 충실한 하인이다. 그러나 우리는 하인을 섬기고 선물을 등한시하는 사회를 만들었다(알베르트 아인슈타인).
- ▶ 오랜 연습을 통해 습득한 높은 수준의 기술은 노력 없이 재빠르게 전개될 수 있다. 숙련된 간호사는 임박한 심부전의 미묘한 징후를 감지해낸다.

무의식적 반응이 초기의 무의식적 결정을 이끌고, 그 결과 작업 완료에 필요한 의식적 사고의 사용을 촉발한다. 시간이 지남에 따라 일관된 시스템 II의 추론이 시스템 I의 처리를 바로잡아 더 효과적으로 만들고, 결과적으로 더 나은 체계적(시스템 II) 추론을 촉진하여 피드백 루프(feedback loop)를 생성한다. 결국, 두 시스템이 독립적으로 작동하는 것이 아니라 통합되어 서로 영향을 미치고 있는 것이다. 덕분에 우리의 판단과 선택은 통상적으로 직관적이지만 능숙하고 대체로 문제없이 진행되고 성공적이다.

- ▶ 운동은 부분적으로 습관에 의해 이루어지지만, 의식적 감독도 필요하다. 또한, 익숙한 경로를 운전하거나, 타자하거나, 악기로 잘 연습된 곡을 연주하는 것과 같은 작업에서 의도적 작업과 자동 작업의 조합(시스템 I과 II의 통합)이 필요함을 이해할 수 있다.

인간 존재의 한계를 생각할 때 범주화나 프레이밍, 휴리스틱에 의존하는 선택을 피하는 것은 불가능하거나 불필요할지 모른다. 그럼에도 불구하고 지나친 편향을 피할 수 있도록 행동경제학자들은 몇 가지 조언을 한다.

- 첫째, 자신이 휴리스틱과 감정에 의존하고 있는 그대로의 자신을 인정해야 한다. 자신이 어떤 프레임과 휴리스틱에 의존하고 어떤 감정 상태에 있는지를 돌아보는 것도 중요하다. 자신이 휴리스틱을 사용한다는 사실을 인식하면 초기 판단을 쉽게 수정할 수 있다. 특히 지나치게 감정에 내몰릴 때 중요한 결정은 미루어야 한다. 손실의 두려움이 짖누를 때에는 최악의 결과를 자문할 필요가 있다.
- 둘째, 레드 티밍(red teaming)이 필요하다. 레드팀은 미국의 군사 훈련과정에서 아군인 블루팀의 취약점을 파악하기 위해 가상으로 편성한 팀을 말한다. 나의 선택의 편향성을 따끔하게 꼬집어낼 수 있는 동료가 필요하다.
- 셋째, 시스템 II를 여러모로 활성화한다. 선택할 때 시간을 들여 신중히 생각하고 더 많은 정보를 얻으려 노력하고 더 많은 대안을 검토한다. 자신의 선택에 적극적으로 관여할수록 프레이밍 효과에 덜 취약해진다. 또 선택의 근거를 되돌아보고 선택에 앞서 근거를 미리 설정한다. 논리적 비판적 사고의 훈련을 생활화하는 것도 좋다. 사고력이 뛰어난 사람과 어울리고 책을 읽고 적당히 어려운 과제에 도전하는 것이다. 통계적 사고에 노출하고 사고 자체를 즐기면 시스템 II가 향상된다. 한편 시스템 I은 시간 압박, 금융 불안, 많은 인지 작업의 병행, 좋지 않은 기분에 놓여있을 때 오류가 커진다.

3. 탈무드와 선택의 지혜

인간의 선택은 어떻게 이루어지나? 이중적 자아

인간은 어떻게 선택하는가? 성경에서 기독교는 인간이 하나님의 형상대로 창조되었음을 발견한다. 신약 성경은 "하나님이 자기 형상대로 사람을 창조하시니라"(창세기 1:27)를 반영하여 "사람은 … 하나님의 형상이요 영광이니라(고린도전서 11:7)" 라고 가르친다. 이에 따라 대부분의 기독교 견해에 따르면 인간은 자유 의지, 도덕적 자각, 합리적 사고 능력, 연민, 진실성, 인내와 같은 하나님의 속성을 반영하는 영적 본성을 가진다. 하나님이 창조하시고 "심히 좋았더라"(창세기 1:31)라고 할 만큼 인간의 본성은 태초에 완전했다. 그러나 아담과 이브는 에덴 동산에서 금지된 열매를 먹음으로써 하나님께 불순종하여 세계를 영원히 타락시키는 사망과 죄를 세상에 가져왔다. 대부분의 기독교 전통은 이렇게 인간의 영혼이 영구히 손상되었고, 인간의 "타락한 본성"인 죄를 짓는 경향이 있다고 가르친다. 많은 기독교인들은 또한 아담과 이브 이후의 모든 인간이 죄의 얼룩을 가지고 태어났다는 "원죄" 교리에 동의한다. 인간이 하나님을 순종하고 선을 행하기 위해서는 악한 본성과 싸워야 하지만, 기독교에서는 예수를 메시아와 구주로 영접하는 선택을 함으로써 영원한 형벌을 피할 수 있다.

유대 전통에서도 성서의 앞부분은 인간의 본성을 묘사한다. 성경은 "우리의 형상을 따라 우리의 모양대로 우리가 사람을 만들고"(창세기 1:26)라고 한 뒤 곧 이어 "하나님이 자기 형상 곧 하나님의 형상대로 사람을 창조하시되"(창세기 1:27)라고 반복한다. 인간이 하나님의 형상대로 창조되었다는 것은 물론 하나님의 물리적 모습대로 창조된 것은 아니다. 유대교는 하나님은 무형이며 외형이 없다고 확고하게 주장하기 때문이다. 대신 인간은 하나님의 본성, 즉 이해하고 분별하는 능력을 가지도록 창조된 것이다. 그러기에 모든 이스라엘은 다가올 세상에서 자신의 몫을 가지고 있다(Mishnah Sanhedrin 10:1). 진정한 보상을 잃을 만한 일을 하지 않는 한 그 보상의 자리는 운명지어져 있다.

- 여호와 하나님이 땅의 흙으로 사람을 지으시고 생기를 그 코에 불어넣으시니 사람이 생령이 되니라(창세기 2:7).
- 여호와 하나님이 흙으로 각종 들짐승과 공중의 각종 새를 지으시고(창세기 2:19)

인간은 땅의 피조물인 동시에 신성한 영이 주입된 하나님의 자녀이기도 하다. 인간은 자기 존재의 궁극적 목적을 자기 자신에게서 찾기도 하지만, 초월적 목적에 기여하는 존재에서도 찾도록 구성된다. 유대 랍비들은 '지으시고'에 해당하는 히브리어 vayyitzer는 두 가지 철자가 결합되어 인류가 두 가지 충동, 즉 선한 충동

(Yetzer tov, 예체르 토브)과 악한 충동(Yetzer ra, 예체르 라)으로 형성되었다고 한다.[19] 예체르 토브는 도덕적 양심, 금지된 일을 할 때 하나님의 법을 생각나게 하는 내면의 목소리이다. 반면 예체르 라는 실제로는 악한 충동이 아니고 도덕적 결과를 고려하지 않고 개인의 필요를 충족하려는 충동(음식, 주거, 섹스 등)이다. 유대교의 경우 두 충동 모두 선한 것으로 본다. 그것은 하나님이 창조하셨고, 하나님이 창조하신 모든 것은 선하기 때문이다. 탈무드는 예체르 라 없이는 집을 짓거나, 결혼하거나, 자녀를 낳거나, 사업을 하지 않을 것이라고 언급한다. 그러나 예체르 라는 예체르 토브에 의해 제어되지 않을 때 잘못된 행동으로 이어질 수 있다. 굶주림이 본질적으로 잘못된 것은 아니지만 음식을 훔칠 수 있다. 성적 욕망 역시 본질적으로 잘못된 것은 아니지만 강간, 간통, 성적 변태를 저지를 수 있다. 예체르 라는 외부의 힘(사탄)에 의해 생긴 것이라기보다는 우리 내부의 어떤 것이다. 인류는 정반대의 두 가지 충동을 부여받았다. 영적인 영혼과 세속적인 영혼이 함께 각각의 개인에게 존재하며 서로 끊임없이 경쟁하도록 설계되었다. 둘 다 보상을 위해 경쟁한다. 하나는 영적인 영역에 있고, 다른 하나는 물질의 영역에 있다. 이 두 번째 영역에서 유덕한 행위는 그 자체로 보상을 구성하는 것으로 간주된다. 두 본성 사이의 경쟁은 치열하다. 그러나 도덕 질서와 자연 질서, 그리고 거룩한 것과 속된 것 사이에는 뚜렷한 경계선이 그어지지 않는다. 도덕적 완전성의 완전한 달성은 받아들일 수 없는 비용을 야기한다. 순수한 미덕이 자연적 악을 무력하게 만든다면 그 결과는 인간 사회와 아마도 우주 전체에서 없어서는 안 될 균형을 이루는 힘이 파괴될 수 있다. 열정, 탐욕, 탐욕과 같은 세속적 충동은 세상에 필요한 진보의 수단이다. 인류의 결혼, 건설, 이동의 성향은 자연스러운 충동의 산물이다. 따라서 그 충동과 필연적으로 결부되는 열정, 야망, 탐욕과 같은 힘은 세계의 운행이 유지하는 데 없어서는 안 될 도구다. 이러한 힘은 문명의 진보를 위한 실용적 수단이다.

19. 인간과 마찬가지로 흙으로 빚어진 동물에 대해 '하나님의 형상대로'가 빠져 있다. 이 역시 사람들의 내면에는 공존하지만, 동물한테는 찾아볼 수 없는 분리된 두 가지 충동이 존재함을 암시한다.

어떤 개인 안에도 양극적 성격의 힘(자애와 열정, 의로움과 사악함, 학식과 무지)이 있지만 이러한 힘이 반드시 상호 배타적인 것은 아니며 상호 작용하는 경향이 있으며 서로를 강화할 수 있다. 따라서 사악하거나 도덕적으로 타락한 것으로 간주될 수 있는 성향은 충동 또는 자연적 본능으로 더 정확하게 이해된다. 그 자체로는 나쁘지도 좋지도 않다. 오히려 그들은 도덕적으로 중립적이다. 중요한 것은 개인이 충동이나 본능을 어떻게 활용하느냐이다. 사람들이 예체르 라와 예체르 토브의 균형을 이루어내야 한다. 이것이 자유의지에 대한 탈무드의 이해이다. 누구나 스스로 선택할 수 있는 능력이 있으며, 그 선택에 대해 스스로 책임을 질 것이다. 자신의 사악함을 조상이나 사탄으로 돌릴 수 없다.

인간은 일반적으로 자신을 오직 하나의 생명체로 바라본다. 유대 전승에서는 인간이 자기 자신을 서로 다른 두 명의 존재로 바라본다. 감정적인 이끌림과 욕구의 긴급한 호출을 따르려는 나와 정신의 충고에 따라 행동하려는 나가 그것이다. '주관적인 나'와 그 주관적인 나를 반성하며 살펴보는 '객관적인 나'가 바로 그것이다. 종종 우리는 '머리가 아프다.' '몸이 쑤신다', 그리고 '유혹에 저항한다'고 말한다. 머리가 아픈 '나'는 누구이며, 유혹에 저항하는 '나'는 누구인가? 몸과 분리된 '자신'과 충동에 저항하는 '자신'이 있음을 인식하고 있다. 그것을 영혼이라고 부를 수 있다.

탈무드는 인간이 가진 다양한 욕구와 성향이 두 가지로 나누어지고, 자신이 분리된 두 개의 존재로 구성된다고 바라보는 관점에 익숙해지는 것이 중요하다고 본다. 하나는 당장의 만족을 위해 자신을 충동적 방향으로 끌고 가는 반면, 다른 하나는 다른 하나는 보이지 않는 곳에서 경고의 소리를 발한다. 자신을 정직하게 위에서부터, 즉 외부의 객관적인 관찰자가 바라보듯 살피는 이 필수적인 기술을 배우기 위해 유대인들은 하나의 이미지를 마음 속에 각인하고 있다. 바로 당나귀에 사람이 타고 있는 이미지이다. 탈무드 가르침의 요점은 우리 영혼이 명령을 내리는 위치에 있어야 하고 육체는 명령대로 움직여야 한다는 데 있다. 예체르 라가 예체르 토브에 의해 제어되어야 한다. "나귀(감정)에 안장(지성)을 단단히 얹어야 한다"(다니엘 라핀(2017) 『부의 바이블』, 북스넛).

마음은 인간의 행동을 지배한다. 그래서 랍비들은 자신의 충동과 감정을 제어하는 능력을 높이 평가했다. 랍비들은 이성의 지시를 따라 자신의 성향과 욕망을 통제하고 자신의 모든 영적 능력을 활용하도록 생명을 불어넣는 것이 진정한 영웅이라고 간주하였다.

▶ 누가 강한 자인가? 자신의 욕망을 통제하는 사람이다(피르케이 아보트 4:1).

통찰력 있는 선택을 위한 탈무드의 처방 : 공부

누구나 살다보면 삶의 본질을 잊는 경우가 있다. 어떤 본질을 위해 행위를 반복할 때, 행위가 본질을 잊으면 행위만 남아 불필요한 악습이 지속될 수 있다. 올바른 행동을 새로운 습관으로 정착시키기 위해서는 무엇보다도 공부가 필요하다. 물론 공부의 가치는 실제로 행동하느냐에 달려 있기에 공부를 행동으로 실천하는 노력도 필수적이다. 유대인의 경우 율법을 따르는 삶의 방식은 율법의 공부에 달려 있다. 그러기에 사람이 죽은 후 하늘의 대심판장에서 가장 먼저 "살아 있는 동안 정직하게 사업을 했느냐?"라는 질문에 이어 "토라를 시간을 정해놓고 공부했느냐?"는 질문이 두 번째로 이어지는 것이다. 이렇게 "규칙적으로 공부하며 너의 토라를 만들라"(랍비 샴마이)라는 탈무드는 동시에 "기도 시간은 짧게 하고, 공부에는 오랜 시간을 보내라"고 한다. 신에게 기도를 드리는 일이 아무리 중요하다고 해도 공부하는 일이 더 중요하다는 것이다.

▶ 오늘 내가 네게 명하는 이 말씀을 너는 마음에 새기고 네 자녀에게 부지런히 가르치며 집에 앉았을 때에든지 길을 갈 때에든지 누워 있을 때에든지 일어날 때에든지 이 말씀을 강론할 것이며(신명기 6:6-7)

▶ 토라의 학문이 없으면 올바른 행동이 없다. 올바른 행동이 없다면 토라에 배움이 없다(피르케이 아보트 3:17)

▶ 샴마이가 말한다. 토라 공부를 너의 삶의 영원한 규칙으로 삼아라(1 : 15).

심지어 생업으로 아무리 바빠도, 나이가 든 사람이라도 꾸준히 공부를 해야 한다. 공부보다는 당장 먹고사는 것이 더 급할 때가 많으며, 피곤에 지치고 내일의 노동을 위해 우선 수면부터 챙기는 것이 중요할 때가 빈번하다. 여유가 생기면 그때 하리라고 미루지만, 막상 여유시간이 생기더라도 "오늘까지만" 하며 막연히 미루게 된다. 그리고 여유시간은 늘 오지 않기도 한다. 가난하면 일단 먹고사는 생존을 중시하고, 부유해지면 공부를 잊고 살게 된다. 공부는 지금 당장, 그리고 상황과 상관없이 항상 하는 것이다.

- 힐렐이 말한다. "내게 시간이 주어지면 그때 공부하겠다"고 말하지 말라. 아마도 결코 네게 그럴 시간이 주어지지 않을 것이다(2:4).
- 이것이 토라의 길이다. 빵을 소금에 찍어 먹고 물을 용기에 재서 마셔라. 흙바닥에서 누워 자고 궁핍한 인생을 각오하라. 그럴지라도 토라를 열심히 공부하라. 네가 그렇게 하면, "네가 복되고 형통하리로다"(6:4)
- 랍비 요나탄이 말한다. "가난함에도 토라를 실현하는 자는 누구나 부요함에도 그것을 실현할 것 이다. 부유함에도 토라를 등한시하는 자는 누구나 가난함에도 그것을 등한시할 것이다"(4:9)
- 랍비 메이르가 말한다. "경제 활동을 최소화하고 토라 연구에 매진하라. 모든 사람 앞에서 겸손하라. 네가 토라 연구를 게을리하면 네 앞에 게으름을 피울 많은 핑곗거리가 있게 될 것이다. 토라 공부에 힘쓴다면 너에게 많은 보상이 주어질 것이다"(4:10)

책은 좋은 행동의 기반이 되는 공부의 수단인 동시에 본질을 파악하는 능력도 제공한다. 하지만 사실 독서에서도 본질을 망각하는 경우가 있다. 다독을 하는 경우가 그렇다. 독서를 하면 단락과 단락이 말하고자 하는 바를 파악하는 능력을 키울 수 있다. 우리나라의 대학수학능력시험의 영어와 언어에서 주로 묻는 질문이 화자가 주장하는 바, 필자의 의도, 글의 목적, 글쓴이가 말하고자 하는 바 등인 것도 그런 이유다. 독서는 문자를 효과적으로 분해할 수 있도록 두뇌를 훈련시킨다는 것을 의미한다. 사고의 폭 또한 그만큼 넓어짐을 의미한다.

그래서 유대인은 장소와 관계없이 언제나 책을 읽고 생각하는 습관을 가졌다. 심지어 화장실에도 책장을 반드시 비치했고 묘지에도 책을 가지고 들어갔다. 삶과 죽음의 순간까지도 책과 함께하는 '책의 민족'이 바로 유대 민족이다. 다수의 유대인 부자들은 그토록 바쁜 일정 속에서도 1년에 평균 200권 이상의 책을 읽었다고 한다. 우리와 똑같은 시간을 살면서도 엄청난 독서량을 쌓을 수 있었던 것은 '자투리 시간'을 활용하였기 때문이라고 한다.

그들은 지식이 아닌 지혜를 공부하는 것이 본질에 더 가까워진다는 사실을 깨달았다. '파르데스(PaRDeS)'는 유대인이 성서를 해석할 때 활용하는 네 가지 접근법을 말한다. 토라와 탈무드를 공부할 때 랍비들이 사용하는 공부법이기도 하다. 첫 단계는 '페샤트(Peshat)'다. 이는 사막에 길을 내는 것을 의미한다. 자신이 가고자 하는 목적지에 대한 정확한 정보를 파악하는 것이다. 두 번째는 '레메즈(Remez)'다. 이는 힌트나 상징을 파악하는 단계다. 자신의 목적지까지 효과적으로 도달하기 위해 필요한 일종의 힌트나 상징을 미리 알아가는 것을 의미한다. 자칫 목적지에 지나치게 매몰돼 미처 발견하지 못하는 것들의 의미를 찾아 파악할 수 있다. 세 번째는 '데라쉬(Derash)다. 이는 연구하고 탐구하며 연결하는 것을 의미한다. 연관성 없는 것들을 서로 연결하고 비교하며 숨어 있는 본질을 파악하고 깊이 들어가 새로운 의미를 알아가게 하는 것이다. 마지막으로 소드(Sod)' 단계다. 이는 신의 영역에 도달하는 것을 의미한다.

하브루타 공부법

유대인의 공부는 하브루타(havruta)라 불리는 독특한 학습방식으로 상징된다. 하브루타는 '친구'를 뜻하는 '하베르'에서 유래하여 사람들 사이에 대화를 통해 문제를 이해하고 해결하는 학습방식이며, 쌍으로 서로 말하고 논의하고 논쟁하는 것이다. 비판적인 친구와 함께 공부하는 하브루타는 "스승에게서 배우는 것보다 친구에게서 배우는 것이 더 많다"는 탈무드에 의해 정당화된다. 미국 행동과학연구소(2013)에서는 학습별 24시간 후 뇌의 기억형성 속도를 비교하면 강의(5%), 독서(10%), 시청각(20%), 예시(30%)는 낮지만 토론(50%), 실습(75%), 교육(90%)이 높게 나타났다.

▶ 토라 공부할 때 항상 그룹을 지어 공부해야 한다. 토라의 지혜는 오로지 다른 사람과 어울려 학습할 때에만 얻을 수 있기 때문이다(Berakhot, 63b).

하브루타는 교사가 텍스트를 선택한 후 시작되는데, 학습 활동은 3단계로 구성된다. 첫째, 한 명은 크게 읽고 상대방은 주의 깊게 듣는다. 종종 읽기는 여러 번 반복된다. 둘째, 참가자들은 번갈아 가며 텍스트의 명시적 의미와 암시적 의미를 설명한다. 셋째, 서로 상대가 더 깊이 생각하도록 의문을 제기한다. 하브루타 수업의 장점은 질문과 토론을 통해 두뇌를 자극할 수 있다는 것이다. 하브루타 학습은 남들과는 다른 사고방식과 다른 사람의 생각을 탐구하는 것을 필요로 하므로 다양하고 창의적 생각으로 이어진다. 하브루타는 자기주도 학습의 하나로 학생들이 토론을 준비하기 위해 학습하고, 추가 자료를 찾고, 독립적인 사고에 참여한다. 또한 하브루타는 토론을 포함므로 학생들이 자신의 견해를 전달하고 경청하고 설득하는 능력을 키운다. 하브루타 학습에 있어 학생들은 스스로 주장을 개발하고 계획해야 하며 다른 사람의 제안에 개방적이어야 한다.

통찰력 있는 선택을 위한 탈무드의 처방 : 명상과 안식

명상과 그에 수반되는 기술이 지난 수십 년 동안 큰 인기를 끌고 있다. 특히 스트레스로 가득 찬 현대적 삶과 세상에서 마음과 몸을 이완시켜 안도감을 누리는 도구로 간주된다. 그러나 명상은 자기 관리에 관한 것만은 아니다. 명상은 고전적인 영적 훈련이다. 실제로 명상은 라틴어 medi-center에서 파생되어 삶에서 우리가 누구인지를 표현하는 행동과 존재의 중심을 발견하고 정렬하는 것을 의미한다. 유대교에서도 명상은 모든 삶의 중심인 창조주에 초점을 맞추고 자아와 신 사이의 연결을 구축하도록 고안되었다. 하지만 오늘날 대부분의 유대인들 중 명상을 정규 회당 예배보다는 동양 문화와 연관시키며 정기적으로 명상을 하는 사람은 소수에 불과하다. 그러나 사실 명상은 유대교의 필수 요소였다. 성경적 묵상이 기도만큼 흔하지 않지만, 수천 년 동안 실천되어 왔다. 실제로 동양에서 발견되는 많은 명상 유형은 유대교에서도 찾을 수 있다. 초기 문명에서는 영성에 대해 현대보다 수용적이었기에 토라 전체에는 영적 상태에 도달하는 다양한 기법에 대한 힌트와 암시가 있다. 성경에서 명상에 대한 최초의 언급은 이삭과 야곱에게서이다.

▶ 이삭이 저물 때에 들에 나가 묵상하다가 눈을 들어 보매 낙타들이 오는지라(창세기 24:63)

▶ 야곱은 홀로 남았더니(창세기 32:24)

성경에는 명상이 23번 언급되는데, 시편에만 19번 언급되어 사람들은 종종 시편의 성가를 사용하여 묵상하곤 했다. 예를 들어 시편에서 우리는 "주야로 하나님의 법을 묵상"하라고 한다. 이는 반드시 몇 시간 동안 침묵 속에 앉아 있어야 한다기보다는 말씀을 숙고하여 믿음이 지성화되고, 내면화되고, 자신의 행동에 통합함으로써 하나님과의 관계를 심화하기 위해 매일 시간을 내야 한다는 것을 의미한다.

▶ 복 있는 사람은 악인들의 꾀를 따르지 아니하며 죄인들의 길에 서지 아니하며 오만한 자들의 자리에 앉지 아니하고 오직 여호와의 율법을 즐거워하여 그의 율법을 주야로 묵상하는도다(시편 1:1-3).

▶ 이 율법책을 네 입에서 떠나지 말게 하며 주야로 그것을 묵상하여 그 안에 기록된 대로 다 지켜 행하라 그리하면 네 길이 평탄하게 될 것이며 네가 형통하리라(여호수아 1:8).

▶ 나의 반석이시요 나의 구속자이신 여호와여 내 입의 말과 마음의 묵상이 주님 앞에 열납되기를 원하나이다(시편 19:14).

이어진 탈무드는 명상을 통해 영성 상태로 상승을 경험한 수많은 현자와 성인들로 가득 차 있다. 마이모니데스는 초기 하시딤 조직이 마음과 생각을 가라앉힌 후에야 기도를 시작하였다고 언급하였다. 방대한 카발라 문헌에는 명상을 위한 기술과 목표를 설명하는 수많은 방법이 있다. 대부분의 사람들은 생각이 단지 떠올랐을 뿐인데도 스스로 생각하고 있다고 믿는다. 더욱이 이러한 임의로 떠오른 생각은 우리가 제어할 수 없으며 오히려 우리가 통제될 수 있다는 점에서 더욱 난감하다. Cogito ergo sum(나는 생각한다. 그러므로 나는 존재한다) 선언은 그다지 정확하지 않다. 생각하기 때문에 존재하기보다는 반응적 생각이 우리를 만들어내는 것이다. 이 반응적 자동성은 우리의 생각을 지배하는 폭군이 되며 이로부터 우리 자신을 해방시켜야 한다. 토라는 우발적이지 않고 의식적인 삶을 가르치려 하며, 삶이 인간을 지배하지 않고 인간이 삶을 통제하도록 한다. 바로 명상을 통해서이다.

▶ **의로운 사람에게는 우연이 발생하지 않는다**(To a righteous man no accidents occur)(잠언 12:21).

명상의 주된 목적은 자신의 생각에 대한 헤게모니를 쥐는 것이다. 무엇을 생각할지 또 그 생각을 얼마나 계속할지를 지배하는 능력을 갖는 것이다. 즉, 명상은 생각을 통제하도록 마음을 훈련시킨다. 이는 말처럼 쉽지 않다. 특정 주제에 오래 집중하기는 어렵다. 엉뚱한 생각이 떠오르며 집중을 방해한다. 길을 잃은 뒤 원래의 초점으로 돌아가기 위해서는 생각에 개입해야 하고 그 때문에 정신은 산만해지고 지치게 된다. 인간의 의식에는 여러 층이 있다. 잠시 통제할 수 있는 의식이 있는가 하면 쉽게 통제할 수 없는 잠재의식도 있다. 그 결과 우리의 주의는 곧잘 산만해지고 종종 혼란스러워진다. 당면한 의제로 초점을 되돌리려면 집중된 의지의 행동이 필요하다. 명상은 사고과정을 통제하여 특정 문제에 대한 생각과 집중이 지속되도록 하는 것이다. 처음에는 몇 분에 불과하겠지만 연습을 하면 할수록 지속 시간이 길어진다. 연습을 통해 자신의 전체 존재를 마스터할 수 있으며 자아를 완전히 제어할 수 있다. 결국 생각이 새겨지고 의식에 박혀진다. 그의 마음을 차지하는 바로 그 생각이 그의 존재와 하나가 된다. 마이모니데스는 현자가 그가 얻은 지혜로 인정되는 것처럼 일상적 태도에서도 그가 학자임이 드러난다고 하고 있다.

- ▶ 그가 걷고, 말하고, 먹는 등에서의 방식이 그의 마음과 키를 드러낸다(Rambam, Hilchot De'ot, Chapter 5, halacha 1).
- ▶ 현자의 마음을 점유하고 있는 지혜는 그의 존재 전체에도 스며든다. 그의 전체 존재는 지혜 그 자체가 되며, 그것들은 하나이며 동일하다(The Lubavitcher Rebbe, Likutei Sichot, vol. 18, Kehot, 1982).

그러나 올바른 순간에 모든 옳은 일을 하며 평생동안 경건하고 거룩함을 지닌 사람으로 알려져 있으면서도 존재의 중심에는 공허한 상태로 남아 있을 수 있다. 의식적인 생각, 말, 행동은 참으로 거룩하지만 그의 영혼의 내적 본질 또는 잠재의식은 그렇지 못할 수 있다. 사람은 자기 주위에 자아라는 보호막을 형성하여 자신을 객관적으로 보는 것, 즉 자신의 본성을 관찰하고 평가하며 수정할 부분을 명확히 보는 것이 거의 불가능하다. 우리는 모두 주관적이며 우리 자신을 있는 그대로 볼 수 없다. 미슈나는 사람이 자신의 흠을 볼 수 없다고 하고 있다. 명상은 자신에 대한 객관적 관찰자가 되도록 하며, 그 상태에서 자신의 삶을 지배하는 패턴과 특성을 분해할 수 있게 하며 그런 다음 이를 수정할 수 있도록 한다. 더욱이 자기에 대한 지식을 통해 필요하지 않은 것이 되는 것을 피하고 진정한 자신이 되도록 자신을 허용한다.

유대인의 명상은 만트라 명상, 묵상, 무의 세 가지 영역이 포함되는데, 각각은 다른 가치를 지니며 독특한 방식으로 사람과 하나님 사이의 연결을 심화시킨다.

- 첫째, 만트라 명상은 하나님과 더 가까운 관계를 얻기 위해 성가를 통해 예언자들에 의해 사용되었다. 학교는 그 훈련과 준수에 노력했으며 유대인 명상 학교도 존재했다. 그러나 디아스포라와 더불어 하루에 세 번 암송하는 아미다(Amidah) 기도가 채택되었다.

- 둘째, 묵상 또는 인지 집중(kavanah, 카바나)으로 마이모니데스에 따르면 이는 자기 이해(hitbonenuth, self-understanding)를 위한 것이다. 고독과 자의식이 우리를 신에게 더 가까이 데려가고 우리 자신의 생각을 확장할 수 있다고 믿었다. 묵상은 아이디어에서 조약돌이나 잡초까지 무엇이든 집중할 수 있다. 당면 주제가 마음을 완전히 채우도록 하고 자아에 대한 더 깊고 완전한 이해를 찾아가며 자신의 전부가 하나님께 방향을 바꾸는 것이다. 카나바는 미츠보트(mitzvot, 신의 계명과 선행)의 필수적 부분으로 카바나 없는 미츠보트는 영혼이 없는 육체와 같다. 모든 (세속적) 행동에는 하나님을 향하는 의도성과 마음 챙김이 있어야 한다. 결국 카바나는 의도적이고 마음챙김이 있는 존재의 상태로 정의되는 명상이다.
- 셋째, 무(無)에 대해 명상으로 자기 격리(Hitbodeduth, self-isolation)는 외부로부터의 물리적인 격리·고립일 수도 있지만 자신의 영혼으로의 정신적 내부 격리·고립을 의미하는 데 사용될 수 있다.

안식일

하나님처럼 일곱째 날에 일을 삼가함으로써 안식일이 준수(shamor)되고 그를 통해 안식일이 기억(zachor)되어야 했다. 삶의 본질(유대인의 경우 하나님의 모범을 본받고 하나님이 모든 것의 창조주임과 이집트 탈출, 즉 자유와 해방이 있었음)을 기억하고 인정하기 위함이다. 십계명에서 제정한 유일한 준수 의식이자 유대교에서 가장 중요한 안식일은 사람들이 영적으로나 육체적으로 절대적인 완전에 도달하게 돕도록 하였다. 안식일의 절반은 베이트 미드라시에서 토라를 공부하는 데 써야 하고, 나머지 절반은 음식, 음료, 수면을 통해 안식일을 즐기는 데 써야 한다(Pesaḥim 68b). 정신적 즐거움과 육체적 즐거움 또는 영적 풍요와 휴식을 고르게 누려야 한다.

| 참고문헌 |

다니엘 라핀 저 · 김재홍 역(2017), 『부의 바이블. 삼천 년 유대인 역사 속 부의 비밀』.

애나 렘키 저 · 김두완 역(2022), 『도파민네이션』, 흐름출판.

McDermott, Rose(1998), "Chapter 2 Prospect Theory," in Risk-taking in International Politics : Prospect Theory in American Foreign Policy, University of Michigan Press

Brazilian Journal of Political Economy 30(3),

Barros, G.(2010), Herbert A. Simon and the concept of rationality : Boundaries and procedures, Rowman & Littlefield.

Falchetta, G.(2015) "The Sunk Cost Fallacy : A Literature Review and an Empirical Test," Free University of Bolzano/Bozen.

Kleiman, E.(1987), Opportunity cost, human capital, and some related economic concepts in Talmudic literature, *History of Political Economy* I9:2

Levy, Jack S.(1992) "An Introduction to Prospect Theory," *Political Psychology* 13(2), International Society of Political Psychology.

Ogaki, M. and S. C. Tanaka(2017), *Behavioral Economics: Toward a New Economics by Integration with Traditional Economics*, Springer.

Pinson, D.(2004), *Meditation and Judaism: Exploring the Jewish Meditative Paths*, Rowman & Littlefield Publishers.

Zuckier, S.(2019), "The Talmud's Economic Behavior, and the Study of Behavioral Economics," The Lehrha.

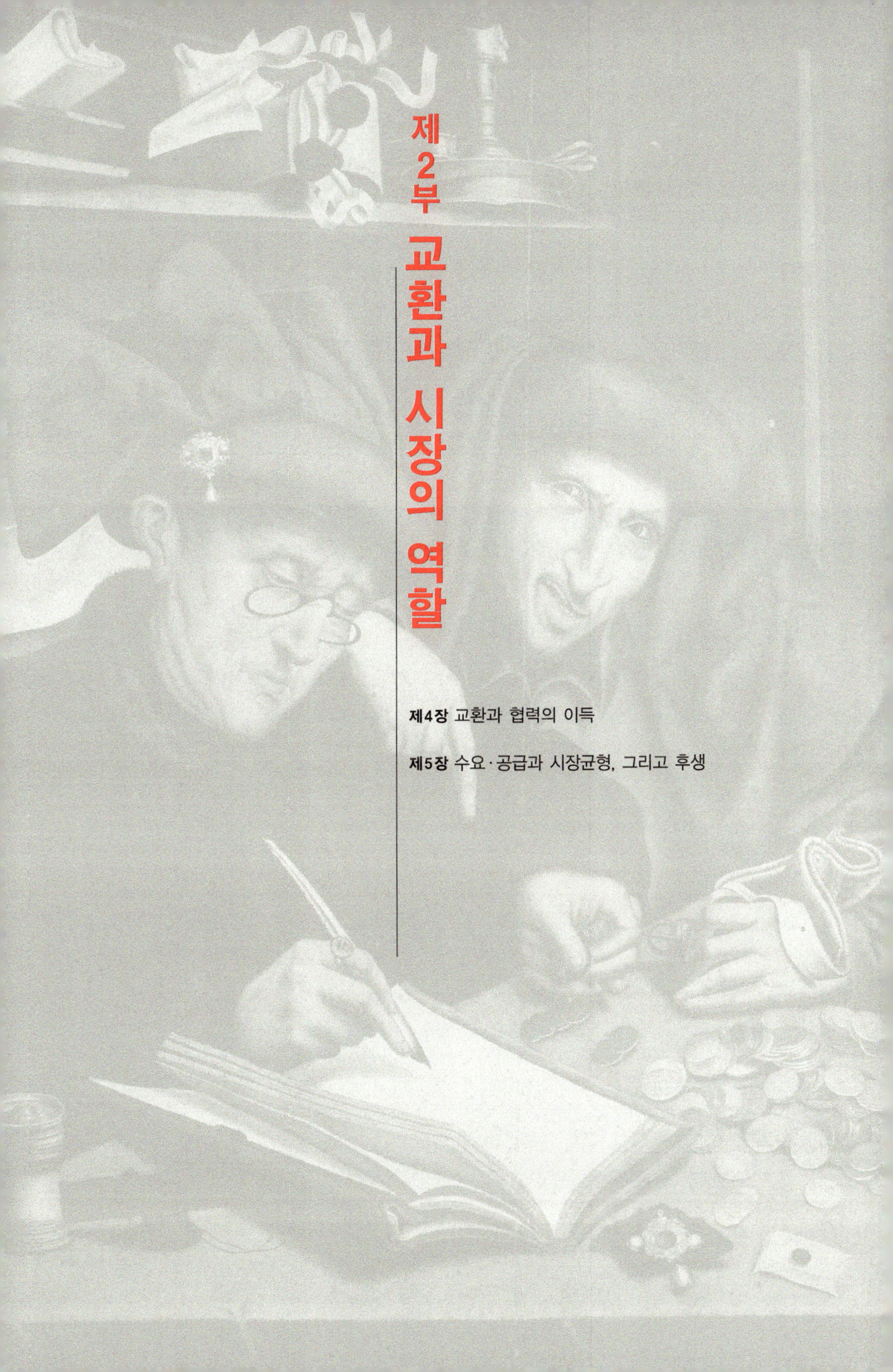

제2부 교환과 시장의 역할

교환과 협력의 이득

4장

1. 교환과 협력의 이득 / 2. 교환과 협력의 어려움 / 3. 탈무드의 교훈 : 협력과 협상의 민족

교환, 시장, 그리고 상업활동은 오랫동안 비난과 천시의 대상

현대 경제와 경제학의 중심에 서 있는 교환, 시장, 그리고 상업활동은 오랫동안 비난과 천시의 대상이었다. 농업과 제조업은 개인의 노동 투입이 명백하지만, 상업은 투입도 명확하지 않고 노동과 어떻게 연결되는지도 파악하기 어렵다. 조선의 설계자 정도전은 조선 헌법인 『조선경국전』에서 "백성들 가운데서 게으르고 놀기 좋아하는 자들이 모두 공(工)과 상(商)에 종사하였으므로 농사를 짓는 백성이 날로 줄어들었으며 말작(末作)이 발달하고 본실이 피폐했다"라고 하였다. 이에 따라 조선 정부는 시장 개설을 제한하고 상인에게 통행증을 발행하며 상업활동을 억제하는 한편 장인은 중앙과 지방의 관청에 소속시켜 최소한의 댓가만 주며 노동과 생산물을 착취하였다. 상공인이 양인이라 하더라도 공상천예(工商賤隸)라며 차별하였다. 다만 농업만은 적극 장려하여 민생의 안정을 도모하였다.

과거 동양에서의 상업활동에 대한 홀대는 조선만의 문제는 아니었다. 농본사회로 중농억상 정책을 이어갔던 중국에서 상인들은 오랫동안 천한 천상(賤商)과 간사한 간상(奸商)으로 불렸으며, 상(商)이 없으면 간(奸)도 없다는 비난을 마주하였다. 심지어 위진(魏晉) 시대의 상인들은 신발도 오른쪽과 왼쪽을 다르게 신어야 하는 차별을 겪었다. 사회에서 배척당한 상인들은 정치 권력과 결탁하여 관상(官商)의 길을 걷거나 혼인과 매관을 통해 신분 상승을 도모하거나 유가 사상을 표방하며 유상(儒商)으로 성장하여야 했다.

유럽 역시 마찬가지였다. 아리스토텔레스는 교환이 개인과 사회에 모두 중요하지만 동시에 과도한 상업 활동이 개인과 사회를 부식시킬 수 있음도 경고하였다. 중세 카톨릭의 교부들은 두 가지 관점에서 상업을 비난하였다. 첫째는 상업이 부를 획득하려는 탐욕과 열망에 의해 움직인다는 것이었다. 둘째는 상업이 속임수에 근거한다는 것이었다. 상인들은 가난하고 배고픈 사람들을 속이며, 그들의 불행을 착취한다고 믿어졌다. 풍년에 상인들은 쌀을 비축해 굶주린 사람들을 희생시키면서 쌀 가격을 올린다. 상인들은 쌀 가격을 올릴 수 있는 기근을 반가워하며, 가격 인상에 나섬으로써 기근을 더욱 더 악화시킨다. 상인 입장에서 '근면'이라 할 수 있는 이런 활동은 '교활'로 비난되었다.

교환, 특히 무역에 대한 반감은 현대 경제에서도 곧잘 발견된다. 대부분의 사람들은 무역에 대해 생각할 때 이를 제로섬 게임, 즉 한쪽이 얻고 다른 쪽은 잃는 게임이라고 생각한다. 예를 들어 부유한 국가가 가난한 국가의 천연자원을 착취하고 심지어 가장 재능 있는 노동자를 훔치기까지 한다고 믿는다. 종종 부유한 국가의 근로자는 실업을 가난한 국가의 값싼 수입제품 때문이라고 비난한다.

그러나 교환은 호혜적이어야만 성립하는 것

하지만 우리가 교환이나 시장거래에 자발적으로 참여하는 것은 이득이 기대되기 때문이다. 이익이 기대되지 않는다면 어느 누구도 교환에 기꺼이 참여하려 하지 않을 것이다. 결국 교환이나 시장거래는 그것이 자발적이라면 교환 당사자 모두에게 이익을 낳을 것이며, 보다 많은 교환이 이루어진다면 그만큼 사회는 보다 나은 상태로 옮겨가게 될 것이다. 그렇다면 교환이나 시장거래를 활성화하는 것이 바로 결핍이라는 보편적 적과 싸워 삶의 질을 향상시키고 '세계를 번성'시키는 길이라는 해석도 가능하다. 이것이 탈무드의 교환과 시장거래에 대한 근본적 관점이다.

탈무드 : 교환은 새로운 자연상태를 확립

탈무드는 교환을 새로운 형태의 자연상태를 확립시키는 수단으로 본다. 교환과 시장이 없는 상태에서는 사람들이 자신의 생존을 유전적 적합성이나 혼돈과 운에 맡길 것이며, 인간 사회는 동물들의 세계와 구별되지 못하는 원시 자연상태, 즉 광야에 머물 것이다. 그러나 교환은 자원의 약탈적 획득에 대한 의존에서 벗어나 참여자 모두의 물질적 수준을 확장하는 새로운 자연 상태를 확립시킨다. 이는 외부의 혼돈이나 우연스런 생존에 종속되지 않는 새로운 상태를 확립하는 것으로, 이를 "시장"이라 부른다. 교환과 시장을 통해 인간은 혼돈과 운이 지배하는 원시 자연상태에서 벗어날 수 있는 것이다. 시장의 발달이 미흡할 경우 인간 사회는 원시 자연상태에 더 가까워질 것이다. 물론 시장도 작지 않은 한계가 있다. 책임성에 의해 제한되지 않은 채 즉각적 이익을 위해 정직하고 공정하지 못한 거래를 한다면 시장을 독살하고 사회 혼란을 고조시킬 것이다. 속임수, 사기, 억압이 그것이다. 반면 거래가 정직과 공정함에 힘입어 성사된다면 그 거래는 축복을 받은 것이며 신성한 것이며 영적인 것이다. 결국 매번의 거래와 교환은 우리를 새로운 시험대에 올려 놓으며, 정의로운 거래를 통해 본능적 존재는 거룩한 존재로 대체되게 된다.

동양에서도 유통과 교환에 대해서는 긍정적

사실 동양, 특히 상업을 비난했던 유학도 원래는 상품의 유통과 교환 그 자체에 대해서는 반대하지 않았으며 긍정적이기까지 했다. '자연의 부작위'를 따르는 도교와 달리 '인류의 길'로서 윤리를 따르는 유교로서는 당연한 귀결이었다. 공자는 군자의 육체노동을 경고하였지만, 동시에 사회에서 서로 다른 직업의 존재를 인식하고. 상품유통과 교환을 반대하지는 않았다. 공자의 제자 자공은 위대한 상인으로 공자의 명성은 그의 뒷받침에 크게 의존하였다. 공자는 상업에 대해 반대하지 않았을 뿐만 아니라 지지하는 태도를 보였고, 자공의 장사 재능을 높이 평가했으며, 중국 산동성에 있는 공자의 묘소 옆에는 공자의 장례를 주도했던 자공의 여막(廬幕)이 보존되어 있다.

▶ 자공은 타고난 부자가 아닌데도 재산을 잘 불렸다. 예상하면 자주 맞았다(논어, 11:18).

공자는 상품의 교환과 유통을 방해하는 정책을 반대하며 자비롭지 않다고 했다. 공자가 자신을 상품에 비유한 것도 흥미롭다.

▶ 자공이 말했다. 여기 아름다운 옥구슬이 있습니다. 궤짝에 넣어 숨겨 두어야 할까요? 아니면 좋은 값을 구해서 팔아야 할까요? 공자는 "팔아야지, 팔아야 하고말고! 다만 나는 제값을 쳐줄 장사꾼을 기다리고 있다"(논어, 9:13)

이에 따라 근대 일본의 경영사상가 시부사와 에이치(1840~1931)는 이를 지적한다(배병삼(2015. 8), 『상인의 인문학』, The Banker 금융).

▶ "지금까지 공자 학설에 대한 가장 큰 오해는 바로 '부귀 관념'과 '화식 사상'이다. 사람들은 공자가 '부귀한 자는 인의(仁義)의 마음이 없기 때문에 어진 사람이 되고 싶으면 반드시 부귀에 대한 생각을 버려라'고 했다고 한다. 하지만 『논어』 20편을 자세히 뒤져 보아도 그런 의미의 구절은 전혀 찾아볼 수 없다. 아니 오히려 부귀와 화식에 대해 그런 식의 논단은 결코 하지 않았다."

맹자는 서로 다른 직종 간의 교환에 대해 훨씬 긍정적이었다.

▶ **진상** : 현명한 임금은 백성들과 함께 농사를 지으면서 음식을 먹고, 아침·저녁을 손수 지어 먹으면서 나라를 다스린다고 합니다. 등나라 임금이 현명한 군주이기는 하지만 아직 이에는 미치지 못하나 봅니다.

맹자 : 곡식을 가지고 농기구나 그릇을 바꾸는 것은 도자기를 만드는 도공이나 쇠붙이를 다루는 대장장이에게 손해를 입히는 것이 아닙니다. 도공이나 대장장이도 역시 그들이 만든 물건으로 곡식을 바꾸니 어찌 농부에게 손해를 입히는 것이겠습니까? 허자는 어찌해서 도공이나 대장장이가 되어 직접 만들어 쓰지 않습니까? 왜 분주하게 여러 장인들과 교역을 합니까?

진상 : 도공이나 대장장이가 하는 일은 농사를 지으면서 함께 할 수 없습니다.

맹자 : 그렇다면 천하를 다스리는 일만 유독 농사를 지으면서 할 수 있는 건가요? 대인(大人)의 일이 있고 소인(小人)의 일이 있습니다. 가령 한 사람의 몸으로 여러 장인이 하는 일을 고루 갖추어, 반드시 자신이 스스로 만든 다음에야 이를 사용한다면, 이것은 천하의 사람들을 할일이 없게 만들어 모두 길바닥으로 내앉게 만드는 일입니다.

한편 순자는 농업을 장려하고 상업을 억제하는 것을 옹호했지만 상업의 사회적 기능과 역할에 대해 명확하게 이해하였다. 그는 농부들이 새기거나 깎거나 불을 지르거나 다듬을 필요가 없는 것은 교환 때문이라고 생각했다. 장인과 상인은 밭에서 일할 필요가 없지만, 채소와 곡식이 풍부하다. 따라서 그는 장벽과 시장에서 관리들이 상품을 검사하더라도 세금은 부과하지 않아야 한다고 제안했다. 또한 법이 공정하고 모든 사람이 규정에 따라 행동하면 부와 상품이 증가하고 국가는 자연히 부유해질 것이라며 상업이 없어서는 안 될 것이라고 생각했다. 더 나아가 그는 대외무역의 중요성도 충분히 강조하였다. 한편 도교는 상품 교환과 유통이 자연을 벗어난 것으로 판단하여 무역에 대해 부정적 태도를 취하며 '자연'에 충실한 자급자족의 삶을 제안하였다. 모든 것을 공유하면 교환할 필요가 없는 것이다.

철학자 니체는 그의 저서 『도덕의 계보』의 두 번째 논문 "죄. 양심의 가책 및 기타"에서 도덕적 책임과 개인적 의무의 관념 일체를 낳은 기원을 교환에서 찾고 있다. "그 기원은 지금까지 존재하는 가장 오래되고 가장 시원적인 인간관계, 즉 구매자와 판매자, 채권자와 채무자 간의 관계에서 출발한다. 이 관계에서 비로소 개인이 개인과 상대했으며, 비로소 개인이 개인과 '서로 견주었다'. 아무리 저급한 문명이라도 이 관계가 약간이나마 드러나지 않는 문명을 우리는 아직 보지 못했다. 값을 정하고 가치를 측정하며 등가물을 생각해 내서 교환하는 일, 이것이 어떤 의미에서는 사고 '그 자체'라고 할 수 있을 정도로 인간의 가장 원초적인 사고를 장악했다. 여기서 가장 오래된 형태의 명민함이 길러졌다. … 인간의 특성이 가치를 평가하고, 가치를 매기고 측정하는 존재, 즉 '태생적으로 계산하는 동물'로 드러나는 것이다.[1]"

1. 교환과 협력의 이득

유목사회, 그리고 자급자족적 농업사회에서 현대 산업사회로의 전환은 분업에 기초한 협력, 전문화, 그리고 무역이 낳은 기회에서 비롯하였다.

1. 프리드리히 니체 저·박찬국 역(2021), 『도덕의 계보』, 아카넷.

(1) 교환에 따른 이득 : 더 나은 배분

교환이 그에 참여하는 참가자를 모두 이롭게 한다는 것은 쉽게 확인될 수 있다. 무엇보다도 인간은 각자가 가지고 있는 재화를 서로 교환하여 단순히 재배분만 하더라도 더 나은 상태로 나아갈 수 있다. 한강 변에 아침 운동을 나온 청년 준호를 생각해 보자. 준호는 허기가 느껴져 김밥과 사발면을 사러 편의점에 들렀지만 이내 주머니에 지갑은 없고 5천 원 밖에 없다는 사실을 알게 된다. 편의점에서는 김밥과 사발면에 대해 5천 원에 하나를 사면 한 개를 더 주는 1+1 행사를 하고 있다. 돈이 부족한 준호는 5천 원으로 김밥 2줄을 사든지, 아니면 사발면을 2개 사든지 해야 한다. 김밥과 사발면을 모두 사고 싶지만 불가능하다. 어쩔 수 없이 준호는 사발면을 선택했다. 하지만 한강 공원에는 준호만 운동을 나온 것이 아니라 영우도 나와 있다고 하자. 영우도 가진 돈이 딱 5천 원이었다. 영우 역시 김밥과 사발면을 모두 먹고 싶었지만, 어쩔 수 없이 본인이 더 좋아하는 김밥을 선택했다. 준호와 영우는 계산대에서 서로 마주쳐서 자신들의 딱한 사정을 넋두리하였다. 준호에게는 사발면이 두 개 있고, 영우에게는 김밥이 두 줄이 있으므로 서로 교환을 할 수 있다. 이런 교환을 통해 준호와 영우는 전보다 더 좋은 상황에 있을 수 있다. 이들 간의 교환은 각자가 더 좋아하는 방향으로 상품을 다시 배분하므로 교환의 이득을 낳는다. 준호는 사발면 한 개를 김밥 한 줄과 교환하기를 원하고 영우는 김밥 한 줄을 사발면 한 개와 교환하기를 원한다. 이러한 거래는 준호와 영우 모두에게 서로 이익이 되기 때문에 이들은 기꺼이 교환을 할 것이다. 이 예는 사람들 사이에 자발적 교환을 통해 이루어지는 재화의 재배분이 사람들을 전보다 더 나은 상태로 만들어줄 수 있다는 사실을 잘 보여준다. 이 예에서 김밥과 사발면의 수에는 아무런 변화가 없다. 거래는 다만 이미 존재하고 있는 재화를 재배분했을 뿐이다.

폰 미제스(von Mises) 교수는 그의 저서 *Human Action*(2012)에서 "교환 관계는 근본적인 사회적 관계다"라고 지적하였다. 교환 관계, 또는 교환은 시장에서 발생한다. 여분의 계란이 있는 집은 고기가 넘치나 계란이 없는 이웃집과 고기를 교환한다. 하지만 이것으로 충분하지 않다. 때때로 달걀이 있지만 고기가 부족한 집은 이웃집에는 물고기가 밖에 없고 계란보다는 고기를 원한다는 것을 알게 될 수 있다. 결국 이러한 관계는 점차 복잡해지며, 직접적인 물물교환방식이든 간접적 방식이든, 자신이 부족한 것과 교환하기 위해 넘치는 것은 무엇이든 판매를 위해 공개시장에 참여하는 것이 더 편리해진다. 구매자가 자신이 얻게 되는 재화의 가치는 그가 지불한 것과 동일하지 않고 그것을 넘으며 그것을 즐긴다는 지적은 구약에 의해서도 확인된다.

▶ 물건을 사는 자가 좋지 못하다 좋지 못하다 하다가 돌아간 후에는 자랑하느니라 (잠언 20:14).

(2) 생산에서의 협력과 교환 : 더 나은 생산

교환은 사람들의 삶을 개선하는 또 다른 경로를 가지고 있다. 교환은 사람들이 더 잘하는 일에 전념하도록 하는 분업(division of labor)과 전문화(specialization)를 허용한다. 분업은 재화나 서비스를 생산하는 과정을 여러 부분으로 나누고 여러 사람이 분담하는 노동형태를 말한다. 전문화는 작업자가 작업을 한 가지만 하거나 좁은 영역으로 제한하는 것이다. 기업의 경우 전문화란 서로 다른 상품을 생산하는 여러 기업을 말한다. 전문화와 분업은 밀접하게 관련되어 있지만 바꾸어 쓸 수 있는 단어는 아니다.

두 생산자의 경우를 살펴보자. 두 사람이 김밥과 사발면을 묶어 '고래 김밥'으로 파는 분식집을 같은 골목에 각각 동시에 열었다고 하자. 한 사람은 영우, 다른 사람은 준호라고 하자. 그런데 훈련, 능력 또는 성향의 차이로 인해 영우는 준호보다 김밥을 더 잘 말지만, 준호는 영우보다 손님 서빙을 더 잘한다고 가정하자. 영우가 1시간 동안 김밥을 말면 그녀는 10줄의 김밥을 말 수 있다. 그렇지만 영우는 서빙은 잘하지 못하여 서빙하는 데 시간을 쓰고 나면, 1시간에 3줄의 김밥을 말 수 있는 시간만 남게 된다. 반면 준호는 1시간 서빙만 한다면 10회의 서빙을 할 수 있다. 그렇지만 준호는 김밥 마는 일에 서툴러서 1시간에 3줄만을 말 수 있다면 그가 할 수 있는 서빙 수는 3회로 줄어든다. 다음 표는 1시간당 영우와 준호가 할 수 있는 선택들을 요약하고 있다.

표 4-1 생산에서의 교환의 이득

	영우		준호	
	김밥만 맘	김밥도 말고 서빙도 함	서빙만 함	김밥도 말고 서빙도 함
서빙	0회	3회	10회	3회
김밥	10줄	3줄	0줄	3줄

영우와 준호가 가게를 각자 마련하여 따로 장사한다면, 각자는 1시간에 3회의 고래 김밥 서빙만 할 수 있다. 영우는 김밥을 10줄 말 수 있고, 준호는 서빙을 10회 할 수 있지만 이렇게만 하면 아무런 수입도 올릴 수 없다. 결국 영우와 준호는 각각 선택할 수 있는 것은 시간당 3회의 고래김밥 판매이다. 영우와 준호가 따로 가게를 운영할 경우 전체 판매규모는 결국 6회의 고래김밥 판매이다.

이제 이들이 협력하는 경우를 보자. 영우와 준호는 거래를 할 수 있다. 영우는 김밥만 말고, 준호는 서빙만 하는 것이다. 이런 협력이 없었다면 시간당 총 6회의 고래김밥 판매만이 가능했는데, 똑같은 크기의 노력과 시간으로도 총 10회의 고래김밥 판매가 가능해졌다. 이 예는 영우가 준호에게 김밥을 판매하고 준호는 김밥에 사발면을 추가해 손님에게 판매하는 것으로 생각할 수 있다. 하지만 보다 나은 대안으로 영우와 준호가 따로 차린 가게를 하나로 합치는 동업을 선택할 수도 있다. 후자의 경우 이 둘 간의 거래는 시장을 통하는 것이 아니라 기업 내부에서 이루어지는 것이다. 그러나 시장을 통하든 기업을 통하든 상관없이 둘 간의 협력은 상당한 교환의 이득을 제공한다. 교환을 통해 영우와 준호는 고래김밥 판매를 6회에서 10회로 증가시킬 수 있다. 물론 협력의 성과를 어떻게 나누냐의 문제는 남아 있다. 판매가 증가한 4회의 고래김밥 판매가 제공하는 수익을 영우와 준호 사이에 어떻게 나누느냐이다. 그렇지만 둘 사이에 상호이익이 되는 합의의 여지는 여전히 남아 있다.

협력에 따른 이익의 원천 : 수확 증가

생산은 일반적으로 집단을 구성하여 이루어진다. 사람들이 함께 일하려는 협력이 발생하는 이유는 다양하다. 한 가지 이유는 제품 생산에 있어 종종 다양한 재능의 조합이 필수적이기 때문이다. 오징어 게임과 같은 드라마는 한 사람이 독방에서 홀로 만들 수 없다. 블랙핑크의 야외 공연을 위해서는 일반적으로 수많은 사람들로 구성된 팀이 필요하다. 생산에서의 협력은 극히 일상적이고 평범한 생산활동의 일반적 방식이기도 하다. 협력과 교환은 참여하는 사람들이 동일한 재능, 토지와 자본, 그리고 생산기술에 대한 동일한 접근성, 동일한 취향을 가진 경우에도 생겨날 수 있다. 사람들이 동일하더라도 별도의 농가와 노트북이 놓인 독방에서 모든 작업을 하지는 않으며, 공장과 사무실에서 집단으로 뭉쳐서 일한다. 대형 항공기의 기체, 엔진, 계기는 한 명의 작업자가 조립할 수 있지만, 그렇게 하려면 몇 달 아니 몇 년이 걸릴 것이다. 비행기는 그런 식으로 조립되지 않는다. 조립된 항공기당 필요한 총 노동시간은 사다리를 잡거나 크레인을 먼저 작업할 다른 작업자(또는 그 이상)가 있으면 훨씬 줄어든다. 협력에 따른 이익의 두 가지 대표적 원천은 수확 체증(increasing return)과 규모에 대한 수확 증가(increasing return to scale)에서 찾아볼 수 있다.

(수확체증 : 한계생산 체증) 토지, 자본(공장 및 장비), 노동자 등 기존 투입물이 이미 존재하는 작업장에 새로이 한 명의 노동자가 추가되어 생산에 참여하게 되었다고 하자. 다른 투입물이 이미 투입된 상황에서 노동자가 추가되어 추가로 이루어진 산출의 증가는 노동자의 추가에 따른 수확 또는 추가된 노동자의 수확(return)이라 불린다. 수확이라는 단어는 일상에서 다양한 의미로 널리 사용되고 있으므로 경제학에서는 추가 생산이라는 의미에서의 추가 수확 대신 한계생산(marginal product)

이라는 용어를 사용한다. 연료, 설비, 공장 면적의 추가에 따른 수확도 생각할 수 있겠지만, 지금의 관심은 근로자의 추가에 따른 수확에 있다.

- 기존 투입물에 노동자를 새로 추가함으로써 얻는 수확은 추가 작업자로 인한 추가 산출이다. (동일 유형의) 작업자들이 한 명씩 차례로 추가되면 일련의 수확이 발생하는데, 이러한 수확의 크기는 매번 변동할 수 있다. 특히 첫 번째 작업자가 추가될 때 증가한 생산량보다 두 번째 작업자가 추가될 때 증가한 생산량이 더 커질 수 있는데 이 경우 노동에 대한 한계생산 체증(increasing marginal products), 또는 수확 체증(Increasing returns)이 발생하였다고 한다. 수확 체증이 계속되면 세 번째 작업자를 추가하여 얻은 추가 수확은 두 번째 작업자를 추가했을 때의 추가 수확을 초과할 것이다.
- 노동에 대한 수확이 증가하는 단계가 존재한다는 가설은 토지, 자본, 연료 등의 다른 투입물이 일정한 상황에서 연이어 동일 유형의 작업자가 추가됨에 따라 추가된 각 작업자의 한계생산은 이전에 추가된 작업자의 한계생산보다 크다. 따라서 두 번째 작업자는 첫 번째 작업자보다 산출에 더 많은 것을 추가한다. 그리고 수확 증가가 계속되면 세 번째 작업자가 두 번째 작업자보다 더 많은 것을 추가할 것이다.

이제 혼자 작업하는 노동자는 첫 번째 노동자가 생산할 수 있는 만큼만 생산할 수 있지만 두 번째 노동자와 합류하면 전체 생산에 더 많은 것을 추가할 수 있기 때문에 두 노동자가 팀을 이루어 생산에 나서지 않는 것은 자원의 낭비가 될 것이다. 협업을 통해 얻은 산출 규모가 각자 단독으로 작업하여 생산한 산출 규모를 초과하면 협력의 이득이 존재한다. 노동에 대한 수확이 증가하는 단계가 존재한다는 것은 근로자가 협력하면 총생산량이 더 빠르게 증가한다는 것을 의미한다.

수확체증 단계는 어떻게 설명할 수 있을까? 즉, 두 번째 사람이 첫 번째 사람이 홀로 하던 생산과정에 합류할 때 생기는 추가 결과물은 첫 번째 사람 없이 두 번째 사람이 홀로 생산하는 것보다 더 큰 이유는 무엇일까? 첫 번째 사람이 두 번째 사람보다 기술적으로 열등해서일까? 반드시 그런 것은 아니다. 기존 작업자와 능력이 완전히 동일한 새로운 작업자들이 추가된다고 하더라도 추가 산출량은 이전보다 더 커질 수 있다. 따라서 두 사람이 완전히 동일하더라도 협업을 통해 이득이 있을 수 있다. 따라서 즉 수확체증 현상은 왜 생산이 협력적인 노력이 되는 가를 설명해준다. 수확체증은 투입이 성공적인 산출을 생산하기 전에 극복해야 하는 장애물의 결과라고 생각할 수 있다. 소몰이를 하는 목동을 상상해 보자. 소무리를 둘러싸기에 충분한 목동이 있을 때까지 몰이 작업은 가망이 없다. 하지만 목동이 추가됨에 따라 소몰이를 할 수 있는 소의 수는 빠르게 증가할 것이다.

(규모에 대한 수확체증) 이번에는 모든 투입물의 공동 활용이 이루어지는 전면적인 협력을 고려하자. 이를 위해 인접해 있는 모든 면에서 동일한 두 개의 독립된 사업체를 생각해 보자. 두 사업체가 각각 단독으로 생산하는 것보다 하나의 사업체로 합칠 경우 두 배 이상이 생산되는 경우를 규모에 대한 수확체증(increasing return to scale)이라 부른다. 이 현상 역시 왜 생산이 협력적 노력이 되는지를 설명해준다. 두 사업체가 결합하면 두 배의 경영자, 두 배의 작업자, 두 배의 자본이 있는 생산활동으로 이어진다. 모든 투입을 동일한 비율로 증가시킬 때 산출 역시 동일 비율로 증가한다면 규모에 대한 수확이 불변(constant return to scale)하다고 한다. 만약 모든 투입물의 비례적 증가가 산출을 비례 이상으로 증가시킨다면 규모에 대한 수확체증이 있다고 한다. 똑같은 공장을 2개 지으면 산출이 2배가 된다는 점을 감안하면 규모에 대한 수확불변은 당연하게 보여지겠지만, 규모에 대한 수확체증은 그렇지 못할 것이다.

규모에 대한 수확체증은 다양한 원인에서 비롯하고 매우 일반적인 현상일 수 있다. 두 사업체가 합쳐질 경우 일부 기존 공장이나 장비가 수정이 거의 없이 더 많은 양을 생산할 수 있을 때 발생한다. 공장 규모를 두 배로 늘리는 데 더 큰 인사팀이나 경리팀이 필요하지 않을 수도 있고 원자재와 제품을 수송하는 도로를 두 배로 늘릴 필요가 없을 수도 있다.

규모 증가에 따른 자원 절감은 기업 내부(규모의 내부경제)에서뿐만 아니라 기업 외부(규모의 외부경제)에서도 발생할 수 있다. 규모를 증가시킴에 따라 다른 기업이 아닌 운영 규모를 늘리는 기업 내부에서 이득이 발생하는 경우 규모의 내부경제(internal economies)라 한다. 규모의 내부경제는 규모가 증가할 때 회사가 기능하거나 제품을 생산하는 방식의 변화로 인해 회사 내에서 발생한다. 커진 규모에 맞추어 일부 작업이나 일부 자본 장비를 재설계하여 비용을 절감할 가능성이 생겨나기 때문이다. 더 많은 자원을 보유한 대기업일수록 가장 적합한 기계를 설치하여 우수한 기술을 활용할 수 있다. 대기업은 분업과 전문화의 기회를 활용할 수 있으며 부산물과 폐기물을 사용하여 다른 원자재를 생산하여 수입을 보충할 수 있다. 따라서 규모에 대한 수확체증이라는 현상은 종종 '비용 감소'로 특징지워진다. 특히 일부 투입물을 공유함에 따라 비용 절감이 생겨날 수 있다. 한편 규모가 증가함에 따라 투입물의 증가가 없는데도 주변 기업의 생산성 증가를 허용할 수 있다(규모의 외부경제, external economies of scale). 두 사업체가 공동으로 구매함에 따라 이들 사업체에 납품하거나 서비스(수송, 광고 등)를 제공하던 주변 공급업체들 역시 좀 더 저렴하게 생산할 수 있어 납품 단가가 낮아질 수 있다.

협력에 따른 이익의 원천 : 자원과 재능의 차이

사람들이 집단을 형성하여 함께 생산하는 보다 근본적 이유는 각자가 가진 자원과 재능이 다르기 때문이다. 특히 생산에 유용한 천부적 속성과 습득한 기술은 사람마다 다르며, 바로 그 차이점을 이용하여 더 많은 것을 함께 생산할 수 있다. 따로 생산하기보다는 생산공정을 여러 개의 개별 작업으로 나누고 근로자의 상이한 속성에 맞추어 이러한 작업을 할당함으로써 각 작업자가 혼자 작업하여 생산할 수 있는 것보다 더 많이 생산할 수 있다. 특정 소규모 작업에 대한 전문화를 통해 근로자는 생산공정 중 자신이 유리한 부분에 집중할 수 있다. 사람들은 서로 다른 기술, 재능, 관심을 가지고 있기 때문에 어떤 직업에서는 다른 직업보다 더 잘할 것이다. 특정 이점은 교육적 선택에서 비롯할 수 있으며, 관심과 재능에 의해 형성된다. 이유가 무엇이든 사람들이 자신이 가장 잘하는 것의 생산을 전문으로 한다면 어떤 것은 잘하고 어떤 것은 그렇지 않은 것을 조합하여 생산하는 것보다 더 효과적일 것이다.

(비노동 자원의 조정) 두 사람이 다를 수 있는 한 가지 방법은 각자가 가진 자원이 다른 경우이다. 이 경우 협력의 이득은 앞서와는 다른 방식의 협력에서 비롯한다. 예를 들어 한 쪽은 단순하게 "더 많은 노동자"를 가진 생산자일 수 있다. 생산공정이 과일 따기와 같은 하나의 작업만 포함하는 경우 이 생산자는 다른 생산자보다 따기 작업을 두 배 더 빨리 수행할 수 있다. 이 경우에도 협력이 가능하다. 각 생산자가 사용할 수 있는 토지와 자본이 희소한 자원이라면, 산출을 극대화하기 위해 두 생산자가 가진 전체 토지와 자본 자원을 할당하는 데 모두 관심을 가질 것이다. 특히 규모에 대한 수확이 불변인 경우 두 배의 노동자를 가진 생산자에게 두 배의 비노동 자원(토지와 자본)을 할당하는 것이 적절할 것이다. 물론 두 생산자의 최종 산출에서 발생하는 이득을 어떻게 나눌지는 또 다른 문제이다.

(절대우위) 사람들 사이의 차이가 협력을 상호이익으로 만들 수 있는 한 가지 방법은 다소 극단적이다. 예를 들어 재화 생산에 필요한 특정 기술을 한 근로자는 가졌지만 다른 근로자는 갖지 못한 경우이다. 후자가 이 재화의 생산에 참여하려면 전자가 필요하다. 장인과 견습생의 관계가 그러하다. 견습생 혼자서는 생산이 불가능하다. 그러나 특정 기술을 갖지 못한 작업자가 다른 작업자에게는 없는 또 다른 기술을 가지고 있다면 이러한 일방적 종속성은 약해질 것이며, 어느 누구도 다른 사람의 협력 없이는 상품을 생산할 수 없을 것이다. 덜 극단적인 경우로 한 사람은 한 작업에서 더 생산적일 뿐이고 다른 사람은 다른 작업에서 더 생산적인 경우도 있다. 이 모든 경우에 각자는 한 작업에서 절대우위(absolute advantage)를 가지며 다른 작업에서는 그렇지 않다. 이런 의미에서 어떤 일을 가장 잘하는 사람은 절대우위에 있다고 한다. 앞의 예에서 영우와 준호는 각각 김밥말기와 서빙 중 한 가지에서 더 나은 절대우위를 갖는다. 영우는 뛰어난 요리사고 준호는 사교성이 좋다. 영우가 요리하고 준호가 서빙하면 둘 모두에게 좋을 것이다.

그러나 이러한 협업은 그리 흔하지 않으며, 대체로 특수한 재능이나 기술이 필요한 경우가 종종 생겨난다. 생산공정에 두 가지 작업이 포함되어 있고 한 사람이 한 작업을 더 잘하고 다른 사람은 두 번째 작업을 더 잘하는 경우 두 사람이 혼자 작업할 때보다 함께 작업할 때 더 많은 작업을 수행할 수 있다는 것은 상식이다. 17세기까지 절대자가 땅을 경작할 수 있는 강인한 남자, 배를 항해할 수 있는 두려움 없는 남자, 아이를 낳을 수 있는 건장한 여자를 지상에 보냈다는 믿음이 이어졌다. 이는 이른바 절대우위에 기초한 교환, 협력, 그리고 무역에 관한 이론이다.

그러나 절대우위론의 한계는 분명하다. 우리가 살고 있는 사회에서는 절대적 이점이라곤 전혀 없고 모든 면에서 절대적으로 불리한 점만 가진 사람들이 분명히 있기 때문이다. 절대우위론으로는 그러한 사람들이 어떻게 사회의 생산에서 자신의 역할을 할 수 있을지 설명할 수 없다. 동시에 변화무쌍한 재능, 박식가, 팔방미인으로 눈에 띄지만 단지 한 분야에만 전문화하고 있는 사람들도 항상 있다. 절대우위론은 그러한 사람들이 전문화하는 이유를 설명할 수 없으며, 전문화가 어떤 방향으로 일어날지 예측할 수 없다. 이러한 한계는 비교우위에 의해 설명될 수 있다.

(비교우위) 사회가 협업을 통해 효율을 근본적으로 높일 진정한 기회는 절대우위가 아니라 비교우위에서 비롯한다. 작업자가 다른 작업자와 협력하여 더 큰 산출을 얻기 위해 특정 작업에서 '더 빠를' 필요는 없다. 자신이 비교적 빠른 작업(따라서 다른 작업자는 비교적 느린 작업)을 전담함으로써 다른 작업자가 해당 작업에 소비한 시간을 해방시킬 수 있기 때문에 다른 작업자가 비교적 빨리할 수 있는 작업에 활용할 수 있는 시간을 늘릴 수 있다. 비교우위(comparative advantage)란 다른 생산자보다 더 낮은 (기회)비용으로 작업을 수행할 수 있는 능력을 말한다. 작업자는 각자 자신이 비교우위를 가진 작업을 전담함으로써 다른 근로자들이 그들이 비교우위를 가진 작업에 더 많은 노력을 쏟도록 허용할 수 있다. 그 결과 각 근로자들은 각자에게 비교적 잘 맞는 작업에 고용되기 때문에 각자는 더 많은 성과를 거둘 수 있고 그에 따라 전체 작업의 성과도 높아질 수 있다. 요약하면 한 작업에서 비교적 빠른 작업자는 해당 작업에 더 많은 노력을 할당하고 다른 작업에 더 적은 노력을 할당함으로써 효율성에 기여할 수 있다.

고래김밥에서 준호의 상대가 영우가 아니라 장금이라면 어떨까? 장금이는 음식 판매와 관련된 많은 활동에서 절대우위를 갖는 백종원과 비슷한 인물이라 하자. 장금이는 준호에 비해 김밥도 잘 만들지만 서빙도 월등하게 잘할 것이다. 장금이가 준호보다 서빙도 잘한다면, 장금이는 준호보다 훨씬 낮은 비용으로 서빙을 할 수 있는 것이 아닐까? 그래서 협력이 불가능한 것이 아닌가? 즉, 어떤 사람이 무언가에 절대우위를 갖는다면 자동적으로 비교우위를 갖게 되지 않을까? 그렇지 않다! 비교우위를 이해하는 열쇠는 "더 낮은 (기회)비용"에 있다. 무언가를 생산하는 데 드는 비용은 기회비용, 즉 포기한 것의 가치이다. 장금이가 서빙을 하기 위해 김밥을 마는 시간을 줄일 경우 김밥 생산을 희생하는 것이다. 장금이 대신 준호가 서빙을 한다면 준호는 고객들이 그리 즐기지 않을 김밥을 포기하는 셈이 된다. 즉, 준호는 저렴한 서빙인력이므로, 장금이가 아니라 준호가 서빙에 비교우위를 가지고 있다. 협력방안을 알려면 절대우위가 아니라 더 낮은 기회비용을 야기하는 작업, 즉 비교우위를 가진 작업을 보아야 한다. 장금이는 모든 면에서 절대우위를 갖지만, 장금이와 준호는 서로 다른 비교우위를 가지고 있다. 결국 준호가 더 낮은 기회비용으로 서빙할 수 있다는 의미에서 비교우위를 갖는 서빙을 해야 하며, 장금이는 더 낮은 기회비용으로 요리할 수 있다는 의미에서 비교우위를 갖는 요리를 해야 한다. 장금이의 요리능력은 준호보다 훨씬 뛰어나지만, 그의 서빙 능력은 준호보다 조금 더 나을 뿐이라면, 준호가 서빙하는 동안 장금이가 김밥말기를 하면 두 사람 모두가 더 나아질 것이다. 어떤 사람은 모든 생산에 있어 절대우위를 가질 수 있지만 비교우위를 가진 것은 한 두 가지에 머물 것이다.

비교우위의 놀라운 점은 모든 사람이 무언가를 생산하는 데 비교우위를 갖는다는 것이다. 결과적으로 모든 사람은 협력을 통해 이익을 얻을 수 있는 것이다. 모든 작업에서 절대적으로 열등한 사람들도 여전히 협력하여 가치 있는 것을 제공할 수 있다. 타고났건 학습하였건 결과적으로 특정 작업에서 절대우위를 갖게 된 사람들은 그러한 작업에 집중하고 비교적 낮은 기회비용으로 생산하는 사람들로부터 다른 상품과 서비스를 구매함으로써 스스로 더 잘할 수 있다.[2]

---

2. 더 놀라운 것은 절대적으로 불리한 사람들이 절대적으로 유리한 사람들보다 결과적인 거래에서 더 많은

(학습효과) 어떤 사람이 특정 활동에서 비교우위를 가지면 그 일에 전문화함으로써 효율성이 향상될 수 있다. 이것이 바로 '분업'의 고전적인 비교우위 이론이다. 그러나 인과 관계가 반대 방향으로도 이어진다. 어떤 사람이 특정 작업에 전문화한 결과 업무 경험이 쌓임으로써 그 작업에서 비교우위를 발전시키고 교환을 강화시킬 수도 있는 것이다. 따라서 노동 분업과 협력에 대한 두 번째 이론이 성립한다. 특정 작업을 전문으로 하는 작업자는 종종 더 빠르고 더 잘 생산하는 법을 배운다. 전문화된 근로자는 종종 자신의 업무를 더 빠르고 더 잘 수행할 수 있는 혁신적인 방법을 제안할 만큼 자신의 직무를 잘 알게 된다. 유사한 패턴이 종종 기업 내에서도 작동한다. 많은 경우에 하나 또는 몇 개의 제품('핵심 역량'이라고도 함) 생산에 초점을 맞추는 기업이 다양한 제품을 생산하는 회사보다 더 성공적이다. 때에 따라서는 사람들이 미래에 비교우위를 얻기 위해 적극적으로 전문화에 나설 수 있다. 팔방미인이 되려고 노력하는 것보다 한 가지 작업에 집중함으로써 그 일을 비교적 효율적으로 할 수 있는 더 좋은 기회를 갖게 된다. 사람마다 타고난 재능의 차이는 사실 우리가 아는 것보다 훨씬 적다. 그리고 성인이 되었을 때 서로 다른 직업을 가진 사람들을 구별짓는 것처럼 보이는 각기 다른 천재성은 많은 경우에 분업의 원인이라기보다는 분업의 결과다. 예를 들어 철학자와 평범한 거리의 짐꾼 사이의 가장 다른 특성의 차이는 본성 때문이 아니라 습관, 관습, 교육에서 비롯하는 것 같다.

원시 사회에서는 전문화를 위한 자연스러운 기반이 있었다. 키 큰 사람은 채집을, 발 빠른 사람은 사냥을, 고령자는 아이를 키웠다. 그리고 사람은 완제품 제조에 필요한 많은 작업 중 하나가 아니라 전체 제품을 생산하기 위해 광범위한 재능과 기술을 사용했다. 한 사람의 특별한 속성이 그 사람이 생산한 것을 결정했던 것이다. 중세에 이르러 유럽에는 제빵사, 촛대 제조업자 등 다양한 전문 직종과 단체가 생겨났다. 그리고 초보자가 전문가의 지도·감독 없이 일반인 앞에서 작업할 수 없도록 견습 과정이 종종 필요했지만, 당시의 장인, 상인, 장인, 예술가가 습득한 대부분의

것을 얻을 수 있다는 것이다. 그러나 이는 또 다른 주제다.

기술·지식은 취업 전 학교 교육이나 타고난 적성보다 직업 경험을 통해 계속해서 발전했다. 그러나 17세기에 이르러 제조업은 가정에서의 생산, 즉 가내공업 시스템에서 생산공정이 개별적인 여러 부문으로 분할되는 공장 시스템으로 변모하기 시작했다. 각 작업자는 개별 공정 중 하나에 전문화하였다. 기술적으로 진보한 현대 사회에서 사람들이 하는 일은 각자의 적성과 교육 수준을 나타내지 않는다. 작업자는 다른 작업자와 구별되는 독특한 속성들을 사용하지 않는 하나의 반복 작업에 참여하게 되었다. 그는 더 이상 자신의 방식대로 상품을 생산하고, 지능을 발휘하고, 지구력을 테스트할 여지가 없다. 그는 사실상 선반, 타자기 또는 컴퓨터와 마찬가지로 기계의 일부여서 수 많은 작가들이 작업의 무의미함을 풍자했다. 결과적으로 아담 스미스와 그 뒤를 이은 경제학자들은 모두 분업의 이점을 찬양했지만, 19세기 이후의 사회 비평가들은 분업의 단점에 민감하게 반응하였다.

(3) 교환에 따른 이득 : 국제무역-소비에서의 협력과 교환

이상에서 교환에 따른 이득과 생산에서의 협력에 따른 이득을 보았다. 이제 둘을 함께 묶어 보자. 생산 협력(또는 분업과 전문화)이 가치가 있으려면 교환을 전제로 하여야 한다. 완전히 전문화된 노동자들에게 자신들이 만든 생산물만 소비하라고 하면 삶을 지속할 수 없다. 하루 종일 아이를 가르치는 교사들은 강의를 먹거나 입어서 살 수는 없는 노릇이다. 게다가 사람들은 다양한 소비를 원한다. 쌀 재배 농가도 스파게티에 끌릴 수 있다. 결국 분업과 전문화는 교환을 필요로 하며, 동시에 교환의 가능성은 분업과 전문화를 촉진한다. 오늘날의 경제를 믿을 수 없을 정도로 복잡하게 만드는 것은 교환에 뒷받침되어 생산자원이 전문화되어 고도로 상호 의존적이기 때문이다.

교환은 생산 협력을 촉진할 뿐만 아니라 소비 선택을 확장하는 이득도 낳는다. 이러한 이득은 한 국가 내에서 교환뿐만 아니라 국가 간의 교환에서도 똑같이 발생한다. 한 국가와 다른 국가의 교환, 즉 무역이 두 나라 모두에 이익을 낳을 가능성은 충분히 이해되고 있지 못하고 있다. 그러나 사람이건 국가건 모두 교환에 참여하면 참가자 모두가 이익을 얻을 수 있다. 이 원칙에는 앞에서 다룬 비교우위가 작동한다. 예를 통해 보자. 아래 표에서 미국과 한국은 백신과 TV를 생산하는 데 있어서 생산성의 차이를 갖는다. 생산성은 한 근로자가 하루에 생산할 수 있는 각 재화의 양으로 측정되는데, 백신은 병수로, TV는 대수로 측정된다. 노동은 백신과 TV를 만드는 데 사용되는 유일한 생산요소라고 하자. 미국의 근로자는 하루에 백신 60병 또는 TV 40대를 생산할 수 있다. 한국의 근로자는 하루에 백신 10병 또는 TV 20대를 생산할 수 있다. 따라서 이 예에서 미국은 백신과 TV 모두의 생산에서 한국에 비해 노동생산성이 높은데, 이 경우 미국은 한국에 대해 두 활동 모두에서 절대우위(absolute advantage)를 갖는다고 한다.[3]

표 4-2 백신과 TV 생산에 있어 미국과 한국의 생산성 격차 : 하루에 생산 가능한 양

	미국	한국
백신	60병 (백신 1병 생산의 기회비용 40대/60병 → 2/3대 = 1병)	10병 (백신 1병 생산의 기회비 20대/10병 → 2대 = 1병)
TV	40대 (TV 1대 생산의 기회비용 60병/40대 → 1.5병 = 1대)	20대 (TV 1대 생산의 기회비용 10병/20대 → 0.5병 = 1대)

한편 어느 나라가 어떤 제품 생산에서 비교우위를 갖는지를 보기 위해서는 기회비용을 확인하여야 한다. TV 40대를 더 생산하기 위해 미국은 백신 60병의 생산을 포기해야 한다. 즉, TV 1대를 더 생산하는 데 따른 미국의 기회비용은 백신 3/2 = 1.5병이다. 그러나 한국이 TV 1대를 더 생산하는 데 따른 기회비용은 백신 1/2병

3. 앞의 예에서 영우는 준호에 대해 김밥 말기에 절대우위를 가졌고, 준호는 영우에 대해 서빙에 절대우위를 가졌다.

일 뿐이다. 따라서 TV를 생산하는 데 따른 기회비용이 미국보다 낮기 때문에 한국은 TV생산에 비교우위를 갖는다. 반면 미국은 TV보다 백신의 생산에 있어서 한국에 대해 비교우위를 갖는다. 참고로 미국 근로자는 한국 근로자보다 6배 많은 백신을 생산할 수 있지만 TV는 단지 2배 많이 생산할 수 있어 TV보다 백신 생산에 있어 상대적으로 더 효율적이다. 반면 미국에 비해 백신보다 TV를 더 효율적으로 생산할 수 있는 한국은 TV 생산에서 비교우위를 갖는다.

(무역이 없는 경우) 국가 간에 무역이 없는 경우 각국에서 상대가격이 어떻게 결정될지 살펴보자. 두 재화의 상대가격은 상대적 생산비에 의해 결정된다. 추가로 1단위를 더 생산하는 데 드는 비용이 상대적으로 낮은 재화는 상대적으로 가격이 낮을 것이다. 미국의 경우 근로자는 하루 노동으로 백신 60병 또는 TV 40대를 생산할 수 있다. 노동이 유일한 생산요소일 때, 백신 60병의 생산비용은 TV 40대의 생산비용과 같다. 즉, 백신 1.5병의 생산비용은 TV 1대의 생산비용과 같으므로 상대가격은 TV 1대당 백신 1.5병이다. 한국의 경우, 근로자는 하루의 노동으로 백신 10병 또는 TV 20대를 생산할 수 있으므로, 상대가격은 TV 1대당 백신 0.5병이다.

(무역이 있는 경우) 미국이 백신 60병을 주고 한국으로부터 TV 40대만 얻는다면 미국은 무역을 하든 하지 않든 결과는 같다. 백신 60병의 생산을 포기함으로써 방출되는 자원으로 TV 40대를 스스로 생산할 수 있기 때문이다. 더욱이 미국은 백신 60병을 주고 TV 40대보다 적게 얻는다면 무역을 하지 않을 것이다. 즉, 미국이 백신 60병에 대하여 한국으로부터 TV 40대 이상을 얻는다면 미국은 이익을 얻게 되므로 무역에 참여할 것이다. 마찬가지로 한국은 미국으로부터 백신 10병를 얻는 대신 TV 20대만 얻는다면 무역을 하든 하지 않든 결과는 같으며, 백신 10병 대신에 TV 20대 이상을 포기한다면 무역을 하지 않을 것이다. 한국은 미국으로부터 백신 60병을 얻기 위해 포기해야 하는 TV 대수가 120대 이하이면 무역을 통해 이익을 얻게 되므로 무역에 참여할 것이다. 각자는 상품을 생산하는 기회비용보다 낮은 가격으로 상품을 교환할 수 있다면 이익을 얻을 것이다. 무역은 그것이 없었을 때보다 더 많은 상품을 얻게 해주기 때문이다. 결론적으로 상호이익이 되는 무역이 발생

할 수 있는 범위는 교환비율이 두 교환 당사자가 마주했던 기회비용 사이에 놓여야 한다:

$$40\text{대} < 60\text{병에 대한 TV 보상대수} < 120\text{대}$$

달리 표현하면 무역이 이루어지려면, 두 국가 간 교환비율이 TV 1대당 백신 1.5병(= 60/40병/대, 미국의 상대가격)과 TV 1대당 백신 1/2병(= 60/120병/대, 한국의 상대가격) 사이에 있어야 한다. 즉, 교환비율은 무역이 이루어지기 전 두 국가에서의 상대가격들 사이의 어떤 가격이 되어야 한다.

예를 들어 미국이 한국과 백신 60병을 TV 60대와 교환할 수 있다고 하자. 국내에서 백신 60병을 TV 40대와 교환하므로 미국은 기존보다 TV 20대의 이익을 얻는다. 한국은 미국으로부터 얻은 백신 60병 덕분에 6시간의 노동력을 TV생산에 투입하여 120대를 생산할 수 있고 이 중 TV 60대를 미국에 건네주면 된다. 따라서 한국은 TV 60대의 이익을 얻는다. 즉, 어느 한 국가가 다른 국가보다 두 상품 생산에 있어 모두 비효율적이더라도 두 국가 모두 무역을 통해 이익을 얻을 수 있는 것이다.

TV 120대와 40대의 차이, 즉, 80대는 두 국가가 백신 60병을 무역함으로써 얻을 수 있는 무역으로부터의 총이익이다. 예를 들어 백신 60병과 TV 60대가 교환되면 미국은 TV 20대의 이익을 얻고 한국은 TV 60대의 이익을 얻어 무역으로부터의 총이익이 TV 80대가 된다. 교환 비율이 교역 이전의 미국 내에서의 상대가격에 근접할수록 미국으로 귀속되는 무역이득은 줄고 한국으로 귀속되는 무역이득은 커진다. 반대로 교환 비율이 한국의 교역전 국내 상대가격에 근접할수록 무역을 통해 한국이 얻을 수 있는 이익은 미국의 이득에 비해 커진다.

이처럼 한 국가 또는 사람이 모든 활동에 있어서 절대우위를 갖는 경우라고 하더라도 한 국가 또는 사람은 어떤 활동에 있어서 비교우위를 가질 수 있고 ① 각자가 비교우위를 갖는 것에 좀 더 특화(전문화)하여 생산하고, ② 생산된 결과를 서로 적절한 상대가격에서 거래하여 재배분할 수 있다면 해당 국가들은 교환을 통해 전보다 나아질 수 있는 것이다.

결국 국제무역은 근로자들을 더 생산적으로 만드는 기술진보와 같은 효과를 낳는다. 국제무역은 마치 미국의 근로자들이 같은 노력으로 더 많은 TV를 생산하는 방법을 알아낸 것과 같으며 한국의 근로자들이 같은 노력으로 더 많은 백신을 생산하는 방법을 알아낸 것과 같다. 미국이 사용한 방법은 백신을 생산하여 TV와 거래하는 것이고, 한국이 사용한 방법은 TV를 생산하여 백신과 거래한 것이다. 신기술의 발명처럼, 국제무역은 미국인들과 한국인들 모두의 복지를 향상시킨다.

(무역의 이득이 발생하는 두 가지 원천) 이상에서 다룬 무역의 이득은 두 가지 원천에서 비롯한다 : 교환과 전문화. 무역의 이득은 둘 이상이 생산 노력을 통해 얻은 재화만을 소비하도록 자신을 제한할 경우 초래될 비효율성에서 비롯된다. 생산에 재능이 있는 상품만 소비하는 것은 소비 선택을 확장할 기회를 놓치는 것이다. 취향이나 능력이 다른 두 사람은 서로 상품을 교환함으로써 이익을 얻을 수 있다. 이를 보기 위해 〈표 4-3〉의 (a)와 미국과 한국이 무역 전에 각각 백신과 TV를 각각 (30, 20), 그리고 (5, 10)을 생산하고 있었다고 하자. 만약 두 나라 사이에 무역이 없다면 백신과 TV의 소비는 미국과 한국에서 각각 (30, 20), 그리고 (5, 10)이 될 것이다. 그러나 두 나라 사이에 무역이 허용된다면 (27, 23)과 (8, 7)을 소비하게 될 것이다. 이는 미국과 한국의 처지를 모두 개선한 것이다. 미국만 보더라도 무역이 없었다면 백신 3병을 포기할 경우 TV 2대만을 얻을 수 있었지만, 무역에 힘입어 백신 3병을 포기한 대가로 TV 3대를 얻을 수 있었다. 한국의 경우에도 기존에는 TV 3대를 포기하면 백신 1.5병만을 얻을 수 있었으나, 무역에 힘입어 백신 3병을 얻을 수 있었다. 결국 양국은 생산에 변경되지 않은 산출물을 거래함으로써 각국이 단독으로 "자기들끼리 거래"하는 것보다 더 나은 조건을 얻을 수 있다.

표 4-3 양국에서 각 산업에 자원을 절반씩 할당한 후 1대 1로 교환한 경우의 생산과 소비

(a) 무역 전 생산량과 소비량

	미국	한국	합계
백신	(생산, 소비) = (30병, 30병)	(생산, 소비) = (5병, 5병)	생산 = 소비 = 35병
TV	(생산, 소비) = (20대, 20대)	(생산, 소비) = (10대, 10대)	생산 = 소비 = 30대
교환비율	3 : 2	1 : 2	–

(b) 백신 3병(미국의 대한 수출)과 TV 3세트(한국의 대미 수출)를 1대 1로 무역한 후 소비량

	미국	한국	합계
백신	(생산, 소비) = (30병, 30병 − 3병 = 27병)	(생산, 소비) = (5병, 5병 + 3병 = 8병)	생산 = 소비 = 35병
TV	(생산, 소비) = (20대, 20대 + 3대 = 23대)	(생산, 소비) = (10대, 10대 − 3대 = 7대)	생산 = 소비 = 30대
교환비율	3 : 2	1 : 2	–

(c) 한국이 TV생산에 특화해 1대 1로 교환하는 경우의 생산과 소비

	미국	한국	합계
백신	(생산, 소비) = (40병, 40병 − 10병 = 30병)	(생산, 소비) = (0병, 0병 + 10병 = 10병)	생산 = 소비 = 40병
TV	(생산, 소비) = (27대, 27대 + 10대 = 37대)	(생산, 소비) = (20대, 20대 − 10대 = 10대)	생산 = 소비 = 47대
교환비율	3 : 2	1 : 2	–

그러나 무역이 제공하는 이득은 여기서 멈추지 않는다. 각국은 무역 전의 산출물 조합을 고수할 이유는 없다. 백신 생산에 비교적 능숙한 미국은 TV생산을 줄일 수 있고 한국은 TV 생산을 늘릴 수 있어 총생산량을 유지할 수 있다. 그러면 미국의 백신기업이 만들 수 있는 백신의 추가 생산량은 상대적으로 TV생산에 능숙한 한국이 겪는 백신 생산량의 감소를 초과할 것이다. 따라서 백신의 총생산량이 증가할 것이다. 미국 백신 생산업자는 한국의 백신 소비를 회복시키기에 충분한 양의 백신을 한국에 배송할 수 있지만 한국은 미국의 TV소비를 회복하기 위해 TV를 배송할 수

있다. 그러나 두 생산자는 그들 사이에 여분의 백신과 TV를 공유하므로 분명히 상호 이득의 가능성이 있다. 마찬가지로 생산자들은 대신 백신의 총생산량을 유지하고 TV의 총생산량과 상호 소비를 늘릴 수 있다. 또는 그들은 더 많은 TV와 더 많은 백신을 생산함으로써 전문화의 기회를 나눌 수도 있다. 이는 비교우위가 있을 때 전문화가 상호이익을 가져올 수 있다는 교훈의 또 다른 사례일 뿐이다. 그러나 그 비교우위가 서로 다른 재화에서 발생하는 경우에는 그 이익을 실현하기 위해 무역이 필요하다.

이웃끼리 남는 물품을 교환하는 것부터 국제무역에 이르기까지 지금까지 언급한 모든 것이 경제생활의 중심축인 시장을 구성한다. 시장은 모든 경제의 기초이다. 시장에서 재화는 재화나 서비스와, 서비스는 서비스, 또는 서비스나 재화는 화폐와 교환된다. 시장에서 교환될 수 있는 것은 무엇이든 상품(commodity)을 구성한다. 엄격하게 경제적 관점에서 볼 때 교환되는 모든 것은 상품으로 분류되어야 한다. 시장에 참여하는 사람은 누구나 욕구를 충족시켜줄 교환, 즉 자신의 삶을 더 쾌적하게 만들어 줄 교환을 찾고 있다. 따라서 서구에서는 재화건 서비스건 교환의 대상이 되는 것에 대해 "merchandise"라는 단어 대신 "commodity"라는 단어를 선호한다. 참고로 상품은 스페인어 comodidad로 "편안함", "유틸리티", "편리함", "이점"을 의미한다. 이 맥락에서 commodity는 상품이든 서비스이든 교환의 대상이 되는 모든 것을 지칭하는 것이다. 물건은 상품이 되어 시장에서 교환될 수 있을 때 가치를 가진다.

유보가격과 협상의 범위

모든 거래는 상호이익을 기대하며 시작된다. 잘 성사된 합의는 합의가 전혀 없는 것보다 거래 당사자에게 더 좋다. 또한 일부 거래는 다른 거래보다 (양 당사자 모두에게) 더 좋다. 앞에서 두 국가 간 교환비율이 거래가 이루어지기 전 두 국가에서의 상대가격(미국 : TV 1대당 백신 1.5병, 한국 : TV 1대당 백신 1/2병)들 사이의 어떤 가격이 되면 두 국가 모두 거래를 하는 것이 더 좋다. 이때 거래가 이루어지기 전 두 국가에서의 상대가격을 유보가격(reservation proce, 또는 walk–away 가격)이라 한다. 무역이 없더라도 확보할 수 있는 TV 1대의 가치를 고려할 때 상호이익이 되는 합의가 가능하다는 것은 분명하다. 특히 양 당사자는 합의하지 않는 것보다 TV 1대당 1.5병에서 0.5병 사이의 가격으로 합의하는 것을 선호한다. 편의상 양국이 합의한 가격을 P라고 하자. 이러한 거래에서 TV 판매국의 이익은 P – 0.5병이고, TV 구매국의 이익은 1.5병 – P병이다. 가격에 대한 합의가 없으면(따라서 무역도 발생하지 않으면) 각 교환 당사자는 0의 이득을 얻는다. 분명히 $0.5 < P < 1.5$와 같은 가격은 양국 모두에게 양(+)의 이득을 제공한다. 양국의 유보가격 사이의 이 가격 범위를 잠재적 합의 영역(zone of potential agreement ; ZOPA)이라고 한다. 이러한 거래에서 발생하는 총이익(구매국과 판매국의 이익의 합)은 다음과 같다:

$$(1.5 - P) + (P - 0.5) = 1.5 - 0.5 = 1$$

총이익(또는 거래이익)은 구매국과 판매국의 유보가격의 차이, 즉 합의 영역의 크기로 측정된다. 협상전략 측면에서 한쪽이 합의에서 얻을 수 있는 이익의 크기는 자신의 유보가치뿐만 아니라 상대방의 유보가치에 대한 평가에도 달려 있다(이는 상대방의 타협 능력을 제한하기 때문이다).

분명히 협상된 가격이 높을수록 판매국의 이익은 증가하고 구매국의 이익은 감소한다. 0.5에서 1.5 사이의 가격으로 합의하는 것이 합의하지 않는 것보다 양국에게 더 좋다. "합의 실패"라는 결과는 양국에게 더 나은 대안이 하나 이상 존재하기 때문에 비효율적이라고 한다. 한편 양국에게 더 나은 다른 결과가 존재하지 않는 경우 결과가 효율적이라고 한다. 이 정의에 따르면 합의 범위에서 성립하는 모든 교환가격은 효율적이다. 예를 들어 $P = 1$의 가격을 생각할 수 있다. 한쪽이 유리해지는 가격 변화는 필연적으로 다른 쪽을 불리하게 만든다. 이 가격 외에 양국을 동시에 유리하게 만드는 더 나은 다른 합의는 없다. 따라서 이 계약은 효율적이다. 이 예는 간단하지만 "교섭에서는 협력적 요소와 경쟁적 요소가 함께 한다"는 것을 보여준다.

교환의 당사자들은 상호 유익한 합의에 도달하기 위해 협력해야 한다. 그러나 합의가 어떤 가격 수준에서 이루어지는가는 경쟁의 문제가 된다. 구매자는 낮은 가격을 선호하고, 판매자는 높은 가격을 선호한다. 이들이 협상하는 실제 가격은 부분적으로 당사자들의 협상 능력과 형평성 및 공정성에 대한 개념에 따라 달라질 것이다. 예를 들어, $P = 1$ 근처의 최종 가격(각 당사자 0.5의 이익을 의미)은 총 협상이익을 공평하게 나누어야 한다는 데 동의하는 동등한 협상력을 갖는 협상가에 의해 협상될 수 있다.

여기에서 두 가지 사항을 추가할 수 있다. 첫째, 거래에 따른 이익의 원천은 당사자들의 유보가격 또는 가치의 차이다. 물품에 대한 판매자의 가치는 구매자의 가치보다 낮기 때문에 거래가 완료되면 양측이 공유하는 거래 이익이 발생한다. 반대로 각자의 가격이 역전되면(즉, 판매자의 가치가 1.5이고 구매자의 가치가 0.5) 상호이익이 되는 거래가 불가능하다. 둘째, 당사자들의 유보가격은 그들이 이용할 수 있는 다른 대안 거래에 의해 영향을 받는다. 각국에서 생산성이 개선되면 유보가치가 달라질 수 있다.

확률 평가의 차이와 위험에 대한 태도의 차이

상호이익이 되는 거래는 거래자가 부여하는 유보가치의 차이에 기반한다. 이때 유보가치의 크기는 생산성 외에 각 당사자의 선호도, 확률 평가, 위험에 대한 태도에도 의존한다.

두 당사자가 동일한 선호를 가지고 있더라도 확률에 대한 평가와 예측이 다르기 때문에 거래에 대해 서로 다른 가치를 부여할 수 있다. 예를 들어, 거래가 합의되지 않는 것보다 합의가 실질적으로 더 유리하다는 각 당사자의 낙관적 믿음에 의해 합의가 생겨날 수 있다. 마크 트웨인(Mark Twain)은 "경마가 가능한 것은 의견이 다르기 때문이다."라고 하였다. 많은 거래에는 도박의 요소가 포함된다. 각 당사자는 상대방보다 거래의 가치를 더 잘 평가하고 있고, 상대방을 희생하여 (아마도) 자신이 이익을 얻을 것이라고 믿는다. 물론 지나친 낙관과 과신으로 말미암아 확률 평가에 있어서의 차이가 협상과 합의에 불리하게 작용할 수도 있다.

이익을 목표로 삼는 사람이지만 동시에 위험에 대해서는 기피적인 사람은 불확실한 상황에서의 얻게 될 이익의 가치(확실성 등가, Certainty Equivalent ; CE)를 통계적으로 기대되는 가치보다 훨씬 낮게 평가한다. 위험기피 정도가 크거나 위험도가 클수록 확실성 등가와 통계적 기대가치의 격차는 커진다. 위험회피적 태도의 존재는 당사자 간에 위험을 최소화하거나 위험을 재분배하는 거래 동기를 부여한다. 예를 들어 법정에서의 불확실한 공정한 판결보다 법정 밖에서의 사적 합의를 더 매력적으로 만든다. 일반적으로 거래에서 위험부담이 문제가 될 경우 거래의 양 당사자가 모두 위험회피적이라면 위험을 공유하도록 하거나 위험을 가장 잘 감당할 수 있는 쪽이 감당하도록 설계될 것이다. 또한 당사자들의 확률에 대한 평가가 상충할 경우 향후 발생하는 상황에 의존하여 거래 조건이 조정되는 조건부 계약에 의존할 수 있다. 또는 구매자와 판매가가 미래에 발생하는 비용을 함께 분담하도록 하는 인센티브 계약을 사용할 수도 있다. 회사의 미래 수익에 따라 달라지는 매입가로 기업을 인수하는 것도 또 다른 예이다.

(4) 외부효과

이상에서 거래와 협력은 모든 참여자에게 이익을 낳을 수 있다는 것을 보았다. 하지만 이러한 거래나 협력의 효과는 참여자를 넘어 그에 직접 참여하지 않은 무관한 제3자에게도 나타날 수 있다. 즉, 외부효과(externality 또는 external effect) 또는 제3자 문제가 존재한다. 외부효과는 바람직할 수도 있지만 바람직하지 않을 수도 있다. 예를 들어, 승용차를 만드는 제조업체와 구매하는 소비자는 거래를 통해 이익을 얻지만, 해당 차량을 만들고 사용하는 것은 외부효과(대기 오염, 교통 혼잡)로 이어져 거래에 참여하지 않은 다른 사람에게 부정적 영향을 미친다. 다른 예로 교육은 등록 학생과 교직원이 얻는 혜택을 넘어 사회에 이익을 창출한다. 지식이 풍부한 인력은 자격을 갖춘 직원을 찾는 기업에게 도움이 되며 교육받지 못한 인력보다 더 생산적이다. 지역 기업은 교육을 잘 제공하는 지역 교육기관으로부터 긍정적 외부효과를 경험한다. 기업의 생산성은 기업 자체의 노력과 능력이나 일반적인 경제 상황뿐만 아니라 다른 기업의 행동, 인프라, 규제 및 기타 공공재에 따라 달라질 수 있다.

외부효과는 다른 사람의 복지뿐만 아니라 선택에도 영향을 미친다. 생태계에서 개인의 선택을 결정하는 핵심 요소는 환경이며, 해당 환경의 가장 중요한 측면 중 하나가 다른 사람의 행동에 대한 기대이기 때문이다. 결과적으로 경제주체들의 사소한 왜곡된 행동들이 상호작용하며 매우 큰 왜곡으로 귀결될 수 있다. 일부 균형은 구성원 모두에게 매우 좋지만, 다른 일부 균형은 매우 바람직하지 않을 수도 있는 다중 균형(multiple equilibria)의 상황이 생겨난다. 모두가 낙관적 기대를 갖고 활동을 상호조정할 때 얻게되는 좋은 균형과 비관적 기대로 적극적 참여를 꺼리고 상호조정에 실패함으로써 발생하는 나쁜 균형이 있다. 왜곡된 행위들의 상호 조정을 통해 모두가 선호하는 균형을 만들어내지 못하는 경우를 조정 실패(coordination failure)라고 한다. 조정 실패는 닭과 계란의 관계와 같은 딜레마를 보여준다. 보완적인 *Y*와 *Z*의 공급업체가 없기 때문에 혁신적 신상품 를 시장에 출시할 수 없는데, *Y*와 *Z*의 공급업체는 *X*를 생산하는 기업이 부족하여 충분한 판로가 없기 때문에 생산할 이유가 없다. 거래의 한쪽이 더 많은 노력을 기울이면 상대방도 같은 방향에서 더 많은 노력을 기울이는 것이 더 가치가 있게 된다. 그러나 반대로 거래의 한쪽이 노력을 줄임에 따라 다른 쪽도 노력을 줄임으로써 시장이 자원의 효율적인 배분에서 멀어지는 악순환이 이어질 수 있다.

조정실패를 그대로 놔두면 상황이 개선될 가능성은 거의 없다. 그러나 외부효과가 발생할 때 이를 야기하는 당사자들이 자신이 직접 경험하는 비용과 편익을 넘어 스스로 제3자에게 야기하는 파급효과를 적극 고려하여 행동한다면 사회는 협력의 이득을 얻게 될 것이다. 자동차 제조기업이나 사용자가 초래하는 오염에 책임을 갖는다면 오염을 유발하는 활동량이 줄어든다. 한편 교육의 경우 기업과 교육기관이 지역의 교육개선에 협력하면 시너지 효과가 나타날 것이다. 많은 첨단기업과 스탠포드 대학이 위치한 미국의 실리콘 밸리가 대표적이다.

한편 어떤 재화를 공급했을 때 다른 사람들이 이 재화가 제공하는 혜택을 누리지 못하도록 배제할 수 없는 경우도 빈번하다. 이 경우 어느 누구도 이러한 재화의 공급에 필요한 비용을 부담하려 하지 않을 것이며 "시장"을 통해 이 재화는 공급될 수 없다. 어느 누구도 공공재 공급에 적극적으로 참여할 유인을 갖지 못하므로 공공재 역시 조정 실패로 특징지워질 수 있다.

2. 교환과 협력의 어려움

이상에서는 협력하면 상호이익이 가능하여 경제적 효율성을 높일 수 있는 이유를 설명했다. 그러나 협력에 따른 상호이득이 발생할 가능성이 충분히 크다고 하더라도 협력이 실제로 반드시 실현되는 것은 아니다. 협력 관계는 각자가 가진 자원, 취향, 능력에 부합해야 할 뿐만 아니라 협력하기로 한 약속을 지키려는 동기 또는 유인과도 양립할 수 있어야 한다. 일반적으로 이기심에 기초한 협력은 기여와 보상에 대한 신뢰할 수 있는 합의가 필요하다. 그리고 각자는 합의에 담겨 있는 서로의 약속을 상대방이 지킬 것이라는 확신을 가질 필요가 있다.

물론 많은 상황에서 상대방이 협력의 약속을 준수할지를 확신하는 것은 큰 문제가 되지 않는다. 사회초년생들이 본인의 원룸 이외에 다른 공간을 다른 사람들과 공유해야 하는 쉐어하우스가 그렇다. "네가 음식을 준비하면 내가 설거지를 하고 음식의 절반만 먹겠다. 내가 깨끗하게 설거지한 식기를 주면 너는 음식을 준비하고 난 반을 먹을 것이다. 네가 음식을 준비하지 않으면 나 혼자 다 먹을 테니까, 너는 약속한 대로 요리를 해야 할 것이다. 내가 설거지를 하지 않으면 너도 요리를 하지 않을 것이므로, 나 역시 약속한대로 설거지를 할 것이다." 쉐어 하우스와 같은 상황에서 각자는 상대방의 행동을 완전히 관찰할 수 있고, 상대방이 약속을 이행하지 않는 것으로 확인되는 즉시 계약을 취소할 수 있다. 그러나 대부분의 경우 상대방이 약속을 준수하는지 확인하는 것은 비용이 너무 많이 들거나 불가능한 경우가 많고 그에 따라 신뢰하기 어렵다.

결론적으로 협력은 그에 따른 이득이 명백히 존재함에도 불구하고 다양한 이유 때문에 성사되지 못할 수 있다. 첫째, 재산권이 모호하여 계약이 성립하기 어려울 수 있고, 높은 거래비용으로 말미암아 성립한 계약의 집행이 어려울 수 있다. 둘째, 계약이 사람들의 인센티브와 양립하지 못할 수 있다. 상대방이 모를 것이라는 도덕적 해이 때문에 약속을 어기는 유혹에 취약하거나 단순히 부도덕한 기회주의에 휘둘릴 수 있다. 셋째 각자가 두려움과 의심 때문에 방어적으로 행동하고 그렇게 함으로써 협력적 노력을 손상시킬 수 있다. 사람들이 그러한 계약을 체결할 만큼 충분히 영리하지 못할 수도 있다. 넷째, 상호이익을 제공하는 계약 방식이 너무나 다양하여 양자 간 원만한 합의와 계약에 이르기 어려울 수 있다(Phelps, 1985).

사유재산권이 모호하거나 집행이 어려운 경우

기업이 때때로 자신의 활동이 다른 기업이나 소비자에 미치는 영향을 간과하는 것은 재산권 때문이다. 재산권이 제대로 확립되지 않거나 효과적으로 집행되지 않으면 잘못된 인센티브가 작용한다. 재산권은 소유자에게 자원에 대한 통제권을 부여한다. 재산권이 명확하게 정의되지 않으면 자원이 남용될 수 있다. 예를 들어, 공기를 소유하는 사람이 없기 때문에 제조 기업은 종종 오염물을 공기에 배출한다. 사유재산은 재산의 사용, 특히 교환을 허용하는 배타적 소유권을 제공한다. 이 권리는 재산을 유지, 보호, 보존하고 다른 사람과 거래하려는 유인을 창출한다. 자동차 소유자라면 차량을 유지관리하고 도난이나 손상으로부터 차량을 보호하고, 주행마일 수를 제한하여 수명을 보전하며 차익을 얻기 위해 거래할 유인을 갖는다.

1960년 경제학자 코즈(Ronald Coase)는 사유재산권이 적절히 확립되어 있으면 외부효과를 고려한 협력이 가능하다고 주장했다. 소를 키우는 목장주와 밀을 재배하는 농부가 인접해 있다고 하자. 목장주가 울타리를 치지 않으면 소는 밀을 먹으려 이웃의 밀 재배지를 돌아다닐 것이다. 만약 농부가 소 없는 밭을 기대할 수 있는 법적 권리를 가진다면 목장주는 농부에게 발생한 손해에 대해 책임을 져야 한다. 이 경우 목장주는 소를 가두려 울타리를 세울 것이다. 다른 한편 농부가 소 없는 밭을 기대할 법적 권리가 없다면 목장주가 농가의 피해에 책임을 지지 않으므로 농부가 나서서 소가 들어오지 못하도록 울타리를 칠 것이다. 재산권이 완전히 명시되어 있고 협상에 장벽이 없는 한, 이해 당사자가 외부효과를 수정하기 위해 비공개로 협력할 것이다. 즉, 목장주나 농부 중 한쪽이 울타리를 세울 것이다. 울타리는 소를 밀로부터 멀리하고 외부효과를 제거하며 재산의 파괴를 방지한다. 그러나 재산권이 확립되어 있더라도 합의에 도달하는 데 드는 비용이 너무 크다면 당사자는 그들 사이의 외부효과를 내부화하기 어려울 것이다. 이웃 주민이 2명인 경우에는 당사자들이 낮은 비용으로 교섭할 수 있으므로 사적 해결이 가능하겠지만, 오염으로 인해 너무 많은 개인이 영향을 받을 경우 오염을 일으키는 기업은 각 개인과 협상할 여력이 부족할 수 있다.

배타적 사용을 막지 못하는 경우

우리가 소비하는 대부분의 재화는 사적 재화(private goods)로 배제적(exclusive)이면서 동시에 소비에 있어서 경합적(rivalrous)이다. 피자 한 조각은 먹기 전에 구매해야 한다는 의미에서 배제적이며, 한 사람만 먹을 수 있다는 의미에서 경합적이다. 배제와 경합이라는 두 가지 특성은 외부효과 없이 교환이 활발하게 이루어지는 배경으로 작용한다. 피자 사업을 생각해 보자. 피자 가게는 피자를 소비자에게 돈을 받고 판매할 수 있다(배제성)는 것을 알고 있기 때문에 피자를 굽는다. 마찬가지로 소비자들은 자신이 좋아하는 음식을 자신만 누릴 수 있다(경합성)는 것을 알고 있기 때문에 피자를 기꺼이 구매한다. 생산자는 가격을 부과할 수 있고 소비자는 경합적인 재화를 획득하므로 교환을 통해 상호이익을 얻을 수 있는 환경이 조성된다.

그러나 불꽃놀이는 다르다. 불꽃놀이를 보는 사람 중 그에 기여하지 않은 사람을 골라내어 배제하기 어려울 뿐만 아니라 여러 사람이 공동으로 소비하는 것도 가능하다는 의미에서 공공재(public goods)이다. 불꽃놀이를 관람하는 시민에게 돈을 지불하도록 강요할 수 없기 때문에 충분한 불꽃놀이가 생산되기 어렵다. 무임승차(free-rider) 문제로 알려진 이 현상은 사람들이 지불하지 않은 혜택을 받을 때마다 발생한다. 등대, 가로등, 깨끗한 공기와 같은 공익을 제공 받기 위해서는 광범위한 청중의 관대함 또는 협력이 필요하다. 극소수의 사람이 협력한다면 지금 우리가 누리고 있는 많은 공공재는 생산될 수 없다. 모든 시민은 안보를 중요하게 생각하지만 많은 경우 자발적으로 비용의 정당한 몫을 기부하지 않기 때문에 민간 기부만으로는 적절한 국방을 조직하고 제공하기 어렵다.

사적재화를 뒷받침하는 사유재산권은 소유주에게 자신의 재산을 유지, 보호, 보존하고 다른 사람이 자신보다 더 가치 있게 여기는 경우 이를 양도할 인센티브를 제공한다. 사유 재산제를 통해 소유자는 자신의 재산이 손상되거나 파괴된 경우 법원 시스템에 손해 배상을 청구할 수 있다. 이러한 재산권이 존재하지 않는 공유자원은 사람들로 하여금 남용과 고갈에 큰 주의를 기울이지 않게 한다. 그러나 공유자원은 사적 소유와 달리 자신의 재산이 손상되거나 파괴된 경우 법원 시스템에 손해 배상을 청구할 수 없으므로 남용이 억제되지 못한다. 공유자원의 경우 어느 누구도 자원을 얼마나 사용할 수 있는지 정의할 권한이 없다. 공동 소유권을 통해 모든 당사자는 자신이 적합하다고 생각하는 대로 마음껏 자원을 사용할 수 있기 때문이다. 이러한 상황은 자원을 나중에 사용하기보다는 지금 당장 사용하려는 유인을 낳는다. 공유자원은 경합적이고 유한한 자원이기 때문에 다른 이들이 수확하기 전에 자신이 먼저 최대한 많이 수확하려는 동기를 갖는다. 공동 소유라는 개념이 이상적으로 들리더라도 이는 자원 고갈과 경제적 재앙을 초래하는 지름길이 될 수 있다. 공동 목초지나 공동 어장과 같은 공유자원은 말 그대로 공동으로 소유하는 자원으로 소비 면에서는 경합적이지만 배제할 수는 없어 이른바 공유지의 비극을 초래한다. 공유자원에서 나타나는 부정적 외부효과는 일부에 의해 발생하지만 모두가 공동으로 부담한다. 대규모 CO^2 배출자는 자신이 부담하는 사적비용만 고려하고 사회적 비용은 무시하기 때문에 방출되는 CO^2 양과 이에 따른 지구 온난화는 최적 수준보다 과도하다. 공유 자원인 공기는 과용되고 있으며 공기의 질은 나날이 저하되고 있다.

지나친 탐욕

약속 또는 계약을 했더라도 그 약속이 준수되리라고 확신할 수 없는 경우가 있다. 영원히 함께 할 이웃 간의 평생 사업이 아니라 우연한 만남으로 생겨난 사업에서 협력의 약속은 쉽게 배신으로 지켜지지 못할 수 있다. 협력이 상호이득을 낳을 수 있겠지만 협약을 어기고 (홀로) 적은 노력을 기울일 경우 더 많은 이득이 보장되는 경우도 있다.

홀로 합의를 따를 경우의 이익 < 합의준수에 따른 비용 < 모두 합의를 따를 경우의 이익

보복의 위험도 통하지 않고 오로지 상대방의 호의와 배려에만 의존해야 하는 경우가 많다. 결국 상호이익의 기회뿐만 아니라 이를 막는 걸림돌도 동시에 존재하므로 협력은 전부 아니면 전무일 수 밖에 없다. 상대방이 얼마나 약속을 지킬지 제 때에 알지 못하기 때문에 상대방의 노력과 자신의 노력이 연계되지 못할 수 있다. 두 사람 중 도덕적 해이 문제를 예상하는 쪽은 약속하는 행위 자체를 꺼릴 것이다. 협력 실패는 잠재적 협력자가 상대의 배신에 대해 무방비 상태이거나 자신을 방어하는 데 드는 비용이 너무 커서 협력의 이익을 잠식할 것이라고 예상하기 때문에 발생한다.

협력의 어려움울 가장 잘 보여주는 예가 외부 비경제(external diseconomies)이다. 두 명의 어부가 바다를 공유한다고 하자. 각자는 물고기를 추가로 잡을 때마다 미래에 잡을 수 있는 물고기 수가 줄어든다는 것을 안다. 즉, 더 빨리 고기를 잡는 나의 행동은 내가 직접 부담해야 하는 어획 비용(내부비용)뿐만 아니라 이웃에게 피해(수산자원의 감소라는 외부비용 또는 외부비경제)를 야기한다. 외부비경제는 협력을 요구한다. 단순한 해결책은 가해자가 그 일을 하지 않은 것에 대해 보상을 받거나 그 일을 할 경우 벌금을 부과하는 것이다. 물론 어부들이 자기 어획량의 일부를 상대방에게 보상하는 데 동의하는 협정을 고려할 수 있다. 그러나 이러한 요구에 순응하는 데는 비용이 요구되며 만약 이 비용이 과도하다면 협력은 어려울 것이다. 각자는 자기 어획량의 크기를 과소 보고함으로써 협정을 회피하려는 유혹을 받을 것이다. 따

라서 이러한 협정은 성사되지 않을 가능성이 있으며, 성사되더라도 엄격하게 준수되지 않을 수 있다. 협력이 상호이득을 낳더라도 각자는 계약을 준수하기보다 파기함으로써 더 많은 것을 얻을 수 있다. 특히 파기 여부를 확인하고 강제할 수 없다면 상대방의 보복에 대한 걱정 없이 약속을 파기할 것이다.

이상의 논의는 친숙한 내용이다. 우리의 이기심이 때때로 우리 모두를 망하게 하는 탐욕의 비극은 죄수의 딜레마(prisoner's dilemma)라는 2인 게임이 잘 요약한다. 이 게임은 참가자들의 이해관계가 일치하는 측면도 있지만 상반되는 측면도 공존하여 협력이 이루어지지 못하는 게임이다. 서로 감시하고 소통하는 것이 불가능하거나 비용이 너무 많이 들기 때문에 각자는 협력할 수 없는 딜레마에 처해 있다. 〈표 4−4〉는 각 플레이어가 협력(C, cooperate)할지 배반(D, defect)할지 선택해야 하는 2×2 게임(죄수의 딜레마 게임 또는 협력 게임)의 보수행렬(payoff matrix)이다. 보수행렬은 어느 게임에서 참가한 각 경기자에게 가능한 모든 결과와, 그 결과가 각 경기자의 전략에 어떻게 의존하는가를 보여준다. 셀의 첫째 숫자는 그 행의 전략을 플레이하는 경기자에 대한 보수를 나타낸다. 최악의 결과는 1점, 다음은 2점, 등등이다. 셀의 두 번째 숫자는 그 열의 전략을 플레이하는 경기자에 대한 보수를 나타낸다. 죄수의 딜레마 게임에서 행의 경우 Ⅲ(4점)이 Ⅰ(3점)보다 높고 셀 Ⅳ가 Ⅱ보다 높다. 따라서 합리적이라면 Ⅰ이나 Ⅱ를 선택하지 않을 것이다. 즉, 행은 열이 어떤 결정을 하든 이탈이 최적의 전략이다. 열의 경우 Ⅱ는 Ⅰ보다 높고 Ⅳ는 Ⅲ보다 높다. 따라서 Ⅰ 또는 Ⅲ을 선택하지 않을 것이다. 이는 행이 어떤 결정을 하든 열은 이탈하는 것이 최적의 전략이다. 결국 열과 행 모두에 있어 상대방이 무엇을 선택하든 이탈이

표 4−4　죄수의 딜레마 : 탐욕에 따른 협력의 실패

		열	
		협력	이탈
행	협력	Ⅰ 3, 3	Ⅱ 1, 4
	이탈	Ⅲ 4, 1	Ⅳ 2, 2

선호되므로 이탈은 다른 경기자들이 무슨 선택을 하든 상관없이 자신이 항상 선택하는 전략이라는 의미에서 우월 전략(dominant strategy)[4]이고, 이 게임의 최종결과는 IV(DD)일 수밖에 없다. 그러나 이렇게 양측이 모두 이탈하는 경우는 양측이 모두 협력하는 I(CC)보다 양측 모두에게 더 낮은 보수를 안겨준다. 결과적으로 양측 모두 상호 이탈보다 상호 협력을 선호하지만, 실제 선택은 상호 이탈로 귀결된다. 죄수의 딜레마에서 상대방이 협력하든 배반하든 상관없이 각자는 배반하는 것이 최선이다:

> 나의 배반과 너의 협력(D, C)의 보수 > 모두 협력(C, C)의 보수
> > 모두 배신(D, D)의 보수 > 나의 협력과 너의 배반(C, D)

죄수의 딜레마게임은 인간이 이기심에 따라 행동하면 가장 효율적인 결과를 얻을 수 있다는 현대 경제학의 주요 주장을 거스른다. 각자가 이기심에 따라 행동하면 사회 전체적으로나 자신에게 가장 효율적인 결과가 나오지 않는다는 것이다. 그리고 이는 탐욕(greed) 때문이다.

각자의 이익을 극대화하려 둘 다 계약을 위반한 결과보다 둘 다 계약 조건을 준수한 결과는 각자에게 더 높은 이익을 안겨줄 수 있다. 그러나 상대방의 협력 여부와 무관하게 각자는 약속을 깨는 것을 선택한다. 이 게임에서 각자는 상대의 결정을 주어진 조건으로 보는 것이 이치에 맞다. 자신의 결정을 상대가 알 수 없을 뿐만 아니라 설득력 있게 전달할 수도 없기 때문이다. 죄수의 딜레마라는 이름은 이 게임을 설명하기 위해 널리 사용된 예에서 유래하였다. 지방 검사가 두 명의 용의자를 구금하고 분리한다. 검사는 이들이 특정 범죄를 저질렀다고 확신하지만 유죄 판결을 위한 증거가 부족하다. 검사는 그들 각각에게 따로 따로 이야기하며 고백 여부를 묻는다. 둘 다 자백하지 않으면 그들은 경미한 혐의로 기소되고 둘 다 경미한 처벌을 받게 된다. 두 사람 모두 자백하면 기소되지만 최고형보다 낮은 형량이 내려진다. 한

---

4. 한편 다른 경기자들이 무슨 선택을 하든 상관없이 항상 열등한 전략을 열등전략(dominated strategy)이라 한다.

사람은 자백하고 다른 사람은 자백하지 않으면 자백한 죄수는 관대한 처분을 받지만, 자백하지 않은 죄수는 형량이 매우 커진다. 이 경우 각 죄수에게는 우월 전략이 있다. 다른 죄수의 자백 여부와 상관없이 자신은 자백하지 않는 것이 최선이다. 죄수의 딜레마에서는 상대가 협력하든 배반하든 상관없이 무조건 배반하는 게 최선이다. 이를 탐욕이라 부를만 하다. 하지만 사람들의 배반은 상대방이 나를 배반할지도 모른다는 공포(fear) 때문에도 비롯한다. 탐욕에서는 상대방이 협력함에도 불구하고 내가 배반하는 것이지만, 공포에서는 상대방이 배반할지 모른다는 단순한 두려움으로 말미암아 나도 어쩔 수 없이 배반하는 것이다. 이러한 상황을 확신 게임(assurance game)의 상황이라 부른다.

배신의 두려움 : 불신

확신 게임은 18세기 프랑스 철학자 장자크 루소의 저서 '인간 불평등 기원론(A Discourse on Inequality)'에서 유래된 '사슴사냥 게임(Stag Hunt Game)'으로 널리 알려져 있다. 상황은 이렇다. 두 명의 사냥꾼이 사냥하기 위해 나섰다. 그런데 사슴을 사냥하려면 두 명이 협력하여 각자 자신이 맡은 길목을 지켜야 하지만, 토끼를 사냥하려면 한 명으로 충분하다. 또한 사슴 한 마리만 잡으면 두 명이 모두 풍족하게 나눠 먹을 수 있지만 토끼는 그렇지 못하다. 두 사냥꾼이 사슴 사냥에 협력하기로 하고 각자 맡은 길목을 지키는데, 마침 그때 옆으로 토끼 한 마리가 지나간다. 이때 사냥꾼은 토끼를 무시하고 계속 길목을 지켜야 할까 아니면 토끼를 쫓아가야 할까? 이 경우 각 사냥꾼의 전략은 사슴을 잡느냐 아니면 토끼를 잡느냐이다. 전자는 서로 협력하는 협력전략(C)이며, 후자는 상대방을 배반하는 배반전략(D)이다.

이 확신게임의 보수행렬은 〈표 4-5〉에 나와 있다. 보수는 두 사냥꾼이 모두 협력하여 사슴을 잡을 경우는 (4, 4), 모두 배반하여 토끼를 잡을 경우는 (2, 2), 행은 사슴을 골목을 지키나 열은 토끼를 쫓는 경우는 (1, 3), 행은 토끼를 쫓으나 열은 골목을 지키는 경우는 (3, 1)이다. 여기서 행의 경우 열이 협력을 선택할 경우 I(4점)은 III(3점)보다 높지만, 열이 배반을 선택할 경우 IV(2)는 II(1)보다 높다. 열의 경우 행이 협력할 경우 I(4점)은 II(3점)보다 높고, 행이 배반할 경우 IV(2점)는 III(1점)보다 높다.

표 4-5 **확신 게임 : 불신에 따른 협력의 실패**

		열	
		협력	이탈
행	협력	I 4, 4	II 1, 3
	이탈	III 3, 1	IV 1, 1

이 상황에서 각자는 상대방이 이탈하지 않기로 결정했다는 것을 안다면 각자 이탈하지 않는 것을 선호할 것이며, 반대로 상대가 이탈하기로 결정했다는 것을 안다면 자신도 이탈하는 것을 선호할 것이다. 이러한 보수행렬 하에서 각자는 상대의 선택을 기대하며 행동하게 된다. 행이나 열 모두 상대의 이탈을 예상하면 이탈을 선택하고, 협력이 예상되면 협력을 선택하는 것이 각자에게 이득이 된다. 각자는 상대방이 계약을 이탈하지 않을 것이라는 확신이 들면 모두 이탈하지 않기로 선택할 것이다. 결국 이 게임에서는 상대방의 이탈(D 선택)이 기대되면 최선의 대응은 이탈이며, 반대로 상대방의 협력(C 선택)이 기대되면 최선의 대응은 협력이다. 상대방이 사슴을 잡기 위해 길목을 지킬 것으로 기대되면 나도 그래야 하고, 상대방이 토끼를 좇아 길목을 벗어날 것이 기대되면 나도 그래야 한다. 이는 행동에 영향을 미칠 수 있는 믿음으로 말미암아 믿음이 실제로 실현되는 자기 충족적 예언(self-fulfilling prophecy)의 한가지 예이다.

이 게임을 하는 양측 모두 서로가 원하는 결과를 약속하면서 행동한다면(서로 상대방이 속이지 않을 것이라고 확신하는 경우) I의 성공적 결과가 나타날 것이다. 그러나 상대의 배반을 기대한다면 그 결과는 불행한 IV가 될 것이다. 후자의 불행한 결과는 의사소통의 실패에서 비롯한다. 상대가 전적으로 협력할 의도가 있다고 믿었다면 각자 스스로 협력했을 것이기 때문이다. 상호 협력(CC)의 결과는 이 게임에서 양측 모두에게 가장 높은 보수를 제공한다. 이는 한쪽만 이탈하는 경우보다 보수가 더 높다. 모두 경쟁(DD)하거나 모두 협력(CC)하는 결과도 모두 균형으로, 어느 쪽도 일방적으로 이탈하여 이익을 얻을 수 없다.

모두 협력(C, C)의 보수 > 나는 배반 너는 협력(D,C)의 보수
> 모두 배반(D, D)의 보수 > 나는 협력 너는 배반(C,D)의 보수

협상에서의 어려움 : 막다른 골목

상호이득을 제공하는 계약 방안이 너무 많을 경우 협력의 비용과 이익을 배분하는 다양한 방법이 존재하고 그로 말미암아 하나의 계약을 선택해야만 한다는 이유 때문에 어떤 합의에도 도달하지 못할 수 있다. 즉, 협력의 이득이 분명하지만 협상이 합의로 귀결되기보다는 교착 상태로 내몰릴 가능성이 있다. 이 문제는 협상 게임(bargaining game)이라고 불린다. 협상 게임은 앞에서 다룬 비협조적 게임(non-cooperative game)과 달리 참가자가 협력의 이득을 어떻게 나눌지에 대해 협상하는 상황으로 참가자는 자유롭게 의사소통할 수 있고 원하는 대로 허세를 부릴 수 있다. 이런 게임에서 참가자는 자신의 의도가 간파되어 상대방에 의해 이용당하는 것을 피하기 위해 노력한다. 예를 들어 판매자가 항상 높은 가격을 책정한다는 것을 간파한 구매자는 구매를 항상 거부하거나 낮은 가격을 제시하며 대응할 수 있다. 이 경우 판매자는 때때로 낮은 가격을 책정하여 자신의 진정한 의도를 모호하게 만들 경우 적극적인 구매자라면 기꺼이 구매하거나 더 높은 가격을 제시할 수 있다. 이러한 협상 게임은 이웃 간의 불화, 노사분규, 조직 내 갈등처럼 홍정, 위협 등이 존재하지만 협력의 이득이 존재하는 환경에서 발생한다. 여기에서 거래조건을 고수하려는 서로의 결의를 서로 검증하는 과정은 막다른 교착 상태를 낳을 수 있다.

일부에서는 이 협상게임에는 확실한 해결책이 있다고 주장한다. 더 크게 소리를 지르거나 "내가 나이기 때문에" 더 많은 것을 요구함으로써 더 많은 것을 얻으려고 하는 참가자는 성공하지 못할 것이다. 그러나 이러한 실패 위험을 기꺼이 감수할 경

우 더 큰 보상을 얻을 수도 있다. 위험을 감수할수록 협력에 따른 이득에서의 상대적 몫은 협력하지 않을 경우의 이득에서의 상대적 몫을 넘어설 것이다.

이런 속성을 가진 협상 게임은 겁쟁이를 뜻하는 치킨을 따서 통상 치킨 게임(chicken game)이라 불린다. 예를 들어 여주인공을 놓고 서로를 향해 차를 몰고 가다가 둘 중 먼저 핸들을 돌리는 사람이 지는 것이다. 즉, 치킨 게임은 상호 위협(예 : 군사적 대결 또는 노사분규)을 포함하는 갈등을 모델로 하며, 어느 한 그룹이 양보하지 않으면 DD 결과(예 : 전쟁 또는 파업)로 이어져 양측 모두에게 재앙이 된다. 치킨 게임의 전략적 측면은 다음과 같이 설명할 수 있다. 상대의 이탈(D)이 두려운 경우 최선의 대응은 협력이나 양보다(C). 그러나 상대의 협력이 기대되는 경우(즉, 치킨 아웃) 최선의 대응은 이탈이다. 이 게임에서 두 가지 비대칭 결과(DC 및 CD)는 균형이며, 이는 어느 쪽도 일방적으로 벗어날 동기가 없음을 의미한다. 따라서 상대가 합리적이라면 이탈(D)에 설득력 있게 전념하는 쪽이 이길 수밖에 없다. 물론 게임에서 이기려 양측 모두 이탈하는 경우, 둘 모두에게 재앙적인 DD 결과(예 : 정면 충돌)를 얻을 위험이 생겨난다.

표 4-6 치킨 게임 : 막다른 골목에서의 협력 실패

		열	
		협력	이탈
행	협력	Ⅰ 3, 3	Ⅱ 2, 4
	이탈	Ⅲ 4, 2	Ⅳ 1, 1

통상 계약 당사자들은 이른바 독점지대를 향유 한다. 각자가 누리는 지대의 크기는 차선책이 제공하는 보수을 초과하는 보수(기회비용을 초과하는 소득의 초과분)이다. 보유한 자원으로부터의 이득이 대안으로 유인하는 데 필요한 최소수준을 초과하는 경우 독점 지대가 발생한다. 이처럼 독점적으로 포착해야 할 지대가 존재하고 그에 따라 협상의 여지가 있는 경우 계약 당사자들이 더 유리한 거래를 얻기 위해 상

대방에게 정의(正義)에 따른 "공정한 거래"의 개념을 호소한다. 각자가 자신에게 최선의 조건을 확보하려 할 때 각자는 상대방이 정의의 원칙을 따라 움직일 것이라고 가정하며 자신의 주장이 갖는 정당성을 호소하며 그에 따라 교착 상태나 갈등, 그리고 파기가 생겨난다.

이 게임에서 상대가 협력하면 나는 배반하고, 상대가 배반하면 나는 협력하는 것이 이득이다. 즉, 상대가 핸들을 돌릴 것 같으면 자신은 그대로 직진하고, 상대가 그대로 직진할 것 같으면 자신은 핸들을 돌리는 것이 목숨을 건지는 길이다. 이처럼 상대방과 반대되는 행동을 하는 것이 적절한 게임을 반조정게임(anti-coordination game)이라 한다. 이는 사슴사냥 게임과 반대이다. 사슴사냥 게임의 경우 남이 어떤 것을 선택한다고 해서 내 몫이 줄어들지 않는다. 오히려 남과 내가 같은 것을 선택할수록 나눠 갖는 몫이 커진다. 혼자서 토끼를 잡는 것보다 둘이서 사슴을 잡을 때의 이익이 더 큰 비경합성이 존재한다. 반면 치킨 게임은 남이 어떤 것을 선택하면 내 몫은 줄어든다. 선택의 결과를 서로 공유할 수는 없는 경합성이 존재한다.

> 나는 배반, 너는 협력(D,C)의 보수 > 서로 협력(C,C)의 보수
> > 나는 협력, 너는 배반(C,D)의 보수 > 서로 배반(D,D)의 보수

정보가 불완전할 경우의 교섭

지금까지의 논의는 잠재적인 계약이 자신과 거래 상대 모두에게 제공하는 편익과 비용에 대해 각 거래자가 완전한 정보를 가지고 있다고 암묵적으로 가정했다. 그러나 현실의 교섭 환경은 불완전한 정보를 가정하는 것이 보다 현실적이다. 양측은 합의가 이루어질 경우 자신이 누릴 보수에 대해 제한된 정보만 가지고 있으며, 상대의 보수에 대해서는 기껏해야 확률적 정보만 가질 것이다. 불완전 정보 하에서 협상 전략을 어떻게 설정하는 가의 문제는 더 어려워진다. 예를 들어 어느 쪽도 협상이 불가능해지기 전에 상대방을 얼마나 밀어붙일 수 있는지 확실히 알지 못한다. 또한 어느 쪽도 합의할만한 영역이 실제로 존재하는가를 확신할 수도 없다. 협상 과정

자체가 수용 가능한 계약에 대한 정보를 전달하지만 이 정보를 액면 그대로 받아들이기 어렵다. 협상에서 당사자들은 보통 과장되고 양립할 수 없는 요구로 시작한다. 한쪽이 상대방의 제안에 즉시 양보하는 것은 어리석은 일이 된다. 마찬가지로 한쪽이 처음부터 "테이블 위에 카드를 모두 올려놓고" 거래의 진정한 가치를 밝히는 것 역시 현명하지 못하다. 요컨대, 협상 전략에는 상당한 허세 요소가 필요한다.

불완전 정보 하의 교섭 환경에서 최적의 교섭이 항상 효율적일 필요는 없다. 우선 불완전 정보는 실제 협상 도중과 이후에 효율적인 합의를 달성하는 데 장벽이 된다. 일반적으로 자신의 가치를 비공개로 유지하는 것, 즉 강경한 협상 입장을 취할 목적으로 협상 중에 자신의 가치를 달리 표현하는 것은 양측 모두에게 이익이 된다. 그 결과 계약의 누락사항이나 비효율적인 계약이 예측 가능해진다. 계약서에 서명한 후에 나타나는 불확실성도 문제를 야기한다. 예를 들어, 계약을 감시하거나 집행하기 어려운 경우 한쪽이나 양쪽 모두 계약 조건을 이행할 유인이 충분하지 않을 수 있다.

균형에서 당사자들은 이탈했을 경우의 보수보다 훨씬 더 나은 보수를 가져야 하므로 일부 성립 가능한 합의를 놓칠 위험이 있다. 이 경우 한쪽이 합의를 위해 필요하다면 양보할 용의가 있을 수 있다. 상대에게서 이러한 협력적 행동이 나타날 것이 기대된다면 상대방이 양보를 한 후에야 비로소 합의가 이루어질 수 있을 것이다. 이러한 유보 전략으로부터 자신의 이득을 보호하려면 어쩔 수 없이 거래 당사자들은 기꺼이 의견 충돌을 감수 해야만 한다. 정직이 중요하지만 자신의 정직을 상대방이 믿게 만드는 것도 중요하다. 불완전 정보 하에서는 어느 정도의 위장은 필수적이다. 그렇지 않으면 상대방이 나의 조건을 책을 펼친 것처럼 읽어낼 위험이 있기 때문이다.

반복과 평판

지금까지는 일회성 협상에 중점을 두었다. 오직 1회의 협상만이 가능한 경우 당사자들의 협상은 계약에서 얻을 수 있는 즉각적인 이익에 의해서만 동기가 부여된다. 이제 한쪽 또는 양쪽 당사자가 반복적으로 또 다른 협상 상황에 직면할 것으로 예상되는 경우를 고려하자. 예를 들어 노동계약은 일반적으로 3년을 넘지 않는다. 현재 계약을 체결하더라도 2, 3년 후에는 새로운 계약을 체결할 것임을 노사는 잘 알고 있다. 또는 한 쪽이 다른 상대방과 반복적으로 유사한 협상을 하는 경우도 있다. 예를 들어 많은 기업이 매월 또는 매일 반복적으로 원자재 구매 협상을 한다. (동일하거나 다른 당사자와의) 반복되는 협상은 평판을 중요한 전략적 요소로 등장시킨다. 즉, 기업은 현재 협상에서 자신의 행동이 미래의 협상 파트너의 기대에 영향을 미칠 수 있음을 인식한다. 이와는 대조적으로 일회성 협상 환경에서 기업의 행동은 즉각적 이익에 의해서만 동기가 부여되지 평판은 고려되지 않는다.

반복되는 협상에서 평판 형성의 중요한 효과 중 하나는 기회주의적 행동의 범위를 제한하는 것이다. 예를 들어 A와 B라는 두 기업 사이의 당장의 계약협상을 생각해 보자. 유리한 협상 요소가 많기 때문에 A는 계약에서 얻은 총이익의 90%를 주는 계약을 협상할 수 있다고 확신한다. 다시는 B와 홍정하지 않을 것으로 기대한다면 A는 확실히 이러한 유리한 조건을 성사시키려 할 것이다. 그러나 A와 B가 이후에도 또 다른 많은 계약에 대해 서로 홍정할 가능성이 있다면 어떻게 될까? 지금 당장의 계약을 너무 유리하게 협상하면 전체 교섭 관계가 깨질 위험이 있다. (미래에 B는 A를 거절하고 다른 협상 파트너를 찾을 수 있다) 따라서 A는 자신이 가진 단기 협상력을 최대한 활용하지 않을 수 있다.

평판 효과는 또한 B가 협상력이 약하다고 해서 협상력이 높은 A에게 단기 이익의 가장 큰 몫을 양보하지 않을 수 있음을 시사한다. 일회성 거래에서는 무언가의 10%를 받아들이는 것이 아무것도 없는 것보다 낫다. 그러나 반복되는 홍정일 경우 B는 평판에 대해 걱정해야 한다. B가 지금 너무 크게 양보하면 상대방 A가 미래에 더 강경한 협상 자세를 취하도록 자극할 수 있다. 따라서 B는 거칠지만 공정한 거래자라는 명성을 쌓는 데 주의를 기울일 수 있다. 때때로 이러한 평판 효과는 단기 계약을 희생하거나 지연시키는 것을 의미한다. 예를 들어 파업은 한쪽 또는 양쪽이 장기적인 평판을 쌓기 위해 자주 발생한다. 보험사는 일반적으로 의심스런 보험금 청구에 매우 엄격한 입장을 취한다. 청구 자체를 보면 법원에 가는 것보다 해결하는 것이 더 저렴한데도 굳이 법원에 의존하려 한다.

마지막으로, 반복되는 교섭 관계는 반복되는 죄수의 딜레마 상황에서 (잠재적) 상대방을 규율하는 역할을 한다. 일회성 죄수의 딜레마게임에서 우월전략의 균형 전략은 비협력이다. 그러나 무한히 반복되는 죄수의 딜레마게임에서는 지속적 협력이 균형 전략이다. 이 균형 전략의 핵심은 보복 반응으로 다른 쪽의 비협조를 처벌하겠다는 한쪽의 신빙성 있는 위협이다. 요컨대, 서로 "결혼한" 교섭 파트너는 협력 관계를 유지하려는 분명한 동기가 있다.

3. 탈무드의 교훈 : 협력과 협상의 민족

(1) 노동 전문화의 이점

탈무드는 노동 전문화의 이점을 칭찬한다. 성전산 계단에 모인 군중을 본 벤 조마(Ben Zoma)는 인류의 진보에 감탄하며 다음과 같이 말했다.

▶ 나를 섬기기 위해 이 모든 것을 창조하신 분은 찬미받으실 것이다. 아담은 먹을 빵을 얻기 전에 얼마나 많은 수고를 해야 했을까! 밭을 갈고 씨를 뿌리고 곡식을 거두고, 묶고 타작하고 키질을 해야 했다. 그 후 곡식을 갈아서 체로 치고 반죽하여 구운 후에야 빵을 먹을 수 있었다. 그러나 나는 아침 일찍 일어나서 모든 것이 나를 위해 준비되어 있음을 알게 되었다. 또한 아담은 입을 옷을 얻기까지 얼마나 많은 수고를 해야 했을까! 양털을 깎고, 빨고, 빗질하고, 실을 짜아야만 옷을 입을 수 있었다. 그러나 온갖 종류의 장인과 상인이 이 일을 하고 나서 일찍 내 집 문으로 온다. 그래서 아침에 일어날 때 이 모든 것이 나를 위해 준비되어 있다(Ber. 58a).

(2) 협력이 성공의 지름길

과학, 상업, 금융 분야에서 유대인의 두드러진 성공은 종종 유대인 개인의 지혜로움과 똑똑함에서 비롯한다고 생각할 수 있다. 그러나 유대인은 아무리 능력이 뛰어난 사람이라도 자신의 힘에만 의지한다면 결코 성공할 수 없다고 본다. 개인의 역량이 아무리 뛰어나도 미약하고 유한하지만, 서로 협력하면 미약한 힘을 극복하고 더 크고 더 강한 힘을 발휘할 수 있다. 따라서 자신의 힘에만 의존하는 것은 비현실적인 것이며, 타인의 힘을 빌려와 자신의 힘을 키우는 데 탁월해야 성공을 일구어낼 수 있다. 타인의 힘을 많이 빌려야만 자신의 역량도 비로소 제대로 발휘할 수 있다. 협력에 기대어 자신이 이익을 얻지만, 동시에 남에게도 도움을 준다. 서로 협력하는 행동과 습관은 유대인의 역사와 삶 속에 뿌리 깊게 살아있다. 유대인의 사업 형태는 개인이 운영하는 자영업이 가장 보편적이다. 하지만 사업하다가 어려운 문제가 생길 때는 일단 타인과 협력하여 공동 대응한다. 이어 사업 파트너들이 어느 정도 발전을 이룬 뒤에는 독립 사업체로 복귀하여 개인 사업을 계속한다.

많은 유대인 사업가는 남의 힘을 잘 빌리는 것이 중요함을 지적한다. 예를 들어 미국의 강철왕 앤드루 카네기(Andrew Carnegie, 1835~1919)의 묘비에는 '자신보다 더 현명한 사람을 모을 줄 알았던 이, 바로 이곳에 잠들다.'라는 묘비명이 남겨졌다. 또한 거대 금융기관인 모건 그룹의 창업주 모건은 "경쟁은 시간 낭비이고 연합과 협력은 번영과 안정의 기반"이라고 한 바 있다. 빌 게이츠는 성공 비결을 묻는 질문에 한결같이 "저보다 더 똑똑한 사람을 모셔왔기 때문이다"라고 대답해 왔다. 유대인이 일구어낸 할리우드에서는 "성공은 당신이 얼마나 알고 있는가가 아니라 누구를 알고 있느냐에 달려 있다"는 말이 유행한다.

- ▶ 여호와 하나님이 이르시되 사람이 혼자 사는 것이 좋지 아니하니 내가 그를 위하여 돕는 배필을 지으리라 하시니라(창세기 2:18)
- ▶ 히브리 문화의 시작과 유대 경제력의 기하적 성장은 모두 전문화, 무역, 협력에서

비롯하였다. … 각자는 '무언가'를 할 수 있지만, 함께 한다면 '모든 것'을 할 수 있다(다니엘 라핀 저/조상연 역(2020), 『유대인 비즈니스의 성공비결 40가지』, 북스넛).

유대인은 다른 사람의 힘을 빌릴 때 두 가지에 중점을 둔다. 첫째, 유대인은 평소 "먼저 개인 관계를 잘 다져놓은 후에 장사한다"는 말을 입에 달고 산다. 즉, 평소에 인간 관계를 쌓기 위해 일관되게 노력한다. 당연히 다른 사람의 도움이 기대되므로 먼저 베풀 줄 알아야 한다. 사람들 사이의 연계와 상호작용은 우애와 지원뿐만 아니라 정보와 기회도 제공하며 개인의 성공과 행복에 중요한 요소가 된다. 둘째, 적절한 시기에 도움을 청할 줄 알아야 한다. 도움을 청하기보다 스스로 해결하려는 사람들이 많은데, 이는 능력이 충분해서라기보다 체면 또는 자존심이나 허영심 때문이다. 즉, 거절당하거나 비웃음당하는 것이 두려워 도움을 요청하지 못하는 것이다. 셋째, 도움을 청하더라도 이타적이거나 이기적이기보다는 '한 배를 탄 운명공동체'를 구성하며 서로 이익을 얻고, 각자의 사업을 더욱 키우기를 도모한다. 서로 투쟁하며 둘 다 손해가 예상되는 치열한 경쟁의 국면에서조차도 유대인은 경쟁상황을 교묘하게 조정하여 양측 모두 이익을 얻는 윈윈 전략을 실현될 수 있도록 한다.

협력의 전통 속에서 부자들은 자선 역시 시혜가 아닌 일종의 의무로 여기며, 가난한 사람들 역시 부자의 도움을 받는 것을 구걸이 아닌 권리로 여긴다. 어려움에 처한 타인에 대한 지원 방식은 시혜라기보다 오히려 '협력'에 가깝다. 어려움에 처한 사람 스스로 아이디어를 짜내어 돕고 자신 또한 발전하는 전략을 쓴다.[5] 그렇게 함으로써 경제적으로 어려운 사람은 자립을 하고, 동시에 부자들의 사업 영역도 확장한다. 이런 지원 방식 덕분에 도움을 주는 사람 역시 이익을 얻고, 바로 이런 이유로 유대인의 자선 행위가 오랫동안 이어져 올 수 있었다. '한 가지 사업, 세 가지 이익"

---

5. 예를 들어 번창하는 식당은 사정이 어려운 가족에게 이렇게 말할 것이다. "저는 지금 강남에서만 식당을 운영하고 있어 강북에는 분점이 없습니다. 당신이 강북에 식당을 여세요. 제가 돈을 빌려드릴 테니 가게를 임대하세요. 원재료도 제가 먼저 제공해 드리지요. 식당을 연 뒤 돈을 벌면 그때 원리금을 갚으면 됩니다. 당신이 자리를 잡은 후에도 제가 계속 원재료를 공급해 드리지요."

이 성립하는 것이다.

(3) 협상을 두려워하지 마라

상호 협력과 교환의 과정은 반드시 협상을 동반하므로 협상의 역할은 매우 중요하다. 더 나아가 인간은 다른 사람들과의 상호작용을 필요로 하는 사회적 존재이다. 사회의 어떤 두 사람도 모두 똑같이 생각하거나 똑같은 욕구를 갖고 있지 않으므로 우리는 모든 일에 대해 끊임없이 다른 사람들과 협상하고 협력해야 한다. 실제로 인간은 매 순간 배우자, 가족, 친구, 동료와 협상을 하고 있다는 사실을 깨닫지 못하고 단지 일상 대화의 일부라고 생각한다. 비즈니스에서 협상은 종종 공식적인 모습을 취한다. '비즈니스 협상'은 일반적으로 '서로 다른 경제주체가 자신의 이익을 달성하고 상대방의 요구를 충족시키기 위해 다양한 방식을 동원하여 사업 기회를 확정해나가는 일련의 활동 및 과정'으로 정의된다. 상호 이익을 보장하고 거래가 성사되도록 하려면 현명한 협상 전술을 따라야 한다. 유대인들은 다른 어떤 민족보다도 협상을 할 줄 아는 능력을 가지고 있고 이는 탁월한 거래로 이어지고 있다.

토라의 인물들은 자주 서로 협상하는 모습을 보여준다. 아브라함과 모세에서 보듯이 유대인들은 하나님과 천사들과도 협상을 해내었다. 그리고 유대인 지도자와 하나님은 평등한 위치에서 흥정하고 협상하였다. 탈무드는 협상과 토론이 때때로 합의에 이르지 못하더라도 만약 그 목적이 선하다면 그 결과는 오래 지속될 것이라고 하였다. 많은 경우 사람들은 문제를 해결하거나 도전에 직면하기보다 형식적으로 협상에 참석한다. 그렇지만 진지하지 못한 협상 자세로는 긍정적이거나 지속 가능한 타협에 이르기 어려울 것이다.

▶ 하늘을 위한 모든 논쟁은 영원히 지속되고, 하늘을 위하지 않는 모든 논쟁은 오래 지속되지 않는다(피르케이 아보트 5:20).

대가(가격)**가 아니라 조건을 놓고 협상한다.**

토라는 사람들이 유난히 사악했던 두 도시, 소돔과 고모라의 이야기를 담고 있다. 미드라쉬(Bereishit Rabbah 41:8)에 따르면, 두 곳 모두 부도덕하고 잔인한 주민들로 가득 차 있었다. 예를 들어, 소돔과 고모라에서는 후대를 금지했으며 잔혹한 죽음을 당했다. 게다가 극도의 성적 부도덕도 널리 퍼져 있었다. 하나님은 소돔과 고모라의 주민들을 멸하기로 작정하시고 아브라함에게 그 결정을 알리셨다. 아브라함은 하나님이 의인과 악인을 포함해 수천 명을 죽이는 것에 반대했고 평화로운 해결을 위해 협상을 시작했다. 아브라함은 여러 가지 협상 전술을 사용했다. 우선 소돔과 고모라를 멸망시킨 이유를 의심하게 만드는 질문을 사용하셨다. 의인을 악인과 함께 죽이면 정의가 실현될 수 있는지 하나님께 물었던 것이다. 그는 또한 소돔과 고모라에 의인 50명이 있을 수 있음을 하나님께 제안하는 다른 접근법을 사용했다. 그런 다음 그는 도시에 어쩌면 50명의 의인이 있을 수 있으므로 하나님께서 집단적 형벌을 내려 그들을 모두 죽이는 것이 합당한지 묻는 또 다른 질문으로 이어졌다. 아브라함은 나아가 온 땅의 심판자이신 하나님께서 불의한 일을 하실 수 있는지 물었다. 아브라함의 협상을 분석해 보면 그가 질문을 주요 전략으로 사용하는 두 가지 접근 방식을 찾아볼 수 있다. 첫째, 그는 서로 다른 개인들을 고려하지 않는 집단 처벌의 개념과 정의에 도전했다. 둘째, 소돔과 고모라에는 의인이 많다고 말하였다. 아브라함은 질문을 사용하여 그곳에 의로운 사람들이 있다면 의로운 사람들도 죽이는 상황이 있을 수 있음을 하나님께 암시하였다. 아브라함은 대가(소돔과 고모라의 멸망)를 놓고 협상하는 것이 아니라 조건(정의의 경륜을 위한 선례를 세우는 것)을 놓고 협상하는 전략을 사용했던 것이다. 즉, 그는 소돔과 고모라를 멸망시키려는 하나님의 결정을 완전히 취소해 달라고 간구하지 않았다. 대신 의인을 악인과 함께 죽이는 정의라는 부차적인 생각에 의문을 제기했다. 이로 인해 아브라함은 실질적인 협상력을 갖게 되었다. 결국 아브라함은 원하는 것을 얻었고, 하나님은 자신이 원하는 것을 얻으셨다.

협상에서 상대방이 결심하고 확고한 입장을 취할 경우 이때 주도권을 잡으려 정면으로 대결하지 않는 것이 중요하다. 상대방의 입장을 훼손하지 않지만 양보가 이루어지면 거래의 역학이 크게 바뀔 수 있는 조건을 찾아내 협상하면 양 당사자가 모두 각자의 목표를 실현할 수 있도록 양보가 이루어질 수 있다. 대부분의 거래에는 협상이 가능한 부차적 문제가 포함되어 있으며 대립하지 않고도 결과에 영향을 미칠 수 있다. 예를 들어 집을 구입할 때 집 가격이 있고 가구, 수리 및 업그레이드, 자금 조달과 같은 다른 영역이 있다. 일반적 조건으로 합의되는 가격에 대해 논쟁을 벌이거나 계약의 특정 조건을 강력하게 요구하기보다는 상대방이 별 관심을 두지 않을 부차적 항목에 대해 협상하면 최종 결과가 바뀔 수 있다. 때로는 작은 조건을 다루다가 더 큰 문제가 영향을 받아 협상의 결과가 전혀 다른 양상을 보일 수 있다. 그렇게 되지 않더라도 거래의 역학을 크게 바꾸지 않고 양보할 수 있어 성공적 협상으로 이어질 수 있다. 특히 부차적 조건에 대해 자신의 주장을 걸고 그것이 최종 계약에 포함되지 않으면 그것을 딜 킬러로 만들 수 있다. 아브라함이 가격보다는 조건(정의)에 집중함으로써 자신의 목표를 실현할 수 있었다.

조건을 놓고 협상하기 위해선 협상할 때 항상 전체 그림을 살펴보아야 한다. 그리고 상대방에게 큰 변화를 가져올 수 있다고 생각하지 않아야 한다. 사업 파트너나 배우자의 변화를 여러분의 일생일대의 과업으로 삼아서는 안 된다. 대신 그들의 행동에 있어서 약간의 작은 변화를 협상할 수 있다면, 그것은 우리의 삶에 큰 변화를 가져올 수 있다.

윈-윈 전략의 모색

야곱(Jacob)은 형 에서(Esau)의 장자권을 콩죽 한 그릇과 교환했다. 야곱이 콩죽 한 그릇을 준비하고 있었는데, 에서는 사냥하던 날에 들어와서 콩죽을 먹고 싶어 했다(창 25:29–34). 야곱이 "장자권을 나에게 팔아라"고 말하자, 에서는 장자권이 필요 없으니 콩죽 대신에 장자권을 팔겠다고 했다. 거래가 끝나기 전 야곱은 장자권을 팔았다고 에서에게 맹세하게 했다. 에서는 맹세했고 거래가 성사되었다. 이는 고전적인 윈-윈 전략의 한 가지 예이다. 윈윈 전략은 한 쪽에게는 중요하고 가치가 있지만 다른 쪽에게는 덜 중요한 거래일 때 이루어질 수 있다. 에서의 경우 장자권을 중요하게 여기지 않았으며 주석서(라시, 창 25:32)에 따르면 그 기대에 부응할 수 없다고 느꼈다. 그러나 사냥에서 돌아 온 순간에는 콩죽 한 그릇이 매우 중요했기에 장자권을 팔게 되어 기뻤다. 반대로 야곱은 쉽게 콩죽 한 그릇을 요리할 수 있었지만 장자권은 그에게 특별한 지위를 보장하고 나중에 아버지 이삭으로부터 독특한 축복을 받게 될 것이다.

다른 사람들에게 큰 의미가 있지만 자신은 쉽게 제공할 수 있는 것들이 있다. 협상에서 달성하려는 진정한 목표를 파악하고 이를 달성할 수 있는 방법을 찾는 데 있어서는 유연하게 대처할 필요가 있는 것이다. 그럴러면 무엇을 주고받을지를 계약을 구성할 때 창의적일 필요가 있다. 유일하게 중요한 결과는 여러분의 목표를 달성하는 데 있다. 시간도 그런 것 중 하나이다. 가족들과 더 많은 시간을 보내는 것은 가족들에게는 큰 의미가 있을 수 있지만 여러분은 큰 양보 없이 줄 수 있는 경우가 있다. 야곱은 장자권을 원했고 그에 대한 비용을 기꺼이 지불했다. 양측은 상대방에게 필요한 것을 가지고 있었지만 그것은 그들에게 덜 가치가 있었기 때문에 그것을 더 가치 있는 것으로 기꺼이 교환했다. 두 사람은 만나 협상을 했고, 공통된 사정으로 인해 원윈하는 결과로 끝났다.

질문, 우호적 분위기, 그리고 신뢰

지금까지의 논의에서 공통된 맥락이 있다. 첫째, 아브라함과 모세의 협상 전술에는 통일된 방법이 있다. 두 사람 모두 질문으로 협상을 시작했다. 제안이나 요구로 시작하지 않았다. 그들이 묻는 질문은 하나님이 원하시는 것의 핵심에까지 이르렀다. 아브라함은 하나님께서 의인을 악인과 함께 죽이실 것인지 물었고, 이로써 정의에 문제가 있음을 암시했다. 모세는 하나님께서 왜 전례 없는 기적을 사용하여 이스라엘 백성을 애굽에서 데리고 나오다가 나중에 그들을 죽이셨는지 물었다. 이는 권력에 대한 인식에 문제가 있음을 암시했다. 아브라함과 모세는 각각 좋은 대답이 필요한 존중심 있는 질문을 했다.

▶ 질문은 협상가가 사용할 수 있는 가장 강력한 소통 도구 중 하나다(H. Mills, *The Streetsmart Negotiator*, 2007).

잘 받아들여지지 않는 요점을 전달해야 하는 경우 직접적으로 말하지 않는 것이 좋다. 다른 대안이 있다. 전달하고 싶은 요점을 상대방이 스스로 깨닫도록 하는 질문을 하는 것이다. 협상에서 질문을 하는 것은 두 가지 주요 이점이 있다. 첫째로 문답은 대립하거나 무례하게 행동하지 않고 요점을 설명하며, 그러한 질문에 답함으로써 상대방은 자신의 입장을 명확히 할 수도 있다. 좋은 답이 나오면 상대방은 자신의 상황을 더 잘 설명할 수 있는 기회를 갖는다. 상대방의 주요 동기에 관해 여러분이 잘못된 가정을 할 가능성을 피할 수 있다. 둘째로 상대방으로 하여금 그가 가진 입장이 잘못되었음을 깨닫고 결점에 대해 더 깊이 생각하게 만들며 여러분의 입장에 더 가까이 다가갈 수도 있도록 할 수 있다.

둘째, 아브라함, 야곱, 모세는 적대적인 대결이 성공적인 협상으로 이어지지 않는다는 것을 이해했다. 그래서 대가(가격)가 아니라 조건을 놓고 협상하고 윈-윈 전략을 모색하는 것이다. 즉, 협상에 있어 우호적 분위기의 조성도 중요하다. 협상이란 거래와 협력을 촉진해 서로가 이익을 확장하기 위한 목적으로 진행하는 과정이다. 종종 양측은 각자의 입장에서 더 많은 이익을 얻기 위해 고심하고 노력하기 때문에 쉽게 긴장된 분위기에 빠져들고 그에 따라 협상 양측이 동시에 모두 정서적으로 위축되며 협상 전체에 악영향을 미친다. 하지만 협상은 각자의 이익을 취하는 동시에 협력이 성사되기 위한 과정이다. 즉, 협상은 배타적인 이익 챙기기가 아니라 상대방과의 협력이라는 목표도 공유하고 있다. 그만큼 적대보다는 우호가 지배하여야 한다. 아울러 협상은 종종 타협을 필요로 한다. 유대인들은 엄포, 위협, 협박, 강압에 못 이겨 마지못해 굴복하는 타협은 불공정한 타협이자 악한 행위로 간주하며 철저히 금해 왔다. 한 쪽이 다른 쪽의 의견이 타당하다는 점을 시인하고 이를 받아들여야만 공평하고 공정한 타협이라 불렀다.

셋째, 우호적 분위기를 위해서는 신뢰가 중요하다. 아브라함과 모세는 둘 다 하나님께 충실하고 옳은 일을 행하는 데 무엇보다도 관심을 갖는다는 것을 아시는 하나님과 강한 신뢰를 쌓아왔다. 두 사람 모두 충성스럽고 신뢰할 수 있다는 입증된 기록을 갖고 있어 좋은 관계를 형성했다. 그렇지 않았다면 어떠한 협상도 없었을 것이다. 당사자들 사이에 신뢰의 축적이 없으면 관계가 생겨날 수 있는 기반이 없는 것이며 확실한 거래를 기대하기 어렵게 된다. 신뢰는 시간이 지남에 따라 구축되어야 하며 여러 번의 개별적 거래를 통해 또는 좋은 평판을 통해 이루어질 수 있다. 어떤 경우이든, 협력과 이를 위한 협상에 성공하기를 원하는 사람에게는 신뢰 구축이 최우선 과제여야 한다.

▶ 부정직한 평판을 가진 사람들은 진실을 말하더라도 믿지 않는다. 그러므로 전문적인 협상가들은 자신의 정직성에 대한 평판을 열심히 보호한다(H. Mills).

대인관계에 대한 신뢰를 쌓는 데는 시간이 걸린다는 점을 깨달아야 한다. 그러나 그것이 없이는 관계가 성립될 수 없다. 일상의 삶 속에서 사람들과 신뢰, 존경, 우정을 쌓기 위해 시간과 노력을 기울일 필요가 있는 것이다.

자신과 상대방을 알아야 한다 : 지식

상대방의 필요를 분명하게 알아야 한다. 협상에서 때로는 한쪽이 다른 쪽에게 양보하고 거의 100% 항복했는데도 불구하고 성공적인 협상일 수 있다. 협상 중에 올바른 질문을 하고 올바른 논평을 함으로써 상대방에게 그의 입장이 그 스스로에게 이롭지 않다는 것을 보여줄 수 있다면 가능한 최선의 결과다. 물론 상대방이 질문에 답하며 거꾸로 자신의 입장이 어떻게 더 나은지 보여준다면 협상이 결렬되겠지만 말이다. 그러나 적어도 대립적인 논쟁은 이어지지 않으며, 다른 날에 또 다른 거래를 계속할 수 있을 만큼 관계가 유지될 수 있는 것이다.

하나님께서는 이스라엘 백성들이 금송아지로 죄를 지었기 때문에 죽이기를 원함을 모세에게 밝혔다(출애굽기 32:9–10). "내가 이 백성을 보니 그들은 목이 곧은 백성이로다. 이제 나를 놔두라. 내가 그들에게 진노하여 그들을 진멸하고 너로 큰 나라를 이루게 하리라." 모세는 하나님께서 이스라엘 민족 전체를 죽이는 일이 일어나기를 원하지 않는다는 것을 이해하고 그들을 위해 자비를 구하기 시작했다. 모세는 이스라엘 백성들 중에 의로운 사람들이 있다고 말하고 불의한 일을 행하지 말라고 주장하는 대신 다른 길을 택했다. 모세가 이르되

> ▶ 여호와여 어찌하여 그 큰 권능과 강한 손으로 애굽 땅에서 인도하여 내신 주의 백성에게 진노하시나이까? 어찌하여 애굽 사람들이 이르기를 여호와가 자기의 백성을 산에서 죽이고 지면에서 진멸하려는 악한 의도로 인도해 내었다고 말하게 하시려 하나이까? 주의 맹렬한 노를 그치시고 뜻을 돌이키사 주의 백성에게 이 화를 내리지 마옵소서. 주의 종 아브라함과 이삭과 이스라엘을 기억하소서 주께서 그들을 위하여 주를 가리켜 맹세하여 이르시기를 내가 너희의 자손을 하늘의 별처럼 많게 하고 내가 허락한 이 온 땅을 너희의 자손에게 주어 영원한 기업이 되게 하리라 하셨나이다. 여호와께서 뜻을 돌이키사 말씀하신 화를 그 백성에게 내리지 아니하시니라(출애굽기 32:11-14).

이 주장을 통해 모세는 이스라엘 사람들을 멸절시키겠다는 이전 결정을 철회하고 모세와 그의 후손들과 함께 새롭게 시작하시도록 하나님을 설득했다. 여기서 모세는 이스라엘 백성들이 죽임을 당하지 않도록 하나님과 협상해야 하는 동시에 하나님의 진노를 진정시키기 위해 두 가지 일을 했다. 하나님의 의도가 하나님께 최선의 이익인지 물었고, 그것이 하나님 자신의 정책과 일치하는지 물었다. 모세는 하나님께 이스라엘 백성을 죽이는 것이 하나님께 유익하지 않을 것이라고 말했다. 상대방에게 자신의 입장이 자신의 이익에 부합하지 않는다는 점을 보여줄 수 있다면 협상의 성공 가능성이 크게 높아진다. 모세는 하나님께 이스라엘 백성의 조상인 아브라함과 이삭과 야곱에게 한 약속을 상기시켰다. 그들의 후손이 약속의 땅을 상속받아 크고 큰 나라가 될 것이라고 약속하셨다. 모세는 하나님께 만일 이스라엘 백성을 죽이면 그 약속을 어기는 것이 될 것이라고 말했다. 즉, 모세는 하나님과 대치하지도

않았고 그분의 공의와 전지하심에 의문을 제기하지도 않았다. 대신 모세는 하나님이 진정으로 하나님 편에 계신지 물으며, 모세 자신은 하느님의 권익을 구하고 있음을 알렸다. 모세는 이스라엘 사람들을 죽이는 것이 하나님의 진정한 목표로 더 가까워지지 않을 것이라고 말했다. 모세는 결과적으로 두 목적, 즉 이스라엘 백성이 죽음을 면하기를 바라는 모세의 소망과 지속적인 인정을 받기를 바라는 하나님의 갈망이 일치한다는 것을 보여주었다. 이것이 명백히 입증되자 하나님은 더 이상 이전의 계획을 따를 이유가 없었다.

모세가 한 일은 사실 더 나은 대안이 있다는 것을 하나님께 보여준 것이다. 협상은 BATNA(Best Alternative to a Negotiated Agreement, No Deal : 협상 결렬 후 누릴 수 있는 대안)보다 더 나은 결과가 나올 경우에만 계속될 수 있다. BATNA는 협상이 결렬되고 합의가 이루어지지 않을 경우 협상에 참여하는 당사자가 취할 수 있는 행동이다. 예를 들어 중고 자동차가 필요한 준호가 영우의 차를 사기 위해 협상을 하고 있다고 하자. 영우는 준호에게 800만 원에 차를 팔겠다고 제안해 왔다. 이에 준호는 온라인 중고차시장의 매물을 조사한 결과 영우의 자동차와 유사한 자동차가 600만 원인 것을 발견했다. 이때 준호의 BATNA는 600만 원이다. 만약 영우가 600만 원보다 낮은 가격을 제시하지 않는다면 준호는 최선의 대안을 고려할 것이다. 이는 [그림 4-1]에 나타나 있다. 이 상황에서 영우가 600만 원 이상의 가격을 요구하면 준호는 다른 곳을 알아 볼 것이다. 영우가 중고차 시장에 본인의 차를 팔 경우

그림 4-1 협상에서 ZOPA와 BATNA의 위치

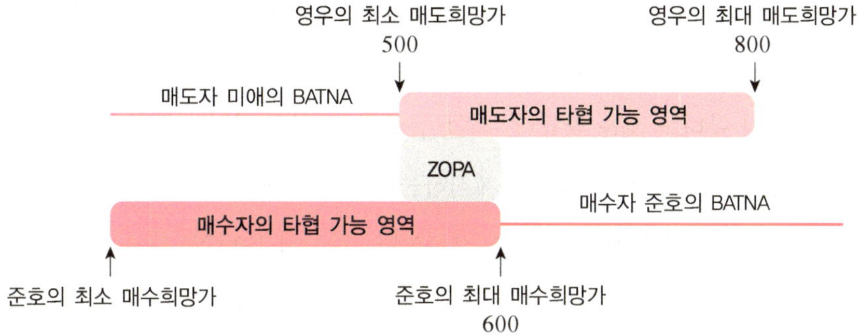

500만 원밖에 받지 못한다고 가정하면 판매자의 최악의 상황(worst case)은 500만 원이 될 것이다. 이 경우 500만 원에서 800만 원까지의 ZOPA가 발생하며 이 범위 내 어디에선가 양측(철수와 미애)은 합의에 도달할 수 있을 것이다.

BATNA보다 더 좋은 대안을 제시할 수 있다면 협상을 이어갈 수 있다. 하나님의 BATNA는 이스라엘 백성을 죽이는 것이었다. 모세는 협상을 통해 해결하면 이보다 더 나은 결과를 얻을 수 있음을 보여주었다. 이는 매우 교훈적이다. 협상에 임할 때마다 자신의 제안이 상대방의 BATNA보다 나은지 확인해야 한다. 그렇지 않으면 협상은 성공할 수 없다.

▶ 성공적인 협력 협상은 상대방이 실제로 원하는 것이 무엇인지 알아내고, 당신이 원하는 것을 얻는 동안 그들에게 그것을 얻을 수 있는 방법을 보여주는 것이다(H. Cohen(1982), *You Can Negotiate Anything*, Bantam).

협상에 임할 때 자신의 입장을 준비하는 데 너무 많은 시간을 보내지만 상대방의 입장을 이해하려는 노력은 충분히 하지 않는 경우가 많다. 그 결과 양측이 만나면 각자 자기 편으로만 몰리게 되고 중간 지점을 찾기가 어려워진다. 협상 과정에서 당사자들이 자신의 관점에 사로잡혀 있으면 상대방의 관점을 볼 수 없는 경우가 많다. 이것이 바로 많은 거래에서 중개인이 필요한 이유이다.

아브라함, 야곱, 모세는 모두 효과적 협상을 위해 상대방의 요구 사항, 강점, 약점을 포함하여 상대방의 입장을 이해하는 것이 중요하다는 점을 인식했다. 상대방의 상황을 이해할 수 있을 때에만 관련된 문제에 대해 더 깊은 이해와 더불어 대화 능력이 생길 수 있다. 아브라함과 모세는 하나님이 진정으로 원하시는 것과 자신이 지향하는 것이 같다는 것을 알았다. 그들이 해야 할 일은 하나님께서 그들의 관심이 어떻게 같은지 볼 수 있도록 그것을 제시하는 것뿐이었다.

결국 협상에서 승리하는 열쇠는 지식이다. 자신의 BATNA를 미리 준비해 알아야 할 뿐만 아니라 상대방이 이용 가능한 모든 BATNA도 조사해 알아야 한다.

BATNA는 협상이 실패하더라도 자신의 목표가 중단되지 않도록 대안을 보장하며 궁극적으로는 실패의 가능성을 낮출 수 있다. BATNA를 준비하려면 자신에 대한 지식, 상대방에 대한 지식, 거래의 공정 가치에 대한 지식이 절대적으로 필요하다. 지식이 있으면 질문하기, 상대방에게 상대방의 입장이 상대방의 가치 및 정책과 어떻게 일치하지 않는지 보여주기, 상대방이 자신의 편에 더 가까워지도록 설득하기 등 다양한 전술을 사용할 수 있다. 상대의 최선의 이익이 무엇인지, 상대의 상황, 정책, 목표에 관해 숙제를 하여 자신에게 이익이 되는 타협이 상대에게도 이익이 될 것이라고 주장할 수 있어야 한다. 특히 다른 사람에 대한 피상적인 주장에서 벗어나 더 깊이 접근하여 상대의 감정과 요구를 이해하려고 노력해야 한다. 감정과 욕구에 있어 모든 인간은 사물에 대해 비슷한 감정을 갖고 있고 인간의 기본적 욕구도 사실상 동일하기 때문에 서로 공감할 수 있다.[6]

(4) 정직하고 정당한 거래를 하라

대등한 협상·합의와 계약 준수

탈무드는 어떤 것이 정직하고 정당한 거래인가를 깊이 고민하였다. 유대인 지도자와 하나님이 평등한 위치에서 흥정하고 협상하였듯이, 판매자와 구매자가 대등한 위치에서 거래를 협상하고, 양측이 합의한 뒤에서야 비로소 정당한 거래가 성립하는 것으로 간주하였다. 탈무드는 거래 당사자 모두 동등한 힘을 갖는 경쟁 시장에서 자연스레 형성되는 가격을 공정한 가격으로 보았다. 다만 생필품에 대해서는 1/6이라는 최대 이익 마진폭을 설정하여 지나친 이익을 취하는 것을 막았다.

6. 협상 전에 '모의 협상'을 하여 발생 가능한 악재를 사전에 제거하고, 협상이 결렬될 경우 상대방에게 새로운 방안을 제시하거나 별도의 조건을 제시할 수 있도록 준비한다. 협상 방식도 사전에 명확히 하고 그에 준비할 필요가 있다. 횡적 협상이라면 협상 의제를 모두 펼쳐놓고 단계마다 몇 개의 세부 문제를 토론해야 하는지 결정하며, 이어서 단계별로 하나씩 협상을 진행한다. 종적 협상이라면 협상 의제에 우선순위를 부여하고, 세부 문제가 안고 있는 논리적 요건에 따라 협상을 순차적으로 진행한다.

그리고 합의에 따라 체결되는 계약조항은 철저히 준수되어야 했다. 양쪽 모두에게 한쪽이 거래를 해지할 수 있는 계약 취소가 이루어질 수 있는 보증기간도 주어졌다. 구매자에게 전적으로 모든 책임을 떠넘기는 매수자 위험부담 원칙(caveat emptor)은 받아들여지지 않는다. 즉, 제조업체나 판매자는 판매 상품에 대해 책임을 져야 하며, 불법적 비윤리적 사용을 막기 위해 최선을 다해야 했다. 잠재적 위험성을 가진 물건(총, 담배, 화약 약품 등)의 판매자는 구매자가 제품 사용에 따르는 위험을 충분히 인지할 수 있도록 최선을 다해야 한다. 하지만 동시에 구매자 역시 거래에서 정직할 책임이 있으며 판매자에게 손해를 끼치지 않도록 하였다. 특히 살 의사가 없으면서 관심이 있는 듯이 가장해선 안 되었다.

정직한 정보 공개

공정한 거래가 성립하기 위해서는 판매자와 구매자가 거래의 상세한 부분까지 서로 잘 알고 있고 충분히 이해하고 있어야 했다. 이를 위해 판매자는 소비자가 물건에 대해 정확히 알 수 있도록 모든 정보를 제공해야 한다. 상품의 장점을 강조하고 실제보다 좋게 포장할 수 있지만, 단점이나 흠에 대해서도 반드시 밝혀야 한다. 고객을 속이는 행위도 금지되지만, 더 나아가 부정직하다는 인상을 야기할 행위나 오해로 인한 긍정적 이미지도 피하라고 하고 있다.

(5) 허술하게 계약하지 말고 계약을 확인하라

엄격한 계약

처음 사업관계를 하며 다른 사람과 계약을 하게 될 때 대부분의 사람들은 모든 게 생소하고 어색하고 두렵기만 하다. 서면으로 자세히 계약서를 작성하거나 증인을 세우는 것을 부끄럽거나 실례되는 일로 여긴다. 또한 거래 규칙을 꼼꼼하게 처리하려 하는 것을 신뢰나 연대의 부정으로 인식한다. 계약의 가장 큰 적은 거래의 규칙을 설정할 때 우리를 당혹케 하는 성숙치 못한 태도이다. 성숙한 사람이라면 연대의 한계를 알고 계약서를 조심스럽게 작성할 것이다. 서면으로 자세히 계약서를 작성하거나 증인을 세우는 것은 가장 큰 존경을 나타내는 것이다. 이렇게 하지 않는 것이야말로 '눈먼 자 앞에 장애물을 놓는 일'이다. 엉성한 계약은 시간과 에너지를 낭비하게 하고 고통을 안겨준다. 부주의한 계약 때문에 경우에 따라 결혼이 파괴되고 가족은 싸우고 사회가 해체되기도 한다. 신은 시간을 내어 인간과 계약서를 작성하였는데, 유대인들은 이 계약서가 토라이다. 우리는 창조자를 닮았으며, 창조자를 모방해야 한다. 신이 인간과의 계약에 헌신하였듯이 우리 역시 그러해야 한다.

▶ 너는 귀먹은 자를 저주하지 말며 맹인 앞에 장애물을 놓지 말고 네 하나님을 경외하라. 나는 여호와이니라(레위기 19:14)

"맹인 앞에 장애물을 놓는" 것은 사람 곁에 유혹이 될 만한 것을 갖다 놓는 다양한 행위를 가리킨다. 누가 눈이 먼 것인가'? 시야(선견지명)가 우리보다 못한 모든 사람이 눈이 먼 것이다. 우리는 또한 다른 사람에 비추어 볼 때 눈이 멀 수 있다. 이러한 경우에 우리와 함께 거래를 하는 이들은 우리 앞에 장애물을 놓지 않을 책임이 있다. 더 멀리 보는 사람은 이러한 책임을 가진다. 우리가 거래하는 사람들에게 주의를 기울이는 것이 우리의 의무이다. 증인이나 계약서 없이 돈을 빌려주는 사람은 "장님 앞에 장애물을 놓지 말라"는 금지를 위반하는 것이다. 우리의 부주의는 우리 자신에게 금전적 손실을 야기할 뿐 아니라 사람이 죄를 저지르도록 유인한다. 이 죄는 그들에게 엄청난 대가를 치르게 한다. 이 세계가 완전하지 않는 한 아주 자세히 관심을 가지고 조심스럽게 계약서를 작성하는 것이 중요하다. 이것은 우리가 의심을 잘한다거나 인색해서가 아니라 모든 인간에 내재하는 나쁜 충동을 억제하기 위함이다. 한 이디쉬 격언은 "만약 그대가 법에 대하여 생각하지 않는다면 그대는 그 법에 연루당하게 된다"라고 경고한다. 계약은 거래에 있어 매우 중요한 사안이다. 훌륭한 거래는 시장의 확대에 필수적이며 모든 허술하게 작성된 계약은 절도, 시간 낭비, 갈등의 형태로 엄청난 비용을 발생시킨다.

계약 조건의 확인

상대방이 신뢰할 수 없는 경우 협상에서 어떻게 목표를 이룰 수 있을까? 상대방의 입장을 충분히 이해할 뿐만 아니라 상대방의 동기와 의도가 무엇인지 확인하여야 한다. 그럴 것이라는 가정만으로는 충분하지 않으며 그로 말미암은 섣부른 결론은 재앙으로 이어질 수 있다. 확인하고, 확인하고, 또 확인하여야 한다. 성경의 야곱은 바로 이런 딜레마에 빠졌다. 야곱은 라반의 집에 도착하여 한 달 동안 무급으로 그를 위해 일하기 시작했다. 야곱이 라반과 협상을 시작하기 전에 한 달 동안 일하며 자신의 재능과 능력을 보여줌으로써 자신의 가치를 입증했다. 이제 야곱은 훌륭한 일꾼으로 자리 잡았으므로 협상에서 더 강력한 위치에 있게 되었다. 그러나 야곱은 라반의 작은 딸 라헬을 사랑하게 되었고 그녀와 결혼하고 싶어 했다. 야곱은 라반을 위해 7년 동안 일하기로 동의하고 돈을 받는 대신 아름다운 라헬과 결혼하도록 라반에게 허락해 달라고 요청했다. 라반은 자기 딸을 다른 남자에게 신부로 주는 것보다 야곱에게 신부로 주는 것이 더 좋다고 말하면서 기꺼이 동의했다. 7년이 지나 결혼 날짜를 정했지만 라반은 야곱을 속였다. 라반은 그에게 아름다운 라헬을 신부로 주는 대신, 나이가 많고 덜 예쁜 레아를 그에게 결혼하게 했다. 아침에 잠에서 깨어난 야곱은 자신이 속았다는 사실을 깨닫고 당연히 분노했다.

야곱은 콩죽으로 에서에게서 장자권을 샀을 때 에서에게 그 거래를 맹세하게 했고 장자권이 실제로 자신에게 팔렸다는 것을 확인했었다. 그러나 그랬던 야곱도 라반과의 거래를 제대로 확인하지 않았고 라반은 나이가 많다는 이유로 라헬을 야곱에게 신부로 줄 수 없었다고 말함으로써 자신의 행동을 정당화했다. 야곱이 라반과의 계약 조건만 사전에 확인했다면 나중에 직면하게 될 속임수를 피할 수 있었을 것이다. 시사점은 합의되었다고 믿는 내용을 먼저 확인하지 않고 협상을 끝내서는 안 된다는 것이다. 협상 양측이 협상된 문제에 대해 실제로 합의했는지 확인하기 위해 양측 간에 공유할 수 있는 주요 합의서나 메모를 작성하는 것이 중요하다. 두 당사자 간의 협상 중에 합의된 내용에 대한 인식이 다를 수 있으므로 문서 초안을 작성하고 협상 세부 사항에 대해 모든 당사자가 서명하는 것이 필수적이다.

특히 증인 입회 하에 계약의 작성이 이루어지면 나중에 분쟁 소지를 미연에 방지할 수 있다. 증인은 양측이 계약을 성실하게 수행하게 만드는 역할도 한다. 계약서에 서명하는 것은 엄숙하고 신성한 의식으로 간주된다. 계약은 서로 합의한 사업의 탄생을 의미하고, 사업의 개시는 이윤을 창출하고, 고용을 증대시키며, 이로 인해 지역 경제가 번영하고, 그렇게 벌어들인 부는 선행으로 이어질 수 있기 때문이다. 비즈니스 활동은 가족, 이웃, 지역사회 모두에 큰 도움이 된다. 구두 계약 대신 서면 계약을 함으로써 분쟁의 소지를 없애고, 계약 조건을 잘못 이해해서 사기당하는 일도 없도록 해야 한다. 탈무드 랍비들은 서면계약에 꼼꼼했을 뿐만 아니라, 사기꾼의 유혹에도 주의를 기울이도록 했다. 랍비 아바예는 말했다.

▶ 법정에서 서명해야 할 일이 생기면, 여백을 남기지 말고 서명하라. 혹시나 누군가 여백을 발견하고 당신의 서명 위에 자신의 이름을 적고 얼토당토 않는 권리를 주장할 수 있기 때문이다.

| 참고문헌 |

래리 캐해너 저 · 김정완 역(2017), 『비즈니스 성공의 비밀, 탈무드』, 한국경제신문.

Feenstra, Robert C.(2018), "Alternative Sources of the Gains from International Trade: Variety, Creative Destruction, and Markups," *Journal of Economic Perspectives* 32(2).

Mackenzie F. Smith and Sarah F. Brosnan(2022), "Coordination Game" in J. Vonk and T. K. Shackelford eds.: Encyclopedia of Animal Cognition and Behavior. Springer Link.

Phelps, Edmund S.(1985), *Political Economy : An Introductory Text*, Norton.

Richard L. and John D. Corbit(1978), "An Opponent-Process Theory of Motivation Solomon," *The American Economic Review*, 68:6, pp. 12–24, American Economic Association.

수요·공급과 시장균형, 그리고 후생

5장

1. 시장 시스템 / 2. 수요 / 3. 공급 / 4. 시장 균형

5. 시장 현상의 분석 / 6. 시장의 호혜성 / 7. 탈무드와 시장경제

시장은 오랫동안 의심의 대상

모든 경제에는 생산될 재화와 서비스, 생산될 양, 그리고 그것들의 분배를 결정하는 메커니즘이 있어야 한다. 가격에 의존하는 교환체계인 시장이 충분히 발달하여 지배적인 자원배분 메커니즘으로 성립하기까지에는 오랜 시간이 걸렸다. 무엇보다도 수요와 공급이 안정화되어야 했고 그에 따라 교환조건 역시 안정화되어야만 했다. 욕망의 충족에 기반하고 비인격적 수단인 가격을 따르는 시장거래는 오랫동안 의심받아왔다. 그에 따라 실제로 일어나는 형태에 대한 관심보다는 도덕적 목적과의 연관 아래서의 시장에 대한 통제와 억압이 우선 주목받았다. 그리스 · 로마의 고대사회에서 중세사회에 이르기까지 교역은 부자연스러운 것으로 자주 단정되었다. 이에 따라 아리스토텔레스는 교역에 있어 따라야 할 정의의 원칙으로 처음에 가졌던 물건의 값과 정확히 같은 값의 것을 얻는 등가교환의 원칙을 제시하였다. 마찬가지로 중세의 성 토마스(Thomas à Villanova, St)는 공공의 복리를 돌보는 경우에만 시장교환이 정당화될 수 있다고 하였고 이를 위해 준 것과 받은 것이 동등한 가치(특히 노동비용 기준으로)일 것을 주장하였다.

탈무드 : 시장 메커니즘의 장려와 견제를 병행

인류 사회에서 시장에 대해 오랫동안 계속되어 온 의심과 달리 탈무드에는 다수에게 유익한 방식으로 사회에 상품을 제공하는 데 있어 시장이 제공하는 이익에 대한 많은 예들이 포함되어 있다. 유대교는 새로운 상품, 저렴한 가격, 더 나은 서비스, 공동체의 복지 향상을 낳는 경쟁에 기초하여 시장 시스템의 정당성을 인정한다. 탈무드는 수요와 공급의 경제적 힘에 대한 깊은 이해를 보여주었고 실제로 시장의 조절 메커니즘으로서 가격 메커니즘을 장려했다. 유대교에서도 가격과 이윤에 대한 통제를 찾아볼 수 있지만, 그것은 기독교에서와 같은 반상업적 입장에서 비롯하는 것이 아니었다. 유대교에서 상인과 사업가는 정당할 뿐만 아니라 심지어 바람직한 역할까지 담당한다. 그러므로 상인과 사업가는 그들의 역할에 대한 대가로 이익을 얻을 수 있는 도덕적 권리를 가지고 있다. 예를 들어 탈무드는 상인이 가격을 인하

(하며 경쟁)한다면 선행과 축복으로 기억될 것이라고 한다(M Bava Metzia 4:12). 치열한 가격경쟁을 찬성하였을 뿐만 아니라 이를 축복으로 보았던 것이다. 가격 인하는 시장 확장에 중요한 요소이며, 따라서 건전하며 심지어 축복이라고 추론했다.

그러나 탈무드는 시장 운영에 내재된 위험과 인간의 불확실성과 탐욕에 대한 민감성으로 말미암아 사회 내에서 많은 왜곡과 부당함이 발생한다는 것도 인식하고 있다. 그러한 왜곡은 빈곤, 배고픔, 부당함, 그 외 다양한 고통을 초래할 수 있다. 이를 완화하고 방지하기 위해 시장 메커니즘에 대한 일정한 견제가 요청되었다. 유대교는 "신앙을 지향하는(faith-oriented)" 종교라기보다는 "행동을 지향하는(action-oriented)" 종교이다. 그러기 때문에 시장 메커니즘에 대한 제약은 선을 행하고 정의를 행하라는 고상한 권고가 아니라 허용되고 허용되지 않는 일련의 구체적인 행위들이 무엇인지를 제시한다. 유대교는 신성한 규정과 법률, 그리고 선행 없이는 삶의 어떤 영역에서도 자신을 완전하게 하거나 자신의 행위를 신성하게 할 수 없다고 믿는다. 때문에 경제적 부정의와 부도덕의 시정을 시장경제의 자기 규율적 메커니즘에 모두 맡길 수 없었다. 법률과 윤리의 형태로 종교적 의무의 네트워크가 존재하여 인간이 가진 신성한 불꽃을 자유롭게 하여 인간의 세속적이고 일상적인 행동들이 신성한 계획에 따라 성화될 수 있도록 한 것이다.

시장에서 많은 사람들은 판매자가 상품 가격을 결정한다고 생각한다. 우리는 종종 관심있는 상품을 얻으려면 얼마를 지불해야 할까를 따지기보다는 그 가격이 얼마인지에 대해 궁금해한다. 시장에 대한 이러한 일방적인 이미지는 가격이 어떻게 결정되는지를 이해하는 우리의 능력을 약화시킨다. 이러한 오해를 바로잡기 위해 이 장에서는 시장이 작동하는 방식을 설명한다. 특히 수요 모형과 공급 모형을 제시하고 이어서 이들을 결합하여 시장 가격과 거래량을 결정하기 위해 어떻게 상호 작용하는지 확인한다. 수요와 공급 모형은 경제학에서 가장 빈번하게 이용되는 모형이고, 현재의 형태는 과거에 사용하던 형태와 거의 같은 것으로 백 년 이상 사용되고 있는 모형이다. 이하에서 시장의 자원배분 메커니즘을 이해하기 위해 수요와 공급 모형을 다루지만, 주로 수요·공급 모형을 사용하는 방법에 대해 설명한다. 수요·공급 모형은 목격된 당장의 가격이나 미래에 예상되는 가격을 설명하는 데 사용할 수 있다. 특히 수요나 공급의 변화가 있을 때 가격과 거래량이 어떻게 변화하는지 설명한다.

1. 시장 시스템

경제 시스템은 자원을 배분하는 메커니즘과 자원 소유 방식에 따라 구분될 수 있다. 자원은 민간이나 정부에 의해 소유될 수 있고, 자원 배분은 시장이나 중앙계획 당국에서 이루어질 수 있다. 따라서 〈표 5-1〉처럼 경제시스템은 4가지 유형으로 나누어진다.

표 5-1 경제 시스템의 유형

		자원배분	
		시장경제	계획경제
자원 소유	민간	시장 자본주의	중앙계획 자본주의
	정부	시장 사회주의	중앙계획 사회주의

현대사에서 가장 중요한 두 가지 경제 체제는 시장 자본주의(market capitalism)와 중앙에서 계획하는 사회주의(centrally planned socialism)이다. 시장 자본주의에서 자원은 개인에 의해 소유되고 시장에 의해 배분된다. 시장 자본주의는 오늘날 대부분의 국가들에서 찾아볼 수 있다. 중앙에서 계획하는 사회주의에서 자원은 국가가 소유하고 명령에 의해 배분된다. 이는 1980년대 후반까지 구소련과 동유럽 국가들에서 찾아볼 수 있었다. 중앙에서 계획하는 자본주의 체제(centrally planned capitalism)는 자원을 개인이 소유하지만 그 배분은 명령을 따른다. 미국보다 정부가 자원배분에 더 많이 관여하는 스웨덴과 일본 같은 나라들에서 이런 유형의 시스템이 시행되었으며, 제2차 세계대전 당시 미국처럼 전시에 군수품 확보를 위해 정부

가 자원배분을 지휘할 필요가 있다. 마지막으로 시장 메커니즘에 의해 할당된 자원이 국가에 의해 소유되는 시장 사회주의(market socialism)가 있다. 시장 사회주의는 시장 메커니즘의 자유와 효율, 사회주의의 공정성과 형평성을 동시에 약속하므로 종종 사회 과학자들을 매료해 왔다. 국가 소유와 시장 메커니즘 간에는 해소하기 어려운 모순이 존재하여 현대에 이르러 1950년대와 1960년대 헝가리와 유고슬라비아의 짧은 실험만이 있었을 뿐이다. 21세기 대부분의 국가들은 시장 자본주의 체제로 운영되는 만큼 그 특징을 보다 자세히 살펴볼 필요가 있다.

자원의 민간 소유

우선 자원 소유 방식으로써 민간에 의한 자원소유, 즉 사유재산 방식의 특징을 보자.

- **사유재산** : 시장 자본주의 체제에서는 정부가 아닌 개인이 대부분의 경제적 자원을 소유하고 있다. 개인 소유는 혁신, 투자, 성장, 무역을 장려한다. 국가가 빵집의 오븐, 믹서, 심지어 건물까지 소유한다면, 빵집 주인은 장비, 재고, 심지어 제품의 품질을 적절히 유지하기 위해 얼마만한 유인을 가질까? 국가가 이러한 자원을 예고 없이 가져갈 수 있다는 것을 알고 있으므로 빵집 주인은 최소한의 일만을 할 수 있고, 만약 이런 상황이 온 동네에서 일어난다면, 지역 경제는 침체될 것이다.
- **선택의 자유** : 개인은 재화 생산에 필요한 자원을 자유롭게 획득하고, 자신에게 필요한 재화를 구매하기 위해 다른 사람에게 판매할 자원을 자유롭게 선택할 수 있다. 빵집은 자원을 자유롭게 사용하여 롤, 페이스트리, 크루아상, 그리고 수익으로 이어질 것으로 여겨지는 모든 것을 생산할 수 있다. 물론 이 자유는 법규에 의해 제한된다. 빵집은 뒷문에서 불법 수면제를 팔 수 없고, 요리사는 베이글로 심장 수술을 할 자유가 없다.
- **이기심과 유인** : 개인은 이기심에 의해 자원 사용에 대한 동기를 부여받는다.

기업가는 이윤극대화를 추구하는 반면 소비자들은 만족 극대화를 추구한다. 이러한 유인이 있기에 상품은 판매되고 구매된다. 빵집 주인은 이윤에 자극받아 고객에게 매력적인 제품을 제공하려 한다. 만족을 추구하는 고객은 자신의 취향과 욕구가 충족될 경우에만 제빵 제품을 소비한다.

유대 경제학의 중심 원리는 부가 신으로부터 기원한다는 것이다. 모든 부는 신께 속하며 사람은 그것을 관리하는 자이다. 인간 자신은 양질의 노동과 혁신을 통해 세계를 강화하고 보호하며 개선하는 존재이다. 이는 미쉬나에서 제시되어 유대인의 삶의 저변에 깔리게 된 티쿤 올람(tikkun olam), 즉 세상(olam)을 개선(tikkun)하는 정신에 잘 드러난다. 탈무드는 사유재산을 절대적인 것으로 간주하지 않는다. 인간과 신의 관계, 인간과 인간의 관계를 관장하는 제도로서 사유재산제를 높이 평가하지만, 가진 것이 무조건적으로 소유되는 것이 아니라는 주장도 그만큼 중요하다. 사유재산은 사회적 관점에서 조정되고 규제되어야 한다.[1] 부는 하나님(공동체)의 것이기에 부자는 청지기(수탁자)로서 공유할 책임을 가지며, 그의 부는 세상을 개선하는 데 사용되어야 한다.

▶ 땅과 거기에 충만한 것과 세계와 그 가운데에 사는 자들은 다 여호와의 것이로다(시편 24:1)

▶ 토지는 다 내 것임이니라. 너희는 거류민이요 동거하는 자로서 나와 함께 있느니라(레위기 25:23)

---

1. 개인의 재산권은 공공복지와 일관성이 있어야 한다. 공익을 위한 경우 재산권은 모두 수정되거나 정지될 수 있다. 이 원칙에 근거하여 탈무드는 임금과 노동시간, 상품 가격, 이윤율을 규제했다. 공중목욕탕, 의료 서비스, 대중교육 시설과 같은 공공복지시설을 제공하는 것이 공동체의 임무라고 주장했다. 가난한 사람들은 호별 방문 구걸이 권장되지 않으며 최소의 생활을 누릴 수 있도록 음식과 의복 등의 지원을 지역사회에 요구할 수 있다. 가난한 여행자와 노숙자를 위해 공동 숙박시설이 지역 주민의 세금에 기초하여 종종 높은 도로에 지어졌다.

하지만 모세가 시내 산에서 받은 십계명에는 "도적질하지 말라!"는 명령이 포함되어 있다. 그리고 "네 이웃의 것은 무엇이든 탐내지 말라!"를 통해 사유재산의 보호를 명확하게 선언하고 있다. 랍비 Jonathan Sacks(1998)는 성경에 따르면 권력의 가장 큰 부패 중 하나가 통치자에 의한 사유재산권의 남용이며 인간 존엄성에 대한 노예 제도의 가장 큰 공격은 남이 창출한 부의 소유권을 빼앗는 것이라고 밝혔다. 더욱이 그는 신이 자유로운 인간에 의한 자유로운 숭배를 추구한다고 주장함으로써 자유를 가장 강력하게 보호하는 두 가지 장치로 사유재산과 (경제적) 독립성을 들고 있다.[2]

시장에 의한 자원의 배분

- **경쟁** : 가격은 시장에서 결정되고 개별 판매자나 개별 구매자 또는 정부에 의해 일방적으로 통제되지 않는다. 판매자와 구매자는 독립적으로 행동하고 사익에 의해 동기를 부여받으며 시장을 자유롭게 드나든다. 시장에서 경쟁하기를 열망하는 새로운 기업은 이익이 있다고 판단되면 그 시장에 진입한다.
- **가격** : 가격은 구매자와 판매자에게 신호를 보내고, 구매자와 판매자는 이 신호를 바탕으로 자원배분을 결정한다. 가격은 또한 기꺼이 그 가격을 지불할 능력과 의사가 있는 구매자들에게 상품을 배급하는 역할을 한다. 가격은 수많은 개인과 기업의 분산된 경제 활동을 조정하는데, 이는 어떤 중앙계획 당국도 달성할 수 없는 방식이다.

탈무드는 시장의 작동과 그에 의한 가격의 결정이 지역 공동체의 사회경제적 요구에 잘 부합하는지를 다루고 있다. 시장 경쟁을 비가격 경쟁과 가격 경쟁, 그리고 제품 차별화를 통한 경쟁으로 나누며, 판촉 활동을 합당한 사업 관행으로 본다. 아울러 치열한 가격 경쟁은 좀 더 많은 사람들을 참여시켜 시장을 확장하는 역할을 하므

2. Sacks, J.(1998), Markets and Morals, Occasional Paper 108, Institute of Economic Affairs.

로 선호될 뿐만 아니라 선(축복)으로 기억될만한 일이라고 말한다. 탈무드의 이러한 태도는 시장의 작동 방식과 치열한 경쟁의 효과에 대해 충분히 인식하고 있음을 잘 보여준다.

시장 경쟁에 대한 긍정적 태도에도 불구하고 탈무드는 가격기구에 대한 개입 필요성을 공개적으로 천명하고 있다. 즉, 물건을 실제 가치보다 지나치게 높거나 낮게 매매하는 것을 제한하였으며 생활필수품에 대해 인위적으로 가격을 인상하는 것을 막았다. 특히 후자는 사회의 가장 가난하고 가장 약한 사람들을 위해 필수품의 안정적이고 신뢰할 수 있는 저렴한 공급을 보장하기 위한 것이었다. 반면 생명 유지에 필수적이지 않은 사치품에 대해서는 가격통제를 부과하지 않았다. 한편 탈무드는 정보 비대칭성이 시장실패를 낳는다는 점도 인지하고 있었다. 이에 따라 무지와 비대칭 정보로부터 시장 참가자를 보호하기 위해 상품의 시장가격을 완전히 공개하도록 요구하여, 완전 정보의 조건 하에서 시장가격이 형성되도록 하였다.

경쟁적 시장

특정 상품의 구매자와 판매자가 함께 모여 시장을 형성한다. 시장은 특정 상품의 구매자와 판매자의 모임이다. 구매자는 제품에 대한 수요를 표출하고 판매자는 제품을 생산해 공급한다. 구매자와 판매자의 자유로운 상호 작용은 특정 상품의 가격과 거래량을 결정한다. 우선 이 장은 완전히 경쟁적인 시장(competitive market)에 초점을 맞춘다. 완전경쟁 시장에서 각 판매자가 판매하는 상품은 모두 동일하다. 또한 구매자와 판매자가 너무 많아서 각 구매자와 판매자는 전체 시장의 작은 부분일 뿐이므로 단일의 구매자나 판매자는 시장 가격이나 생산량에 영향을 미칠 수 없다. 동질적 상품과 매우 많은 참가자라는 두 가지 특성은 상품의 가격과 거래량이 특정 개인이나 기업이 아닌 시장에 의해 결정되는 매우 경쟁적인 시장을 만든다. 이 시장에서 매일 수많은 상인들이 상품을 판매한다. 몇 명의 판매자가 사라지거나 그들이 파는 상품이 부족하더라도 그날 공급되는 수량은 크게 변하지 않으며 나머지 판매자가 어려움 없이 공백을 채울 수 있다. 가격은 모든 판매자가 동일하기 때문에 상품을 어디서 구입하는지는 중요하지 않다. 구매자가 누구에게서나 제품을 구매하려는 경우 판매자는 자신이 부과하는 가격을 통제할 수 없다. 구매자도 마찬가지다. 구매자는 다른 공급업체에서 상품을 찾는 데 어려움을 겪지 않는 폭넓은 가용성을 기대할 수 있다. 특정 구매자가 특정 날짜에 시장에 등장하기로 결정했는지 여부는 매일 수많은 구매자가 시장을 방문하기 때문에 시장에 영향을 미치지 못한다. 개별 구매자나 개별 판매자는 상품 가격에 영향을 미치지 못한다. 결과적으로 완전경쟁 시장에서는 경쟁이 치열하다. 동질적 상품과 많은 참여자라는 이 두 가지 특성은 어느 한 기업이 아니라 시장 상황에 따라 가격과 판매량이 결정되는 매우 경쟁적인 시장을 만든다.

완전경쟁 시장에서 상품을 생산하는 기업과 소비자는 가격 수용자(price taker)가 된다. 각 판매자나 구매자의 규모가 전체 시장에 비해 극히 작기 때문이다. 이는 개별 판매자나 개별 구매자의 결정(거래량 증가 또는 감소)이 시장 가격에 영향을 미치지 않음을 의미한다.

완전경쟁 시장은 새로운 경쟁자가 쉽게 시장에 진입할 수 있다는 또 다른 중요한 특징을 갖는다. 생산자가 되는 것을 막을만한 면허제도나 규제는 없다. 마찬가지로 경쟁자가 시장을 떠나는 것을 막을 방법도 거의 없다. 사업을 폐쇄하기로 결정했다면 문을 잠그고, 빌린 장비를 반납하고, 다른 일을 하면 된다. 시장 진입 장벽이 낮을 때, 새로운 기업은 기존 기업과 자유롭게 경쟁할 수 있으며, 이는 경쟁적인 시장을 보장한다.

2. 수요

1) 수요와 수요량

수요(demand)는 소비자가 어떤 재화나 서비스를 구매하고자 하는 욕구를 말한다. 수요는 필요와 욕구에 기반하지만 동시에 지불 능력으로 뒷받침되어야만 한다.

지불능력이 없다면 유효한 수요가 될 수 없다. 구매자가 현재 가격에서 구매할 의향이 있고 구매할 수 있는 구체적인 재화나 서비스의 양을 수요량(quantity of demand)이라고 한다. 소비자가 특정 재화나 서비스 단위에 대해 지불하려는 금액을 가격(price)이라 하는데, 개인이나 단체가 실제로 구매하는 금액은 상품이나 서비스의 가격에 따라 달라진다. 수요량은 특정 가격에서 구매하려는 총 수량이다. 수요와 수요량은 구분되어야 하는데, 전자는 구매하려는 욕구를 말하며 후자는 구매하려는 양을 말한다.

2) 수요의 법칙

재화나 서비스의 가격이 상승하면 거의 항상 그 재화나 서비스의 수요량은 감소하는 경향이 있다. 반대로 가격이 하락하면 거의 항상 수요량이 증가하는 경향이 있다. 예를 들어 휘발유 가격이 오르면 사람들은 카풀이나 대중교통으로 통근하거나, 승용차를 이용한 여행을 줄이거나 여행을 가면서도 소비를 줄이는 방법을 찾는다. 이는 매우 직관적인 아이디어이기 때문에 일반 소비자는 이론적 근거에 거의 신경쓰지 않아도 여전히 행복한 소비생활을 꾸려갈 수 있다. 그러나 직관만으로는 한계가 있으므로 기초적 이론을 이해할 필요가 있다.

우선 가격과 수요량 간의 역관계를 수요의 법칙(law of demand)이라고 한다 : 다른 모든 것이 동일하게 유지될 때(ceteri paribus) 재화의 가격이 상승하면 소비자들은 해당 재화에 대한 수요량을 줄인다. "다른 모든 것이 동일하게 유지될 때"라는 표현은 왜 있을까? 경제모형(수요는 그러한 많은 모형 중 하나일 뿐이다)은 실제 행동을 단순화한 것이다. 소비자가 구매하는 수요량에 영향을 미치는 요인은 가격 외에도 많다. 소비자들이 하나의 요인(가격)의 변화에 어떻게 반응하는지를 알려면 다른 모든 관련 요인들이 일정하게 유지된다고 가정해야 한다. 지난달에 오렌지 가격이 하락하였고, 소비자 소득이 증가하였으며, 사과 가격이 상승하는 변화가 있었는데, 소비자들은 사과를 더 많이 샀다고 하자. 사과 소비가 증가한 것은 가격이 떨어졌기 때문일까, 소득이 커졌기 때문일까, 아니면 오렌지 가격이 올랐기 때문일까? 아마도 이 모든 이유들로 인해 증가했을 것이다. 또 이런 이유 중 어떤 것도 아닐 수도 있다. 만약 이러한 다른 외부 요인들을 통제(일정하게 유지)하지 않는다면, 하나의 변수(즉, 사과 가격)가 사과 소비에 미치는 영향을 분리하고 측정하는 것은 불가능하다.

수요 법칙의 핵심에는 소비자가 현재의 가격을 지불할 의지와 능력이 있다는 점이 놓여 있다. 소비자가 재화를 소비할 의향이 더 강해지거나 구매할 능력이 더 커진다면, 가격이 하락했거나 가격 이외의 요인 중 하나가 변화한 것이다. 이 장의 뒷부분에서는 이러한 수요의 "결정요인"을 보다 자세히 살펴볼 것이다.

수요 법칙의 배후에 있는 핵심적 아이디어 중 하나가 "기회비용이 중요하다"는 것이다. 부모님으로부터 "옛날" 좋은 시절에 커피 한 잔 값이 단지 100원밖에 지나지 않았다는 이야기를 들을 수 있다. 지금 여러분은 같은 커피를 2천 원을 지불해야 마실 수 있다. 가격 2천 원이 제시될 때 ① 2천 원으로 살 수 있는 다른 제품이나 ② 소득의 얼마가 2천 원으로 지출되는가를 생각한다면, 기회비용을 말하는 것이다. 이것들이 중요하다. 첫 번째 재화 X를 얻기 위해 포기해야만 하는 다른 재화 Y의 단위 수는 재화 X의 기회비용을 측정한다. 예를 보기 위해 상황을 단순화하여 어떤 학생이 현재 가격이 1,000원인 붕어빵과 2,000원인 군고구마로 매일의 용돈 10,000원을 사용한다고 가정하자. 이는 두 가지 맛있는 간식의 가격과 용돈의 가치이다.

	화폐가격		상대가격		용돈 중 비중	
	현재	미래	현재	미래	현재	미래
붕어빵	1,000	2,000	1/2 군고구마	1 군고구마	1/10	1/5
군고구마	2,000	2,000	2 붕어빵	1 붕어빵	1/5	1/5

현재 1,000원의 가격으로 붕어빵의 기회비용은 군고구마 1/2개이다. 용돈 총액과 비교하면 예산의 10분의 1에 해당한다. 내일 붕어빵 가격이 2,000원으로 두 배가 되면 수요의 법칙에 관련된 두 가지 일이 발생한다.

1. 붕어빵의 기회비용은 군고구마 한 개로 올랐고 군고구마의 기회비용은 붕어빵 2개에서 1개로 떨어졌다. 붕어빵은 이제 상대적으로 비싸졌기 때문에, 군고구마를 더 많이 소비하고 붕어빵을 덜 소비할 것으로 예상된다. 이때 붕어빵의 2,000원의 가격은 화폐(또는 절대 또는 명목) 가격이라 하며, 기회비용은 상대 (또는 실질) 가격이라 한다. 이처럼 한 재화의 가격이 다른 재화의 가격에 비해 변동함에 따른 수요량의 변화를 대체효과(substitution effect)로 부른다.
2. 소득과 비교할 때 붕어빵의 가격은 용돈의 10분의 1에서 5분의 1로 커졌다. 다시 말해, 붕어빵만 산다면 오늘은 10개를 살 수 있지만, 내일은 같은 소득으로 5개만 살 수 있다. 이렇게 소비자의 구매력(또는 실질소득) 변화에 따른 수요량 변화를 소득효과(income effect)라고 한다.

   붕어빵 가격이 상승할 때 대체효과와 소득효과로 인해 소비자는 수요량을 감소시킴으로써 수요의 법칙과 일치하는 반응을 보일 수 있다. 그렇다면 붕어빵과 군고구마의 가격, 그리고 하루 소득이 모두 두 배로 증가하면 소비자들은 어떻게 반응할까? 군고구마 가격과 비교해서, 그리고 일일 수입과 비교해서, 붕어빵의 기회비용이 변하지 않았기 때문에, 소비자들은 행동을 바꾸지 않을 것이다.

3) 수요계획과 수요곡선

수요의 법칙은 각 가격에서 수요되는 양을 보여주는 그래프인 수요곡선(demand curve)으로 나타낼 수 있다. 경제학자들은 그래프의 가로축에 항상 가격인 독립변수를 놓고, 그래프의 세로축에 종속변수인 수요량을 놓는다. 이때 구매자 甲의 경우 수요의 법칙을 따라 가격이 P_1에서 P_2로 상승하면 수요량은 $q_1^{甲}$에서 $q_2^{甲}$로 감소시킨다. 이를 그래프로 나타낸 것이 [그림 5-1]의 (a)의 甲의 수요곡선에 해당한다.

지금까지는 甲이라는 개인의 수요를 검토하였지만 시장은 다양한 구매자로 구성되어 있다. 하지만 다른 구매자 乙의 수요 역시 수요의 법칙을 따라 가격이 P_1에서 P_2로 상승하면 수요량은 $q_1^{乙}$에서 $q_2^{乙}$로 감소한다. 이 역시 그래프로 나타낸 것이

[그림 5-1] (b)의 乙의 수요곡선에 해당한다. … 이상의 甲, 乙 등 개별 구매자의 수요는 개별 수요라 하는데, 특정 가격 수준에서 이들 구매자의 개별 수요량을 모두 더한 것이 시장 수요량이다.

수요곡선에서 수요량은 수요곡선의 특정 지점에 해당하지만, 수요는 수요곡선 그 자체를 의미한다. 가격이 변화하면 수요량이 변화하는데 수요량은 수요곡선의 특정 지점에 해당하므로, 가격 변화에 따른 수요량의 변화는 수요곡선 상의 이동(movement along the demand curve)으로 나타난다. 예를 들어 구매자 甲에 있어 가격이 P_1에서 P_2로 상승한 데 따른 수요량 변화는 $q_1^{甲}$에서 $q_2^{甲}$로 감소로 대응되어 수요곡선 상의 A점에서 B점으로의 이동으로 나타난다.

그림 5-1 개별 수요와 그 합으로서의 시장수요

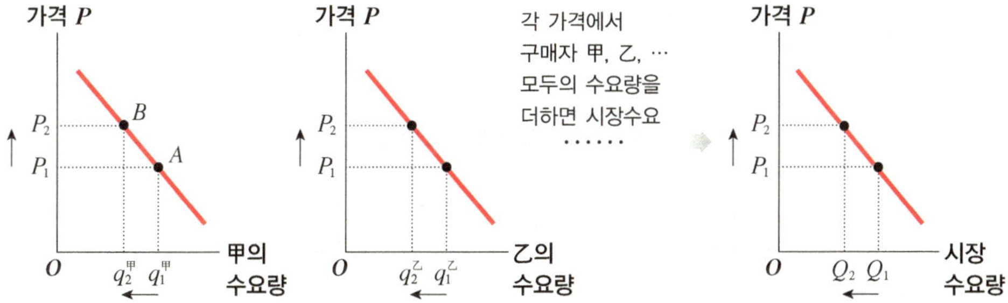

(a) 甲의 수요곡선 (b) 乙의 수요곡선 (c) 시장수요곡선

주 : (a) X재 수요곡선 D는 X재의 가격에 따른 X재 수요량을 보여준다. 가격이 P_1에서 P_2로 상승하면 수요량은 $q_1^{甲}$에서 $q_2^{甲}$로 감소한다. X재 가격이 하락함에 따라 소비자들은 X재를 더 많이 사려고 하고, 이에 따라 우하향하는 수요곡선이 만들어진다.

(c) 특정 가격 P_1에서의 시장수요량 Q_1은 가격 P_1에서 나타나는 개별 수요량 $q_1^{甲}$, $q_2^{乙}$, …의 합으로 계산된다.

4) 수요의 변화와 수요의 결정요인

한편 가격 이외에 소비자의 구매 의지와 능력에 영향을 미치는 요인들이 변화하면 수요량이 변화할 수 있는데 이를 수요의 변화(change in demand)라 한다. 예를 들어 특정 재화에 대한 건강상의 편익이 새로이 밝혀지면, 가격이 변화하지 않아도 수요량이 증가할 수 있는데 이 경우 수요의 변화가 생겨났다고 한다. 수요의 변화는 모든 가격대에서 수요량 변화가 나타나는 것이므로 수요곡선의 이동(movement of the demand curve)으로 표현된다. 특히 수요 증가는 수요곡선의 오른쪽 이동으로 나타난다. 오른쪽 이동은 각 가격대에서 더 많은 재화가 구매됨을 나타낸다. 반면 수요 감소는 수요곡선의 왼쪽 이동으로 나타난다. 왼쪽 이동은 각 가격대에서 더 적은 재화가 구매됨을 나타낸다.

수요를 변화시킬 수 있는 변수 또는 요인은 매우 다양하다. 이러한 모든 변수를 바로잡는 가장 쉬운 방법은 스스로에게 다음과 같은 간단한 질문을 하는 것이다. 이 변화로 인해 상품을 더 많이 사게 될까, 아니면 적게 사게 될까? 변화로 인해 특정 가격에서 구매하려는 금액이 감소하면 수요곡선은 왼쪽으로 이동한다. 특정 가격에서 구매하려는 금액이 증가하면 수요곡선은 오른쪽으로 이동한다.

그림 5-2 수요량과 수요의 변화

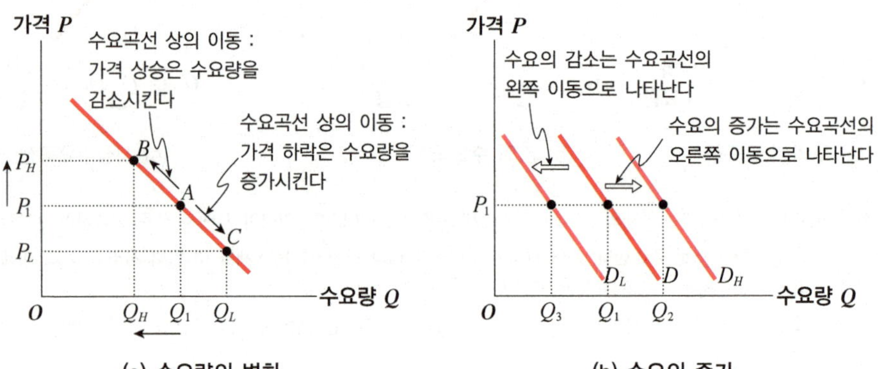

(a) 수요량의 변화 (b) 수요의 증가

주 : (a) **수요곡선 상의 이동** : 재화 가격의 변화는 수요곡선 상의 이동을 낳는다. X재 가격이 P_H에서 P_L로 하락하면 소비자들의 수요량은 Q_H에서 Q_L로 감소하는 변화가 나타난다.

(b) **수요곡선의 이동** : 수요곡선 D는 수요에 영향을 미치는 가격 이외의 요인이 변화하면 이동한다. X재에 대한 만족이 줄어들면 모든 가격대에서 소비자들은 전보다 X재를 덜 수요할 것이고, 수요곡선은 D에서 안쪽으로 이동하여 D_L이 된다(P_1의 가격이 유지될 때 수요량은 Q_1에서 Q_2로 증가한다). 반대로 X재에 대한 선호가 커지면 X재에 대한 수요는 D에서 바깥쪽으로 이동하여 D_H가 된다(P_1의 가격이 유지될 때 수요량은 Q_1에서 Q_3로 감소한다).

수요 변화를 낳는 요인은 재화나 용역을 구매하려는 소비자의 의지나 능력에 영향을 미치는 것들로 다음을 포함한다.

- 소비자의 소득
- 대체재의 가격
- 보완재의 가격
- 소비자의 취향과 선호도
- 미래 가격에 대한 소비자의 기대
- 구매자 수

소비자의 소득 수요는 재화을 위해 지불하려는 소비자의 의지와 능력을 나타낸다. 소득은 지불능력을 구성하는 주요 요인이다. 종종 두 가지 유형의 상품, 즉 정상재와 열등재가 구별된다. 대부분의 재화의 경우 소득이 증가하면 재화에 대한 수요가 증가한다. 따라서, 이러한 정상재(normal goods)의 경우, 소득이 증가하면 수요곡선은 우측으로 이동한다. 소득 수준이 높을수록 수요가 감소하는 열등재들도 있다. 소득이 증가한 소비자는 대부분의 물건을 더 많이 구매할 수 있지만, 구매력이 높아지면 열등한 상품은 덜 구매하게 된다. 열등재(inferior goods)는 선택이 아닌 필요에 의해 구매된다. 예를 들어 대학에 입학하여 원룸을 마련했을 때 학생들의 경우 중고가구에 대한 수요가 증가한다. 하지만 졸업 이후 취업한 졸업생들은 새로운 가구에 대한 수요를 증가시키고 중고가구에 대한 수요를 감소시킨다. 졸업생들에게 새 가구는 정상재이고 중고가구는 열등재이다.

수요가 증가하면 수요곡선이 우측으로 이동한 것으로 간주된다. 이 변화는 두 가지 방법으로 이해될 수 있다. 첫째, 모든 가격 수준에서, 소비자는 재화를 더 많이 구매할 의사와 능력이 있다. [그림 5-2]의 (b)에서 P_1의 가격이 유지될 때 수요량은 Q_1에서 Q_2로 증가했음을 알 수 있다. 둘째, 모든 수량에서 소비자는 재화에 대해 더 높은 가격을 기꺼이 지불할 수 있다. 반대로 수요 감소는 수요곡선의 좌측이동으로 간주된다. (b)에서 P_1의 가격이 유지될 때 수요량이 Q_1에서 Q_3로 떨어짐을 알 수 있다.

수요곡선을 이동시킬 수 있는 또 다른 요인은 관련 상품의 가격이다. 특정 재화는 다른 재화의 수요에 직접적 영향을 미친다. 보완재는 소비할 때 함께 사용되는 두 가지 재화이며, 대체재는 서로를 대신하여 사용할 수 있는 두 가지 재화이다.

대체재의 가격 소비자가 동일한 기능을 충족함으로써 동일한 만족(효용) 수준을 얻기 위해 두 재화 중 하나를 사용할 수 있다면, 두 재화는 대체재(substitutes)가 된다. 두 재화가 대체재인 경우 재화 *X*의 가격이 하락하면, 대체재 *Y*에 대한 수요는 감소한다. 예를 들어 난방에 사용되는 천연가스와 석유, 교통수단으로 이용되는 버스와 승용차가 대표적인 대체재이다. 사이다 가격이 그대로인데도 콜라 가격이 인상되었다고 하자. 다른 모든 것을 일정하게 유지하면서 콜라에 대한 수요량은 감소하고 사이다에 대한 수요가 증가할 것으로 예상한다.

보완재의 가격 소비자가 개별적으로 소비하는 것보다 함께 소비할 경우 더 많은 효용을 얻는다면 두 재화는 보완재(complements)이다. 빵과 버터, 자동차와 휘발유, 테니스 라켓과 테니스 공이 이에 해당한다. 두 재화가 보완재이고, 재화 *X*의 가격이 하락하면, 보완재 *Y*에 대한 수요는 증가한다. 다른 것 없이는 사용하지 않을 가능성이 높기 때문이다. 예를 들어 대학생들은 기숙사로 프라이드 치킨을 주문하는 것을 좋아한다. 맥주집에서 프라이드 치킨을 보완하는 생맥주의 가격을 낮췄다. 이 경우 다른 모든 것을 일정하게 유지한 상태에서 생맥주에 대한 수요 증가와 프라이드 치킨에 대한 수요 증가를 동시에 경험할 것으로 기대된다.

취향 및 선호도 사람들은 내면의 취향과 선호도가 다르다. 또한 패션은 빠르게 스타일의 변화를 겪는다. 일반적으로 소비자의 취향과 선호도는 계절(12월에는 군고구마의 소비가 더 크고 아이스크림의 소비가 더 적다), 패션 트렌드(복고풍 바지의 재유행), 또는 광고(저탄수화물 식품)에 따라 변화한다. 재화에 대한 선호도가 더 강해지는 것은 재화에 대한 지불 의지의 강화이며, 이는 수요를 증가시킨다.

미래의 기대 가격 변화나 소득 변화에 대한 미래의 기대는 현재의 수요를 변화시킬 수 있다. 재화가 미래에 이용 가능할지의 여부에 대한 기대도 수요를 변화시킬 수 있다. 예를 들어 수요일에 휘발유 가격이 주말까지 리터당 100원이 오를 것이라고 믿을 만한 이유가 있다고 하자. 어떻게 해야 할까? 가격 상승의 기대감으로 무장한 소비자들은 낮은 가격에 살 수 있는 지금 당장 휘발유 수요를 증가시킨다. 며칠 후 휘발유 가격이 하락할 것으로 기대한다면, 반대로 나중에 더 낮은 가격을 지불하기 위해 구매를 연기하므로 지금 당장 휘발유 수요를 감소할 것으로 예측할 수 있다.

수요는 또한 소득 변화에 대한 미래의 기대에도 영향을 받을 수 있다. 예를 들어 대학 졸업 한 달 전에 첫 정규직 일자리를 얻었다고 하자. 일정 수준의 급여가 보장되는 고용계약에 서명했지만, 첫 달 근무가 끝날 때까지는 첫 월급을 받지 못할 것이다. 그러나 취직 후 펼쳐질 소득의 상당한 증가에 대한 기대는 소비자로 하여금 지금 당장 정상재에 대한 수요를 증가시킬 것이다. 양복 정장부터 자동차까지 다양한 쇼핑이 생겨날 것이다.

구매자 수 시장 수요곡선은 모든 개인 수요곡선의 합이다. 따라서 구매자 수가 증가하면 재화에 대한 수요가 증가한다. 이는 인구통계학적 변화로 생겨난 경우가 많다. 예를 들어 소련이 분열되고 러시아 정부가 더 많은 외국인 투자를 허용하기 시작했을 때, 코카콜라, IBM, 맥도날드와 같은 회사들은 자사 제품에 대한 수백만 명의 새로운 구매자들을 얻었다. 이에 따라 전 세계적으로 콜라, PC, 햄버거의 수요가 증가했다.

3. 공급

수요와 달리 공급업체가 공급하는 과정을 가까이에서 직접 경험한 사람은 많지 않다. 공급에 대한 개인적 경험이 부족하기 때문에, 제품의 생산과 판매로 이익을 얻고자 하는 사람의 입장이 되어 보는 것이 도움이 된다. 더 많은 이익을 얻을 일이 생긴다면, 제품 공급은 증가한다. 이익을 얻을 기회를 놓치게 만들 일이 생긴다면, 제품 공급은 감소한다.

1) 공급과 공급량

공급(supply)은 판매자가 각 가격에서 공급하고자 하는 의지와 능력을 나타낸다. 판매자가 특정 재화나 서비스 단위를 판매하여 수령하려는 금액을 가격(price)이라 한다. 특정 가격에서 판매할 의사가 있고 판매할 능력을 가진 총 단위 수를 공급량(quantity of supply)이라고 한다. 공급과 공급량은 구분되어야 하는데, 전자는 욕구를 말하며 후자는 판매하려는 양에 대한 것이다.

2) 공급의 법칙

재화나 서비스의 가격이 상승하면 거의 항상 그 재화나 서비스의 공급량은 증가하는 경향이 있다. 반대로 가격이 하락하면 거의 항상 공급량이 감소하는 경향이 있다. 예를 들어, 휘발유 가격이 오르면 이익을 추구하는 기업은 다양한 조치를 취한다. 석유 매장탐사를 확대하고, 석유 시추를 늘리고, 더 많은 파이프라인과 유조선에 투자하여 더 많은 석유를 정제공장으로 가져오도록 장려한다. 또한 정유 공장을 확장하고, 휘발유를 주유소로 운송하기 위해 추가 파이프라인과 트럭을 구입하며 더 많은 주유소를 개점하고 기존 주유소는 근무 시간을 늘린다. 가격과 수요량 간의 양의 관계를 공급의 법칙(law of supply)이라고 부른다 : 다른 모든 것이 동일하게 유지될 때 재화의 가격이 상승하면 판매자들은 해당 재화의 공급량을 증가시킨다.

다시 말하지만, "다른 모든 것을 동일하게 유지할 때"라는 문구에 조심해야 한다. 수요 모형과 마찬가지로 공급 모형은 실제 행동을 단순화한 것이다. 가격 외에도, 재화 생산자의 공급에 영향을 미치는 요인은 매우 다양하다. 생산자가 한 변수(가격)의 변화에 어떻게 반응하는지를 예측하려면 다른 모든 관련 요인들이 일정하게 유지된다고 가정해야 한다. 공급을 결정하는 다양한 요인들에 대해 다루기 전에 공급 법칙의 배후에서 어떤 일이 일어나고 있는지 살펴보자.

한계비용 증가 어떤 일(예 : 신체 활동)을 더 많이 할수록, 그 활동의 다음 단위를 하기가 더 어려워진다. 트랙을 한 바퀴 돌거나, 역기를 들어보았거나, 눈을 치워본 사람이라면 누구나 이것을 이해한다. 만약 집 앞의 눈을 치워야 하는 상황이라면 눈 치우는 시간이 더 늘어날수록, 다음 한 시간 동안 눈을 치우는 것이 물리적으로 점점 더 어려워진다. 우리는 또한 눈 치우는 시간의 기회비용도 포함해야 한다. 누구에게나 시간은 소중하다. 작성해야 할 논문이나 벼락치기를 해야 할 시험이 있는 경우, 한 시간 동안 눈을 치우는 것은 엄청난 비용이 드는 셈이 된다. 포기한 기회의 관점에서 보면, 논문이나 시험공부 시간을 연기할수록 눈 치우는 데 드는 한계비용은 증가한다.

일반적으로 재화가 더 많이 생산될수록 한계비용은 더 커진다.

- 공급자들이 재화 공급량을 늘리면, 한계비용은 증가한다.
- 결과적으로, 공급자는 최소한 더 높은 한계비용을 감당할 만큼 받은 가격이 충분히 높을 경우에만 해당 재화의 공급량을 증가시킨다.

3) 공급계획과 공급곡선

공급의 법칙은 각 가격에서 공급되는 양을 보여주는 그래프인 공급곡선(supply curve)으로 나타낼 수 있다. 그래프의 가로축과 세로축은 각각 공급량과 가격을 나타내도록 한다. 이때 판매자 甲은 공급의 법칙을 따라 가격이 P_1에서 P_2로 상승하면 공급량을 $q_1^{甲}$에서 $q_2^{甲}$로 증가시킨다. 이를 그래프로 나타낸 것이 [그림 5-3] (a)의 甲의 공급곡선에 해당한다. 또한 판매자 乙의 공급 역시 공급의 법칙을 따라 가격이 P_1에서 P_2로 상승하면 공급량은 $q_1^{乙}$에서 $q_2^{乙}$로 증가한다. 이 역시 그래프로 나타낸 것이 [그림 5-3] (b)의 乙의 공급곡선에 해당한다. 이상의 甲, 乙 등 개별 판매자의 수요는 개별 공급이라 하는데, 특정 가격 수준에서 이들 판매자의 개별 공급량을 모두 더한 것이 시장 공급량이다 : $Q = q_1^{甲} + q_2^{乙} + \cdots$

그림 5-3 개별 공급과 그 합으로서의 시장공급

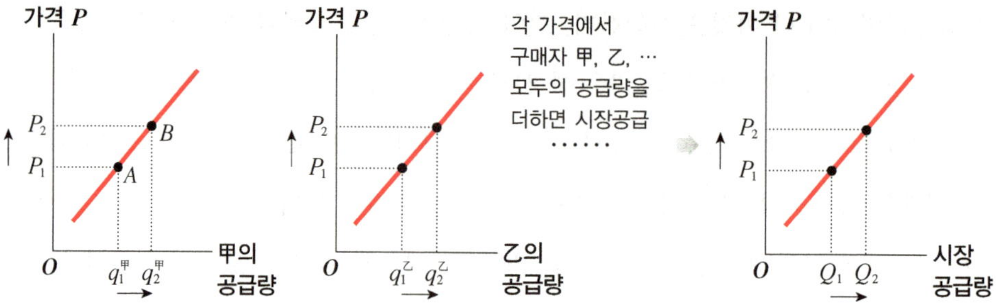

(a) 甲의 공급곡선 (b) 乙의 공급곡선 (c) 시장공급곡선

주 : (a) X재 공급곡선 S는 X재의 가격에 따른 X재 공급량을 보여준다. 가격이 P_1에서 P_2로 상승하면 공급량은 $q_1^{甲}$에서 $q_2^{甲}$로 증가한다. X재 가격이 상승함에 따라 생산자들은 X재를 더 많이 공급하려 하고, 이에 따라 우상향하는 공급곡선이 만들어진다.

(c) 특정 가격 P^*에서의 시장공급량 Q^*은 가격 P^*에서 나타나는 개별 공급량 $q^{甲}$, $q^{乙}$, …의 합으로 계산된다.

공급곡선에서 공급량은 공급곡선의 특정 지점에 해당하지만, 공급은 공급곡선 그 자체를 의미한다. 가격이 변화하면 공급량이 변화하는데 공급량은 공급곡선의 특정 지점에 해당하므로, 가격 변화에 따른 공급량의 변화는 공급곡선 상의 이동(movement along the supply curve)으로 나타난다. 예를 들어 판매자 甲에 있어 가격이 P_1에서 P_2로 상승한 데 따른 공급량 변화는 $q_1^{甲}$에서 $q_2^{甲}$으로의 증가로 대응되어 공급곡선 상의 A점에서 B점으로의 이동으로 나타난다.

4) 공급의 변화와 공급의 결정요인

한편 가격 이외에 판매자의 판매 의지와 능력에 영향을 미치는 요인들이 변화하면 공급량이 변화할 수 있는데 이를 공급의 변화(change in supply)라 한다. 예를 들어 특정 재화를 생산비가 증가하였는데 판매가격이 이전과 동일하다면 공급량이 감소해야 하는데 이 경우 공급의 변화가 생겨났다고 한다. 공급의 변화는 모든 가격대에서 공급량 변화가 나타나는 것이므로 공급곡선의 이동(movement of the supply curve)으로 표현된다.

그림 5-4 공급량의 변화와 공급의 변화

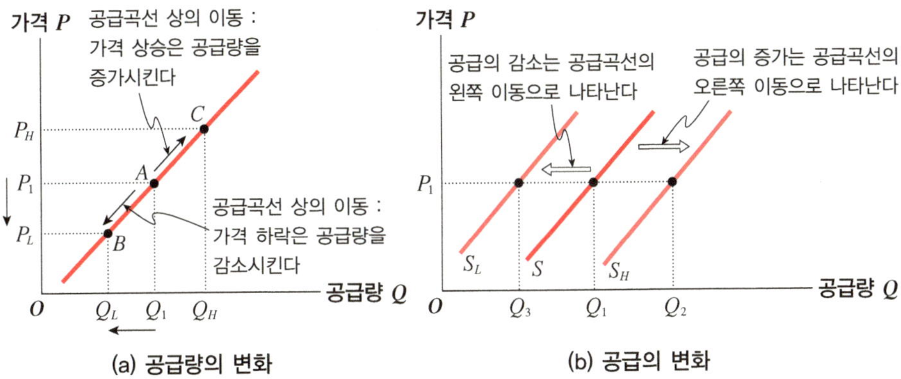

주 : (a) **공급곡선 상의 이동** : 재화 가격의 변화는 공급곡선 상의 이동을 낳는다. X재 가격이 P_1에서 P_H로 상승하면 생산자들의 공급량은 Q_1에서 Q_H로 증가하는 변화가 나타난다.

(b) **공급곡선의 이동** : 공급에 영향을 미치는 가격 이외의 요인이 변화하면 공급곡선 S는 이동한다. 원자재 가격이 상승하면 모든 가격대에서 생산자들은 전보다 X재를 덜 공급할 것이고, 공급곡선은 S에서 안쪽으로 이동하여 S_L이 된다. 반대로 X재 공급업체가 증가하면 X재에 대한 공급곡선은 S에서 바깥쪽으로 이동하여 S_H가 된다.

특히 공급 증가는 공급곡선의 오른쪽 이동으로 나타난다. 오른쪽 이동은 각 가격대에서 더 많은 재화를 판매함을 나타낸다. 반면 공급 감소는 공급곡선의 왼쪽 이동으로 나타난다. 왼쪽 이동은 각 가격대에서 더 적은 재화를 판매함을 나타낸다.

- 공급 증가는 공급곡선의 우측 이동으로 간주된다. 이러한 변화에 대해 두 가지 방법으로 생각할수 있다. 첫째, 어떤 가격이든 생산자는 더 많은 양의 재화를 공급할 의지와 능력이 있다. 그림에서 P_1의 가격이 유지될 때 공급량이 Q_1에서 Q_2로 증가했음을 볼 수 있다. 둘째, 어떤 수량이든 생산의 한계비용은 더 낮아지므로, 생산자들은 재화에 대해 더 낮은 가격을 기꺼이 수용할 수 있다. 물론 공급이 감소하여 공급곡선이 왼쪽으로 이동하는 경우는 그 반대이다. 그림에서 P_1의 가격이 유지될 때 공급량은 Q_1에서 Q_3로 감소한 것으로 볼 수 있다.

공급의 결정요인

식혜 생산자들은 그들의 이윤 기회를 증가시킬 기회가 발생하면 기꺼이 더 많은 식혜를 공급할 의지와 능력이 있다. 제품 자체의 가격 외에도, 식혜와 같은 재화의 공급량을 설명하는 많은 변수, 즉 공급의 결정요인이 다음과 같이 있다.

- 생산비
- 생산기술(생산성)
- 기업에 대한 세금 또는 보조금
- 미래 가격에 대한 공급자의 기대
- 생산될 수 있는 다른 상품의 가격
- 경쟁업체 수

공급곡선을 이동시키는 이러한 변수의 영향을 이해하는 가장 쉬운 방법은 간단한 질문을 하는 것이다. 변화로 인해 기업이 더 많은 제품을 생산하게 될까, 아니면 더 적은 제품을 생산하게 될까? 변화로 인해 기업이 모든 주어진 가격에서 공급할 의향이 있고 공급할 수 있는 재화나 서비스의 양이 감소한다면 공급곡선은 왼쪽으로 이동한다. 변화로 인해 기업이 모든 주어진 가격에서 공급할 의향이 있고 공급할 수 있는 재화나 서비스의 양이 증가하면 공급곡선이 오른쪽으로 이동한다.

생산비 생산비의 증가는 공급곡선을 왼쪽으로 이동시키고, 생산비의 감소는 공급곡선을 오른쪽으로 이동시킨다. 제품 생산에 사용되는 원자재, 노동, 자본 등 생산요소의 가격이 상승하면 생산비가 증가하므로 기업은 주어진 가격에서 전보다 생산을 감소시키므로 공급곡선은 왼쪽으로 이동한다.

기술 또는 생산성 기술 향상은 일반적으로 재화 생산의 비용을 감소시켜 생산자가 더 많은 단위를 공급할 수 있게 하고, 공급곡선의 우측이동으로 반영된다. 만약 전체 공급자들이 노동력 대신 기계 이용을 늘려 생산량을 증가시키면 공급은 증가할 것이다.

세금 및 보조금 단위당 세금은 추가 생산 비용으로 처리되므로 공급을 감소시켜 공급곡선을 왼쪽으로 이동시킨다. 정부에서 제품 한 단위당 추가 세금을 부과하여 전체 공급을 감소시킬 수도 있다. 보조금은 기본적으로 세금 감면에 해당하여 생산단가를 낮추기 때문에 정부가 제공하는 증여라고 볼 수 있다. 정부는 기업을 규제하기도 한다. 어떤 경우에는 이러한 정부의 규제가 기업의 생산비용을 변화시키거나 생산능력에 영향을 미쳐 공급에 영향을 준다.

가격기대 생산자의 공급 의지는 내일의 가격에 대한 기대감에 영향을 받을 수 있다. 기업이 생산하는 재화의 가격이 공급경색 등으로 미래에 상승할 것으로 기대된다면, 기업은 가격이 상승할 때까지 적어도 생산물의 일부분에 대한 판매를 연기할 것이다. 따라서 모든 가격에서 오늘의 공급량은 감소할 것이다. 반대로 가격이 하락할 것으로 기대되면 판매를 가능한 한 앞당길 것이다.

기타 산출물의 가격 기업들은 동일한 자원을 사용하여 다른 상품들을 생산할 수 있다. 이들 생산 가능한 상품들의 가격이 올라서 이윤 기회가 개선된다면, 그렇지 않은 상품의 공급은 줄어들고 가격이 오른 상품들의 공급량을 늘릴 것이다.

공급업체 수 더 많은 공급자가 시장에 진입하면 공급곡선이 오른쪽으로 이동할 것으로 예상된다. 일부 생산자들이 재해로 말미암아 생산이 중단되면 공급곡선이 왼쪽으로 이동할 것으로 예상한다. 모든 가격에서 더 적게 공급될 것이다.

4. 시장 균형

수요자와 공급자는 둘 다 가격에 의해 동기부여를 받지만 행동은 반대이다. 소비자는 저렴한 가격을 좋아한다. 공급자는 높은 가격에 박수를 보낸다. 재화를 구할 수 있다면 소비자는 더 많이 구매할 의향이 있지만, 가격이 적당할 때만 그럴 것이다. 공급자들은 생산을 늘려 더 많은 소비자에게 판매하기를 바라지만, 정당한 보상이 있는 경우에만 그렇다. 두 집단 모두가 만족하는 가격과 양립 가능한 수량이 있을까? 재화가 자유롭고 경쟁적인 시장에서 교환된다면 대답은 “그렇다”이다. 수요와 공급 분석의 진정한 힘은 전체 시장의 가격과 거래량을 얼마나 잘 예측하는지에 있다.

시장 가격과 거래량의 결정

주어진 가격에서 공급량이 수요량과 같을 때 시장 가격은 균형(equilibrium) 상태에 있다고 한다. 균형이란 어떤 대상을 변화시키려는 일이 명백하게 일어나지 않는 한 아무것도 변화하지 않으려는 경향을 갖는 상태이다. 생산자들이 집단적으로 그들이 생산한 모든 제품을 판매하고 있으며 그보다 많이 혹은 적게 팔려고 하지 않으며, 소비자들이 집단적으로 각자 제품을 구매하고 있으며 그 보다 많이 혹은 적게 살려고 하지 않는 경우 재화의 가격이 균형 상태에 있다고 말하게 된다. 요약하면 기업이 의도적으로 결정한 생산량과 정확히 같은 양만큼 소비자들이 구매하게 되는 경우 시장은 균형 상태에 있다고 하며, 그때의 가격을 균형 가격, 그때의 수량을 균형 거래량이라 한다.[3] [그림 5–5]에서 균형 가격과 균형 거래량은 수요곡선이 공급곡선과 교차하는 곳에 위치한다. P^*의 가격에서 일일 수요량과 공급량은 모두 Q^*로 일치한다. 따라서 균형 가격은 P^*이다. 다른 모든 수요 요인과 공급 요인을 일정하게 유지할 경우 $Q^d = Q^s$인 다른 가격은 존재하지 않는다. 결과적으로 시장에서 상품 가격을 결정하는 것은 판매자가 아닌 것이다. 수요와 공급은 균형 가격과 균형 거래량을 결정하는 시장의 기능에 동등하게 기여한다.

P^* 미만, 예를 들어 P_L의 시장 가격에서는 수요량이 공급량을 초과하여 공급 부족이 발생한다. 소비자들은 가격이 낮아졌으므로 수요량을 늘릴 것이다. 반면 공급자들은 가격이 낮아지면 공급량을 줄인다. P_L의 가격에서의 공급 부족 또는 수요 초과 문제는 가격 변화를 통해 저절로 해결될 것이다. 급한 수요자들은 판매자들에게 P_L보다 약간 높은 가격을 제시하고, 더 높은 가격을 받게 된 공급자들은 공급량을

3. 균형에 대해 생각하는 또 다른 방법은 소비자가 기대하는 가격이 공급자가 요구하는 가격과 동일한 수량에서 발생한다는 것이다. 따라서 공급자와 수요자 모두 주어진 수량에 대해 가격에 만족한다면, 시장은 균형 상태에 있다. 가격 변동의 압력이 있다면 시장은 아직 균형에 이르지 못한 것이다.

증가시킨다. 경쟁을 통해 새로이 형성된 P^* 가격으로 부족이 해소된다.

그림 5-5 시장 균형의 결정

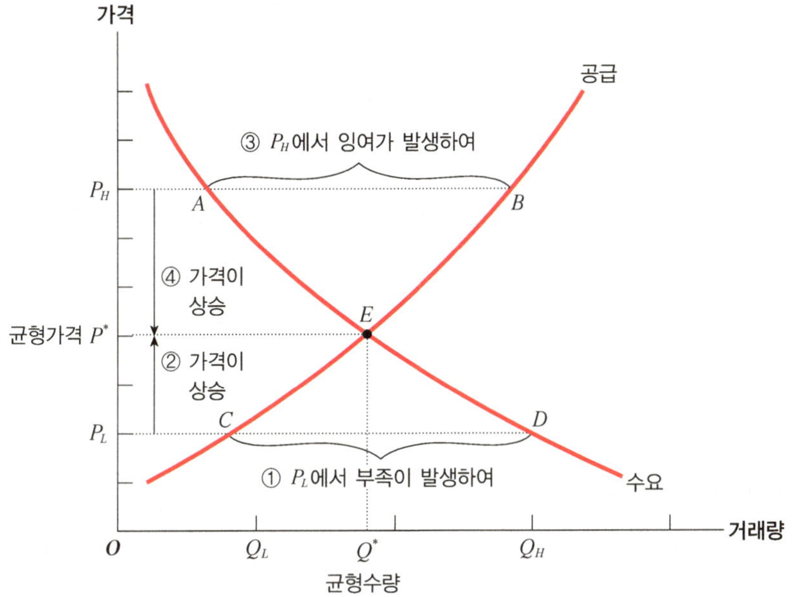

주 : (1) **시장균형** : 수요곡선 D와 공급곡선 S가 교차하는 점이 시장균형을 나타낸다. X재의 균형가격과 수량은 각각 P^*와 Q^*이다.

(2) **균형가격보다 가격이 너무 높은 경우** : 균형가격 P^*보다 높은 P_H에서 생산자들은 Q_H만큼 생산하는 반면 소비자들은 Q_L만큼 사려 한다. 이는 AB만큼의 X재의 초과공급을 초래하며, 시간이 지남에 따라 가격이 떨어지고 시장은 균형인 E점을 향해 움직인다.

(3) **균형가격보다 가격이 너무 낮은 경우** : 균형가격 P^*보다 낮은 P_L에서 생산자들은 Q_L만큼 생산하는 반면 소비자들은 Q_H만큼 사려고 한다. 이는 CD만큼의 X재의 초과수요를 초래하며 시간이 지남에 따라 가격이 상승하고 시장은 균형인 E점을 향해 움직인다.

P^* 초과, 예를 들어 P_H의 시장 가격에서는 공급량이 수요량을 초과하여 공급 잉여가 발생한다. 소비자들은 공급자들이 공급하려는 만큼 구매하지 않으려 하고, 시장은 불균형 상태에 놓인다. 판매자들은 더 많은 소비자가 구매하도록 유도하려면 할인된 가격으로 제품을 공급해야 하고 이에 대응해 구매자들은 그들의 수요량을 늘린다. 다시 말해, 경쟁과 함께 P^*의 가격으로 공급 잉여를 없앨 것이다.

경쟁 시장에서는 가격조정 과정을 통해 부족과 과잉이 해결된다. 이 과정은 구매자와 판매자가 각각 수요 수량과 공급 수량을 조정할 기회를 가질 때까지 지속된다. 낮은 가격에서 충분한 물량을 찾을 수 없는 구매자는 사용 가능한 재고를 찾기 위해 경쟁한다. 이 경쟁으로 인해 가격이 상승한다. 마찬가지로 높은 가격에서 충분히 판매할 수 없는 기업은 재고를 줄이기 위해 가격을 낮춰야 한다. 결과적으로 시장 균형은 소비자가 원하거나 필요로 하는 상품의 적절한 공급을 보장하기 위한 정부 계획 없이도 발생한다. 분산형 시스템이 혼란을 야기할 것이라고 생각할 수도 있지만 사실은 그렇지 않다. 시장은 구매자와 판매자가 가격 변화에 빠르게 적응할 수 있기 때문에 작동한다. 이러한 조정은 균형을 가져온다. 과거 20세기 공산주의 국가에서 시장이 억압되었을 때, 부족 현상은 흔한 일이었다. 부분적으로는 추가 생산이 필요하다는 신호를 보내는 시장 가격 시스템이 없었기 때문이다.

연립방정식과 균형

수요곡선과 공급곡선으로 구성된 수요–공급 모형은 우리가 중학교에서 배운 연립방정식의 하나이다. 연립방정식은 일정 변수들을 공유하는 여러 개의 방정식들의 모임이다. 예를 들어 $x + y = 5$와 $x - y = 6$은 변수 x와 y를 공유하는 두 개의 방정식으로 연립방정식이라 불린다. 수요–공급 모형은 가격과 거래량 변수를 공유하는 수요곡선과 공급곡선의 모임이다. 예를 들어 수요곡선과 공급곡선은 각각 $Q = 10 - 2P$와 $Q = 2 + 3P$와 같이 나타낼 수 있다. 이러한 연립방정식의 해는 물론 대수적으로 구할 수도 있지만, 방정식을 그래프로 나타내어 구할 수도 있다. 즉, $x + y = 5$와 $x - y = 6$의 경우에는 공통의 변수 x와 y를 각각 수평축과 수직축으로 하는 그래프를 그려서 두 방정식의 그래프가 교차하는 점이 해가 된다. 마찬가지로 $Q = 10 - 2P$와 $Q = 2 + 3P$로 구성된 수요곡선과 공급곡선은 공통의 변수 Q와 P를 각각 수평축과 수직축으로 하는 그래프를 그려서 수요곡선과 공급곡선이 교차하는 점으로 해(균형 거래량과 균형 가격)를 구한다. 그래프를 이용해 수요–공급 분석을 하면 균형 해를 직관적으로 이해하기 쉬울 뿐만 아니라 외부 환경변화가 나타날 때 시장의 가격과 거래량에 어떤 변화가 발생하는가를 이해하는 데 큰 도움이 된다. 그래프에 의존하지 않는다면 매번 연립방정식을 대수적으로 분석해야만 한다. 수요·공급 모형은 경제학이 수학과 불가분의 관계를 가질 수 밖에 없음을 잘 보여준다.

5. 시장 현상의 분석

시장의 균형가격과 균형수량이 어떻게 결정되는지 알았으므로 이제 수요와 공급 모형을 사용하여 수요나 공급을 변화시키는 요인들이 균형가격과 균형수량에 미치는 영향을 살펴볼 수 있다. 먼저 수요의 변화를 살펴보고, 다음으로 공급의 변화를 살펴보자.

수요변화의 효과 제품에 대한 수요가 증가하였다고 하자. 이 경우 수요곡선은 오른쪽으로 이동한다. 균형은 이동한 수요곡선과 공급곡선의 새로운 교차점에서 새로이 결정되고, 균형가격은 상승하고 균형 거래량도 증가한다. 결국 수요·공급 모형은 수요 증가가 시장에서 가격과 수량을 모두 상승시킬 것이라고 제시한다. 수요가 감소할 경우에는 수요곡선은 왼쪽으로 이동하고 수요곡선과 공급곡선의 새로운

그림 5-6 수요 변화에 따른 균형가격과 균형수량의 변화

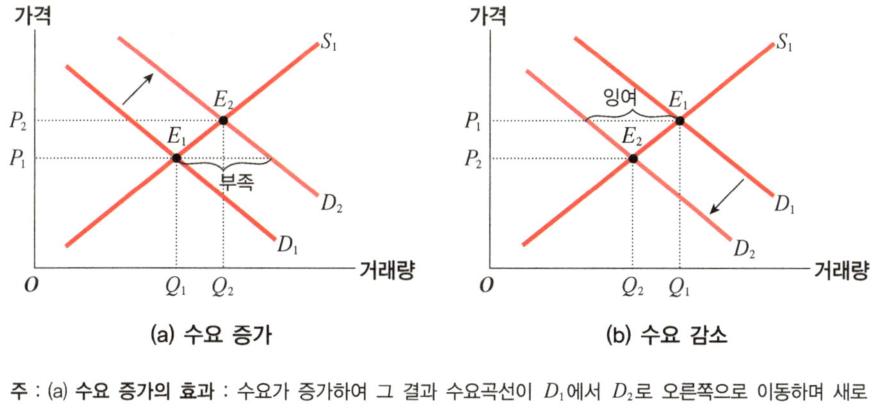

주 : (a) **수요 증가의 효과** : 수요가 증가하여 그 결과 수요곡선이 D_1에서 D_2로 오른쪽으로 이동하며 새로운 균형점 E_2가 나타난다. 균형수량은 Q_1에서 Q_2로 증가하고, 균형가격은 P_1에서 P_2로 상승한다.

(b) **수요 감소의 효과** : 수요가 감소하여 그 결과 수요곡선이 D_1에서 D_2로 왼쪽으로 이동하며 새로운 균형점 E_2가 나타난다. 균형수량은 Q_1에서 Q_2로 하락하고, 균형가격은 P_1에서 P_2로 하락한다.

교차점에서 균형 가격은 전보다 낮아지며, 거래량 또한 전보다 작아진다. 따라서 수요·공급 모형은 수요 감소가 가격과 거래량을 모두 하락시킬 것이라고 예측한다. 이 예들에서 수요곡선의 이동은 공급곡선 상에서의 이동으로 나타난다. 먼저, 수요곡선이 오른쪽이나 왼쪽으로 이동하고, 이어서 공급곡선 상에서의 이동이 나타난다. 왜냐하면 가격의 변화가 기업이 팔고자하는 수량에 영향을 주기 때문이다.

- 수요가 증가하면 균형 가격과 균형 수량이 모두 증가한다.
- 수요가 감소하면 균형 가격과 균형 수량이 모두 감소한다.

공급 변화의 효과 새로운 기술이 생산비용을 감소시키면 공급곡선이 오른쪽으로 이동힌다. 새로운 균형가격은 처음의 균형가격보다 더 낮게 나타나며, 균형 거래량은 처음의 균형 거래량보다 증가한다. 따라서 수요·공급 모형은 공급의 증가가 가격을 하락시키고 거래량을 증가시킬 것이라고 예측해준다. 생산비용이 증가하면 공급곡선은 왼쪽으로 이동한다. 이 경우 균형가격은 상승하고 균형 거래량은 감소한다. 따라서 수요·공급 모형은 공급 감소가 가격을 상승시키고 거래량을 감소시킬

그림 5-7 공급 변화에 따른 균형가격과 균형수량의 변화

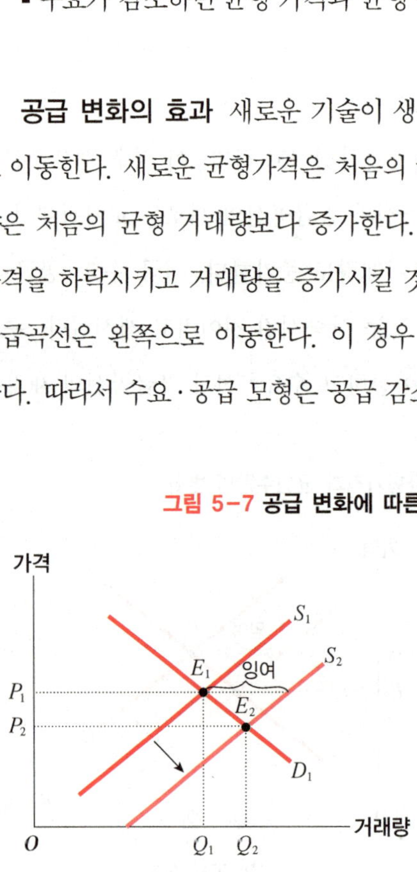

(a) 공급 증가

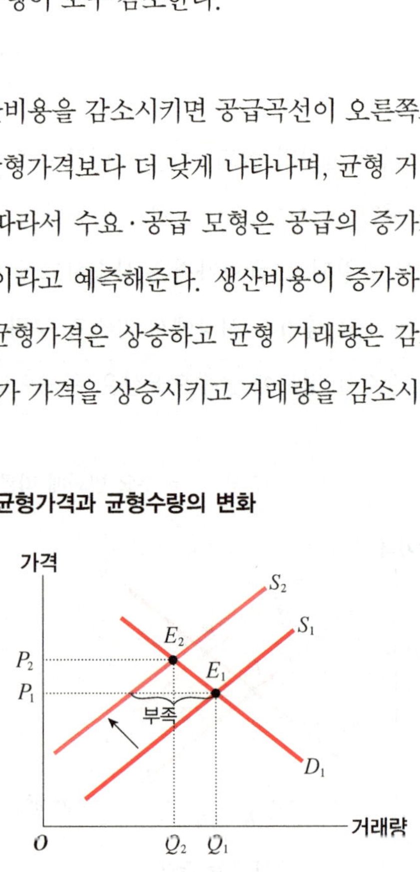

(b) 공급 감소

주 : (a) **공급 증가의 효과** : 공급이 증가하여 그 결과 공급곡선이 S_1에서 S_2로 오른쪽으로 이동하며, 새로운 균형점 E_2가 나타난다. 균형 거래량은 Q_1에서 Q_2로 증가하고, 균형 가격은 P_1에서 P_2로 하락한다.

(b) **공급 감소의 효과** : 공급이 감소하여 그 결과 공급곡선이 S_1에서 S_2로 왼쪽으로 이동하며, 새로운 균형점 E_2가 나타난다. 균형 거래량은 Q_1에서 Q_2로 감소하고, 균형가격은 P_1에서 P_2로 상승한다.

것이라고 예측해 준다.

현실에서는 수요곡선과 공급곡선이 둘 다 동시에 이동하는 경우가 빈번하다. 이 경우에 가격과 거래량이 상승하는지 하락하는지를 예측하기 위해서는 수요곡선과 공급곡선 중 어느 것이 더 크게 이동하는지를 알아야 한다.

- 공급이 늘어나면 균형 가격은 떨어지고 균형 수량은 늘어난다.
- 공급이 줄어들면 균형 가격은 오르고 균형 수량은 줄어든다.

표 5-2 **수요곡선과 공급곡선의 이동에 따른 효과**

이동의 원인	가격에 미치는 효과	거래량에 미치는 효과	가격과 거래량의 방향
수요의 증가	상승	상승	가격과 거래량은 같은 방향으로 움직인다.
수요의 감소	하락	하락	
공급의 증가	하락	상승	가격과 거래량은 반대 방향으로 움직인다.
공급의 감소	상승	하락	

경제에 변화가 발생했을 때 균형가격과 균형 거래량에는 어떤 변화가 발생할지 어떻게 알 수 있을까? 균형 가격과 균형 거래량은 수요곡선과 공급곡선의 위치에 따라 결정된다. 따라서 어떤 사건으로 수요곡선이나 공급곡선이 이동하면 시장 균형도 변한다. 그 결과 새로운 균형가격과 새로운 균형 거래량이 결정된다. 경제 환경의 변화가 시장균형에 미치는 효과를 4단계에 걸쳐 분석할 수 있다.

- **1단계** : 변화가 발생하기 전의 상황을 나타내는 시장 모형을 수요곡선과 공급곡선으로 그린다. 이를 위해서는 네 가지 정보가 필요하다.
  - 수평의 수량축과 수직의 가격축
  - 우하향하는 수요곡선
  - 우상향하는 공급곡선
  - 초기 균형가격과 균형 거래량
- **2단계** : 발생한 환경변화가 수요의 변화를 초래할지 공급의 변화를 초래할지

아니면 수요와 공급을 동시에 변화시킬지를 파악한다. 생산비 증가, 미래 가격의 상승 예상, 기업 수 감소는 공급 감소를 낳으며, 생산비 감소, 미래 가격의 하락 기대, 기업 수 증가는 공급 증가를낳을 것이다. 소비자들의 지불용의나 소비자 수가 증가하면 수요 증가가 나타나고 지불용의나 소비자 수가 감소하면 수요는 감소할 것이다. 이런 식으로 생각해 볼 수 있다. 변화가 소비자가 구매하려는 금액을 변경할까, 아니면 생산자가 판매하려는 금액을 변경할까?

- **3단계** : 공급 변화라면 공급곡선의 이동으로, 수요 변화라면 수요곡선의 이동으로 나타낸다. 수요와 공급의 감소는 각각 수요곡선과 공급곡선의 왼쪽 이동으로 나타내며, 수요와 공급의 증가는 수요곡선과 공급곡선의 우측 이동으로 나타낸다.

  수요의 증가 = 수요곡선의 오른쪽 이동

  수요의 감소 = 수요곡선의 왼쪽 이동

  공급의 증가 = 공급곡선의 오른쪽 이동

  공급의 감소 = 공급곡선의 왼쪽 이동

- **4단계** : 이동한 수요곡선이나 공급곡선이 교차하여 새로이 만든 수요곡선과 공급곡선의 균형점과 그에 따른 균형 가격과 균형 거래량을 원래의 균형 가격과 균형 거래량과 비교함으로써 변화가 시장에 미치는 영향을 파악한다.

수요 변화의 파급효과 사례 : 신문과 인터넷

인터넷과 휴대폰의 보급에 따라 점점 더 많은 사람들, 특히 청년들이 온라인에서 뉴스를 얻고 있다. 성인의 대다수는 이제 스마트폰이나 태블릿을 소유하고 있으며, 대부분 뉴스를 얻기 위해 온라인에 의존한다. 이러한 행동 변화는 인쇄 뉴스 매체와 라디오 및 텔레비전 뉴스의 소비에 어떤 영향을 미쳤을까? 4단계 분석을 사용하여 알아보자. [그림 5-8]의 수요 및 공급 모델에서 필요한 모든 정보를 찾을 수 있다.

그림 5-8 인터넷과 휴대폰 보급이 기존 뉴스원에 미친 효과

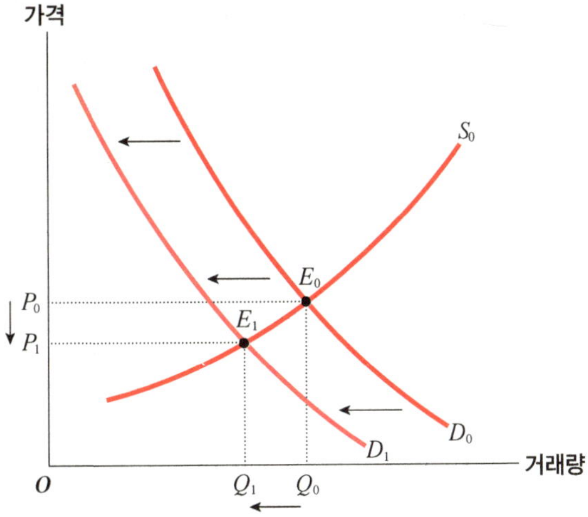

- **1단계** : 행동변화가 발생하기 전 상황을 나타내는 수요·공급 모형을 그린다. 이 경우는 수요 및 공급 모형이 사람들이 뉴스를 얻기 위해 온라인을 사용하기 전을 고려해야 한다. 이 수요 공급 모형에서 가격축과 수량 축에는 특정한 단위 표시 없이 분석하였다.
- **2단계** : 분석 중인 경제변화가 수요 또는 공급에 영향을 미치는지 여부를 결정한다. 전통적인 뉴스 원(인쇄물, 라디오, 텔레비전)에서 온라인으로의 취향 변화는 전자에 대한 수요의 변화(감소)를 가져왔다.
- **3단계** : 수요 또는 공급에 미치는 영향이 곡선을 오른쪽 또는 왼쪽으로 이동시키는지 여부를 결정하고 그림에 새로운 수요곡선 또는 공급곡선을 그려 넣는다. 온라인 뉴스원으로의 전환은 모든 주어진 가격에서 전통적인 뉴스원에 대한 수요를 감소시키는 경향이 있어 전통적 뉴스원에 대한 수요곡선이 D_0에서 D_1로 왼쪽으로 이동하게 한다.
- **4단계** : 새로운 균형을 확인한 다음 원래의 균형 가격 및 균형 거래량을 새로운 균형 가격 및 균형 거래량과 비교한다. 새로운 균형 E_1은 원래 균형 E_0보다 낮은 거래량과 낮은 가격으로 발생한다.

그렇다면 온라인 뉴스원 사용 증가의 영향에 대해 이제 무엇을 알게 되었나? 4단계 분석을 기반으로 전통적인 뉴스원을 원하는 사람이 감소하고 이러한 전통적인 뉴스매체가 더 낮은 가격에 사고 팔릴 것이라는 것을 알 수 있다.

6. 시장의 호혜성

2장에서 자발적 교환은 호혜적임을 보았다. 그렇다면 가격을 신호로 교환이 이루어지는 시장교환 역시 호혜적일까? 결론부터 말하자면 시장 거래에서도 참가자 모두가 이익을 얻는다. 그렇지 않으면 거래가 이루어지지 않는다. 시장은 구매자와 판매자로 구성되며, 시장에서 각자 현행 가격으로 수용 가능한 거래를 할 수 있는 거래 상대방을 찾는다. 각자는 이러한 거래에서 이익을 얻을 것으로 기대한다. 구매자는 상품의 가치가 가격보다 크다고 생각하고, 판매자는 가격이 상품의 가치보다 크다고 생각하여 상호 이익이 되는 교환이 이루어진다. 구매자와 판매자가 시장에서 구매하고 판매하는 데서 얻는 이득을 각각 소비자잉여(consumer surplus)와 생산자잉여(producer surplus)라 한다. 소비자잉여와 생산자잉여가 크면 클수록, 사람들은 더 나은 상태를 누리는 것이다. 소비자잉여와 생산자잉여라는 두 가지 이득의 합계를 사회복지(social welfare) 또는 사회적 잉여(social surplus)라 하는데 이는 시장에 참여하는 모든 참가자가 누리고 있는 복지 또는 시장이 창출하는 가치를 측정한다. 완전경쟁 시장의 매력적인 특징은 소비자와 생산자가 생산자잉여와 소비자잉여의 합을 극대화한다는 것이다. 즉, 사회에 최대의 복지를 제공한다. 이때 소비자와 생산자의 총 잉여를 극대화하는 방식으로 자원이 배분된다는 의미에서 배분 효율성(allocative efficiency)을 달성하고 있다고 한다. 그렇다고 사회복지가 전적으로 시장에 달려 있다는 말은 아니다. 사람들은 가족 및 친구와 함께 시간을 보내고, 취미 생활을 하고, 자선 활동을 하는 등 다양한 비시장 환경에서도 만족을 찾는다. 다만 지금은 시장이 인간 복지를 어떻게 향상시키는지에만 초점을 맞춘다.

만일 다른 사람에게 피해를 끼치지 않고 어떤 사람을 더 좋게 만드는 식으로 소비나 생산을 변화시키는 것이 가능한 상황이 존재한다면 현재의 상황은 비효율적이다. 그러한 상황은 어떤 사람이 다른 사람에게 피해를 주지 않고 더 좋은 생활을 누릴 수 있는 상황이기 때문에 자원이 낭비되고 있는 상황이다. 경제학자들은 다른 사람에게 피해를 주지 않으면서 어떤 사람을 더 나은 상태로 만드는 것이 불가능하다면 이탈리아 경제학자인 빌프레도 파레토(Vilfredo Pareto)를 따라 파레토 효율적(Pareto efficient)인 상황이라고 한다.

일물일가와 시장균형에서의 배분 효율성

시장에서 수요와 공급의 균형이 이루어지고 그에 따라 균형가격이 성립하면 시장에 참여하는 모든 구매자와 모든 판매자는 바로 이 하나의 균형가격에 모두 거래한다. 그 재화의 가치를 높이 평가하건 낮게 평가하건 상관없이 그 재화를 사야 한다면 바로 이 균형가격에서 구매해야 한다. 그 재화를 비싸게 생산하건 저렴하게 생산하건 그 재화를 팔아야 한다면 바로 이 균형가격에 판매해야 한다. 완전경쟁시장에서 동질적인 재화라면 동일 가격에 매매되어야 하는 것을 일물일가 법칙(law of one price, 一物一價 法則)이라 한다.

어떤 경제에서 배분 효율성이 달성되려면 세 가지 조건을 만족시켜야 한다.

① 생산된 최종 단위가 주는 한계 편익(*MB*)은 그것의 한계비용(*MC*)과 일치해야 한다. 한계편익이 한계비용보다 크다면 해당 재화는 너무 적게 생산하고 있는 것이며, 한계비용이 한계편익을 초과하고 있으면 해당 재화는 너무 많이 생산되고 있는 것이다. 이 두 경우 모두에서 생산량의 상향 또는 하향 조정은 효율성을 증가시킨다.

② 생산과 관련하여 한계비용의 크기는 모든 생산자에게 똑같아야 한다. 생산자들의 한계비용이 동일하지 않다면 생산비용을 증가시키지 않고도 생산량을 증가시킬 수 있다. 높은 한계비용을 발생시키는 생산자가 더 적게 생산하게 하고 낮은 한계비용을 발생시키는 생산자가 더 많이 생산하게 하면 된다.

③ 소비자 간의 재화의 배분과 관련하여 동일한 재화를 소비하는 데서 얻는 한

계편익의 크기는 모든 소비자에게 같아야 한다. 한계편익이 소비자마다 다르다면 다른 사람에게 손실을 입히지 않고 어떤 사람의 이득이 생겨날 수 있다. 높은 한계편익을 갖는 소비자가 낮은 한계편익을 갖는 소비자로부터 해당 재화를 두 한계편익 사이의 가격으로 구입하게 하면 두 사람 모두를 전보다 나은 상태로 만들어 효율성을 증가시킨다.

배분 효율성을 달성하기 위한 이상의 세 가지 조건으로 판단할 때 완전경쟁 시장은 효율적이라고 할 수 있다. 완전경쟁 시장의 거래량은 공급과 수요가 만나는 점에서 찾을 수 있다. 이는 재화가 소비자에게 주는 가치를 나타내는 수요곡선이 추가적인 재화 생산비용을 나타내는 공급곡선 아래로 내려갈 때까지 기업이 계속 생산함을 의미한다. 생산비보다 가치가 높은 단위를 모두 생산하고 가치보다 비용이 더 드는 단위를 하나도 생산하지 않음으로써 완전경쟁 시장은 자원배분에서 효율성을 달성한다. 완전경쟁 시장의 균형 생산량에서 수요곡선상에서는 한계편익이 시장가격과 일치하고, 공급곡선 상에서는 한계비용이 시장가격과 일치한다는 것이다. 이는 한계편익이 한계비용과 일치한다는 것을 의미한다. 한편 모든 소비자가 동일한 시장가격에 직면하므로 각 소비자의 한계 편익이 (시장가격과) 동일해진다. 마찬가지로 모든 기업이 동일한 시장가격에 직면하므로 각 기업의 한계비용이 (시장가격과) 동일해진다. 결론적으로 가격을 매개로 하여 경쟁시장은 배분 효율성을 달성하게 한다.

소비자잉여

일물일가 법칙에 따라 재화의 가치에 대한 주관적 판단과 상관없이 누구나 단일의 균형가격에 구매해야 한다면, 지불할 의사가 있는 수준보다 낮은 가격을 지불할 경우 대단한 느낌을 갖게 된다. 이러한 느낌은 소비자잉여라 불리는데, 지불 용의가 있는 가격(또는 지불용의 가격)과 실제 지불 가격의 차이로 나타난다.

소비자잉여 = 소비자의 지불용의(한계편익) − 소비자의 실제 지불가격 앞에서 수요곡선은 특정 가격을 기준으로 각 가격수준에서 구매자들이 특정 재화를 얼마나 구매하려는지를 나타낸다고 하였다. 하지만 수요곡선은 특정 수량을 기준으로도 해석이 가능하다. 즉, 수요곡선은 소비자가 특정 수량 단위를 구매할 때 지불 용의(willingness to pay) 가격, 즉 기꺼이 지불하고자 하는 최대 금액을 나타내기도 한다. 지불용의 가격은 유보가격(reservation price)이라고도 하는데, 이는 경매나 협상에서 이보다 가격이 높아질 때 소비자가 거래를 중단하기로 결정하는 가격이다. 선택의 일반원리에 따르면 소비자의 지불용의(가격)는 지불로 말미암은 기회비용에 의해 결정될 것이다. 이때 특정 수량에 대한 지불용의 가격은 구매자가 그 수량만큼 추가로 더 소비할 때 얻는 추가 편익의 크기를 나타낸다는 의미에서 한계편익(marginal benefit)으로 부를 수 있다. 즉, 수요곡선을 따라서 각 가격은 소비자가 각 단위의 재화를 소비하였을 때 소비자가 누리는 한계편익을 나타낸다. 수요곡선은 일부 소비자가 다른 소비자 보다 주어진 상품에 대해 더 많은 비용을 지불할 의향이 있음을 보여준다. 그러나 경쟁시장에서 단 하나만의 시장가격이 존재하므로, 시장균형 가격이 성립할 때 이보다 더 많은 금액을 지불하려는 소비자가 존재할 것이다. 이때 소비자의 지불용의를 나타내는 수요곡선과 실제 지불 가격인 시장가격의 차이가 소비자잉여를 나타낸다.

[그림 5-9]의 (a)에서 소비자잉여를 찾아볼 수 있다. P^*의 시장가격에서 재화가 Q^*만큼 구매되었다고 하자. 이 경우 Q_1만큼을 구매한 소비자는 수요곡선이 P^*를 초과하므로 수요곡선과 시장가격의 차이만큼 소비자잉여 CS_1을 누리게 된다. Q_1Q_2를 구매한 소비자 역시 수요곡선이 P^*를 초과하므로 수요곡선과 시장가격의 차이만큼 소비자잉여 CS_2를 누리게 된다. 또한 Q_2Q^*를 구매한 소비자 역시 수요곡선이 P^*를 초과하므로 수요곡선과 시장가격의 차이만큼 소비자잉여 CS_3을 누리게 된다. 그러나 Q^*단위를 구매하게 된 소비자는 수요곡선과 시장가격의 차이가 없고 지불용의와 같은 가격을 지불하므로 소비자잉여를 누리지 못한다. 시장에서 OQ^*의 거래가 이루어졌을 때 총소비자잉여는 이들을 P^*로 제품을 구매하게 된 거래로부터 얻게 된 소비자잉여의 총액이다. 즉, 소비자잉여는 시장수요곡선의 아래와 시장가격

선의 위에 있는 면적으로 나타난다.

그림 5-9 시장균형 가격이 P^*에서의 소비자잉여와 생산자잉여

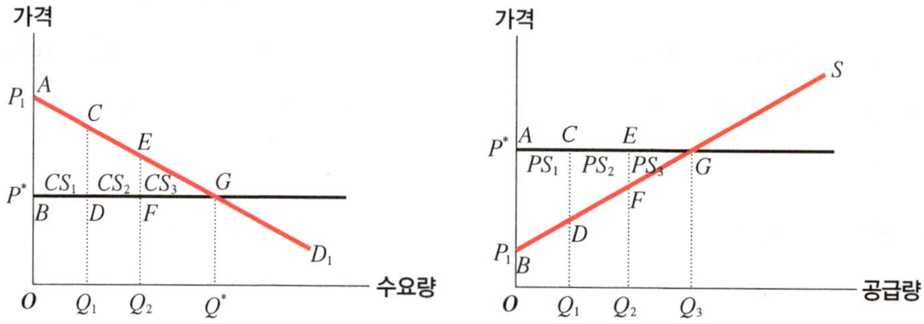

(a) 소비자잉여 (b) 생산자잉여

주 : (a) 소비자잉여는 소비자가 지불할 용의가 있는 금액과 실제로 지불해야 하는 금액 간의 차이이다. 시장수요곡선은 주어진 가격에서 소비자들이 얼마나 구매하려고 하는지를 보여준다. A점에 있는 소비자는 X재 1단위에 P_1을 지불할 용의가 있는데, 시장가격이 P^*라면 소비자잉여 AB를 얻는다. 마찬가지로 C, E, G점에 있는 소비자는 시장가격이 P^*일 때 각각 CD, EF, 0의 잉여를 얻는다. 총 소비자잉여는 수요곡선 아래쪽이면서 가격의 위쪽인 영역으로 그림에서 삼각형 ABG의 면적으로 나타난다.

(b) 생산자잉여는 생산자가 재화를 팔 용의가 있는 가격과 실제로 받는 금액 간의 차이이다. 시장공급곡선은 주어진 가격에서 생산자들이 얼마나 판매히려고 하는지를 보여준다. B점에 있는 생산자는 X재 1단위를 P_1에 판매할 용의가 있는데, 시장가격이 P^*이므로 생산자잉여 AB를 얻는다. 마찬가지로 D, F, G점에 있는 생산자는 시장가격이 P^*라면 각각 CD, EF, 0의 잉여를 얻는다. 총 생산자잉여는 공급곡선 위쪽이면서 시장가격의 아래쪽인 영역으로 그림에서 삼각형 ABG의 면적으로 나타난다.

생산자잉여

판매자 역시 시장거래로부터 이익을 얻는다. 일물일가 법칙에 따라 재화를 생산하는 데 들어간 비용과 상관없이 누구나 단일의 균형가격에 판매해야 한다면, 수령해야만 하는 수준보다 높은 가격을 수령할 경우 대단한 느낌을 갖게 된다. 이는 생산자잉여로 실제 수령 가격(시장가격)과 수령 용의가 있는 가격(또는 수령용의 가격)이 차이이다.

생산자잉여 = 생산자의 실제 수령가격(시장가격) − 생산자의 수령요구가격(한계비용)

앞에서 공급곡선은 특정 가격을 기준으로 각 가격수준에서 판매자들이 특정 재화를 얼마나 판매하려는지를 나타낸다고 하였다. 하지만 공급곡선은 수량을 기준으로도 해석이 가능하다. 즉, 공급곡선은 특정 수량을 판매하였을 때 수령요구 가격, 즉 수령하고자 하는 최소 금액을 나타내기도 한다. 선택의 일반원리에 따르면 생산자의 수령요구(가격)를 결정하는 것은 제품 생산에 드는 기회비용일 것이다. 또한 특정 수량에 대한 수령요구 가격은 판매자가 그 수량만큼 추가로 더 생산할 때 들여야 하는 추가 비용의 크기를 나타낸다는 의미에서 한계비용(marginal cost)이라 부를 수 있다. 즉, 공급곡선을 따라서 각 가격은 생산자가 각 단위의 재화를 생산하였을 때 판매자가 들여야만 하는 (최소의) 한계비용을 나타낸다.

공급곡선은 일부 생산자가 다른 생산자 보다 주어진 상품을 더 적은 가격을 받고 판매할 의향이 있음을 보여준다. 그러나 경쟁시장에서는 단 하나의 시장가격 만이 존재하므로, 시장균형 가격이 성립할 때 이보다 더 적은 금액을 수령하려는 생산자들이 존재할 것이다. 이때 실제 수령가격 가격인 시장가격과 판매자의 수령요구 금액을 나타내는 수요곡선의 차이가 생산자잉여를 나타낸다.

[그림 5-9]의 (b)에서 생산자잉여를 확인할 수 있다. 시장가격 P^*에서 재화가 Q^*만큼 판매되었다고 하자. 이 경우 Q_1만큼을 판매한 생산자는 시장가격 P_1이 공급곡선을 초과하므로 시장가격과 공급곡선의 차이만큼 생산자잉여 PS_1을 누리게 된다. Q_1Q_2를 판매한 생산자 역시 시장가격 P^*가 공급곡선을 초과하므로 시장가격과 공급곡선의 차이만큼 생산자잉여 PS_2를 누리게 된다. 또한 Q_2Q^*를 판매한 생산자 역시 시장가격 P^*가 공급곡선을 초과하므로 시장가격과 공급곡선의 차이만큼 생산자잉여 PS_3을 누리게 된다. 그러나 Q^*단위를 판매하게 된 생산자의 경우 시장가격과 공급곡선의 차이가 없고 한계비용과 같은 가격을 수령하므로 생산자잉여를 누리지 못한다. 시장에서 OQ^*의 거래가 이루어졌을 때 총생산 잉여는 이들을 P^*로 제품을 판매하게 된 거래로부터 얻게 된 생산자잉여의 총액이다. 즉, 생산자잉여는 시장가격선 아래와 시장공급곡선 사이의 면적으로 나타난다.

가격이 균형가격과 다를 때의 배분 효율성

수요와 공급이 일치하지 않는 가격과 거래량에서 시장이 작동하고 있다면 배분 효율성과 소비자잉여와 생산자잉여는 어떻게 될까? 예를 들어 정부는 수요와 공급이 일치하지 않는 수준에서 시장이 작동하도록 강제할 수 있다. 정부는 시장 가격을 두 가지 방식으로 통제할 수 있다. 재화가 거래될 수 있는 최고 가격을 설정하거나 최저 가격을 설정하는 것이다.

하한 가격(최저가격제)에 의한 사중손실

정부는 종종 시장에 개입하여 재화와 서비스가 거래될 수 있는 최저가격 또는 하한가격을 설정할 수 있다. 시장의 균형가격보다 더 높은 수준으로 농산물 가격을 설정하는 최저가격제가 대표적인 예이다. 최저가격으로 말미암아 농산물 가격이 높아졌기 때문에 농부는 더 많은 농산물을 제공하려는 의지를 갖게 된다. 반면 정부의 최저가격제로 말미암아 높아진 농산물 가격을 기꺼이 지불하려는 소비자는 이전보다 줄어들어 농산물에 대한 시장 수요량이 감소할 것이다. 그 결과 공급량(Q_S)이 수요량(Q_D)을 초과하여 공급 과잉이 발생한다. 최저가격이 설정되면 소비자잉여와 생산자잉여도 변화한다. 최저가격 설정 이전에 소비자잉여는 P_BP_DC이고, 생산자잉여는 P_DP_AC로 그 합은 삼각형 P_BP_AC이었다. 최저가격제와 더불어 농산물 공급은 Q_S로 늘었지만 농산물 수요는 Q_D로 줄어 공급되는 모든 농산물이 소비되지 못하고 Q_D만 소비되고 시장에는 잉여농산물이 생겨나면서 소비자잉여와 생산자잉여는 동시에 감소한다.

우선 농부는 농산물을 이전보다 덜 팔게 되어 구매자를 상실한 농부는 생산자잉여의 감소를 경험할 것이다. 하지만 동시에 팔린 농산물에 대해서는 더 높은 농산물 가격 P_E를 받게 될 것이다. 결국 생산자잉여는 이전보다 더 커질 수도 있고 더 작아질 수도 있다. 생산자잉여는 면적 P_AP_EFG로 변화하는데, 이는 이전의 생산자잉여 크기에서 P_DP_EFI만큼의 증가와 CGI만큼의 감소를 반영하고 있다. 이 중 P_DP_EFI는 소비자잉여에서 이전된 것이다. 한편 소비자는 이전보다 높은 가격으로 더 적

그림 5-10

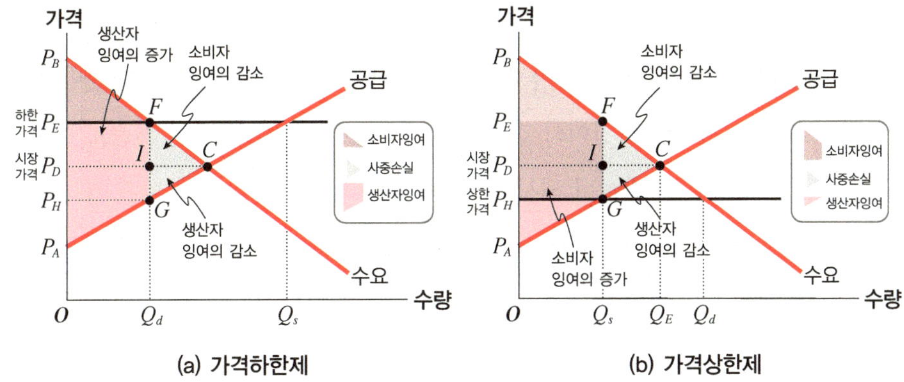

은 농산물만 소비하게 되므로 확실히 전보다 못한 상황에 빠진다. 소비자가 경험하는 잉여 손실은 이전의 균형가격을 넘어서는 P_EP_DIF와 회색 삼각형 FIC의 합에 해당한다. 결과적으로 시장 전체적으로 CFG만큼 자원 배분의 비효율성, 즉 사중손실(deadweight loss 또는 excess burden)이 발생한다.

상한 가격(최고가격제)에 의한 사중손실

가격상한제 하에서 정부는 재화와 서비스에 대한 최고 가격을 설정한다. 정부는 생산자가 정부가 설정한 최고가격보다 더 높은 가격에 판매하는 것을 금지한다. 이는 상품을 지나치게 비싸게 만들 수 있는 상황으로부터 소비자를 보호하려는 의도에서 비롯한다. 물론 이러한 정책이 효과적이기 위해 정부는 가격 상한선을 시장의 균형가격 이하로 설정해야 한다. 가격 상한제의 가장 대표적인 예로는 임대료 통제가 있다.

가격상한제 역시 소비자잉여와 생산자잉여의 손실을 초래할 수 있다. 우선 균형가격보다 낮은 상한 가격이 책정되면 초과 수요 또는 공급 부족이 나타난다. 생산자들은 더 낮은 가격을 감수해야 하기 때문에 공급해 왔던 상품(Q_E)보다 적은 양의 상품(Q_S)만 공급하려고 한다. 그 결과 부족에 시달리고 일부 소비자는 상품을 얻지 못하여 시장 거래량은 이전보다 감소한다. 상한가격 설정 이전에, 소비자잉여와 생산자잉여의 합은 삼각형 P_AP_BC의 면적이다. 이 중 면적 P_BCP_D는 소비자잉여이고, 면적 P_ACP_D는 생산자잉여이다. 상한가격이 설정된 뒤 생산자잉여는 분명히 CDP_HP_G 만큼 감소한다. 이전보다 판매량이 감소하여 구매자를 상실한 생산자는 (하단 회색 삼각형에 해당하는) 생산자잉여의 감소를 경험할 것이다. 또한 팔린 제품도 이전보다는 더 낮은 가격 P_E를 받아야 해서 생산자잉여가 감소하는데 이는 낮은 가격에 구매하게 된 소비자에게 이전된다(균형 가격 이하의 정사각형 면적). 상한가격이 설정된 뒤 소비자잉여에 대한 효과는 불확실하다. 전보다 더 적은 양이 공급되기 때문에 이전에는 구입할 수 있었으나 이제는 구입할 수 없게 된 소비자는 분면히 소비자잉여를 잃게 될 것이다. 그러나 더 낮아진 가격에 구입할 수 있는 소비자는 더 큰 소비자잉여를 경험할 것이다. 소비자잉여는 면적 P_EFGP_H이며, 이는 이전의 소비자잉여 크기에서 P_DP_HGI만큼의 증가와 CFI만큼의 감소를 반영하고 있다. 이 중 P_DP_HGI는 상한가격 설정되기 이전에 생산자가 누리던 잉여에서 이전된 것이다. 상한가격 설정 전에 누리던 생산자잉여가 소비자잉여로 단순히 재배분된 것을 제외하면 소비자나 생산자 모두 잉여의 손실을 경험하는데 그 손실의 크기는 CFG에 해당한다.

거래량이 균형거래량과 다를 때의 시장효율성

이제 시장의 균형 거래량이 생산되지 않을 때 소비자잉여와 생산자잉여가 어떻게 되는지 [그림 5-11]의 (a)와 (b)를 통해 살펴보자.

[그림 5-11]의 (a)는 생산량 Q_L이 시장 균형량보다 적은 상황을 나타낸다. 예를 들어 정부는 환경정책의 일환으로 석유의 생산과 소비 규모를 모두 시장 균형수준보다 감축하는 것을 도모할 수 있다. 정부가 매매되는 재화의 총수량을 감축하는 정책을 쿼터(quarter)라고 한다. 만약 정부가 석유제품 소비량을 연간 5억만 배럴로 제한하면 소비자와 생산자는 모두 그 소비와 생산수준을 제한 수준까지 줄여야만 한다. 수량 제한은 상품의 생산 및 판매를 일정 규모로 제한하는 정부개입의 한 형태이다. 수량 제한을 도입하면 균형 가격과 거래량은 변화하고 그에 따라 소비자잉여와 생산자잉여가 변화한다. 특히 소비자잉여나 생산자잉여가 손실되는데 이는 기존의 거래

그림 5-11 소비자잉여와 생산자잉여의 손실의 측정

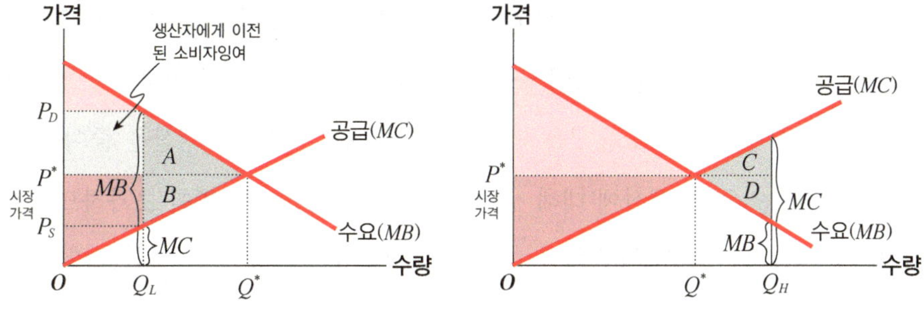

가 사라지기 때문에 생겨난다. 정부가 거래량을 제한하면 가격도 변화한다. 특히 수요 가격이 공급가격을 초과하는 상황이 발생한다. 제한된 수량에서 소비자는 P_D의 가격을 지불하고자 한다. 생산자는 소비자가 이전의 균형가격보다 더 높은 수준의 가격을 지불하려 하므로 생산자는 가격을 P_D로 높일 것이다. 쿼터 부과 전후를 비교하면 쿼터의 효과는 가격하한을 설정하는 것과 동일함을 알 수 있다. 중요한 차이점은 정부가 수량을 제한하는 것이고 가격은 그 부산물로써 변화하는 것이다. 만약 정부가 가격을 제한하면 그 부산물로 수량이 변화할 것이다.

Q_L에 대해 소비자가 지불의향이 있는 가격 $P_D(= MB)$는 생산자가 Q_L을 생산하는 데 소요되는 비용 $P_S(= MC)$보다 크다. 생산자의 생산비용보다 소비자의 지불의향이 크므로 시장은 배분 효율성을 만족하지 못한다. 거래량 제한으로 말미암아 생산자는 더 많은 양을 팔 기회를 상실하고, 소비자는 더 낮은 가격으로 제품을 이용할 기회를 상실한다. 이에 따라 가격이 MC를 초과하는 생산이 이루어지지 못하므로 생산자잉여가 B만큼 손실되고, 가격이 MB에 미달하는 재화의 판매가 이루어지지 못하므로 소비자잉여도 A만큼 손실된다. 즉, 생산량이 감소하면 소비자잉여는 A만큼, 생산자잉여는 B만큼 손실되며, 총후생은 $A + B$만큼 손실되는데 이는 사중손실이라 불린다. 사중손실은 정부의 수량 제한으로 인해 이 시장의 소비자잉여와 생산자잉여의 손실을 나타낸다. 사중손실의 발생은 정부의 수량 개입으로 인해 발생하는 비

효율성을 보여준다. 따라서 생산제한이 심해질수록 자원배분의 비효율성이 커진다.

[그림 5-11]의 (b)는 생산량이 Q_H로 시장균형 수준보다 너무 많은 반대상황을 나타낸다. Q_H의 생산비용(MC)이 소비자가 지불의향이 있는 가격(MB)을 초과하므로 Q_H의 생산량은 배분 효율성을 만족하지 못한다. 이 재화의 생산을 줄여야 하는 것이다. 한편 Q^*Q_H의 생산에 대해 생산비용(MC)이 시장가격 P^*를 초과하므로 C만큼 생산자잉여의 손실이 발생하며, 소비자가 지불하는 시장가격이 지불의향(MB)을 초과하므로 D만큼의 소비자잉여의 손실도 발생한다. 결국 총후생은 $C+D$만큼 손실된다. 이상에서 Q^*보다 작은 수량이나 Q^*보다 큰 수량에서 총후생이 하락하기 때문에, 총후생은 수량이 Q^*, 가격 P^*일 때 최대화되어야 한다.

사회복지

시장을 통해 교환된 제품이 (지불하려 했던 가격보다 덜 지불하고, 받으려 했던 가격보다 더 수령한 셈이 되는) 좋은 가격으로 거래하게 되어 소비자와 생산자가 누리게 되는 편익의 총량은 사회복지라 불린다. 사회복지는 시장균형이 성립할 때 소비자잉여와 생산자잉여의 합으로 계산된다. 소비자잉여와 생산자잉여를 나타낸 [그림 5-9]를 결합하면 [그림 5-12]와 같은 시장이 완성된다. 균형 거래량과 균형 가격은 두 곡선의 교차점에서 결정된다. Q^*의 양을 P^*의 가격으로 거래한 결과 창출되는 소비자잉여 및 생산자잉여와 그 합이 모두 그림에 나타나 있다. 옅은 회색 면적이 소비자잉여와 생산자잉여의 합이다. 경쟁시장의 균형 수량에서 소비자잉여와 생산자잉여의 합이 극대화된다. 즉, 소비자잉여와 생산자잉여를 합한 총후생이 균형가격 P^*와 균형 거래량 Q^*에서 가장 크다. Q^*가 넘는 거래량에서는 구매자와 판매자가 모두 잉여 손실을 경험하게 된다. 자원배분이 사회복지를 극대화할 때 그 자원배분은 효율적이라고 한다. 그림에서 효율성은 시장이 균형을 이루는 지점 E에서 발생한다. 시장이 가능한 가장 큰 사회복지를 창출하는 이유를 보려면 시장이 자원을 어떻게 할당하는지 기억하는 것이 중요하다. 시장 균형가격보다 더 많은 비용을 지불하려는 소비자는 소비자잉여를 누릴 것이기 때문에 재화를 구매할 것이다. 시

그림 5-12 시장균형과 사회복지

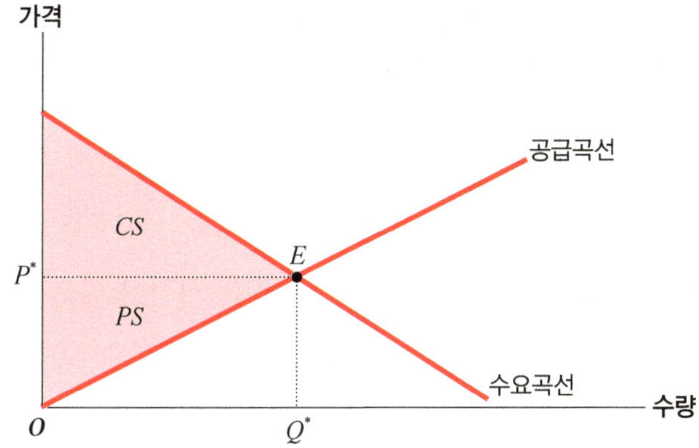

주 : 수요와 공급이 균형을 이루어 P^*의 균형가격이 성립할 때 소비자잉여 CS와 생산자잉여 PS의 합으로서 사회복지가 실현된다.

장 균형가격보다 낮은 가격에 상품을 판매하려는 생산자는 생산자잉여를 누리게 된다. 또한 구매 의향가격이 낮은 소비자(P^* 미만)와 판매 의향가격이 높은 생산자(P^* 초과)는 시장에 참여하지 않는다. 따라서 E점의 균형 거래량은 총잉여를 극대화하고 자원의 효율적인 배분이기도 한다.

7. 탈무드와 시장경제

시장의 철학적 옹호자들인 맨더빌(Bernard Mandeville), 흄(David Hume), 아담 스미스(Adam Smith) 등은 많은 사람들이 수치스럽고 비도덕적이라고 여기는 현상에 충격을 받았다. 시장이 본질적으로 이기적인 일련의 행동과 거래를 통해 모두에게 이익을 제공할 수 있다는 점 때문이었다. 아담 스미스가 말했듯이, "우리가 저녁 식사를 기대하는 것은 푸줏간 주인, 양조업자, 제빵사의 자비심 때문이 아니라, 그들이 자신들의 이익을 고려하기 때문이다." 아담 스미스가 가장 유명하게 표현한 것처럼 자유교환 체제 내에서 개인은 "자신의 이익만을 추구하며, 이 경우에도 많은 경우와 마찬가지로 보이지 않는 손에 이끌려 자신이 의도하지 않았던 목적을 촉진한다."

시장과 관련된 제도는 이타주의가 아니라 다소 이기적인 동기에 기초하여 작동하는 경향이 있다는 사실은 "상업적"이라는 단어가 암시하듯 모든 것에 대한 고상한 경멸을 불러일으켰다.

그러나 유대교에서는 그렇지 않다. 맨더빌과 스미스에 앞서 유대교는 가장 비영적인 추진력을 통해 가장 큰 발전이 이루어질 수 있다는 명제를 받아들였다. 전도서 저자는 이렇게 말한다. "모든 수고와 모든 성취는 사람이 이웃을 시기하는 데서 나온다는 것을 나는 보았다.[4]" 또는 탈무드 현자들이 말했듯이, "악한 마음이 아니면 아무도 집을 짓지 않을 것이며, 아내와 결혼하지도 않을 것이며, 자녀를 갖지도 않을 것이며, 사업에 종사하지도 않을 것이다." 마음의 순결은 사람과 하나님 사이의 관계에 필수적이었다. 그러나 인간과 인간의 관계에서 중요한 것은 결과이지 그것이 초래된 감정이 아니다.

랍비들은 시장과 경쟁이 부를 창출하고, 가격을 낮추고, 선택의 폭을 넓히고, 빈곤 수준을 낮추고, 시간이 지나면서 환경에 대한 인류의 통제를 확대하여 인간이 상황과 운명의 희생자인 수동적인 존재가 되는 경우를 줄이기 때문에 시장과 경쟁을 선호했다. 경쟁은 에너지와 창의성을 방출하고 공익을 제공한다.

탈무드와 시장경제

토라에서 시장은 경제생활의 자연스러운 부분으로 간주된다. 시장 시스템의 장점은 칭찬되지 않지만 시장 거래에 내재된 잘못도 없다. 구매와 판매는 비내구재, 내구재, 주택 및 토지 거래가 허용되는 정상적인 일상 활동으로 간주된다. 토지 거래는 희년 조항의 적용을 받지만 그 외의 사유재산에 대해서는 별도의 거래 제한이 없다.

---

4. 영어성경의 원문은 "Then I saw that all toil and all skill in work come from one person's envy of another."이다. 남에 대한 시기'가 원인이고 '수고와 기술'이 결과라는 말이다. 그러나 성경 개역개정에서는 누군가가 열심히 노력하거나 재주를 가지고 있으면 타인에게 시기를 받게 되니 그것이 헛되어 바람을 잡는 것이다라고 번역하였다. 하지만 본문의 정확한 의미는 누군가를 시기하는 마음이 사람으로 하여금 노력하게 하거나 재주를 얻게 된다는 것이다.

유대교가 자본주의 또는 사회주의 등의 특정 경제시스템을 선호하는지에 대한 논쟁이 있어 왔다. 많은 유대인의 경제적 성공이나 유대교의 사유 재산, 시장, 차별적 가격(임금)에 대한 우호적 관점에 기초해볼 때 유대교는 기본적으로 자본주의를 지지한다고 볼 수 있다.

▶ 유대사상은 질서정연한 세속적인 것에 편안함을 항상 느낀 반면, 기독교인은 항상 다른 세상에 매력을 느꼈다. … 유대사상은 사유재산, 상업활동, 시장, 이윤을 향한 솔직한 지향을 가진 반면, 카톨릭 사상은 신자들의 관심을 이 세상에서의 활동과 이해관계를 너머 다른 세상으로 돌리려고 노력해 왔다(Michael Novak(1990), This Hemisphere of Liberty, AEI Studies, 514).

그러나 모호한 점도 많다. '자본주의'는 고도로 개입적인 국가 조합주의나 사회민주주의(혼합경제)부터 완전한 자유방임에 이르기까지 다양한 형태를 취하기 때문이다. 자유방임 자본주의조차도 야경국가(minarchism)뿐만 아니라 시장 무정부주의(anarcho-capitalism)까지 포함한다. 따라서 유대교가 자본주의를 지지한다는 주장은 실제로 그리 많은 것을 말하지 않는다. 유대교가 자본주의를 선호하지만 그럼에도 불구하고 정의와 공정성, 그리고 공익을 위해 자유 시장에 대해 몇 가지 중대한 견제와 제한을 가하고 있기 때문이다. 유대교는 시장이 남용될 수 있다는 인식이 있으며, 특히 한쪽이 더 큰 구매력 또는 판매력을 갖거나 단순히 정보에 대한 더 나은 접근을 통해 상대방을 착취할 수 있다는 인식을 가지고 있다. 이에 따라 유대 율법에는 공동체에 의한 가격 통제, 이윤 제한, 가격 협정을 담고 있다. 원래 유대인 사회에서는 성전이 파괴되기 전까지 시장 감독관들은 가격을 감독하지 않고 도량형만 감독했다. 하지만 바빌로니아(기원 3세기 초) 시기에 이르면 물가가 감독되었으며 동시에 물가 감독 여부를 두고 현자들 사이에 논쟁이 지속되었다. 일부에서는 가격 안정을 위해서는 상인들 간의 경쟁으로 충분하다고 하였지만, 다른 일부에서는 상품을 매점 매석하여 고가에 파는 사기꾼들 때문에 가격을 감독할 필요가 있다는 주장이 점차 지배하며 마침내 유대법은 가격감독을 규정하게 되었다.

▶ 누구든지 이스라엘 땅이나 유대인이 다수인 곳에서 시장 가격을 올리거나 과일을 쌓아두면 이자를 받고 (엄격히 금지되는) 돈을 빌려준 것과 같다.(Maimonides, Mishneh Torah, Laws of Sale 14:1 및 Shulhan Arukh, Hoshen Mishpat 231:20)

| 참고문헌 |

Calance, Madalina(2012), "Free Economy in a Jewish Perspective." Munich Personal RePEc Archive.

Friedman, Hershey H. and M. Mizrachi(2021), "Fair and Stable Prices in the Age of Greed : The Torah View," *The Journal of Values–Based Leadership* 14(1).

Makovi, Michael(2016), "New Wine in Old Flasks : the Just Price and Price–Controls in Jewish Law," MPRA Paper No. 72821.

Peach, Terry(2017), Sima Qian and Laissez–Faire : Manifestations of a "Discordant and Degenerate Age," The 48th UK History of Economic Thought Conference, Shanghai University of Finance and Economics.

Sharfman, Keith(2006) "The Law and Economics of Hoarding," *Loyola Consumer Law Review* 19(2).

Sharfman, Keith(2020), "Economic Analysis of Jewish Law" *Touro Law Review* 36(1), St. John's University School of Law.

Tamari, Meir (1991), In the Marketplace : Jewish Business Ethics, Southfield, NY

Weber, Isabella(2021), "China's Ancient Principles of Price Regulation through Market Participation : The Guanzi from a Comparative Perspective". WP. #313. Economics Department, University of Massachusetts Amherst

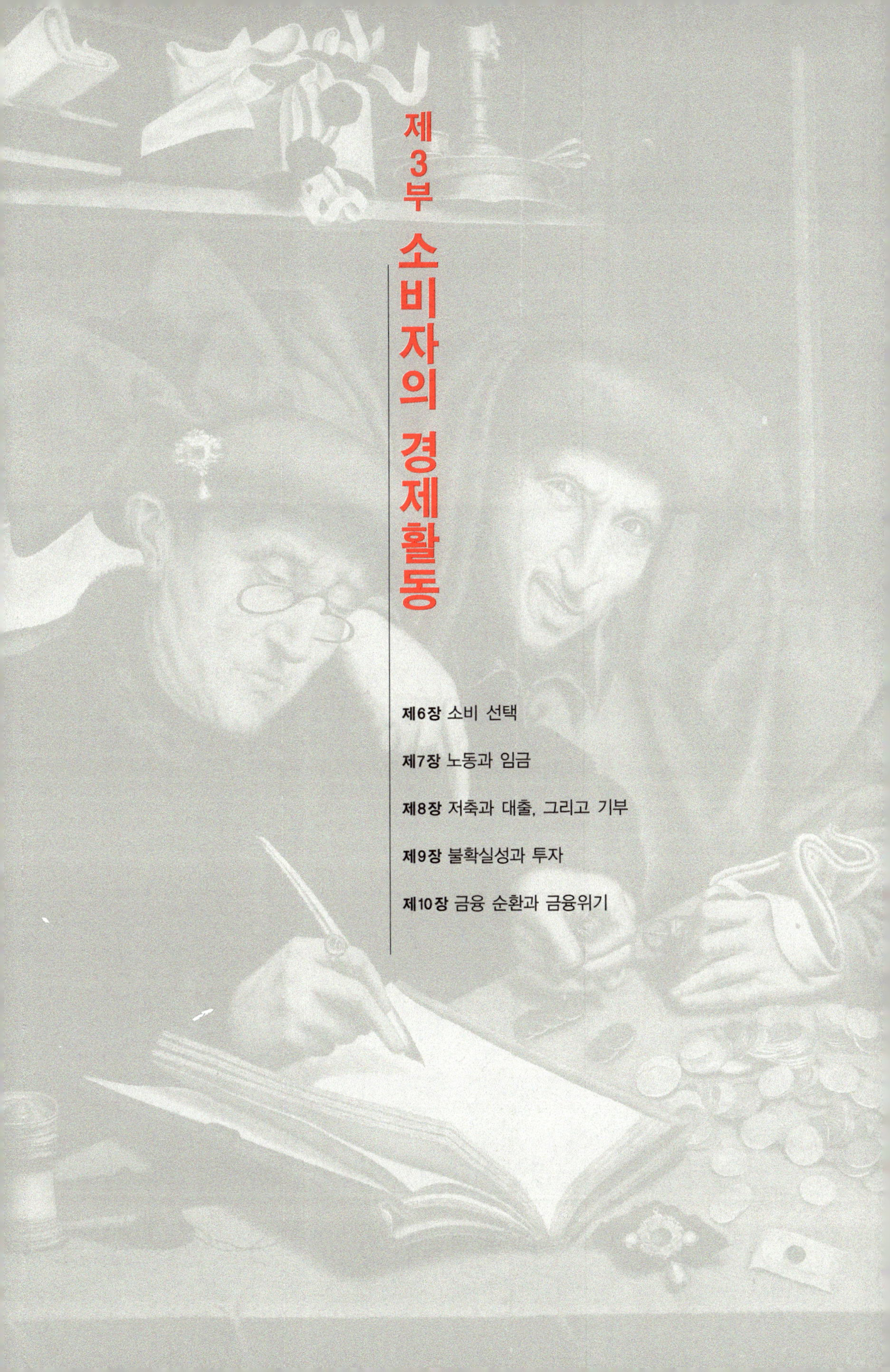

제3부 소비자의 경제활동

소비 선택

6장

1. 합리적 소비 선택 / 2. 행동경제학과 소비 : 소비와 마케팅 / 3. 탈무드와 소비의 지혜 / 4. 동양의 소비관

소비란 현재의 욕망이나 필요를 충족하기 위해 재화와 용역을 사용하는 행위를 가리킨다. 무엇이 생산될지를 결국 소비자가 결정하는 오늘날의 소비자 주권(consumer sovereignty) 사회에서 제품들은 우리의 특정 욕구를 충족시킬 것을 약속하며, 우리는 종종 자유를 다양한 제품 중에서 선택할 수 있는 능력과 동일시하고 있다. 사람들이 '더 많은 자유시간'과 '더 많은 소비' 가운데 하나를 선택해야 할 때, 대부분 더 많은 소비를 선택한다. 또한 더 많은 소비가 가능하도록 더 많은 소득을 벌기 위해 자유시간을 기꺼이 희생하려 한다. 하지만 동시에 우리가 욕망의 노예 상태에 빠져 있으며 진정한 자유에는 광적인 소비주의를 넘어서는 것이라는 경고도 있다.

소비에 대한 이러한 정신적 갈등은 현대 사회만의 문제만은 아니었고 고대 사회 이래 계속되어 온 문제이다. 그랬기에 세계의 주요 종교들은 오래전부터 물질에 대한 제한없는 욕망의 위험성을 경고하는 대신 이성이 방종을 제한하며 우리를 자유의 세계로 인도하도록 권고되었다. 논어 학이편(學而篇)은 "일은 신중히 하되 신용이 있어야 하고 쓰임새는 절하되 남을 사랑하라(敬事而信, 節用而愛人)" 하였다. 여기서 절(節)이란 의식주와 축제에 한계를 두어 억제하는 것으로 그에는 반드시 법식이 있어야 했다(정약용 『목민심서』 중 율기(律己) 제5조). 한편 플라톤은 욕망에 직면했을 때 "굶주리거나 탐닉하는 것"이 아니라 우리의 욕구를 달래고 지적 추구를 계속할 수 있도록 단순하고 적당한 즐거움을 찾는 것을 적절한 행동방침으로 권하였다. 마찬가지로 아리스토텔레스에게 이상적인 길은 이성이 "부족"하지도 "과도"하지도 않다고 말할 수 있을 정도까지 쾌락에 탐닉하면서 미덕과 악을 구분하는 "중용"을 찾는 것이었다. 한편 로마, 특히 상류사회에서 열광적 지지를 받았던 스토아주의(Stoics)가 권하는 최선의 행동 지침은 소비주의에 참여하지 않는 것이었다. 욕망은 우리를 노예로 만들고 길을 잃게 만들 뿐이다. 명성을 거부한 스토아학파는 다른 사람들에게 엄격한 생활 방식에 동참하도록 권하려 하지 않을 것이며, 퇴폐적인 영혼들이 가득한 사회로부터 은둔하는 길을 선택할 것이다. 이들에게 있어 행복은 물질적 소유로부터가 아니라 덕에서 비롯하며 이는 자연에 조용히 순응하는 것이다. 필요를 최소한으로 줄이고 평범한 사람이 보기에 가난한 생활을 이끎으로써 욕구로부터의 자유를 도모한다. 교회법 학자들은 물욕과 탐욕을 비난하고 경제활동이 형제들의 요구와 내세에서의 구원을 위해 도덕적 규범을 따라야 할 것으로 권고하였다. 또한 교회의 초기 교부들은 스토아 학파의 영향 속에서 현세의 행복에 대해 강력히 반대하며 모든 것을 버리고 가난한 생활로 물러난 은자와 성자를 칭송하였다.

하지만 유대인은 욕망을 이성에 의해 지배하거나 완전히 거부되어야 할 불가피한 악으로 인식하지 않았다. 유대인에게 있어 좋은 삶은 신명기 11:13-15에서 보듯이 세상의 즐거움에 참여하는 것을 본질적인 선으로 포함한다.

▶ 내가 오늘 너희에게 명하는 내 명령을 너희가 만일 청종하고 너희의 하나님 여호와를 사랑하여 마음을 다하고 뜻을 다하여 섬기면, 여호와께서 너희의 땅에 이른 비, 늦은 비를 적당한 때에 내리시리니 너희가 곡식과 포도주와 기름을 얻을 것이요. 또 가축을 위하여 들에 풀이 나게 하시리니 네가 먹고 배부를 것이라(신명기 11:13-15)

탈무드는 성경보다 더 금욕적인 경향을 나타내지만 동시에 물질적 쾌락에 대한 긍정적인 평가로도 가득 차 있다. 유대인들의 소비에서의 절제는 가난 그 자체를 위해서가 아니라 도덕적 이유에서 비롯하는 것이다. 유대인들의 소비에서의 절제는 다양하게 나타난다. 우선 성경과 탈무드는 지구는 하나님의 것으로 그에 속한 인간은 신의 의지에 따라 활용되어야 할 신성한 선물을 받고 있다. 신의 의지 중 하나는 휴식과 피정의 시간이 있어야 한다는 것이다. 또한 수입의 최소 10%는 정의의 정신으로 하는 체타카로 바쳐야 하며, 음식에서는 탐닉으로 자기애적 방종에 빠지기보다는 정신적·육체적 복지가 유지되도록 제한되었다. 세상의 즐거움에 참여하는 것은 부족을 불평하기보다는 선물로 받은 것을 감사하도록 하기 위함이다. 반면 물질적, 감각적 쾌락에 대한 방종의 제한은 끊임없는 자기 성찰의 삶을 이끎으로서 자비롭고, 의롭고, 경건한 하나님의 발자취를 따르며 평온함과 영적 안녕을 도모하기 위한 것이다.

1. 합리적 소비 선택

재화의 소비 규모

사람들이 무언가를 원하는 이유는 그것들이 사람들을 만족스럽게 또는 행복하게 만들기 때문이다. 소비자가 내리는 결정을 더 잘 이해하기 위해 경제학은 소비자가 구매할 때 얻는 행복의 크기 또는 만족도를 측정하려고 시도한다. 소비자가 재화나 용역을 소비함으로써 누리는 만족의 정도를 나타내는 지표를 효용 또는 행복, 편익, 즐거움이라고 부른다. 사람들이 특정 제품을 구매하는 이유를 이해하려면 일부 제품은 다른 제품보다 더 많은 효용을 창출하며 동일한 제품에 대해 모든 사람이 서로 다른 수준의 만족감을 얻는다는 점을 인식해야 한다. 즉, 효용은 개인마다 다르다. 상대적인 만족에 대한 개념을 정량화하기 위해 경제학자들은 효용(유틸, util)이라는 단위로 만족 수준을 측정한다. 소비자는 가장 큰 효용을 제공하는 재화의 조합을 찾을 것으로 기대한다. 물론 동일한 재화에서 얻는 효용 수준은 사람마다 다를 수 있지만, 개인이 얻는 효용 수준은 내부적으로는 일정할 수 있다. 예를 들어 여러분이 붕어빵을 25유틸로 평가하고 찐빵을 15유틸로 평가한다면 우리는 여러분이 찐빵보다 붕어빵을 더 좋아한다는 것을 알 수 있다.

소비자의 선택에 대해 생각해 보면 총효용을 높이는 방법을 이해하는 데 도움이 될 수 있다. 한 달 동안, 삼계탕을 더 많이 먹을수록 총효용이 증가하겠지만, 첫 번째 삼계탕이 두 번째, 세 번째, 네 번째 삼계탕보다 더 많은 한계효용을 제공한다고 할 수 있다. 선택의 일반원리에 비추어보면, 한계 변화의 분석은 개인의 의사결정 방법을 모형화하는 데 매우 중요하다.

- 총효용(total utility, U)은 일정량의 재화를 소비함으로써 얻는 행복의 총량이다. 예를 들어 소비자가 X재와 Y재 두 재화만을 소비한다면 그에 따른 행복의 총량은 $U(X, Y)$로 나타내자.
- 한계효용(marginal utility, ΔU)은 제품이 추가로 소비될 때 얻는 추가적 효용이다. $\Delta U_X = \Delta U / \Delta X$ (한 번에 X재 한 단위를 추가로 소비하는 경우 ΔX는 1로 둘 수

있다)

- 재화에의 지출액은 소득(예산 제약)을 넘을 수 없다: 소득을 I로 나타내자.

소비자는 추가된 삼계탕 한 그릇에 대해 P_X의 가격을 지불해야 하며 한 달간 벌어들이는 소득도 정해져 있다고 하자. 지불해야 하는 가격으로 인해 소비자는 다음과 같이 자문해야 한다: "다음 삼계탕(X재)이 적어도 P_X만큼 가치있는 추가적인 행복을 제공하는가?" 만약 처음 세 그릇의 삼계탕에 대해 "예"라고 답한다면, 세 번째 삼계탕에서 멈춤으로써 자신의 효용을 극대화한다. 네 번째 삼계탕에 대한 답이 "아니오"라면, 더 이상 먹지 않는다. 이는 삼계탕의 추가적 선택에 따른 한계편익(이 경우에는 효용)이 한계비용을 초과하는 경우 소비자가 절대 어떤 행동도 하지 않는다는 것을 보여주는 또 다른 예이다.

결국 가격을 지불해야만 하는 경우 효용을 극대화하는 다음의 경우 소비를 중단한다:

$$\Delta U_X = P_X$$

이는 다음과 같이 생각해 볼 수 있다. X재를 ΔX만큼 추가로 구입하여 소비할 경우, X재 1단위당 ΔU_X만큼의 효용을 느낀다면, 소비자가 누리게 되는 한계효용은 다음이다.

$$\text{한계효용}: \Delta X \times \Delta U_X$$

한편 X재 1단위당 P_X의 가격을 지불해야 하므로, X재를 ΔX만큼 추가로 구입하여 소비할 경우 소비자가 포기해야 하는 기회비용, 즉 한계비용은 다음과 같다.

$$\text{기회비용}: \Delta X \times P_X$$

결국 효용을 극대화하는 다음의 경우 소비를 중단한다.

$$\Delta X \times \Delta U_X = \Delta X \times P_X$$

즉,

$$\Delta U_X = P_X$$

수요곡선

위에서 설명한 논리를 예로 들어, 삼계탕 가격이 하락하면 소비자 선택이 어떻게 될까를 검토하자. 삼계탕 가격이 내려간다면, 삼계탕 소비를 증가시키는 것이 합리적일 것이라고 예상해야 한다. 이는 바로 우리가 앞서 다루었던 수요의 법칙이고 한계효용 체감의 법칙과 밀접한 관련이 있다.

이미 비용을 지불하고 이번 주에 첫 번째 삼계탕을 소비한 소비자를 생각해 보자. 두 번째 삼계탕에 대해서도 같은 가격을 지불할까? 두 번째 삼계탕이 첫 번째 삼계탕과 동일한 한계효용을 제공하지 않기 때문에 의심스럽다. 삼계탕을 추가로 구매하고 소비하도록 유인하기 위해서는 가격이 하락하여 한계효용의 감소를 보상해

그림 6-1 한계효용 체감과 수요의 법칙

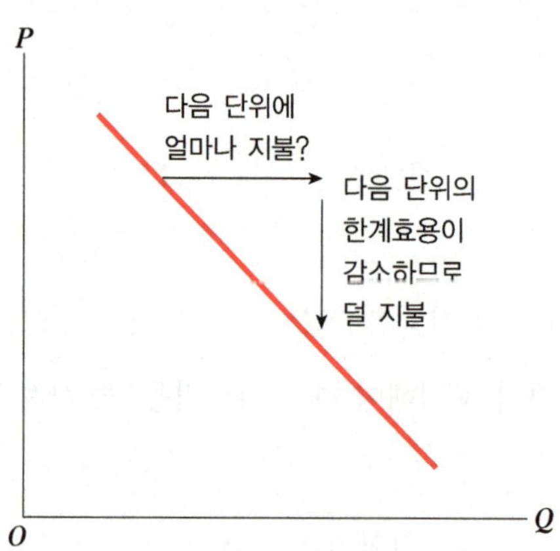

야 한다.

한계효용 체감의 법칙은 수요 법칙의 중추이다. 주어진 가격에서 한계효용과 소비량 사이의 관계를 전환하기 위해, 삼계탕을 연속적으로 소비하기 위해 얼마를 지불할 의향이 있는지 물어볼 수 있다. 한계효용이 점차 감소하기 때문에 추가 단위에 대한 비용을 적게 지불하겠다고 제안할 것이다. 따라서 삼계탕에 대한 월간 수요곡선을 만들 수 있다. [그림 6-1]은 재화의 소비로 인한 한계효용 체감이 그 재화에 대한 수요곡선으로 어떻게 변환될 수 있는지를 보여준다.

두 가지 재화의 경우 소비조합

소득과 가격의 제약을 받는 소비자는 예산의 제약 안에서 살아간다. 한 가지 재화를 소비하는 간단한 경우, 소비자는 재화 X의 마지막 단위의 한계효용이 가격과 일치하는 지점까지 재화를 구매하여 효용을 극대화한다. 대부분의 소비자들은 많은 재화와 서비스 사이에 제한된 소득을 배분하며, 각각의 재화와 서비스는 지불해야 하는 가격을 가진다. 이 상황에서 소비자가 효용을 어떻게 극대화하는지를 보기 위해, 삼계탕(X재) 외에 냉면(Y재)도 구매하는 2재화의 경우를 고려한다.

두 가지 이상의 재화의 경우 효용을 극대화하려면 X재 소비에 따른 한계편익과 한계(기회)비용을 비교하여 이 둘이 일치할 때까지 소비를 늘려가야 한다. X재를 ΔX 만큼 추가로 구입하여 소비할 경우, X재 1단위당 ΔU_X 만큼의 효용을 느낀다면, 소비자가 누리게 되는 한계효용은 추가구매량과 단위당 효용의 곱으로 나타나는 다음이다.

$$X\text{재 소비의 한계효용} : \Delta X \times \Delta U_X$$

한편 X재 1단위당 P의 가격을 지불해야 하므로, X재를 ΔX 만큼 추가로 구입하여 소비할 경우 소비자가 포기해야 하는 소득자원으로 본 기회비용, 즉 한계비용은 $\Delta X \times P_X$에 달한다. 한편 소비자는 $\Delta X \times P_X$의 금액을 X재 대신 Y재에 투입하는 대안을 생각해 볼 수 있다. 이때 Y재 가격이 P_Y라면 $\Delta X \times P_X$의 소득자원으로 소비자가 추가로 구매할 수 있는 Y재의 수량은 $\Delta Y = \frac{\Delta X \times P_X}{P_Y} = \Delta X \times \frac{P_X}{P_Y}$ 단위가 된다. 이제 이러한 Y재의 추가적 소비가 ΔU_Y 만큼의 한계효용을 제공한다면, 소비자가 X재 한 단위를 증가시킨 데 따른 기회비용을 Y재가 제공하는 효용으로 평가해 보면 다음과 같다.

$$Y\text{재 소비의 한계효용} : \left(\Delta X \times \frac{P_X}{P_Y}\right) \times \Delta U_Y = \Delta Y \times \Delta U_Y$$

결국 효용을 극대화하는 다음의 경우 소비를 중단한다.

$$\Delta X \times \Delta U_X = \Delta X \times \frac{P_X}{P_Y} \times \Delta U_Y$$

즉,

$$\Delta U_X = \frac{P_X}{P_Y} \times \Delta U_Y$$

또는

$$\frac{\Delta U_X}{P_X} = \frac{\Delta U_Y}{P_Y}$$

여기서 좌변은 화폐 한 단위를 X재에 투입할 때의 한계효용이고, 우변은 화폐 한 단위를 Y재에 투입할 때의 한계효용이다. 즉, '화폐 1단위가 낳는 효용 증가의 이득이 모든 재화에 대해 일치하도록 재화가 선택'되면 소비자의 효용을 극대화하는 소비조합이 구성된다. 이를 화폐 1단위당 한계효용 균등의 원칙이라 한다. 물론 효용을 극대화하는 소비자라면 소득을 두 재화의 구매에 모두 사용했어야 한다:

$$P_XQ_X + P_YQ_Y = I$$

결국 제한된 소득 규모 I와 두 재화의 시장 가격 P_X, P_Y가 주어졌을 때, 소비자는 소비된 1원당 한계효용이 두 재화에 대해 동일하도록 재화 X와 Y의 양을 구매함으로써 효용을 극대화할 수 있다. 즉, 1원의 가성비(bang for their bucks)가 모든 재화에 대해 동일하게 되는 수량을 찾으면 효용을 극대화할 수 있는 것이다. 소비자가 소득을 모두 사용했고 위의 비율이 성립한다면 균형에 있는 것이다. 이 상황에서 X와 Y의 다른 조합들은 이보다 더 큰 총효용을 제공하지 않는다. 외식을 하는 사람은 1원을 지출하는 데 따라 얻게 되는 만족, 즉 효용을 극대화하고 있는 것으로 간주된다. 소득이 제한되므로 여기서의 효용 극대화는 외식을 위해 가진 돈을 사용하여 얻을 수 있는 만족과 여행이나 게임을 하기 위해 돈을 사용하여 얻을 수 있는 만족 간에 균형을 맞추는 일이다. 만약 게임보다 외식이 더 큰 1원당 효용을 가져다 준다면 외식을 할 것이다. 한계효용 체감의 법칙에 따르면 더 자주 외식을 할수록 외식에서 얻을 수 있는 한계효용이 점차 감소한다. 어느 순간부터는 외식의 1원당 한계효용이 여행이나 게임 등의 다른 소비에서 얻을 수 있는 1원당 한계효용보다 낮아지게 된다. 소비자가 여러 가지 재화와 서비스 중에서 계속 선택해 갈 때 1원당 한계효용이 가장 높은 상품을 선택하면 총효용은 증가한다. 이런 과정을 이어가면 모든 재화와 서비스가 서로 같은 1원당 한계효용을 주게 되는 점에 이르는데, 이때는 총효용이 극대화된다. 바로 이 점부터는 상품 선택을 어떻게 변화시키더라도 더 이상의 총효용을 증가시킬 수 없게 된다. 따라서 총효용을 극대화시키려면 소비 가능한 개별 상품들의 1원당 한계효용을 서로 일치시켜야 한다. 소비자가 어떤 상품은 전혀 사지 않은 경우도 있는데 이는 이 상품의 1원당 한계효용이 다른 모든 상품의 1원당 한계효용보다 낮기 때문이다.

이 문제를 이해하는 또 다른 방법은 위의 비율을 다음과 같이 정렬하는 것이다:

$$\frac{P_Y}{P_X} = \frac{\Delta U_Y}{\Delta U_X}$$

즉, 두 재화의 한계효용 비율 또는 상대적 한계효용 비율이 두 재화의 가격 비율 대로이고 소비자가 소득을 모두 사용했다면 소비자는 효용을 극대화한 것이다. 2만 원짜리 음식을 5천 원짜리 음식보다 최소한 네 배 이상 더 좋아할 때 5천 원짜리 음식보다 2만 원짜리 음식을 선택한다. 마찬가지로 1만 원을 내고 영화를 보는 것보다 5만 원을 내고 식사를 하는 것을 최소한 5배 이상 원할 때 영화를 보지 않고 식사를 할 것이다. 상대적 한계효용, 또는 상대적 만족은 특정한 행동을 다른 행동보다 더 원하는 정도를 말한다. 상대적 만족은 상대가격과 비교되어 영화에 대한 식사의 한계효용이 영화에 대한 식사의 가격보다 높을 때 식사를 선택하게 되고, 반대의 경우에는 반대로 선택한다.

수요의 법칙

어떤 재화 *X*재의 가격이 상승한다면 소비자의 선택은 어떻게 변화할까? 이를 보기 위해 삼계탕 가격이 상승하였다고 하자. 이 경우 효용을 극대화하는 삼계탕과 냉면의 조합을 다시 검토할 필요가 있다. 삼계탕 가격 P_X가 상승한다면 소비자 입장에서는 두 가지 변화가 발생한다. 즉, 한계효용 균등 법칙에서 벗어나게 되고, 지출이 소득을 넘어서서 예산제약도 지키지 못하게 되었다.

$$\text{한계효용 불일치} : \frac{\Delta U_X}{P_X \uparrow} < \frac{\Delta U_Y}{P_Y}$$

$$\text{예산제약의 위반} : \uparrow P_X Q_X + P_Y Q_Y > I$$

*X*재 가격 상승은 *X*재 수요량에 2가지 변화를 낳는다. 소비자가 다시 효용을 극대화하려면 우선 한계효용 균등 법칙이 지켜지도록 해야 한다. 이를 위해서는 상대가격이 높아진 *X*재의 소비를 줄이고, 상대가격이 낮아진 *Y*재의 소비를 늘려야 한다. 이처럼 상대가격 변화에 대응하여 상대가격이 커진 재화를 작아진 재화로 대체하는 것을 대체효과(substitution effect)라 한다.

이어서 예산 제약선이 다시 지켜지도록 하기 위해서는 어떤 변화가 있어야 할까? 재화 가격이 하락할 때 예산제약선에 나타나는 변화에 대해 소득의 구매력(purchasing power)이 감소했다고 표현한다. 주어진 소득으로 구매할 수 있는 재화의 총량이 과거보다 감소하였기 때문이다. 이러한 소득의 구매력 감소에 따른 재화 수요량의 변화를 소득효과(income effect)라 한다. 소득의 구매력 감소가 재화의 수요량에 미치는 방향은 단순하다. 수요량을 감소시킬 수도 있고 증가시킬 수도 있다. 소득 감소 시 어떤 재화의 소비가 감소한다면 그 재화는 정상재(normal goods)라 하며, 소비가 증가한다면 열등재(inferior goods)라고 한다. 결과적으로 *X*재 가격의 상승이 *X*재 수요량에 미치는 영향은 상대가격 효과와 소득효과의 방향과 그 상대적 크기에 따라 달라질 수 있기 때문에 전체적으로는 모호하다. 좀 더 꼼꼼히 따져본다면 정상재의 경우에는 분명히 그 수요량이 감소할 것이다. 그러나 열등재의 경우에는 감소할 수도 증가할 수도 있다는 점에서 모호하다. 만약 가격이 상승한 재화에서 수요 증가가 나타난다면 그 재화는 이 점을 특별히 지적한 로버트 기펜(Robert Giffen)을 따라 기펜재(Giffen goods)라 부르고 있다. 따라서 가격 상승 시 수요량이 감소한다는 수요법칙은 항상 지켜지는 것은 아니다. 기펜재가 아닐 경우에만 가능한 것이다. 따라서 기펜재가 아니라면 가격과 수요량 간의 관계를 보여주는 수요곡선은 우하향한다.

어떤 제품의 높은 가격이 그 제품을 갖는 품위를 높여준다고 인식되는 경우에는 수요의 법칙이 성립하지 않을 수도 있다. 고급 양주나 크리스털 식기를 파는 판매자가 그 가격을 낮추면 그 제품이 갖는 품위 가치를 손상시킬지도 모르며 그에 따라 소비자들이 수요는 더 적어질 수 있다. 또한 유사한 현상이 제품의 질을 객관적으로 판단하기 어려운 경우에도 발생할 수 있다. 예를 들어 소비자는 가격이 품질을 대변하는 것으로 간주할 수 있다. 즉, 낮은 가격은 품질이 낮다는 신호를 보내므로 낮은 가격은 매출을 증가시키는 것이 아니라 오히려 감소시킬 수 있다. 이러한 제품의 품위나 품질에 대한 신호효과로 말미암아 일정 범위의 가격대에서는 우상향하는 수요곡선이 생겨날 수 있다. 그렇지만 경제학과 마케팅에서 이루어진 수많은 연구과 경험은 대부분의 제품에 있어서 수요의 법칙이 나타나는 것을 확인해 주고 있다.

2. 행동경제학과 소비 : 소비와 마케팅

나의 선택은 전적으로 나의 의지에 의한 선택인가? 이하에서는 4장에서 소개한 행동경제학의 일반원리에 기초하여 우리의 소비생활이 실제로는 어떻게 이루어지는가를 살펴본다. 소비자가 가장 선호하는 것을 선택하고, 소비 결정요인에 대해 생각할 충분한 시간과 통찰력을 갖춘 합리적 의사결정자라는 개념에는 매력적 단순함이 있다. 그러나 소비자 선택은 인공지능처럼 전개되지 않는다 : 최적의 선택을 하려면 모든 정보를 체계적으로 소화해야 한다. 하지만 고려 중인 문제와 무관한 수많은 요소가 소비 선택에 강력한 영향을 미칠 수 있다. 대부분의 마케팅은 이러한 복잡한 현실을 인식하지만, 경제학의 소비 선택 과정은 단순한 관점이 지배한다. 하지만 행동경제학은 소비 선택에 대한 우리의 이해를 넓히는 데 기여하고 있다.

1) 두 시스템과 소비 : 분석적 판단과 직관적 판단

새 차를 구입할 때 접근 가능한 모든 차량을 모두 구매대상으로 고려해야 한다면 소비자는 쉽게 상황에 압도당할 것이다. 자동차에는 제조업체, 크기, 색상, 안전 기능, 편의 기능, 가격 등 고려해야 할 요소가 무척 많다. 소비자 대부분은 시스템 I 사고를 사용하여 선택 기준을 한두 가지로 좁혀서 생각한다. 예를 들어 항상 한가지 브랜드의 자동차를 가졌던 가정에서 자란 사람이라면 승용차를 구매할 때 우선 해당 브랜드만 검토할 것이다. 이를 통해 훨씬 더 다루기 쉬운 대안들로 선택의 범위를 크게 줄인다. 일단 선택의 범위가 줄어든 뒤에 소비자는 논리적이고 정보에 입각한 선택을 하는 데 필요한 자동차 크기, 안전 기능 등을 결정하기 위해 시스템 II 사고로 이동할 수 있다. 소비자가 시스템 I만 계속 사용했다면 크기나 기능이 모두 자신에게 적합하지 않은 차를 구매하게 될 수 있다. 반면에 시스템 II만 사용했다면 고려할 대안이 너무 많아 시장에 나와 있는 모든 승용차를 따지는 데 많은 시간을 낭비할 가능성이 크다.

- ▶ 정보가 날로 늘어나는 세상에서 시스템 I 사고는 우리의 일일 인지 활동의 최대 95%를 차지함으로써 일상적 행동과 결정의 무게감에 의해 우리가 마비되는 것을 막아준다. 시스템 I 사고는 무심코 양말을 신게 하고, 지도를 찾지 않고 통근하는 버스 정류장까지 걸어가며, 생각 없이 2 +2 = 4라는 것을 안다.
- ▶ 원클릭 주문은 구매 절차의 마찰을 줄임으로써 소비자의 충동구매 결정을 매우 빠르고 쉽게 내릴 수 있도록 한다. 시스템 I의 인지 편향을 활용한 것이다.

2) 프레이밍 단계의 행동경제학

프레이밍 효과

뇌는 설정된 선택의 틀과 맥락 그리고 정보가 제시된 방식에 따라 결정을 내린다. 보다 긍정적으로 제시되는 제품일수록 선택의 가능성이 커진다. 같은 사실이 어떻게 전달되었느냐에 따라 설득력에 차이가 생겨난다. 판매담당자는 프레이밍 효과를 이용하여 의도적으로 소비자의 선택에 영향을 주려 한다.

- ▶ 소비자는 제품이 어디에 배치되어 있느냐에 따라 구매 결정에 영향을 받는다.
- ▶ 가전 대리점 A는 냉장고를 200만 원에 판매하고 추가로 배송료를 10만 원 받는다. B는 똑같은 냉장고를 210만 원에 판매하고 무료로 배송해 준다. 별다른 정보가 없으면 사람들은 B에게서 냉장고를 사게 된다. 소비자가 이익을 얻는다는 틀을 짜서 판매하는 것이다.

총비용은 같지만, 배송비가 무료인 제품을 선호하는 선택은 합리적이지 않다. 하지만 같은 정보를 다른 방식으로 제시함으로써 해당 데이터에 대해 다른 생각이 유도된다. 고객의 선택을 재구성하여 선택하는 데 따른 마찰을 줄이는 것은 소비자에게 더 긍정적인 경험을 제공하고 구매를 계속하고 후에 다시 구매할 가능성을 높여준다. 한 개의 비용만이 있는 제품은 총비용을 신속하게 알게 하지만 두 개의 비용이 있는 제품은 그렇지 못하다. 이로 말미암아 무료 배송은 제품 자체를 더 높은 가치로 평가하게 함으로써 소비자의 선택 가능성을 높인다.

기준점도 프레이밍 효과를 낳는다.

▶ 같은 선택을 하는 두 가지 방법을 보자. "이 친환경 제품으로 전환하면 연간 20만 원의 전기료를 절감할 수 있다." "이 친환경 제품으로 전환하지 않으면 연간 20만 원의 전기료를 낭비하게 된다." 첫째 광고는 기준을 선택 전의 현재 상황에 두므로 20만 원을 이득으로 인식한다. 둘째 광고는 기준을 전환 결정한 이후로 이동시키므로 20만 원을 손실로 인식한다.

미끼 효과

선호와 선택에 영향을 미치는 인지효과인 프레이밍 효과와 더불어 미끼 효과가 있다. 프레이밍 효과는 어떻게 선택 문제가 제시되는가에 대한 것이고 미끼 효과는 두 대안 간의 선택에 미치는 제3의 대안의 영향에 대한 것이다. 프레이밍 효과처럼 미끼 효과도 제공되는 제품에 대한 인식의 변화를 가져온다. 제품의 가치는 가늠하기 어렵다. 인지능력 부족을 극복하려고 사람들은 제품을 인식할 때 항상 다른 것과 관련 지어 판단하려 한다. 3개의 선택 사항을 주면 많은 사람이 중간 것을 선택하며, 가장 비싼 요리가 있으면 사람들은 그 다음으로 비싼 가격의 요리를 선택한다. 기업은 누구의 선택도 받지 않을 −A(미끼)제품과 좀 더 나은 A제품(기업이 고객에게 판매하려는 목표제품)을 보여주고 이어서 B(경쟁제품, 경쟁기업의 제품, 우리가 멀어지게 되는 대안)를 제시한다. 그리면 사람들은 A를 선택하는 경향이 있는데 이를 미끼 효과(Decoy Effect)라 한다. 미끼는 일부 측면에서만 경쟁제품보다 나쁘지만 다른 면에서는 좋다. 하지만 미끼 제품은 모든 측면에서 목표제품보다 나쁘다. 특히 미끼는 최소한 두 가지 속성(a와 b)과 관련하여 목표제품과 경쟁제품에 의해 비대칭적으로 지배된다. 미끼와 비교해 목표제품은 a와 b 모두에서 더 낫다. 반면 경쟁제품은 a에서는 낫지만, b에서는 더 나쁘다. 그래서 무의식적으로 우리의 결정을 목표제품 쪽으로 유도되고 경쟁제품으로부터는 멀어진다. 미끼 효과로 인해 우리는 실제로 필요한 것보다 더 많이 지출하고 소비하게 될 수 있다. 미끼 제품이 있을 때 우리는 어떤 옵션이 지출목적에 가장 적합한지보다는 가장 유리한 선택이 무엇인지에 따라 결정을 내리는 경향이 있기 때문이다.

미끼 제품은 여러 가지 약점을 이용한다. 미끼는 직관적 선택을 더 쉽게 합리화하게 한다. 미끼는 목표제품의 장점과 경쟁제품의 단점을 강조하여 목표를 선택하는 쉬운 근거를 제공한다. 선택에 대한 만들어진 정당성을 제시함으로써 선택한 것에 대해 편안함을 느끼게 한다. 미끼는 선택 과부하로 인한 부담을 덜 느끼게 한다. 미끼는 좋은 설명보다 더 효과적으로 의사결정을 단순화하며, 선택할 수 있는 대안이 너무 많을 때 우리의 불안감을 덜어준다. 불확실성을 피하려고 사람들은 가격, 수량, 특성 등 선택 사항을 판단하기 위해 집중할 소수의 요소에 집중하려 한다. 미끼 효과는 관심 요소를 조작하여 이를 활용한다. 불확실성은 근거에 기초한 선택, 즉 가장 타당한 근거가 있는 대안을 선택하게 된다. 미끼 효과는 손실에 대한 우리의 혐오감을 이용한다.[1] 손실 회피로 말미암아 선택을 할 때 우리는 단점에 더 집중하게 된다. 사람들은 높은 가격보다 낮은 품질을 더 싫어하는 것으로 알려져 있다. 미끼는 더 높은 품질과 더 높은 가격이라는 목표를 향해 우리를 밀어붙인다. 특히 미끼 효과를 피하기 어려운 것은 우리가 조정 당하고 있다는 사실을 깨닫지 못하고 오히려 논리적인 선택을 하고 있다고 느끼기 때문이다. 합리적이려고 노력할수록 미끼 효과에 더 깊숙이 빠져들게 된다.

---

1. 미끼 효과를 피하려면 실제 필요한 만큼만 구매하려 하고, 구매할 때 어떤 요소가 가장 중요한지 미리 명확히 하는 것이 권고된다. 미끼 제품은 무시하고 경쟁제품과 목표제품을 비교하여 더 많이 지급할 만한 그만한 가치를 목표제품이 제공하는가를 따져야 한다. 이 또한 3가지 옵션이 주어진 선택에는 더욱 조심한다. 직관적으로 생각하는 사람들은 미끼 효과에 더 취약하다.

- ▶ 로마 여행(B), 파리 여행(A), 조식이 포함되지 않은 파리 여행(−A)이 제시되면 소비자들은 무엇을 선택할까?
- ▶ 잡지 구독에 세 가지 옵션을 나열할 수 있다. (1) 온라인 구독 : 10만 원, (2) 인쇄판 구독 : 30만 원, (3) 온라인 구독과 인쇄판 구독 : 30만 원. 이러한 옵션이 제공되면 소비자는 인쇄판 구독을 선택하지 않을 것이다. 그러나 그들은 온라인 구독보다는 번들을 구매할 가능성이 더 크다. 번들과 온라인 구독 비용이 같으므로 전자가 훨씬 더 나은 거래가 되는 셈이다.
- ▶ 고객에게 A, B 두 개의 원룸을 보여주는 부동산 중개인이 있다고 하자. A는 상태가 좋지만, 고객의 일터에서 멀고, B는 상태가 적당하지만, 일터에서 가깝다. (1) A를 선택하게 하려면 A보다 좋은 상태는 아니고 일터에서도 멀지만, 여전히 B보다 더 좋은 원룸을 보여준다. (2) B를 선택하게 하려면, 훨씬 더 상태가 나쁘고 일터에서 약간 더 멀지만, A보다 일터에서 더 가까운 원룸을 보여준다.

(1) 선택의 규격화 : 심적 계정

많은 선택을 해야 할 때, 큰 범주 단위로 모든 선택의 결과를 함께 평가하여 선택하거나 작은 범주 단위로 각 선택을 개별적으로 평가하여 선택할 수 있다. 대부분 사람은 좁은 틀로 선택을 규격화하므로 큰 그림을 보지 못하게 되어 차선책에 머물게 된다. 규격화의 영향은 담배나 후식과 같은 기호품 결정에서 자주 나타난다.

- ▶ 한 번에 하나씩 기호품 소비 여부를 결정하는 개인은 모든 결정을 하나로 묶었다면 거부되었을 수도 있는 선택을 한다. 담배 한 개비를 피울지의 결정은 중요하지 않은 것처럼 보일 수 있지만 1년의 소비를 묶어보면 비용과 부정적 효과가 훨씬 더 두드러질 것이다. 평생 금주하는 것은 상상할 수 없어 실패하겠지만, 앞에 놓인 한 잔을 금주하는 것은 훨씬 쉬울 것이다. 부실 식품이나 중독성 제품은 통상 대량으로 묶어 할인된 가격으로 판매되어 절약처럼 보이지만 지나친 소비로 이어진다.

한 번에 기호품 사용 여부를 한 개씩 선택하면 기호품을 한 차례 소비할 때 기대되는 즐거움은 사소한 건강상의 결과보다 쉽게 더 커 보일 수 있으므로 기호품을 소비하는 것이 최고의 선택으로 보일 수 있다. 그러나 매번의 소비를 고립된 사건으로 보지 않고 1년이나 평생에 소비할 기호품의 소비 규모를 모두 동시에 선택해야 한다면 건강에 미치는 영향이 덜 사소해 보일 수 있으며 기쁨보다 훨씬 클 수 있다.

소비의 경우 선택의 규격화는 종종 돈에 대한 심적 회계로 불린다. 돈은 어떻게 벌었고 어디에 사용할지에 따라 서로 다른 계정(심적 계정)에 분류(심적 회계, mental accounting)되어 다른 가치가 부여되고 다른 사용규칙이 적용된다. 돈에 심적 라벨이 붙여지고 그에 따라 가치가 주관적 상대적으로 평가된다. 똑같은 금액(절대가치)이지만 라벨에 따른 다른 기준이 붙여져 가치(상대가치)가 달라진다. 어떤 돈에도 특별한 명칭이 없어 모두 서로 "대체 가능"하다는 점이 무시되고 있는 것이다. 대안들에 변동이 없음에도 범주가 어떻게 설정되느냐에 따라 대안들의 가치가 달라지고 선택도 달라진다. 심적 회계는 추가적인 예산제약으로 작용하여 대안의 범위를 좁혀 선택에 변화를 가져오는 것이다.

- 돈이 어디에서 비롯하였는지와 어디에 보관되었느냐에 따라 달리 취급되고 가치가 달리 평가되는 것이다. 소득은 종종 "정규 소득"과 "횡재 소득"으로 분류된다. 소비자가 돈을 받을 때와 쓸 때 모두 돈의 심각성(seriousness)을 고려한다. 특히 소비자는 소득의 심각성과 구매의 심각성을 일치시키려 한다. 직장에서 버는 돈(심각한 수입원)은 필수품(심각한 구매)에 쓰이도록 하는 데 더 관심이 있다. 정규 소득보다 횡재 소득은 지출될 가능성이나 속도가 더 크며 필수품보다는 사치품에 지출할 가능성이 더 크다. 돈이 어디에 보관되었느냐에 따라 달리 평가되고 취급된다. 지갑에서 10만 원을 내는 것보다 계좌에서 10만 원을 이체하는 것이 덜 힘들다.
- 지출은 마음속에서 식비, 교육비, 교통비, 유흥비, 통신비 등의 좁은 항목별로 분류되어 인식되고 집행된다. 각 계정은 특정 목표와 관계되며 삶의 다른 측면을 관리하는 데 도움을 준다. 계정별로 배정된 예산액과 그 기대치가 지출의

기준이 되고, 그에 따라 이익과 손실이 따져진다. 항목에 설정한 액수를 넘어서는 지출 결과치는 손실로 고통을 느낀다. 심적 계정으로 말미암아 특정 계정에서 다른 계정으로 돈을 옮기는 것을 주저하여 예산제약을 느낀다. 계정별로 사용금액에 제한을 두며 사용되지 않은 금액을 한 계정에서 다른 계정으로 이전하는 것이 꺼려진다. 남는 교육비를 쉽게 식비로 돌리지 못한다. 지출의 심적 계정은 소비의 효용을 극대화하고 지출의 고통을 최소화하도록 관리된다. 예상치 못한 비용이 많이 드는 지출은 일상 지출 계정에서 나오는 것보다 덜 고통스러워 보인다.

- 구매와 결제도 분리된다. 특히 신용카드는 결제가 연기되며 구매와 자연스럽게 분리된다. 신용카드로 결제한 금액은 눈에 덜 띄며 별도로 느껴지고 기억이 덜 난다. 대금의 지급(손실)이 간격을 두어 여러 차례 발생하기보다는 하나의 청구서로 결합되어 한꺼번에 발생하므로 덜 당황한다.
- 당장 사용할 생각이 없는 물건에 대한 지출도 별도로 취급된다. 지출이 아닌 '투자'로 생각되며 지출금액이 작게 느껴질 수 있으며, 나중에 소비할 때에는 오래전에 비용을 지불했기에 무료라고 느끼기까지 한다.
- 시간에 대해서도 심적 계정이 존재한다. 일에 할당된 시간과 여가에 할당한 시간을 구분하고 시간 계정을 지키려 한다. 업무 연기로 얻은 여유시간과 여가 연기로 얻은 여유시간을 달리 취급하여 시간 대부분을 여가에 할당한다. 하지만 동시에 시간의 심적 계정은 일과 삶의 균형을 관리하는 데 도움을 준다.
- 상품에도 심리적 라벨을 붙여진다. 무언가를 사들일 때 그 객관적 가치에만 관심을 두지 않는다. 좋은 거래를 하고 있는지(거래 그 자체가 주는 효용, 즉, 거래 효용(transactional utility)에도 관심을 둔다. 이에 따라 가격에 대한 평가가 상황에 따라 달라진다. 똑같은 제품인데 다른 곳보다 훨씬 더 비싼 장소가 있다. 스포츠 경기장, 콘서트, 놀이공원에서 음료수가 편의점보다 훨씬 더 비싸다는 것을 알면서도 기꺼이 구매한다. 종종 이런 엄청난 가격을 지급할 것이라는 기대가 더 넓은 경험의 일부로 받아들여진다. 야구 경기 중 먹는 치맥은 재미의

일부이다.

- 액수가 큰 지출의 일부가 되는 소비는 사소하게 취급된다. 오래전에 구매한 중고차에 네비게이션을 달 때와 고급 신차에 네비게이션을 달 때 달리 행동한다.

심적 계정은 돈이 어디로 가는지 추적하고 지출을 통제하도록 하여 저축과 소비 습관을 길러줄 수 있다. 특히 사람들이 비상금, 은퇴자금, 자녀 교육비를 저축할 수 있게 해준다. 상황과 관계없이 이처럼 중요한 계좌로부터의 지출이 거부되어 평소의 적은 절약으로도 자신의 미래를 보호할 수 있다. 좁은 범주로 묶여 평가된 목표는 손실의 두려움으로 자제력을 촉진할 수 있다. 반면 넓은 범주로 묶여 평가된 목표는 손실의 두려움을 감소시켜 과도한 통제를 완화할 수 있다. 성과의 불확실성이 거의 없는 일상적 작업을 하는 개인에게는 일별 목표가 좋겠지만, 성과가 크게 불확실한 작업을 하는 개인에게는 월별 목표가 보다 적절할 것이다.

그러나 심적 계정은 인식을 편향시킬 수 있다. 돈에 대한 인식을 왜곡하고 이성보다는 직관에 따라 지출하게 만든다. 특히 특정 목적으로 금액을 정해 놓았다면 구매에 대해 그다지 신중하게 생각하지 않으므로 과잉 지출이 쉬워진다. 예산을 짤 때 전체 재정 상황을 보기보다는 개별 계정 단위로 생각하게 함으로써 우리를 잘못된 좁은 길로 이끌 수 있다. 예를 들어 "커피"로 분류된 심적 계정에는 매일의 카페라테에 일정 금액이 책정된다. 이는 예산을 매번 생각해야 하는 시간과 에너지를 절약시키지만 왜 거기에 그렇게 많은 돈을 써야 하는지 또 합당한 가격을 지불하는지에 대해 비판적으로 생각하지 못하게 한다. 결국, 돈을 각기 다른 심적 계정에 배정하면 그 돈의 일부가 다른 곳에서 더 잘 사용될 수 있다는 것을 보지 못하게 된다. 예를 들어 복권은 정규 소득에 적용되는 규칙에서 면제되는 "공짜 돈"이라고 생각하게 만든다. 한편 심적 계정은 초기 투자를 "그만한 가치"를 갖게 만들어야 한다는 압박을 느끼게 만든다. 콘서트에 배정된 계정은 티켓 구입 후 공연을 보기 전까지는 계정에서 티켓 값이 초과 인출된 것과 같다. 집에 머물면 적자로 계좌를 폐쇄해야 하고 손실이 명확하게 인식되게 된다. 반면 콘서트에 가면 지급한 만큼 얻은 것으로 생각되며 적자가 어떻게든 청산된 것처럼 느껴진다.

심적 계정은 마케팅에 널리 활용되고 있다.

- 심적 계정은 제공하는 제품에 영향을 미침으로써 고객에게 구매동기를 부여하는 데 도움이 된다. 구매가 여러 심적 계정과 관련되는 것처럼 인식하도록 하면 지출을 늘릴 수 있다. 제품의 다양한 속성별로 정보를 제공함으로써 (1) 속성별로 심적 계정이 만들어지도록 하여 속성을 혜택으로 인식시키고, (2) 특성별로 제품을 구분해 제품의 다양성을 확대하고 (3) 제품을 끼워팔기(예 : 체력단련 매트와 여행용 가방) 하여 여러 속성의 할인 구매를 부각한다.
- 심적 계정 개념은 할인과 상품권 제공을 최적화하는 데 도움이 된다. 사람들은 30%의 할인행사보다 상품권을 직접 줄 때 반응이 뜨겁다. 구매금액 10만 원마다 지급되는 만원의 상품권은 공돈으로 여기기 때문이다. 상품권은 필수품에 대해서는 적립시키고 기호품에 대해서는 횡재처럼 제공한다. 현금으로 지급할 때보다 신용카드를 사용할 때 더 많은 금액이 지출된다. 현금의 경우 지출을 바로 체감하지만, 신용카드는 몇 개월 후 빠져나가기 때문에 같은 값이어도 부담을 덜 느낀다. 현금보다 상품권을 제공하면 제공한 혜택을 초과하는 지출이 발생한다.

(2) 휴리스틱

뇌의 정보처리를 돕는 인지적 지름길인 휴리스틱은 우리의 소비 선택을 편하게 하지만, 동시에 편향적 소비 활동에 밀어 넣을 수 있다.

가용성 휴리스틱

소비자들은 관련된 모든 정보를 고려하기보다는 머리에 쉽게 떠오르는 정보에 근거하여 구매한다. 쉽게 떠오르면 중요도나 신뢰도가 높고 보편적 제품으로 판단한다. (핵심 메시지를 하나만 남기고 나머지는 모두 가지치기하여) 잘 회상되도록 하는 것이 마케팅의 오래된 철칙 중 하나이며 모든 광고는 기억의 가용성을 높이려 노력한다. 단순한 정보 언급이라도 이미 소비자는 영향을 받는다. 판매담당자들은 상표의 최초 상기율을 유지하기 위해 집중하여 광고한다. 패션 제품, 담배, 주류를 포함한 모든 제품에 대한 광고는 제품 사용자들을 특히 매력적이고 인기 있는 존재로 묘사한다.

▶ 코카콜라는 누구나 알고 있는데도 쉬지 않고 광고를 한다. 특히 제품과 제품이 제공하는 매력적 결과 사이의 긍정적 연관성을 소비자의 기억에 각인시키려 노력한다.

대표성 휴리스틱

어떤 제품이 특정 범주에 속할 가능성은 해당 범주의 평균 제품이 갖는 속성과의 유사성에 기초한다. 만약 유사하다면 고정관념과 편견이 작동한다. 특히 소비자는 자신이 관찰할 수 있는 속성으로 제품을 평가한다. 소비자는 자주 제조업체가 사업을 운영한 기간, 브랜드 이름, 원산지 등으로 제품 품질을 판단한다.[2] 소비자는 가격으로 품질을 판단한다(특히 품질이 다양할수록)는 점을 고려하여 기업들은 품질 판단이 어려운 상품에 대해 고가 전략을 내세운다. 판매담당자는 특정 제품이 소비자가 가질 수 있는 아이디어나 개념을 대표한다고 확신시키려 노력하며 이를 위해 소비자가 브랜드에 대해 가질 수 있는 연상개념을 조사한다. 마케팅에서 회사는 소비자가 선호하는 고정관념으로 브랜드를 분류하려 한다. 고정관념은 특정한 경험을 기대하며 정보를 범주화하는 한 방식이다. 사람들의 기대감을 높일 수 있는 정보를 제공하는 것이 마케팅의 전부라 한다. 광고는 바로 이 고정관념에 호소한다.

▶ 기업은 자기 브랜드가 그 해당 영역의 대표라고 외친다. '피로엔 박카스', '두통엔 펜잘'

---

2. 일반적으로 사람들은 자국 제품에 대해 외국인보다 더 호의적으로 평가하는 경향이 있으며, 선진국 제품은 개발도상국 제품보다 더 좋은 평가를 받는다.

감정 휴리스틱

소비자가 선택을 하는 데 있어 감정적 신체 반응이 먼저 발생하고 판단이 뒤를 따른다. 판매담당자는 감정적 유인을 사용하여 결정을 내리는 데 필요한 시간과 인지적 노력을 줄이려 한다. 브랜드에는 긍정적인 정서적 반응을 끌어내려 하고 광고는 감정 꼬리표를 붙여놓아 브랜드 충성도를 창출한다. 행복, 두려움, 분노 등의 감정을 이용해 소비자의 반응을 끌어내는 것을 감성 마케팅(emotional marketing)이라고 한다. 사람들이 비율보다 규모에 더 민감하여서 가격 인상은 비율(5% 인상)로, 가격 인하는 금액(50,000원 할인!)으로 광고된다. 또한, 기업은 인상 폭이 체감되지 않게 조금씩 여러 번에 걸쳐 인상한다.

▶ 광고는 호감이 넘치는 유명 연예인을 모델로 활용하고, 남들보다 낫다는 '프리미엄'이나 '골드', 친환경 친자연의 느낌을 주는 '내추럴', 새롭다는 '뉴' 그리고 행복함을 드러내는 '웰빙'을 붙인다.

만족 휴리스틱

만족 휴리스틱은 최고의 선택이나 검색을 하기보다는 부족하여도 최소한의 요구 사항만 충족하거나 쉽게 구할 수 있다면 선택한다는 것이다. 숲의 다른 곳에 더 크고 더 맛있는 열매가 있을 수 있지만, 눈앞의 잘 익은 열매를 모으는 것이 훨씬 더 실용적이다. 새 차를 구매할 때 가장 가까운 대리점에 가서 예산에 맞는 파란색의 첫 번째 차를 사들일 수 있다. 거래조건은 더 좋겠지만 여러 대리점에 가서 수십 대의 자동차를 시승할 시간이나 에너지가 없다. 판매담당자는 소비자에게 이전에 깨닫지 못한 요구 사항이 있음을 확신시키거나 최소 요구 사항을 더 잘 충족시키는 방법을 명확히 함으로써 만족을 광고에 사용할 수 있다. 또한, 소비자는 만족해야 할 새로운 요구가 있다고 생각할 때 광고를 통해 문제를 처음 알린 브랜드로 눈을 돌릴 수 있다.

- ▶ 소비자는 모든 무선 헤드폰을 찾아 비교하기보다는 단순히 예산에 맞는 첫 번째 무선 헤드폰을 선택할 가능성이 훨씬 더 크다. 기업들은 최소의 요구 사항을 충족한다는 포장 문구를 부각한다. 민감한 잇몸에 도움이 되는 치약을 찾는 사람은 그것을 홍보하는 치약을 선택할 것이다.

(3) 최초 기준의 지속성 : 앵커링 효과

인간은 선택 시에 어떻게든 기준을 설정하고 이를 조정해 가지만 최초의 기준과 프레임에서 잘 벗어나지 못한다. 즉, 우선 기준을 정해 놓고, 이를 토대로 때로는 이에 얽매여 판단한다. 이에 따라 소비자는 처음 제시된 정보에 크게 의존하며, 그것이 이치에 맞든 아니든 후속 결정을 위한 기준으로 계속 사용한다. 첫인상이 중요하다.

- ▶ 기업들은 정가와 할인가를 함께 노출한다. 특히 다른 색상과 큰 글꼴로 제한된 시간 동안 할인된 가격을 제공한다. 소비자들은 정가 3만 원과 할인가 2만6000원이 쓰인 물건을 싸게 잘 샀다고 생각한다. 판매자가 처음 제시한 가격이 종종 소비자가 판단을 하는 기준으로 작용한다. 그래서 거기서 깎아주는 기분을 느끼면 저렴해졌다고 생각한다.[3]
- ▶ Uber는 피크 수요 동안의 급등한 가격을 중심으로 광고한다. Uber는 바쁜 시간대에 더 높은 가격을 제시하여 소비자에게 기준점을 확립한다. 이것이 불리해 보일 수도 있지만, 앵커링 효과는 가격이 정상으로 돌아올 때 비수기 동안 인식된 가치를 높일 수 있다. "아, 이전보다 지금 가격이 상당히 저렴하구나!"
- ▶ 자동차 딜러는 고객의 예산 범위 내의 자동차를 보기 전에 더 비싼 모델을 보여줄 수 있다. 이러한 비교를 통해 고객은 결국 결정한 자동차가 가격이 적당하다고 믿을 가능성이 더 크다. 이 방법은 판매 전반에 걸쳐 사용할 수 있다. 예를 들어 웹사이트 배열에서 더 비싼 항목이나 서비스를 먼저 표시한다.

---

3. 판매자는 닻을 먼저 내리는 것이 유리하고, 구매자는 가격을 다양하게 알아보아 불리한 닻을 먼저 차단해야 한다.

- ▶ 소비자는 앵커링을 통해 더 많이 구매하도록 설득될 수 있다. 구매 한도 표시는 매장에서 특정 제품이 매진되는 것을 방지하는 조치처럼 보이지만 실제로 한도는 쇼핑객이 구매하지 않았을 때보다 훨씬 더 많이 구매하도록 영향을 미치는 앵커링 도구다.
- ▶ 최초 앵커링의 지속성을 활용하여 고객의 구매량을 늘릴 수 있다. '2,000원에 3개', '1인당 2개 제한', '10개 구매 시 2개 무료'가 이에 해당한다. 고객이 구매량을 선택할 때 제시된 수량을 기준으로 충분히 하향 조정하지 않는다면 이러한 판촉을 통해 매출이 크게 증가할 수 있다.

앵커링 효과를 임의적 일관성(arbitrary coherence)이라고도 한다. 기준은 임의로 설정되지만, 한번 설정되면 뒤이은 결정은 이 기준과 일관성을 유지하려 애쓴다. 다른 사람의 행동을 기준으로 상황을 판단하고 그들이 하는 대로 따라 하는 것이 양떼 현상(herding), 자신의 행동을 기준으로 상황을 판단하는 것을 자기 양 떼 현상(self-herding)이라 한다. 결국, 가끔 자신의 가계부를 살펴보면 자신이 하는 모든 소비 선택에서 어떤 지출이 반복되어 발생하는지를 꼼꼼히 따져볼 필요가 있다.

- ▶ 집값이 싼 지역에서 비싼 지역으로 옮기면 새 집값에 맞추어 곧바로 지출을 늘리지는 않는다.
- ▶ 주저하던 고급 커피 매장을 일단 이용하기 시작하면 뒤이어 컵이 커지고, 새로운 커피로 옮겨가고, 구매 횟수가 증가하며, 옷과 음식도 선택이 바뀌어 나간다.

3) 평가 단계의 행동경제학

욕망과 공포의 공존

인간은 樂을 취하고 苦를 피하려 한다. 뇌는 쾌락과 고통을 얻고 난 뒤가 아니라 기대될 때 활성화되며 행동을 자극한다. 광고에서 메시지나 이미지 자극에 의한 마케팅 조작은 향상 성향이냐 예방 성향이냐에 기초한다.

▶ 예방 성향의 고객에게는 위험 예방이나 손실 회피를 강조하는 틀을 통해 제품을 노출한다. "이 식품은 당신의 건강을 지켜드립니다"라는 광고가 그것이다. 반대로 향상 성향의 고객에게는 활력, 추진 등을 강조하는 틀을 통해 제품을 노출한다. "이 식품은 당신의 건강을 증진합니다"라는 광고가 그것이다.

정보가 이익과 손실의 관점에서 구성되면 기준 의존성과 손실 회피의 징후가 나타난다.

기준 의존성 : 기준점에 의존하는 가치 평가

소비자는 기준점을 설정하고 그로부터 소비에 대한 이득과 손실을 평가한다. 소비자는 무엇을 사고 어떤 서비스를 이용할지에 대한 정보를 얻으려 다른 사람을 찾는다. 특히 다른 사람의 인정을 받기 위해 사회규범에 따라 결정을 내린다. "다른 고객이 주로 찾는 것을 나도"라고 말한다.

▶ 아마존은 해당 제품과 함께 구매한 제품을 소개한다("Customers who bought this item also bought." 또는 "Often bought together"). '베스트 셀러'로 제품을 소개하고 '구매평'을 인용하는 것도 마찬가지다.

제품의 구매가격은 그 자체로써 평가되기보다는 기준가격에 비교하여 평가된다. 이때 기준가격은 과거 경험(예 : 마지막 구매에서의 가격)과 환경요인(예 : 광고에서 본 가격)에 기반한다. 제품 품질의 기준점은 유사 제품, 가격 대비 품질, 브랜드별로 설정될 수 있다. 기준은 필요에 따라 변경될 수 있다. 생산자, 중간상, 평가기관은 모두 소비자의 기준 형성에 큰 영향을 미칠 수 있다. 기준점의 핵심 아이디어는 소비자가 제품 가치를 매기는 방식이 그 절대 수준보다는 비교 대상에 의존한다는 점에 있다. 사람들은 쉽게 비교될 수 없는 것들을 비교하는 것을 피하려 하고 쉽게 비교되는 것을 비교하는 데 초점을 맞춘다. 이런 점들은 판매담당자들이 기준에 영향을 미치려 할 때 고려되는 점들이다. 입소문이 고객기반을 늘릴 수 있지만, 온라인 리뷰도 사회적 증거 역할을 한다.

이익(쾌락)과 손실(고통) 수준은 기준점을 어디에 어떻게 설정하느냐에 의존한다는 의미에서 주관적이다. 그렇다면 나의 기준은 누가 만든 것인가? 기준은 일차적으로 개인 차원에서 결정되지만, 사회적으로 결정되기도 한다. 기준은 과거 경험뿐만 아니라 미래 기대에 의해서도 결정된다. 소비자의 기준점 선택은 상황에 따라 달라질 수 있다. 또한, 동시에 여러 가지 기준점이 사용될 수도 있다.

- ▶ 소비자는 브랜드의 품질과 가치를 평가할 때 서로 다른 기준점을 사용한다. 품질을 평가할 때에는 내부 기준을 사용하고, 가치를 평가할 때에는 외부 기준을 사용하는 경향이 있다.
- ▶ 소비자는 가격 평가 시 마지막 지급가격(내부 기준)과 현재 청구가격(외부 기준)을 동시에 사용할 수 있다. 휴대전화 구매 시 소비자는 메모리, 화면 크기와 같은 다양한 속성을 사용한다. 위험한 결정을 내릴 때는 최소 요구 사항, 현재 수준, 목표를 기준으로 동시에 사용할 수 있다.

이익과 손실의 비대칭성 : 손실 기피와 보유 효과 그리고 현상 유지

이득과 손실은 같은 방식으로 경험되지 않는다. 손실은 같은 이득이 주는 즐거움보다 더 큰 고통을 안겨주고 그에 따라 이득에 대한 욕구보다 손실의 공포를 더 크게 느낀다. 소비자 역시 이익을 위해 위험을 감수하기보다는 잃는 것을 피하려 하며, 반대로 손실을 피할 수 있다면 기꺼이 위험을 감수한다.

- ▶ 기업은 구매가 손실 방지에 이바지한다고 강조한다. 온도조절기를 홍보할 때 "AI 온도조절기를 구매하여 매년 10만 원의 에너지 손실을 막으세요!"라고 한다.
- ▶ 구매하지 않으면 절약이나 할인을 누릴 수 없는 손실이 발생한다는 것을 강조한다. 이익으로 표현하는 것보다 더 큰 가치가 있다고 인식되기 때문이다.
- ▶ 소비자는 공짜 사은품 때문에 물건을 사고, 수수료가 없다는 이유로 특정 서비스

를 선택한다. 공짜 제품은 손해를 볼 가능성이 사라지기 때문에 손실 회피의 감정을 노린 공짜 표현이 잦다.

- 주택 경기가 침체하면 손해를 보고 주택을 팔지 않기 때문에 집을 넓혀 가려는 수요도 위축됨에 따라 주택거래량이 감소한다.

판매담당자들은 소비자가 구매를 완전히 미루거나 피할 수도 있음에도 불구하고 손실 기피 성향을 자극하여 미묘하게 구매압력을 가한다.

- '기간 한정 혜택'을 표시하거나 타이머 카운트다운을 설정한다.
- 숙박업체에서는 '당신이 예약하려는 방을 다른 손님 3명이 보고 있다'라고 알려준다.
- 소유하지 않으면 생겨날 손실이나 자신만 뒤처지거나 소외된 것 같은 두려움(FOMO ; Fear Of Missing Out)을 강조한다.

소비자는 자신이 소유한(또는 소유하였다고 느낀) 물건에 감정적 애착을 둔다. 소유가 기준점이 되어 이익과 손실이 소유의 지속과 종결에 의존하며, 가지고 있지 않은 것보다 가지고 있는 것을 더 소중하게 여긴다.

- 홈쇼핑에서 "30일 무조건 반품 가능", "100% 환급 보장", "무료 평가제품(free trial)"이라는 문구로 자주 호객한다. 사람들은 일단 갖게 되면 소유물의 하나가 되고 보유 효과가 발생하면서 좀처럼 환급하지 않기 때문이다. 맞춤형(customization) 제품은 개인화(personalization)를 통해 제품에 대한 소유권을 느끼고 더 큰 가치를 부여하게 한다.
- 소유한 자산의 가치는 절대 규모가 아니라 기준점으로부터의 편차에 의존한다. 자동차를 선물 받았다가 도난당하면 자동차를 선물 받기 전보다 삶이 비참하게 느껴질 수 있다.

기준점의 형성과 그에 따른 손익 평가 그리고 손실 기피와 보유 효과는 소유뿐만 아니라 기대, 포부 그리고 열망에도 의존한다. 더 나아가 기대 수준은 종종 무엇을 소유하였느냐에 비례할 수 있다. 이로 말미암아 소득과 자산 그리고 소비의 증가는 끝없는 욕망의 팽창(Aspiration treadmill, 야망 러닝머신)을 일으킨다. 기준점은 다른 사람의 성취에도 의존한다. 자신의 연봉 수준에 대한 만족은 친구, 이웃, 친척의 연봉 수준에 달려 있다. 돈의 절대적 수준뿐만 아니라 상대적 수준도 영향을 미치는 것이다.

- ▶ 5% 임금 인상은 이를 예상하지 못한 사람에게는 기쁨이지만 10%를 기대했던 사람들에게는 속았다는 느낌을 전해준다.
- ▶ 지나친 번영은 정말로 사람들에게 탐욕을 일으키며, 욕망은 잘 통제되지 않아 충족된 뒤에도 사라지지 않는다(스토아 철학자 세네카 Seneca).

손실 회피는 어떤 상황에서도 현재 상황을 선호하는 현상 유지 편향(status quo bias)으로 이어진다. 집안의 잡동사니를 버리고 싶지만 많은 사람이 실제로 행동으로 옮기지 못하는 이유 중 하나가 현상 유지 편향이다. 단순함으로부터의 행복감과 마음의 평화가 기대되지만, 이는 자기가 가졌던 것을 잃는 것에 비해 작은 느낌이다. 즉 손실을 피하려고 잡동사니가 집안을 채우고 단순함으로부터의 행복을 포기하는 것이다.

- ▶ 집안의 잡동사니를 치우고 싶다면 잡동사니를 버리는 결정을 손실로 프레이밍 하지 않는 것이다. "이걸 버려도 될까?" 대신 "이게 없다면 내가 살까?"라고 자문하고, "뭘 버리지?" 대신 "뭘 갖고 있을까?"라고 자문하라.

민감도 체감성

소비자가 주관적으로 인지한 이득의 기쁨과 손실의 고통은 선형적으로 증가하지 않는다. 기준점에서 멀어질수록 손익에 대한 인지도가 점차 작아지는 민감도 체감성은 광고에 곧잘 활용된다. 물건을 살 때 10만 원과 15만 원의 치이는 크게 느껴지지만, 120만 원과 125만 원의 차이는 별로 크게 느껴지지 않는다.

- ▶ 사탕을 먹으면 먹을수록 사탕 한 알이 주는 만족의 정도는 점차 감소한다.
- ▶ 휴대전화 요금제에서 항목별로 따로 지불받는 것보다 통합해서 정액제를 선택하도록 하는 것이 선호된다. 항목별로 나누면 고통이 더 크기 때문이다.
- ▶ 많은 사람이 5만 원에 판매되는 제품을 1만 원 절약하기 위해 추가로 20분을 운전하지만, 30만 원에 판매되는 27인치 컴퓨터 모니터에서 같은 1만 원을 절약하기 위해 추가로 20분을 운전하지 않는다.

결과가 어떻게 끼워팔기 되는가는 하나의 프레임으로 작용하여 선택에 영향을 미친다. 이득은 통합되었을 때보다 분리되었을 때 더 가치 있게 여겨진다. 이득 함수가 오목하기 때문이다.

- ▶ 1년에 한 번 큰 선물을 하는 것보다 여러 차례 작은 선물을 주는 게 낫다. 고급스러운 식사는 한꺼번에 나오지 않고 한 접시씩 나온다. 백화점의 할인 혜택은 여러 명목으로 나누어 제시된다 : 10% 할인보다 단골 할인 2%, 계절 할인 3%, 판촉 할인 5%를 합쳐 총 10%를 할인한다고 한다.

손실은 분리되었을 때보다 통합되었을 때 더 가치 있게 여겨진다. 손실함수가 볼록하기 때문이다.

- ▶ 자동차, 집 등의 고가 품목의 판매자들은 종종 비싼 옵션을 함께 판다. 신형 내비게이션이 비싸서 망설이던 사람도 신차를 구매하는 상황에서는 주저 없이 신형 내

비게이션을 선택한다. 결혼 서비스나 장례 서비스는 각종 다양의 개별서비스를 함께 선택하도록 하고 있다. 합치면 지급에 따른 고통이 줄어든다. 마찬가지로 장기적으로 택시를 타는 것이 비용 효율적인데도 자동차를 이용한다. 택시비는 승차때마다 지급이 이루어지지만, 자동차에 필요한 지출은 매주 또는 매달 이루어진다.

- 휴대전화 서비스, 인터넷 연결, 체육관 회원권에 대해 사용량에 비례하는 요금제보다는 매달 균일하게 지급하는 정액제를 선호한다.
- 놀이공원은 놀이기구를 탈 때마다 이용권을 구매하도록 하지 않고 처음 입장할 때 자유이용권을 구매하도록 한다.

마지막으로 이득이 큰 경우 작은 손실과 큰 이익이 통합될 때 손실이 덜 강하게 느껴져 손실 회피가 상쇄되므로 더 많은 가치를 얻는다. 또한, 작은 이익과 큰 손실이 통합될 때 더 많은 가치를 얻는다. 이득 곡선이 원점에서 가파르므로 작은 이득의 효용이 큰 손실을 약간 줄이는 효용을 초과하여 손실이 덜 강하게 느껴지기 때문이다. 이는 실버 라이닝(silver lining, 불행이나 괴로움을 뒤따르는 행복이나 즐거움의 희망)이라 불린다. 한편 큰 손실과 작은 손실을 분리할 때 더 많은 가치를 얻는다.

- 고객은 2만 6천 달러 가격표의 차보다 2만 7천 달러 가격표에 1천 달러 캐시백을 제시하는 차를 구매할 가능성이 더 크다. 1천 달러의 이득은 2만 7천 달러의 손실과 관련된 고통을 상쇄하는 데 도움이 된다.
- 카드사들은 카드에 돈을 쓴 것에 대해 보상 포인트를 자주 제공한다. 보상 포인트의 가치는 월별 수료와 요금에 비해 적지만, 보상 포인트가 더 큰 손실을 상쇄하는 역할을 하는 것처럼 작용한다. 일부 자동차와 아파트 그리고 도박은 때때로 캐시백 오퍼가 주어진다.
- 입사 불합격을 통보하는 편지는 종종 지원자가 작성한 지원서에 깊은 인상을 받았다는 내용을 포함한다. 듣기 좋은 소리가 별도로 표현되면 실패가 안겨주는 손실감을 어느 정도 상쇄할 것이다.

3. 탈무드와 소비의 지혜

1) 누리는 삶

솔로몬은 돈은 축적이 아니라 즐기는 것이 중요하다고 한다.

▶ 한 남자가 있다. 자식도 형제도 없이 혼자 산다. 그러나 그는 쉬지도 않고 일만 하며 산다. 그렇게 해서 모은 재산도 그의 눈에는 차지 않는다. 그러면서도 그는 가끔, "어찌하여 나는 즐기지도 못하고 사는가? 도대체 내가 누구 때문에 이 수고를 하는가?" 하고 말하니, 그의 수고도 헛되고, 부질없는 일이다(전도서 4:8).

자신과 사랑하는 사람들을 위해 필요한 것 이상으로 일한다면 이는 오히려 자신의 즐거움을 해치는 것이다. 마이모니데스는 부를 획득할 때와 마찬가지로 부를 지출할 때에도 절도를 옹호한다. 한 푼도 쓰지 않고 차라리 굶어 죽는 구두쇠와 자신이 가진 모든 것을 기꺼이 낭비하는 낭비의 두 극단 사이에는 부의 보존과 향유 사이의 균형을 맞추는 중용이 존재한다.

Chafetz Chayyim[Ahavat Chesed, part 2, 20:5]은 현인들이 극도로 부유한 사람을 제외한 모든 사람이 재산의 1/5 이상을 자선에 사용하는 것을 금했다고 지적한다. 이 제한은 나머지 5분의 4를 낭비하도록 장려하기 위해 제정된 것이 아니라 현명하게 지출하는 것의 중요성에 대한 교훈을 가르치기 위해 설정되었다. 가치 있는 목적을 위한 지출을 제한해야 한다면, 더욱이 말도 안 되는 지출은 더욱더 제한을 두어야 하는 것이다.

토라의 입법자들은 일부 종교를 특징짓는 금욕주의적 고려 사항에 크게 영향을 받지 않았다. 부와 재산을 그 자체로나 또는 다른 쾌락을 즐기는 데 사용하는 것은 아무런 문제가 없다. 하나님께서 인간의 즐거움을 위해 창조하신 모든 것은 본질적으로 선해야 한다고 가정할 때, 육체적 쾌락과 행복을 증진하기 위해 고안된 신성한 선물을 의도적으로 거부하는 것은 죄를 짓는 행위다.

▶ **랍비** R. Hamnuna : "아들아, 여유가 있다면 그에 맞추어 살아라. 무덤에는 즐거움이 없고 죽음은 오래 머물지 않기 때문이다(즉, 갑자기 올 수 있다). 네가 '내 아이들을 위해 (돈의) 일부를 남겨 두겠다'고 말하는데, 누가 무덤에서 그것이 잘 쓰이는지 알려주겠느냐? 아이들은 들판의 꽃처럼 예측할 수 없다. 어떤 꽃은 피고 어떤 꽃은 시든다"(Er. 54a).

삶을 즐기는 것은 '희락(the enjoyment of life)'으로 '먹고 마시고 즐거워하는 것'이며 이보다 나음이 없다. 곡식과 포도주는 하나님이 주시는 선물로 받아들여져야 한다. 온전한 세상은 신성한 창조물로 그것을 즐기는 것은 사람의 특권, 아니 의무이다. "아름다운 집, 아름다운 아내, 좋은 가구"를 소유한 사람은 칭찬받았다. 이것들은 사람이 "행복한 마음가짐"을 갖도록 만든다. 부를 거부하는 것은 광기로 이어질 수 있는 위험한 행동의 신호인 반면, 역설적으로 물질적으로 충만한 사람은 물질 세계에 덜 집착하고 영적 세계에 더 많이 연결된다.

▶ 사람마다 먹고 마시는 것과 수고함으로 낙을 누리는 그것이 하나님의 선물인 줄도 또한 알았도다(전도서 3:13).

▶ 사람이 하나님의 주신 바 그 일평생에 먹고 마시며, 해 아래서 수고하는 모든 수고 중에서 낙을 누리는 것이 선하고 마땅함을 내가 보았나니, 이것이 그의 분복이로다(전도서 5:18).

▶ 이에 내가 희락을 칭찬하노니 이는 사람이 먹고 마시고 즐거워하는 것보다 해 아래서 나은 것이 없음이라. 하나님이 사람으로 해 아래서 살게 하신 날 동안 수고하는 중에 이것이 항상 함께 있을 것이니라(전도서 8:15).

모든 권세와 부를 가졌던 솔로몬은 모든 것들을 가져보고 누려 보았지만 모두가 헛된 일이었다고 결론지었다. 결국 솔로몬은 행복의 기초를 하나님을 모시고 사는 가정의 가족에 두었다.

- ▶ 네 헛된 평생의 모든 날 곧 하나님이 해 아래에서 네게 주신 모든 헛된 날에 네가 사랑하는 아내와 함께 즐겁게 살지어다 그것이 네가 평생에 해 아래에서 수고하고 얻은 네 몫이니라(전도서 9:9).
- ▶ 네 집 내실에 있는 네 아내는 결실한 포도나무 같으며 네 상에 둘린 자식은 어린 감람나무 같으리로다(시편 128:3).

특히 자신이 갖지 못한 것보다 이미 가진 것을 누리는 것 또는 이미 가진 것에 만족하는 것(Histapkut bamuat, being content with less)이 진정한 부의 의미이다.

- ▶ Ben Zoma : 누가 부자인가? 자신이 가진 것에 만족하는 사람이다(피르케이 아보트 4:1).

자신이 갖게 된 것을 가볍게 보아서는 안 된다. 현자들은 의로운 사람들이 매우 "물질주의적"이라고 할만큼 자신의 소유물을 그들 자신만큼 또는 그 이상으로 소중히 여긴다고 말한다. 그들의 손에 있는 것은 도둑질한 것이 없으며 아주 저렴한 물건도 획득하는 데 얼마나 많은 노력이 필요한지 알고 있기 때문이다. 그러나 개인의 소비는 가난한 사람들을 돌보기 위해 때때로 제한되어야 할 수도 있다. 더 나아가 그 소비는 절대자에 대한 예배를 위해 규율되어야 한다.

2) 지나침에 대한 경고

인색하지 않은 단순한 삶

삶의 즐거움을 추구하는 일이 잔치나 굶주림이 되어서는 안 되며 통제되어야 한다. 우리의 모든 욕구는 긍정되지만 동시에 그것은 건전한 쾌락의 추구여야 한다.

(1) 과소비

현대의 경제질서와 일상생활을 가장 상징적으로 보여주는 단어 중의 하나가 소비 사회(consumption society)이다. 소비할 수 있는 상품 자체가 많고 다양해진 물질적 풍요를 배경으로 소비 자체가 좋은 삶의 수단이자 목적이 되고 있다. 소비가 만족을 넘어 삶의 의미를 줄 것으로 기대되고 있디. 특히 음식은 대부분의 삶에 있어 지배적이고 감각적인 역할을 한다. 좋은 삶을 풍요로운 소비에서 찾는 만큼 우리는 자주 너무 많이 소비하고 있다는 사실을 간과한다. 자신이 소유한 것을 직장이나 TV, 광고 등에서 본 광범위한 사람들과 비교하고, 이들에 의해 설정된 기준에 비추어 소유하고 싶어한다. 상품과 서비스로부터 얻는 만족은 그들 자신의 소비가 아니라 타인들의 소비에 의해 결정된다. 이웃들에게 지지 않으려 허세를 부리며 욕망이 무한해진다. 그러나 잠언 21:17은 사치스러운 생활이 가난으로 이어질 수 있음을 경고한다: "술과 기름을 사랑하는 자는 부자가 되지 못하느니라." 또한 즉각적 결핍과 욕구를 충족하려 하는 것은 우상 숭배이며, 부자는 부가 제공하는 풍요로움이 오만을 낳아 자멸하며, 빈자는 결국 빚의 멍에에 묶이게 되는 치명적 상황을 마주할 수 있다. 동시에 하루 생활비가 2,200원에도 못 미치는 전 세계 빈곤층 인구 비율이 전 세계 인구의 7%에 달하는 6억 명에 이른다. 모든 인간이 충분히 먹는 것 조차 경험하지 못하는 세계에서 즉각적 결핍과 욕구에 충실한 소비는 자제되어야 한다.

마이모니데스는 토라에서 허용되는 것을 소비한다면 과도한 소비가 그리 중요한 문제는 아니라는 생각에 빠지기 쉽다고 가르친다. 특정한 소비가 명시적으로 금지되지 않는다고 스스로를 합리화하며 자원을 낭비하는 사람은 "토라의 율법에 얽매인 사악한 사람(naval bereshut haTorah)"으로 간주하였다. 마이모니데스는 레위기 19장 2절을 설명하면서 이러한 과소비를 막기 위해 토라가 거룩할 것에 대한 일반 계명을 더하고 있다고 언급한다.

▶ 이 문제나 유사한 문제에서 … 지나침으로부터 멀리하라(… that we should be separated from excess … in these and similar issues).[4]

따라서 우리에게 허용된 것들조차 삼가야 하는 것이다. 포도주 마시는 것이 허용되지만, 취해도 좋다는 것을 의미하지는 않으며, 부부관계가 허용되지만 적절히 머물러야 하며, 욕설은 명시적으로 금하고 있지 않지만, 자신의 거룩함에서 그것은 피해야 한다.

과도한 소비주의는 우리를 끝없는 소비와 부채, 더 긴 노동시간의 악순환 속으로 끌고 들어갈 수 있다. 원하는 물건을 사기 위해 더 많이 일하고, 어떤 식으로든 자신의 힘든 일을 보상받기 위해 물건을 구매하며 자유시간을 사용하게 된다. 지루한 일을 오랫동안 함으로써 고통을 겪는다. 소비는 일하고 싶지 않을 때에도 일을 해야 할 '필요'를 창출한다. 그것은 또한 일을 더욱 부담스럽게 느껴지도록 만들고 있다. 심지어 시장은 사람들이 금전적으로나 시간적으로 누릴 수 있는 것보다 더 많은 여가 상품들로 사람들을 유혹한다. 휴가와 오락거리를 즐기기 위해 오히려 여가시간을 희생하며 일을 늘려간다. 때에 따라서는 수입을 초과하는 과도한 소비가 필연적으로 부채로 이어지며 악순환은 더욱 심해진다. 일터와 가정에서의 자유를 시장에서의 자유와 교환하고 있는 것이다. 우리의 수입 이하로 생활하는 것은 수입을 초과하여 생활하는 것만큼 즐겁지 않을지도 모른다. 그러나 그것은 어디에서, 얼마나 오랫동안 일할 것인지를 결정할 때 더 많은 융통성을 허락한다. 부채와 소비 욕구로 인해 싫어하는 일에 얽매여 좋아하는 다른 일을 하는 데 쓸 수 있는 시간을 빼앗길 수 있다.

Mishna(Babylonian Talmud, Avot 5:19)는 "누구든지 다음 세 가지 특성을 소유한 사람은 우리 조상 아브라함의 제자이다 : 좋은 눈(관대함), 겸손한 심리(겸손), 겸

---

4. 레위기 19장 2절의 "너희는 거룩하라. 이는 나 여호와 너희 하나님이 거룩함이니라." 거룩함은 추구해야 할 대상이자 주의해야 할 대상이기도 하다. 그래서 성경에서 "거룩하라(be holy)"는 자주 "거리를 두라(be separate)"를 의미한다. 예를 들어 안식일을 거룩하게 하라는 것은 안식일을 다른 요일과 달리 다루라는 의미를 가지며, 거룩하라는 계명은 나쁜 관행들과 거리를 두라는 의미를 갖는다. 그래서 허용된 것들조차 삼가야 하는 의미가 생겨난다.

허한 영혼(a good eye [generous], a humble spirit [humility], and a modest soul). 여기서 "겸허한 영혼"은 허용되는 것들에 대해서도 육체적 욕망을 통제하는 사람으로 해석된다(Shaarei Teshuva, Shaar 1:34). 랍비 Yechiel b. Yekusiel Anav(Ma'alos Hamiddos, Virtue 21)는 '적은 것에 만족하는 것'이 미덕이라며 사치를 경계하라고 조언하였다.

(2) 금욕적 소비

거리를 두라는 의미로 거룩함을 바라보면 금욕주의가 멀지 않다. 그러나 탈무드에서 세상과 세상의 쾌락을 피하는 금욕주의는 곧잘 반대되었으며 주류가 되지 못했다. 오히려 금욕의 서약을 이행하는 것은 죄인이며, [지나치게] 금식하는 자는 죄인으로 불렸다. 자발적 단식에 대한 고행자의 동기는 악한 것이라고 비난받았고 금식에 탐닉하는 사람은 죄인으로 불리었다. 금식은 신체를 약화시켜 절대자에 대한 봉사를 어렵게 만들기 때문에 금지되었다. 예루살렘 탈무드는 말한다. "사람은 즐길 수 있었으나 누리지 못한 모든 허용된 일에 대해 심판의 날에 심문을 받게 될 것이다"(Kid. 4:12). "토라가 이미 금지한 것으로 충분하지 않은가? 왜 다른 것들에 대해서도 스스로 금지할 항목을 찾는단 말인가?"(Nedarim 9:1) 바빌로니아 탈무드도 이에 동의한다. "나실인은 죄인으로 간주된다. … 술을 삼가서 자신을 괴롭혔기 때문이다. … 그가 금욕적으로 모든 즐거움을 삼가한다면 얼마나 더 그러할까? 그러므로 불필요하게 금식하는 사람을 죄인이라 부른다"(Ned. 10a). 더욱이, "신의 임재는 우울한 상태에 있는 사람 위에 머물지 않는다"(Shab. 30b).[5] 마이모네데스는 결론 맺었다: "사람은 서약과 맹세로 허용된 물건의 사용을 금해서는 안 된다. … 우리 랍비들은 금식으로 자신을 괴롭히는 것을 금했다."(Hilchos De'ot 3:1) 이와 유사한 문제

5. 탈무드는 "적게 섭취하면 좋지만 많이 섭취하면 해가 되는 세 가지가 누룩과 소금과 주저함"(Ber. 34a)이라고 기록한다. 지나치면 해로우나 적당하면 유익하다고 여겨지는 여덟 가지는 "여행, 성교, 부, 일, 술, 잠, 뜨거운 목욕, 유혈"이었다(Git. 70a).

에 관해 솔로몬은 다음과 같이 명했다:

▶ 지나치게 의롭게 살지도 말고 지나치게 지혜롭게 살지로 말아라. 왜 그렇게 스스로 황량해야 하는가(전도서 7:16)[6]

금욕주의는 창조주의 선물을 거부하는 것이며 정당한 즐거움을 스스로 박탈하는 일로서 이 역시 또 다른 우상 숭배이기도 하다. 만사에 인색한 구두쇠는 탐욕의 또 다른 모습이다. 이 세상의 모든 것은 인류의 유익을 위해 창조되었으며 선한 것이다. 모든 쾌락을 완전히 거부하기보다는 육체적인 면과 영적인 면 사이에 균형을 가져야 한다.

너무나 거룩한 사람들이 인생의 건전하고 허용 가능한 많은 즐거움을 손에서 놓기로 선택함으로써 비참하게 만드는 것은 그들 자신만이 아니다. 종종 지나치게 거룩해진 사람들이 자신의 경건함을 자랑스러워하고 다른 사람들을 멸시하는 경향을 보여 왔다. '잘난 척하며 지나치게 거룩한'이라는 영어 단어도 있다: 거룩함을 뜻하는 라틴어 단어인 sanctus에서 파생된 sanctimonious(신성한 채 하는)이 그것이다. Hillel은 "공동체로부터 거리를 두지 말라고 설교한 바 있다("Do not separate [tifrosh] yourself from the community"(M. Avot 2:4)). 하나님의 거룩함은 단순한 제한이나 요구 사항의 순종이나 회피와 같은 세계의 부정이 아니라 무언가 긍정적인 것을 하라는 것이다. 즉, 세계를 창조해 나가는 것이 하나님의 거룩함을 모방하는 것이다.

(3) 과시적 소비

탈무드는 화려한 생활 방식에서는 얻을 수 있는 좋은 것이 거의 없음을 인식했다. 오히려 그것은 가난한 자들에게는 부끄러움, 시기, 고통, 약탈을 낳고 당사자에

---

6. Be not overly righteous, nor excessively wise. Why should you be so desolate?

게는 오만과 신체적 정신적 황폐를 낳을 뿐이다. 토라는 부의 진정한 목적이 과시에 있는 것이 아니라 다른 사람을 돕는 데 있다고 가르친다. 자신의 운명에 만족하고 영적인 목적을 위해 시간을 할애하라고 가르친다. 부자라도 사치스럽게 살지 말고 쓸데없는 일에 부를 낭비해서는 안 된다. 오히려 부는 자선과 사랑의 친절을 실천하고 토라를 공부하는 데 사용해야 한다.

자신의 부를 과시하고 다른 사람의 부러움을 사는 것이 소비의 즐거움일 수 있다. 실제로 명품을 소유하는 즐거움의 대부분은 그것을 과시하는 데서 비롯한다. 마케터들은 종종 부러움을 제품을 홍보하는 도구로 사용한다. 1967년 영화 The Producers는 "당신이 가졌다면 과시하라(If you've got it, flaunt it)"라고 하였다.

출애굽기 열 번째 계명(20:17)은 "네 이웃의 집을 탐내지 말라. 네 이웃의 아내나 그의 남종이나 그의 여종이나 그의 소나 그의 나귀나 무릇 네 이웃의 소유를 탐내지 말라"고 하였다. 신명기(5:18)에서는 탐내다(tachmod, covet)라는 단어가 욕망(titaveh, desire)으로 바뀌어 동일한 표현이 반복된다. 돈으로 사더라도 행동이 있을 때만 탐내지 말라는 금기를 어기는 것이지만, 다른 사람의 것을 마음만 먹어도 욕망의 금기를 어기는 셈이 된다. 마이모니데스(Hilchos Gezelah 1:9–12)는 tachmod와 titaveh를 구별하여 "욕망은 탐욕을 낳고 탐욕은 약탈을 낳는다"고 결론 내렸다. 중세의 고전적 윤리학 저작인 Orchos Tzadikim(14장 : 질투)은 친구의 옷, 음식, 집, 재물을 부러워하는데, 이는 질투를 낳고 질투는 탐욕으로 이어진다고 하였다. 사람이 탐욕에 압도되면 십계명을 어길 수 있게 된다. 그래서 옛 성인은 "다른 이들이 나를 질투하지 않도록 하고, 나도 다른 이를 질투하지 않도록 하소서"라고 기도하였다. 또한 단순히 다른 사람의 소유물을 욕망하는 사람은 하나의 금지 사항을 위반한 반면, 소유자를 설득하여 원하는 물건을 자신에게 팔도록 하여 사는 사람은 두 가지 금지 사항을 범하는 것이다. 물건을 훔친 사람은 도둑질에 대한 세 번째 금지를 범하는 것이다.[7]

7. 하지만 주위의 부러움을 사려 고의로 재산을 과시하는 개인이 다른 사람이 죄를 짓게 만드는 이른바

부나 소비의 과시는 부러움을 넘어 가난한 사람들에게 부끄러움을 유발하는 문제가 있다. 가난한 사람들은 종종 부끄러움 때문에 결혼식이나 미츠보트를 할 때 이웃을 따라잡기 위해 돈을 빌리고 그것을 상환하지 못하는 처지로 빠져든다. 일부 사람들은 이웃을 따라잡는 데 드는 비용을 감당하기 위해 도둑질이나 사기 등 정직하지 못한 일을 하기까지 한다. 분명히 다른 사람들이 부러워하게 만드는 것은 좋은 결과로 이어지지 못한다. 이에 따라 탈무드는 가난한 사람들이 부끄러워하지 않도록 항상 조심하라고 하며 장례식, 결혼식을 절제하며 간소하게 할 것을 요구하였다.

부나 소비의 과시는 오만과 자만을 초래하여 스스로의 영혼을 손상시킨다. 신명기 8:11-18는 풍요의 위험 중 하나를 설명한다. 성공한 사람은 "내 능력과 내 손의 힘으로 내가 이 재물을 얻었다"라고 믿을 수 있다. 토라는 왕이라도 "자기를 위하여 은금을 많이 쌓"는 것이 허용되지 않는다(신명기 17:17)고 한다. "그의 마음이 그의 형제 위에 교만하지 아니"하도록 하기 위함이다. 이 구절에 대해 마이모니데스는 왕이 거만함을 멀리해야 한다면 일반 사람들도 더욱이 그것을 멀리해야 한다고 지적하였다. 성공한 사람은 자신의 소유물이 자신을 정의하게 할 위험에 노출된다. 하지만 자신을 정의할 수 있는 사람은 오직 자신뿐이며, 스스로가 자신의 물질적 소유물을 정의해야 한다. 무엇을 구입하기로 선택하는지가 아니라 어떻게 사용할지가 자신을 정의하는 것이다. 더욱이 자신의 분에 맞지 않는 사치는 결국 거액의 채무로부터 헤어나지 못하거나 압류를 당할 것이라는 불안감을 안김으로써 당신의 존재를 정의할 것이다.

"눈먼 사람 앞에 걸림돌을 두는" 죄를 짓는지의 여부는 불분명하다(레위기 19:14 ; Babylonian Talmud, Pesachim 22b). 중세의 윤리서 Orchos Tzadikim(14장 : 질투)은 그렇다고 한다. 그러나 과시하는 것이 타인의 특정 물품에 대한 욕구를 유발할 수 있지만, 반드시 내가 가진 물품에 대한 욕구는 아니므로 장애물을 두는 것은 아니라고 이해되기도 한다.

3) 인색하지 않은 단순한 삶

욕망을 어떻게 통제할 것인가? 예산을 살펴보고 기획하기

피르케이 아보트의 평가와 달리 우리는 스스로 충분하다고 여길 때가 별로 없다. 마치 돈 전대에 구멍이 있는 것같이 생각된다. 돈을 넣자마자 어느새 다 새어나가 버린다. 그래서 학개 1장 5～7절은 자신의 행위를 살펴보라고 한다.

▶ 그러므로 이제 나 만군의 여호와가 말하노니 너희는 자기의 행위를 살펴볼지니라. 너희가 많이 뿌릴지라도 수입이 적으며 먹을지라도 배부르지 못하며 마실지라도 흡족하지 못하며 입어도 따뜻하지 못하며 일꾼이 삯을 받아도 그것을 구멍 뚫어진 전대에 넣음이 되느니라. 나 만군의 여호와가 말하노니 너희는 자기의 행위를 살펴볼지니라(학개 1:5–7).

어떻게 우리의 행위를 살펴볼까? 예산을 살펴보는 것이다. 자신의 소득과 지출 상황을 검토하고 현재 위치를 평가해야 한다. 지나친 지출이나 그 결과로 생겨날 빚의 영향을 받아 일상생활이 방해받지 않도록 돈이 어디로 가고 있는지 알아야 한다. 우선 수입보다 지출이 많은지 보아야겠지만 그게 다가 아니다. 지출을 꼼꼼히 살펴 돈이 어디로 얼마나 가고 있는지 파악해야 한다. 의외이거나 원치 않거나 몰랐던 지출이 있지 않은가? 사소한 지출 항목이 항상 문제를 야기한다. 예산을 좀 먹는 것은 아가서가 지적했던 작은 여우들이다. 마지막으로 합리적 소비의 요체인 1원당 가성비에 유념해야 한다. 20만 원짜리 이어폰을 산다면 그 이어폰이 2만 원 짜리 이어폰의 10배에 달하는 만족을 제공하는지 따져야 한다.

▶ 우리를 위하여 여우 곧 포도원을 허는 작은 여우를 잡으라. 우리의 포도원에 꽃이 피었음이라(아가서 2:15)

행위를 살펴본 뒤에는 하나님의 청지기로써 소비습관과 예산을 통제하여 자신에게 맡겨진 자원(소득과 부)을 책임 있게 관리하고 기획하여야 한다. 지나친 지출이나 그 결과로 생겨날 빚의 영향을 받지 않으려면 돈의 방향을 결정할 수 있어야 한다. 자원을 맡은 청지기로서, 소득과 부의 노예가 되는 것이 아니라 소득과 부를 우리의 노예로 만들어야 한다. 우선 지출에 있어 책임져야 할 것과 필요한 것, 그리고 원하는 것을 3분하여 일 년 정도의 단기적인 미래의 계획을 세워야 한다. 여기서 책임져야 할 것은 이자나 빚의 상환과 같은 의무적 지출을 말한다. 돈을 어디에 사용할지를 스스로 기획하고 결정한다면 소득과 부는 여러분의 노예가 되는 것이다. 돈이 어디에 있으며 어떻게 쓰이는지 항상 알게 되고, 돈이 여러분을 섬기게 된다. 계획은 물론 계속해서 지출이 예산액을 넘지 않는 것이어야 한다. 매달 중순 경에는 지출과 예산을 비교하며 점검하여야 한다. 지나친 지출의 결과로 생겨날 빚의 영향을 받지 않도록. 물론 "사람이 마음으로 자기의 길을 계획할지라도 그의 걸음을 인도하시는 이는 여호와시니라"(잠언 16:9)

탈무드는 8가지 사항에 대해 절제를 요청하였다: 여행, 성교, 부, 일, 포도주, 수면, 뜨거운 물(음주와 목욕을 위한), 그리고 피를 흘리는 것(blood-letting). 특히 충분한 수면을 권했지만 늦은 아침의 수면은 해롭다고 지적하고 있다.

욕망을 어떻게 통제할 것인가? 야수 길들이기

소비를 권하는 사회에서 자신의 소비 문제를 자신이 아닌 외부에 돌리기 쉽다. 언제 어디서든 당신의 구매를 재촉하는 사업체들과 지인의 압박이 존재하며, 그 방법도 갈수록 치열해지고 있다. 하지만 정작 그들이 다가 아니다. 나의 욕구, 탐욕, 소유욕, 순간적 만족에 대한 욕심도 문제다. 창조의 순간부터 인간은 내면에 완전히 다른 두 가지 성향을 지니고 있다. 하나는 즉각적 만족을 얻도록 끝없이 부추기고 어떻게든 남에게 뒤지지 않으려고 애쓰며 자기 파괴적인 행동으로 이끄는 성향이다. 다른 하나는 자신과 가족을 위해 적절한 행동을 하도록 이끄는 성향이다. 금욕으로 고통받지 않으며 삶을 즐기지만 과시하려 하지 않고 단순한 삶을 살도록 이끄는 성향이다. 후자의 성향에 의존하려 하지만, 이따금 전자의 성향이 우리를 압도한다. 야수를 길들이기 위해서는 쉬지 않고 공부를 이어가야 하며, 명상과 안식의 시간을 갖도록 하여야 하는 것이다.

衣食에 대한 탈무드의 조언

몸은 영혼을 담는 그릇으로 하느님을 예배하고 신성한 뜻을 수행하는 도구이므로 몸을 적절하게 관리하는 것은 종교적 의무이다. 건강한 몸만이 거룩한 영혼을 지탱할 수 있기 때문이다.

▶ 신체의 청결은 영적 순결로 인도된다(Av. Zar. 20b).

토라(신명기 12:20)는 "네 하나님 여호와께서 네게 허락하신 대로 네 지경을 넓히신 후에 네 마음에 고기를 먹고자 하여 이르기를 내가 고기를 먹으리라 하면 네가 언제나 마음에 원하는 만큼 고기를 먹을 수 있으리니"라고 하였다. 탈무드(Babylonian Talmud, Chulhn 84a)는 토라가 "네 지경을 넓히신 후에"라는 구절로 우리에게 행동 규칙을 가르친다고 한다. 즉, 여유가 없으면 고기와 같은 사치품에 탐닉해서는 안 된다는 것이다. 탈무드(Babylonian Talmud, Chullin 84a)는 잠언(27:26) "염소의 젖은 넉넉하여 너와 네 집의 음식이 되며 네 여종의 먹을 것이 되느니라" 구절로부터 "부모는 자녀에게 고기와 포도주에 익숙하도록 해서는 안 된다"라는 교훈을 도출하였다. 탈무드(Babylonian Talmud, Chullin 84b)는 이에 덧붙여 "남자는 자신의 수입이 허락하는 것보다 항상 덜 먹고 덜 마시며, 수입에 맞게 옷을 입고, 자신의 수입을 넘어서라도 자신의 아내와 아이들은 좋은 옷을 입게 하여 존중하라. 아내와 아이들은 남자에 의존하고, 남자는 이 세계를 있게 한 하나님에 의존하기 때문이다"고 한다. 즉, 자신의 수입 내에서 소비 또는 절약을 해야 하지만 그렇게 하는 것이 각자의 품위를 희생해서는 안 되는 것이다. 그렇기 때문에 그의 의복은 자신의 능력에 완전히 부합해야 한다. 그러나 그의 아내와 자녀를 부양하는 것은 유대인 남성의 인생에서 사명의 일부이며 은혜로운 정신으로 인도되어야 한다는 것이다.

바빌로니아 탈무드에서 예언자 엘리야는 랍비 네이선에게 "1/3은 먹고, 1/3은 마시고, 1/3은 남겨두라"며 배의 3분의 2가 찰 때까지만 먹으라고 조언했으며, 천년 후 마이모니데스도 "4분의 3까지 배불리 식사하라"며 비슷한 충고를 했다. 유대인들은 오랫동안 굶지 말고 먹어야 하고 절반 이상은 채워야 하지만 가득차지 않는 것을 좋고, 거룩하며, 의롭고, 거룩한 식습관으로 옹호하였다. 유대력에는 특별한 의식과 말씀이 있을 뿐만 아니라 특별한 요리가 있다. 기념일을 특별하게 보내려면 그 날에만 그렇게 식사를 하고 다른 기간에는 너무 많이 소비하는 것을 피해야 했다(Crane, 2018).

여기서 탈무드는 음식보다 의복에 상대적으로 더 많은 돈을 쓸 수 있게 하였는데, 이는 적절한 의복이 개인에게 존엄성을 제공하기 때문에 의복이 중요하다고 느꼈기 때문이다(Rashi).[8] 마이모니데스(Hilchos De'ot 5:9)도 너무 싸거나 더러워진 옷을 입는 것은 다른 사람에게 욕을 먹게 하므로 옳지 않다고 하며, 옷은 너무 비싸지도 너무 싸지도 않은 중도적인 것을 택하고 좋은 옷을 입어야 한다고 하였다. 그렇다고 탈무드가 가족을 위해 호화롭고 값비싼 옷을 제공하라고 조언한 것은 아니라는 점에 주의할 필요가 있다. 비슷한 생각을 출애굽기(출 16:8)에서 볼 수 있다: 여호와께서 저녁에는 너희에게 고기를 주어 먹이시고 아침에는 떡(만나)으로 배불리시리니. 이스라엘 백성은 고기가 아니라 떡으로 배부를 것을 약속받았다. Rashi는 토라가 빵과 같은 간단한 음식으로 배부르게 먹고 고기와 같은 사치품은 가끔씩만 먹도록 가르친다고 말하였다. 분명히 토라는 사람들이 고기와 포도주와 같은 단순한 사치품에라도 자신의 부를 낭비하는 것을 원하지 않는다. 사람들은 절제와 검소한 생

---

8. R. Abbaye는 "허리에 대해서는 초과 지불하되 위장에 대해서는 정확한 금액만 지불하라"(BM 52a)고 하였다. 즉, 단정하게 보이는 데 필요한 만큼 좋은 옷에 충분히 지출하지만, 살아가는 데 필요한 이상으로 음식에 지출하지 말라는 것이다. 아름다운 옷은 아름다운 주택과 아름다운 배우자와 더불어 "사람의 자존심을 높여 주는"(Ber. 57b) 세가지 중 하나이며 "인간의 존엄성은 옷을 통해 드러난다"(출애굽기 R. 18:5). 학자들은 특히 적절한 옷차림을 갖춰야 했다. 누더기 신발을 신거나(Ber. 43b) 얼룩진 옷을 입고 집을 나가는 것이 금지되었다(Shab. 114a).

활을 하며 만족해야 한다. 허세를 부리고 호화로운 생활 방식에 탐닉하는 것은 특히 그럴만한 금전적 여유가 없는 경우에 부정과 도둑질로 이어질 수 있다.

다양한 식이요법 관행이 신명기 14:3-21 등에 규정되어 있다. 이것들은 찢긴 동물(출애굽기 22:31 ; 레위기 17:15-16)을 먹지 말고 피의 소비를 피하는 것으로 확장된다(신명기 12:16 ; 12:23-25 ; 15:23 ; 레위기 17:10-13 ; 19:26). 옷도 주의해야 할 문제이다. 예를 들어, 양모나 린넨으로 짠 옷의 착용은 금지된다(신명기 22:11 ; 레위기 19:19). 이와 같은 조항들은 부분적으로 매우 오래된 금기의 잔재를 나타낼 수 있다. 그들은 또한 부분적으로 고대 근동의 환경에서 건강에 대한 건전한 상식을 나타낼 수 있다.

신명기는 왕의 소비에 대해 별도로 언급하고 있다. 왕은 개인적 명령에 따라 재산을 늘리는 데 제한이 있다. 말의 수나 아내의 수를 늘려서는 안 된다. 금과 은을 지나치게 쌓아서도 안 된다(신명기 17:16-17). 일반적으로 그의 생활 방식은 동포들의 생활 방식과 너무 동떨어져서는 안 된다. 왕권은 부로 인해 하나님을 외면하거나 백성들을 무시하는 유혹을 받기 때문에 극심한 위험에 처해 있는 지위로 간주되었다.

청결과 건강에 대한 의무

탈무드는 자신에 대한 의무로서 신체의 적절한 관리를 촉구했으며 다양한 건강 규칙을 담고 있다. 청결함은 건강을 유지하기 위한 기본적인 전제 조건이었다. 랍비들은 마시기 전후에 컵을 헹구고 사용한 컵을 다른 사람에게 건네지 말라 하고 "아침에 한 방울의 냉수와 저녁에 손과 발을 씻는 것이 천하의 모든 안약보다 나으니라"고 한다. 랍비들은 신체 건강의 유지를 종교적 의무로 여겼다. 힐렐은 신의 형상과 모양으로 창조된 인간이 자신의 몸을 돌보는 것을 종교적 의무라고 가르쳤다. 질병이 있는 경우 랍비들은 의사와 상담할 것을 촉구했으며 의사가 없는 도시에 사는 것을 금지하였다. 흥미롭게도 두려움과 죄를 '사람의 힘을 약하게 하는 것' 가운데 하나로 꼽으며 신체적 질병이 종종 정신적 원인에서 비롯된다는 것을 인식하였다.

4. 동양의 소비관

유가와 도가는 모두 절약을 옹호하고 사치를 반대할 정도로 소비에 대해 표면적으로 일치한다. 물자가 부족한 상황에서 생산은 증대시키되 소비는 절제하는, 즉 절용(節用)해야 했다. 공자는 "쓰기를 절약하고 백성을 사랑하라"고 하였다. 대학은 느린 소비를 장려하였다.

▶ 재물을 생산함에 큰 방법이 있으니 생산하는 자가 많고 먹는 자가 적으며 생산하기를 빨리하고 소비하기를 느리게 하면 재물이 항상 풍족할 것이다(대학).

공자는 봉건적 질서를 유지한다는 관점에서 사치와 검소 중 검소를 선호하였다: 사람이 사치하면 거만해 보이고 검소하면 고루해 보이지만, 거만한 것보다는 고루한 것이 더 낫다. 즉, 군자는 먹음에 배부름을 구하지 않고 집에서 안락함을 구하지 않아야 했다. 특히 군자는 비천한 위치에 있을 때 가능한 한 소박하고 검소해야 하며 이를 부끄럽게 여기지 않아야 했다. 한편 검소하더라도 과도하지 않는, 그리고 신분에 따른 예의 기준을 벗어나지 않는 절약을 요구하였다. 예를 들어, 제자 안자(晏子)는 너무 검소하다고 평가되었다. 일단 관직을 얻은 뒤라면 그 직위에 걸맞은 음식과 의복, 그리고 교통편을 이용해야 했다. 즉, 소비가 자신을 낮추지 않도록 소비와 지위가 결부되어야 했다. 요약하면 공자의 소비관은 계급적이어서 지배층은 "의를 해치지 않도록 검약"하되 "예를 어기지 않아야" 했다. 피지배층은 옷도 식량도 안정적으로 공급받지 못하므로 이러한 소비원칙을 적용하기 어려웠기에 삶에 만족하라는 것이 전부였다. 맹자는 지위뿐만 아니라 나이에 따른 소비양식까지 구체적으로 제시하고 있다. 군주와 지배층이 예를 따라 검소하고 그에 따라 낮은 세금과 안정적 국가 재정을 도모함에 있어 가장 우선되어야 할 것은 소비욕의 근원이 되는 과도한 욕망(寡慾)을 적게하는 것에 있다고 주장하였다.

순자 역시 검약과 저축을 자연과 투쟁하고 나라를 부강하게 만드는 수단으로 여졌지만, 신분 질서를 매우 중시하였다. 봉건적 질서의 유지를 위해 검소가 지배 계급에게 꼭 필요한 것은 아니었다. 지배 계급이 보통 사람들처럼 검소하면 위엄을 잃을 것이다. 위엄을 잃으면 상벌을 집행할 수 없다. 상벌을 집행할 수 없으면, 합당한 사람은 승진하지 못하고, 합당하지 않은 사람은 강등되지 않는다. 사람들이 자신의 특기를 발휘하지 못하여 생산이 순조롭게 진행되지 않고 나라가 부강해질 수 없다.

| 참고문헌 |

강준만(2017), 『자기계발과 PR의 선구자들 그들은 대중을 어떻게 유혹했는가?』, 인물과 사상사.

리처드 쇼튼(2019), 『어떻게 팔지 답답할 때 읽는 마케팅 책』, 비즈니스북스.

이상민(2020), "소비 사회에서의 그리스도인의 대안적 삶에 대한 연구", 『신앙과 학문』, 25(1).

한스-게오르크 호이젤(2019), 『뇌, 욕망의 비밀을 풀다 인간의 소비심리를 지배하는 뇌과학의 비밀』, 비즈니스북스.

랍비 셀소 쿠키어콘 저 · 이미숙 옮김(2014), 『유대인이 대물림하는 부자들의 공리』, 북스넛.

Browning, B.(2013), "What Price, the Soul? : Examining Consumerism Through Plato, Aristotle and the Stoics," University of Hawaii at Hilo.

Crane, Jonathan K.(2018), *Eating Ethically : Religion and Science for a Better Diet*, Columbia University Press.

DiClemente, Diane F. and D. A. Hantula(2003), "Applied behavioral economics and consumer choice," *Journal of Economic Psychology* 24.

Friedman, Hershey H.(2022), "The Simple Life : The Case Against Ostentation in Jewish Law," *Philosophy of Religion eJournal*.

Wright, J. D. and D. H. Ginsburg(2015), "Behavioral Law and Economics : Its Origins, Fatal Flaws, and Implications for Liberty," *Northwestern University Law Review* 106(3).

노동과 임금 7장

1. 일할 것인가 말 것인가? 유보 임금 / 2. 노동 공급 : 얼마나 일할 것인가?
3. 노동 수요는 어디에서 오는가? / 4. 임금의 결정 / 5. 탈무드와 노동의 지혜
6. 동양의 노동관 : 유교와 불교

현대 사회는 직업노동(Erwerbsarbeit)에 기반을 두고 있는 노동사회(Arbeitsgesellschaft)라 종종 일컫고 있다. 직업노동은 현대인들에게 물질적으로뿐만 아니라 정신적, 사회문화적으로 큰 영향을 미쳐 가치관과 자아 정체성을 결정짓기도 한다. 정규적인 일은 시간을 조직하고 삶에 리듬을 주어 규율, 소속감, 규칙성, 자기 효능감 같은 다양한 심리적·사회적 욕구를 만족시킨다. 더 나아가 구속되지 않은 자유로운 시간으로서 여가를 제대로 누리게 한다. 실업은 소득을 상실시킬 뿐만 아니라 규칙성, 소속감, 자기 효능감을 상실하게 한다. 노동은 주로 직업으로 연결되어 있어 직업 밖의 노동, 특히 가사노동은 가치가 쉽게 인정되지 않는다. 이런 면에서 노동사회는 직업 노동하기를 강요한다.

한편 이렇게 중요한 직업노동은 세계화와 기술혁신으로 말미암아 유연화되고 집약화되고 노동 조건도 악화됨에 따라 직업노동 자체에 대한 회의로 이어지고 있다. 직업 노동에 대한 불만이 커짐에 따라 노동 후 낭비적이며 소모적인 여가를 통해 위안받고자 하며 이른바 노동사회에 대한 대립적 개념으로 여가사회(Freizeitgesellschaft)가 제시되고 있다. 어쩌면 이는 당연한 반응일 수 있다. 독일어로 여가는 자유시간 활용(Freizeitgestaltung)으로 불린다. 영어의 leisure 역시 생계를 위한 필요성이나 의무가 따르지 않고 스스로 만족을 얻기 위한 자유로운 활동을 의미한다. 이러한 논리에 따르면 직업노동은 '자유'롭지 못한 시간이 된다. 직업이 생계유지를 위해 의무적으로 해야만 하는 자유롭지 않은 노동으로 이해되는 것이다. 더 이상 어찌할 수 없는 노동을 뒤로하고 그나마 자유롭게 남아 있는 여가시간에서나마 삶의 의미를 찾으려는 몸부림으로 볼 수 있다. 과연 노동이란 어떤 의미를 가진 것일까?

노동의 존엄성에 대한 경의는 수 세기 동안 탈무드의 중요한 주제였다. 이러한 태도는 노동에 관한 토라의 계명과 랍비 권위자들이 바라보는 신과 인간 사이의 관계에서 비롯된다. 성경의 많은 중요한 구절들은 일의 가치를 강조한다. 출애굽기에서, 안식일을 지키라는 계명의 앞에는 "6일 동안 일하라"는 구절이 나오는데, 이는 이스라엘[즉, 유대 백성]이 안식일의 긍정적인 계명을 받은 것과 같이, 그들이 일하라는 계명도 함께 받은 것이다. 시편 128편에서는 "네가 네 손으로 수고한 것을 먹을 때에 네가 복을 받고 잘 될 것이다"라고 간결하게 언급되어 있다. 탈무드는 "너는 이 세상에서 행복할 것이며, 다음 세상에서도 잘 될 것이다"라고 언급하고 있는데, 이는 노동이 그 현실적 가치와는 별개로 종교적 계명임을 나타낸다. 실제로 탈무드의 현자들은 이 구절을 "자기 수고의 결실을 누리는 자가 신을 경외하는 자보다 크다"는 의미로 해석해 왔다.

노동과 여가의 대치, 그리고 육체노동의 경시

노동에 대한 탈무드적 이상은 유대인의 구전 종교법이 성문화된 당시 고대 세계에 널리 퍼져 있던 다른 견해들과 뚜렷한 대조를 이루었다. 그리고 이는 인간의 열렬한 노동이 일구어낸 찬란했던 문명들과도 대조를 이루었다.

호머의 일리아드가 말하듯이 고대 그리스인들에게 있어 일은 프로메테우스가 인간에게 불을 준 죄에 대한 복수의 저주로 "제우스가 인간에게 태어날 때부터 부과한 가장 억압적인 불행"이었다. 그러기에 일은 피정복자인 외국인과 그 자녀의 몫으로서, 삶을 유지하는 데 필요한 모든 활동이 노예의 일로 간주되었다. 축적한 부에 의지해 노동으로부터 벗어나 여가를 즐기는 것을 고상하며 귀족 사회의 일원임을 드러내는 수단으로 여겼다.[1] 일의 도덕적 사회적 가치는 격하되었고, 그 일을 하는 자의 인간으로서의 지위도 강등되었다. 헤라클로이토스로 대변되는 그리스 철학자들은 끝없이 변화하는 세계에서 변하지 않는 것은 우리의 마음이나 영혼 속에 있다고 보고, 물질세계와 관여하는 일보다 개인의 생각과 견해를 더 중요하게 여겼다. 플라톤은 자유로운 여가가 전제되어야 사물의 본질을 관조하는 철학과 삶의 완성이 가능하다고 보았다. 노동과 사업은 여가를 빼앗기에 야만인들이 하는 것이었다. 아리스토텔레스에게 있어 재산(땅과 노예들)을 소유하는 것과 일하지 않는 것은

1. 그리스에 있어 노동은 실천노동(praxis)와 제작노동(poiesis)의 구분이 있었다. 전자는 인간의 자주적인 정신활동으로 노동 주체가 그 형상(목적)을 미리 자신 속에 갖고 그것을 실현하는 노동이다. 제작 노동은 성과물을 사용하는 타인의 목적에 따라 이루어지는 노동이다(청수정덕, 『노동의 의미』, 한마당, 1992) 본문의 노동은 제작노동에 대한 논의라 할 수 있다.

인간적 삶의 기반이다. 일은 몸과 마음을 멍하게 만들고 덕과 양립할 수 없으며 인간성을 박탈하기에 노예들에게 맡겨야 한다고 생각했다. 일을 하더라도 사용할 물건을 만드는 일과 상업적 이득을 위한 일을 구분하여 전자의 가내생산(오이코노미아, oeconomia)은 자연스럽고 유한하게 그치지만, 후자는 부자연스럽고 끝이 없는 일로 그 자체로 저주가 될 수 있다. 후자에 평생을 바치는 사람들은 사는 것 자체에만 열중할 뿐이지 잘사는 것에는 관심이 없는 사람들로서 그 어떤 것도 그 자체로 즐기지 못한다. 돈 버는 일에만 열중하는 사람들에 대한 이러한 태도는 이슬람과 카톨릭교도나 개신교도에게 전해졌다. 한편 아테네의 법은 일하는 사람을 존중하라고 명령했지만, 직업은 개인이 갖는 자유의 정도, 직업의 도덕적 고결함에 대한 인식, 그리고 요구되는 육체 노동의 양에 따라 시민인지의 여부와 지위가 달라졌다. 이에 따라 상업과 서비스 노동은 크게 차별받았으며 이런 태도는 르네상스 시대까지 지속되었다. 로마 시대에 들어와 키케로는 "손일을 하는 사람은 천한 일을 하는 사람"이라고 전통을 이어갔다. 노동의 라틴어 어원인 포에나(poena)가 슬픔을 뜻한다는 것은 로마시대만 해도 일을 한다는 것이 고통이나 고난을 의미했음을 보여준다. 노예적인 일로서의 신체 활동인 노동을 멸시하고 '자유로운 일'로서 정신 활동인 명상과 예술, 그리고 학문을 우월하게 보는 태도도 이어졌다. 한편 아리스토텔레스는 '덕망을 갖추기 위해서도, 정치적 행위를 하기 위해서도 여가가 필요하다', '행복은 여가 안에 있는 것 같다. 전쟁은 평화를 위해서, 일은 여가를 위해서이다'(『니코마코스 윤리학』 10권 7장)라 하며 여가를 인간 존재의 중심과 연관지었다. 노동은 그 자체가 목적이 될 수 있는 고귀한 것이 아니라 피할 수 없는 노고이며 보다 중요한 목적을 위한 하나의 수단으로서의 가치만 인정되었다. 하지만 동시대 유대인 학자들은 "노동을 사랑하고 지배자를 미워하며 지배세력과 친하려 하지 말라"(피르케이 아보트 1:10)고 반박했다.[2]

2. 플라톤주의자들은 "일하는 신"을 용납할 수 없다고 보고 데미우르고스(Demiourgos)라 불리는 최하위 신으로 여겼다(Margaret Barker, 1992 : 168).

기독교에 있어 노동은 본래 하나님이 창조사역으로 만들어진 보기에 좋은 세상을 하나님을 대신하여 돌보라는 청지기의 역할이었지만 곧 아담과 이브의 죄로 말미암아 저주받게 된다.

▶ 여호와 하나님이 그 사람을 데려다가 에덴동산에 두어 그것을 경작하며 지키게 하시니라(창세기 2:15, 1:28).

▶ 네가 얼굴에 땀을 흘려야 식물을 먹게 되리라(창세기 3:19).

▶ 이 땅에 사는 인생에게 힘든 노동이 있지 아니하겠느냐. 그의 날이 품꾼의 날과 같지 아니하겠느냐. 종은 저녁 그늘을 몹시 바라고 품꾼은 그의 삯을 기다리나니(욥 7:1–2).

예수는 신에 대한 믿음을 권고하며 음식에 대해서도 걱정할 필요가 없다고 말했다.

▶ 믿음이 적은 사람들아! 그러므로 무엇을 먹을까, 무엇을 마실까, 무엇을 입을까, 하고 걱정하지 말아라. 이 모든 것은 모두 이방사람들이 구하는 것이요, 너희의 하늘 아버지께서는, 이 모든 것이 너희에게 필요하다는 것을 아신다. 너희는 먼저 하나님의 나라와 하나님의 의를 구하여라. 그리하면 이 모든 것을 너희에게 더하여 주실 것이다(마태복음 6:25–34).

결과적으로 초기 기독교인들은 심미적 이유보다는 금욕적 이유에서 일과 노동보다는 명상과 기도의 중요성을 강조하였다. 이는 인간의 삶을 활동적 삶(vita activa)과 관상적 삶(vita contemplativa)으로 나누는 그리스 로마 문화의 영향으로 볼 수 있다.[3] 성 어거스틴(St. Augustin)에게 이 세상은 사람들이 영원한 삶을 준비하도록 가르치는 학교일 뿐이며, 활동적 삶보다 관상적 삶이 더 고귀한 삶의 방식이었다.

---

3. vita activa는 정치가들이나 정치에 참여하는 학자들의 삶과 사회봉사를 주로 하는 수도자들이나 종교인들의 삶을 지칭했다. vita contemplativa는 진리탐구에 매진하는 학자들의 사변적 삶과 사막이나 수도원 등에서 은거하면서 금욕과 명상 등 수행적 삶을 사는 수도자의 삶을 의미했다.

그와 그 뒤를 이은 토마스 아퀴나스에게도 노동은 그 자체가 어떠한 내재적 가치를 지닌 목표를 가질 수 없어 어떠한 긍정적 의미도 부여하지 않았고 단지 다른 것을 성취하기 위한 수단으로 간주하였다.[4] 그리스도인들은 노동을 세속적 노동과 신성한 노동의 두 가지 범주로 분류하였다. 하나님을 섬기는 일을 첫 번째 범주로 여겼고, 나머지 일상생활을 위한 일은 영적으로 열등한 평신도가 하는 일로 여겼다. 토마스 아퀴나스는 남자가 소매를 걷어붙이는 것은 좋은 일이라고 하였다. 우리 손의 수고에 대해 말할 때 결코 멸시나 경멸이 없었다. 신부도 종종 이런 식으로 생계를 유지해야 한다. 그러나 실제 삶은 우리 손의 작업 너머에 있다. 사유가 근육보다 더 중요하다. 하늘을 향해 얼굴을 들고 있는 사람은 쟁기를 계속 바라보는 사람보다 낫다. 토마스 아퀴나스와 다른 사람들이 부르심에 관해 말할 때 그것은 영적인 사람들, 즉 적극적으로 하나님과 기도하며 참여하는 사람들의 부르심에 관한 것이었다.

수도사들은 예수의 금욕주의를 실천하였고, 대부분의 기독교인들은 하나님의 섭리를 믿고 살아가는 데 필요한 최소한의 일만 하려 했다. 육체적 삶과 노동으로 활동하는 생활은 정신적 삶과 영적 관심에 집중하는 "관상" 생활보다 훨씬 낮게 평가되었다. 수도사는 노동자보다 영적 가치 면에서 훨씬 더 높은 위치에 있었다. 예수의 발 앞에 앉은 마리아는 집안일에 열심이었던 동생 마르다보다 훨씬 더 나은 선택을 했다(누가복음 10:38-42). 한편 사도 바울은 질서와 정당한 보상, 수양을 위해 일이 중요하다는 것을 인정했다. 하지만 노동은 개인과 전체의 생활을 유지하기 위한 자연의 이치이고 부정한 생활에 대한 예비책일 뿐이지, 노동 자체가 목적은 아니

4. 토마스 아퀴나스는 노동에 노력하도록 촉구하는 네 가지 동기를 지적했다. 첫째, "누구든지 일하기 싫거든 먹지도 말라"(살후 3:10)는 바울의 말을 인용하며 생계를 유지하려면 먼저 노동이 필요하다. 둘째, 게으름의 위험으로부터 우리를 보호하기 위해서는 노동도 필요하다. 할 일이 없을 때 온갖 어려움에 빠지기 쉽다. 셋째, 누군가가 일할 때 그는 또한 자신의 몸을 통제하게 된다. 단식하고 깨어서 충동을 억제해야 하는 것처럼, 유용한 일을 하여 욕구를 억제해야 한다. 그러므로 힘든 노동을 통해 육체의 욕망을 억제해야 한다. 넷째, 가난한 사람들을 배려하기 위해 수고한다. 일하지 않는 사람은 자선도 베풀 수 없다. 우리는 자신과 직계 가족을 위해서만 일하는 것이 아니라, 우리가 버는 돈으로 다른 사람들을 위해 무언가를 남겨야 한다.

었다.

▶ 누구든지 일하기 싫어하거든 먹지도 말게 하라(데살로니가후서 3:10).

교회는 삶의 기본 욕구를 충족하는 일, 다른 이들을 위한 일, 개인적 물질적 이득을 위한 일을 구분하여 물질적 이득을 추구하는 일은 일곱 가지 큰 죄(교만, 탐욕, 색욕, 분노, 질투, 탐식, 태만)를 야기할 수 있다고 제시하였다. 베네딕트 수도회는 수단으로서의 노동을 구체적인 조직으로 시현하였다. 수도회는 원래 속세로부터 격리되어 명상에 몰입하는 것이 목적이었으나 아무 것도 하지 않는 것(idleness)에 따른 정신적 황폐화에 대한 예방책으로 규칙적인 육체노동을 부과(기도하고 일하라(ora et labora))하였다. 더 나아가 중세의 일부 주요 교부는 노동을 본질적으로 죄로부터 인류를 보호하기 위한 자비로운 창조주의 제도로 합리화하였다. 예를 들어, 성 요한 크리소스톰(John Chrysostom)은 타락 이전의 무죄 상태에 있던 아담에게까지 이러한 합리화를 기꺼이 적용하려 한다: “하나님은 사람에게 에덴동산을 경작하고 지키라고 명령하셨다. … 모든 일을 자기 마음대로 너무 많이 하여 교만해지지 않게 하려 함이니 사람이 게으름으로 말미암아 모든 악을 배웠음이니라.”

한편 중세 사회에서 장인조합이 등장 발전함에 따라 개인의 일과 관련된 정체성이 증가하여 이름의 성을 사용하는 데 있어서도 수호성인이나 지역을 넘어 그들의 직업이 등장하였다. 직업에 따라 개인과 집단의 정체성이 새로이 형성되자 교회도 이러한 변화를 수용하여야 했다.

동양의 유기체적 노동관

기원전 동양에서도 물질 세계는 정신의 세계보다 덧없다고 간주되었지만, 일이 경멸되지는 않았다. 불교의 경우 일은 정신적 수양을 위한 하나의 방법이었고, 일의 결과보다는 과정이 더 중요해서 다른 이들에게 고통을 일으키지 않고 부도덕하지 않은 일들은 정업(正業)으로 불렀다.

막스 베버(Max Weber)는 동양의 전통적 폐쇄사회가 전체주의적 직업관이 지배하여 자신이 속한 사회에의 봉사가 강조되는 유기체적 직업윤리(organische berufsethik)를 가졌다고 보았다.[5] 사회는 직업 또는 직분으로 구성되는 유기체이며, 인간은 직분 또는 직업으로 그 정체성이 드러나고 유기체의 안녕과 질서를 위해 직업에 헌신적으로 봉사해야 할 존재이다. 선비(士)를 제외한 직업들의 경우 노동관이나 직분관이 심각한 고려대상은 되지 못했고 전반적인 삶의 윤리만이 강조되었을 뿐이다.[6] 중국의 경우 전국시대부터 중앙집권적 관료제 국가가 발달하여 선비층들은 학문을 발판으로 과거에 급제하여 관료 정치가로 치자가 되는 것을 목표로 삼았다.

공작 인간과 소명으로서의 노동

중세 교회는 사람들에게 신과 세상 가운데 하나를 선택하도록 강요했다. 세속적 삶의 모든 아름다움과 쾌락 뒤에는 영혼에 대한 잠재적 위협이 숨어 있었다. 수양과 쾌락, 도덕적 가치와 심미적 가치 사이에는 긴장이 존재했다. 사람들은 살기 위해 일해야만 했지만 일을 통해 얻는 이득으로 지나치게 누리는 것은 도덕적으로 위험했다.

14세기 이후 유럽 전 지역 걸쳐 교역이 번창해갔다. 점점 더 많은 사람들이 부를 축적하였다. 신흥 부자들은 아름다운 물건에 둘러쌓이기를 원했고 그 과정에서 아름다운 물건의 제작자들이 찬미되었다. 르네상스는 생각하는 '이성 인간(homo sapiens)'에 못지않게 만드는 '공작 인간(homo faber)'을 부각시켰다. 신은 인간을 창조했으며 인간은 음악과 미술을 비롯한 아름다운 것들의 창조자이다. 점점 더 많은 사람들이 신의 섭리를 막연히 기다리기보다는 스스로 자신의 삶을 통제할 수 있다고 느끼기 시작하였다. 세계를 만들어내고 자연의 형태를 바꾸는 창조자로서의 인간,

5. 이에 대비하여 근대자본주의사회는 일을 통한 신에게의 봉사가 강조되는 금욕적 직업윤리(asketische berufsethik)를 갖는다고 보았다.

6. 선비의 경우 선비로서 군주를 보좌한다는 신분과 직무에 대한 역할이 강조되고, 인간으로서의 도덕과 학문의 수양과 백성들의 평안을 책임진다는 자의식이 발달하였다.

즉 공작 인간이 출현하였다. 동시에 일이 지니는 가치가 커져 '창조로서의 일'이 등장하였고, 게으름과 방종을 비난하는 대신에 '활동'이 찬양되며 새로운 노동윤리도 나타났다. 모든 사회계층이 평등하고, 모든 사람이 자신의 적성에 맞는 직업을 가지고 있다. 때문에 그곳에 사는 사람은 누구나 '일하는 것'을 좋아한다.

르네상스의 인문주의자들이 일에 매력을 부여하는 동안 신교도들은 일을 의미와 정체성, 구원의 징표를 찾는 과정으로 만들었다. 단순한 노동을 넘어 소명(beruf)으로서의 일 개념은 일을 일종의 기도로 만들었고 삶의 수단을 넘어 삶의 목적이 되었다. 소명은 일의 종류를 가리키는 것이 아니라 일에 대한 태도를 일컫는다. 사람들은 자신의 몸으로 일할 때 영적 노동에서 분명하게 드러나는 것과 마찬가지로 하나님의 부르심을 인식하였다. 악취를 풍기는 노동자도 종교 사업에 종사하는 사람과 마찬가지로 하나님과 직접적인 관계를 갖는 것으로 여겨졌다.[7] 사람이 바쁜 일을 할 때 비록 손으로만 할지라도 하나님께서 그에게 맡기신 소명을 다하는 것이다. 마르틴 루터(Martin Luther)는 성직자가 신의 부름에 응하듯이 다른 모든 직업 역시 부름을 받은 것으로 모든 노동은 소명이기에 귀천이 있을 수 없다고 하였다. 특히 성스러운 것과 세속적인 것 사이의 차별을 없앴다. 하나님은 인간을 통해 모든 것을 성취하셔, 젖소의 젖을 짜시며 가장 비천한 일까지도 인간을 통해 행한다고 반복하였다. "부르심은 각 사람이 부르심을 받은 그 부르심에 그대로 지내라"(고린도 전서 7장 20절)는 말씀을 따라야 하는 것이다. 루터는 그리스도인들이 어떻게 신앙이 아니라 일에 관심을 둠으로써 하나님과의 '세속적 연대'에 협력할 수 있는가를 보이려 했다. 특히 수도원 생활이 정치적, 경제적 생활에 참여하는 것보다 더 거룩하다는 중세 교회의 견해에 비판적이어서, 세속적 소명과 제도를 통해 자신의 신앙과 이웃 사랑을 보여줄 수 있다고 믿었다. 그러므로 영적인 묵상을 통해 세상과 단절하려 하기

7. 마틴루터는 "땀이나 타르에도 불구하고 그는 속으로 '나의 하나님이 나를 사람으로 창조하셨고, 나에게 집과 아내와 자녀를 주셨고, 그들을 사랑하고 수고하여 그들을 부양하라고 나에게 명령하셨다'고 생각한다. 그런 사람은 마음이 하나님의 말씀으로 바쁘다. 겉에서 냄새가 나든 속은 하나님 앞에서 발삼과 같이 정결하니라."라고 지적한다.

보다는 정치 사회와 경제 활동에 온전히 참여하여야 했다. 신앙의 증거는 단지 기도를 통해서가 아니라 행위를 통해서도 가능하다. 루터의 견해는 일상 노동의 지위를 높이는 데 도움이 되었고, 모든 노동이 하나님 앞에 동등하게 가치 있다는 개념을 퍼뜨리는 데 도움이 되었다.

한편 장 칼뱅(John Calvin)은 인간이 하나님의 형상으로 창조되었기 때문에 각자 양심을 따라 헌신하고 선행을 할 자유가 중요하며 (교회의) 권위에 의문을 제기할 권리가 있다고 주장한다. 칼뱅은 일에서 많은 미덕을 발견하였는데 일을 부를 축적하는 수단이 아니라 하나님을 기쁘시게 하는 수단으로 간주하였다. 인간은 다양한 종류의 노동에 종사하는 분명한 목적을 따라 창조되었으며, 모든 사람이 자신의 소명에 성실하고 사회 이익에 기여하려 노력하는 것보다 하나님을 더 기쁘시게 하는 희생은 없다. 사람들에게 모든 종류의 일과 모든 노동자들을 똑같이 존중하도록 가르쳤다. 모든 사람이 하나님의 영광을 나타내기 위해 선택받은 것은 아니며, 하나님이 미리 정해 놓으신 사람들만이 구원의 은혜를 깨닫고 받을 수 있다는 구원 운명의 예정(election by grace)설 하에서 모든 그리스도인은 자신이 선택받았다는 확신을 갖고 하나님의 영광을 드러내고 높이는 데 최선을 다해야 했다. 특히 노동의 성취를 통해 하나님의 영광을 나타낼 수 있을 때 선택받았다는 확신을 가질 수 있다. 그것이 어떤 직업이든 상관없다. 일은 하나님의 영광을 드러내는 도구이므로 기독교인은 반드시 자신의 일에 성실하고 충실해야 했다. 일에는 신중한 배움과 절제가 있어야 했다. 개인은 자신의 능력을 최대한 활용해야 하고 학습에 적극적이어야 했다. 사업은 십계명을 따라야 하고 모든 거래에서 엄격하게 정직해야 한다. 가난하거나 무지한 사람의 재산을 갈취하는 거래나 가난한 사람을 착취하는 거래는 비난받아야 한다. 또한 일을 통해 축적한 부를 결코 육체적 안락이나 쾌락을 위해 사용해서는 안 되며 금욕이 요구된다. 사유재산권이 존중되고 소득 격차는 보편적인 것으로 간주되지만, 일을 통해 얻은 부와 지식, 기술을 공동체에 봉사하고 어려운 이웃을 돕는 활동에 참여하여 하나님의 영광을 드러내는 데 사용해야 할 의무가 있다. 한편 일의 영적 가치가 상승하자, 동시에 부랑과 실직에 대한 비난도 커졌다. 열심히 일하는 사람들은 선하고, 일하지 않거나 열심히 일하지 않는 사람들은 도덕적으로 열등하다고 판단되었다. 부의 축적은 당신이 신에게 선택받은 사람이라는 징표이며, 게으름과 가난은 선택받지 못했음을 나타냈다. 잠언 22장 29절이 널리 인용되었다.

▶ 자기 일에 능숙한 사람을 네가 보았을 것이다. 그런 사람은 왕을 섬길 것이요, 대수롭지 않은 사람을 섬기지는 않을 것이다(잠언 22:29).

막스 베버(Max Weber)는 『프로테스탄트 윤리와 자본주의 정신』에서 이렇게 변화된 노동관이 자본주의 정신을 형성하였다고 강조된다. 특히 자본주의의 정신적 본질이 개인의 이윤 추구에서 발생하는 부의 추구에 있는 것이 아니라, 금욕적 윤리에 의해 스스로를 제한하고 전문적인 노동을 통해 이윤 추구에 전념하는 정신적 활동에 있다고 보았다. 하지만 '일 자체를 위한 일'과 더불어 '휴식과 쾌락에 대한 혐오'도 루터와 칼뱅으로부터 비롯되었다. 중세의 가톨릭 신자들은 사제와 성찬의 도움을 받아 신의 은총을 얻을 수 있었다. 이제는 일을 통해 스스로를 발견하고 구원을 찾을 수 있었다. 일은 자신을 발견하고 창조할 수 있는 수단을 제공해준다. 동시에 16세기부터 노동자의 자살을 금지하는 법이 확산될 정도로 더 많은 노동자가 필요해졌다는 시대적 전환을 고려할 필요가 있다. 그만큼 일은 개인적으로나 사회적으로 수많은 긍정적 의미를 함축하게 되었다.

1. 일할 것인가 말 것인가? 유보 임금

생산요소의 소유자는 자신이 소유하고 있는 생산요소를 다른 사람들이 이용하게끔 팔지 않고 자기가 직접 사용할 수 있다. 이는 다른 모든 재화와 서비스에도 해당한다. 자신이 소유한 명품가방을 팔게 하는 최저가격은 그것이 소유자에게 얼마만한 가치를 갖느냐에 따라 결정된다. 처음에 그 가방을 1백만 원을 지불했든 2백만 원을 지불했든 아무 상관이 없다. 중고의 명품 가방의 시장가격이 그 가방을 소유한 사람에게 그 명품가방이 갖는 가치보다 높을 때만 소유자는 명품 가방을 팔게 될 것이다. 생산요소도 마찬가지다. 일반적으로 노동을 포함한 모든 생산요소는 최소한의 가치를 지니는데, 이는 그 생산요소가 그 소유자에게 어느 정도의 가치를 제공하느냐에 따라 결정된다. 대부분의 사람들은 임금을 전혀 받지 않더라도 카페에 앉아서 쉬거나 반려동물과 함께 하기를 선호할 것이다. 이와 같은 대안의 가치에 따라 노동자들이 더 이상 자신의 노동을 시장에 공급하려 하지 않게 되는 임금 수준이 결정되는데 이러한 임금 수준을 가리켜 유보 임금(reservation wage)이라 한다. 날씨가 카페에 앉아 있기에 좋을수록 반려동물과의 시간의 가치가 높을수록 노동자들의 유보임금이 높아질 것이다. 결국 시장 임금이 유보 임금을 넘어선 뒤에야 노동공급이 발생하기 시작하는 것이다. 한편 유보임금은 여가가 제공하는 가치나 가계생산활동 수준뿐만 아니라 다른 직장에서 받을 수 있는 임금 수준에 의해 영향받는다. 순수하게 금전적 관점에서만 본다면 다른 직장에서 더 많은 임금을 받을 수 있을 경우 현재의 직장에 머물러 있을 이유가 없다. 지금의 고용주에게서 받는 임금은 최소한 다른 고용주로부터도 받을 수 있는 임금 이상이어야 한다. 근로자가 다음으로 가장 좋은 직장으로 이전하는 것을 방지하는 데 필요한 급여를 이전 소득(transfer earnings)이라 한다. 이전 소득은 현재 노동 시장에 남아있는 근로자의 기회 비용을 나타낸다. 최소한 이전 소득을 받지 못하면 다음으로 가장 좋은 고용처로 이동할 것이다.

2. 노동 공급 : 얼마나 일할 것인가?

개인은 자신이 가진 시간을 다양한 활동으로 나누어 쓰는 선택의 문제를 가지며 이때 기회 비용을 저울질하며 시간을 적절히 할당한다. 누구에게나 하루 24시간이 있으며, 일하고, 자고, 놀고, 봉사활동을 하거나 아니면 자녀를 키우는 활동에 사용할 수 있다. 단순화를 위해 개인이 자신의 시간을 보낼 수 있는 두 가지 방법, 즉 일과 여가만 있다고 하자. 여가는 일종의 소비재로서, 개인은 그로부터 직접 효용을 얻는다. 노동은 소득을 제공하며, 이는 효용을 창출하는 재화와 서비스를 구매하는 데 사용할 수 있다.

일을 많이 할수록 소득은 높아지지만 여가시간은 줄어든다. 여가시간을 더 많이 선택하는 개인은 그렇지 않은 경우보다 수입이 적다. 따라서 여가와 일에서 얻을 수 있는 소득 사이에는 상충관계가 있다. 노동 공급은 여가에 대한 수요의 이면으로 생각할 수 있다. 더 많은 여가를 원하는 사람들은 더 적은 노동력을 공급할 것이다. 여가 수요의 두 가지 측면은 노동 공급을 이해하는 데 중요한 역할을 한다. 첫째, 소비재의 일종인 여가는 정상재이다. 다른 모든 것은 변하지 않고 소득만 증가하면 여가에 대한 수요도 증가할 것이다. 둘째, 여가의 기회비용 또는 가격은 개인이 벌 수 있는 임금이다. 시간당 1만 원을 벌 수 있는 근로자는 여가시간을 추가로 소비함으로써 소득 1만 원을 포기하는 셈이다. 따라서 1만 원의 임금은 여가시간의 가격이다. 시간당 2만 원을 벌 수 있는 근로자는 여가에 대해 더 큰 대가를 치러야 한다.

소득효과와 대체효과가 노동공급량을 결정

임금이 올랐다고 가정해 보자. 높은 임금은 여가의 가격을 높인다. 소비자 선택에 관한 논의에서 소비자들은 가격이 오른 재화를 다른 재화로 더 많이 대체한다는 것을 보았다. 높은 임금의 대체효과는 소비자로 하여금 여가를 노동으로 대체하게 한다. 다시 말해, 높은 임금은 개인이 더 많은 노동을 공급하도록 유도한다. 이러한 대체효과의 논리는 한계적 선택 원리의 관점에서 볼 수 있다. 개인은 추가적 여가(가 낳는 효용)와 추가적 노동으로 인한 추가 소득(이 낳는 효용) 사이에서 선택한다. 추가적 여가시간 ΔL_e을 갖게 됨에 따른 한계효용을 $MU_{L_e} = \frac{\Delta U}{\Delta L_e}$로 두면, 추가적 여가시간에 따라 개인의 효용은 $\Delta L_e \times MU_{L_e}$만큼 증가한다. 한편 추가 여가시간으로 인한 대가 즉, 포기하는 것은 얼마일까? 개인이 한 시간 동안 일하지 않고 포기하는 것은 임금 W이다. 이 임금으로 재화를 살 수 있는데 재화의 가격을 P라 하면 개인은 $\Delta Q = W \times \frac{\Delta L_e}{P}$만큼의 재화를 구매할 수 있다. 한편 재화를 소비하면 개인은 $MU_Q = \frac{\Delta U}{\Delta Q}$의 효용을 누릴 수 있다. 결국 개인이 일하지 않고 여가시간을 늘림에 따라 포기하는 편익은 $MU_Q \times W \times \frac{\Delta L_e}{P}$이다. 이로부터 우리는 개인이 추가적 여가시간에 따른 편익이 그 기회비용과 일치할 때까지 여가시간을 늘려갈 것임을 알 수 있다.

$$\Delta L_e \times MU_{L_e} = MU_Q \times W \times \frac{\Delta L_e}{P}$$

$$MU_{L_e} = MU_Q \times \frac{W}{P}$$

또는

$$\frac{MU_Q}{P} = \frac{MU_{L_e}}{W}$$

즉, 소득 1원은 $\frac{MU_{L_e}}{W}$만큼의 여가의 추가 효용을 제공할 수도 있고, $\frac{MU_Q}{P}$만큼의 노동으로 인한 소비 증가의 추가 효용을 제공할 수도 있다. 1원당 여가의 한계효용과 노동의 한계효용일 일치하도록 일과 여가 사이에 시간을 할당함으로써 극대화된다.

이제 임금이 W에서 W'으로 상승하였다고 하자. 이는 1원당 여가의 한계효용 $\frac{MU_{L_e}}{W}$를 감소시켜 1원당 노동의 한계효용보다 작게 만든다.

$$\frac{MU_Y}{P_Y} > \frac{MU_{L_e}}{W}$$

이런 상황에서 개인은 여가시간을 일부 포기하고 일에 더 많은 시간을 할낭할 것이다. 그렇게 하면 남은 여가시간의 한계효용은 증가하고 소득의 한계효용은 감소할 것이다. 개인은 식의 양변이 다시 같아질 때까지 계속해서 대체해 갈 것이다. 근로자의 경우 임금 인상의 대체 효과는 항상 여가시간을 줄이고 근로시간을 늘린다. 따라서 더 높은 임금은 노동 공급에 양(+)의 대체효과를 가져온다. 그러나 높은 임금은 소득효과도 낳는다. 임금이 오른다는 것은 소득이 높다는 것을 의미하며 여가는 정상재이기 때문에 요구되는 여가의 양이 늘어날 것이다. 그리고 그것은 공급되는 노동량의 감소를 의미한다.

노동공급 문제의 경우 대체효과는 항상 양이다. 더 높은 임금은 더 많은 노동력의 공급으로 이어진다. 그러나 소득효과는 항상 음(−)이다. 임금이 높다는 것은 소득이 높다는 것을 의미하고, 소득이 높다는 것은 정상재인 여가에 대한 수요가 많다는 것을 의미하며, 여가가 많다는 것은 노동 공급량이 적다는 것을 의미한다. 대체효과와 소득효과가 반대 방향으로 작용하므로 임금 인상이 노동 공급을 증가시킬지 또는 감소시킬지 아니면 그대로 두는지는 분명하지 않다.

그렇다면 개인은 얼마나 일을 할까? 한 가지 가능성은 공급된 노동시간의 일정 범위에 걸쳐 대체효과가 지배적일 것이라는 점이다. 여가의 한계효용은 노동이 거의 공급되지 않을 때(즉, 대부분의 시간을 여가에 할애할 때) 상대적으로 낮기 때문에 개인이 적은 여가를 더 많은 노동으로 대체하도록 유도하기 위해서는 약간의 임금 인상만으로도 충분하다. 더군다나 근로시간이 적기 때문에 임금변동에 따른 소득효과는 작을 것이다. 하지만 일정 임금을 넘어서면 임금 인상의 음의 소득효과가 양의 대체효과를 상쇄할 수 있다. 그 범위를 넘어서면 더 높은 임금은 노동공급량에 영향을 미치지 않을 것이다. 그리고 일부 개인의 경우 특정 임금을 넘어서면 더 높은 임금이 그 개인을 더 많이 일하지 않고 덜 일하게 만들 수 있다.

3. 노동 수요는 어디에서 오는가?

이제 노동시장에서 기업의 노동에 대한 수요가 어떻게 결정되며, 노동에 대한 보상, 즉 임금은 어떻게 결정되는가를 살펴보자. 이윤을 극대화하는 기업은 한계 원리에 따라 고용 규모를 결정한다 : 노동 1단위를 더 고용하여 생산된 추가 생산량이 총비용보다 총수입에 더 크게 기여할 경우 기업은 노동 고용을 늘려 이윤을 증가시키려 한다. 추가 노동으로 인해 발생하는 추가 수입이 추가 비용을 더 이상 초과하지 않을 때까지 계속해서 더 많은 노동을 고용할 것이다. 고용주는 한계 편익과 한계 비용에 기초하여 노동에 대한 수요를 결정한다.

노동이 기업에 제공하는 한계편익

노동이 제공하는 한계 편익은 노동자가 기업의 수입을 얼마나 증가시키는가인데 이를 그 노동자의 한계수입생산(marginaJ revenue product ; *MRP*)이라 한다. 여기서 '한계'라는 단어는 노동자를 한 명 더 고용한 경우이기 때문에 사용한 것이고, '생산'이라는 단어는 생산을 증가시키는 것이 그 노동자의 기업에 대한 공헌이라는 의미에서 사용된 것이다. 두 단어 가운데 들어간 '수입'이라는 단어는 그가 생산량을 추가함으로써 기업의 수입에 얼마나 공헌했는지를 측정하기 때문에 사용한 것이다. 이는 두 가지 요인에 의존한다.

첫째, 고용주들은 추가된 노동단위의 한계생산(marginal product ; *MP*)에 관심이 많다. 추가된 노동자가 기업의 생산 증가에 크게 기여한다면, 그는 기업에 좋은 근로자가 될 가능성이 높다. 둘째, 기업은 생산으로부터 가치를 획득해야 한다. 생산의 기업에 대한 가치는 그것이 회사에 가져오는 추가적 수입 또는 한계수입(marginal revenue ; *MR*)이다. 생산요소의 추가 단위는 2단계를 거쳐 기업의 수입을 추가시킨다. 먼저 기업의 생산량을 증가시키고 이어서 생산량 증가는 수입을 증가시킨다. 노동의 한계생산(*MP*)에 한계수입(*MR*)을 곱하면 노동의 한계수입생산(MRP_L)이 되는데, 이는 노동과 같은 생산자원의 추가 단위가 기업에 추가로 가져다주는 수입의 규모를 측정한다 : $MRP = \frac{\Delta TR}{\Delta L} = \frac{\Delta TR}{\Delta Q}\frac{\Delta Q}{\Delta L} = MR \times MP_L$ 완전경쟁적인 생산물 시장의 경우 기업의 한계수입 *MR*은 시장에서 결정된 제품의 가격 *P*이다. 따라서 노동의 한계수입생산(MRP_L)은 노동의 한계생산(MP_L)에 한계수입, 즉 가격 *P*를 곱한 것이다 : $MRP_L = MP_L \times P$

노동의 한계비용

기업이 노동을 추가로 사용할 경우 추가되는 비용을 한계비용(MC)이라고 한다. 한계비용은 총비용의 변화(ΔTC)를 노동량의 변화(ΔL)로 나눈 값이다. 그리고 기업이 경쟁적인 노동시장에서 노동력을 고용한다면 노동의 경우 한계요소 비용은 단순히 시장 임금(즉, 노동 단위당 가격) W이다.

$$MC = \frac{\Delta TC}{\Delta L} = W$$

기업은 다음과 같이 한계수입 생산이 한계요소비용과 같아지는 지점까지 노동력을 추가로 고용함으로써 이윤을 극대화할 것이다:

$$MRP_L = MC$$

$$MRP_L = W$$

기업은 노동자가 이윤을 증가시킬 경우에 그를 고용하므로 노동자의 한계수입 생산이 임금보다 높을 경우 그 노동자를 고용한다. 기업은 마지막으로 고용하는 노동자의 한계수입 생산이 그의 임금과 동일해질 때까지 계속 노동자를 고용할 것이다. 마찬가지로 어떤 프로야구선수가 한 시즌에 10억 원의 입장료 수입을 더해 준다면 그는 한 시즌에 10억 원의 임금을 받을 만한 자격이 있다. 노동의 가격이 오르면 고용은 감소하고, 노동의 가격이 하락하면 고용이 증가한다.

한계수입생산의 결정요인 : 기업이 지불하려는 임금을 결정하는 요인

생산성 생산요소의 생산성이 증가하면 한계수입생산이 증가하며 이윤을 극대화하는 기업은 생산요소에 대한 수요를 증가시키고 그 생산요소에 지급할 보상도 증가한다. 근로자의 경우라면 더 높은 임금을 지급하려 할 것이다. 생산요소의 생산성은 몇 가지 다른 요인에 의해 영향을 받는다.

첫째, 기술진보다. 기술 변화는 일부 근로자에 대한 수요를 증가시키고 다른 근로자에 대한 수요를 감소시킬 수 있다. 예를 들어, 더 강력한 컴퓨터 칩의 생산은 소프트웨어 엔지니어에 대한 수요를 증가시킬 수 있다. 또한 일부 생산 공정이 자동화되는 경우 해당 공정에 고용된 근로자에 대한 수요를 줄일 수도 있다.

기술 변화는 지난 세기 동안 기업의 생산수준을 크게 증가시켰다. 생산공정에 대한 정교한 기술의 적용은 이러한 기술이 요구하는 숙련을 가진 근로자의 한계생산을 향상시켰다. 이는 숙련근로자에 대한 수요를 증가시켰다. 같은 기술이 저숙련 노동자를 대체했고, 그 노동자에 대한 수요는 감소하였다. 정보통신 기술의 영향에 대한 사례가 시사하는 바와 같이, 다양한 종류의 노동수요에 대한 기술 변화의 영향을 상상하는 것은 교육 대안을 고려할 때 염두에 두어야 할 사항일 수 있다. 대학재학생이 전공을 선택할 때 일부 직업은 기술 변화의 혜택을 받을 수 있음을 명심해야 한다.

둘째, 다른 생산요소의 투입량이다. 기업이 노동 이외의 다른 생산요소의 투입량을 변경함에 따라 노동의 한계생산물이 변화할 수 있다. 예를 들어 정보통신 기기의 투입을 늘리면 회계사의 생산성, 즉, 한계생산이 증가할 것이다. 한계생산의 증가는 회계사에 대한 수요를 증가시킬 것이다. 한 생산요소의 사용이 증가하면 다른 생산요소에 대한 수요가 증가할 때 두 요소는 보완적인 생산요소라 한다. 일부 생산요소는 노동과 대체 가능할 수 있다. 예를 들어 로봇은 일부 조립라인 노동을 대체할 수 있다. 두 가지 생산요소 중 하나의 사용이 증가할 때 다른 요소에 대한 수요가 감소하면 두 요소는 대체 생산요소라 한다.

셋째, 생산요소의 품질이 있다. 비옥한 농지는 평범한 농지에 비해 생산성이 매우 높다. 더 많은 교육을 받고 훈련받은 노동력은 노동의 질이 향상되어 더 큰 생산성을 제공한다. 노동의 경우 인적자본, 즉 노동자가 생산 현장에 가져오는 기술과 능력은 중요한 보완 요소다. 노동자가 인적자본을 추가하면 한계생산이 증가하고 그에 따라 기업의 수요가 증가한다. 이 때문에 노동자들은 교육 수준을 높이려 한다.

최종재의 수요와 가격 노동이 참여하여 생산된 결과물인 최종 제품에 대한 수요가 증가하면 그 제품의 가격이 상승하고 그 제품을 생산하는 요소에 대한 수요도 증가한다. 날씨가 더워 식혜 수요가 증가하면, 식혜 노동자, 레몬, 설탕과 같은 생산요소에 대한 수요가 더 커질 것이다. 높아진 제품가격이 식혜 생산에 사용되는 생산요소의 한계수입을 증가시키기 때문이다. 제품에 대한 수요 감소는 가격을 낮추고 제품 생산에 사용되는 요소에 대한 수요를 감소시킨다. 제품을 생산하는 요소에 대한 수요는 그 생산요소가 생산한 제품에 대한 수요에 의존하기 때문에 생산요소에 대한 수요를 파생 수요(derived demand)라고 한다. 즉, 요소 수요는 그 생산요소가 사용된 제품에 대한 수요에서 파생된다.

어떤 생산요소 시장에서든 그 생산요소가 투입되어 생산된 제품의 가격이 높을수록 기업이 생산요소에 대해 지불하려 하는 보상수준도 높다. 그 생산요소의 한계수입이 높아졌기 때문이다. 따라서 노동시장의 경우 노동자가 생산한 제품의 가격이 높을수록 기업이 지불하려 하는 임금도 높다. 이는 노동의 가치가 최소한 부분적으로라도 노동자가 생산하는 제품의 가치에 따라 결정된다는 것을 말해준다.

4. 임금의 결정

1) 수요와 공급

수요와 공급에 의한 임금의 결정

일반 시장과 마찬가지로 노동시장의 가격, 즉 임금도 수요와 공급에 의해 결정된다. 특히 노동의 공급과 노동에 대한 수요가 일치할 때 노동의 가격, 즉 임금을 알 수 있다. 지금까지의 논의를 따른다면 수요는 기업이 노동자들의 이윤에 대한 기여도가 어떻게 평가되느냐에 따라 결정되고, 공급은 노동자들이 다른 곳에 고용될 수 있는 기회에 따라 결정된다. 즉, 노동 수요는 노동의 한계생산과 생산된 재화의 가격에 의존하고, 노동 공급은 유보임금, 즉 노동자의 노동에 대한 선호도와 다른 고용주가 지급하려는 임금 수준에 의존한다.

임금이 수요와 공급에 의해 결정되므로 수요와 공급에 변화가 생겨나면 임금도 변동할 것이다. 특히 수요가 증가하거나 공급이 감소하면 임금이 인상된다. 공급 증가 또는 수요 감소는 임금을 낮춘다. 노동수요 증가는 노동의 한계생산이 증가했거나 노동이 참여하여 생산된 재화의 가격이 상승했음을 의미한다. 여기서 노동의 한계생산은 다른 생산요소의 사용 증가, 기술의 향상 또는 인적자본의 증가로 인해 높아질 수 있다. 한편 노동공급 증가는 인구 증가 또는 사람들이 기꺼이 제공하고자 하는 노동량의 증가로 인해 발생할 수 있다. 임금이 상승하는 경향이 있다는 사실은 일반적으로 공급보다 수요가 더 빠르게 증가했음을 시사한다. 그러나 수요가 증가하더라도 공급이 더 많이 증가할수록 임금 증가 규모는 더 작아질 것이다. 노동 공급의 감소가 임금을 상승시키는 경향이 있다는 점은 노동공급을 줄이려는 일부 노동자 집단의 노력을 설명한다. 특정 직업의 종사자들은 해당 직업에 들어갈 수 있는 사람의 수를 제한하기 위해 엄격한 면허 요건을 성공적으로 유지해 왔다. 노동조합 역시 종종 노동 공급을 줄이고 임금을 인상하기 위해 진입 제한을 도모한다.

2) 운과 임금격차

임금의 격차가 생겨나는 이유

시장마다 수요와 공급의 수준이 다르며, 이것이 바로 다양한 산업 분야의 다양한 근로자 집단, 심지어 동일한 산업 및 직업에 종사하는 근로자 집단 간에 임금 격차가 나타나는 이유이다. 수요가 증가하거나 공급이 감소하면 임금이 높아지고, 수요가 감소하거나 공급이 증가하면 임금이 낮아진다. 유보 임금의 관점에서 볼 때 직업 속성의 차이를 보상해야 하기 때문에 임금의 격차가 발생할 수 있다. 힘들고 달갑지 않은 일을 하는 근로자는 쉬운 일을 하는 근로자들에 비해 많은 임금을 받을 수 있는 것이다. 근로자들의 생산성이 다른 경우 생산성이 높은 근로자가 더 높은 임금을 받을 것이다. 인적자본이나 경험이 풍부한 근로자는 그렇지 않은 근로자에 비해 많은 임금을 받는다. 이런 점들은 모두 당연하게 생각할 것이다.

운과 지대, 그리고 경제적 지대

하지만 운(運)도 임금의 차이를 낳을 수 있다. 사람들에게 자신의 수입이 무엇에 따라 결정되는지 묻는다면 교육 정도, 숙련도, 연령, 노조 여부 등 여러 요소들을 열거할 것이다. 그러나 자신이 생산하는 제품의 시장가격을 언급하지는 않을 것이다. 그러나 앞에서 제품 가격이 노동자의 임금에 영향을 미친다는 것을 보았다. 이 점을 분명히 보기 위해 감자 재배 외에는 아무런 쓸모가 없는 토지의 지대는 오직 감자 가격에만 의존한다는 것을 확인해 보자. 지금까지의 논의에 따르면 생산요소인 토지에 대한 수요는 이 토지의 한계수입생산에 따라 결정되며, 이는 다시 그 한계생산과 그 곳에서 생산한 최종재의 가격(한계수입)에 따라 결정된다. 예를 들어 1천 평의 토지에서 연간 1천 kg의 감자(토지의 한계생산)가 생산되고, 감자가 시장에서 1kg당 2천 원에 팔린다면 이 토지는 지대가 2백만(1,000×2,000) 원 이하인 한 임대할 가치가 있다. 농민들에게 이 토지는 2백만 원의 가치가 있기 때문에 농민들 간의 경쟁으로 결국 지대는 2백만 원이 될 것이다. 감자 가격이 1kg당 5천 원으로 상승하면 감자를 재배하는 토지의 지대 또한 상승하여 연간 5백만 원이 될 것이다. 이처럼 토지에 대한 지대는 생산된 제품의 가격에 비례하여 변화한다. 제품에 대한 수요가 증가할수록 지대가 높아지는 동시에 이전에는 비옥도가 떨어져 사용되지 못하던 토지도(지대가 새로운 토지에서의 더 높은 경작 비용을 넘어서는 한) 사용되기 시작할 것이다. 이 경우 비옥도가 높았던 기존의 토지는 경작비용이 지대보다 낮을 것이다. 경작비용과 지대 사이의 이러한 차이는 모두 토지 소유자에게 귀속되며, 토지 소유자는 이런 방식으로 자연이 베푼 무상의 선물인 토양의 비옥도로부터 혜택을 받을 수 있다. 이렇게 공급이 고정되어 비탄력적인 토지는 지대나 토지가격으로 얼마를 벌든 간에 상관없이 주겠다는 가격대로 임대될 수 밖에 없다. 따라서 지대나 토지가격은 전적으로 토지가 생산하는 산출물의 가치에서 파생되는 것이지 그 역은 결코 아닌 것이다. 이를 일반화하면 생산요소가 다른 용도로 사용될 때는 지금의 용도로 사용해서 얻는 만큼의 수입을 가져다 주지 못하는 경우(기회비용이 낮은 경우) 최종생산물의 가격이 생산요소의 가격을 결정한다. 예를 들어 특정 곡식만을 경작할 수 있고 그 외에는 사용할 용도가 없어 기회비용이 0인 토지는 그 곡식의 가격이 높아지면 지대도 높아지게 된다. 하지만 그 곡식에 대한 수요가 사라져 가격도 0이 되면 지대도 0이 되고 그 토지는 아무런 쓸모도 없게 된다.

자연에 존재하는 거의 대부분의 토지의 총면적은 고정되어 있지만 많은 경우에 토지의 공급량은 여전히 토지가격에 반응한다. 예를 들어 어떤 나라의 총 토지면적은 고정되어 있지만, 토지가격의 상승은 특정 기간 동안 토지의 공급량을 증가시킨다. 그 결과 [그림 7-1] (a)에서 보여주는 것처럼 토지의 공급곡선은 우상향한다. 그러나 어떤 토지의 경우 그 공급량은 고정되어 있고 토지가격이 높아져도 변화할 수 없다. 예를 들어 석유가 매장된 땅은 고정되어 있다. 이러한 토지는 스스로 공급하기로 선택하는 것이 아니라 단순히 존재하며, 자연재해로 인해 가용성이 줄어들지 않는 한 언제든지 사용할 수 있는 상태다. [그림 7-1] (b)에서처럼 이러한 상황에서 토지의 공급곡선은 수직선이다. 이처럼 공급량이 고정되어있는 토지의 가격은 오직 수요에 의해서만 결정된다. 토지 외에도 가격이 얼마든 간에 공급량이 고정되어 있을 때(공급곡선이 수직일 때) 그러한 생산요소를 사용하기 위해 지불하는 가격을 경제적 지대(economic rent)라고 한다. 그 생산요소로 얼마를 벌든 간에 주겠다는 가격대로 임대될 수밖에 없다. 따라서 공급이 고정된 생산요소의 가치는 전적으로 그 생산요소로 생산된 제품의 가치에서 파생되는 것이지 그 역은 아니다. 예를 들어 장신의 농구 선수나 시대를 풍미하는 슈퍼스타가 그렇다.

임금과 경제적 지대

시장에서 결정된 임금은 일반적으로 경제적 지대와 이전소득으로 구성된다. 모든 근로자에게는 다른 직장으로 옮겨가지 않고 현재 직장에 머물기 위해 기꺼이 수락할 수 있는 최소 금액 또는 그가 특정 노동시장에 자신의 노동을 공급하게 하는 최소금액, 즉 유보임금이 있다. 바로 이 유보임금을 이전소득이라고 한다. 이전소득은 근로자가 차선의 일자리로 이전하는 것을 방지하는 데 필요한 급여다. 이전소득은 현재 노동시장에 남아 있는 근로자의 기회비용을 나타내며 노동공급곡선이 이를 나

그림 7-1 토지시장의 균형

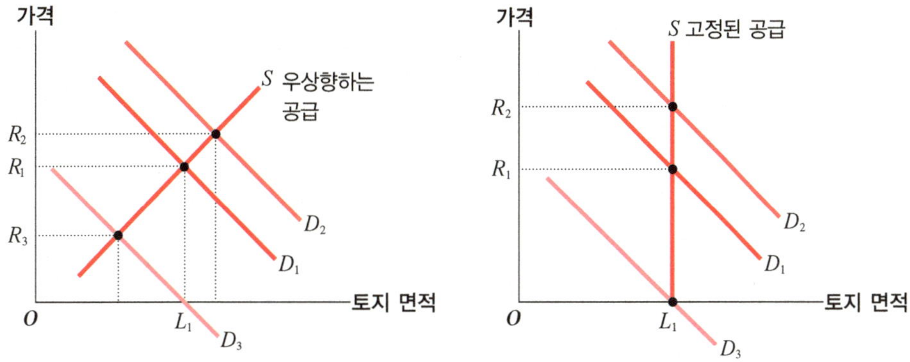

(a) 우상향하는 공급곡선을 가지는 토지시장 (b) 수직선의 공급곡선을 가지는 토지시장

주 : 그림 (a)에서 토지의 공급곡선은 우상향한다. 토지의 가격은 수요곡선과 공급곡선의 교차점에서 결정된다. 그림 (b)에서 토지의 공급곡선은 수직선이고 공급량이 가격의 변화에 반응하지 않는다. 이 경우에 토지의 가격은 수요에 의해서만 결정된다. 수직선의 공급곡선을 가지는 생산요소의 가격은 경제적 지대라고 한다.

타낸다. 노동공급곡선의 모든 지점은 근로자가 일할 준비가 된 최소수준의 임금을 나타내며 기회비용만 포함한다. 근로자는 최소한의 이전 소득을 받지 못하는 경우, 차선의 일자리로 이동한다. 어떤 사람이 이전소득보다 높은 급여를 받는다면 이는 그가 수용할 수 있는 최소 금액을 초과하여 급여를 받고 있다는 의미한다. 임금이 이전소득보다 높으면 노동자는 경제적 지대를 벌고 있는 것이다. 경제적 지대는 특정 노동시장에서 노동을 계속 공급하는 데 필요한 것보다 더 많은 임금을 받는 모든 노동자가 얻을 수 있다. 예를 들어 어떤 사람이 월급으로 300만 원을 받고 차선의 일자리에서 월 250만 원을 받을 수 있다면 이전소득은 250만 원이고 경제적 지대는 50만 원이다. 특정 노동자의 경제적 지대는 그가 실제로 받는 액수와 일을 하기 위해서 최소한 받아야 한다고 생각되는 액수, 즉 유보임금 간의 차이이다. 만약 일을 하는 것의 대안이 거의 아무런 소득 없이 집에서 쉬는 것이라면, 경제적 지대가 임금 총액과 거의 같을 정도로 크다. 반면 임금근로자로서 일을 하는 것의 대안이 자영업으로 소득을 얻는 경우라면 경제적 지대는 노동자로서 받는 액수와 그가 차선의 고용기회(자영업)를 선택할 때 받을 수 있는 액수 간의 차이일 따름이다.

그림 7-2 노동시장의 수요와 공급

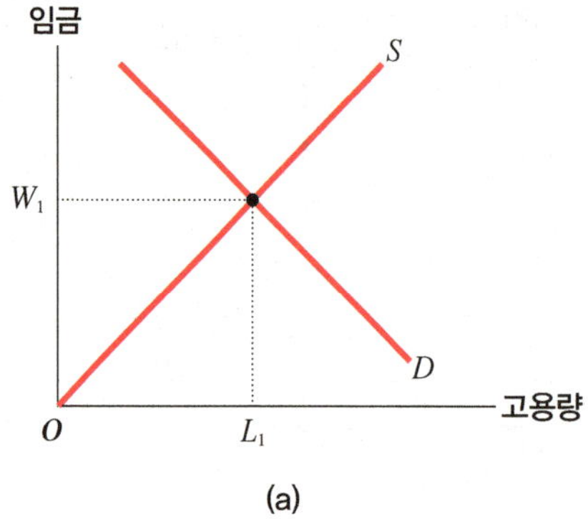

근로자가 이전소득보다 더 많이 벌고 있는지 여부나 이전소득과 경제적 지대의 상대적 비중은 노동 공급이 얼마나 신축적인가에 의존한다. 극단적인 경우, 한 명 또는 소수의 개인만이 자신의 재능을 제공할 수 있는 경우 경제적 지대는 매우 클 수 있다. 공급이 신축적일수록 임금에서 이전소득이 차지하는 비중이 더 커진다.

그림 7-3 경제적 지대와 이전소득

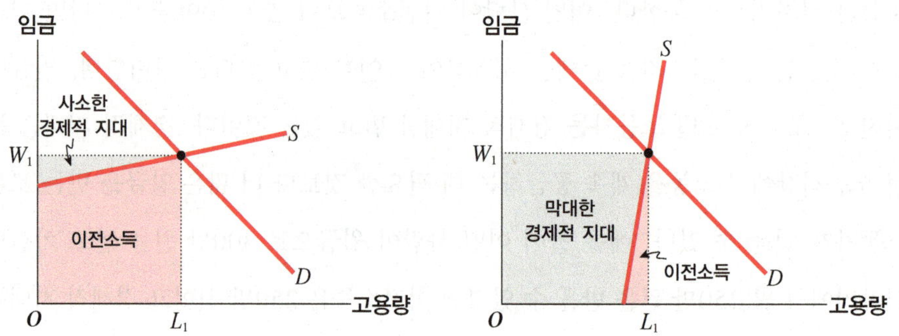

(a) 미숙련 근로자 시장 (b) 스타 플레이어 시장

주 : 스타 플레이어가 받는 보상의 대부분은 경제적 지대이다. 스타 플레이어가 차선의 직업을 선택한다면 상대적으로 극히 낮은 임금(이전소득)을 받게 될 것이다.

미숙련 직종의 경우 이용 가능한 인력이 상대적으로 풍부하여 공급 탄력성은 상대적으로 크며 공급곡선은 상대적으로 평평한 기울기를 갖는다. 이 경우 임금의 대부분은 이전 소득이며 경제적 지대는 사소하다. 이는 훨씬 더 높은 숙련을 가진 고숙련 근로자와 잘 대비된다. 엘리트 스포츠 스타의 경우 다른 선수로 대체하는 것이 거의 불가능하다. 임금을 아무리 올려도 엘리트 스포츠 스타의 공급에 영향을 미치기 어렵다. 이 경우 노동 공급은 매우 비탄력적이며 엘리트 스포츠 스타가 받는 대부분의 보상은 경제적 지대이다. 엘리트 스포츠 스타의 소득은 몇 년 동안 교육을 받았느냐 선수들의 노조가 있느냐 등과는 거의 무관하다.

5. 탈무드와 노동의 지혜

1) 일은 신성한 것

일반적으로 직업 윤리는 근면, 규율, 자제가 덕이 있고 인격을 형성하는 행동이라는 생각에서 비롯한다. 이 개념은 20세기 초 독일 사회학자 막스 베버(Max Weber)가 자본주의를 낳고 나중에 최초의 청교도 정착민들이 미국에 가져온 북유럽 문화를 설명하기 위해 만든 용어인 개신교 직업윤리와 밀접히 관련된다. 그것의 본질적 개념은 노동이 소득을 위해서가 아니라 그 자체가 가치가 있다는 것이다. 또한 노동은 기도, 선행, 토라처럼 성공하기 위해서는 노력을 계속해서 강화해야 하는 활동으로 간주되었다.

- ▶ 노동은 위대하다. 노동자를 영광스럽게 만들기 때문이다(Ned. 49b).
- ▶ 사람이 일하면 축복이 있느니라(Mid. Ps. 23:3).

유대인의 경우 안식일에 쉬라는 계명은 있지만 일하라는 계명은 없는 것처럼 보이고 아담이 "[그의] 이마에 땀을 흘려"(창세기 3:19) 음식을 얻는다는 신성한 형벌이 모든 노동을 저주로 규정하는 것처럼 보일 수 있다. 이브는 산고를 겪어야 했고 아담은 힘들어 하면서 땅에서 먹을 것을 구해야 했다. 하지만 토라는 처음부터 땅을 경작하는 것을 인류에게 가해지는 형벌로 간주하지 않았다. 창세기와 십계명은 이를 말해 준다.

▶ 여호와 하나님이 그 사람을 이끌어 에덴 동산에 두어 그것을 경작하며 지키게 하시고 여호와 하나님이 그 사람에게 명하여 이르시되 동산 각종 나무의 열매는 네가 임의로 먹되(창세기 2:15–16)

▶ 안식일을 기억하여 거룩하게 지켜라. 엿새 동안 힘써 네 모든 생업에 종사하고 이렛날은 너희 하느님 야훼 앞에서 쉬어라(출애굽기 20:8–10).

유대인들은 노동을 게으름의 혐오나 세속적인 일상이 아니라 토라와 미츠보트(mitzvot)의 신성한 행위로 간주한다. 노동을 통해 인간이 자신의 필요와 계획을 충족시키고 세상을 변화시키는 것은 하늘과 땅을 창조한 신을 닮는 대표적인 행위이기 때문이다.[8] 인간은 노동을 통해 창조 사업에서 하나님과 동역자가 된다. 인간은 다른 피조물과 달리 하느님께 더 가까이 다가갈 수 있는 독특한 요소, 즉 창조의 욕구와 능력을 축복으로 받았다. 동물은 식량을 찾지만 인류는 그것을 창조한다.

▶ 인간은 수억 세계의 심장이자 영혼으로 여겨진다. … 그리고 오직 그에게만 선택의 법칙이 주어졌는데, 그가 선택한 방향이 무엇이든 그 자신과 세상을 바꿀 수 있는 것이다(R. Haim of Volozhin, Nefesh Hahaim 1:7)

13세기에 랍비 Rabbenu Bachya는 "자신의 부를 창출하는 데 인간이 적극적으로 참여하는 것은 인간의 영적 위대함의 표시이다"라고 하였다. 또한 하나님은 인간의 노력으로 세상이 완성될 수 있도록 세상을 미완성 상태로 두었다. 산업은 단순한 노동 그 이상이다. 그것은 우리가 세상을 변화시키는 무대이다.

---

8. Bernbaum and Simon(1986)은 일은 하나님이 정하신 것이며 다른 어떤 종교도 일하는 초자연적 존재를 숭배하지 않는다는 점을 지적한다. 이는 성서가 노동에 높은 가치를 두고 있음을 보여준다. 특히 인간의 노동은 하나님이 시작하신 창조 활동에 참여하는 축복이다.

인간의 생산적 노력과 신성한 창조 행위 간에 유사성이 있다는 생각은 혁명적인 것이었다.[9] 운명론적 자연주의를 따르던 다른 세계에서 인간생활은 종종 더 큰 우주의 일부로 이해되어 이전에 존재하지 않았던 것을 창조하려는 노력을 긍정적으로 보기 어려웠다. 고대 그리스에는 "창조하다"를 의미하는 동사가 없고, 대신 "만들다(poi'ein)"라는 동사만으로 충분했다. 모방(미메시스)을 이해하는 방식도 마찬가지다. 유대인처럼 그리스인들도 적절한 생각과 행동을 위해 모방이 필요하다고 믿었지만, 모방하는 대상은 신이 아니라 자연이었다. 데모크리토스는 "가장 중요한 것을 동물에게서 배워 거미에게서 물레질과 수선을, 제비에게서 건축을, 새에게서 노래를 배웠다"고 썼다. 그리스인들은 인간이 미메시스를 통해 영원한 질서와 융합하며 우주에서 자신의 자리를 찾아야 한다고 믿었다.

자연 질서와의 결합을 바라는 인류의 열망에 반하여, 토라는 주도적이고 역동적인 창조 의지를 강조한다. 무로부터의 창조는 거룩하신 분의 무한한 능력과 자유를 증명한다. 하나님은 기존 우주의 일부가 아니라 우주의 창조자이다. 자연의 법칙은 언제든지 신성한 입법자의 뜻에 의해 흔들린다. 종교인의 최우선 관심사는 하나님의 뜻이지 그로 인한 결과물이 아니다. 인간은 자연보다 창조자를 모방함으로써 창조적 행위를 통해 세계에 혁신을 도입하고 자연의 순환에서 벗어나 신적 자유를 맛보게 된다.

기독교의 부상과 함께 서구는 무로부터의 창조(creatio ex nihilo)라는 개념을 받아들였지만 창조성은 여전히 인간 능력을 넘어서는 전적으로 신성한 특권으로 인식되었다. 6세기 교부 철학자 카시오도루스(Cassiodorus)는 "만들어진 것과 창조된 것은 서로 다르므로 창조할 수 없는 우리는 만든다"라고 썼다. 마침내 르네상스와 더불어 자연에의 종속으로부터 벗어나려는 생각이 시작되었다. 창조된 자연(natura naturata)과 인공 자연(natura naturans)이 구별되었고, 후자를 절대자를 닮으려 노력하는 인간의 창조적 잠재력이 실현되는 분야로 간주되었다. 자연은 더 이상 인간 능

9. Lifshitz, Yosef Yitzhak(2001), "Secret of the Sabbath," Winter 5761, Azureonkine.

력의 한계를 상징하지 않고 거의 모든 것이 가능한 출발점을 상징하게 되었다. 레오나르도 다 빈치(Leonardo da Vinci)는 창조적 노동이 "단순히 자연스럽고 유한한 것들을 다루는 데 있어서 자연을 능가한다. 왜냐하면 우리 눈의 명령에 따라 우리 손이 하는 일은 무한하기 때문이다"라고 썼다.

절대자의 계획에 따르면 인간은 창조주의 섭리로 소비 욕구가 즉각적으로 충족되는 에덴동산에서 살게 되어있었다(창세기 2:9). 그러나 사람은 아무것도 하지 않는 축복받은 상태인 "돌체 파르니엔테(Dolce Far Niente : 무위(無爲)의 달콤함 Sweet Doing Nothing)"의 삶을 살기 위해서가 아니라 낙원을 가꾸고 지키는 일꾼으로 창조되었다(창세기 2:5). 하나님은 새로 창조된 첫 사람 아담과 이브에게 다음을 명하였다. "생육하고 번성하여 땅에 충만하라, 땅을 정복하라, 바다와 바다의 고기와 만물을 다스리라 공중의 새와 땅에 움직이는 모든 생물을 다스리라"(창세기 1:28). 남자(남자와 여자 모두 포함)는 빵 한 조각을 위해 일하는 단순한 일 이상의 임무를 가지고 세상에 태어났다. 그는 창조된 세계를 발전시켜야 했다. 이 높은 부르심을 성취하기 위해 인간은 하나님의 형상으로 창조되었다. 이로써 그는 다른 생물들 가운데서 독특한 위치를 얻었다. 그는 땅을 정복하고 문명을 만들고, 다른 피조물을 다스리는 하나님의 청지기가 되었다. 노동은 인간의 타락 이전부터 존재하여 노동의 기본적 근거는 원래 결핍이나 소비의 충족이 아니며 인간의 존재 자체와 관련된 절대자의 뜻을 성취하는 데 있었다.

결과적으로 아침이 되면 '일하러 나가고 저녁까지 노동한다'(시편 104:23)며 인간의 생활이 찬미되었고 노동은 인간 존재에 필수불가결한 것(신명기 5:13)으로 이해되었다. 그러나 인류는 창조주가 그들에게 준 독특한 선물, 즉 불순종하는 능력이라는 선물을 활용하는 선택을 함으로써 타락과 함께 자신의 소비를 스스로 충족해야 할 책임까지 지게 되었다. 결국 일의 문제에 더해 결핍의 문제도 떠맡게 되었다. 하지만 원래 토라에서 일은 신성한 규례이며, 그 규례에 순종함으로써 인류는 창조주

의 형상대로 만들어진 것에 따라 행동하는 것이었다.[10]

유명한 탈무드 속담에 "빵이 없는 곳에 토라도 없다"는 말이 있다(피르케이 아보트 3:17). 신을 경외하는 사람은 축복받을 것이며, 노동으로 정당하게 먹고 사는 사람은 두 배로 축복받을 것이다. 많은 종교들은 축복을 기도나 선행의 결과로 본다. 유대주의도 예외는 아니지만, 단순히 일을 하는 것만으로도 축복받을 수 있다고 주장한다는 점이 특이하다.

- ▶ 노동은 위대하다. 노동하는 자를 영예롭게 하기 때문이다(Nedarim 49b).
- ▶ 어떤 사람이 일을 한다면, 그 사람은 축복을 받은 것이다(시편 주해서 23:3).
- ▶ 사람은 일(직업)을 사랑해야 한다. 싫어해서는 안 된다. 토라가 하나님이 우리에게 준 서약인 것처럼 일 또한 우리에게 준 서약이다(랍비 노손의 잠언, 11:1).

노동은 찬양되었을 뿐만 아니라 해야 할 일상적인 일에 신성한 지위까지 부여하고 있다. 거의 대부분의 종교는 일상적인 일을 신성한 것과 구별한다. 당연히 다른 종교의 사례를 따른다면 토라 성서를 공부하는 것은 영예를 획득하는 유일한 수단이어야 할 것이다. 하지만 탈무드는 노동에도 영예를 부여하고 있다. 노동은 실제적인 동시에 영적이기도 하다. 신성한 것과 세속적인 것 사이에 경계를 긋는 것이 불가능하다. 탈무드의 현자들조차도 다양한 직업을 가졌다. 그들은 사업가요, 교사요, 포도 재배하는 자와 건축하는 자와 제화공이었고, 그들 중에는 양조하는 자와 무덤 파는 자도 있었다[B.Z. Bokser(2009), *The Wisdom of the Talmud*, Evinity Publishing].

자신과 가족을 부양하기 위해 부지런히 일할 것이 권고되었다. 넉넉하게 돈을 벌어야 가족들과 시간을 보낼 수 있고 다른 즐거움도 추구할 수 있다. 노동은 올바

---

10. 결국 창세기에서 노동은 원죄에 대한 속죄라는 부정적 의미도 있지만 인간 본성에 내재된 신성한 계획의 일부로 인간을 성취하기 위한 수단이라는 긍정적 의미도 갖는다. 성서의 '강제된 노동'과 '자기 충족으로서의 노동'의 동시 존재는 노동(생산활동을 조직하고 감독하는 활동과 별개로)을 경멸은 아니더라도 성가신 것으로 여긴 그리스 전통보다 현대 문화에 대한 영향력 면에서 더 강력하다고 할 수 있다.

른 행동이므로 누구나 반드시 일을 해야 한다. 노동은 유산보다 낫기까지 하다.

▶ 노동은 조상의 공덕으로는 설 수 없는 곳에 서게 한다(Tanhuma Vayetze 13).

이 격언은 노동을 통해 얻는 것이 부모로부터 물려받은 유산보다 더 훌륭하다는 점을 말한다. 또한 비록 금수저를 물고 태어난 사람이라도 물려받은 것에 지나치게 의존하지 말고 자기 방식대로 이 세상을 개척하며 살아가야 한다는 주문이기도 하다. "기적에 의존해서는 안 된다"는 탈무드의 친숙한 격언이다. 그러나 사람이 자신의 의무를 받아들이고 그에 따라 행동하면 생계에 대해 과도하게 걱정할 필요가 없다. "오늘의 빵을 바구니에 담고 '내일 무엇을 먹을까?'라고 걱정하는 사람은 믿음이 적은 사람"이라고 랍비 Eliezer는 선언했다. 하나님은 우리 자신의 노력 뒤에 서 있어 들짐승에게처럼 사람에게도 공급한다. 탈무드는 하루를 창조하신 분께서 필요한 것을 마련해 주신다고 말한다. 인생에서 우리에게 할당된 몫은 물론 다를 것이다. 일부는 부를 얻고 일부는 생계를 위해 투쟁한다. 그러나 궁극적으로 풍요에 대한 객관적 기준은 없다. 풍요는 자신이 가진 것에 만족하는 기술에만 있다. 피르케이 아보트는 다음과 같이 선언했다: "누가 부자인가? 자기가 가진 것에 만족하는 사람이다."

직업에 종사함으로써 생계를 꾸려갈 수 있을 뿐만 아니라 신에게도 가까이 갈 수 있다. 매일 회사에 출근하는 단순한 행위만으로도 이 모든 것이 가능하다. 직업은 그것이 아무리 하찮게 보일지라도 필연적으로 공동체의 번영, 이웃의 안녕과 복지에 기여하게 되어있다. 랍비 유다는 "노동은 위대하다. 노동자에게 자랑스러운 명예를 선사하기 때문이다"고 하고 있다. 미쉬나는 다른 사람에게 의존하거나 채무자가 되는 것보다 안식일에 일하는 것이 더 나으며, 음식이 다른 사람에게서 나올지 기대하는 사람은 우주를 헤아릴 수 없다(Mishna 14.1)고 하고 있다.

(창조 직업으로서의 일) 유대인들은 사람이 소비자인 동시에 창조자라고 믿었다. 그들은 인간의 역할이 직업과 창조, 그리고 혁신을 통하여 하나님의 창조 사역을

더욱 개선하고 완전하게 하는 것이라고 믿고 행동한다.[11] 텔아비브의 세파르딕 수석 랍비인 Chaim David HaLevy는 이렇게 말했다. "유대인의 세계에서 일은 신성하다—그것은 세우고 창조하는 것이며 창조의 역사에서 신과 함께 하는 것이다."

(게으름의 질타) 게으름은 죄로 인도한다. 예를 들어 일을 하지 않는 사람은 성전 기부를 위해 따로 모아둔 돈을 안식일을 위한 음식을 사는 데 사용할 수 있다. 일하지 않기로 선택한 사람은 공동체에 대한 책임에 있어 자신의 몫을 완수하지 못한 것이다.

- 게으른 손바닥은 가난을 지어내고 부지런한 이의 손은 부를 가져온다(잠언 10:4).
- 너 게으름뱅이야, 언제까지 누워만 있으려느냐? 언제나 잠에서 깨어나려느냐? 조금만 더 자자. 눈을 조금만 더 붙이자. 손을 놓고 조금만 더 누워있자! 하면 가난이 부랑자처럼, 빈곤이 무장한 군사처럼 너에게 들이닥친다(잠언 6:9-11).

주중 6일 동안 일해야 하는 의무를 안식일에 쉬어야 하는 의무와 동일시한다. Avot d'Rabbi Natan은 "일을 사랑하라"는 피르케이 아보트 1:10의 명령을 확장하여 다음과 같이 설명한다.

- 일을 사랑하라. 어떻게? 이는 일을 미워하지 말고 사랑해야 함을 가르친다. '엿새 동안은 힘써 네 모든 일을 행할 것이요 일곱째 날은 너희 하나님의 안식일인즉'이라 하였듯이 율법이 언약으로 주어진 것 같이 일도 언약으로 주어졌다(Avot d'Rabbi Natan).

---

11. 예를 들어 하나님은 노아에게 그가 홍수에서 구원받을 것이라고 말씀하셨지만 방주를 지어야 하는 사람은 노아였다.

노동은 믿음보다 중요

탈무드는 노동과 신성을 결합하는 것을 넘어 노동을 종교적 믿음이나 하늘을 두려워하는 사람보다 더 높은 곳에 위치(Berachot 8a)시키기까지 한다.

▶ 랍비 Hiyya ben Ammi는 Ulla의 이름으로 말했다. 하늘을 두려워하는 사람보다 손으로 지은 일에서 이익을 얻는 사람이 더 위대하다. 하늘을 두려워하는 자는 "하나님을 경외하는 자는 복이 있도다"(시편 112편)라고 기록되어 있다. 그러나 자기 수고로 유익을 얻는 사람에 관해서는 "네가 네 손으로 만든 것을 먹을 때에 네가 복을 받고 잘 될 것이다"(시편 128편)라고 하고 있다. "네가 복을 받고"는 이 세상을 가리킨다. "잘 될 것이다"는 장차 올 세상을 가리킨다. 하늘을 두려워하는 자와 관련하여 본문은 "네가 잘 될 것이다"라고 말하지 않았다(Brakhot 8a).

피상적으로 보면 이 세상에서는 일에 대한 보상을, 내세에서는 종교적 믿음에 대한 보상을 기대할 수 있을 것이다. 하지만 위에서 랍비 Hiyya는 그 반대를 주장하고 있다. 노동자나 신자 모두 이 세상에서 보상을 받지만, 오는 세상에서는 노동자만이 자동적으로 자리를 차지할 자격을 갖게 된다. 결과적으로 이 문구는 육체적 노동보다 영적 실천을 중시하는 태도를 뒤집고 일에 신성한 차원을 추가하며 신성한 것과 세속적인 것 사이에 경계를 긋는 것이 불가능하다는 것을 상기시킨다. 일은 성역뿐만 아니라 내세로 노동자를 이끌 수도 있다. 그러나 종교적 실천은 우리를 메시아 시대로 이끌 수 있지만 현세에 가둘 수 있다는 것이다.

일은 도덕적 풍요로 이끈다

일은 도덕적 풍요를 보장하기 위한 수단으로 간주되었다. 일에서 얻는 혜택에는 불필요한 충동으로 소모적인 일에 빠지지 않는 것도 포함된다. 탈무드는 부유한 남편 덕에 100명의 종을 거느리게 된 부인이라도 직접 나서서 집안일을 해야 한다고 가르친다. 랍비들은 게으름이 음탕함과 정신적 불안정을 초래한다고 경고한다. 오늘날의 표현을 빌리자면, 사람들로 하여금 생활의 중심을 잡고 정신적 안정을 찾도록 해주는 것은 바로 직업이다. "정규적인 직업은 삶의 중심을 잡아주는 닻의 역할을 한다. 정규 직업이 없다면 가족의 삶은 물론 개인의 삶도 일관성을 상실하기 쉽다. 게다가 높은 실업률은 공동체에 높은 긴장감을 조장하고 사회 전체에 많은 문제들을 야기한다"(사회학자 William Julius Wilson, 1994년 보스톤대학 연설)

어떤 직업이든 상관없이 일을 하는 사람은 자신의 삶에 대한 통제력은 물론 삶에 대해 보다 떳떳한 입장을 견지하는 것을 보게 된다. 직업을 통해 돈만 번다고 생각하면 오산이다. 직업은 사람에게 성취감과 목적의식을 갖게 하고, 자신을 이웃과 공동체에 연결시킴으로써 더욱 큰 가족의 일원으로 만든다. 피르케이 아보트는 일이 경제적으로 필요할 뿐만 아니라 자신의 도덕적 안녕을 보장하는 수단이라고 제안한다. 토라를 배우는 숭고한 목표에 대한 반주 역할을 한다는 것이다.

▶ 토라 연구는 생업을 동반해야 바람직하다. 두 일에 몰두하면 죄가 사라지기 때문이다. 일이 동반되지 않는 토라는 결국 그만두게 되거나 죄의 자취를 남기게 될 것이다(피르케이 아보트 2:2).

이는 높은 수준의 토라 연구에 오르고 일로 자신을 더럽히지 않을 것이라고 생각하는 숭고한(?) 사람에게는 의외의 진술로 들릴 수 있다. 토라는 삶의 현장에서 생계를 유지하고 적절하게 행동할 필요성에 대한 현실을 인정하였을 뿐만 아니라, 유대교가 회당에만 머물지 않고 예술, 과학, 문화, 교육, 그리고 평범한 일과도 일관되게 통합되어야 할 것임을 인식하였다(Torah im Derech Eretz, Torah with the way of the land). 실제로 각 시대의 위대한 랍비들은 가장 비천한 일을 하면서도 생계를 유지하기 위해 일했으며 그것도 열심히 일했다.

▶ 이스라엘의 위대한 현자들 중에는 장작 패는 자, 물 긷는 자, 맹인들이 있었다. 그럼에도 불구하고 그들은 밤낮으로 토라 연구에 몰두했고, Mosheh Rabbeinu에 이

르기까지 사람에서 사람으로 구전 율법을 전달하는 사람들 중 하나였다(Hilchot Talmud Torah 1:9).

2) 직업은 귀천이 없으며 모두 신성하다

모든 인간은 같은 혈통에서 태어났으며 그들 사이에 절대적 구별은 없다. 그렇지만 어느 누구도 육체적, 정신적으로 같지 않으며 독특성을 가지며, 각자 우주 목적의 실현을 위해 완성해야 할 각자의 역할이 있다. 따라서 사람은 "우주가 나를 위해 창조되었다"고 느낄 권리가 있다. 우주에서 수행할 고유한 역할을 가지고 있어 자기 없이는 우주가 불완전하기 때문이다.

개인은 그가 수행하는 특정 역할 때문에 그가 중요한 것은 아니며, 소박하건 고귀하건 모든 역할은 역사의 성취에 있어 똑같이 귀중하다. "나는 하나님의 피조물이고 내 이웃도 그의 피조물이다. 나의 일은 도시에 있고 그의 일은 밭에 있다. 나도 아침에 일찍 나의 일터에 가며, 그 역시 일찍 그의 일터에 간다. 그가 내 일을 잘할 수 없듯이 나도 그의 일을 능가할 수 없다. 그래서 유혹을 받아 '나는 큰 일을 하고 그는 작은 일을 하느니라'라고 외칠 수 있다. 사람이 신성한 목적에 봉사하도록 마음을 쓴다면 큰 일을 하느냐 작은 일을 하느냐는 중요하지 않다는 것을 배웠다"(Sanhedrin 38a ; Berakot 17a) 인간의 우주에서의 이러한 위치로 말미암아 모든 인간 생명은 최고의 신성함을 갖는다. 그래서 힐렐은 "한 사람을 파괴하는 사람은 온 우주를 파괴한 것이고, 한 사람의 삶을 살만하게 만드는 사람은 온 세상을 지탱하는 것이다[12]" (Jerusalem Talmud Sanhedrin 4:9)라고 하였다. 생명의 신성함은 개인에게 내재된 것이며 국적, 종교, 정치적, 사회적 또는 문화적 지위의 파생물이 아니다.

아무리 천하고 보잘 것 없는 직업이라도 모든 일은 각기 존엄성을 갖는다. 이에

12. Whosoever destroys one soul, it is as though he had destroyed the entire world. And whosoever saves a life, it is as though he had saved the entire world.

따라 유대인들은 고대 그리스인들이나 오늘날의 우리들의 태도와 달리 육체노동을 높이 평가했다. 대부분의 현자들은 가난한 가정 출신이었고 나무꾼, 서기, 구두공, 가죽 공인, 대장장이, 제빵사, 반죽하는 사람, 무덤 파는 사람로 생계를 유지하는 노동자였다.

- 사람의 손이 하는 일에만 축복이 있느니라(Tosefta Ber. 7:8).
- 일하지 아니한 사람은 먹지도 아니하리라(Gen. R. 14:10).
- 사람에게 은총을 구걸하기보다는 미천한 일에 자신을 맡겨라(JT Ber. 9:2).
- 시장에서 시체를 털고 임금을 받으며 '나는 성직자이고 위대한 사람이지만 내 직업은 내 수준에 모자란다(즉, 가장 중요한 사람은 정직한 노동으로 인해 미천해지지 않는다)'라고 말하지 말라(Pes. 113a).

다만 아무리 힘들고 굴욕적인 일이라 할지라도 자유의 상실로 이어져서는 안 된다. 이런 의미에서 다른 이의 직원이 되는 것은 바람직한 지위가 아니다. 왜냐하면 다른 사람을 위해 일하는 것은 소외될 수 있기 때문이다. 경건함보다 독립적인 활동이 더 강조되었다. 미슈나에서 세 번째로 가장 자주 언급되는 성자인 랍비 메이어(Meir)는 말한다: "어떤 직업 분야에나 부자와 빈자가 있기 마련이다. '이건 안 좋은 직업이야. 이걸로는 생계를 잇기 어렵겠어'라고 불평한다면 대단히 어리석은 사람이다. 어떤 직업이든 그 직업에서 성공한 사람이 있기 때문이다. 같은 이유로 자신의 성공을 뽐내며, '이 직업은 정말 근사해. 덕분에 부자가 되었지'라고 말해선 안 된다. 같은 직업을 가지고도 가난한 사람이 있기 때문이다." 직업의 좋고 나쁨을 결정하는 것은 그 노동 자체라기보다 그 노동에 종사하는 사람의 마음 자세라고 랍비 메이르는 말한다. 실제로 많은 유명한 랍비들은 육체 노동을 했다.

- 거룩하신 분, 복되신 분, 모든 사람의 직업이 자기 눈에 좋게 보이도록 만드셨다(Berakoth 43b).

토라를 위한 공부시간의 의무는 유대 역사에서 토라 공부에 시간을 할애하기 용이한 직업을 찾도록 이끌었다. 예를 들어 마이모니데스는 토라 공부를 위한 시간 확보에 유리하다며 부채질을 하기보다는 상업에 뛰어들 것을 권고하였다. 한편 탈무드는 거만하고 성적으로 부도덕하고 부정직하거나 끊임없이 갈등을 일으키는 직업을 피해야 한다고 경고했다(Friedman, 2001). Friedman(2001)[13]은 이상적인 직업에 대한 탈무드의 견해를 다음과 같이 요약하였다.

(1) 개인에게 영적 추구를 추구할 시간을 제공한다.

(2) 부정직하거나 음란한 사람이 되도록 유혹하지 않다.

(3) 사람과 사회에 도움이 된다.

(4) 유익하고 부자가 되게 한다.

(5) 깨끗하고 유쾌하며 품위 있는 일이다.

(6) 너무 힘들지 않다.

일부 직업에 대해 지저분하고 냄새가 나서 품위가 없다고 하고 범죄와 관련된 거래를 조심해야 했지만 직업을 기피하고 차별하는 것을 경고하였다.

- 거리에서 시체를 벗기고 임금을 받으며 '나는 훌륭한 사람이고 이 직업은 나를 모욕하고 있다'라고 말하지 말라(Baba Bathra, 110a)
- 세상에서 사라질 수 있는 직업은 없다(즉, 모두가 유용하고 중요하다). … 세상은 조향사와 무두질 모두를 필요로 한다(Kiddushin 82b)

13. Friedman, Hershey H.(2001), "The Impact of Jewish Values on Marketing and Business Practices," *Journal of Macromarketing* 21(1).

겸손(humility)

사람들은 자신들의 직업적 성공을 당연시하는 경향이 있으며 자신의 성공을 자신의 노력의 결과로 돌린다. 그러나 탈무드는 어떤 것도 당연하게 여겨서는 안 된다고 경고한다. 자신의 능력을 과신하는 오만함을 뒤로하고 겸손함을 간직해야 한다. 오만한 사람은 자신의 성공을 자신의 재능과 지혜 덕분이라고 생각한다. 겸손한 사람은 그것이 단지 행운이었다는 것을 이해한다. 유명인이 누리는 상상을 언제나 초월하는 경제적 지대는 수요에 의해 모두 결정된다. 토라는 우리 자신을 다른 사람이나 하나님 위에 두려는 충동에 맞서 싸울 것을 권고한다. 40년간의 광야 생활이 끝나고 유대 민족이 이스라엘 땅에 들어갈 준비를 하고 있을 때 모세는 고별 연설을 했다. 그는 모든 형태의 물질적 번영으로 백성을 축복했으며, 그들은 "먹고 배부르게" 될 것이라며 엄숙히 경고했다. 워렌 버핏은 자신이 신의 존재에 대해 불가지론자라 하였지만 모세가 요구했던 겸손을 정기적으로 표현해 왔다.

- **모세** : 그러나 네가 마음에 이르기를 내 능력과 내 손의 힘으로 내가 이 재물을 얻었다 말할 것이라. 네 하나님 여호와를 기억하라 그가 네게 재물 얻을 능력을 주셨음이라 이같이 하심은 네 조상들에게 맹세하신 언약을 오늘과 같이 이루려 하심이니라(신명기 8:17-18)
- 아시다시피 나는 이 세상에서 정말 잘 지내왔다. 내가 1930년에 미국에서 태어났을 확률은 50대 1이었다. 내 기회가 크게 달라졌을 다른 나라가 아닌 미국에서 태어난 것은 복권에 당첨된 셈이었다(워렌 버핏).

버락 오바마 전 미국 대통령은 자신의 저서 *The Audacity of Hope*에서 겸손에 관한 워렌 버핏의 현명한 조언을 인용하였다.

- 나는 우연히도 자산을 배분하는 데 재능을 가졌다. 하지만 그 재능을 사용하는 능력은 전적으로 내가 태어난 사회에 달려 있다. 내가 사냥꾼 부족으로 태어났다면 이 재능은 쓸모가 없었을 것이다. 나는 빨리 달릴 수 없고 또 별로 강하지도 않다.

아마도 야생동물의 먹잇감이 되었을 것이다. 그러나 나는 운이 좋았다. 사회가 나의 재능을 소중히 여기고, 그 재능을 개발할 수 있는 좋은 교육을 제공하고, 또 내가 좋아하는 일을 할 수 있도록 허용하는 법률과 금융 제도를 허용한 시대와 장소에서 태어났다.

겸손은 유대교의 중요한 가치이며, 일부 랍비는 최고의 미덕으로 여겼다. 탈무드에 따르면 선지자 미가(Micha)는 토라의 모든 계명을 세 가지 원칙으로 요약했으며, 피르케이 아보트 역시 겸손의 가치를 강조한다.

- 사람아 주께서 선한 것이 무엇임을 네게 보이셨나니 여호와께서 네게 구하시는 것은 오직 정의를 행하며 인자를 사랑하며 겸손하게 네 하나님과 함께 행하는 것이 아니냐(미가 6:8)
- 다가오는 세상에는 누가 운명지어져 있는가? 겸손하고 성격이 낮으며 방에 구부정하게 드나들고 자신의 공로를 주장하지 않고 끊임없이 토라를 연구하는 사람이다(Sanh. 88b).
- 심령을 극도로 겸손히 하라. 죽을 사람의 예상되는 종말은 벌레이기 때문이다(피르케이 아보트 4:4).

성경은 유대민족의 위업을 나열한 책이 아니다. 그와는 정반대로 유대민족의 성취는 간단히 얼버무리고 그들의 오류와 악행에 지나칠 정도로 초점을 맞추고 있다. 토라를 읽으면 유대 민족이 광야에서 40년을 쉬지않고 불평만 하며 보낸 것으로 생각될 것이다. 또한 성서의 사사기는 열왕기의 연대기와 함께 약 800년의 유대 역사를 담고 있다. 성경의 저자들은 "그 땅이 팔십 년 동안 평온하였더라(사사기 3:30)"라는 한 문장으로 얼버무렸다. 그들은 책 내용의 대부분을 죄를 상기시키는 데 할애했다. 성경은 무엇을 잘 했는지에 대해 말하는 데는 관심이 없다. 성경의 목적은 유대민족이 무엇을 잘못했는지 알려주고, 앞으로는 같은 실수를 반복해서는 안 된다는 점을 지적한다.

- ▶ 교만은 패망의 선봉이요 거만한 마음은 넘어짐의 앞잡이니라(잠언 16:18).
- ▶ 진실로 그는 거만한 자를 비웃으시며 겸손한 자에게 은혜를 베푸시나(잠언 3:34).
- ▶ 훈계를 좋아하는 자는 지식을 좋아하거니와 징계를 싫어하는 자는 짐승과 같으니라(잠언 12:1)
- ▶ 오리는 겸손하게 걷지만, 그 눈은 하늘을 향하고 있다(Bava Kama 92b).

겸손은 건전한 자존감과 적절히 조합되어야 한다. 특히 겸손은 자존감에서 우러나와야 한다. 자신이 하나님의 자리에 서 있다고 생각할 정도로 자신의 힘과 능력을 과대평가하는 데서 머무르지 않아야 한다. 자신이 지닌 것을 넘어서 볼 수 있어야 한다. 자신의 성취를 자신의 능력과 재능에 대한 증거로 여기지 말고, 신의 더 큰 목적을 위해 자신에게 준 선물임을 잊지 말고 항상 자신만의 이익이 아닌 더 큰 목적을 생각해야 한다. 더 큰 목적을 위해서는 좋은 조언이 주어지면 누구에게서 왔든 기꺼이 받아들이고 누구와도 쉽게 협력할 수 있어야 한다. 모욕조차도 그것을 자신의 중요성과 능력에 대한 상처라기보다는 더 높은 대의를 위한 유익한 정보로 해석하여야 한다.

- ▶ 아들아, 겸손하게 자존심을 지키고 자신의 진정한 가치를 소중히 여기라. 자기 자신이 원수인 자를 위해 누가 변론할 것인가? 자기 스스로를 비난하는 사람을 존경할 것인가?(New American Bible, Ben Sira 10:28-29)

3) 기술 습득의 중요성 : 자식에게 기술이나 장사를 가르쳐라

고대 랍비들은 생계유지를 위한 기술이나 장사 방법을 익히는 것을 소중하게 생각했다. 탈무드는 “자기 아들에게 직업(a trade)을 안 가르치면 자식을 강도(a thief)로 키우는 것과 같다”고 밝히고 있다(Kiddushib, 29a).

- ▶ 누구든 구체적이고 실용적인 기술이나 기능을 배워야 한다. 그런 사람은 하나님이 생계를 유지할 수 있게 해줄 것이다(전도서 주해서 10:6).
- ▶ 아들에 대한 아버지의 의무는 다음과 같다. 할례를 시켜주는 일, 장남이 죄 사함을 받도록 해주는 일, 모세오경을 가르치는 일, 아내를 찾아주는 일, 기술이나 실용적인 기능을 가르치는 일이다. 또한 일부 랍비는 수영하는 법을 가르쳐야 한다고 말한다(카두신 29a).
- ▶ 기술이나 기능을 배운 사람들은 배고픔을 두려워할 필요가 없다(산헤드린 29a).

히브리어로 기술이나 장사를 의미하는 단어는 '우마누스'인데, 이는 '직업' 혹은 '천직'이라는 의미로도 해석할 수 있다. 탈무드 랍비들은 기술을 배우거나 장사를 할 능력만 있다면 어떤 경우에도 생계를 꾸려나갈 수 있다고 생각했다. 랍비 유다는 이에 동의하며 말했다. "가뭄이 7년간 계속된다 해도 기술자의 집은 그리 큰 영향을 받지 않을 것이다"(Sanhedrin, 29) 라반 가말리엘이 말했다. "자신만의 기술을 가지고 있는 사람을 무엇에 비유 할 수 있을까? 울타리로 둘러싸인 포도밭이나 담으로 둘러싸인 도랑에 비유할 수 있다. 그렇다면 아무런 기술을 갖고 있지 않은 사람은 울타리나 담으로 보호받지 못하는 포도밭이나 도랑에 비유할 수 있다." 랍비 엘레아자르 바르자독은 자신만의 기술을 보유하게 된다면 평생 생계를 보장받는 셈이라고 말했다. "자신만의 기술을 가진 사람은 울타리로 둘러싸인 포도밭과 같아서 가축이 함부로 침입하지 못할 뿐 아니라 지나가던 들짐승도 포도밭의 포도를 보거나 따먹지 못한다. 기술이 없는 사람은 부서진 울타리 속 포도밭과 같아서 짐승들이 쉽게 쳐들어와서 포도를 따먹게 된다"(Tosefta Kiddushin 1:11)

토라를 연구하기 위해서도 직업이 긴요하다. "토라 연구는 세속의 직업과 결합될 때 좋다. 두 가지 모두를 수행하면 죄가 잊혀지기 때문이다. 일과 결합되지 않은 모든 토라 연구는 결국 중단되고 죄로 이어질 것이다"(피르케이 아보트 2:2) 랍비들은 이를 학자가 꾸준한 생계를 유지할 수 있는 일이 없다면 무작위로 일을 찾아야 하므로 토라 연구에 바칠 수 있었던 시간을 낭비한다는 의미로 해석했다. 정직한 일자리를 찾는 데 실패하면 생계를 유지하기 위해 부정직한 수단을 사용하려는 유혹을 받을 수 있다.

4) 정직한 노동의 의무

노예로서의 삶을 살았던 유대 민족이었기에 고용주의 피고용자에 대한 의무를 유난히 강조하였지만, 동시에 피고용자의 고용주에 대한 의무 역시 균형 있게 강조하였다. 무엇보다도 탈무드는 정직한 노동의 중요성을 강조한다. 근로자는 근면하게 일하고 사용자의 시간을 훔치지 않도록 해야 한다. 시간을 엄격하게 하고 근무 중 다른 곳에 관심을 두지 말라고 한다. 업무를 멈추게 한다면 기도도 자제하도록 했다. 본업에 나쁜 영향을 미치는 부업은 삼가야 하며, 건강한 상태에서 일자리에 나와야 한다.

- ▶ 고용주가 노동자의 노동을 훔쳐선 안 되듯이, 노동자도 고용주의 시간을 훔쳐선 안 된다. 노동자는 고용주의 것을 낭비하지 말아야 하는데, 특히 시간에 관해 엄격해야 한다(마이모니데스).
- ▶ 낮 시간에 일하는 노동자는 밤에 다른 일을 해선 안 된다. 식구들을 먹이기 위해서 굶거나 목마른 상태로 일터에 나오는 것도 고용주의 일을 훔치는 도둑질에 속한다(Tosefta Bava Metzia, 8:2).

탈무드는 일이 무엇이든 하루 일을 하도록 고용된 사람은 그 날의 고용주에게 자신의 모든 시간을 판매한 것으로 간주하여 "하루 일을 하기 위해 자신을 고용하는 자는 그 날을 위해 자신을 판 것이다"(Bava Metzia, 56b)라고 하고 있다. 그러므로 그 시간 동안 피고용자가 자신의 이익을 돌보는 일은 무엇이든 어떤 방식이든 순수한 도둑질이며, 고용주가 감시할 준비가 되어 있지 않더라도 그의 죄가 면제되지 않는다(Yoma, 85b). 사람이 이웃에 대한 죄는 이웃이 용서하기 전에는 속죄되지 않는 것으로 인식되며, 신에 대한 죄보다 더 중대한 죄가 된다.[14] 따라서 직원들은 시간을 낭비하지 않고 최선을 다해 일해야 한다. 덧붙여서, 하청 기업 역시 다른 기업의 시간과 돈을 낭비하지 않고 최선을 다해 일해야 하는 동일한 의무가 있다. 이 원칙은 야곱이 그의 형제가 죽음을 피해 다른 나라로 도망쳐 양치기들이 정직하게 일하지 않는 것을 보며 언급한 다음 구절에서 찾아 볼 수 있다. "해가 아직 높은즉 가축 모일 때가 아니니 양에게 물을 먹이고 가서 풀을 뜯게 하라"(창세기 29:7). 후에 몇 년 후 야곱은 "그대들도 알거니와 내가 힘을 다하여 그대들의 아버지를 섬겼거늘(창세기 31:6)"이라고 하며 창세기 31:38-42에 자신의 노력을 상세히 설명하고 있다. 분명히 신부를 바꾼 라반의 속임수 때문에 야곱은 추가로 7년을 일하도록 요구했지만 일에 최선을 다했던 것이다. 그러했기에 오랜 노예 생활 속에서도 권력자에 대한 태도와 노동에 대한 태도는 달랐던 것이다.

▶ 일을 사랑하고 위사람으로 행동하는 것을 싫어하며 통치자와 가까이 하지 말라(피르케이 아보트 1:10)

신에 대한 의무보다 사람들 사이의 의무가 중요하기에 일자리에서의 아무리 사소한 절도라도 중대하게 다루었다. 절도는 신이 창조한 자연 질서에 반하는 범죄이지만, 더욱 심각한 것은 절도가 그 재물을 얻기 위해 성실하게 일했던 사람들에 대한 범죄이라는 점이다. 마지막으로 고용주가 구인을 시작한 경우가 아니라면 다른 사람이 이미 일하고 있는 자리를 요구하는 구직활동은 금지된다. 다른 이의 생계를 빼앗는 행위이기 때문이다. 또한 직장을 옮길 의사가 없으면서도 다른 직장을 알아보는 것 역시 금지된다.

---

14. 탈무드는 신과 인간의 관계보다 인간과 인간의 관계를 중요하게 보는 경향이 종종 있다. 십계명만 보더라도 그렇다. 십계명의 첫 네 계명은 신과의 관계에 대해, 다음 여섯 계명은 모두 사람들 사이의 관계에 대한 것이다. 그만큼 십계명은 신에 대한 의무보다 사람들 사이의 의무에 대해 더욱 초점을 맞추고 있다.

은퇴에 대한 탈무드의 권고

현대 사회는 평균수명의 급격한 상승, 건강 관리의 발전, 풍요의 확대로 인해 새로운 사회현상으로 '은퇴' 문제가 등장하였다. 금융업을 중심으로 이상화된 은퇴 마케팅을 보지 않고 하루를 마무리하기 어렵게 되었다. 전도서는 결코 일을 멈추지 않는 노동자를 한탄하고, 노동을 제쳐두고 먹고 마시는 삶을 즐길 것을 요청한다. 문자 그대로 인생에서 즐거움을 주는 것은 무엇이든 적당히 즐길 필요가 있다는 것이다. 사실상 현자들은 고행자들에게 날카롭게 경고하고 있다.

▶ 사람은 미래에 자신의 눈으로 보았지만 먹지 않은 모든 것에 대해 책임을 질 것이다(Talmud Yerushalmi, Kiddushin 4:12).

현자들은 전도서 전체에서 "먹는 것"과 "마시는 것"이라는 용어를 토라와 선행에 대한 은유로 해석하고 있다. 우리의 은퇴는 실제로 토라로의 귀환이어야 한다는 것이다. 가족을 부양해야 하는 요구가 줄어들었음을 알게 된 뒤에는 선행과 토라 학습으로 방향을 전환해야 하는 것이다. 탈무드와 마이모니데스에 기초한 이러한 접근 방식은 실질적 내용과 개인의 규율을 바탕으로 확실한 길을 제공한다. 은퇴에 대한 일상적 접근 방식은 갈수록 비현실적으로 되고 있을 뿐만 아니라 목적 없는 삶이 가지는 단점을 감추면서 항상 재미를 조장하고 있다. 그러나 예를 들어 조기 퇴직은 높은 인지 저하율, 기억력 저하, 치매와 같은 질병과 관련이 있는 것으로 나타나고 있다. 물론 여행, 마사지, 골프는 삶을 더 즐겁게 만들 수 있지만 의미 없는 사치일 수 있다. 이러한 도피적 전율이 삶의 중심이 되면 지혜와 품위를 떨어뜨린다. 이러한 활동 자체에 문제가 있는 것은 아니지만, 수십 년간의 치기 어린 파티는 노화에 대한 토라의 생각과 정반대다. 이미 200년 전에 동일한 현상에 마주했던 랍비 Pele Yoetz는 다른 종류의 삶을 권장한 바 있다. 임박한 심판의 날을 의식하면서 남은 시간을 더 현명하게 사용해야 한다고 충고하였다.

▶ 지식을 전해주는 현자와 책을 고수해야 한다. 그리고 자신의 모든 문제에 눈을 뜨고 자유시간 동안 귀중한 시간을 낭비하지 않아야 한다. … 그가 할 수 있는 모든 일을 해야 한다. 이 세상의 허영과 쾌락에서 벗어나 경건하게 행동하여 호의를 얻고 "나의 청춘을 속죄하는 나의 노년은 복이 있나니"라고 말할 수 있다(Pele Yoetz, entry Zaken).

토라 학습이나 손자 훈육에 더 많은 시간을 할애할 수 있는 단계로 나아가면서 성인 자녀에게 절실한 휴식 시간과 보다 믿음직한 육아 자원을 제공하는 것이 훨씬 더 좋을 것이다. 이렇게 함으로써 부부는 가족을 통해, 그리고 전통적으로 공동체에서 한 세대 연장자의 특권이자 책임이었던 역할을 수행함으로써 견고한 유산을 구축할 수 있다.

한편 너무나 많은 사람들에게 은퇴의 꿈이 악몽이 되고 있기도 하다. 수십 년 동안 일하지 않고 일상을 유지하려면 엄청난 돈이 필요하기 때문에 기존의 퇴직 제도는 모든 수준에서 한계점에 도달했다. 이에 따라 장수의 축복은 가정을 부양하려 고군분투하는 성인 자녀에게는 짐이 되는 저주로 바뀌고 있다. 이러한 현실에 비추어 볼 때 '스스로 대비하라'는 노년에 대한 토라의 지침은 보다 현실적인 것으로 상호 책임의 틀을 설정하고 있다: 기성 세대는 자녀들에게 부담을 주는 것을 피해야 하며, 자녀들은 부족한 부모들을 지원하기 위해 노력해야 한다.

토라 법은 연로한 부모가 스스로를 부양할 수 없는 경우 자녀가 부양하도록 규정함으로써 노년에 대비한다. 사회보장과 달리 자원 지출은 부모가 스스로를 부양할 자원이 부족한 경우에만 필요하며 그 비용은 지역사회가 아닌 자녀가 부담한다. 필요한 자원이 없는 고령자에게만 자녀들이 기본적 욕구에 대한 책임을 져야 하며, 자녀가 부모를 부양할 능력이 없는 경우에만 공동체의 공동기금 자선에 의지할 수 있다. 마이모니데스는 이를 자녀의 부모에 대한 율법적 의무로 두었다.

▶ 명예란 무엇인가? 아버지의 재산에서 음식과 음료, 의복과 의복을 제공하는 것. 아버지는 돈이 부족하고 자녀가 돈이 있다면, 자녀는 자신이 할 수 있는 한 부모를 부양해야 한다(Hilchot Mamrim 6:3).

마이모니데스는 스스로 할 수 없는 부모를 위해 재정적 책임을 져야 한다는 계명을 받았지만 "아들에게 무거운 멍에를 메게 하는 것은 금지되어 있다"고 더한다(Hilchot Mamrim 6:8). 탈무드는 이처럼 재산 없는 부모에게 부양받을 권리를 부여하지만, 자녀가 우선적으로 부담해야 하므로 부모의 부양받을 유인을 약화시킨다.

요약하면 은퇴에 대해 공격적인 목표를 설정해야 하지만 "먼저 해를 끼치지 않는다"는 관점에서 시작하는 것이 더 현명하다. 즉, 각자는 무엇보다도 가족과 지역사회에 짐이 되지 않도록 계획해야 한다. 따라서 젊은이들은 결혼하기 전에 은퇴를 위해 소득과 자산이라는 두 가지가 필요하다는 점을 의식적으로 생각하고 계획해야 한다. 은퇴기의 재정적 독립을 달성하기 위해 금융생활을 계획하여야 한다. 이는 소득 범위 안에서 생활하여 수입의 일부로 주택, 수익형 부동산, 주식 등의 자산 축적을 이어감으로써 달성된다. 이러한 자산을 통해 가계는 때때로 발생하는 금융 위기 상황을 견딜 수 있고 더 이상 일하고 싶지 않거나 더 이상 일할 수 없을 때 당장 필요한 자금을 조달할 수 있는 소득을 창출할 수 있다. 이렇게 하면 자산 소유자가 가족에게 부담이 되지 않고 반대로 상속인에게 체다카 또는 유증을 통해 유산을 남길 수 있다.

5) 토라 공부와 안식을 위한 시간의 확보

통찰력을 갖추고 가치있는 일을 분별하려면 공부와 안식이 필요하다.

지나친 노동의 경계

필요 이상으로 일을 하면 비툴 제만(bittul zeman, 하나님이 인간에게 준 가장 큰 선물인 신성한 시간의 낭비)을 낳는 것으로 간주된다.

▶ 탐욕스럽거나 재물에 절박해서도 안 되지만 동시에 게으르거나 일을 게을리해서는 안 된다. 오히려 통찰력을 가지고 사업 활동을 제한하여 토라 공부에 몰두할 수 있어야 한다(Hilchot Deot 2:7).

자신의 모든 시간을 돈으로 바꿀 수 있도록 하지 않아야 한다. 부는 자신의 미래로 전해질 수 없기에 부의 추구는 종종 바벨탑을 세운 사람들에 비유된다. 구약의 잠언 "오, 게으른 자여, 개미에게 가서, 개미의 방법을 연구하고 배우라!"에서 개미는 곧잘 낭비된 일의 상징으로 설명된다. 개미는 일 년을 살기에 필요한 낟알이 그리 많지 않은데 재산을 모으기 위하여 끊임없이 일하기 때문이다. 이는 시간을 어떻게 다루어야 할지에 대한 경고이다. 우리가 축적한 재산의 많은 부분은 하지 말아야 할 것을 했거나 해야 할 것을 하지 않은 결과이다. 그래서 유대력은 노동, 상업 또는 기타 경제활동을 완전히 금하는 의무적인 날로 가득하다. 마이모니데스는 시간을 공부, 노동, 생리(음식 섭취, 수면, 배설, 휴식)의 세 가지로 공평하게 나누어야 한다고 했다. 일단 생리와 노동의 요구가 충족되면 모든 자유시간은 공부에 헌신되어야 한다.

실제로 이솝 우화는 짧고 행복한 삶을 사는 베짱이의 한계만큼 길고 빈틈없는 삶을 사는 개미에 대해서도 그 한계를 지적한다. 미래를 준비하기 위하여 살지만, 습관이 뿌리박혀 미래에도 여전히 지나친 검약과 근면함을 이어가며 그로부터 즐거움을 느끼기까지 한다. 막상 미래가 왔지만 건강상태가 좋지 못하거나, 무엇을 해야할지 모를 수 있다. 더욱이 이솝은 〈개미와 꿀벌〉 우화에서 오로지 자신만의 안전을 돌보는 개미의 삶을 비판한다: "너로부터 이익을 얻는 것은 너 하나뿐이다. 다른 어떤 생물도 네가 비축한 부의 일부라도 공유하지 못한다. 반면 꿀벌은 기특하고 정교한 노력으로 세상에 축복이 되는 것을 만들어낸다." 개미 전략의 문제점을 피하기 위해 개미 생활의 강도를 높여 조기에 은퇴를 계획할 수 있다(개미베짱이 전략). 그러나 이 역시 한계가 보인다. 빨리 벌어야 하니 삶에 조급함이 더해지며 결국 돈벌이에 더 빠르게 중독되고 배우자, 친구, 자녀와의 관계가 악화된다. 때로는 미래의 소비 목표가 꾸준히 높아지며 은퇴가 한없이 미루어질 수도 있다. 근면함은 탐욕과 인색함을 넘어 심지어 절도로도 옮겨갈 수 있다. 이솝은 개미가 이웃을 시샘하며 그의 농작물을 훔친 농부가 제우스의 벌로 바뀌게 된 존재로서 비록 형체가 변했지만 특성이 그대로여서 여전히 들판을 돌아다니며 다른 사람의 밀과 보리를 모아 자신을 위해 비축한다고 설명한다.

결국 부를 모으기 위한 노력과 일은 지나친 노동이나 지나친 나태의 보기 흉한 두 극단의 균형을 맞추는 것이 핵심이다. 이것이 개인마다 어떻게 해석될지는 상황에 따라 다르다. 마이모니데스는 부수적으로 3시간의 작업과 9시간의 토라 학습을 포함하는 일일 일정을 예로 드는데, 이는 8시간 이상의 근무일이 자리잡은 현대의 표준과는 거리가 멀다. 또한 현지 관습에 의해 규정되지 않는 한 아침부터 저녁까지 지속되는 표준 근무시간이 존재한다. 어떤 이유에서든 더 많은 돈이 필요한 사람은 그렇지 않은 사람보다 더 오래 더 열심히 일해야 하며, 같은 욕구를 갖지만 적은 돈으로 시작한 사람도 마찬가지다.

공부시간의 확보

유대교는 경제활동 시간에 훨씬 더 기본적이고 광범위한 제한을 하는데, 그것은 토라와 탈무드 공부의 의무이다. 올바른 삶을 영위하기 위해서는 반드시 노동과 공부가 병행돼야 한다는 것이다. 노동의 중요성에도 탈무드는 공부시간을 반드시 할당하도록 하였다. 공부는 토라와 탈무드에 대한 공부로써 창조주가 원하는 거룩한 삶을 배울 수 있도록 돕는 시간이다. 공부는 번영과 남용의 유혹, 그리고 긴장을 없애주며 내면의 삶을 배양하도록 한다. 공부의 의무는 사제, 랍비, 학자뿐만 아니라 모든 사람을 구속한다. 나이, 지식, 경제적 지위에 관계없이 모든 사람은 죽을 때까지 공부시간을 가져야 한다. 공부시간을 방해하는 다른 모든 활동은 모두 낭비로 간주되며 심각한 종교적 위반이므로 최소화해야 한다.

탈무드는 "기도 시간은 짧게 하고, 공부시간은 오래 가지라"고 하고 있다. 신에 대한 기도를 짧게 하라고 한 이유는 무엇일까. 토라와 탈무드를 공부하려면 많은 시간이 필요하므로 적어도 공부하는 시간만큼은 돈을 버는 데 시간을 쓰지 않을 것이고, 그만큼 돈 버는 일과 삶의 다른 영역 간에 균형을 맞추는 데 도움을 줄 것이다.

랍비들은 토라 연구를 삶의 최고의 선으로 여겼지만, 토라에 대한 우리의 집착이 세속적 의무에 대한 우리의 관심을 대체해서는 안 된다고 경고했다. 랍비들은 "토라는 세속적인 직업과 결합될 때 좋다"고 말했다. 탈무드는 그를 체포하려는 로마인들을 피하기 위해 12년 동안 동굴에 숨어 있었던 랍비 시메온 벤 야하이(Simeon ben Yoḥai)에 대해 비판한다. 그가 마침내 은신처에서 나왔을 때, 그는 주변 사람들이 쟁기질하고 씨를 뿌리는 일상적인 일을 하는 것을 보고 "그들은 영원한 삶을 버리고 덧없는 삶에 몰두하고 있다!"고 평가했다. 그때 바로 하늘의 목소리가 그를 꾸짖었다고 한다. "내 세계를 파괴하기 위해 동굴을 떠났는가? 돌아가라!"

평범한 사람을 위해 랍비들은 일과 공부의 현실적인 결합을 제안했다. "만일 어떤 사람이 토라의 두 문단을 아침에 배우고 두 문단을 저녁에 배우고 나머지 시간에는 하루 종일 일에 종사한다면, 그것은 토라 전체를 성취한 것과 같다"(Tanh. Beshalach 20). 미드라쉬는 하루 시간을 세 부분으로 나누는 일정을 제안했다. 1/3은 기도, 1/3은 학습(토라 공부), 1/3은 일하는 것이다. 또 다른 시간 할당 방법으로는 겨울에 공부하고 여름에 일하는 것이 있다(Eccles. R. 9).

안식을 위한 시간의 확보

하나님과 함께 사는 사람들에게 일은 그들의 존재 전체를 구성하지 못한다. 일은 신성한 규례일 수 있지만 삶의 의미를 모두 소진하지는 않는다.

▶ 일곱째 날은 네 하나님 여호와의 안식일인즉 너나 네 아들이나 네 딸이나 네 남종이나 네 여종이나 네 가축이나 네 문안에 머무는 객이라도 아무 일도 하지 말라.

이는 엿새 동안에 나 여호와가 하늘과 땅과 바다와 그 가운데 모든 것을 만들고 일곱째 날에 쉬었음이라 그러므로 나 여호와가 안식일을 복되게 하여 그 날을 거룩하게 하였느니라(출애굽기 20:10-11)

▶ 나의 거룩한 날에 돈벌이하느라고 안식일을 짓밟지 말라. 안식일은 '기쁜 날' 야훼께 바친 날은 '귀한 날'이라 불러라. 그 날을 존중하여 여행도 하지 말고 돈벌이도 말고 상담 같은 것도 하지 말라(이사야 58:13-14)

엿새 동안 힘써 일한(출애굽기 20:9 ; 신명기 5:13) 뒤 금요일 해질 때부터 토요일 해질 때까지(레위기 23:3)의 안식일에 노예나 이방인까지 포함하여 노동과 상행위를 중단하고 쉬어야 하며(출애굽기 35:3 ; 신명기 5:14 ; 느헤미야 13:15-20), 오락과 사사로운 말을 하지 않도록 했다(이사야 58:13-14). 인간은 세상을 다스리는 신의 동역자로서 그의 신성한 형상대로 창조되었기 때문이다. '안식일'의 히브리어 '샤바트(Shabbat)'는 '일을 중지하다', '행동을 멈추다', '휴식하다'는 의미를 지녀 '하던 일을 중지하고 쉬는 날'을 말한다. 십계명 중 하나인 안식일은 유대 율법으로 처음 성문화되었을 때만 해도 급진적 개념이었다.[15] 안식일 제도가 있기 전에는 사람들이 1주일에 7일간 쉼 없이 일했다. 휴식이나 여가시간도 전혀 없었다. 초기 탈무드는 안식일의 하나님처럼 모든 일을 마친 것처럼 일에 대한 생각을 멈추라고 하였다. 너무 많은 말을 하거나, 내일에 대한 생각이나, 자신의 필요를 위해 기도하는 것을 멈추고 휴식을 취하며, 대신 창조와 수선(티쿤 올람)의 성과를 되돌아보며 있는 그대로 즐기라는 것이다. 오늘날 유대인들은 안식일에 가족과 친구와 함께 한가한 식사를 하고 낮잠과 산책, 그리고 간단한 게임을 즐기고 책과 신문을 보며 예배에 참여한다.

안식일은 토라에 나오는 거의 모든 것보다 더 높은 중요성을 가진다. 탈무드에 따르면 이는 "모든 계명과 동등"하며, 이를 준수하면 우상 숭배의 죄까지도 속죄할 수 있는 힘이 있다.(Shabbat 118b) 더욱이, 다른 유대 축제들은 유대 민족의 역사에

15. 로마 철학자 세네카는 안식일을 유대인들이 "활동 중지로 인해 생명의 거의 7분의 1을 잃는" 낭비적인 제도라고 비웃었다.

서 일어난 사건들을 기념하는 반면, 안식일은 인간의 역사나 시공을 넘어선 일을 회상하는 것으로 안식일의 거룩함은 하나님으로부터 직접 오는 것으로 이해된다. 유대교는 7일 중 하루를 인간이 중심이 되는 창의적 활동인 일을 금하는 것이다. 이는 인간의 창조적 노력에 주의를 기울이고 그것의 본질적인 성격, 즉 그것이 의미하는 것과 요구되는 것이 무엇인지를 가르친다. 그 과정에서 그것은 또한 창조주께서 인간에게 할당하신 창조의 몫과 그에 따른 인간과 세상 및 신과의 관계에 관한 독창적인 가르침을 제시한다. 이 가르침에는 두 가지 모순되는 요소가 포함되어 있다. 6일 동안 인간은 세상에 자신의 의지를 행사한다. 그런 다음 그는 7일째에 자제를 행사한다. 의지와 자제라는 이 두 요소 사이의 적절한 균형을 통해 인간의 노동은 창조 자체의 근본적인 역동성과 조화를 이루는 일종의 의미와 목적을 획득한다.

유대인이 6일의 노동을 마치고 안식을 갖는 것은 일하지 않고 휴식함으로써 무언가를 '비운다'는 의미보다 '회복한다'는 의미를 갖는다. 마태복음 3:2의 "너희는 회개하라. 천국이 가까웠느니라"에서 보듯이 성경에는 '회개하라'라는 말이 자주 등장한다. '회개하라'는 히브리어로 체슈바흐(teshuvah)라 한다. 이는 눈물을 흘리며 용서를 구하는 회개하다(repent)라는 의미도 있지만 '대답하다'와 '(하나님께로, 거룩함으로) 되돌아가다'의 의미도 담고 있다. 유대인이 안식에 갖는 '회개'의 의미를 오해할 수 있는 것이다.

자유로운 성인뿐만 아니라 그들의 부양가족, 그리고 심지어 일하는 가축들에게도 휴식하는 날이 주어져야 한다. 고대 유대인들은 이보다 더 큰 아이디어를 가지고 있었으니 바로 안식년 제도다. 안식년은 7년을 주기로 맞이하는 안식의 해다. '희년'도 있었는데, 7번째 안식년, 다시 말해 49년을 주기로 반복된다. 희년에는 모든 토지가 원주인에게로 되돌아가야 했다. 토지는 부의 주요 원천이었던 까닭에 누구도 오랫동안 부를 누릴 수 없음을 상기시켜줬다. 모든 토지는 신의 소유이기 때문 에 누구도 토지의 소유권을 영원히 가질 수 없다는 사실을 일깨운 것이다. 희년이 영적으로 새롭게 시작함을 의미했다면, 이보다 자주 찾아오는 안식년은 자신의 인생행로에 대해서, 그리고 안식일은 자신의 일상에 대해서 새롭게 되돌아보는 계기를 마련해줬다. 여섯 기간 일하고 한 기간 쉬는 원칙은 이스라엘 백성이 하나님께서 그들에게 주신 땅의 땅을 사용하는 방식으로 이어진다. 그들은 7년마다 1년 동안 묵혀 두어야 한다.

▶ 너는 여섯 해 동안은 너의 땅에 파종하여 그 소산을 거두고 일곱째 해에는 갈지 말고 묵혀두어서 네 백성의 가난한 자들이 먹게 하라. 그 남은 것은 들짐승이 먹으리라. 네 포도원과 감람원도 그리할지니라(출 23:10-11).

신명기는 일곱째 해에 대한 질문을 고려하지만 땅에 대해서는 언급하지 않는다(신명기 15:1-18). 여기에서 강조점은 채무 면제와 채무노예 해방이다. 대조적으로, 레위기는 휴경지의 원칙을 재확인한다. 인간과 그의 동물과 마찬가지로 자연도 하나님의 법을 준수해야 한다.

▶ 땅이 여호와를 위하여 안식년을 지킬지니. … 땅이 안식년이 되리라(레위기 25:2-5).

레위기는 더 나아가 일과 안식과 관련된 일반적 수치 원칙을 확장하여 희년인 오십년의 필요성을 선포한다. 그 해에는

▶ 너희는 파종하지 아니할 것이요, 거두지 아니한 곡식을 거두지 아니할 것이며, 다듬지 아니한 포도나무를 거두지 아니할 것이요. 희년은 너희에게 거룩한 것이니 너희는 밭에서 난 것을 먹을지니라(레위기 25:11-12).

희년에 대한 추가 규정은 원래 가나안을 수용할 때 그 땅을 할당받았던 가족의 후손들이 농지를 소유하는 것이다(레위기 25:23-28). 그 토지의 사용권을 구입한 다른 가족 구성원은 그것을 포기할 의무가 있다. 희년과 안식년의 근저에는 땅이 하나님께 속해 있다는 확신이 있다. 그가 진정한 소유자이다. 토지의 휴식은 원래 점유 가족에게 돌려지는 주기적 반환과 마찬가지로 이러한 소유권을 인정하는 것이다.

6) 어떻게 공부하고, 어떻게 교육할 것인가?

공부와 교육

성경은 배우고 익히는 공부와 교육을 끊이지 않고 평생 이어갈 것을 강조한다. 지속적인 배움으로 개인의 성장과 사업의 성공을 동시에 이룰 수 있다고 믿는다. 평생에 걸쳐 학습하지 않으면 뒤처지며 스스로를 훼손하는 것이다. 유대인에게 있어 공부의 가장 큰 특징은 율법 공부 자체를 나이, 신분, 시대에 관계 없는 계속적인 직업으로 본다는 점이다.

- ▶ 복 있는 사람은 율법을 주야로 묵상하는도다(시편 1:1–2).
- ▶ 지식은 꾸준히 늘려가지 않으면 줄어든다(힐렐).
- ▶ 배우지 않는 사람은 삶의 권리를 훼손한다(힐렐).

이 끊임없는 연구는 특정 집단에 국한되지 않고 사회의 모든 계층을 포괄한다. 성경은 왕들과 지도자들뿐만 아니라 온 이스라엘이 율법을 공부할 것을 권한다. 유대인에 있어 교육은 토라 연구를 중심으로 한다. 탈무드는 토라 연구를 "하늘의 일"이라고 반복해서 언급한다. 탈무드의 전설에 따르면 토라를 공부할 기회를 갖기 전에 죽은 아이들은 신의 가르침을 직접 받게 된다. 토라 연구는 학생의 나이나 상황에 관계없이 끊임없는 노력이 되어야 한다.

- ▶ '내가 여가가 있을 때 공부할 것이다'라고 말하지 말라. 아마도 여가가 없을 것이다 (피르케이 아보트 II, 4).

바빌론 유수에서 유대인들이 돌아온 후에 배움이 중요해졌다. 생존자들은 자신들의 존재가 계속되기 위해서는 정치 권력에서 잃어버린 것을 지식의 힘으로 되찾아야 한다고 느꼈다. 제2성전이 파괴된 후 이러한 태도는 더욱 강화되었다. 토라 연구가 성전 재건보다 우선시되었다. 그것은 제사장과 왕의 기능보다 더 중요하게 여겨졌다. 랍비 아키바는 유대인들에게 토라 연구의 기능을 물고기를 위한 물의 기능에 비유했다. 물고기가 생존하려면 물이 필요하듯이 이스라엘이 생존하기 위해서는 토라를 공부해야 한다. 배움이 너무나 중요해져서 탈무드는 다음과 같이 선언했다.

- 토라에 대한 연구는 매일 드리는 제사보다 더 크며(Kegillah 3b)
- 학자는 다음 10가지가 발견되지 않는 도시에 거주해서는 안 된다. 법원 … 회당 … 및 학교(산헤드린 17b)
- 학교 아이들이 없는 에버브 마을은 파괴될 것이다(안식일 119b).

공부는 공부만을 위한 것이 아니었으며 실천이 뒤따라야했다. 율법 공부 역시 율법의 준수로 이어져야 했고 율법은 일상생활에 깊숙이 스며들어 있다: 공부만을 위한 시간을 별도로 할애한다 하더라도 남은 시간에서의 행동으로 말미암아 배운 것을 무효화할 수 없다.

- "보라 내 하나님 여호와께서 내게 명하신 대로 내가 너희에게 율례와 규례를 가르쳤나니 … 그런즉 너희는 지켜 행하라"(신명기 4:5-6)
- 공부가 더 위대한가, 아니면 실천이 더 위대한가? R. Tarfon은 다음과 같이 대답했다. 실천이 더 중요한다. Akiva는 다음과 같이 대답했다. 공부가 더 중요한다. 실천으로 이어지기 때문이다(키두신 40b).
- 가르치기 위해 공부하는 사람은 공부하고 가르치는 것이 가능하다. 실천하기 위해 공부하는 사람은 공부하고 가르치는 것뿐만 아니라, 그 가르침을 준수하고 실천하는 것도 가능하다(피르케이 아보트, 4:5).
- 지혜의 목적은 회개와 선행이다(베라콧 17a).

모세가 이스라엘에게 규례를 가르쳐 그것을 행하게 하였다. 아는 것과 행하는 것은 함께 언급되었다. 율법 공부는 그 가르침을 일상생활에 적용하도록 이끌어야 한다. 공부는 그 자체로 목적이기도 하지만 더 중요한 것은 목적을 위한 수단이기도 하다는 것이다. 모세는 이 두 가지 교육방법을 결합했다: 그는 구두지시 없이 실제 실천이 계속되도록 내버려 두지 않았고, 실천 없이 진행되는 율법의 공부를 허용하지 않았기 때문이다. 유대인 교육은 행동을 강조한다. 결과적으로 공부는 인생을 준비하는 도구가 아니었다. 유대인 교육은 오히려 삶과 동의어였다. 랍비들은 평생을 배우는 데 시간을 보내고도 배운 지식을 가르침을 통해 남에게 전파하지도 않고, 자신의 일상생활이나 전문분야에 응용하지 않는 사람들을 탐탁지 않게 생각했다. 랍비들은 대부분 직업에 종사했기에 매일 일어나는 실제 경제활동 속에서 현실감각을 유지할 수 있었고 그에 맞는 교육도 가능했다.

유대 교육의 이상은 이스라엘을 "제사장 나라 … 거룩한 백성 …"으로 만드는 것이다(출애굽기 19:6). 유대 교육에서는 종교적 동기가 강력하다: "여호와를 경외하는 것이 지식의 근본이거늘"(잠언 1:7). 유대 교육의 이상은 하나님의 눈을 즐겁게 할 수 있는 인간으로 발전하는 것이었다. 하나님을 두려워하는 사람이 되려면 무엇이 허용되고 무엇이 금지되는지 알아야 한다. 따라서 교육은 유대교에서 중요하며 그에 따라 탈무드에는 교육에 대한 수많은 언급이 있다. 유대교에서는 학식 있는 사람을 종교적인 사람과 동등하게 여겼다. 율법을 아는 사람은 그 명령을 떠나지 않을 것이라는 관점이었다. 유대인에게 교육은 일상생활에서의 적용과 함께 구체적인 도덕률 목록을 포함했다. 교육 과정에서 제시되는 이론적인 교리는 단지 예비적이며 실제 생활의 행동을 위한 기초 역할을 했다. 학생은 매일 기도하고 의식에 참여하고 준수하며 도덕적, 윤리적 행동을 통해 학습을 실천할 수 있는 충분한 기회를 가졌다.

유대인 부모의 꿈은 자녀를 위해 "Talmid Hakham"(유대율법에 정통한 사람)이 되는 것이었다. 유대율법에 대한 금전적 보상이 있었기 때문이 아니다. 반대로 토라는 결코 부를 얻는 수단으로 간주되지 않았다. 계명의 연구와 수행은 그 자체로 목적을 이루었다. 유대인에게 있어 아버지의 의무는 생계를 유지할 수 있는 직업을 아들에게 가르치는 것이었다. 카반 가말리엘은 직업이나 직업이 종교 텍스트의 연구 및 학습과 결합되어야 한다고 말했다. 아버지가 아들에게 직업을 가르치라고 하는 근거는, 자신을 부양못하는 사람은 생계를 남에게 의존해야 하므로 남에게 부담을 주어 그들이 공부할 시간을 앗아가기 때문이었다.

- 세속적인 직업과 함께 토라를 연구하는 것은 탁월한다. 왜냐하면 두 가지가 차지하는 에너지가 마음에서 죄를 떠나게 하기 때문이다. 토라의 모든 공부 그 자체에는 세속적 직업이 없으며 그로 말미암아 끝내 사리지고 죄를 가져온다(피르케이 아보트 2:2)

학습의 방법

(반복과 검토 및 수정) 탈무드가 옹호하는 학습 방법론에 대해 어느 정도 결론을 내리려면 다양한 탈무드 출처에 등장하는 다양한 참고 자료에 의존해야 한다. 탈무드 문헌 전체는 학자들의 기억에 의존하였기에 본문의 암기는 필수적이었고, 이를 돕기 위해 다양한 방법이 사용되었다. 텍스트를 암기하는 데 기계적 도움을 주기 위해 소리내어 읽고 노래하도록 하였다.

- Resh Lakish는 자신의 연구를 체계적인 순서로 40번 반복하는 것을 연습했다. …(Taanit 8a)
- 랍비 아키바는 학생들에게 "매일 외쳐라, 매일 외쳐라"고 명했다(산헤드린 99b).
- 백 번 읽은 사람은 백한 번 읽은 사람과 비교가 되지 않는다(Chigigah, 9b).
- 토라의 낱말 하나하나에 엎어질 때까지는 토라를 온전히 이해하지 못한다(Gittin, 43a).

반복과 더불어 검토와 수정도 권장되었다.

- 누구든지 토라를 연구하고 그것을 수정하지 않는 자는 거두지 않고 심는 자와 같다(산헤드린 99a).

(토론) 학습방법은 헬레니즘의 영향을 많이 받아 질문과 답변 방식이 일반적으로 사용되었으며 학생뿐만 아니라 교사도 질문했다. 탈무드 랍비들은 인습에 얽매이지 않고 모든 것에 질문하고 그 가능성을 따져보는 데 어떤 제한도 두지 않았다. 타 종교와 달리 유대교는 신의 권위, 신의 행동, 신의 존재 자체에 대한 물음까지도 허용한다(심지어 진심으로 권장했다). 그러나 일부 헬레니즘 학교에서 볼 수 있는 것과 같은 논쟁을 위한 논쟁은 장려되지 않았다. 고등학교와 대학, 그리고 회당과 가정에서 이러한 교육 방식이 초등학교보다 더 두드러졌다. 증거 기반의 주장을 훈련하도록 주제에 대한 면밀한 조사, 논의, 토론이 권장되었다.[16]

▶ … 자녀가 명상(즉, 철학적 사색)에 빠지지 않도록 하라(Berakoth 28b).

(상호 교육) 탈무드도 여러 사람이 함께 배우는 것을 강조한다. 진정한 학습은 질문과 답변을 주고받는 과정에서 이루어지는데, 이는 혼자서는 달성하기 어렵다. 게다가 읽는 것(특히 탈무드의 경우)의 상당 부분은 지혜가 더 높은 사람의 설명이 필요하다. 어린이뿐만 아니라 성인에게 있어서 상호 간의 지도나 상호교육이 장려되었다. 탈무드는 지식과 돈은 한곳에 머물러 있으면 낭비된다는 사상을 갖고 있다. 지식과 지혜는 사람과 사람사이를 흐르면서 사회적 번영을 이룩하고 선행을 쌓는 데 이용되어야 했다.

▶ 토라에 대한 지식은 다른 사람들과 연합해야만 얻을 수 있기 때문에 토라를 공부하려면 집단(kittoth: group)을 구성하라(Berakoth 63b).

▶ … 한쪽(철)이 다른 쪽을 날카롭게 하는 것처럼 두 학자도 '할라카(halachah)'로 서

16. 토론식 학습법은 독특한 방식으로 서술된 탈무드 자체의 구조에서 비롯하기도 한다. 탈무드는 구두법을 활용한 기이한 문장, 어법상 선언적 문장처럼 쓰인 질문, 질문처럼 쓰인 선언적 문장 등 기이한 문체로 가득하다. 탈무드 학자는 일부러 같은 문장을 여러가지 방식으로 읽히게끔 만들어놓고 다양한 해석이 가능하도록 했다.

로의 마음을 날카롭게 한다(Ta'anith 7a).

(학생의 중요성) 탈무드에서 교육이 중요하듯이 탈무드를 습득하는 데 종사하는 사람들도 중요하다. 탈무드는 학생들, 특히 학교에 다니는 어린아이들의 미덕에 대해 서정적이다.

▶ 세상은 오직 학교 아이들의 숨결을 위해서만 지속된다(Shabbath 119b).

탈무드에 따르면 이 세상은 학생들이 없었다면 멸망했을 것이다. 탈무드에는 다음과 같은 전설이 있다.

▶ 영원의 날 천사가 거룩하신 분의 면전에서 나가서 세상을 멸망시키고 아무것도 없게 만드시기 바란다. 그 후 그는 학생을 생각하고 즉시 분노를 자비로 돌린다(Kallah Rabbat, 2).

(학교) 유대민족에게서 가장 중요한 발전 중의 하나는 무상의 보편적 교육시스템의 발전이었다. 유대인 학교제도는 초등교육이 아닌 고등교육으로부터 시작되었다. 성인을 위한 학교는 바빌론 유수 기간 동안 또는 직후에 이루어졌다. 고대에는 모든 아버지가 자신의 자녀를 가르쳤다. 아버지가 없는 사람들은 교육을 받지 못한 채 남겨졌기 때문에 후에 예루살렘에 학교가 세워져 전국 각지에서 온 아이들이 그곳으로 보내졌다. 그러나 이것들로 미흡했기 때문에 이후 16~17세의 청소년들이 입학할 수 있는 지역 학교가 설립되었다. 그러나 청소년들이 먼저 학교 교육을 받게 할 수 없다는 것이 곧 분명해졌다. 그러자 랍비 조슈아는 각 지방과 마을에 학교를 세웠고 아이들은 여섯 살이나 일곱 살에 등록했고 수업은 회당 건물에서 진행되었다. 기원 70년에 로마인에 의해 멸망되기 전에 예루살렘에는 394개의 학교가 있었다. 교과 과정은 미드라쉬와 미슈나에 집중되었다. 단체 학습을 중요시하긴 했지만,

가급적 소규모 학급을 유지해야 한다고 생각했다: "교사 한 명당 적절한 학생 수는 25명이다. 50명이 되면 교사를 두 명 채용한다. 학생이 40명이면, 보조교사 한 명을 채용한다"(Bava Batra)

랍비들도 일반 대중을 교육하는 데 헌신했다. 학교에서의 공식 강의는 평신도 청강자에게 공개되었고, 많은 사람들이 모이는 회당 예배가 교육의 기회로 활용하였다. 아람어로 된 설명과 함께 토라를 읽는 것은 회당 의식의 필수적 부분이 되었고, 매주 4번, 모든 절기와 공휴일에 평신도는 성경 수업을 들었다. 회당을 중심으로 사람들은 개별 연구 소집단을 구성하였다.

6. 동양의 노동관 : 유교와 불교

한국 사회는 유교와 불교의 영향을 크게 받아왔다. 유교는 생산활동에 긍정적 태도를 취하지만 정치윤리철학에 바탕을 두어야 했다. 우선 공자는 부의 생산과 획득이 윤리적 기준에 부합해야 한다고 강조한다. 그는 군자는 "이익에 대해 이야기하지 않는다"며 군자와 소인을 대립시켰다. 그는 의(義)와 이(利)를 비교하여 "군자는 의를 밝히고 소인은 이익을 밝힌다"고 하였다. 지배층은 선천적으로 의를 좋아하지만 생산에 종사하는 노동자들은 이밖에 모른다는 말이다.

지식인으로서 관료 지망생인 사(士)는 도덕적 성취와 더불어 관료로서의 학식을 겸비해야 했다(논어 자로). 그러나 관료와 지식인이 농업 생산과 모든 종류의 가공 활동에 직접 참여하는 것을 반대하였다. 군자는 육체노동자와 임무가 달라 리더십과 관리력을 개발해야 하는 자로 육체 노동은 소인의 의무여야 하고 군자는 "도를 배우는 것"만 하면 되고 생산활동에 직접적인 참여는 안 된다고 생각했다. 자연과학 등 실용적 주제에 관심이 많았던 서구의 엘리트와 달리 유교 엘리트들은 관직에 초점을 맞추어 실무 지식과 전문 직업은 경시되었다.

▶ 자공이 묻기를 '어떻게 하면 선비라고 할 수 있습니까?"라고 여쭙자, 공자께서 말씀하시기를 '자신의 행동에 염치가 있고, 군명을 받아 다른 나라에 갔을 때 군주의 사명을 욕되게 하지 않아야 선비라 할 수 있다'라고 하셨다(논어 자로).

▶ 군자는 도를 계획하고 음식을 계획하지 않는다. 쟁기질을 하면 배고픔이 생길 수 있다. 하지만 공부를 한다면 공식적 급여는 가능한 결과다. 그러므로 군자는 도를 염려하고 궁핍을 염려하지 아니한다(논어, 위령공).

공자는 육체노동을 경시하였지만 상품 유통과 교환을 반대하지는 않았다. 공자가 자신을 상품에 비유하기도 했다. 공자의 제자인 자공은 생산 지식을 중시하는 사람이었고 관개 목적으로 기계를 사용하는 것을 적극 옹호했다. 대학과 중용은 각각 토지와 산업 생산이 부를 가져올 수 있다고 한다.

▶ 군자는 먼저 덕을 삼가는 것이니, 덕이 있으면 이에 인민이 있고 인민이 있으면 이에 토지가 있고 토지가 있으면 이에 재물이 있고 재물이 있으면 이에 씀이 있는 것이다(대학).

▶ 여러 백성들을 사랑하면 백성들이 권면(勸勉 : 격려 또는 위로)하고, 백공들을 오게 하면 재용(財用 : 재정)이 풍족하고(중용).

맹자는 공자의 이익에 대해 거의 말하지 않는 태도를 이어가며 국가적 관점에서 부와 이윤을 우선시하는 것을 단호히 반대하고 이익을 앞세우면 이익을 쟁취하기 위해 수단과 방법을 가리지 않으므로 나라를 위태롭게 할 것이라고 경고했다. 맹자는 사회적 분업의 맥락에서 "육체 노동"에 대한 선각자로서의 "정신 노동"의 지배론을 발전시켰다. 즉, 맹자는 공자의 군자와 소인 이론을 더 진전시켜 정신노동자는 백성들을 다스려 부양을 받게 되고, 육체노동을 하는 사람은 다스림을 받아 부양하는 자가 된다고 주장하였다. 이러한 사는 군주에게 발탁되면 백성들과 함께 할 것이요, 그렇지 않다면 홀로 도를 행하여 부귀와 귀천이나 그 어떠한 위협에도 굴하지 않아야 한다.

- ▶ 사람들은 정신노동을 하거나 육체노동을 한다. 정신노동을 하는 사람은 남을 다스리고, 육체노동을 하는 사람은 남의 다스림을 받는다. 피지배자는 남에게 음식을 제공하고, 피지배자는 남이 주는 음식을 먹는다. 그것은 전 세계 공통의 원칙이다.
- ▶ 권위 있는 사람도 있고 평민도 있을 것이다. 전자가 없다면 후자를 지배할 사람도 없을 것이다. 후자가 없으면 전자를 지지하는 사람도 없을 것이다.

맹자는 노동과 보상의 크기를 연관시키는 시공(성과에 따른 보상)이라는 용어를 만들어냈다. 그 생산활동에 긍정적이었으며, 생산에서 분업의 중요성을 분명히 깨달았고, 서로 제품을 교환할 수 있다면 거래가 이익을 얻을 수 있다고 생각했다. 특히 농업 생산에 관해서는 곡식, 생선, 목재 등의 충분한 공급을 유지하기 위해 "올바른 계절에 농사를 짓는 것"을 주장했다.

순자는 "모든 사람에게 정의와 이익이 존재한다"고 생각한다. "정의가 이익을 압도할 때 세상은 질서정연하지만, 이익이 정의를 압도할 때 세상은 혼돈의 세계가 된다." 순자는 맹자의 "정신노동과 육체노동" 이론을 반복하지 않았지만 "군자는 도에 따라 살고 비천한 사람은 힘으로 산다" 또는 "군자는 도덕으로 존재하고 소인은 힘으로 존재한다. 힘은 도덕의 종이다"라는 말을 계속 사용하였다. 따라서 순자는 군자 대 소인, 그리고 정신노동 대 육체노동"에 대한 공자와 맹자의 관점을 재현한다.

하지만 순자는 분업의 관점에서 생산적 노동에 대해 훨씬 더 긍정적인 입장을 보였다. 사람은 모든 종류의 기술을 잘할 수 없기 때문에 "농부는 밭에서 일하고 상인은 가게에서 일하고 일꾼은 작업장에서 일하고 관리는 사무실에서 일한다." 사람들이 다양한 생산과정에서 경험을 축적하면서 다양한 직업이 생겨났다. 그 누구도 "모든 것을 할 수 없고 모든 것을 알" 수 없다. "농사에서 군자는 농부만큼 잘하지 못한다. 물건을 사고 파는 데 있어서 군자는 상인만큼 잘하지 못한다. 목공에서 군자는 일꾼만큼 잘하지 못한다." 그러므로 "농민은 농업을, 관리는 사무를, 노동자는 공작을, 상인은 장사를 해야 한다". 그렇게 함으로써 모든 사람이 영구적인 직업을 갖고, 한 종류의 생산에 참여하고, 한 종류의 생산공정에 익숙해지고 생산기술을 향상시킬 수 있다. 순자는 또한 "[인민의] 노동을 요구한다. … 적절한 시기에만" ; 또한 노동 생산성을 높이기 위해 생산을 장려하고 보호하며 생산방법을 개선해야 한다. 따라서 통치자는 생산을 보호하기 위해 노력해야 하며 다양한 생산활동의 적절한 시기를 이해해야 한다 : 농부는 봄에 밭을 갈고, 여름에 잡초를 뽑고, 가을에 거두고, 겨울에 저장한다. 때를 따라 일하므로 곡식이 끊이지 않고 백성이 넉넉히 먹게 된다. 호수와 강이 조심스럽게 감시되고 적절한 시기에 폐쇄되기 때문에 물고기와 다른 수생 생물의 공급이 계속 증가하고 사람들은 사용할 수 있는 것보다 더 많이 가지고 있다. 나무를 벌목하고 덤불을 베는 일이 제때에만 이루어지기 때문에 언덕은 결코 벌목되지 않지만 사람들은 사용할 수 있는 나무를 모두 가지고 있다. 이것은 현명한 군주의 조치다. 이처럼 순자는 통치자와 피지배층이 서로 다른 역할을 맡아야 한다고 믿었다. 그가 말했듯이, "귀한 사람은 덕으로 다스리고, 육체 노동자는 노동을 한다." 지배층의 책임은 인민을 다스리고 교육하는 것이고, 인민의 책임은 일하는 것이다. 전자가 후자를 지배하는데, 이를 "덕이 노동을 지배한다"고 한다. 순자의 눈에는 육체 노동자가 해당 분야의 전문가임에도 불구하고 해당 직업에서 리더 역할을 할 수는 없다.

한편 불교에서는 깨달음을 통해 이 세상의 고해에서 벗어나 열반에 들어가는 것을 목표로 삼는만큼 노동도 해탈을 지향해야 했기에 보상 따위의 번뇌로부터 자유로와야 하고 그 자체가 수행의 일부로 간주되어 노동은 선한 결과를 낳는 행위여야 했다.[17] 석가모니는 정신노동과 육체노동을 양분하여 각각 출가자와 재가자가 전담하고 이를 서로 교환하도록 하였다. 출가자들은 마음의 밭을 가는 농부로까지 인식되었다. 재가자들의 노동 자체가 부정된 것은 아니었지만 세속적 조건에 갇혀야 하는 만큼 근본적 가치를 갖지는 못했다. 승려들은 수행 생활에 필요한 최소한의 물품만 필요하기 때문에 삶의 물질적 필요를 충족시키는 데 사용되는 도구인 노동에 큰 가

17. 불교의 연기법 관점에서 노동은 일단 발생하면 그냥 소멸하지 않고 반드시 그 결과를 낳는 업(業)을 감안해야 한다. 노동은 자신은 물론 사회 전체에도 반드시 영향을 미친다. 따라서 노동으로 인한 악업을 줄이고 선업을 신장하는 노력이 요구된다.

치를 두기 어려웠고, 초월적 영역에 참여하는 승려들의 수행을 돕는 공양을 목표로 하는 하위 수준의 활동에 속하였다. 여기에서 더 나아가 불교 신자들이 계명을 어길 수 있기 때문에 육체노동에 참여하는 것도 권장되지 못한다. 땅을 파거나 나무를 베면 땅 밑이나 나무에 사는 생명을 죽여야 할 수도 있는데, 이는 생명을 해치지 말라는 계명을 어기는 것이다. 땅을 파는 행위가 살인 행위와 동일시되고 있다. 석가모니 시대의 승려들은 상업 활동과 농사가 금지되었다. 당시 승려들은 어떤 노동도 하지 않는 대신 백성들에게 공양한 음식으로 하루 한 끼만 먹는 등 극도로 검소한 생활을 하여야 했다. 석가모니 사후 등장한 계율도 이를 유지하였다: "청정한 계율을 지닌 사람은 물건을 사고 팔거나 무역을 하지 말고, 집이나 논밭을 마련하지 말며 하인을 부리거나 짐승을 기르지 말라. 재물 멀리하기를 불구덩이 피하듯 하고 초목을 베거나 땅을 개간하지 말라"(박경준, 2004[18]).

이러한 초기불교와 달리 대승불교에서는 출가자와 재가자의 노동분업에 한계를 두게 된다. 출가자가 공동생활을 하면서 모든 것을 자급자족해야 했기에 출가자도 생산적 노동을 해야 했기 때문이다. 이에 대해 대승불교는 노동 자체는 중립적인 것이며 중요한 것은 집착을 벗어나는 행위 동기가 중요하며, 더 나아가 노동 역시 좌선 수도에 포함된다는 노동선(勞動禪)의 관점도 등장하였다. 그 결과 노동은 모든 수행자에게 필수적인 일로 굳어지게 되어 백장선사는 一日不作 一日不食이라고 선언하게 되었다. 대승불교가 지배적인 한국불교에서는 일상 노동뿐만 아니라 농업 노동을 포함한 다양한 경제활동이 자유롭게 수행되는 배경이 되었다.

결론적으로 동양사회에 큰 영향을 미쳐온 유교와 불교에서는 고대와 중세의 서구에서처럼 정신적 노동을 육체적 노동보다 더 가치 있게 여겼다. 유교는 엄격한 위계질서를 특징으로 하는 사회를 이루어 정신적 노동에 종사하는 지배층의 이익을 위해 하층민만이 다양한 육체적 노동에 종사해야 했다. 유교와 달리 불교는 계급사회에 반대하고 평등한 사회를 지지하는 입장에 있었지만, 평신도들의 일상 노동은 초

18. 박경준(2004) "노동과 생산에 대한 불교의 입장," 불교 신문, 2074호

월적 영역에 헌신하는 승려들을 지원하기 위해 요구되는 낮은 수준의 활동이지만 부정적으로 간주되지는 않았다. 하지만 거기까지가 전부였다.

| 참고문헌 |

김승옥 · 유해신(2002), "노동관의 제 유형과 성경적 노동관," 『신앙과 학문』 7(1).

김태명(2009), "유가의 경제사상에 관한 연구," 『유라시아연구』 6(4).

유승무(2009), "한국불교 노동관의 탈현대적 함의," 『한국학논집』 38.

이상익(2002), 『유가 사회철학 연구』, 심산.

이영찬(2009) "공자의 경제사상과 노동관" 『한국학논집』 38.

정영근(2018), "맹자의 직업사상," 『한국사상과 문화』 95.

정영근(2019), "순자의 직업사상," 『한국사상과 문화』 97.

정영근(2019), "일과 직업에 대한 공자의 사상", 『한국사상과 문화』 98.

Dohmen, T.(2014) "Behavioural Labour Economics : Advances and Future Directions," IZA DP No. 8263.

Fehr, Ernst, Lorenz Goette, and Christian Zehnder(2009), The Behavioral Economics of the Labor Market : Central Findings and Their Policy Implications in Policymaking Insights from C. L. Foote, L. Goette, and S. Meier, eds.: Behavioral Economics, Federal Reserve Bank of Boston.

Friedman, Hershey H.(1985), "Ethical Behavior in Business : A Hierarchical Approach from the Talmud," *Journal of Business Ethics*, Vol. 4, No. 2.

Jewish Association for Business Ethics, Jewish Principles in the Workplace : A Money and Morals Guide, https://www.scojec.org/resources/files/workplace_ethics.pdf

Kim, Pang-Ryong(2010), "Labor Ethics according to Religion and Economic Growth," 『신앙과 학문』, 15(2).

Mulligan, T.(2018), "Do People Deserve their Economic Rents?," *Erasmus Journal for Philosophy and Economics* 11(2)

Perry, Michael S.(1993), "Labor Rights in the Jewish Tradition," Jewish Labor Committee.

8장 저축과 대출, 그리고 기부

1. 시간과 선택의 원리 확장 : 화폐의 시간가치 / 2. 복리와 미래가치, 그리고 저축과 채무
3. 현재가치와 할인 / 4. 할인에서의 인지 편향 : 현재 편향성 / 5. 탈무드와 저축 및 채무

개인은 현재 소비할 금액과 미래 소비를 위해 현재 소득 중 얼마를 따로 남겨둘지 선택하므로 저축 여부와 그 금액에 대한 저축 결정은 시간이 관여된 선택이다. 저축 동기는 평생에 걸친 소비를 평탄화(smoothing)하는 동시에 예비적 이유로 은퇴를 준비하거나 교육자금을 마련하려는 가계의 의지에서 비롯한다. 이러한 저축 동기는 저축 능력(소득 제한, 생애주기 단계, 정보 가용성)과 저축 의지에 따라 달라질 것이다(Hussein and Thirlwall, 1999[1]). 동시에 저축을 결정하는 요인은 이자율, 인플레이션 등 가계별로 다르지 않다고 가정할 수 있다. 반면, 소비, 시간 선호, 예산 제약 등의 요소는 개인마다 크게 다르다. 결국 저축 행동은 개인 간의 뚜렷한 사회경제적, 인구통계학적 차이를 반영할 뿐만 아니라 종교에 의해서도 영향받을 수 있다.

종교적 신념과 자본축적

종교적 신념이 자본 축적에 영향을 미칠 수 있는 경로는 주로 두 가지다.

첫째, 죄, 경건, 구원의 구조에 대한 일련의 핵심 신념을 포함하는 특정한 종교적 가르침을 내면화함으로써 개인의 태도와 저축 선호가 직접적 영향을 받을 수 있다. 예를 들어, 종교가 교육적 성취를 달리 평가한다면 교육 자금 마련을 위한 저축 동기와 저축률이 종교마다 다를 수 있다. 게다가 종교적 가르침은 미래보다 현재의 소비를 얼마나 중시할지에 대한 다양한 견해를 제시할 수도 있다. 일부 종교가 더 긴 계획기간을 강조하고 현재 소비에 비해 미래 소비를 강조하는 경우 저축률이 달라질 수 있다. 특히 종교인은 영생과 환생에 대한 믿음으로 계획 지평이 비종교인보다 더 길어 돈을 절약하여 현재 소비를 미래로 이전하려는 결정에 영향을 미칠 수 있다. 더욱이 종교적 가르침은 윤리적 규칙을 확립하여 개인의 저축 행동에 간접적으로 영향을 미칠 수 있다. 특히 종교는 구원을 얻기 위한 다양한 개인의 노력을 요구하면서 종교 규범에 따라 특정 행동을 취하도록 다양한 유인을 설정한다(McCleary, 2007

1. Hussein, K. and A. P. Thirlwall(1999), "Explaining differences in the domestic savings ratio across countries" *Journal of Development Studies*, vol. 36(1).

; Arrunada, 2010). 종교 교리가 자력으로 구원을 얻을 수 있는 가능성을 제공한다면 사람들은 구원을 얻는 데 기여할 행동에 초점을 맞출 것이다.

일부 종교에서는 구원을 얻기 위한 생산적 노력(예 : 근면 및 저축)의 중요성을 강조하는 반면, 다른 신앙에서는 직접적으로 생산적이지 않은 활동(예 : 성자에게 자선을 제공하거나 집단 모임에서 매일 기도하는 등)의 의미를 강조한다.[2] 결과적으로, 개인은 종교 규범을 따를 때 새로이 인지된 편익과 비용에 직면하게 되며, 결국 저축 선택에 있어 개인의 이질성이 생겨날 수 있다.

둘째, 종교예배 참여는 개인의 저축 선호도와 선택 기회를 바꿀 수도 있다. 종교 활동에 자주 참여하는 개인들은 경제활동과 관련된 종교 규범을 훨씬 더 강하게 내면화한다. 교회 의식과 교리, 동료 예배자들과의 우정은 예배 참여에 의해 형성되고 강화된다. 종교적 인적 자본에 시간과 돈을 투자함에 따라 더 높은 수익을 얻을 수 있기 때문이다(Iannaccone, 1998). 더욱이, 사회적 자본론은 개인의 사회적 자본 구축을 위한 집단 구성원의 역할을 강조한다. 정기적으로 종교 활동에 참여하면 사회 관계망이 형성되며, 이는 적절한 저축 결정을 내리거나 동료 참석자들로부터 투자 전략을 조정하는 데 필요한 정보를 수집하는 데 사용될 수 있다. 따라서 종교 단체에 참석하면 저축 결정에 사용할 수 있는 정보가 변경될 수 있다. 요약하면 종교는 규칙과 규범뿐 아니라 제도적 성격을 통해서도 저축 행위에 영향을 미칠 수 있다. 예배에 덜 자주 참석하는 개인에 비해 통합된 개인은 금융 자본을 축적할 가능성이 더 높은 것으로 추정된다.

---

2. McCleary, Rachel(2007), "Salvation, Damnation, and Economic Incentives," *Journal of Contemporary Religion*, 22(1) ; Arruñada, B.(2010), "Protestants and Catholics : Similar work ethic, different social ethic," *Economic Journal* , 120 ; Iannaccone, L.(1998), "Introduction to the Economics of Religion," *Journal of Economic Literature*. 36(3)

토라 및 신약과 저축

인류의 물질적 진보의 지속에도 불구하고 동서양 모두에서 현세에서의 도덕적 완성이나 내세에서의 구원을 추구하는 사유 역시 함께 하였다. 종교 교리는 거의 항상 올바르고 관습적인 생활을 장려하여 현세에서의 절약과 중도의 소비생활을 권하여 저축을 방해하는 경우가 거의 없으며 게으름, 부채, 빈곤을 경고한다(Keister, 2003 ; McCleary, 2007).[3]

특히 토라는 저축에 대해 긍정적이었으며 탈무드는 한편으로 종교적 의무로서 구체적인 기부의 요령과 더불어 다른 한편으로 채무와 보증의 위험성에 대한 경고를 반복해 왔다. 우선 창세기 37:50은 요셉의 역사에 대해 이야기하는데, 요셉의 뛰어난 자질 중 하나는 풍족한 때에 필요한 때를 위해 저축하는 능력이었다. 아울러 많은 잠언 구절은 저축을 자주 장려한다.

- 일곱 해 풍년에 토지 소출이 심히 많은지라. 요셉이 애굽 땅에 있는 그 칠 년 곡물을 거두어 각 성에 저장하되 각 성읍 주위의 밭의 곡물을 그 성읍 중에 쌓아 두매 쌓아 둔 곡식이 바다 모래 같이 심히 많아 세기를 그쳤으니 그 수가 한이 없음이었더라(창세기 41:47–49).
- 망령되이 얻은 재물은 줄어가고 손으로 모은 것은 늘어가느니라(잠언 13:11).
- 게으른 자여 개미에게 가서 그가 하는 것을 보고 지혜를 얻으라. 개미는 두령도 없고 감독자도 없고 통치자도 없으되 먹을 것을 여름 동안에 예비하며 추수 때에 양식을 모으느니라(잠 6:6–8).
- 지혜 있는 자의 집에는 귀한 보배와 기름이 있으나 미련한 자는 이것을 다 삼켜 버리느니라(잠언 21:20).

그러나 신약에 이르면 저축에 대한 부정적 입장이 자주 관찰된다.

---

3. A. Keister, Lisa(2003), "Religion and Wealth : The Role of Religious Affiliation and Participation in Early Adult Asset Accumulation," *Social Forces*, Vol. 82, No. 1.

- ▶ 까마귀를 생각하라 심지도 아니하고 거두지도 아니하며 골방도 없고 창고도 없으되 하나님이 기르시나니 너희는 새보다 얼마나 더 귀하냐(누가복음 12:24)
- ▶ 또 비유로 그들에게 말하여 이르시되 한 부자가 그 밭에 소출이 풍성하매 심중에 생각하여 이르되 내가 곡식 쌓아 둘 곳이 없으니 어찌할까 하고 또 이르되 내가 이렇게 하리라. 내 곳간을 헐고 더 크게 짓고 내 모든 곡식과 물건을 거기 쌓아 두리라. 또 내가 내 영혼에게 이르되 영혼아 여러 해 쓸 물건을 많이 쌓아 두었으니 평안히 쉬고 먹고 마시고 즐거워하자 하리라 하되 하나님은 이르시되 어리석은 자여 오늘 밤에 네 영혼을 도로 찾으리니 그러면 네 준비한 것이 누구의 것이 되겠느냐 하셨으니 자기를 위하여 재물을 쌓아 두고 하나님께 대하여 부요하지 못한 자가 이와 같으니라(누가복음 12장 16-21)
- ▶ 너희를 위하여 보물을 땅에 쌓아 두지 말라 거기는 좀과 동록이 해하며 도둑이 구멍을 뚫고 도둑질하느니라. 오직 너희를 위하여 보물을 하늘에 쌓아 두라 거기는 좀이나 동록이 해하지 못하며 도둑이 구멍을 뚫지도 못하고 도둑질도 못하느니라. 네 보물 있는 그 곳에는 네 마음도 있느니라(마태복음 6:19～21)

기독교는 오랜 기간 발전하며 영적 목표인 구원을 얻는 경로와 자선의 역할에 대한 신념과 행위 규범의 집행 메커니즘이 변화하였고 그에 따라 저축에 대한 동기를 변화시켰다(Mccleary, 2007).

중세 유럽의 기독교

그리스와 로마 인들은 자연스러운 연민의 감정을 억제하도록 교육받았지만, 기독교는 신자들에게 이웃을 돕는 도덕적 의무를 부과하였고 이는 아담 스미스의 『도덕감정론』(1759)에서 도덕적 개념의 초석이 되기도 하였다. 중세 유럽에서 기독교는 믿음에 의한 구원의 신학에 기초를 두었다. 구원은 죄의 용서로 이해되었고, 개인은 예수의 구속적 본질(그가 인간의 죄성을 짊어지고 각 개인과 하나님 사이의 사랑의 관계를 허용하기 위해 십자가에서 죽으셨다는 것)을 믿음으로써 구원을 받는다. 개인이 선행이나 자선으로 구원에 어느 정도 영향을 미치지만 결정적인 것은 아니었다. 그리스도를 잇는 교회는 성사를 집행하는 기관이고 사제직 자체도 성사이므로, (사도 계승을 통해 부여되는) 성직자의 성사로 죄가 용서된다. 사제들은 개인적 고해성사로 죄를 용서함으로써 신자들의 구원을 결정할 수 있는 권한을 가지는 등[4] 교회는 행위 규범을 집행하는 중심이었다.

재물과 그 사용에 대한 집착이 복음주의적 빈곤의 정신에 어긋나고 완전한 사랑의 추구를 방해하므로 하나님께서는 신자가 부를 추구하는 것을 원하지 않는다고 설교되었다. 또한 자신의 죄를 고해하고 용서받을 가능성과 그리스도에 대한 믿음이 선행이나 자선보다 더 중요하다는 사고는 선행이 저축에 미치는 긍정적 영향을 제한하였고 낮은 자기 책임성 역시 신자들의 적극적 저축에 부정적 영향을 미쳤다.

한편 규범의 적용에 있어 가족을 우선시하는 것은 선택적 자선을 장려하고 낯선 사람보다 친척이나 친구를 선호하는 경향을 강화하였다. 토마스 아퀴나스는 "사람의 첫 번째 의무는 자신과 자신이 돌보는 사람들을 부양하는 것이며 … 그 일이 끝난 후에야 남은 것을 다른 사람들의 필요를 구제하는 데 사용하는 것이다"고 밝혔다. 사람의 의무는 먼저 가족의 필요를 충족시킨 다음 다른 사람을 돕는 것을 고려하는 것이다.

개신교와 저축

종교개혁과 더불어 참회(penance) 제도가 폐지되고, 죄를 용서하는 교회의 권한이 소멸되는 등 구원에 대한 믿음의 구조가 바뀌었다. 신앙은 교회가 중재하는 성화 은총의 행위가 아니라 주관적 경험이 되었다. 믿음은 하나님의 선물 받기를 수동적으로 기다리는 개인에게서 형성된다. 오직 신의 은총에 의해서만 이루어지는 구원의 공감은 중개자로서의 교회의 역할을 축소하는 대신 평신도 각자의 자기 성찰을 통한 책임있는 행위를 장려하였다. 또한 영적 건강을 위한 평신도 간의 상호 통제가

4. 중세 교회에서는 성경이 교회에 의해서만 해석되고 검증되었으며, 평신도들은 성경을 읽는 것을 단념했다. 신학자들은 비공개로 논쟁을 벌였고 평신도들은 배제되었다.

이를 뒷받침하도록 하였다.

구원의 여부는 이미 결정된 것으로 개인의 노력은 구원 가능성에 영향을 미치지 못한다. 대신 선행과 보편적 자선은 하나님의 명령에 따른 의무로 간주되었다. 특히 낯선 이에 대한 보편적 자선은 가족 구성원에 대한 의무와 동등하게 두어졌다. 동시에 구원에 대한 불확실성이 강조되며, 자신이 선택되었다는 외적 표징을 얻으려는 동기도 강조된다. 특히 세속적 성공은 하나님께서 선택하셨다는 신호이자 축복의 표시였다. 세속적 성공을 가져오는 근면과 절약 역시 하나님께서 그 사람을 선택하셨다는 분명한 신호다. 선한 행위는 자신의 운명을 다른 사람에게 보여주는 수단으로 여겨졌다. 왜냐하면 그들은 하나님과의 주관적인 관계를 더 믿고 하나님이 사람들 안에서, 그리고 사람들을 통해 행동하신다는 것을 더 믿기 때문이다. 자기 책임성과 예정은 저축을 촉진하지만, 의무적인 보편적 자선 개념은 저축을 방해하는 것으로 판단된다.

1. 시간과 선택의 원리 확장 : 화폐의 시간가치

시간적 선택(서로 다른 시간대에 발생하는 편익과 비용을 비교하며 이루어지는 선택)은 중요하고 어디에나 존재한다. 그러한 선택은 개인의 건강, 부, 행복에 영향을 미칠 뿐만 아니라 아담 스미스가 지적했듯이 국가의 경제적 번영을 결정할 수도 있다. 투자는 시간이 소요된다. 그런데 시간이 흐름에 따라 편익과 비용의 가치가 달라진다. 우리가 하는 대부분의 결정에서 편익과 비용은 서로 다른 시점에서 발생한다. 대학 진학이 그렇다. 대학에 입학하면 많은 비용이 당장 발생한다. 수업료, 힘든 공부, 사라진 임금(기회비용) 등이 이에 해당한다. 반대로 대학교육이 제공하는 많은 경제적 혜택, 특히 높은 임금은 나중에 발생한다. 만약 어떤 사람이 대학 학위를 취득할 것인지에 대한 최적의 선택을 하고자 한다면, 비교할 수 있는 연산기기에 모든 비용과 편익을 어떻게든 집어넣고 모두 더할 필요가 있을 것이다. 다른 활동들도 먼저 비용이 들고, 나중에 편익이 돌아온다. 예를 들어 운동, 채식, 저축 등이 있다. 이와 같은 선택을 분석하기 위해서 나중에 돌아오는 편익을 어떻게 평가하는지를 이해할 필요가 있다. 몇십 년 뒤 은퇴할 때를 대비하여 오늘의 소비를 인내하고 대신 투자로 돌려서 미래 소비를 대비하는 것이 적절한 판단인가?

영화 관람과 외식은 비내구재이다. 비내구재라 함은 소비하는 즉시 편익을 얻고 비용을 부담하게 되는 상품을 지칭하는 것이다. 이는 대학 진학을 선택하거나 자동차를 구입하는 경우와는 완전히 다르다. 이러한 상품을 구입함에 따른 편익과 비용은 몇 년 동안에 걸쳐 발생하는데, 이 때문에 이들을 내구재(耐久財, durables)라고 칭한다. 예를 들어 자동차를 구입하였을 때 거기서 오는 기쁨과 편리함은 모두 즉시 누릴 수 없다. 내구재의 편익과 비용은 계속해서 합산되어야 하고 또 비교되어야 한다. 그러므로 내구재의 수요에 대해서 특별한 사고방식을 개발해야만 한다. 경제학은 교육이나 자동차에 대한 지출을 내구적 지출로 생각하고 이와 같은 내구재에 대한 선택 문제를 해결하기 위한 별도의 방법을 개발해 왔다. 그 방법은 수년 간에 걸쳐서 얻게 되는 미래에 발생하는 모든 편익과 비용을 현재의 가치로 다시 평가하는 것이다.

2. 복리와 미래가치, 그리고 저축과 채무

1) 시간가치, 미래가치, 복리

시간 가치

누가 여러분에게 100만 원을 대가 없이 주겠다고 한다면, 여러분은 아마도 예라고 답할 것이다. 그러면 오늘 100만 원을 받겠냐 아니면 1년 후 100만 원을 받겠냐고 묻는다면 아마도 오늘이라고 답할 것이다. 이처럼 돈을 지금 당장 받는 것을 선택하는 것이 합리적인 데에는 여러 가지 이유가 있을 수 있다. 1년 뒤가 아니라 지금 당장 돈을 지출해 구매한 것에서 만족을 얻을 수 있다. 또한 돈을 저축하기로 마음먹었더라도 은행에 돈을 입금하고 내년에 이자를 얻을 수 있기 때문에 오늘 받는 것이 좋다. 그래서 오늘의 1백만 원이 미래의 1백만 원보다 더 가치가 있다. 이 개념은 화폐의 시간가치(time value of money)로 알려져 있다. 즉, 시간이 가치를 가지는 것이다.[5]

그렇다면 화폐가 갖는 시간가치의 크기는 얼마나 될까? 오늘 100만 원 아니면 1년 후 105만 원 중 무엇을 받겠느냐고 제안한다면, 어느 쪽을 택하겠는가? 105만 원이 아니라 110만 원, 115만 원, 120만 원이라면 어느 것을 택하겠는가? 화폐의 시간가치는 오늘 받는 것과 1년 후에 받는 것에 대해 무차별하게 되는 가치를 말한다. 금액이 115만 원이면 내년의 시간 가치는 15만 원이다. 금액이 110만 원이면 시간 가치는 10만 원이다. 즉, 1년 뒤에 10만 원을 추가로 받는다면 오늘 받는 것과 1년 후에 받는 것에 무차별하게 된다.

화폐에는 시간가치가 있기 때문에 이자 개념이 성립한다. 이자(interest)는 돈을 사용한 데 따른 임대료로 생각할 수 있다. 또는 돈의 사용을 일시적으로 포기하는 대가이기도 하다. 돈을 1년 동안 사용하려면 그 돈의 사용료를 지불하라고 요구할 것이다. 임대료나 이용요금의 크기가 이자이다. 은행 계좌에 100만 원을 예금한다고 하자. 원래의 투자금액 100만 원을 원금(principal)이라고 부른다. 1년 뒤에 은행이 110만 원을 돌려준다고 하면 이자 10만 원을 받는 것이고 이는 1년 동안 은행이 100만 원을 사용한 대가로 지불하는 임대료이다. 오늘 투자한 100만 원이 이자율에 따라 1년 후에 110만 원이 된다고 하면, 1년 후의 110만 원은 현재의 100만 원과 비교할 때 그 가치가 동일하다 또는 무차별하다고 볼 것이다. 원금대비 이자의 비율은 이자율(interest rate)로 불리는데, 이 예에서 이자율은 10%(= 10/100)이다. 이자율은 다양한 방식으로 표현할 수 있다. 10%, 10/100, 0.10 모두 같은 의미이다. 일반적으로 이자율은 기호로는 r로, 원금은 P로 둔다.

5. 물론 1년을 기다린 뒤 돈을 받지 못할 위험도 당장의 현금을 선호하게 만든다.

미래가치

100만 원을 연간 이자율 r이 적용되는 은행예금에 맡기면 1년 뒤 은행계좌에는 원금 100만 원과 $r \times 100$만 원의 이자가 들어있을 것이다. 10%의 이자율과 100만 원의 예금에 대해서 1년간의 이자 지급은 10만 원(= 0.10×100만 원)이 될 것이다. 그러면 1년 말에 예금계좌의 총가치는 다음과 같다:

$$100\text{만 원} + (r \times 100\text{만 원}) = (1 + r) \times 100\text{만 원}$$

이는 원금과 이자의 합이고 1년이 지난 뒤의 미래가치(future value ; FV)라고 부른다. 연간 이자율이 r일 때 원금 P의 미래가치는 다음과 같이 쓸 수 있다:

$$FV = P(1 + r)$$

이제 1년 뒤에 손에 쥐게 된 모든 돈(원금과 이자를 합한 $(1 + r) \times 100$만 원)을 다시 r의 이자율을 약속한 은행에 예금하기로 하였다면, 내년인 2년 차의 연초에 은행계좌의 잔고는 $(1 + r) \times 100$이고, 2년 차 연말에 은행 계좌의 잔고는 이 금액에 이자가 더해질 것이다. 그 이자는 $r \times (1 + r) \times 100$이고, 2년차 말의 은행계좌의 총가치는 원금 $(1 + r) \times 100$에 이자 $r \times (1 + r) \times 100$만 원을 더한 다음 금액과 같다:

$$\begin{aligned}(1 + r) \times 100\text{만 원} + r \times (1 + r) \times 100\text{만 원} &= (1 + r)(1 + r) \times 100\text{만 원} \\ &= (1 + r)^2 \times 100\text{만 원}\end{aligned}$$

결과적으로 연간 이자율이 r일 때 원금 P의 2년 뒤 미래가치는 다음과 같이 쓸 수 있다:

$$FV = P(1 + r)^2$$

이제 2년 뒤에 손에 쥐게 된 모든 돈을 또다시 r의 이자율을 약속한 은행에 다시 예금하면 3년 차 말의 은행계좌의 총가치는 원금 $(1+r)^2 \times 100$만 원에 $1+r$을 곱한 다음 금액과 같다.

$$(1+r)^2 \times 100\text{만 원} + r \times (1+r)^2 \times 100\text{만 원} = (1+r)(1+r)^2 \times 100\text{만 원}$$
$$= (1+r)^3 \times 100\text{만 원}$$

이것으로 미루어볼 때 은행에 맡기는 기간이 매년 추가될 때마다 마지막 잔고에 $1+r$을 곱하면 연말의 잔고 가치가 얼마인지 알 수 있을 것이다. 더 나아가 은행에 T년 동안 r의 이자율로 반복적으로 예금한다면 T년 말에 은행잔고는 다음이 될 것이다.

$$(1+r)^T \times 100\text{만 원}$$

이것이 이자율 r일 때 100만 원의 미래가치이다. 일반적으로 이자율 r일 때 원금 P의 T년 뒤 미래가치는 다음과 같이 쓸 수 있다:

$$FV = P(1+r)^T$$

이자를 원금보다 크게 만드는 복리

미래가치를 구하는 과정에서 잊지 말아야 할 것은 지급된 이자를 도중에 인출하지 않고 그대로 계좌에 둔다는 것이다. 이 때문에 이미 지급되어 누적된 이자에도 이자가 붙게 된다. 누적된 이자에 대해서도 이자를 버는 상황을 두고 이자가 복리(compounding)된다고 표현한다. 복리는 미래의 복수의 기간에 걸친 화폐의 시간가치(즉, 이자)의 누적 효과를 말한다. 중간에 누적된 이자를 인출했다면 T년 후 은행잔고는 처음과 같은 100만 원 그대로일 것이다. 하지만 누적된 이자를 인출하지 않고 은행에 그대로 두면 은행 잔고의 규모는 기하급수적으로 증가한다. 누적된 이자가 이자를 벌기 때문이다. 원금과 누적 이자의 합인 잔고의 규모가 증가함에 따라 이자의 크기 역시 계속 증가한다. 물론 복리의 효과는 이자율의 크기가 클수록 더 커진다.

현재 1억 원이 있고 연간 이자율이 6%인 예금에 투자한다고 가정하자. 이 경우 1년에 1억 원으로 600만 원의 이자를 벌 수 있다. 이러한 이자를 모두 재투자하면 두 번째 해에 636만 원, 세 번째 해에 674만 원, 네 번째 해에 715만 원 등을 얻게 된다. 그러나 이자가 재투자될 때만 복리 이자를 얻을 수 있다. 만약 1억 원 투자로 얻은 이자를 매년 모두 인출했다면 이자로 매년 600만 원만 벌게 될 것이다.

그림 8-1 복리의 효과

(a) 단기에서의 투자수익의 변화

연도	**복리**(이자 재투자)		**단리**(이자 인출)	
	원금(+ 이자)	**이자소득**	**원금**	**이자소득**
1	1억	600만	1억	600만
2	1억 600만	636만	1억	600만
3	1억 1,236만	674만	1억	600만
4	1억 1,910만	715만	1억	600만
5	1억 2,625만	758만	1억	600만
6	1억 3,382만	803만	1억	600만

(b) 30년간 투자수익의 변화

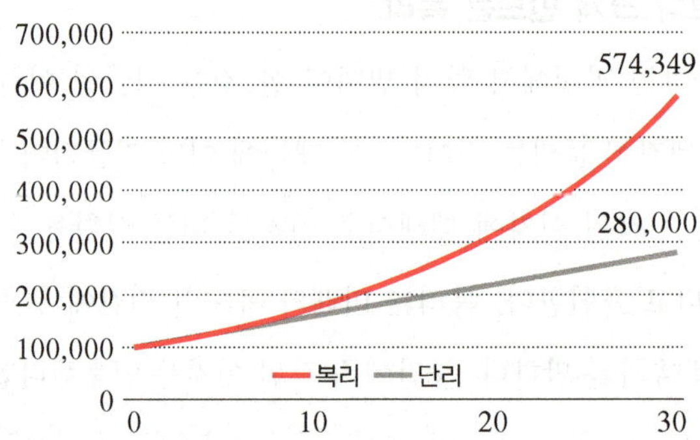

단기적으로 누적 이자를 재투자하지 않는 것의 영향이 미미해 보인다. 그러나 시간이 충분히 흐르면 이야기가 달라진다. 30년에 걸쳐 이자를 재투자한 투자자와 그렇지 않은 투자자 사이에는 막대한 부의 격차가 발생한다. 이자를 재투자할 때 초기에 했던 1억 원의 투자액은 30년 동안 4억 3,219만 원(또는 원금의 5.7배)으로 증가한다. 반면 이자를 인출할 경우 투자액은 2억 5,000만 원(또는 원금의 2.8배)까지만 증가한다. 즉, 이자를 재투자하지 않으면 거의 2억 9,400만 원을 잃게 된다.

이러한 복리효과는 투자 기간이 길어질수록 더욱 인상적으로 나타난다. 예를 들어 연간 복리 3%의 이자율로 은퇴 계좌에 매달 30만 원을 64세까지 투자한 결과는 각기 다음과 같다.

- 25세에 시작하면 64세까지 40년간 3,805만 1,929원을 모을 수 있다.
- 35세에 시작하면 64세까지 30년간 2,092만 8,237원을 모을 수 있다.
- 45세에 시작하면 64세까지 20년간 1,041만 5,776원을 모을 수 있다.

30만 원을 매년 투자했을 때 25세부터 40년간 하는 것이 45세부터 20년간 투자하는 것보다 4배에 가까운 금액을 얻게 된다. 한편 25세부터 40년간 투자했을 때의 투자수익 38,051,929원을 넘으려면 매년 얼마나 해야 할까? 다음과 같다.

- 30년간 투자해 3,805만 1,929원을 넘으려면 매달 60만 1,000원씩을 투자해야 한다.
- 20년간 투자해 3,805만 1,929원을 넘으려면 매달 120만 원씩을 투자해야 한다.

즉, 투자수익 38,051,929원을 넘으려면 25세부터는 매년 30만 원씩 해야 하지만 35세부터라면 매년 두 배인 60만 원 넘게, 그리고 45세부터라면 4배인 120만 원 넘게 투자해야 한다.결국 똑같은 투자수익을 얻으려면 25세부터 시작하는 것이 가장 논리적이고 가장 고통스럽지 않은 선택이 될 것이다. 바로 이 때문에 젊은 시절 특히 취직 후 결혼 전까지의 시기에 저축이 강조된다. 매달 지출을 파악하고 삶의 행복을 지나치게 희생하지 않으며 그리 필요하지 않은 지출을 줄일 필요가 있다. 특히 포도원을 허는 작은 여우를 잡아야 한다. 하루 두 잔의 커피 1만 원을 1년 내내 하면 모두 360만 원이 지출된다. 커피 두 잔만 줄여도 은행에 수천만 원을 저축해야만 얻을 수 있는 이자가, 그것도 거의 아무런 위험부담없이, 내 품에 꼬박꼬박 들어온다. 더욱이 이들 이자는 이자를 낳으며 복리로 늘어난다. 25세부터 하루 두 잔씩 마시는 돈을 모아서 연 5%의 이자율을 받는 정기예금에 예치하면 65세가 되면, 4억 5천 원 이상이 모이게 될 것이다!

복리가 어떻게 작동하는지를 보기 위해 평생 친구인 갑과 을 두 사람을 고려하자. 이들은 대학을 마친 후 24세부터 함께 일하기 시작했다. 둘은 편안한 은퇴를 위해 저축을 하기로 서로 맹세했다. 갑은 매달 100만 원을 저축하기로 결정했다. 그리고 35번째 생일에 누적 저축액이 얼마나 커졌는지 확인하고 난 뒤 매달 저축하는 일을 충당하기로 하였다. 그 시점에서 갑은 11년 동안 1억 3,200만 원을 투자했다. 24세 당시 을은 62세는 아직 멀었다는 생각이 들어 갑과의 맹세를 어기고 은퇴를 위한 저축을 하지 않았다. 하지만 을이 35세가 되었을 때 불현듯 노후 걱정이 커져 은퇴를 준비하기로 하였다. 즉, 매달 100만 원을 저축하기로 결정하였고 정년인 62세까지 저축을 이어갔다. 이제 평생 친구인 두 사람은 62세 은퇴를 앞두고 있다. 희소식은 수년 간의 투자 끝에 두 사람 모두 상당한 은퇴자금을 모았다는 것이다. 우선 갑은 처음 11년 동안 총 1억 3,200만 원을 투자했고 결국 이는 7억 173만 원으로 성장했다. 10년 이상 뒤늦게 시작한 을은 총 3억 360만 원을 투자했고, 62세 생일에는 7억 3,587만 원으로 두 배가 되었다. 계산을 해 보니 을이 나중에 시작했기 때문에 갑보다 2.5배 더 많은 돈을 저축해야 했다. 그 결과 을은 갑보다 341만 원만 더 저축했을 뿐이다. 반면 갑은 원금을 5배 이상 키울 수 있었다. 갑은 시간 가치 또는 복리로 인한 이점이 있었다. 시간이 지남에 따라 이자의 복리효과 때문에 갑의 돈은 결국 스스로 생명을 얻었고 갑이 한 푼도 저축하지 않는 상황에서도 계속 성장했다. 이제 갑이 35세 생일부터 62세가 될 때까지 저축을 계속하기로 결정했다면 무려 15억 2,208만 원을 축적했을 것이다. 이 돈이라면 갑은 은퇴 후 향후 20년 동안 한 달에 634만 원을 지출할 수 있다.

표 8-1 **조기 저축의 위력**(이자율 3%)

나이	갑의 연간 저축액	갑의 연간 잔액	을의 연간 저축액	을의 연간 잔액	나이	갑의 연간 저축액	갑의 연간 잔액	을의 연간 저축액	을의 연간 잔액
24	1,200	1,260	0	0	44	0	2억 9,158	1,200	1억 5,848
25	1,200	2,583	0	0	45	0	3억 616	1,200	1억 7,901
26	1,200	3,972	0	0	46	0	3억 2,147	1,200	2억 56
27	1,200	5,431	0	0	47	0	3억 3,754	1,200	2억 2,318
28	1,200	6,962	0	0	48	0	3억 5,442	1,200	2억 4,694
29	1,200	8,570	0	0	49	0	3억 7,214	1,200	2억 7,189
30	1,200	1억 259	0	0	50	0	3억 9,075	1,200	2억 9,808
31	1,200	1억 2,032	0	0	51	0	4억 1,029	1,200	3억 2,559
32	1,200	1억 3,894	0	0	52	0	4억 3,080	1,200	3억 5,447
33	1,200	1억 5,848	0	0	53	0	4억 5,234	1,200	3억 8,479
34	1,200	1억 7,901	0	0	54	0	4억 7,496	1,200	4억 1,663
35	0	1억 8,796	1,200	1,260	55	0	4억 9,879	1,200	4억 5,006
36	0	1억 9,735	1,200	2,583	56	0	5억 2,364	1,200	4억 8,517
37	0	2억 722	1,200	3,972	57	0	5억 4,982	1,200	5억 2,202
38	0	2억 1,758	1,200	5,431	58	0	5억 731	1,200	5억 6,073
39	0	2억 2,846	1,200	6,962	59	0	6억 0,618	1,200	6억 136
40	0	2억 3,989	1,200	8,570	60	0	6억 3,649	1,200	6억 4,403
41	0	2억 5,188	1,200	1억 259	61	0	6억 6,831	1,200	6억 8,883
42	0	2억 6,447	1,200	1억 2,032	62	0	7억 173	1,200	7억 3,587
43	0	2억 7,769	1,200	1억 3,894					

복리의 효과를 가장 쉽게 이해하는 방법은 원금보다 누적 이자가 더 커지는 즉, 배보다 배꼽이 더 커지는 상황이 생겨날 수 있다는 점에 주목하는 것이다. 물론 이는 원금뿐만 아니라 이자에 대해서도 이자가 붙기 때문이다. 그렇다면 언제 원금보

다 누적 이자가 더 커지게 될까? 은행에 예금을 했는데 누적 이자가 원래 예금액보다 커지는 시점은 원금이 2배가 되는 시점일 것이다. 수리적으로 원금이 2배 수준으로 불어나는 데 걸리는 기간은 72를 이자율로 나누면 알 수 있다.[6] 예를 들어 이자율이 연 2%인 경우 72를 이자율 2%로 나눈 36(= 72/2)년이 지난 후에 원금 100만 원은 200만 원이 될 것이다. 4%나 5%라면 각각 18(= 72/4)년 후와 14(= 72/5)년 후에 원금이 2배가 될 것이다. 또한 10%면 7(= 72/10)년 뒤, 20%라면 3.6(= 72/20)년 뒤, 그리고 30%면 2.4(= 72/30)년 뒤에 원금은 2배가 된다. 그래서 복리는 "가장 위대한 수학적 발견"또는 "우주에서 가장 강력한 힘"(아인슈타인)인 것이다. 벤자민 프랭클린은 복리를 두고 "돈이 돈을 번다. 그리고 돈을 버는 돈이 돈을 번다(Money makes money. And the money that money makes, makes money)"고 설명했다.

복리와 투자수익률

이자율에 관련하여 투자수익률(return on investment)을 정의할 필요가 있다. (투자)수익률은 원금 P 대비 투자회수금액 FV로 정의되는데, 앞의 기호를 사용하면

$$Y = \frac{FV}{P}$$

이다. 예를 들어 $P = 100$만 원을 은행에 예금하였는데 1년 뒤 $FV = 110$만 원을 돌려받았다면 수익률은 $Y = \frac{110}{100} = 1.10$으로 백분율로는 110%다. 수익률은 보통 1을 차감하여 제시된다.

즉,

6. 이자율이 r일 때 원금이 2배 되는 기간을 수식으로 표현하면 다음과 같다. $P(1+r)^T = 2P$ 양변에 원금이 있으니 이를 소거하면 $(1+r)^T = 2$ 양변에 (자연)로그를 취하면 $T\ln(1+r) = \ln 2$. 그런데 이자율이 크지 않다면 $\ln(1+r)$은 거의 r과 같으며, $\ln 2$는 약 0.693이다. $T \cdot r = 0.693$, 즉 $T = 0.693/r = 69.3/100r$. 원래는 69.3을 이자율 %로 나누면 되는데, 나눗셈의 편의를 위해 대신 72를 사용하는 것이다.

$$y = Y - 1 = \frac{FV}{P} - 1$$

이 경우 Y를 총수익률(gross return), y를 순수익률(net return)이라 부르는데, 일반적으로 수익률 하면 순수익률을 의미한다. 우리의 경우 Y는 110%이고, y는 10%이다. 그렇다면 올해 초에 100만 원을 투자하였는데 2년 뒤인 2년차 말에 110만 원을 얻었다면 수익률은 얼마일까? 위 식을 그대로 따르면 y는 10%로 계산된다. 그러나 이는 잘못된 계산이다. 통상적인 기준인 1년간이 아니라 2년간 10%의 수익률을 얻은 것이기 때문이다. 그렇다면 5% = 10%/2일까? 역시 그렇지 않다. 다음 예를 보자.

투자계좌의 3년간 잔고가 다음과 같을 때 연평균 수익률은 얼마일까?

원금 100만 원의 변화와 수익률

시점	현재(2021년)	1년 뒤(2022년)	2년 뒤(2023년)
금액	100만원	200만원	100만원
수익률		+100%	(−)50%

2022년에 계좌 잔고가 100만 원에서 200만 원으로 100% 증가했고, 2023년에는 잔고가 100만 원으로 50% 감소했다. 이 둘을 평균하면 25%가 된다. 이렇게 구하는 평균을 산술평균이라고 한다.

$$\text{평균 수익률} = \text{산술평균} = \frac{100\% + (-)50\%}{2} = 25\%$$

일반적으로 학교에서는 평균의 개념으로 산술평균을 주로 학습한다. 하지만 위의 사례에서 2021년과 2023년 계좌잔고를 비교해 보면 100만 원에서 출발하여 2년이 흐른 뒤에도 100만 원 그대로이다. 결코 2년간 '평균' 25%씩 증가했다고 할 수 없다. 실제 수익률은 0%로 산술평균을 사용한 수익률과는 분명히 다른 것이다. 일반적으로 이자에 이자가 붙는, 즉 복리의 상황에서 평균수익률은 산술 평균이 아니라 기하 평균을 사용하여야 한다. 즉, '계속해서 x%씩 성장하는 경우의 평균'이다. 현재 100원이 2년 뒤에 100원이 되려면 해마다 계속해서 몇 x%씩 성장해야 하는지 $100\times(1+x)\times(1+x)$를 계산하는 개념이다. 실제로

$$100\times(1+x)\times(1+x)=100\times(1+x)^2=100$$

식의 해 x는 다음으로 구해진다.

$$1+x=\sqrt{\frac{100}{100}}=\sqrt{1}$$

즉,

$$x=\sqrt{1}-1=1-1=0$$

이렇게 계산되는 기하평균은 이제 x = 0%로 계산되었으며, 산술평균 25%와는 다르다. 100만 원이 2년 뒤에 100만 원이 됐으니 수익률은 0%가 맞다.

원금을 P, 미래가치를 FV, 기간을 T라 할 때 기하평균으로 계산한 수익률의 일반식은 다음과 같이 정리할 수 있다.

$$\text{평균수익률}=\text{기하평균 } y=\sqrt[T]{\frac{FV}{P}}-1,\ T=\text{투자 기간}$$

세간에 널리 알려진 전설적인 투자 대가들의 평균 수익률은 보통 얼미나 될까? 수백 수천 %가 될까? 역사상 가장 성공한 펀드 메니저로 불리는 피터 린치(Peter Lynch)는 1977년 마젤란 펀드를 맡아 1990년까지 13년 동안 무려 2,700%의 수익을 냈다. 1억 원이 13년 만에 28억 원이 된 것이다. 하지만 피터 린치의 수익률을

13년간 연 208%($\frac{2,700\%}{13} = 208\%$)라고 하지는 않는다. 기하평균을 따라 그가 거둔 연평균 수익률을 구하면 $\sqrt[13]{\frac{28}{1}} - 1 = 29.2\%$이다. 13년간 그의 명성에 비추어 볼 때에는 사소(?)해 보일 수도 있는 연 29%의 수익률을 계속 기록한 것만으로 펀드의 전설이 된 것이다.[7] 복리의 힘은 이렇게 무서운 것이다. 다만 피터 린치가 연 29%의 수익을 올린 기간에 미국 S&P 수익률은 15% 수준이었고 시장금리는 10%를 넘었다는 점을 감안하여야 한다. 그래도 금리의 3배, 시장의 2배 정도의 수익을 내어 전설로 남게 된 것이다. 주식투자를 하는 사람들의 목표수익률을 물어보면 '큰 욕심 없이 1년에 20%씩만'이라고 한다. 고수 소리를 들으려면 '그래도 1년에 수익이 2배는 나야 선수'라고 하는 경우를 본다. 현재 금리 수준 2~3% 수준에서 연평균 20%대의 수익률이 얼마나 비현실적인 것인지 쉽게 알 수 있을 것이다.

2) 복리와 저축

투자에서 관찰되는 복리식 증가는 절약과 저축 그것도 '이른' 절약과 저축이 자주 강조되는 주된 이유다. 은퇴 후에 목돈을 만들려 하거나 혹은 미래의 금전적 목표를 달성하려 할 때 복리는 큰 힘을 발휘한다. 복리식 증가의 힘을 예를 통해 보자. 20세에 한 계좌에 1만 원을 넣어 두고 70세에 은퇴할 때까지 그 돈을 건드리지 않고 그대로 두었다고 하자. 투자 기간은 50년(= 70 − 20)이므로 $T = 50$이다. 50년이라는 기간이 끝날 때에 이 계좌에 돈은 얼마나 될지 알고 싶다. 먼저 $r = 0.00$로 이자율이 정확히 0%인 특별할 경우를 보자. 이 경우 최종 잔고는 다음이다.

$$(1 + r)^T \times 1\text{만 원} = (1 + 0.0)^{50} \times 1\text{만 원} = 1^{50} \times 1\text{만 원} = 1\text{만 원}$$

---

7. 최고의 투자자로 인정받는 워런 버핏의 지난 50년간 수익률이 얼마일까? 연평균 20%로 추정된다. 연평균 20%를 50년 동안 내면 누적수익률은 $1.2^{50} - 1 = 909{,}9\%$이다. 1천만 원의 투자가 910억 원으로 늘어난 것이다.

즉, 아무런 이자도 벌지 못했고, 잔고 1만 원은 원금 1만 원과 정확히 일치한다. 하지만 이자율이 2%면, $(1+r)^T$을 따라 원금 1만 원은 2만 6,900원으로 증가한다. 즉, 돈은 50년 동안 거의 3배가 된다. 이자율이 10%면 예금 1만 원은 117만 3,900원으로 커져, 50년 동안 117배 증가한다. 이처럼 복리식 증가는 큰 힘을 발휘할 수 있다. 이자율이 복리면 젊을 때의 저축은 나이가 들었을 때 막대한 혜택을 제공한다. 계좌의 최종가치인 117만 3,900원을 원금과 이자로 쪼개어 보면 50년이 지난 뒤 원금은 1만 원이지만, 나머지 116만 3,900원은 모두 이자이다.[8]

미래가치 편향

그러나 거의 모든 인간은 이런 복리의 힘을 인식하는 데 어려움을 느껴왔다.[9] 이는 미래가치 편향(future value bias)이라 불린다. 현재 가치, 시간 범위, 이자율이 주어졌을 때 인간은 미래가치를 체계적으로 과소평가하는 경향을 보인다. 특히 기간이 길어질수록 미래가치 편향은 증폭되어 먼 미래일수록 편향성이 심해진다. 미래가치 편향은 직관적으로 평가할 때 지수 항을 포함하는 함수를 선형화하여 1차의 선형함수로 이해하는 단리적 판단 경향, 또는 복리적 성장을 과소평가하는 편향 즉 지수적 성장 편향(exponential-growth bias) 때문이다. 즉, 복리를 이해하지 못하는 것은 우리가 성장을 선형적으로 바라보는 근본적인 인식의 한계 때문이다. 소비자는 주어진 수익률이 복리로 말미암아 얼마나 빨리 증폭되는지 과소평가하여 미래가치를 과소평가하기 마련이다. 미래가치를 복리를 따라 $FV = PV \times (1+r)^T$로 계산하는 것이 아니라 단리를 따라 $FV = P \times (1 + r \times T)$로 계산하는 것이다. 미래가치

8. 매년 8%의 수익을 올리는 원금 1억 원의 투자는 첫해 이후 1억 8백만 원(원금 1억 원 × 이자 0.08 = 1억 8백만 원)의 가치가 있다. 2년차 말에는 1억 1,664만 원(원금 1억 원 × 이자 0.08 = 1억 1,664만 원)으로 증가한다. 25년이 지나면 1억 원의 초기 투자금은 복리로 인해 6억 8,484만 원으로 증가한다.

9. Barberis, N. and R. Thaler(2003), "A Survey of Behavioral Finance," in George M. Constantinides, M. Harris, and R. Stulz, eds. : Handbook of Economics and Finance, Elsevier Science ; Stango, V. and J. Zinman(2009), "Exponential Growth Bias and Household Finance," *Journal of Finance*, 64(6).

편향은 이자율이 높을수록, 그리고 기간이 길어질수록 커진다.

더욱이 상황을 악화시키는 것은 금융기관들이 돈의 미래가치에 대한 소비자의 인식능력 부족을 가정하고 수령액을 매력적으로 제시하는 경향이 있다는 점이다. 예를 들어 40세 남자가 10년간 월 50만 원씩 납입하고 25년 후인 65세부터 매년 450만 원을 받는 조건의 상품에 가입한다. 10년만 매년 600만 원씩 내고 노후에 연간 450만 원을 죽을 때까지 받는다니 꽤 괜찮아 보인다. 그러나 돈의 미래가치를 감안하여 물가상승률을 2%로 가정해 25년 후에 받게 되는 450만 원을 현재 가치로 환산하면 약 274만 원이다. 받는 금액을 월 단위로 따져보면 매월 수령하게 되는 연금은 23만 원 정도이며 남은 생애기간 내내 연금액의 가치는 더욱 떨어진다.

노동소득과 자본소득의 차이 : 복리의 영향

근로자가 일을 해서 벌어들인 소득을 근로소득(earned income)이라 하고 자산 소유자가 자신의 자산으로부터의 소득을 자본소득(capital income)이라 한다. 자산으로부터의 소득은 통상적으로 재투자되어 시간이 지남에 따라 추가적 소득을 낳는 복리효과를 지닌다. 결과적으로 원래의 자산액뿐만 아니라 이로부터 얻은 자본소득으로부터도 수익이 계속 발생하는 것이다. 이러한 복리효과로 인해 노동소득과 달리 자본소득은 기하급수적으로 증가하는 현상을 보인다. 통계청의 '2020년 임금근로 일자리 소득 결과' 자료에 따르면, 대기업 종사자 중 19세 이하 근로자의 월평균 임금은 101만 원이지만 50대의 월평균 임금은 687만 원이 되고 60대 이상이 되면 453만 원으로 감소하는 것으로 나타난다. 그러나 100만 원을 40년간 연간 5%로 복리로 투자할 경우 40년 뒤에는 670만 원이 되며 50년 뒤에는 1,092만 원이 된다. 인적자본의 누적으로 생겨나는 임금 증가보다 복리효과로 인한 자산액의 증가가 시간이 지날수록 커진다는 것을 볼 수 있는 것이다. 그만큼 금융자산에 대한 투자가 중요한 것이다.

그림 8-2

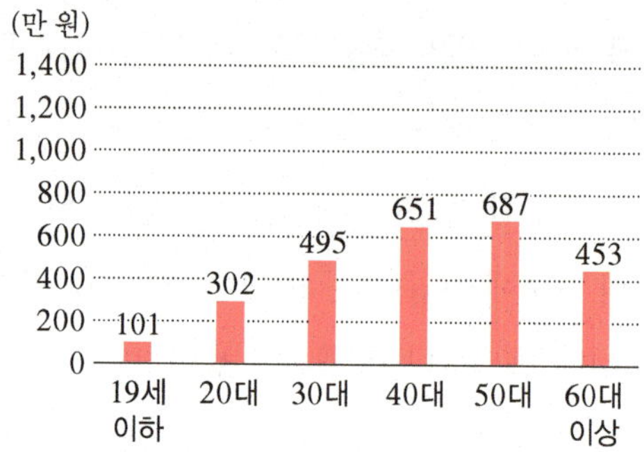

(a) 연령별 대기업 월평균 임금 변화(2020년)

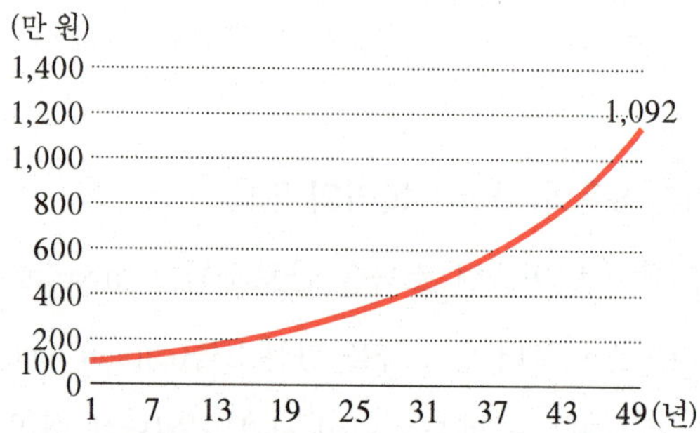

(b) 1백만 원을 10%로 투자 시 자산액 변화

자료 : 통계청

3) 복리와 채무

복리는 자산을 증대시키는 데 도움을 줄 수 있지만 동시에 주의 깊지 않을 경우 부지불식 간에 부채의 함정에 빠져들게 만들 수도 있다. 대출 역시 그 상환액이 복리식 성장을 하기 때문에 말 그대로 상환금액이 눈덩이처럼 불어난다. 더 큰 문제는 대출 이자율이 통상적으로 예금 이자율보다 높다는 것이다. 따라서 복리식 성장의 강도는 자산보다 부채가 더 크다.

저축을 오랜 기간 이어 갈 경우 이자가 원금보다 커지듯이, 부채도 마찬가지다. 가전이나 자동차 등을 할부로 구매할 경우 상환 원금보다 상환 이자가 더 커질 수 있다. 하지만 대부분의 사람들은 자신이 구매하는 것의 총비용을 충분히 따져보지 않는다. '내가 내는 돈이 모두 얼마일까? 구입가 100만 원이라고 광고가 붙은 것을 사는 데 신용카드로 산다면 실질적으로 내가 내는 돈은 얼마인가?'라는 질문을 해 보지 않는 것이다. 할부로 구매할 경우 이자를 포함한다면 종종 가격의 한 배 반이나 두 배를 지불하게 된다. 그러므로 100만 원의 물건을 사기 위해 150만 원이나 200만 원을 내게 되는 것이다. 아마도 제품을 구매하는 데 정가보다 2배의 금액을 처음부터 내기로 작정하는 사람은 없을 것이다. 문제는 대부분의 사람들이 이를 생각할 시간을 갖지 못한다는 것이다. 예를 들어 어떤 사람이 10억 원의 집을 8.5%의 이자율에 30년 만기 융자로 구입한다면, 이 사람이 내게 되는 총금액은 얼마인가? 그 금액은 27억 5,000만 원 정도가 된다. 이런 식으로 집을 살 사람이 몇 명이나 될 것인가? 결과적으로 "부채는 생명을 위협하는 전염병이자 악마와 거래하는 것"(앤드류 할램 저, 『백만장자 선생님의 부자 수업』, 와이즈베리)이라는 다소 과격한 지적이 쉽게 수긍이 간다. 부채가 불가피하다면 항상 최악의 시나리오를 생각하면서 직장을 잃거나 부채상환 자금을 마련하지 못했을 때 어떻게 될지 따져야 하는 것이다.

상환–이자 편향

더 나아가 저축의 경우에 미래가치를 과소평가하는 미래가치 편향(future value bias)을 보이듯이 차입의 경우에도 사람들은 이른바 상환–이자 편향(payment interest bias)을 보인다.[10] 즉, 원리금, 월 지불액, 만기가 주어질 때 대출 이자율을 체계적으로 과소평가하는 경향을 보인다. 이러한 두 가지 편향은 모두 사람들이 지수적 증가를 보이는 항을 포함하는 함수를 있는 그대로 받아들이지 못하고 선형화하는 경향(지수성장 편향)이 있는 데서 비롯한다. 미래가치 편향의 경우 소비자는 주어진 수익률이 얼마나 빨리 복리되는가를 과소평가하기 때문에 미래가치를 과소 평가하게 된다. 이러한 미래가치 편향은 이자율이 상승하고 복리기간이 길어짐에 따라

10. 미래가치 편향은 만기가 증가함에 따라 커지는 반면, 상환이자 편향은 만기가 증가함에 따라 감소한다.

더욱 두드러진다. 차입 측면에서 지수성장 편향 때문에 사람들은 할부 대출에서 원금 잔액이 감소할 경우의 그 효과를 충분히 이해하지 못하도록 한다. 소비자는 실제로 원금을 빌릴 수 있는 기간을 과대평가하므로 부담해야 할 차입비용을 체계적으로 과소평가한다. 상환–이자 편향은 대출기간이 짧을수록 더 심각하게 나타난다. 왜냐하면 대출의 원금 잔액이 장기대출보다 단기대출에서 더 빨리 감소하기 때문이다(Stango and Zinman(2009)). 이러한 상환–이자 편향을 고려하면 몇 가지 시사점이 생겨난다. 첫째, 일반적으로 대출을 받은 뒤 첫 달이 지나야 상환할 수 있으나 첫 달부터 상환하는 것이 유리하다. 둘째, 상환기간을 30년으로 하기보다는 15년으로 줄이는 것이 이자부담을 크게 줄일 수 있다. 셋째, 매달 이자만을 상환하는 것보다는 이자와 원금을 함께 상환하는 것이 훨씬 유리하다. 한마디로 일단 대출을 했으면 가급적 원금의 상환을 앞으로 당겨야 한다는 것이다.

복리현상을 감안할 때 갚기로 한 원리금은 약속된 날짜에 뒤로 미루지 않고 착실히 상환하는 것이 매우 중요하다. 이 점을 신용카드를 통해 살펴보자. 신용카드는 청구금액에 이의를 제기할 수 있고, 자동차 등을 임대하기 용이하고, 현금이나 포인트 등 다양한 보상을 누리게 한다. 그렇지만 이는 매달 대금을 제 때에 잊지 않고 납부할 수 있는 사람에게만 적용된다. 신용카드 사용은 복리 이자로 말미암아 불리하게 작용하는 경우가 훨씬 많다.

- 첫째, 신용카드의 연 이자율(annual percentage rate ; APR)은 전체 그림을 제공하지 않는다. 우리 대부분은 신용카드사가 제시하는 이자율을 알고 있으며, 이는 전혀 갚지 않을 경우 1년 동안 카드잔액에 부과될 이자율이 낳을 이자 금액이다. 이를 APR이라고 한다. 언뜻 보면 연이자율이 29.9%인 1,000만 원의 신용카드 잔액은 1년 동안 299만 원의 이자 비용을 발생시킬 것이라고 예상할 수 있다. 그러나 그렇지 않다. 1년 후 신용카드 잔액은 실제로 1,353만 9,500원이 된다. 299만 원을 초과한 54만 9,500원은 어디서 나온 것일까? 결론부터 미리 말하면 그것은 매일의 복리에서 온 것이다.
- 둘째, 신용카드 이자는 매년이 아니라 매일 복리로 계산된다. 29.9%의 연이자율

을 제시하는 신용카드의 1,000만 원의 잔액이 1년 동안 299만 원의 이자를 생성할 것으로 예상했다면 이자가 매년 복리로 계산되는 것이라면 맞을 것이다. 하지만 신용카드는 이자를 연별 복리 대신 일별 복리로 계산된다. 일별 복리란 신용카드가 갚아야 할 이자를 매일 계산하여 카드 잔액에 매일 새로 추가한다는 것을 의미한다. 따라서 연초의 1,000만 원 신용카드 잔액은 하루치 이자를 받을 수 있다. APR 29.9%를 1년 365일로 나눈 값 또는 0.082%이 그것이다. 이는 대략 1,000만 원 × 0.082 = 800원 정도이다. 따라서 하루가 지나면 신용카드사는 카드 잔액에 이자 800원을 추가한다. 다음날 이자는 1,000만 800원의 새로운 잔액에 대해 계산된다. 즉, 또 다른 0.082%의 이자가 추가될 것이다. 이런 방식이 계속됨에 따라 매일 추가되는 이자는 900원으로 올라가고 그런 다음 1,000원 등으로 계속 올라간다. 그 결과가 54만 9,500원이 되는 것이다.

- 셋째, 신용카드 명세서는 결제일까지 유예기간(grace period)을 준다. 매월 신용카드사는 마지막 청구서 이후에 발생한 모든 사용내역이 나열된 청구서를 발행한다. 청구서에는 최소 납부 금액과 기한이 나와 있다. 미국의 경우 법에 따라 청구서 날짜와 만기일 사이에는 최소 21일이 있어야 한다. 또한 은행은 청구서 날짜와 만기일 사이의 새로운 비용에 대해 이자를 청구할 수 없다. 10월에 무언가를 구입하고 신용카드사에서 11월 1일에 명세서를 발행하고 11월 22일에 만기가 되는 경우, 이러한 새로운 비용은 11월 22일까지 이자를 받지 않는다. 하지만 문제가 있다.
- 넷째, 유예기간은 신용카드에 잔액이 없는 경우에만 허용된다. 만기일까지 카드 대금을 전액 지불하지 않으면 유예기간이 사라진다. 대신 신용카드로 구매하는 즉시 이자가 발생하기 시작한다. 이는 큰 차이를 만들어낸다. 29.9% 이자율의 신용카드로 1,000만 원을 지출하고 유예기간 혜택이 없는데 30일 동안 상환하지 않고 있으면 25만 2,200원의 이자가 누적된다. 이는 잔고에 바로 추가되므로 계속 증가해 나갈 것이다. 반면 신용카드를 전액 상환했고 유예 기간이 있는 경우라면 해당 비용에 대한 이자는 없다.
- 다섯째, 유예기간을 되돌리려면 2개월 연속으로 청구액을 완납해야 한다. 미뤄졌

던 신용카드 청구서를 이번 달에 모두 결제한 것만으로는 유예기간 혜택을 돌려받을 수 없다. 2개월 연속 두 번 완납해야 한다. 청구서에 있는 모든 금액을 지불하더라도 청구서를 받은 시점과 지불한 시점 사이에 여전히 이자가 누적되기 때문이다. 추가로 누적된 이자는 다음달 청구서에 표시되며, 유예 기간을 복원하려면 전액을 갚아야 한다.

이 긴 이야기의 교훈은 청구서의 납부기한이 지난 신용카드 잔액을 유지하는 것이 생각보다 훨씬 더 나쁘다는 것이다. 그 시점부터 이자가 쌓이기 시작할 뿐만 아니라 유예 기간도 잃게 된다. 즉, 카드의 새로운 지출에 즉시 이자가 쌓이기 시작한다. 해결책은 간단하다. 신용카드를 전액 지불하는 습관을 유지하라! 2개월 연속으로 전체 신용카드 잔액을 지불하면 유예기간 혜택이 복원된다. 새로운 청구금액을 계속 전액 완납하는 한 청구서에는 이자가 부과되지 않을 것이다. 그런 상황에서만 신용카드는 채무의 원천이 아니라 삶의 편리한 도구가 된다. 많은 유형의 소비대금 지불을 훨씬 더 쉽게 만들고 카드 보상 프로그램을 충분히 이용할 수 있다.

결과적으로 차입의 적절한 관리가 경제적 성패를 극적으로 가르는 요인이 될 수 있다. 차입은 종종 레버리지(leverage)라고 부르는데, 레버(lever)는 못을 뽑을 때 쓰는 지렛대로 우리가 도저히 움직일 능력이 없는 물건을 움직일 수 있게 해 주는 도구다. 혼자서 쓸 수 있는 힘을 증폭시켜서 도저히 엄두가 나지 않는 일을 해낼 수 있기 때문이다. 오래전 아르키메데스는 이런 말을 했다. "나에게 충분히 긴 지렛대와 밑에 괼 지렛목만 있으면, 세상을 들어 올릴 것이다." 이것이 바로 돈을 빌리는 많은 사람들의 열망이다. 주택 구매의 경우를 살펴보자. 여러분이 수중의 1억 원으로 집을 한 채 사고 싶다고 하자. 레버리지를 사용할 수 없다면 얼마나 큰 집을 살 수 있으며, 그 집을 사고 났을 때 여러분의 대차대조표는 어떤 모습을 가질까? 우선 돈을 빌릴 수 없다면 1억 원짜리 집만 살 수 있다. 이 경우 대차대조표에는 1억 원짜리 집이 자산으로 표시된다. 이 자산을 획득하기 위해 조달한 재원은 자기자본 1억 원이다. 이제 집을 살 때 얼마간의 레버리지, 즉 빚을 낼 수 있다고 하자. 예시를 위해 집값의 80%까지 빚을 내서 주택 구매에 필요한 재원을 마련할 수 있다고 하자. 그러면 이제 5억 원짜리 집을 살 수 있고, 대차대조표는 상당히 다르게 표시된다. 즉, 5억 원짜리 집을 자산으로 가지고, 앞으로 상환해야 할 주택담보 대출 4억 원과 자기자본 1억 원을 갖게 된다.

표 8-2 레버리지 이용에 따른 보유자산과 부채 및 순자산의 변화

	보유 자산	자금 조달 : 부채와 순자산
차입이 없을 때	집 1억 원	1억 원 자기 자본

	보유 자산	자금 조달 : 부채와 순자산
80%를 차입할 때	집 5억 원	4억 원 담보 대출 1억 원 자기 자본

두 경우 모두에서 여전히 1억 원만큼의 가치를 순자산(즉, 자기 자본)으로 가지고 있지만, 두 번째 경우에 거주하는 주택이 훨씬 더 근사할 것이다. 여러 면에서 레버리지는 우리가 거주할 능력을 넘어서는 집에서 거주할 수 있게 해 준다. 학자금을 빌리는 것도 마찬가지다. 현재 소득과 재산으로는 등록금을 감당할 수 없더라도 교육을 마치고 나면 훨씬 더 높은 소득과 더 나은 생활에 진입할 길이 열릴 공산이 크다. 그래서 그런 기회에 다가서기 위해 돈을 빌린다. 지금 가진 자원을 넘어서는 기회에 접근하고 싶다는 것, 바로 이 논리가 사업가가 금융에서 찾는 의미다. 평소 통제할 수 있는 것보다 많은 자원을 통제하게 되면 지금 있는 재원의 한계 내에 머무는 것보다 보상이 훨씬 더 커질 수 있다.

그런데 더 좋은 점도 있다. 레버리지를 동원하면 능력을 넘어서는 집에서 거주할 수 있을 뿐 아니라, 수익률 또한 크게 높아진다. 예를 들어 집값이 10% 오른다고 해 보자. 레버리지를 쓰지 않는다면 부는 10% 늘어난다. 즉, 집의 가치는 1억 1천만 원이 되고 자기자본은 여전히 1억 원이다. 그러나 레버리지를 썼을 경우 부는 50% 늘어난다. 즉, 집의 가치는 5억 5천만 원으로 커지지만 미상환 차입금은 전과 다름

없이 4억 원이며, 그에 따라 자기자본은 1억 원에서 1억 5천만 원으로 늘어난다. 이 사례를 보면 사람들이 왜 레버리지를 그리도 좋아하는지 감이 잡힐 것이다. 더 큰 집에서 살 기회도 얻고 동시에 더 높은 수익률도 얻는다. 물론 집값이 항상 오르는 것은 아니다. 집값이 반대로 20% 떨어진다고 하자. 레버리지를 쓰지 않은 경우에 20% 즉 2천만 원의 손실을 본다. 반면 레버리지를 쓴 경우에는 부, 즉 애초의 자기자본 1억 원을 모두 잃게된다. 레버리지는 수익률을 플러스와 마이너스 양 방향으로 증폭시킨다. 양날의 칼인 것이다.

한편 돈을 빌리면 당연히 따라붙는 것이 있다. 차입은 의미가 아주 큰 약속이라는 것이다. 대부자는 스스로를 보호하기 위해 자신에게 빌린 돈으로 차입자가 하는 행위를 제한할 수 있는 권리를 가진다. 이것은 대부자와 차입자 간의 약속인 이른바 대출 약관에 따른 권리다. 차입자가 약관을 위반하면 대부자는 위약금을 징수할 수 있고 차입자의 자산을 압류할 수도 있다. 예를 들어 차입자는 보통 대부자의 승인을 얻지 못하면 빚을 더 낼 수가 없다. 이러한 메커니즘을 통해 대부자는 차입자가 빌린 돈으로 정신 나간 짓을 하지 못하게끔 막을 수 있다. 가장 심각한 사태로, 만일 차입자가 정기적으로 갚아야 할 돈을 갚지 못하면 대부자는 차입자와 차입자의 자산에 법적인 권리와 청구권을 행사할 수 있다. 이로 인해 주택 소유자는 주택을 상실할 수 있고, 이자를 내지 못하는 기업은 파산을 선언해야 할 수도 있다.

그렇다면 기업은 레버리지를 얼마나 써야하는 것일까? 채무가 채무자에게 미치는 두 가지 상반된 작용(빚 사용에 따른 세제상의 이점과 빚이 초래하는 위험)의 득실을 절충하라는 것이다. 이자 지급액은 기업과 개인의 과세 소득에서 공제되기 때문에 빚을 사용하는 것이 유리할 수 있다. 간단히 말해 기업이 설비를 매입하거나 개인이 집을 사는 자금을 빚으로 조달하면 납세액을 줄일 수 있다. 한편 채무가 과다해지면 여러 가지 난점을 초래한다. 채무가 많은 회사는 파산에 이르기 전에도 어려움을 겪는다. 회사의 안정성이 약화됨에 따라 뛰어난 근로자가 회사를 떠날 수 있고, 고객들은 회사가 없어질 경우를 우려하여 구매를 중단할 수 있다. 그리고 납품업체는 판매대금을 지불받지 못할까 봐 납품을 중단할 수 있다. 이러한 재정 압박의 비용과 세제상의 혜택을 절충하면 회사에 적정한 레버리지 금액이 얼마인지에 대한 감을 잡을 수 있다.

레버리지는 우리의 꿈을 실현하도록 도와주는 자비로운 도구일 뿐일까? 레버리지는 정말 그렇게 단순한 것일까? 빚의 부담을 지고 고되게 일해 본 사람이라면 누구나 레버리지가 유발하는 고충을 증언할 수 있다. 학자금 융자와 주택담보대출의 압박은 삶의 모습 자체를 바꿔 놓기도 한다. 빚을 지지 않았더라면 추구할 수 있었을 꿈이 레버리지에 따르는 책임으로 인해 아예 박탈되기도 한다. 학자금 채무에 얽매여 있을 경우, 그러한 꿈을 위해 책임을 더 떠안을 여지가 있을지 의문이 들기도 한다. 이 문제는 '채무 과잉(debt overhang)'이라는 음산한 명칭으로 불린다. 채무 과잉이 뜻하는 상황은, 이미 떠안은 책임의 그늘 탓에 해야 할 일을 하지 못하게끔 자신을 스스로 가로막을 수 있다는 것이다.

가령 주택담보대출 8천만 원을 받아서 1억 원짜리 집을 사는 사람이 있다고 해보자. 만일 집값이 7천만 원으로 떨어지면 소유 자산 가치보다 빚이 더 커지므로 손실 상태가 된다. 그런데 그 집에다 2천 5백만 원의 비용을 들여서 뭔가를 추가로 설치하면 집값이 3천만 원 높아질 수 있다고 하자. 집주인은 이 일을 해야 할까? 보통 "당연히 해야 한다. 2천 5백만 원을 써서 3천만 원을 얻으니까 좋은 투자다"라고들 말한다. 그러나 이 경우에 집주인이 2천 5백만 원을 지출해서 3천만 원의 가치를 얻는다고 해도, 이 3천만 원 중 1천만 원은 이미 대부자에게 가야 할 돈이고 집주인은 2천만 원밖에 건지지 못한다(3천만 원의 가치가 더해져 집값이 다시 1억 원이 되더라도 애초의 담보 대출 8천만 원을 빼면 결국 집주인에게는 2천만 원만 남는다). 따라서 이 2천 5백만 원의 투자는 집주인의 입장에서 나쁜 투자가 되어 버린다. 정말로 야릇한 것은 집주인이 확장 투자를 하면 대부자한테 더 좋음에도 불구하고 집주인이 올바른 유인을 갖추도록 하는 데 필요한 타협을 대부자가 대개 꺼린다는 점이다. 여기서 보듯 이미 떠안은 책임의 그늘로 말미암아 소유자가 자신에게 필요한 조치를 취하는 것이 가로막힌다. 2009년에 미국이 겪은 주택 위기가 그토록 심각해졌던 이유 중에는 이 채무과잉의 작용도 있다. 집값이 떨어져서 2009년에 주택 소유자의 20%가 손실 상태였다. 하지만 이러한 괴상한 유인 때문에 높은 레버리지로 집을 장만한 수많은 동네에서 집이 망가져도 보수하지 않고 내버려 두는 경우가 작지 않았다. 그렇다면 답은 무엇일까? 해결책은 집주인이 자신의 입장에서 가장 유리한 프로젝트를 추구할 수 있는 여건이 다시 갖추어지도록 대부자가 대출에서 생긴 손실을 받아들이는 것이다. 그렇게 하면 대부자의 처지 또한 나아진다. 그러나 불행하게도 대부자는 흔히 그런 손실을 쉽게 받아들이려 하지 않는다.

레버리지의 효과적 사용 : 생애 주기 가설

생겨나서 소멸하기까지 개인이나 기업의 생애 주기에 걸쳐 레버리지를 효과적으로 사용하는 방법은 무엇일까? 이를 검토하다보면 레버리지의 장단점이 확연히 드러난다. 레버리지는(앞서 보았듯이) 투자를 제한하는 탓에 개인과 기업을 위태롭게 할 수 있다. 따라서 대처해야 할 불확실성이 크고 잠재적으로 투자할 일이 많은 개인과 기업, 특히 신생기업은 레버리지를 제한해야 한다. 마찬가지로 경제적 수명이 다해 가는 불안정한 회사는 레버리지로 인해 파멸을 재촉하는 상황에 처할 수 있다. 그래서 레버리지가 서서히 높아졌다가 다시 서서히 내려가는 모양의 궤적을 기업에 적용해 볼 수 있다. 즉, 젊고 역동적인 기업은 채무를 되도록 피하고, 성숙한 기업은 채무를 많이 동원하고, 경제적 쇠퇴가 작동하기 시작한 오래된 기업은 채무 수준을 낮추는 것이 좋다.

이와 유사한 양상이 우리의 금융생활에서도 분명히 드러난다. 삶의 모든 시기에 걸쳐 소비를 골고루 분산시키는 행동 양상(생애주기 가설 또는 소비평탄화) 때문에 나타나는 현상이다. 경제학에서 수수께끼 중 하나는 소비(우리가 먹는 식품만이 아니라 우리가 소비하는 모든 것, 즉 주택, 여러 가지 경험 등)가 삶이 이어지는 과정 내내 어떻게 해서 안정적으로 유지되는가 하는 것이다. 살아가는 동안 소득이 아무리 들쑥날쑥해도 우리의 소비규모는 기본적으로 변하지 않는다. 우리는 어떻게 이렇게 하는 것일까? 소비할 데는 많고 자원이 없는 젊은 시절에는 빚을 낸다. 그러다 나이가 들면서 빚을 갚는다. 그리고 비슷한 수준으로 계속 소비할 수 있도록 은퇴에 대비해 저축한다.

3. 현재가치와 할인

이상에서는 화폐가 시간가치를 갖는다는 점에서부터 출발하여 현재의 투자가 미래에 얼마의 가치를 갖는지, 즉 미래가치를 파악하려 하였다. 거꾸로 우리는 미래의 현금흐름이 현재 얼마만한 가치를 갖는지, 즉 현재가치를 추정할 필요도 있다. 현재가치는 미래에 일정 금액을 확보하려면 지금 얼마가 필요한가를 말해 준다. 투자자들은 미래에 자신에게 수익을 안겨다 줄 채권이나 연금을 위해 지금 당장 얼마의 대가를 지불해야 하는가에 관심을 가질 수 있다.

어떤 사람이 쇼핑센터의 건설자금으로 1억 원을 빌려주면, 20년 뒤에 2억 원을 갚겠다고 한다. 이 사람은 신용등급이 매우 높아 돈을 확실히 갚을 것이라고 믿어진다고 하자. 즉, 이 대출은 위험이 없는 대출이라고 확신된다. 그럼에도 그의 제안을 받아들일지는 불분명하다. 이런 상황에서는 기회비용의 권고를 따라 1억 원을 사용할 다른 대안을 볼 필요가 있다. 대안으로 5%의 이자를 약속하는 무위험 투자처가 있다고 하자. 이 경우 무위험투자처로부터 20년 뒤에 2억 원을 얻으려면 오늘 얼마나 투자해야 하는가를 물을 수 있다. 이는 다음 식에서 X를 구하는 문제이다:

$$(1 + 0.05)^{20} \times X = 2\text{억 원}$$

이 식에서 X는 연간 5%의 수익을 내는 투자를 할 수 있다는 가정 하에 20년 뒤에 2억 원을 만들기 위해 지금 당장 필요한 금액이다. X는 7,538만 원으로 구해진다:

$$X = \frac{20{,}000}{(1.05)^{20}} = 7{,}538\text{만 원}$$

즉, 지금 7,538만 원을 5% 수익을 내는 무위험 프로젝트에 투자하면 20년 뒤에 2억 원을 회수할 수 있다. 따라서 20년 뒤의 2억 원은 지금 당장으로는 7,538만 원의 가치가 된다. 변수 X는 20년 뒤 2억 원의 현재가치(present value ; PV) 혹은 이 경우에는 쇼핑센터 프로젝트의 현재가치이다. 어떤 미래의 지불금액 P에 대한 현재가치는 미래의 지불을 만들어내기 위해서 오늘 투자되어야 하는 금액을 의미한다. 미래의 지불금액이 현재시점 기준으로 할인된 가치라고도 한다. 이자율이 r일 때 T년 뒤에 받게 될 원의 현재가치는 다음과 같다:

$$PV = \frac{P}{(1+r)^T}$$

이를 앞의 미래가치의 유도과정을 역으로 따져 다시 보자. 미래가치의 비례관계를 감안하면 시장 이자율이 r일 때 미래에 얻을 1원과 현재의 $\frac{1}{1+r}$원은 동일한 가치를 갖는다는 것을 알 수 있다. 이때 1년 뒤 받게 되는 1원의 현재 가치는 $\frac{1}{1+r}$이라고 할 수 있다. 이자율이 10%라 한다면 1년 후 110만 원의 현재가치는 $\frac{110\text{만원}}{1+0.1} = 110\text{만원} \times \frac{1}{1+0.1} = 100$만 원이다. $(1+r)$을 T번 곱하는 것은 $(1+r)^T$로 표현되고, $(1+r)$이 1보다 크므로, $(1+r)^T$도 역시 1보다 크다. 따라서 현재가치 식에서 미래의 지급(지금부터 T년 후의 지급)은 1보다 큰 분모에 의해서 나뉜다. 즉, 미래의 지급은 현재가치를 계산할 때 할인(discounting)되는 것이다. 복리는 현재의 돈을 미래(미래가치)로 가져가고 수치의 증가를 수반하는 반면, 할인은 돈을 현재(현재가치)로 도로 가져오고 수치의 감소를 수반한다. 할인은 서로 다른 미래 시점에 발생하는 미래 지급액의 현재가치를 비교할 수 있게 한다. 현재가치식을 조금 다른 형태로 표현하는 것이 도움이 된다.

$$\text{현재가치} = \left[\frac{1}{(1+r)^T}\right] \times (\text{지금까지 } T\text{기간 후의 지급 } P)$$

이 식은 앞의 식과 동일하지만, 미래의 지급에 1보다 작은 요소를 곱하고 있다는 점을 강조하고 있다. 1보다 작은 요소가 꺾쇠괄호 안의 비율이다.

쇼핑센터 프로젝트의 현재가치가 단지 7,538만 원밖에 되지 않는다고 계산한 당시에는 손해를 보는 거래라고 생각할 수 있다. 단지 7,538만 원의 가치밖에 없는 상품에 대해서 1억 원(쇼핑센터 프로젝트에 들어가는 현재의 비용)을 지불해서는 안 된다. 지금 당장의 비용인 1억 원이 나중에 돌아오는 혜택의 현재가치인 7,538만 원을 초과하기 때문에 이 프로젝트는 음(−)의 순현재가치(net present value)를 가진다고 말한다. 어떤 프로젝트의 순현재가치는 편익의 현재가치에서 비용의 현재가치를 뺀 것이다.

(편익의 현재가치) − (비용의 현재가치) = 순 현재가치

예에서 순현재가치는 다음과 같다.

7,538만 원 − 1억 원 = −2,462만 원

양(+)의 순현재가치라면 프로젝트를 '진행시키고', 음(−)의 순현재가치라면 '진행시키지 않아야' 한다.

많은 경제적 기회들이 미래에 복잡한 지급흐름을 만들어내므로 현재가치의 개념은 유용하다. 현재가치는 미래에 일어날 모든 지급을 단 하나의 수치, 즉 해당 프로젝트의 순현재가치로 나타내는 데 도움이 된다. 순현재가치의 개념을 좀 더 분명히 하기 위해서 다른 투자기회를 생각하자. 오늘 1,000만 원을 투자한 대가로 미래에 2번의 지급이 있다고 하자 : 10년 후 1,000만 원과 15년 후 1,000만 원. 이것은 괜찮은 거래인가? 이 질문에 답하려면 현재가치식을 이용할 수 있다. 단 이자율을 5%로 두자.

먼저 10년 후 1,000만 원의 현재가치와 15년 후 1,000만 원의 현재가치를 계산

해 보자.

$$10\text{년 후 } 1{,}000\text{만 원의 현재가치} = \frac{1{,}000}{1.05^{10}} = 614\text{만 원}$$

$$15\text{년 후 } 1{,}000\text{만 원의 현재가치} = \frac{1{,}000}{1.05^{15}} = \$481\text{만 원}$$

이 두 현재가치의 합은 다음과 같다.

$$614\text{만 원} + 481\text{만 원} = 1{,}095\text{만 원}$$

따라서 이 프로젝트는 괜찮은 거래이다. 1,095만 원의 현재가치를 가지는 프로젝트에 대해서 1,000만 원을 투자하는 것이다. 즉, 이 프로젝트의 순현재가치는 양(+)의 값을 갖는다.

$$(\text{편익의 현재가치}) - (\text{비용의 현재가치}) = \text{순현재가치}$$

$$1{,}095 - 1{,}000 = 95$$

순현재가치는 기업이나 정부가 어떤 프로젝트의 실행 여부를 결정하는 데에 일반적으로 사용된다.

자동차를 구입하려는데 현재 가진 돈이 충분하지 않다고 가정하자. 그래서 돈을 절약하기 위해 저축계좌를 개설하기로 결정했다. 앞으로 오랫동안 이자율이 연 5%를 유지할 것으로 확신한다. 10년 후에 돈이 1,000만 원을 모았으면 하는데, 이 정도면 원하는 차를 사기에 충분하다. 현재 자신의 계좌에 얼마나 입금해야 하는지 알려면 현재가치 공식을 사용한다. $PV = \frac{1{,}000}{(1+0.05)^{10}} = 614$. 따라서 저축계좌의 현재가치는 613.9만 원이어야 한다. 10년 후에 연 5%의 이자를 얻는다면 1,000만 원을 확보하게 되는 것이다.

순현재가치는 대도시로 5년간 근무하게 된 가족이 5,000만 원짜리 자동차를 구매할 만한 것인지를 평가할 때 사용될 수 있다. 대중교통비용과 비교하여 볼 때 휘발유 주입, 유지·보수, 세금, 보험료와 비교하더라도 연간 순 절감액이 1,200만 원으로 추정되었다고 하자. 즉, 자동차를 이용하면 자동차는 매년 말에 1,200만 원을 절약해 준다. 시중 이자율이 10%라면 절약되는 돈의 현재가치는 4,549만 원으로 추정된다. 반면 자동차 가격은 5,000만 원이므로 자동차를 구매하지 않는 것이 적절하다.

현재가치법은 우리가 대중교통을 이용하는 대신 자동차를 구매할지 아니면 임대주택에 사는 대신 자가주택을 구매할지 등 내구재 구매가 적절한지를 평가하는 데 큰 도움이 된다. 현재가치를 이용하여 내구재 구매를 평가하면 우리의 소비생활을 보다 요령있게 할 수 있다.

기업의 자본 조달

기업은 사업을 수행하려면 자본이 필요하다. 투자자는 기업에 이들 자본을 제공한다. 기업은 제품을 제조하기 위해 새로운 공장이 필요하거나 새로운 분야로 확장하기 위해 추가적인 수송수단이 더 필요할 수 있다. 기업은 공장을 짓거나 수송수단을 구입하는 데 필요한 자금을 투자자로부터 얻는다. 물론 투자자는 투자수익을 원한다. 따라서 기업과 투자자 간의 관계를 다음과 같이 시각화할 수 있다.

그림 8-3 투자자와 기업의 관계

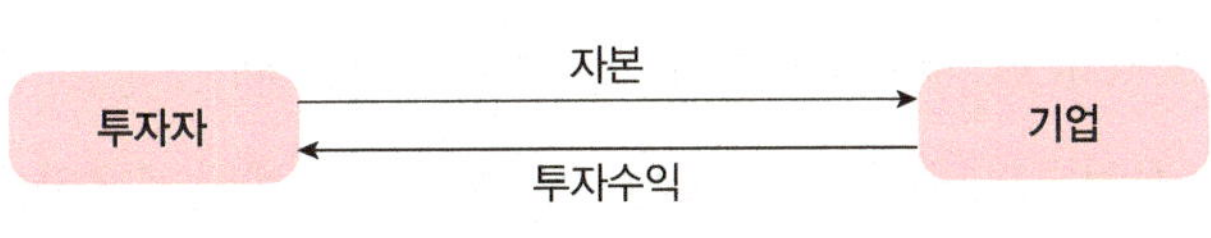

투자자는 자본을 기업에게 부채자본과 자기자본의 두 가지 형태로 제공된다. 기업은 부채자본을 늘리기 위해 채권을 일반 대중에게 판매하며, 자기자본을 늘리기

위해 주식을 판매한다. 주식과 채권은 모두 금융상품이며 특정 가치를 가진다. 우선 금융상품으로서 채권은 기업과 채권 투자자 간의 계약을 나타낸다. 만기에 기업은 투자자들에게 원금을 상환하고 만기 이전에는 사전에 정한 이자(coupon)를 정기적으로 지급해야 한다. 일반적으로 채권에는 다음과 같은 요소가 있다.

① **액면가**(face value) ***F*** : 한국의 경우 채권의 액면가 또는 원금은 일반적으로 최저 1만 원이며, 이에 따라 채권 투자는 1만 원의 배수로 이루어진다. 특정 시점에 기업이 발행한 채권의 총 가치는 수억 원이 될 수 있다.

② **시장가**(market value) ***B*** : 채권의 액면가가 1만 원이라 해도 채권시장에서 1만 원에 팔리지 않을 수 있다. 발행기업의 재무 상황이 좋지 않은 경우 채권은 1만 원 미만, 예를 들어 9,500원에 판매될 수 있는데, 이 경우 뉴스 기사는 채권 가격을 95로 표시한다. 이는 채권이 액면가의 95% 또는 9,500원에 판매되고 있다는 것으로 채권이 할인 또는 디스카운트된 가격으로 판매되고 있음을 나타낸다. 채권의 시가가 1만 원 이상인 경우 할증 또는 프리미엄으로 판매된다고 한다.

③ **잔존 만기**(life) ***n*** : 기업은 사전에 정해진 채권 만기일에 채권의 액면가를 채권자에게 지급해야 한다. 짧게는 1년에서 길게는 100년까지 걸릴 수 있다. 신생기업은 장기간에 걸친 채무 부담을 원하지 않으므로 상대적으로 단기 채권을 발행하며, 성숙한 기업은, 특히 이자율이 낮을 때, 장기 채권을 선호한다.

④ **표면금리**(coupon rate) ***c*** : 이는 액면가 F 대비 채권에 명시된 이자지급액 C의 비율 $\frac{C}{F}$이다. 이자의 화폐금액 C는 채권의 액면가와 표면 금리 c의 곱이다 : $C = cF$ 표면금리가 8%인 채권은 투자자에게 연간 $0.08 \times 10,000 = 800$원을 지불한다.

⑤ **계약조항**(indenture) : 채권자와 채권 발행기업 간의 계약조항은 양 당사자의 권리와 책임을 설정한다. 특히 계약은 만기일에 기업이 채권 보유자에게 이자를 지불하도록 요구한다. 기업은 세금이나 주식 배당금을 지불하기에 앞서 채권에 대한 이자를 먼저 지불해야 한다. 이는 채권 보유자의 지위를 안전하게 만든다. 계약서는 채권상환 일정도 명시한다. 계약의 또 다른 조항들은 기업이 제때 이자상환 의무를 이행하지 못하는 경우 기업을 강제로 청산하도록 하여 채권 보유자의

지위를 강화한다.

이제 채권이나 계약서의 가치를 계산해 보자. 우리가 일상생활에서 접하는 주요 금융상품에는 할인채, 단순대출, 고정상환대출, 이표채가 있다.

할인채(discount bond, 무이표 채권 또는 제로)는 중간에 이자를 지급하지 않고 만기일에 액면가로 단 한 번만 지불이 이루어지므로 가격은 현재가치 공식을 사용하여 쉽게 계산된다. 꾸준한 현금수입이 필요하지 않지만 미래에 일정한 목돈이 필요한 투자자는 이러한 채권을 살 수 있다. 이자율이 6%라면 액면가가 10,000원이며 1년 만기인 할인채의 가격은 9,434(= 10,000/1.06)원이 된다. 이자율이 12%인 경우 동일한 할인채의 가격은 8,928(= 10,000/1.12)원에 불과하다. 할인채의 가치는 현재가치식을 따라 $B = \frac{F}{(1+r)^n}$로 구해진다:

연 6%의 이자를 지급하는 예금계좌에 돈을 보관하고 10년 동안 보관한 후 인출할 계획이다. 단 매년 복리를 적용할 수 있는 선택권이 있다고 가정하자. 10년 후 10,000원을 갖고 싶다면 지금 얼마나 많은 돈을 입금해야 할까? 답은 10,000원의 현재가치를 연간 6%의 이자율로 할인한 것이다. 즉, $10,000/1.06^{10} = 5,584$원이다. 이제 예금 외에 액면가가 10,000원인 무이표 채권이 있어 10년 뒤 만기가 된다고 가정하자. 이 채권을 5,584원에 매입할 수 있다면 10년 뒤 원하는 현금 10,000원을 확보할 수 있는 또 다른 방법이 될 것이다. 할인채는 할인된 가격으로 판매되며, 때때로 액면가보다 훨씬 낮은 가격으로 거래된다. 채권 투자로 꾸준한 수입이 필요하지 않은 투자자들은 할인채를 매수한다. 은퇴나 자녀 교육을 위한 저축이 이에 해당할 것이다. 반대로 현금흐름에 어려움이 있어 꾸준한 이자 지급이 어려운 기업은 할인채를 발행할 수 있다. 미국 국채가 가장 대표적인 할인채로 할인된 가격으로 매매되고 만기가 되면 액면가를 받는다.

단순 대출(simple loan)이란 만기일에 원리금과 이자를 상환하는 대출이다. 만기 시 지급되는 금액을 계산하려면 미래가치 식을 사용한다. 예를 들어, 1년 동안 10,000원을 3.5%로 단순 대출하려면 차입자는 10,350(= 10,000 × 1.035)원을 상환해야 하며, 2년 동안 같은 이자율로 단순 대출을 하려면 10,712(= $10,000 \times 1.035^2$)

달러를 지불해야 한다(첫해 말에 지불해야 하는 이자를 복리화하는 효과로 인해 35가 두 배로 늘어난 것이 아니다!).

고정상환대출(fixed-payment loan 또는 완전 상각 대출 fully amortized loan)은 차입자가 정기적으로(예 : 주간, 격월, 월간, 분기별, 연간 등) 원금의 일부를 이자와 함께 상환하는 대출이다. 대부분의 자동차 대출과 주택담보대출을 포함하는 고정상환 대출은 매기의 상환액이 항상 동일하다. 처음에는 원금이 천천히 줄어들지만 만기일이 가까워질수록 더 빠르게 줄어들기 때문에 마지막에 큰 금액(큰 풍선이라 부름)의 상환은 없다. 대출금 또는 할부금 상환 외에도 우리는 일상의 많은 상황에서 월세, 월급과 같이 정기적인 지출을 처리해야 한다. 월별 또는 연별로 이루어지는 일련의 지출을 연금(annuity)이라고 한다. 할인의 아이디어에 기초하여 연금의 현재가치를 구할 수 있다. 이자율이 r일 때 첫 번째 기간 말, 두 번째 기간 말, 세 번째 기간 말 … 에 현금 흐름 C가 이루어지는 경우 할인된 현금 흐름의 합계로서 현재가치 PV는 다음과 같다 :

$$PV = \frac{C}{(1+r)} + \frac{C}{(1+r)^2} + \cdots + \frac{C}{(1+r)^n} \tag{*}$$

이제 빌린 원금이 PV = 500,000,000원, 연간 지불 횟수 12회, 총 지불 횟수 10년간 360회, 연이자율 6.0%(즉, 월이자율 0.5%(= 6%/12)이어서 PV, r, n이 주어졌으므로 월 정기 결제 금액 C는 2,997,750원으로 계산된다. 이러한 상환금액은 금융계산기를 사용하면 쉽게 구해진다. 금융기관으로부터 2,997,750원의 월 상환금을 받을 권리가 담긴 모기지를 매입할 경우 그 적정 가치를 계산하려면 잔존하는 월별 상환금액의 현재 가치를 간단히 합산하면 된다.

이표채(coupon bond)는 그 이름이 과거에 채권투자자가 이표(coupon) 중 하나를 잘라 차입자(또는 지불 대리인, 일반적으로 은행)에게 발송함으로써 이자를 받았기 때문에 그렇게 불린다. 기술발전으로 이러한 이표를 더 이상 사용하지 않지만 이표채는 최종 만기일까지 정기적으로(예 : 월별, 분기별, 반기별, 연간 등) 1회 이상의 이자를 지급하며 만기일에는 원금을 상환한다. 이러한 미래 지급액의 현재 가치를 구해 합하면 채권가격을 구할 수 있다. 이표채를 기준으로 일반적으로 채권의 현재가치는 채권에서 발생하는 (미래의) 현금흐름을 단순히 이자율로 할인한 현재가치로 생각할 수 있다: 채권의 경우 모든 이자 지급액의 현재가치와 최종 지급액(채권의 액면가)의 현재가치를 구해야 한다:

$$B = \frac{C}{(1+r)^1} + \frac{C}{(1+r)^2} + \cdots + \frac{C}{(1+r)^n} + \frac{F}{(1+r)^n} \quad (*)$$

채권의 현재가치 또는 시가를 B로 나타내고 채권 투자자가 매년 말 C의 이자 지급을 n년 동안 받고 n년 말에 채권의 액면가인 F를 상환받으며 r은 채권의 할인 이자율이다. 따라서 우리는 시장 이자율이 알려지면(예를 들어 4%, 5% 또는 6%) 정확히 5년 내에 액면가가 상환(원금 상환)될 때까지 매년 이자를 지급하는 액면가 10,000원인 이표채의 가격을 계산할 수 있다.

$PV_1 = \frac{500}{1.06} = 471.70$(500원은 매년 지급되는 이자로 채권의 액면가 10,000원에 채권의 계약 이자율을 곱하여 계산된다: 이자율이 5%일 경우)

$$PV_2 = \frac{500}{1.06^2} = 445.00$$

$$PV_3 = \frac{500}{1.06^3} = 419.81$$

$$PV_4 = \frac{500}{1.06^4} = 396.05$$

$PV_5 = \frac{10,500}{1.06^5} = 7,846.21$(10,500원은 최종 이자 지급액 500원에 채권 액면가 10,000원의 상환액을 더한 금액이다)

이상을 합산하면 9,578.77원이 된다. 채권의 가치가 액면가보다 낮은 이유가 궁금하다면 핵심은 채권이 지불하는 표면금리 5%와 시장 이자율 6% 간의 차이에 있다. 채권은 시장보다 낮은 이자율로 이자를 지급하기 때문에 사람들은 채권에 대해 많은 금액을 지불할 의사가 없으므로 가격은 액면가 이하로 떨어진다. 같은 이유로 사람들은 금리가 표면금리 5% 아래로 떨어지면 이 채권의 액면가보다 더 많은 금액을 기꺼이 지불해야 한다. 실제로 시장 이자율이 4%일 때 가격은 10,445.18원이다:

$$PV_1 = \frac{500}{1.04} = 480.77$$

$$PV_2 = \frac{500}{1.04^2} = 462.28$$

$$PV_3 = \frac{500}{1.04^3} = 444.50$$

$$PV_4 = \frac{500}{1.04^4} = 427.40$$

$$PV_5 = \frac{10{,}500}{1.04^5} = 8{,}630.23$$

하지만 시장 이자율이 표면이자율과 정확히 일치하면 채권은 액면가(이 경우 10,000원)로 판매된다:

$$PV_1 = \frac{500}{1.05} = 476.1905$$

$$PV_2 = \frac{500}{1.05^2} = 453.5147$$

$$PV_3 = \frac{500}{1.05^3} = 431.9188$$

$$PV_4 = \frac{500}{1.05^4} = 411.3512$$

$$PV_5 = \frac{10{,}500}{1.05^5} = 8{,}227.0247$$

이상의 방법을 사용하면 120회(30년 × 연간 4회 지불) 지불의 *PV*를 계산해야 하기 때문에 30년 동안 분기별로 지불하는 채권의 가격을 계산하는 것은 매우 지루할 수 있다. 얼마 전까지만 해도 사람들은 계산을 더 빠르게 하기 위해 특별한 채권표를 사용했다. 오늘날 대부분의 사람들은 업무 속도를 높이고 필요에 따라 금융 계산기, 금융 소프트웨어, Excel의 *PRICEDISC* 또는 *PRICEMAT*와 같은 스프레드시트 기능을 사용한다.

마지막으로 이자만 지급하는 모기지처럼 만기일 또는 상환일이 없는 채권, 즉 영구채(perpetual bond)를 고려하자. 끊기지 않는 현금흐름을 안정적으로 확보하고자 하는 투자자가 이러한 채권을 매입한다. 후에 더 이상 현금흐름이 필요하지 않게 되면 다른 투자자에게 영구채를 팔면 된다. 영구적인 현금흐름을 낳는 영구채의 가치는 (*) 식에서 $F = 0$, $n = \infty$로 두면 다음과 같이 구해진다:

$$B = \frac{C}{(1+r)^1} + \frac{C}{(1+r)^2} + \cdots = \frac{C}{r}$$

즉, 영구채의 가격은 매년의 이자 지급액을 이자율로 나누면 구해진다. 따라서 연간 500원(5% 쿠폰 금리)을 지불하는 액면금액 10,000원 채권은 이자율이 5%이면 10,000원의 가치가 있고($PV = 500/0.05 = 10{,}000$원), 금리가 높으면 더 적고($PV = 500/0.10 = 5{,}000$원), 낮으면 더 높다($PV = 500/0.01 = 50{,}000$원).

수익률

투자자는 연간 투자수익인 수익률을 단위로 채권을 구입한다. 채권의 경상 또는 단순 수익률(current yield) y는 금액으로 표시된 연간 이자 C를 금액으로 표시된 채권 B의 시가로 나눈 값으로 정의할 수 있다:

$$y = \frac{C}{B}$$

이는 채권을 단기간 보유하는 경우의 투자수익률을 나타낸다. 예를 들어, 표면금리 5%의 액면금액 1,000만 원의 이표채를 600만 원에 구입하는 경우를 보자. 이 경우 받게 되는 연간 이자는 50만 원이고 채권의 시장가격은 600만 원이다. 따라서 (경상) 수익률은 다음과 같이 구해진다:

$$y = \frac{50}{600} = 8.33\%$$

경제학 관점에서 볼 때 표면금리나 단순 수익률 모두 관심을 둘 만한 측정치는 아니다. 채권에 대한 이자율의 적절한 측정치는 만기 수익률(yield to maturity) 또는 요구수익률(required return rate) y_{tm}이다. 이는 채권 보유자가 만기까지 채권을 보유했을 때 얻게 되는 수익률이다. 보다 구체적으로 n년 채권에 대한 만기 수익률 또는 n년 이자율(n-year interest rate)은 현재의 채권가격과 채권에 대한 미래 지급액의 현재 가치를 동일하게 만드는 일정한 연간 이자율이다: 채권의 만기 수익률은 채권의 가치식 (*)에서 채권의 시가 B와 계산된 현재가치 $\sum_{t=1}^{n} \frac{C}{(1+r)^i} + \frac{F}{(1+r)^n}$를 일치하도록 만드는 r의 값이다. Excel 같은 스프레드시트 프로그램을 사용하면 만기 수익률을 정확하게 계산할 수 있다.[11] 예를 들어 2년채의 만기 수익률 i_{2t}는 2년 뒤의 100원의 현재가치와 금년의 채권가격을 일치시키는 일정한 연간 이자율이다:

$$B = \frac{100}{(1+i_{2t})^2}$$

상이한 만기를 가진 채권은 각각 가격과 그와 관련한 만기 수익률이라 불리는 이자율을 갖는다. 만기 수익률은 대체로 채권의 잔존만기에 걸쳐 지급되는 평균 이자율이라고 생각할 수 있다. 통상 1년 또는 그 미만인 단기의 만기를 가진 채권에 대

11. 과거에 사람들은 이표채를 영구채인 것처럼 가정하거나($i = FV/PV$) 시행착오 보간법을 사용하여 해당 상품의 만기 수익률을 추정하곤 했다.

한 수익률을 단기 이자율(short-term interest rate)이라 부른다. 더 긴 만기를 가진 채권에 대한 수익률은 장기 이자율(long-term interest rate)이라 부른다.

4. 할인에서의 인지 편향 : 현재 편향성

미래로 지연된 편익보다 지금 당장 누리는 즉각적 편익을 선호하는 현상을 시간 선호(time preference)라 하는데, 이는 시간할인 요인과 시간 비일관성 요인이 작용한 결과이다(Lowenstein and Prelec, 1992).

(1) 시간 할인

화폐의 시간가치는 우리가 미래의 결과에 대해 신경을 덜 쓴다는 것을 시사한다. 이는 종종 시간 할인(time discounting)이라 불린다. 예를 들어 개인이 지금 받는 100만 원과 1년 후에 받는 150만 원을 동일하게 취급하는 경우 개인의 시간 할인율은 50%라고 한다. 시간 할인은 비용-편익의 불확실성이나 취향의 변화, 습관 형성 등의 요인이 미래의 결과로 인해 발생하는 효용을 감소시킬 것이라는 점을 암시한다.[12] 시간 할인 하에서 사람들은 두 가지 유사한 보상이 주어질 때 더 늦기보다는 더 빨리 얻을 수 있는 보상을 선호한다.

지금까지 화폐의 시간가치를 고려할 때 미래의 금전적 지급을 할인하여 현재가치를 계산하여야 함을 다루었다. 하지만 금전적 지급뿐만 아니라 기쁨이나 행복을 제공하는 다른 미래의 행동도 할인할 수 있다. 미래에 누리게 될 기쁨과 지금 당장 누릴 수 있는 기쁨이 비교될 때 사람들은 미래에 누릴 기쁨을 할인한다. 예를 들어 1년 후의 60분 마사지와 지금 당장의 50분 마사지 중 하나를 선택해야 한다면, 대부

12. 현재의 결과를 포기하는 것이 고통스럽고 박탈감이 생겨 충동과 조바심이 생긴다고도 한다. 이들 요인으로 말미암아 시간 할인의 강도는 시장이자율보다 훨씬 높게 나타난다.

분의 사람들은 짧지만 시간적으로 빠른 지금 당장의 50분 마사지를 선호한다.

현재 편향

고대 그리스인부터 사람들은 즉각적인 만족을 과도하게 추구하는 경향이 있다는 생각을 가지고 있었다.

> ▶ 일을 내일이나 모레로 미루지 말라. 게으르거나 일을 미루는 일꾼은 자기 창고를 채우지 못하느니라. 근면은 일이 잘 진행되게 하지만 일을 미루는 사람은 항상 파탄을 당하게 되느니라(Hesiod[13]).

미래에 대한 할인 가중치가 1보다 작은 경우, 이러한 선호를 현재(의 편익)를 미래(의 편익)보다 더 중시하는 편향, 현재에 대한 편향 또는 현재 편향(present bias)이라 한다. 현재 편향은 현재가치법의 할인율이 암시되는 것보다 시간 할인율이 더 커서 현재의 이익이나 비용에 더 큰 비중을 두는 편향이다. 달리 표현하면 즉각적 만족을 연기하게 하려면 시간할인율보다 훨씬 더 큰 이자율로 보상받아야 한다. 현재 편향 하에서 개인은 결정을 내릴 때 미래 상황보다 현재 상황을 더 많이 고려하는 경향을 보인다. 이로 인해 비록 어떤 결정이 장기적으로 이익이 되더라도 미래의 보상보다 즉각적 보상을 우선시하게 될 수 있다. 마찬가지로, 장기적으로 더 큰 부정적 결과를 초래하더라도 단기적인 불편함을 피하려 한다. 이에 따라 자기통제를 하지 못하고 미루는 행동을 지속하게 되며 시간이 지나 과거의 선택에 대한 후회를 반복한다.[14] 이는 우리가 매일매일 겪는 일상이다.

- 잠을 더 잘까 아니면 새벽 운동을 나갈까?

---

13. "Procrastination Through the Ages : A Brief History of Wasting Time," Mentalfloss.com. 2024. 1. 6.

14. 현재 편향은 자기통제(self-control) 문제, 미루기(procrastination) 문제, 단기 자기 대 장기 자기(short term-self versus long term-self) 문제라고도 한다.

- 시험공부를 할까? 아니면 TV드라마를 시청할까?
- 온라인 쇼핑을 할까 아니면 돈을 아낄까?

우리는 모두 오늘 더 쉽고 편한 선택을 하면 내일은 체력이 낮아지고 성적이 낮아지며 신용카드 수수료가 높아진다는 것을 알고 있다. 하지만 지금 당장 소파가 너무나 아늑하고, 좋아하는 드라마의 새 시즌이 막 시작됐고, 그 재킷이 정말 멋져 보인다. 이를 좀 더 자세히 따져보자. "다이어트 시작하는 건 어때? 오늘 시작할까 아니면 하루만 더 미루고 내일 시작할래?"에 대해 두 가지 경우가 있을 수 있다. 첫째, 오늘 시작한다면 편익은 더 빨리 건강해진다는 것이고, 비용은 즐길 수 있는 음식을 더 일찍 포기한다는 것이다. 둘째 내일 시작한다면 편익은 원하는 것을 하루 더 먹을 수 있다는 것이고, 비용은 건강해지는 것을 미루는 것이다. 결과적으로 ① 미루지 않고 오늘 시작하면 편익은 미래에 발생하지만, 비용은 즉각 발생한다. ② 미루고 내일 시작하면 편익은 즉각(오늘 미루기) 발생하지만, 비용은 미래(내일)에 발생한다. 개인은 즉각적 만족을 더 선호하여 다이어트는 항상 '내일' 시작한다. 우리는 똑같은 선택이라도 즉각적인 보상을 적극적으로 추구하고(사전 처리, preproperate) 즉각적인 비용을 적극적으로 피할 가능성이 더 높다(미루기, procrastinate).

(2) 시간 비일관성

시간 선호를 낳는 두 번째 요인으로 이른바 시간 비일관성이 있다. 전통적인 합리적 선택이론은 사람들이 미래의 특정 시점에 무언가를 할 계획을 세운다면, 그 시간이 되었을 때 실제로 그렇게 한다고 가정한다. 이를 시간 일관성(time consistency)이라고 한다. 시간 일관성이란 소비자의 선호가 먼 미래든 목전의 경우든 무관하게 일관성을 가지는 경우이다. 시간에 일관성이 있는 사람들이 마음을 바꾸는 유일한 이유는 그들이 내린 결정의 비용과 편익의 상대적 크기에 대한 새로운 정보가 밝혀졌기 때문일 것이다. 예를 들어, 월요일 오후 3시에 체육관에 오후 5시에 갈 계획을 세울 수 있다. 하지만, 오후 4시에 가장 친한 친구가 당신을 만나러 오후 5시에 온다는 것을 알았기 때문에 마음을 바꿀 수 있다. 마음을 바꾸는 유일한 이유는 정보가 바뀌었기 때문이다: 체육관에 가는 데 드는 기회비용이 오후 3시에 생각했던 것보다 더 큰 것으로 밝혀졌다.

하지만 사람들은 종종 시간 일관성에 맞지 않는 행동을 보인다. 많은 사람들이 새해가 되면 결심을 한다. 하지만 대부분의 사람들은 결심에 집착하지 않는다! 사람들은 의지가 약하며, 곧잘 하기로 계획했던 일을 뒤로 미룬다. 예를 들어 자기 전까지만 해도 내일 아침만은 늦잠을 자지 않고 일찍 일어나 아침 운동하는 것이 좋다고 생각하지만, 막상 아침에 눈을 뜨면 늦잠(A)의 효용보다 아침 운동(B)의 효용이 큼에도 불구하고 늦잠을 자게 된다. 선호가 역전, 즉 뒤바뀌는 것이다. 전통적인 지수형 할인(exponential discounting)에서는 미래의 효용이 현재 시점으로 올수록 할인돼 현재가치가 감소하지만 A와 B의 가치가 뒤바뀌는 일은 생기지 않는다. 전통적으로 경제학은 미래에 실현될 가치를 시간의 흐름에 따라 일정한 비율(시간이 멀든 가깝든 기간의 길이에 따라 동일하게 적용되는 이자율)로 할인하는 '지수형 할인'을 가정한다. 이 경우 기간의 간격이 동일한 어떤 두 기를 비교하는 경우 동일한 할인율을 적용한다.

하지만 관찰된 할인율은 일정하지 않은 것으로 나타난다. 사람들은 미래를 할인하는 데 있어 오늘과 내일 사이에 대해서와 미래의 두 날짜에 대해서 예를 들어 각각 25%와 5%를 적용하는 서로 다른 할인율을 적용한다. 쌍곡선형 할인(hyperbolic discounting)은 단기에 개인의 할인율이 높았다가 대기 기간이 길어질수록 감소하는 현상을 말한다. 예를 들어 사람들은 당장의 15만 원과 무차별한 금액을 3개월 후 30만 원(할인율 277%), 1년 후 60만 원(139%), 3년 후 100만 원(63%)이라고 말한다. 즉, 지연이 길어짐에 따라 할인율이 감소하는 것이다. 이는 할인율이 동일하게 유지되는 지수형 할인과 대조된다. 먼 미래를 이처럼 더 심하게 할인하는 쌍곡선형 할인에서는 특정 상황이 현재 시점에 가까워질수록 선호의 역전이 일어날 수 있다. 예를 보자. 지금 50만 원과 6개월 후 60만 원 중에서 선택해야 한다면 오늘 50만 원을 선택할 가능성이 가장 높다. 그러나 9년 후 50만 원 또는 10년 후 100만 원을 제안받았다면 100만 원을 선택할 가능성이 더 높다. 시간이 충분히 흘러가면 사람들은 다시 가치가 더 높은 옵션을 선택하기 시작한다. 예를 들어, 대부분의 사람들은 9년 안에 50만 원을 받는 대신 10년 안에 100만 원을 받는 쪽을 선택할 것이다.

쌍곡선형 할인은 단기 선호와 장기 선호를 비교해도 나타난다. 초기 지연 기간(예 : 지금부터 며칠간)에 대해서는 가치 평가가 상대적으로 빠르게 떨어지지만, 더 긴 지연 기간(예 : 며칠 이상)에 대해서는 더 천천히 하락한다. 상당수의 사람들은 당장이라면 더 적은 금액을 받겠지만. 1년을 기다려야 한다면 더 많은 금액을 받기 위해 기꺼이 1년에 하루를 더 기다릴 것이라고 주장한다. 예를 들어 개인은 지금 받는 100만 원과 1년 후 받는 150만 원 사이에 무차별하지만 1년 후에 100만 원을 받는 것보다 2년 후에 150만 원을 받는 것을 더 선호할 수 있다. 개인의 조바심이 시간이 지나도 일정하다는 시간 일관성 할인과 달리 더 커진다는 것이다. 결과적으로 사람

그림 8-4 미래 효용의 쌍곡선형 할인으로 인한 선호의 역전 현상

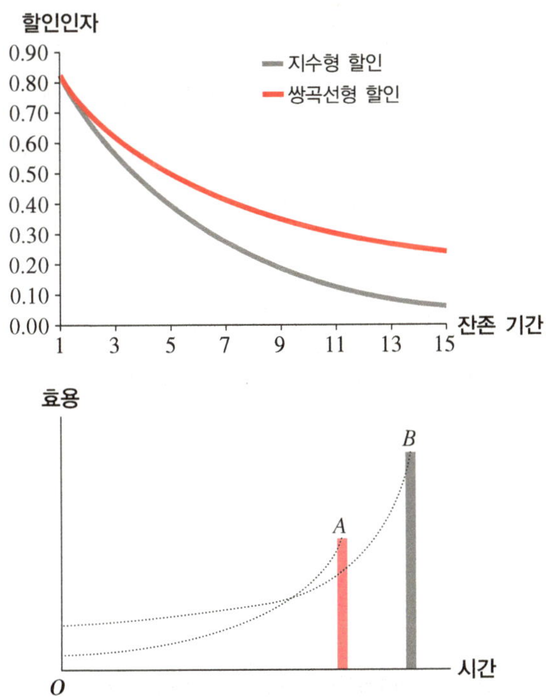

자료 : 도모노 노리모, 『행동경제학』, 2007.

들은 장기적으로 인식하지 못하는 방식으로 즉각적 보상은 빨리 얻으려 하고 즉각적 비용은 가급적 미루려 한다.

쌍곡선 할인의 가장 중요한 결과는 나중에 발생하는 더 큰 보상보다 더 일찍 발생하는 작은 보상을 선호하는 현상이 일시적으로 나타난다는 것이다. 결과적으로 시간이 지남에 따라 일관성이 없는 선택이 나타난다. 먼 미래의 상황이라면 스스로도 선택하지 않기를 원하는 선택을 오늘에는 한다. 이러한 시간 비일관성은 선택자가 해당 옵션에서 얼마나 멀리 떨어져 있는지에 비례하여 지연의 고정된 차이로 옵션의 상대적 가치를 왜곡하기 때문에 발생한다.

전통적인 지수형 할인에 따르면 할인율은 모든 기간 동안 일정해야 할 뿐만 아니라 모든 유형의 상품과 모든 범주의 시간 간 결정에 대해 동일해야 한다. 그러나 이와 모순된 경험적 규칙이 많다. 첫째, 이익은 손실보다 더 많이 할인된다(부호 효과). 사람들은 즉시 10만 원을 받는 것과 1년 안에 21만 원을 받는 것 사이에 무차별하고, 즉시 10만 원을 잃는 것과 1년 안에 15만 원을 잃는 것 사이에 무차별하다. 교통위반 딱지를 받았을 경우 벌금은 지연되기보다는 직접 지불하는 것이 선호되어 음의 할인이 나타난다(Thaler, 1981). 둘째, 적은 금액은 많은 금액보다 더 많이 할인된다. 벌금에 대해 사람들은 지금의 15만 원과 1년 뒤 60만 원(할인율 139%), 지금의 250만 원과 1년 뒤의 350만 원(34%), 지금의 3,000만 원과 1년 뒤의 4,000만 원(29%) 사이에 무관심했다. 셋째, 소비 속도를 높이는 것과 소비를 늦추는 것 사이에 비대칭 선호가 존재한다. 즉, 소비자가 소비 속도를 늦추는 데 필요한 보상은 소비속도를 높이기 위한 보상보다 2～4배 큰 것으로 나타났다.[15]

15. Loewenstein, George and Drazen Prelec(1992), "Anomalies in Intertemporal Choice : Evidence and an Interpretation," *The Quarterly Journal of Economics*, 107(2).

(3) 현재편향의 부작용

선택의 질은 기간에 따라 달라지며 미루는 습관으로 실행력이 떨어진다

현재 편향 하에서 선택의 결과가 즉각적일 때 동일한 결과가 달력에서 더 먼 곳에서 발생한 경우보다 덜 합리적인 결정을 내리는 경향이 있다. 미래의 사건이 멀리 떨어져 있을수록 더 인내심을 가질 수 있고 더 합리적으로 생각하는 것이다. 먼 미래의 일들에 대해서는 합리적으로 비교 선택하던 사람이 당장의 일들에 대해서는 비교 선택이 뒤바뀌어 버리는 것이다.

현재 편향은 미래의 행동에 대해 부정확한 판단을 내리게 만들 수 있다. "내일부터 다이어트를 시작할 준비가 더 잘 된 것 같아요"라고 생각할 수도 있다. "오늘은 이 케이크 한 조각을 맛있게 먹겠다" 하지만 실제로 내일이면 또다시 똑같은 선택이 이어진다.[16]

현재 편향된 선호는 종종 지연을 초래한다. 미루는 행동은 즉각적인 비용이 뒤따를 때 주로 발생한다. 그러나 행동에 즉각적인 보상이 뒤따르면 사람들은 보상을 받기 위해 작업을 더 빨리 수행하는 경향이 있다. 학생들이 스스로 데드라인을 정할 수 있는 과제의 경우 현재 편향과 개인적 특성(예를 들어 과신)이 상호작용하여 지연되게 된다.

내구재와 휴가비 지출이 과도하다

당신이 새 차를 사고 싶다고 가정하자. 시장조사를 마치고 완벽한 모델을 찾았다. 문제는 가격이었다. 현금이 충분히 확보하려면 몇 달을 기다려야 한다. 그때까지 기다리면서 돈을 절약하고 지금 가진 자동차를 운전할 수 있다. 하지만 시간이

---

16. 건강관리 준수가 부족한 것은 자신의 현재 편향에 대한 순진한 생각으로 설명될 수도 있다. 사람들은 자신의 행동으로 인한 미래의 결과를 얼마든지 스스로 처리할 수 있을 것이라고 과대평가한다. 반대로 사람들은 자신의 자제력과 현재 행동이 미래의 행복에 미치는 영향을 과소평가하므로 당장 취해야만 하는 조치를 미룬다. 현재편향으로 인해 미래의 자신이 어떤 영향을 받는지 과소평가하기 때문이다.

흐를수록 현재 타고 있는 차량은 점점 더 불편해 보인다. 결국 당신은 자금을 차입해 신차를 구입하고 만다. 이자 부담을 해야하지만 그건 나중에 걱정할 일이고 어쨌든 신차를 몰게 되었다. 이는 현재 편향이 작용한 것이다. 차를 좀 더 일찍 구매하는 것만으로는 추가 비용을 부담할 가치가 없을텐데도 신차에 대한 즉각적 욕구를 충족하는 것을 우선시한다.

관광객은 예상치 못한 상황과 함께 계획과 기대 사이의 균형을 맞춰야 한다. 이로 인해 휴가 중 과잉 지출이 발생할 수 있다. 현재 편향은 충족되지 않은 기대를 피하려는 욕구와 함께 과잉지출을 야기한다. 관광객들이 휴가를 계획할 때나 여행 중에 돈을 쓸 때 현재 편향이 작용할 수 있다. 여행을 계획할 때 현재 편향으로 인해 관광객들은 "자신의 선호도에 대한 여행 경험의 자극 효과를 과소평가"하게 될 수 있다. 즉, 예산을 설정할 때 현재의 관점에 너무 많은 초점을 맞춘다. 그리고 여행 중에 현재 편향된 관광객은 "충동 구매를 피하기 위해 신용 카드 사용을 제한"할 가능성이 적다. 즉, 현재 상황을 우선시한다.

자신에게 불리한 건강 관련 결정이 이루어진다

많은 의학적 치료는 더 심각한 장기 합병증을 예방하기 위해 환자가 단기적인 스트레스와 불편함을 겪도록 요구한다. 건강한 습관은 헌신이 요구되며 당장 얻는 직접적 이점은 크지 않다. 환자들은 자신에 대한 권장 사항의 장기적 효과를 믿으면서도 이를 고수하는 것이 어려울 수 있다. 충동적인 행동을 보이는 사람들은 종종 현재 편향적이다. 음주운전이 그 예다. 음주운전자들은 술을 마시지만 음주 운전을 하지 않는 사람들보다 시간 불일치 선호를 가질 가능성이 더 높은 것으로 나타난다. 음주 운전자가 다른 사람보다 음주 운전법의 기본을 더 잘 이해하는 경우에도 마찬가지다.

장기적으로 불리한 투자 결정이 이루어진다

현재 편향된 소비자는 소비 저축 결정을 종종 장기적 이익에 도움이 되지 않는 방식으로 하는 경우가 많다. 특히 쌍곡선형 할인으로 말미암아 개인이 기존에 가졌던 관점에서 원하는 것보다 더 많이 소비하도록 또는 더 적게 저축하도록 만든다. 너무 많이 지출하고, 너무 많이 빌리고, 덜 저축한다. 소비는 당장 편익을 제공하지만 저축은 미래에 편익을 낳기에 사람들은 당장의 소비를 선호한다. 특히 복리의 이점이 명백하더라도 현재 편향적인 사람은 저축계획을 고수하는 것이 어려울 수 있다. 한편 부채는 일반적으로 현재 소비에 자금을 조달하는 데 사용되므로 현재 편향된 소비자의 차입 가능성이 더 높다. 차입을 하더라도 원금상환 연기, 고금리 차입, 회전 신용, 만성적 차입에 더 의존한다. 현재 편향된 소비자가 현재 소비와 즉각적 만족에 더 관심을 갖는다면 자금 관리에서 신중성이 떨어질 수 있다. 또한 현재 편향 정도가 클수록 연금에 정기적으로 기여하는 금액이 감소하고 유동성이 낮은 자산, 특히 주택에 투자하는 비중이 커진다.[17]

현재 편향은 손실 회피와 결합하여 "근시안적 손실 회피"를 야기할 수 있다. 근시안적 손실 회피 성향을 지닌 개인은 손실에 민감하며 현재 투자상황에 지나치게 집중한다. 이는 장기수익률 하락을 억제하기 위한 과도한 투자활동을 유발할 수 있다. 쉬지 않고 주가를 확인하고 투자 뉴스를 자주 찾는 투자자는 위험을 덜 감수하고 전반적으로 더 적은 수익을 얻는 경향이 있는 것으로 나타난다.

기업의 현재편향성 활용

기업들은 현재 편향성에 기초하여 빈번한 보상을 통해 사용자에게 동기를 부여하기도 하지만 혜택을 지연시켜 고객의 구매를 단념시킬 수도 있다. 현재 편향 때문에 소비자는 접근하기 쉽고 즉각적 혜택을 제공하는 제품을 사용할 가능성이 더 높

17. 여기에 더해 현재편향된 소비자는 건강이 더 나쁠 수 있으며, 이는 자금관리에서 실행기능에 부정적인 영향을 미칠 수 있다.

다. 많은 앱 개발자는 현재 편향을 활용하는 방법을 알고 있다. 예를 들어, 소셜 미디어 플랫폼은 게임화 및 사회적 증명 전략을 사용하여 지속적인 보상과 인센티브를 제공한다. 스트리밍 플랫폼의 원클릭 결제와 무료 평가판을 통해 지금 당장 콘텐츠를 계속 쇼핑하거나 즐길 수 있지만 비용은 나중에 걱정할 수 있다. 반면, 현재 편향은 직원의 의사결정 능력에 영향을 미쳐 더 가치 있는 장기 목표를 추구하는 것보다 현재의 수익성이나 생산성을 비합리적으로 선호하게 만들 수 있다. 예를 들어, 소셜 미디어 관리자는 유기적으로 팔로어를 얻는 대신 수천 명의 새로운 팔로어를 빠르게 구매하여 목표를 달성하려 할 수 있다.

5. 탈무드와 저축 및 채무

유대 전통에서 부자가 되는 것이 잘못된 것은 아니다. 부는 본질적 가치가 없는 것이며 실제 중요한 문제는 어떻게 부를 얻었으며 그 부를 가지고 무엇을 하느냐. 부를 사용하는 방식이 그 가치와 우리의 속성을 결정한다. 부와 지혜를 연관 짓는 탈무드는 부를 얻는 데 관련된 요소에 주의를 기울인다. 부를 얻는 데 있어 자주 강조되는 요소는 근면, 즉 꾸준한 노력과 인내다. 게으름은 가난과 구걸의 시작일 가능성이 크다고 경고한다.

- ▶ 손을 게으르게 놀리는 자는 가난하게 되고 손이 부지런한 자는 부하게 되느니라(잠언 10:4).
- ▶ 좀 더 자자, 좀 더 졸자, 손을 모으고 좀 더 누워 있자 하면 네 빈궁이 강도 같이 오며 네 곤핍이 군사같이 이르리라(잠언 6:10-11).

그러나 근면을 넘어 투자의 요소도 있다. 이와 관련하여 현명한 사람들이라면 조급함에 주의를 기울여야 한다고 믿어졌다. "투기하여 얻은 재물이 줄고" "급하게 서두르는 자의 소출은 결국 희소해질 뿐"(잠언 13:11; 21:5)임에 주목하였다.

▶ 망령되이 얻은 재물은 줄어가고 손으로 모은 것은 늘어가느니라(잠언 13:11).

▶ 부지런한 자의 경영은 풍부함에 이를 것이나 조급한 자는 궁핍함에 이를 따름이니라(잠언 21:5).

마찬가지로 신속하게 부를 얻을 목적으로 지나치게 매달리는 것, 즉 열광적인 투기와 끈질긴 사재기의 극단을 지지할 수 없었다.

▶ 악한 눈이 있는 자의 음식을 먹지 말며 그의 맛있는 음식을 탐하지 말지어다. 대저 그 마음의 생각이 어떠하면 그 위인도 그러한즉 그가 네게 먹고 마시라 할지라도 그의 마음은 너와 함께 하지 아니함이라(Do not eat with a miser, nor let your appetite be whetted by his tit-bits, for he is like a hair in the throat. 잠언 23:6-7).

부자들은 자신과 가족의 필요를 넘어서 지출을 해야 한다고 권고한다. 축적된 부를 사회를 위해 사용하는 개인에게는 더 많은 부가 주어질 것임을 약속한다.

▶ 흩어 구제하여도 더욱 부하게 되는 일이 있나니 과도히 아껴도 가난하게 될 뿐이니라(잠언 11:24).

▶ 구제를 좋아하는 자는 풍족하여질 것이요 남을 윤택하게 하는 자는 자기도 윤택하여지리라(잠언 11:25).

(1) 성경과 탈무드의 저축

물질적 풍요는 기도와 저축의 공덕에서 비롯

직업에 따른 소득 불평등이 날로 커지는 만큼 직업이 부를 결정한다고 생각하는 것이 당연해 보인다. 하지만 탈무드(랍비 메이어)는 직업이 부의 성취에 있어 결정적이지 못하다고 명시적으로 가르친다.

▶ Rabbi Meir : 모든 직업에 가난과 부가 공존한다. 가난은 직업에서 오지 않으며 부 역시 직업에서 오지 않는다. 모든 것이 자신의 능력에서 나온다(Kiddushin 4:14).

금전적으로 어려움을 겪는 의사와 번성하는 자영업자가 공존하는 만큼 직업이 부를 온전히 결정하는 것만은 아닌 것 역시 일리가 있어 보인다. 하지만 우리 개인에게 그런 능력이 없다고 절망하거나 능력이 없는데도 잘 해내는 사람들이 있다고 불평할 여지가 있다. 그렇다면 어떻게 부를 구할 수 있을까? 탈무드는 기도와 저축을 지적한다. 우선 랍비 메이어는 같은 미슈나에서 "부와 재산이 속한 그분께 기도해야 한다"고 한다. 하나님이 모든 부의 근원이므로 생계를 구하려면 그에게 자비를 구해야 하는 것이다. 탈무드는 하나님께서 창조의 셋째 날에 초목을 창조하였지만 아담이 비의 중요함을 인식하고 기도하고 하나님이 자비를 베푸셔서 비를 내리게 한 첫 안식일이 끝나기까지 땅에서 싹이 나지 않았다고 가르친다.

▶ "부자가 되려면 어떻게 해야 합니까?" 그는 그들에게 '장사를 잘하고 장사를 성실히 해야 한다'고 말했다. 그들이 그에게 이르되, 많은 사람이 그렇게 하였으나 성공하지 못하였도다! '재물을 가진 자에게 자비를 구해야 한다. 기록된 바 은도 내 것이요 금도 내 것이다.' 기도가 없는 상업은 충분하지 않다(Niddah 70b).

물론 기도는 물질적 성공을 위한 필요조건이지만 충분조건은 아니다. 스스로의 노력도 필요하다. 마이모니데스는 부의 축적 과정을 Mishneh Torah의 일부로 포함하였다. 특히 신명기 5장을 논의하면서 스스로에게도 적용되는 금융 원칙으로 '수입 내에서의 생활(living within your means)'이라는 원칙을 제시한다.

▶ 토라 학자는 자신의 금융을 현명하게 관리해야 한다. 그는 자신의 재산과 경제적 성공에 걸맞게 먹고 마시고 가족을 부양해야 한다. 그리고 그는 과도하게 지출해서는 안 된다(Mishneh Torah).

▶ 지혜 있는 자의 집에는 귀한 보배와 기름이 있으나 미련한 자는 이것을 다 삼켜

버리느니라(잠언 21:20).

▶ 연락을 좋아하는 자는 가난하게 되고 술과 기름을 좋아하는 자는 부하게 되지 못하느니라(잠언 21:17).

▶ 술을 즐겨 하는 자들과 고기를 탐하는 자들과도 더불어 사귀지 말라. 술 취하고 음식을 탐하는 자는 가난하여질 것이요(잠언 23:20-21).

저축은 과소 소비를 통해 그 목표를 달성할 수 있지만 그렇게 하는 것이 자신의 품위를 희생시켜서는 곤란하다. 그래서 자신의 의복은 자신의 능력에 온전히 부합하여야 하지만, 자신의 배우자와 자녀는 그것을 넘어서도록 부양해야 한다.

부에 이르는 길이 기도와 절약 또는 저축에 있다면 부의 축적은 모든 소득 수준에서 가능한 것이며 실제로 그 수준에 의해 결정되는 것이다. 자신에게 금전적으로 의존하는 사람들에 대한 배려로 힘을 얻어 수입한도 내에서 생활하는 것부터 출발해야 한다. 이러한 생활방식에 대한 보상은 진정한 만족이며 궁극적으로는 재정적 독립인 것이다.

한편 일확천금은 주의하여야 한다. 갑작스러운 행운이 항상 행복한 결말로 이어지지는 않기 때문이다. 복권 당첨자나 상속자들은 잘못된 투자로 많은 금액을 잃고 수입에 비해 과도한 소비지출로 인해 너무나 작은 금액을 저축한다 당첨 이후 수령금의 20% 미만을 저축하고, 나머지는 탕진한다.

▶ 처음에 속히 잡은 산업은 마침내 복이 되지 아니하느니라(잠언 20:21).

재무계획 : 사업, 주택, 그리고 결혼

재무설계 전문가들은 "계획을 세우지 않는 것은 실패할 계획을 세우는 셈이 된다"고 말하는 것을 좋아한다. 토라와 탈무드는 어떤 계획을 제시하고 있을까? 토라는 개인이 중요한 삶의 이정표를 정리하는 데 논리적으로 순서가 있으며, 이는 생계를 꾸리는 직업에서부터 시작하여, 주택, 그리고 결혼의 순으로 발전하는 것이라고 제안한다. 삶을 계획하고 정리해야 하는 방식에 대해 마이모니데스는 이스라엘의 전쟁준비 절차를 설명하는 신명기(20:5–7)에 따라 사람은 먼저 자기를 부양하는 생계(직역)를 하고, 그 다음에 집을 구하고, 그 다음에 여자와 결혼해야 한다고 말하고 있다. 신명기의 구절은 성지 경계를 떠나기 전에 장교들은 특정 유형의 사람들을 전투에서 제외시키도록 하고 있는데 탈무드(Sotah 44a)는 절의 순서에서 남자가 먼저 먼저 집을 구하고 장사를 배우고 마침내 여자와 결혼하는 것이 올바른 행동이라고 추론한다.

▶ 책임자들은 백성에게 말하여 이르기를 새 집을 건축하고 낙성식을 행하지 못한 자가 있느냐 그는 집으로 돌아갈지니 전사하면 타인이 낙성식을 행할까 하노라. 포도원을 만들고 그 과실을 먹지 못한 자가 있느냐 그는 집으로 돌아갈지니 전사하면 타인이 그 과실을 먹을까 하노라. 여자와 약혼하고 그와 결혼하지 못한 자가 있느냐 그는 집으로 돌아갈지니 전사하면 타인이 그를 데려갈까 하노라 하고(신명기 20:5–7)

그러나 마이모니데스는 어리석은 자의 경우 여자와 결혼하는 것으로 시작하여, 이어서 그럴 수만 있다면 집을 살 것이고, 후에 자신의 삶이 끝나가는 극단의 순간에 가서야 마침내 기술을 배우려 찾거나 자선 구제를 받으려 한다고 하였다. 실제로 이는 저주(신명기 28:25–68)에도 그대로 나타나 있다.

▶ 네가 여자와 약혼하였으나 다른 사람이 그 여자와 같이 동침할 것이요 집을 건축하였으나 거기에 거주하지 못할 것이요 포도원을 심었으나 네가 그 열매를 따지 못할 것이며(신명기 28:30)

즉, 결혼–주택–직업으로 삶의 이정표가 역순이 되면 추구하는 것이 성공하지 못할 것이라는 것이다. 흥미롭게도 마이모니데스는 후에 기존의 탈무드(Sotah 44a)가 제시했던 순서를 바꾸어 인용하며 남자는 먼저 직업을 배우고 나서 집을 사야 한다고 하였다. 주석가들은 마이모니데스의 이런 의견을 설명하는 데 애를 먹었는데, 집과 가족을 부양할 자금을 모두 갖춘 뒤에야 결혼해야 한다는 것뿐이며 집을 사는 것과 직업을 배우는 것의 우선 순위는 각 개인의 상황에 따라 달라질 것이라고 지적한다. 젊은 부부가 주택 가격은 저렴하지만 원하는 직업 진로를 실행하기 어려운 지역으로 이사하는 경우와 같이 특정 직업 선택권이 지리적 특성에 의해 제한될 수 있다. 더욱이 오늘날 직업을 얻는 과정이나 주택을 구하는 과정이 과거와는 크게 변화하였으므로 지금도 요령 있는 이해가 필요하다 하겠다. 실제로 피르케이 아보트의 미쉬나는 '18세는 결혼을 위한 것이고, 20세는 추구를 위한 것이다'고 하여 생계를 추구하기 전에 결혼을 두는 것으로 해석될 수 있다.

부와 안정의 달성 : 고부가 자산의 순차적 축적-생산적 자산과 주택

이상에서처럼 마이모니데스는 직업에 투자하고, 집을 구하고, 결혼을 함으로써 우리의 재정 생활을 지능적으로 배열해야 한다고 가르쳤다. 이어서 마이모니데스는 부와 안정을 달성하기 위해 이들을 구축하는 방법을 알려준다.

▶ 어떤 사람이 소유권을 포기하거나 자신의 모든 재산을 자선단체에 기부하여 사회에 부담이 되는 것은 금지되어 있다(Maimonides' Code, Laws of Right Views, 5:12).

여기서 마이모니데스는 어리석은 경건함으로 자신의 부를 버려 다른 사람의 지원이 필요하게 된 사람을 정죄한다. 사실 토라는 모든 재산을 성전에 바치는 것조차 명시적으로 금지한다. 부모의 본성은 항상 자녀를 돕는 경향이 있지만 탈무드는 자신의 경제적 독립을 희생하면서 살아서 상속하는 것도 마찬가지로 비판한다. 이러한 행동은 선견지명이 결여된 것으로 자녀를 사실상 주인으로 만들고 부모에 대한 공경을 고양하지 못한다. 이어서 마이모니데스는 간결한 금융 계획을 제시한다.

▶ 밭을 팔아 집을 사지 않으며, 주택을 팔아 동산(상품과 주식)를 사지 않아야 한다. 또한 자기 집을 판 돈으로 장사를 해서는 안 된다. 그러나 동산을 팔아 밭을 살 수 있다. 일반적 원칙은 자신이 가진 자산의 질을 높이고, 일시적인 것을 영속적인 것으로 바꿔야 한다는 것이다(Maimonides' Code, Laws of Right Views, 5:12).

여기서 밭은 수익성 있는 부동산이나 사업을 포함한 생산적인 자산을 말하므로 고급 주택을 사려 사업체를 팔지 말라는 것이다. 또한 고급 자동차(동산)나 사업을 위해 자신이 거주해야 할 주택을 팔아서도 안 된다. 그보다는 직업이나 사업(동산의 판매)을 통해 얻은 수입에서 주택을 구입하고 생산적 자산을 구입해야 한다. 결국 투자 자산은 연속적인 것이어서 목표는 사업이나 수익형 부동산을 확보하며 시간이 지나도 가치가 유지되지 못하는 투자처에서 벗어나는게 요점이다.

이러한 투자 방향은 개인의 생애주기와도 일치한다. 금융 자산을 아직 축적하지 못한 청년은 대신 자신이 풍부하게 가진 인적자본(노동, 지식, 의지)을 돈과 맞바꾸며 부의 축적 과정을 시작할 수 있다. 부의 축적, 즉 저축과 투자는 단기, 중기, 장기 목표를 가진다. 단기적으로는 주택을 구입하고 실직 등의 충격에 대비한 비상금을 구축하고 값비싼 휴가 비용을 지불하는 것이 포함된다. 중기적으로는 자녀 교육, 가족 휴가, 결혼식을 위해 저축해야 한다. 장기적으로는 노령치료나 요양 등에 대비한 준비금을 포함하여 은퇴를 위한 계획이 필요하다. 노령기에는 더 이상 인적자본이 없을 수 있지만 생애 기간 중 가장 높은 수준의 금융 자산을 가져야 한다. 전체적으로 나이가 들어감에 따라 더 부유해져야 한다. 그리고 재무 계획은 이러한 요구를 순차적으로 해결해야 한다 : 먼저 소득 축적을 장려하고 이어서 축적된 자산을 기력이 다해도 의지할 수 있으며 그 가치가 나날이 높아지는 소득창출 자산으로 전환해가야 한다. 또는 가치가 낮은 자산을 가지가 더 높은 자산으로 전환해가야 한다. 마이모니데스는 앞서 인용한 율법의 마지막 문장에서 경솔하지 않은 기민한 전환을 해가야 한다는 생각을 다시 한번 강조한다. 현재의 소비를 미래의 소비로 전환하고 현재 현금으로 살수 있는 것과 같은 내구성이 없는 자산을 부동산이나 주식으로 전환하여야 한다. 과로를 풀거나 가족 모임을 위해 카페를 가고 외식을 하는 것은 대부분의 사람들이 누릴 수 있는 자신을 위한 일이다. 그러나 흔하지 않은 방종이 일상이 되면 사치가 되는 것이며 결국 단골고객이 되어 자산의 장기보유에 따른 혜택을 누릴 수 없게 될 것이다.

▶ 일시적 즐거움이나 약간의 이익을 얻으려 나중에 많은 것을 잃게 되어서는 안 된다(Maimonides' Code, Laws of Right Views, 5:12).

생산적 자산과 주택의 중요성

그렇다면 밭으로 불리는 생산적 자산과 주택을 갖는 것이 왜 그렇게 중요할까? 바로 다음과 같은 상황에 내몰릴 수 있기 때문이다.

▶ 네 생명이 위험에 처하고 주야로 두려워하며 네 생명을 확신할 수 없을 것이라. 네 마음의 두려움과 눈이 보는 것으로 말미암아 아침에는 이르기를 아하 저녁이 되었으면 좋겠다 할 것이요. 저녁에는 이르기를 아하 아침이 되었으면 좋겠다 하리라(신명기 28:66-67).

이 구절은 원래 자신의 밭을 갖지 못해 내년, 내주, 그리고 심지어 내일까지 식량을 다른 사람에게 의존할 수 밖에 없는 사람의 상태를 그리는 것이지만, 일자리를 잃게 된 사람의 좌절감 역시 잘 보여준다. 결국 안정적인 소득 흐름과 그 흐름이 말랐을 때를 위한 예비계획을 갖는 것이 극히 중대한 것이다. 고대 유대 농부는 자신의 밭으로 대비하였지만, 호황과 불황이 반복되는 현대 경제에서 저널리스트는 카피라이팅으로 전환할 수 있고, 남편은 아내의 수입에 의존하면서 다시 일어설 수 있다. 사람들은 회복력을 갖고 있어 결국 역경을 극복하겠지만 말그대로 밀밭이 되었건 전문성을 가진 분야가 되었건 생산적 자산을 갖는 것이 본질적인 것이다.

주택은 추가적인 안전망을 제공하는데, 장기적인 지급능력과 안정성을 위해 주택만한 것이 없다. 재정적 곤경에 처했을 때 주택을 가진 노인들은 적어도 주택을 임대하거나 팔 수 있다. 그러나 현대 사회에서 오히려 집은 고통의 원천이 되고 있다. 하버드대 연구는 65세 이상 미국인의 약 1/3의 가계 예산이 주택 비용에 의해 황폐화되고 있음을 발견했다. 고령인데도 주택이 없는 빈곤층은 부유층보다 거의 두 배나 많은 주거비용을 지불하고 있다. 이들 빈곤층은 소득의 50% 이상을 주택에 지출하고 있으며 나머지는 최소 30%를 지출하고 있다.

유대법은 모든 사람이 적절하고 영구적인 주택을 가질 것을 요구하는데 이는 노숙과 방랑으로 점철된 그들의 역사적 경험에 비추어보면 당연해 보인다. 창세기의 첫 장에서 아담과 이브는 에덴동산에서 추방된다. 아브라함은 조국을 떠난 뒤 하나님과의 관계를 시작하고 야곱과 그의 아들들은 고향을 떠나 애굽으로 내려간다. 출애굽 후 이스라엘 백성은 40년 동안 집도 없이 광야를 떠돌았다. 예루살렘의 첫 번째 성전이 파괴된 후에는 70년의 유배 기간이 있었고, 기원 70년에 두 번째 성전이 파괴된 후에는 2천 년 동안 민족적 노숙자 상태가 이어졌다. 그러므로 유대인의 법(할라카)은 주거의 안정성을 보장하려고 시도해 왔으며, 자선의 한 가지 수단으로 주택 제공을 언급한다. 이 중 가장 유명한 것은 이사야서에서 "빈민을 집에 들이"라는 권고이다. 이는 노숙자 구제를 금식, 희생 등의 의식 준수보다 더 나은 종교적 의무로 정의한다.

▶ 또 주린 자에게 네 양식을 나누어 주며 유리하는 빈민을 집에 들이며 헐벗은 자를 보면 입히며 또 네 골육을 피하여 스스로 숨지 아니하는 것이 아니겠느냐(이사야 58:7)

신명기의 다음 구절을 두고 탈무드는 "결혼하기 위해 온 고아 소년에 대해 지역사회는 그의 모든 필요를 제공하기 위해 최선을 다한다. 자선 단체는 그를 위해 집을 임대하고 침대와 그의 모든 기구를 마련한 후 아내와 결혼하도록 한다"고 하고 있다:

▶ 네 하나님 여호와께서 네게 주신 땅 어느 성읍에서든지 가난한 형제가 너와 함께 거주하거든 그 가난한 형제에게 네 마음을 완악하게 하지 말며 네 손을 움켜 쥐지 말고 반드시 네 손을 그에게 펴서 그에게 필요한 대로 쓸 것을 넉넉히 꾸어주라(신명기 15:7–8).

결혼의 중요성

마이모니데스의 재무계획에서는 들판과 집에 이어 결혼이 나온다. 탈무드에 따르면 좋은 배우자가 되는 것은 부를 키우는 데 도움이 된다.

▶ **랍비 첼보**(Chelbo) : 사람은 항상 아내의 명예에 주의해야 한다. "바로가 그녀로 말미암아 아브람을 후대하므로"(He treated Abram well for her sake, 창세기 12:16), 아내 덕분에 축복은 사람의 집에서만 찾을 수 있기 때문이다(Bava Metzia 59a).

결혼은 결국 두 사람이 함께 성장하는 것이다. 때때로 실망이 발생할 수 있지만, 이를 통해 실제로는 개인의 성장이 촉진될 수 있다. 그러나 그러한 실망을 대립과 이혼으로 증폭시키면 성장과 발전이 역전된다. 이런 관점에서 보면 결혼 생활과 부는 성장의 평행 경로로 볼 수 있다. 탈무드는 또한 잠언에 대한 우화적 해석을 통해 또 다른 평행 경로를 보여준다. 즉, "고난 받는 자는 그 날이 다 험악하나"는 나쁜 아내를 둔 남편을 암시한다. "마음이 즐거운 자는 항상 잔치하느니라"는 좋은 아내를 둔 남편을 암시한다.

(2) 부채와 보증에 대한 경고

현대 사회는 오늘을 위해 산다는 태도를 배경으로 부채 중독을 낳고 있다. 응급 치료나 자동차 수리 같은 급작스런 지출이 있을 때 저축이 부족해 신용카드 차입에 의존하는 것이 일상이 되고 있다. 부채 의존은 처음에는 달콤하지만, 점점 더 고통스럽게 변해간다. 1년치 소득에 가까운 부채가 쌓였는데 기대했던 보너스가 무산된 것을 넘어 직장까지 잃게 되었지만 일상적 필요가 계속되는 경우를 상정해 보자. 이 상황에서 채무자는 생활 방식을 근본적으로 바꾸거나 친구나 가족에게 구조를 요청하여 다른 사람들에게 부담이 될 수 있다. 요컨대, 과도한 부채는 우리의 자제력을 약화시키고 재정적 압박에 대처하는 능력을 약화시킨다. 랍비 아키바(Akiva)는 세상 재화의 덧없음에 대한 은유를 찾았을 때 신용과 부채의 세계보다 더 적합한 것을 발견하지 못했다.

> ▶ 모든 것이 저당 잡혀지고, 살아 있는 모든 생명체 위에 그물이 던져진다. 매장이 열리면 주인은 외상으로 거래하고 장부에 기록된다. 돈을 빌리고자 하는 자는 누구든 빌릴 수 있다. 수금원은 매일 쉬지 않고 거래처를 돌며 대금 상환을 독촉한다(Avot 3:16).

이들의 문자적 의미는 확고한 법적 근거를 갖고 있다. 상환하지 못할 빚을 진 사람은 모든 재산을 잃을 위험에 노출된다. 물질주의는 인간 본성에 내재되어 있지만 우리 시대보다 더 큰 힘을 발휘한 적이 없다. 우리의 욕구가 욕망의 일시적 분출이 아니라 진정으로 필요한 것이라는 믿음을 장려하는 데 강력한 상업적 이해관계가 있다. 우리는 소득을 현재와 미래의 소비에 균형있게 배분하는 현명한 금융 생활을 해야 한다.

이러한 논의를 배경으로 토라는 합당한 목적에 맞는 대부와 차입을 권고한다. 예를 들어 토라는 필요한 사람에게 대부를 제공할 것을 요구한다. 대부는 미래의 자선 필요성을 선제적으로 제거하므로 자선의 가장 바람직한 형태로 간주된다. 유대 전통에서 대부는 일종의 이 세상을 부유하게 하는 '체다카'이다. 자신이 가진 잉여의 대부를 통하여 가난과 싸우고 세상이 부유하게 되는 데 도움이 될 수 있다. 잉여를 가진 사람은 돈을 빌려줌으로써 이 세상에 대한 자신의 책임을 다하는 것이다. 더욱이 대부는 일방적 자선이 야기할 수 있는 부끄러움과 수치스러움에서 벗어나 차입자이지만 스스로 떳떳하게 세상을 마주하게 한다. 이런 의미에서 대부는 부끄러움과 수치스러움을 느끼지 않게 하는 체다카이다. 그것은 좋거나 친절한 행위가 아니라 정의로운 행위인 것이다. 13세기 윤리에 관한 책『신심이 돈독한 사람의 서』는 자선의 부끄러움을 이야기한다.

▶ 루벤은 정직한 사람이었으며 시몬에게 얼마의 돈을 빌려달라고 했다. 시몬은 즉시 동의하고는 덧붙이기를 "사실, 나는 이 돈을 그대에게 선물로 주는 것이다"고 했다. 루벤은 너무 부끄러워 다시는 시몬에게서 돈을 빌리지 않았다. 이 경우에 주는 것보다 오히려 빌려주는 것이 훨씬 좋았을 것이다.

토라는 대부와 차입을 장려하지만 동시에 과도한 대부와 차입를 제한하라며 균형을 찾는다. 현자들은 금융 경색을 겪는 사람을 짐이 떨어지기 시작하는 당나귀에 비유한다.

▶ 짐이 땅에 완전히 떨어지지 않는 한 쉽게 다시 놓을 수 있다. 하지만 땅에 일단 떨어지면 5명도 되돌릴 수 없다(랍비 Rashi의 Vayyikra 25:35에 대한 논의).

토라는 증인이 되거나 보증을 섬으로써 대출을 장려하는 역할을 하거나 이자를 받고 대출하는 것, 차입자에게 상환을 강요하는 것, 담보를 강제로 가져가는 것을 금지하고 차입자가 당장 사용해야 하는 담보는 반환할 것을 강제하고 있다. 반대로 토라는 차입자가 상환할 여유가 생기면 즉시 상환할 것을 요구한다. "네게 있거든 이웃에게 이르기를 갔다가 다시 오라 내일 주겠노라 하지 말며"(잠언 Mishlei 3:28) 탈무드[Ketubbot 86a–b]는 채권자의 상환은 미츠보트로 채무자가 상환을 거부할 경우 법원이 강제할 권한이 있다고 하고 있다.

지금까지의 논의를 요약하면, 차입과 대부에 대한 토라의 틀은 사회적 도덕적 책임이다. 현대사회에서 보듯이 당장의 소비를 위한 차입은 도덕적, 재정적 파산으로 향하는 꽃길이다. 반면 자산 취득으로 대차대조표가 개선된다면 부채 증가를 동반되어도 자금을 차입해야 한다. 소매로 팔 때 이윤을 거둘 수 있는 상품을 도매로 매입하거나 모기지와 같은 담보가 존재하는 부채는 이 기준에 부합한다. 그렇게 할 수 있다면 여러분이 무언가를 소유하고 있다고 말하는 것이 타당하다. 그렇게 할 수 없다면, 오히려 그것이 당신을 소유하고 있는 것이다. 반면 학자금 대출과 같은 무담보 부채는 여러분을 위험에 극도로 노출시킨다. 대학에 다녀 얻게 되는 인적자본은 매각이 불가능하기 때문이다. 따라서 가급적 적은 비용으로 대학교육을 받거나 직장을 다니며 학비를 지급할 수 있도록 하는 것이 더 현명하다.

채권자와 채무자

탈무드는 채무자의 책임에 대해 명확한 입장을 취한다. 채무자는 담보로 내놓았던 물건을 포기하는 한이 있더라도 빚을 갚아야 한다. 돈을 빌릴 때 했던 변제 약속은 신성한 맹세로 간주된다. 비록 동정심을 강조하는 랍비일지라도 채무자의 빚을 구제해주라고 하지 않았고, 가난한 사람일지라도 법정에서는 부자와 똑같이 대우했다. "눈 먼 자 앞에 장애물을 놓지 마라"는 표현대로 돈을 갚을 수 없는 사람에게 돈을 꿔주지 않는 것이 채권자의 책임이라면, 감당할 수 없는 빚을 지지 않는 것은 채무자의 책임이다. 또한 빚을 갚아야 할 도덕적 책임은 분명히 채무자에게 있다. 빚을 지고 갚지 않는 자를 악인으로 규정하고 빚의 일부만 변제하려 협상하는 것은 비윤리적인 일로 간주된다. 남의 것(돈)을 가지고 가서 되돌려 주지 않는 것은 "도둑질하지 말라"(출 20:15)는 제8계명을 어기는 죄를 범하는 것이다.[18]

▶ 악인은 꾸고 갚지 아니하나 의인은 은혜를 베풀고 주는도다(시편 37:21).

18. 금융을 뜻하는 'finance'는 남아 있는 빚을 완전히 청산하는 '최종 지불이나 청산'을 뜻하는 라틴어 'finis'에 뿌리를 둔다.

채권자가 자신의 돈을 돌려받을 모든 권리(법적으로나 도덕적으로)를 다 가지고 있다고 하지만 동시에 채무자에 대한 존중도 강조된다. 채무자를 모욕하거나 괴롭히거나 빚을 환기시키는 행위는 금지되었다.[19] 채권자가 빚을 탕감해주는 것은 친절한 행위이지 정의로운 행위는 아니다. 정의와 친절은 공존하여야 하지만 서로 독립적으로 남아 있어야 하며 겹쳐져서는 안 된다. 빚을 탕감할 수 있으나 이는 대부 행위와는 별개로 분리되어 행하여져야 한다.

채무와 이자에 대한 경고

현대 사회에서 차입자본의 이용이 부자가 되는 비결이라 종종 강조되지만, 유대인들은 그것을 오히려 파산의 비결로 간주해 왔다. 차입자본의 이용이란 '자기 것도 아닌 돈으로 분에 넘치는 물건을 산다'는 의미로 해석되었다. 그러한 태도의 끝에서 "결국 우주 만물이 네게서 등을 돌릴 것이다." 분에 넘치는 소비는 소유물로 당신의 존재를 정의하는 것이다. 자신을 정의할 수 있는 것은 오직 자신일 뿐이다. 무엇을 구입하기로 선택하는지가 아니라 어떻게 사용할지가 자신을 정의한다. 현대의 많은 랍비들 역시 반복적으로 채무를 경고한다. 대출을 받을지 말지를 결정하는 가장 중요한 요소는 새로운 사업이 수익을 낼 것인가에 달려있다. 현대의 어떤 랍비들은 잠재 수익이 최소한 대출이자의 2배는 돼야 대출거래를 할 수 있다고 한다.

유대 전통은 채무와 이자의 위험한 속성에 대해 반복적으로 경고한다. 잠언 22장의 6절과 7절은 지혜로운 아버지가 자녀에게 가르칠 첫 원칙은 빚으로 인한 주인과 종의 관계라 하고 있다. 부모들이 자신들의 욕망을 즉각적으로 만족하기 위해 빚을 사용한다면, 자녀들은 나이가 들었을 때에 그 길을 벗어나지 못할 것이다.

---

19. 만일 채무자가 합의하기를 거절하거나 빚을 지불하기를 거절한다면, 꾸어 준 사람은 우리에게 범죄한 형제에 대해 마태복음 18장 15~17절에서 예수님이 보여주신 절차를 따라야 한다.

▶ 네 형제가 죄를 범하거든 가서 너와 그 사람과만 상대하여 권고하라 만일 들으면 네가 네 형제를 얻은 것이요. 만일 듣지 않거든 한두 사람을 데리고 가서 두세 증인의 입으로 말마다 증참케 하라. 만일 그들의 말도 듣지 않거든 교회에 말하고 교회의 말도 듣지 않거든 이방인과 세리와 같이 여기라(마태복음 18:15~17).

▶ 마땅히 행할 길을 아이에게 가르치라 그리하면 늙어도 그것을 떠나지 아니하리라. 부자는 가난 한 자를 주관하고 빚진 자는 채주의 종이 되느니라(잠언 22:6-7).

탈무드는 "푸성귀를 먹더라도 빚쟁이를 두려워하지 않고 사는 것이, 오리고기를 먹으며 (빚쟁이를 피해) 숨어 사는 것보다 낫다"(Pesachim, 114a)고 하고 "기름진 음식(값비싼 음식)을 먹는 사람은 (채권자를 피해) 다락방에 숨어야 하지만, 크레스(비싸지 않은 음식)를 먹는 사람은 사람들이 훤히 들여다 볼 수 있는 마을의 덤불에 누울 수 있다"고 조언한다. 구약의 곳곳에서 채무에 대한 경고는 끊임없이 반복된다.

▶ 그는 네게 꾸일지라도 너는 그에게 꾸이지 못하리니 그는 머리가 되고 너는 꼬리가 될 것이라(신명기 28:15, 44).

▶ 피차 사랑의 빚 외에는 아무에게든지 아무 빚도 지지 말라. 남을 사랑하는 자는 율법을 다 이루었느니라(로마서 13:8).

▶ 만일 갚을 것이 없으면 네 누운 침상도 빼앗길 것이라 네가 어찌 그리하겠느냐(잠언 22:27).

토라와 탈무드는 통제되지 않은 이자의 위험성을 반복적으로 경고한다. 창세기 3장 13절에서 아담과 이브가 선악과를 먹은 뒤 하나님이 이브에게 "네가 어찌하여 이렇게 하였느냐?"라고 묻자 이브는 "뱀이 나를 꾀므로 내가 먹었나이다"라고 하였다. 여기서 "꾀므로"의 히브리어 '나샤(Nasha)'는 '속이다' 또는 '꾀다' 외에 '이자를 받고 빌려주다'의 뜻도 가지고 있다. 히브리어 '나샥(nashak)'은 '(뱀처럼) 독이 든 이로 치다'(민수기 21:8-9)라는 의미 외에 '이자로 압박하다' 또는 '고리대금하다'의 의미도 갖는다. 신명기 23:20에서 "너의 형제에게 꾸이거든 이식(nashak)을 취하지 말라"로 하고 있다. '너는 너의 형제를 뱀같이 물지 말라'인 것이다. 하박국 2:7(너를 물 자들이 홀연히 일어나지 않겠느냐, 너를 괴롭게 할 자들이 깨지 않겠느냐, 네가 그들에게 노략을 당하지 않겠느냐)에서도 이런 의미로 사용되었다. '이자'에 해당하는 히브리어 단어 네셰크(Neshekh)는 '뱀에 물린 상처'라는 뜻을 가지고 있다. 미드라시는 다음과 같이 말한다. "이자를 무엇에 비교할 수 있을까? 뱀에 물린 남자다. 뱀에 물리면 상처가 부어오르고 큰 고통을 야기하기 전까지는 사태의 심각성을 잘 모른다. 마찬가지로 빚을 진 사람은 이자가 차츰 불어나서 그의 몸을 집어삼킬 때까지 이자의 두려움을 자각하지 못한다."

마이어 타마리(Meir Tamari)의 저서 『우리 재산과 상관없이(With All Your Possessions)』에 따르면 유대교는 나무, 땅, 혹은 소가 부를 생산하는 그런 방식으로 돈이 부를 발생시키지 말아야 한다는 기독교의 개념을 공유하지 않는다. 나무, 땅, 소 혹은 부를 산출하는 것으로 생각되는 다른 경제 분야가 부를 산출하는 것 처럼 돈은 돈을 산출할 수 있다. 이자는 대부기간 중 그 돈을 사용할 수 없게 되고 대부금을 받지 못할 위험을 감소하는 데 따른 보상이다. 실제로 이자는 히브리어로 네셰크 외에 타르비트(tarbit)라고도 하는데 후자는 '증가'를 뜻한다. 이자가 자연스러운 증가로도 받아들여졌었음을 시사하는 것이다. 가난과 어려운 처지에 빠져 있는 사람에게서 이자를 받으면서(물어뜯으면서) 이들을 더 어렵게 만드는 것은 옳지 않겠지만, 사업을 위해 필요한 자본을 빌려 주고 상호이익을 도모하는 것은 좋은 일이며 이런 대부에 따른 이자는 자연스러운 것이다.[20] 이자를 부과하지 않고 돈을 빌려주는 가는 사회마다 달라질 수 있는데, 유대인 사회에서 대부는 유대인들이 서로를 보호하는 특별할 선한 행위이다. 하지만 이자가 없다면 어떤 사람도 돈을 빌려주는 데 관심이 없을 것이며 세계는 더욱 고통스러운 장소가 될 것이다.[21]

하지만 이자를 벌 목적으로 대출하는 것이 금지되는 특별한 상황이 있다. 예

20. 예수님도 "주인이 이르되 악한 종아, 내가 네 말로 너를 심판하노니 너는 내가 두지 않은 것을 취하고 심지 않은 것을 거두는 엄한 사람인 줄로 알았느냐. 그러면 어찌하여 내 돈을 은행에 맡기지 아니하였느냐. 그리하였으면 내가 와서 그 이자와 함께 그 돈을 찾았으리라"(누가복음 19:23)고 하셔 상호이익을 도모하는 이자를 자연스럽게 보았다.

21. 구약의 율법서(출애굽기, 레위기, 신명기)와 예언서(에스겔), 느헤미야, 시편, 잠언 등 구약 율법은 같은 이스라엘 동족에게서 이자 받는 것을 금한다. 하지만 신명기 15:3과 23:20은 이방인에게는 이자를 받아도 된다고 하고 있다.

를 들어 가난한 자에게 꾸어줄 때 이자를 받지 말라고 명시되어 있다(출애굽기 22:25-26). 이보다 더 나아가 신명기는 이스라엘 사람들 간의 빌린 돈에 대한 이자를 금지하는 것으로 해석되는 내용을 담고 있다(신명기 23:20-21). 반면에, 레위기 25:35-37은 상업적 대출이나 부유한 사람들에게 대출하는 경우에 이자를 허용하는 것으로 이해된다. 그러나 이스라엘 사람들 사이에 대출 이자에 대한 완전한 금지는 없었을 것으로 추정된다.

▶ 타국인에게 네가 꾸어주면 이자를 받아도 되거니와 네 형제에게 꾸어주거든 이자를 받지 말라 그리하면 네 하나님 여호와께서 네가 들어가서 차지할 땅에서 네 손으로 하는 범사에 복을 내리시리라(신명기 23:20)

▶ 네 형제가 가난하게 되어 빈 손으로 네 곁에 있거든 너는 그를 도와 거류민이나 동거인처럼 너와 함께 생활하게 하되, 너는 그에게 이자를 받지 말고 네 하나님을 경외하여 네 형제로 너와 함께 생활하게 할 것인즉 너는 그에게 이자를 위하여 돈을 꾸어 주지 말고 이익을 위하여 네 양식을 꾸어주지 말라(레위기 25:35-37).

보증을 경고함

보증이란 채무자가 채무를 이행하지 못할 경우에 그를 대신해 채권자에게 채무를 이행할 것을 부담하는 일이다. 담보나 보증이 필요한 것 자체가 이미 자신의 힘으로는 감당할 수 없는 빚이라는 것을 의미한다. 자신이 감당할 수 있다면 담보나 보증을 요구할 필요가 없었을 것이다. 따라서 타인에게 담보나 보증을 세우는 것 자체가 이미 분을 넘어선 일이다. 보증을 서 줘서 잘 될 수도 있지만 잘못된 확률이 매우 높다. 결국 보증을 부탁하는 것은 분에 넘치는 욕심을 위하여 상대를 올무에 끌어들이고 이웃에게 피해를 입히고 악을 행하는 것이다. 그래서 로마서 13:8은 "피차 사랑의 빚 외에는 아무에게든지 아무 빚도 지지 말라" 했다.

▶ 너는 사람으로 더불어 손을 잡지 말며 남의 빚에 보증이 되지 말라. 만일 갚을 것이 네게 없으면 네 누운 침상도 빼앗길 것이라 네가 어찌 그리하겠느냐(잠언

22:26-27).

- ▶ 지혜 없는 자는 남의 손을 잡고 그 이웃 앞에서 보증이 되느니라(잠언 17:18).
- ▶ 내 아들아 네가 만일 이웃을 위하여 담보하며 타인을 위하여 보증하였으면 네 입의 말로 네가 얽혔으며 네 입의 말로 인하여 잡히게 되었느니라(잠언 6:1-2).
- ▶ 너보다 더 세력 있는 사람에게 돈을 꾸어 주지 말아라. 혹 꾸어 주었거든 잃어버린 것으로 생각하여라. 네 능력 이상으로 보증을 서지 말며 보증을 섰으면 대신 갚을 각오를 하여라(집회서 8:12~13).
- ▶ 타인을 위하여 보증이 되는 자는 손해를 당하여도 보증이 되기를 싫어하는 자는 평안하니라(잠 11:15).

(3) 십일조와 자선

십일조

돈의 첫 번째 용도는 '심는 자의 씨'로 십일조를 하는 것이다. 십일조는 돈을 가지고 가장 먼저 해야 할 일이다. 다른 것을 위해 돈을 쓰기 전에 하나님께 속한 것을 돌려 드려야 한다.

- ▶ 너는 마땅히 매년 토지 소산의 십일조를 드릴 것이며(You shall surely tithe)(신명기 14:22)
- ▶ 만군의 여호와가 이르노라 너희의 온전한 십일조를 창고에 들여 나의 집에 양식이 있게 하고 그것으로 나를 시험하여 내가 하늘 문을 열고 너희에게 복을 쌓을 곳이 없도록 붓지 아니하나 보라(말라기 3:10).
- ▶ 땅의 십분 일 곧 땅의 곡식이나 나무의 과실이나 그 십분 일은 여호와의 것이니 여호와께 성물이라(레위기 27:30).

십일조를 하는 첫 번째 이유는 십일조가 "옛적 길"(예레미야 6:16)이기 때문이다. 십일조는 당신의 부로 하나님의 초자연적인 능력을 행할 수 있게 한다. 어떤 사람들은 십일조란 모세오경의 한 부분이기에 우리의 삶에서는 더 이상 무관한 것이라고 말할지 모른다. 실제로 십일조가 성경에 처음 나타난 것은 창세기 14:20에서 아브라함이 살렘 왕 멜기세덱에게 십일조를 한 때였다. 이것은 모세의 율법보다 430년이나 먼저 일어난 일이며 히브리서 7:4–8에서 다시 언급되고 있다.

탈무드는 부자가 되기 위해서는 십일조를 드려야 한다고 조언하였다. 실제로 히브리어 tithe는 "부자가 되기 위해"라는 의미로도 해석된다. 또한 랍비 Yishmael ben Yosi는 Rebbi(랍비 Yehuda Nasi)에게 천국은 십일조를 드리는 일에 엄격한 이스라엘 사람들에게 상을 준다고 말했다.

자선

탈무드는 모든 부가 절대자로부터 비롯하고 절대자에게 속하며, 인간에게는 이를 돌보는 청지기의 역할이 부여된 것으로 인식한다. "땅과 거기 충만한 것이 여호와의 것이로다"(시편 24:1)라는 후렴구는 유대 전통에 의해 문자 그대로 받아들여졌다. 신께서 땅을 궁극적으로 소유하고 배분하였기에 모든 이스라엘 사람은 신을 위한 "소작농(tenant farmer)"으로 불리었다. 이에 따라 개별 가족이 상속 토지를 유지하고 채무나 불행으로 토지로부터 영원히 소외되는 것을 막기 위한 노력이 안식년과 희년 규정 등을 통해 계속되었다.

- ▶ 네 하나님 여호와께서 네게 주신 땅 어느 성읍에서든지 가난한 형제가 너와 함께 거주하거든 그 가난한 형제에게 네 마음을 완악하게 하지 말며 네 손을 움켜쥐지 말고 반드시 네 손을 그에게 펴서 그에게 필요한 대로 쓸 것을 넉넉히 꾸어주라(신명기 15:7–8).
- ▶ 땅에는 언제든지 가난한 자가 그치지 아니하겠으므로 내가 네게 명령하여 이르노니 너는 반드시 네 땅 안에 네 형제 중 곤란한 자와 궁핍한 자에게 네 손을 펼지니라(신명기 15:11).

이삭줍기는 성경이 빈곤층에게 허용된 여러 자격 중 하나다. 추수하는 동안 실수로 곡식 한 다발을 밭에 남겨둔 경우 가난한 사람들을 위해 그것을 가져오는 것이 허용되지 않았다.

▶ 룻이 이삭을 주우러 일어날 때에 보아스가 자기 소년들에게 명령하여 이르되 그에게 곡식 단 사이에서 줍게 하고 책망하지 말며, 또 그를 위하여 곡식 다발에서 조금씩 뽑아 버려서 그에게 줍게 하고 꾸짖지 말라 하니라(룻기 2:15–16).

▶ 너희가 너희의 땅에서 곡식을 거둘 때에 너는 밭 모퉁이까지 다 거두지 말고 네 떨어진 이삭도 줍지 말며, 네 포도원의 열매를 다 따지 말며 네 포도원에 떨어진 열매도 줍지 말고 가난한 사람과 거류민을 위하여 버려두라 나는 너희의 하나님 여호와이니라(레위기 19:9~10).

▶ 네가 밭에서 곡식을 벨 때에 그 한 뭇을 밭에 잊어버렸거든 다시 가서 가져오지 말고 나그네와 고아와 과부를 위하여 남겨두라 그리하면 네 하나님 여호와께서 네 손으로 하는 모든 일에 복을 내리시리라. 네가 네 감람나무를 떤 후에 그 가지를 다시 살피지 말고 그 남은 것은 객과 고아와 과부를 위하여 남겨두며, 네가 네 포도원의 포도를 딴 후에 그 남은 것을 다시 따지 말고 객과 고아와 과부를 위하여 남겨두라. 너는 애굽 땅에서 종 되었던 것을 기억하라 이러므로 내가 네게 이 일을 행하라 명령하노라(신명기 24:19–22).

이러한 사고방식으로 인해 성서는 토지를 소유하지 못한 제사장과 빈자들에게 토지의 소출을 배분하도록 요구하였으며, 이에 근거하여 상업 활동을 통해 스스로를 돌볼 수 없는 과부, 고아, 노인, 장애인, 난민, 실직자에 대한 최소한의 생활을 보장하는 사회복지 입법이 이어졌다. 자치적 법인체로 기능한 유대인 공동체는 "강제 부담금을 징수하고 가난한 사람과 궁핍한 사람들을 위해 수탁자 역할을 하는 도시 복지국가"의 형태를 취했다(랍비 Isadore Twersky).

이 세상의 부는 전능하신 신에게 속한 것이지만, 그 부를 가난한 이들에게 나눠주는 역할은 사람이 맡았다. 자유 의지를 가진 우리는, 매일의 삶 속에서 가진 돈으로 무엇을 해야 할지 결정할 수 있는 권한을 가지고 있다. 돈으로 자선을 베풀었다면, 우리는 돈(신의 돈)을 올바르게 사용한 것이며, 그 대가로 축복을 받게 되는 것이다. 랍비들은 종종 이렇게 말했다. "포도주는 주인의 것이지만 손님으로부터 고맙다는 인사는 소믈리에가 받는다." 자선이야말로 신의 창조 사역을 완성하기 위해, 신이 이 세상을 더 좋은 곳으로 만들라(이 세상을 고치라)고 인간에게 준 기회이다.

자선을 베푸는 것은 선택적으로 이루어지는 친절한 행동이나 동정심이 아니라 정의로운 행동으로 누구나 반드시 실천해야 할 의무로 간주되었다. 자선을 의미하는 charity는 사랑을 의미하는 라틴어 caritas에서 왔다. 그리스어에서 사랑을 의미하는 단어는 philo로 'philanthropy'(자선사업)의 어원이 된다. 두 어원이 뜻하는 바를 풀어보면, 자선이란 '이웃 사랑'의 의미를 담고 있다. 그러나 자선을 베푸는 것은 세상을 더 나은 곳으로 만드는 데 그치지 않는다. 그것은 세상에 정의를 가져다주는 위치에 서서 하나님과 최대한 비슷한 존재로 거듭나는 행동이다.

그래서 '체다카'는 다른 모든 계명을 합한 것과 대등하다(바바 바스라 9a). 자선은 성전에 바쳐진 모든 희생물보다 더 귀하고 중요하며, 심지어 자선은 우리를 죽음에서조차 구한다. 자선을 하면 의로운 사람이며 자선을 하지 않으면 악인인 것이다. 더 나아가 탈무드는 "줄이면 유지될 것이다(Salt (i.e., preserve) money by diminishing it)"라는 예루살렘의 격언을 인용하며 "더 많이 줄수록, 더 많이 주어야 한다(The more you give, the more you will have to give)"고 하고 있다. 탈무드는 "짐은 낙타의 힘에 따라간다(Accordance with the camel, is the burden)"라고 선언한다(Kethuboth 67a). 따라서 탈무드에 따르면 부를 보존하는 비결은 자선을 베푸는 것이며, 부유한 만큼 자선도 커져야 한다는 것이다.

자선과 십일조는 받는 사람뿐만 아니라 주는 사람에게도 유익하다. 현자들은 기증자가 가난한 사람을 위해 하는 것보다 가난한 사람이 기증자를 위해 더 많은 일을 한다고 한다. 이러한 정신에서 "십일조는 부를 보호하는 울타리"(Avot 3:13) 및 "부자가 될 수 있도록 십일조를 바친다"라는 경구가 존재한다(Ta'anit 9a). 자선의 의무를 행하면 보상이 약속되었다. 잠언 11:24의 "흩어 구제하여도 더욱 부하게 되는 일이 있나니(There is one who scatters and yet is given more)"에서 '흩어'는 자신의 부를 궁핍한 자에게 지출하는 것을 의미한다. 부는 정의로운 자에게 어울리며 세계에도 어울리는 것(Avos 6:8)으로 자신의 부로 다른 사람들을 돕는 부자는 탈무드의 현인로부터 존경을 얻었다(Eruvin 86a). 자선은 운명도 초월하여 번영뿐만이 아니라 장수도 보상이 되었다(Bava Bathra 11a). 유대 사회에는 '받음의 보편적 원칙'이 있다. 받으려면 먼저 베풀어야 한다는 것이다. "돈을 벌고 베풀면 더 많은 돈이 들어온다"는 것이 유대인들이 목숨처럼 지키고 대물림해 온 불변의 공리이다. 자선은 하늘의 부정적인 명령까지도 바꿀 수 있다. 자선은 단순히 세상과 내 주변 사람들을 향상시키는 정도에 그치지 않는다. 자선을 통해 스스로가 향상된다. 유대인들은 자신들이 하나님과 손잡고 혼돈에 대비해 울타리를 만든 비결이 바로 자선이었다고 믿는다.

▶ 주는 사람은 부에 대한 야망의 불꽃을 가라앉힌다(이디쉬 격언).

토라는 대부, 선물, 체다카를 통해 궁핍한 사람들을 돕기 위해 우리의 자원을 사용하는 친절의 세계인 "올람 헤세드"(olam chesed, 시편 Tehillim 89:3)를 추구한다. 우리의 목표는 부를 축적하는 것이 아니라 우리에게 주어진 부를 사용하여 세상을 더 나은 곳으로 만드는 것에 있다. 무덤에 돈을 가지고 가지 않는다는 것은 진부한 표현이다. 이와 대조적으로 체다카는 다음 세계로 가지고 간다. 아마도 그것의 보호적 가치는 체다카를 주는 사람이 더 나은 사람이 되도록 하고 심판에서 더 관대해 질 수 있기 때문일 것이다. 따라서 체다카는 이 세상과 다음 세상에서 보상된다.

반면 자선의 의무를 어기면 고난을 약속하였다. 무엇보다도 탈무드는 가난한 사람들을 소홀히 하거나 그들에게 합당한 십일조를 주지 않는 것에 대한 형벌은 빈곤이라는 것을 아주 분명하게 밝혔다(Temurah 16a ; Midrash Tanchuma, Vayishlach 10 ; Sifri Deuteronomy 134). 순종하지 않아 받는 저주(레위기 26, 신명기 28:15-69)에서 논의된 가혹한 형벌은 가뭄, 역병, 기근 등으로 끝이 없다.

체다카의 우선 순위는 가난한 친척, 그 다음은 도시의 가난한 자, 그 다음은 이스라엘 땅의 가난한 자, 마지막으로 다른 도시의 가난한 자이다(Shulchan Aruch Yoreh Deah 251:3, 9). 원칙은 멀리 떨어져 있는 사람보다 관계나 지리상의 근접성을 통해 자신과 가까운 사람의 필요를 돌볼 책임이 더 많다는 것이다. 아울러 체다카의 1/3을 빈자에게, 1/3을 토라학자와 학교(yeshivot)에, 그리고 1/3을 의료, 특수교육, 회당 등으로 사회를 강화할 기관에 주는 것도 권해진다. 토라는 빈자에게 "부족한 만큼" 주라고 말한다(신명기 Devarim 15:8). 자선의 목표는 주는 사람의 필요를 충족시키 것이 아니라 가난한 사람들의 필요를 충족시키는 것이어야 한다.

자선의 방법 자선은 명예를 얻기 위한 것이 아니라 익명으로 제공되어야 했다. 마이모니데스(Mishna Torah, Laws of Gifts to the Poor, 10:7)는 가난한 사람이 자급자족하는 데 필요한 수단, 예를 들어 사업, 동업이나 직업을 제공하는 것이 가장 높은 형태의 자선이라고 밝혔다. 이것이 불가능하다면 가난한 사람들의 존엄을 지키기 위해 익명으로 자선을 베푸는 것이 가장 좋다. 익명으로 자선하여 가난한 사람들이 빚을 졌다는 느낌을 받지 않게 하고, 가난한 사람이 자선의 수혜자로 알려져 부끄럽지 않도록 하여야 한다. 길거리 같은 공개된 장소에서 자선을 베풀면 도움받는 사람이 수치감을 느낄 수 있으므로 피해야 한다. 이상적으로는 기증자와 수행자가 서로를 알지 않아야 했다. 마이모니데스는 자선을 8단계로 구분했다.

- **1단계** : 일자리를 찾는 데 도움을 주거나, 대부를 제공하거나, 사업을 시작하거나 유지하는 데 도움이 되도록 함께하는 방법 : 사업을 통해 개인이 독립성을 유지하고 지역경제의 번영에 기여하도록 도움을 주는 것이 최상의 자선이다. 그들이 계속 성장해 더 이상 자선에 기대지 않고도 살 수 있는 기회를 제공하는 것이기 때문이다. 무엇보다도 자선 받는 이의 자존감을 지켜주는 최선의 자선이다. 예를 들어, 정상 가격보다 더 높은 가격으로 제품을 구매하거나 수치심을 덜어주는 방식으로 대부하는 것이 그것이다.
- **2단계** : 누가 주는지, 누가 받는지 모르게 행하는 자선 : 제3자를 통해 익명으로 자선을 베풀면, 수혜자가 모욕감을 느끼거나 당황해하지 않는다.
- **3단계** : 주는 사람은 알지만 받는 사람은 누구의 도움인지를 모르는 자선 : 예

를 들면, 기부자 대신 해당 지역에 소재한 단체로부터 도움을 받도록 하는 방법이다.

- **4단계** : 받는 사람은 누구로부터 받는지 알지만, 주는 사람은 누가 받는지 모르는 자선 : 제3의 자선단체를 활용하는 방법이다.
- **5단계** : 서로를 아는 상태에서 부탁 전에 돕는 자선 : 기부자가 길거리에서 궁핍해 보이는 사람에게 돈을 주는 경우다.
- **6단계** : 서로를 아는 상태에서 부탁 후에 돕는 자선 : 기부자가 길거리에서 구걸하는 사람에게 돈을 주는 경우다.
- **7단계** : 필요한 것보다 적은 금액을 기쁜 마음으로 주는 자선.
- **8단계** : 싫은데 억지로 하는 자선 : 수혜자가 적극적으로 구걸한 끝에 기부자가 강요에 못 이겨 계속된 요청을 피하기 위해 주는 경우이다.

더 나아가 지나친 자선은 피해야 한다. 감당할 수 있는 것 이상으로 선을 베풀 필요는 없다. 마이모니데스는 남에게 너무 많이 자선을 베푼 나머지 자신은 가난해져서 오히려 남의 자선에 기댈 수밖에 없는 처지에 내몰리지 않도록 주의하라고 말했다.

▶ 자선은 의무지만 한계도 분명하다. 자신이 가진 것을 몽땅 남에게 다 줘버리는 바람에 스스로 가난해져서는 안 된다(Ketubot, 50a).
남의 자선으로 생계를 잇는 가난한 사람일지라도 자선의 의무로부터 자유로울 순 없다(Gittin, 7a).

랍비 이스라엘 살란터(Israel Salanter)는 자선에 대해 "물질적인 것보다 영적인 것을 더욱 중시하라. 이웃의 물질적 복지를 당신의 영적인 주제로 삼아라." 즉, 나의 빵은 내게 물질적인 주제에 불과하지만, 이웃의 빵은 내게 영적인 주제라는 것이다.

누가 체다카를 받을지도 문제시된다. 토라가 빈자를 돕도록 요구하는 것처럼,

빈자는 다른 자립수단이 가능할 때 도움을 구하지 말라고 명한다. 아무리 높은 위치와 업적을 가지고 있더라도 자선을 요청하는 것보다 동물 사체의 가죽을 벗기는 것이 더 낫다. 그러나 가난한 사람들은 항상 사회의 일부에 존재하기 때문에 자선 활동이 필요할 것이다. 랍비들은 자신과 배우자를 위해 1년 치의 기본적인 음식과 의복을 살 수 있는 충분한 돈이 있는 사람은 자선을 받을 권리가 없다고 추정했다. 그러나 이윤을 내기 위해 돈이 필요한 사람은 적절한 사업 자본을 받을 수 있다.

한편 기부자는 자신 스스로가 다른 사람들로부터 체다카를 필요로 하지 않도록 수입의 5분의 1 이상을 자선 단체에 기부하는 것을 금했다. 그러나 소득의 10분의 1 이상을 내지 않는 것은 인색한 것으로 간주되었다. 원래 토라 미츠보트의 십일조는 자신이 가진 밭에서 얻어지는 수확물과 관련 있지만, 소득의 십일조(ma'asar kesafim)도 의무로 간주된다.

자선과 친절한 행위

일반적으로 자선은 의무사항이지만, 의무사항이 아닌 조금 색다른 자선도 있다. 의무사항이 아니기에 일반적인 자선보다 더 훌륭하다. 이 같은 기부 형태를 히브리어로는 '게밀루트 하사딤(gemilut hasadim)'으로, '친절한 행위'라는 뜻을 가지고 있다. 친절한 행위와 자선의 가장 큰 차이점을 4가지로 요약하면 다음과 같다.

첫째, 친절한 행위는 돈으로 베푸는 자선과 달리 자신의 생명과 같은 시간을 써서 돕는다. 예를 들어, 병자를 돈으로 돕는 것은 자선이지만, 병 문안을 가거나 그 사람의 집안일을 도와주는 등 시간을 써서 돕는 것은 친절한 행위에 해당한다.

둘째, 자선은 가난한 사람에게 도움을 주는 것인 반면, 친절한 행위는 부자와 가난한 사람 모두를 상대로 하는 행위다.

셋째, 자선은 오직 살아있는 사람을 대상으로 하지만, 친절한 행위는 살아있는 사람과 죽은 사람 모두를 대상으로 하는 행위다. 연고자 없이 죽은 이를 적절하게 장례식을 치러 준다거나 사후에 상을 수여하는 행위 등을 사례로 들 수 있다.

넷째, 자선은 선행에 대한 보답을 받게 되지만, 친절한 행위는 보답에 대한 아무런 희망이나 기대 없이 하는 행동이라는 점이다.

| 참고문헌 |

앤드류 할램 저 · 이광희 역(2018), 『백만장자 선생님의 부자 수업』, 와이즈베리.

크래그 힐과 얼피츠 공저 · 허령 역, 『그리스도인의 재정 원칙(Wealth, Riches and Money)』, 예수전도단.

Chuah, Swee-Hoon and J. Devlin(2010), "Research note : Behavioural Economics and the Financial Services Consumer : A Review," The Financial Services Research Forum, Nottingham University Business School.

Frederick, S., G. Loewenstein and Ted O'Donoghue(2002), "Time Discounting and Time Preference : A Critical Review," *Journal of Economic Literature* 40(2).

Friedman, H.(2020), "Ethical Wealth Is Not a Paradox : The Talmudic Guide to Prosperity," *Journal of Intercultural Management and Ethics* 4.

Greenspan, M. "Lending and Love : A Jewish Approach to Loans," The Rabbinical Assembly. (www.rabbinicalassembly.org/story/lending-and-love-jewish-approach-loans)

Keister, Lisa A.(2003), "The Role of Religious Affiliation and Participation in Early Adult, Asset Accumulation," *Social Forces* 82(1).

McCleary, Rachel M.(2007), "Salvation, Damnation, and Economic Incentives," *Journal of Contemporary Religion* 22(1).

Ohrenstein, Roman A.(1996), "The socio-economic time dimension in Talmudic literature, International," *Journal of Social Economics* 23(4/5/6).

Ohrenstein, Roman A. and Barry L.J. Gordon(2009), *Economic Analysis in Talmudic Literature*, Brill.

Stango, V. and J. Zinman(2009), "Exponential Growth Bias and Household Finance," *The Journal of Finance* 64(6).

Yayeh, F. A.(2014), "The Impact of Religion on Household Saving Behavior," (ssrn.com/abstract=2518129)

9장 불확실성과 투자

탈무드의 현자들은 영적인 동기와 함께 실용적이고 유용한 조언을 많이 했고 그들이 논의한 주제 중 하나는 투자이다. 고대 랍비들이 조언하던 가장 명확한 두 가지 개념의 투자는 '가치투자(value investing)'와 위험에 대처하기 위한 '분산투자(diversified investment)이다.

가치투자

주식 투자자들은 크게 두 종류로 나뉠 수 있다. 가치투자를 하는 사람은 저평가된 주식을 산 뒤 다른 투자자들이 그 주식의 가치를 재평가할 때까지 기다린다. 반면 성장주 투자를 하는 사람들은 주식시장이 활황국면에 접어들 때 주식을 보유하고 있다가 정점을 지나 하락할 때 이를 내다 판다. 고대 랍비들도 가치투자를 강조했다.

▶ 물건이 저평가되어 가격이 낮아졌을 때 사둬라. 결국에는 가격이 오를 것이다 (Tanhuma, Mispatim, 5).

가치투자는 1920년대 뉴욕시 컬럼비아 대학의 벤자민 그레이엄(Benjamin Graham) 교수가 개발한 투자 패러다임으로 성경과 거의 관련이 없다. 그러나 가치투자는 사업에 대한 탈무드의 접근 방식과 유사하며, 가치투자자를 개척한 대부분의 사람들이 유대인이다.[1] 유대인이지만 불가지론자인 워렌 버핏(Warren Buffett)은 예외일 것이다. 가치투자는 주식을 단기 가격변동으로부터 수익을 얻는 수단으로 보는 투기와는 구별된다. 투기는 사업의 기본적 요소들에 관심은 없지만 자신이 이미 지불한 초기 투자비용보다 더 많은 비용을 지불할 구매자를 찾아 자산을 넘겨 빠른 이익을 얻는 데 관심을 둔다. 투기의 성공은 건전한 분석이 아니라 시장의 분위기를 정확하게 예측하는 능력에 달려 있다.

---

1. 이에는 Benjamin Graham, Seth Klarman, Bruce Berkowitz, Bruce Greenwald, Lawrence Tisch, Joel Greenblatt 등이 포함된다.

유대인 사이에서 노아는 최초의 가치투자자로 알려져 있다. 방주 건설을 통해 가족의 미래를 위해 투자하며 수년 동안 (주변의 모든 즐거움을 포기하면서 …) 수고한 노아의 이야기는 가치투자의 장기 지향성을 연상시킨다. 쾌락주의와 단기의 이득에 빠져 있는 나머지 인류의 행동은 투기를 생각나게 한다. 성경은 각 접근 방식의 믿음에 대해 경고하는 것 같다. 가치투자에는 번영이 있고 투기에는 파멸이 있다.

▶ 하나님이 노아에게 이르시되 내가 모든 사람을 멸하리라. 그들로 말미암아 땅이 포악으로 가득하였느니라. 내가 반드시 그들과 땅을 멸망시키리라. 그러니 편백나무로 방주를 만들어라. 거기에 방을 만들고 역청으로 안팎을 칠하라(창세기 6:13-14).

가치투자는 투자자가 이해하는 것에만 투자할 것을 권유한다.

▶ 집은 지혜로 짓고 명철로 견고히 세우느니라. 방은 지식으로 말미암아 모든 귀하고 아름다운 보화로 가득 차 있느니라(잠언 24:3-4).

가치투자는 가격이 잘못된 증권을 취득하는 것, 즉 내재 가치보다 훨씬 낮게 가격이 형성된 주식을 사는 것이다. 시장가격은 알려져 있지만 내재 가치는 그렇지 않아 주관적으로 추정되어야 한다. 이는 사업의 미래 수익성에 따라 달라지며, 미래 수익성은 다양한 요인에 의해 좌우된다. 사업에 대한 깊은 지식만이 투자자가 안심하고 투자할 수 있는 충분한 자신감을 줄 수 있다. 당연하게 들리겠지만 현실세계에서는 소문에 근거하여 주식을 매수하거나 피상적인 분석을 따르는 것은 너무 일반적이며 큰 고통의 원천이 되고 있다. 코셔 식품이 모든 가능한 불순물을 신중하게 준비, 선별되어야 하는 것처럼 사업투자에서는 규제 변화, 회계 부정, 부정직한 경영진과 같은 불순물의 가능한 모든 출처를 고려하여 투자하려는 기업에 대해 철저하게 실사를 해야 한다.

한결같이 돈을 절약하려는 태도와 능력 때문에 유대인들이 비난을 받아 왔지만 유대인들에게 있어 흥정을 하고 가격을 낮추는 능력은 악덕이 아니라 큰 덕목이다. 싼값을 찾는 것은 실제로 지출한 모든 금액에 대해 완전한 가치를 얻으려는 모색이며, 돈은 수단일 뿐이라는 인식을 보여준다. 사람이 돈을 가지게 되면 가장 큰 가치를 제공할 재화에 돈을 쓰는 가장 효율적인 방법을 찾아야 하는 책임을 지게 된다. 워렌 버핏의 멘토이자 가치투자의 창시자인 벤자민 그레이엄이 말했듯이 "가격은 지불하는 것이고 가치는 얻는 것이다"(Annual Letter 2008). 벤자민 그레이엄은 주식시장이 기업의 적절한 가치를 상대적으로 잘 결정하는 경향이 있음을 인정했다. 그러나 시장을 이기고 싶다면 시장이 가치평가에서 일시적인 실수를 저지른 곳에서 투자처를 찾아야 한다고 지적했다. 그러한 실수는 시간이 지나면 언제나 바로잡힐 것이므로 결국 시장을 이기는 열쇠는 시장가격이 내재가치보다 낮은 주식에 투자하는 것이다. 이러한 태도는 위대한 랍비로 불리는 엘리야 가온(Elijah the Gaon)의 마지막 가르침에도 등장한다. 1796년에 랍비 엘리야가 병에 걸렸다. 그는 자신의 날이 정해졌음을 알고 가족과 학생들을 불렀다. 그들이 도착했을 때 그는 성경의 명령에 따른 옷 장식인 치치트(tzitzit)를 잡고 말했다. "이 장식은 몇 페니만 주고 산 것이지만 이걸 두르고 하나님의 말씀을 성취하는 값진 보상을 얻을 수 있었다. 오는 세상에서는 이처럼 단순한 행동도 불가능하다." 그가 이 세상을 떠나 장차 올 세상으로 향하였을 때, 이 세상에만 있는 투자 기회를 남겨둔 채 눈물을 흘렸다. 유대교는 이 세상을 다음 세상으로 가는 방으로 본다(피르케이 아보트 4:21). 이 세상에서 우리의 도전은 여기에 있는 동안 가능한 한 많은 덕을 쌓는 것이다. 일생에 걸쳐 인간은 시간, 돈, 에너지를 어디에 쓸지 선택한다. 그것이 우리가 지불하는 가격이며, 우리가 살면서 선택한 결과가 우리가 얻는 가치이다. 이러한 선택을 이끄는 원칙은 우리가 얻는 가치이다.

분산투자

분산투자는 모든 달걀을 한 바구니에 담지 않는 것이다. 고대인들은 투자에 있어 분산투자가 생존 전략이라는 것을 알고 있었다. 분산투자는 바빌로니아 탈무드에 설명되어 있으며 자산 포트폴리오를 토지, 사업(운전 자본), 유동성(금)에 각각 3분의 1씩 나누어 유지할 것을 권고하였다.

▶ Rebbe Yitzchak : 사람은 항상 자신의 돈을 3분의 1로 나누어야 한다. 1/3은 토지, 1/3은 사업, 1/3은 수중에 있다(Bava Metzia 42a).

탈무드에 대한 17세기 주석가인 마하르샤(Maharsha)는 최적의 수익 조합을 제공한다고 주장함으로써 1/3 배분전략에 대한 금융적 논리 기반을 제공하려 했다. 토지는 안전하고 그 모든 가치를 잃을 수 없으므로 낮지만 지속 가능한 수익을 제공하며, 사업은 높은 위험부담으로 인해 더 높은 수익을 제공하고, 현금은 예상치 못한 비용에 대한 유동성을 제공한다는 것이다.

한편 Midrash는 공격의 위협을 받았을 때 가족을 두 진영으로 나눈 족장 Yaakov의 행동에서 이 원칙을 배운다. Rav Chiya Rabba는 한 사람이 모든 돈을 한 위치에 두어서는 안 된다고 말했다.

▶ 야곱이 심히 두렵고 답답하여 자기와 함께 한 동행자와 양과 소와 낙타를 두 떼로 나누고 이르되 에서가 와서 한 떼를 치면 남은 한 떼는 피하리라 하고(창세기 32:7–8)

바빌론 탈무드로부터 약 500년 후 솔로몬 왕은 투자자들에게 다음과 같은 다변화에 대한 조언을 남겼다.

▶ 일곱에게나 여덟에게 나눠 줄지어다 무슨 재앙이 땅에 임할는지 네가 알지 못함이니라(전도서 11:2).

2008년 글로벌 금융위기 이후 많은 사람들은 금융산업의 상당수가 돈을 빨리 벌고 즉각적 만족을 추구하여 장기적으로 삶의 질을 높이는 행동이 아니라 마이모니데스가 비난하는 종류의 행동을 지향한다는 것을 알게 되었다. 사실 랍비들의 관심은 투자 포트폴리오의 세부사항보다는 오히려 그것에 반영된 삶에 대한 전반적 접근 방식에 있었다.

탈무드의 조언은 투자자가 허용 가능한 위험 수준에 대해 기대수익을 극대화하는 포트폴리오를 선택해야 한다고 한 Markowitz(1952)가 발전시킨 포트폴리오 이론과 상반될 수 있다.[2] 두 접근 방식 사이의 차이는 포트폴리오 이론이 전체 포트폴리오의 구성에 초점을 맞추고 따라서 자산 자체의 속성보다는 자산 수익 간의 공분산에 기초한 자산 선택을 고찰했다는 사실에 있다. 좀 더 심하게 표현하면 1/3 전략은 어떤 이론이나 데이터에도 의존하지 않은 것이다. 포트폴리오 이론의 지지자들은 일반적으로 탈무드의 제안을 순진한 다각화 또는 *N*이 포트폴리오의 자산 수인 '1/*N* 규칙'이라고 부른다. 그들은 이 전략이 자산의 공분산을 고려하지 않기 때문에 차선책일 수 있으며, 따라서 실수로 투자자가 포트폴리오의 위험을 허용한도 이상으로 높이거나 잠재 수익을 희생하게 할 수 있다는 점에 주목한다. 그렇다면 단순한 다각화는 나쁜 것이 아닌가? 사실, 일찍이 1980년에 Jobson and Korkie는 추정 오류로 인해 "동일 가중치 규칙과 같은 순진한 분산 규칙이 마코위츠 규칙을 능가할 수 있다"고 언급한 바 있다.[3] 그 이유는 포트폴리오 이론이 이론적으로는 훌륭하지만 실제 세계에서는 그렇게 완벽하지 않다는 사실에서 비롯된다. 포트폴리오 이론에 따르면 투자자는 현재와 미래의 각 자산의 수익 분포를 알고 있어야 한다. 이 가

2. 이 규칙은 여전히 사용되고 있다. 예를 들어, 세계 최대규모의 연기금인 TIAA-CREF는 TIAA(채권)와 CREF(주식)라는 두 가지 투자를 제공해 왔는데, 지금까지 가입자가 선택한 가장 일반적인 비율은 50대 50이었다. 현대 포트폴리오 이론을 선구한 Harry Markowitz도 미래의 후회를 최소화하기 위하여 채권과 주식으로 50대 50으로 나누는 규칙을 사용한다고 언급하였다. Markowitz, Harry(1952), "Portfolio Selection," *The Journal of Finance* 7(1).

3. Jobson, J. D. and B. Korkie(1980), "Estimation for Markowitz Efficient Portfolios," *Journal of the American Statistical Association*, vol. 75 no. 371.

정이 성립한다면 평균–(공)분산에 기초한 자산배분은 1/N 자산배분을 능가할 것이다. 전자는 항상 위험 대비 수익을 최대화하기 때문이다. 그러나 자산의 수익분포에 대한 정보를 전혀 갖지 못할 경우 평균–(공)분산 이론이 제안하는 방법은 성립할 수 없고 1/N 배분이 보다 우월할 가능성이 생겨난다. 현실적으로 자산의 수익분포에 대한 정보가 제한적인 경우 현재의 수익률 분포를 기반으로 형성된 평균–분산에 따른 자산배분이 반드시 1/N 배분을 능가하는 것은 아니다. 미래의 수익률 분포가 변경될 수 있기 때문이다. 물론 수익률 분포가 비교적 안정적으로 유지되면 평균–분산 배분이 적절할 것이다. 한편 과도한 다각화는 다른 면에서도 부정적일 수 있다. 결국 성경의 예는 2개, 3개 또는 8개의 자산으로 다양화하는 것에 대해 이야기한다. 요즘 일반적인 뮤추얼 펀드는 50～60 종목 이상의 주식으로 분산되어 있다. 이 모든 개별 주식들을 상세히 알고 투자에 나선다는 것은 상상하기 어렵다.

1. 불확실한 상황에서의 선택 : 기댓값

불확실한 상황의 평가 : 확률

이 장은 위험 상황에서의 선택 문제에 초점을 맞춘다. 예측할 수 없는 사건이 발생할 수 있는 경우 선택의 결과는 불확실해진다. 많은 중요한 결정들에는 불확실성이 큰 역할을 한다. 우리 삶은 우연이 지배한다. 우리는 일을 흐트러짐 없이 잘 꾸리고 살려하지만, 어느새 우연이 개입되며 삶은 무질서하게 변한다. 경영자들은 기업수익에 직접적 영향을 미치는 결과에 대해 종종 확신하지 못한다. 예를 들어 신제품 출시의 경우 개발 비용과 일정, 제품의 첫 해와 그 이후의 판매량, 경쟁사의 반응 등 다양한 위험이 수반된다. 결정에 대해 하나 이상의 결과가 가능할 때 불확실성(또는 위험)이 존재한다고 한다. 또한 가능한 결과의 분산이 클수록 불확실성의 정도가 높아진다고 한다. "그럴 가능성이 있다"라거나 "그럴 거 같다"라는 표현은 불확실성을 인정하는 것이지만, 이러한 질적 표현은 모호하고 다양한 해석이 가능하기 때문에 자연스럽게 "얼마만한 가능성이 있을까"라는 질문으로 이어진다.

불확실한 세계에서 결과가 발생할 가능성을 정량화하는 기본적 방법이 확률이다. 우연은 어디에나 항상 존재하지만 그럼에도 일정한 규칙에 따라 이해하고 분석할 수 있다는 근대적 직관에 도달하기까지 인류는 오랜 시간을 보내야 했다. 확률은 지배적 패턴을 자신에게 이로운 쪽으로 사용하기 위한 방편이다. 도박판에 도전하려면 특정 결과가 나올 확률과 그에 따른 보상(또는 벌칙)을 저울질해야 한다. 우연으로 생기는 결과는 인간의 추론능력을 넘어서는 것으로 신성한 힘이 좌우하는 것으로 오랫동안 간주되어 왔다. 이러한 관념은 기독교가 확산되면서 오히려 더 커졌다. 마침내 이러한 관념이 흔들리기 시작한 것은 세계를 이해하는 인간능력에 대한 확신과 합리주의가 부상하고 상거래가 전 세계로 확대됨에 따라 위험 감수의 필요성이 커지면서부터였다. 위험을 잘 이해만 할 수 있다면 상거래에서 높은 수익이 보장되었다. 확률이 토대를 마련하고 발전하며 정규분포로 대변되는 규칙성이 도처에서 빈번하게 발견되었고 결국 세계가 근본적으로 무작위적이지만, 그 사실에 굴복되기 보다는 패턴을 활용하여 그러한 세계를 관리하고 헤쳐나갈 수 있다는 새로운 믿음도 자리잡게 되었다.

확률은 일기예보, 스포츠 베팅, 투자 등 실생활의 다양한 분야에서 활용되고 있다. 가장 일반적인 실생활에서의 예는 일기예보이다. 확률에 기초하여 일기 예보관은 특정 지역에서 특정 일에 비, 눈, 구름이 있을 가능성을 제시하며, 정부는 지진이나 풍수해 같은 자연 재해가 강타할 가능성을 공개하며 확률이 상당히 높으면 그 재해에 따른 영향을 최소화할 예산을 할당한다. 사람들은 매일 확률을 사용하여 교통체증이 얼마나 될지 판단하여 운전경로를 결정하며, 투자자는 특정 투자의 성과를 점친다. 소매업체는 특정 기간에 판매될 상품량을 예측하여 필요한 재고량을 확보하며, 필요한 직원을 사전에 배치한다. 보험사는 매년 보험금이 얼마나 지출될지를 가늠하고 보험가입자에게 얼마의 보험료를 청구할지를 결정한다.

확률은 0과 1 사이의 범위에 두어진다. 1의 확률을 가진 사건은 확실한 사건으로, 0의 확률을 가진 사건은 불가능한 사건으로 간주된다. 비 올 가능성이 있다고 하는 것보다 내일 비 올 확률이 60%라고 하는 것이 훨씬 더 유용할 것이다. 확률이 무엇이건 간에 중요한 질문은 이러한 확률적 평가는 무엇에 기반하는 가이다. 확률적 평가에는 객관적 기반이 존재할 수 있다. 완벽하게 대칭적인 동전을 던졌을 때 앞이 나올 가능성은 50%이다. 일곱 빛깔을 가진 일곱 개의 공을 모자에서 꺼낼 때 빨간색 공이 나올 확률은 1/7이다. 그러나 이를 생각해 보면 이러한 확률적 평가의 기반은 장기적 빈도(long-run frequency)임을 알 수 있다. 동전 던지기나 공을 뽑는 것과 같은 불확실한 사건이 아주 자주 반복되면, 특정 사건의 빈도는 참된 확률의 척도가 된다. 예를 들어 완벽하게 대칭적인 동전을 1,000회 던지면 앞이 나올 빈도는 1/2에 매우 근접할 것이다. 실제로 앞면이 나올 경우의 장기빈도를 계산하였을 때 1/3이라면 동전이 대칭적이지 못했다고 주장할 것이다. 빈도에 의한 해석은 대부분의 통계 데이터에 적용된다. 예를 들어 광산에서 고용된 광부의 연인원이 40,000명인데 매년 80명의 광부가 사고를 경험한다면, 광부가 광산에서 사고를 경험할 확률은 80/40,000, 또는 0.2%이다. 그러나 많은(실제로는 대부분의) 상황에서 특정 상황이 반복될 가능성은 없으며, 따라서 빈도에 기반하여 확률을 평가하는 방법은 쓸모가 없을 것이다. 시장에 없던 새로운 제품을 개발할 때 기업은 제품 출시가 반복되지 않는 일회성 사건임을 알고 있다. 기업은 40%의 성공 가능성이 있다고 믿을 수 있지만, 제품을 100번 출시하고 40번의 성공을 지켜봄으로써 이를 검증할 방법은 없다. 마찬가지로 특허 소송을 시작하려는 회사는 일회성 소송의 결과를 예측해야 하는 문제에 직면한다.

이러한 상황을 다룰 때 의사 결정자는 어쩔 수 없이 주관적 확률 개념에 의존한다. 주관적 관점에 따르면 결과의 확률은 결과가 발생할 것이라는 의사 결정자의 믿음 정도를 나타낸다. "출시 신제품의 성공확률은 60%"라는 말이 이에 해당한다. 물론 이러한 확률 평가를 하려면 경영자는 결과에 영향을 미칠 증거와 정보를 분석하고 해석해야 한다. 신제품의 경우에는 제품의 품질, 경쟁제품 대비 가격, 소비자 설문 조사 등이 포함된다. 요점은 주관적 확률이 완전히 자의적이거나 임시변통적이지 않다는 것이다. 현재 정보를 기반으로 불확실한 사건의 가능성에 대한 최선의 평가를 나타낸다.

불확실한 결과의 평가와 선택 : 기댓값을 계산하여 선택

선택의 첫 단계는 알려지지 않은 사건들의 가능한 결과와 그 사건 각각의 발생 확률에 관한 목록, 즉 확률분포(probability distribution)를 평가하는 것이다. 예를 들어, 석유시추 여부를 결정하는 경우에 있어 시추의 결과에 대해 표에 나타난 바와 같이 확률분포를 상상할 수 있다. 시추 비용이 2천억 원이고, 시추에 성공할 경우 유정 수명기간 동안 총이익(시추비용 전)이 8천억 원이며 시추에 실패할 경우 아무런 이익도 없다고 하자. 시추에 성공할 확률은 60%이고 실패할 확률은 40%라고 하자.

표 9-1 확률 분포

성과	가능한 순이익(v_i)의 결과	발생 확률(p_i)
시추 성공	8천억 원 – 2천억 원	60%
시추 실패	–2천억 원	40%

가능한 사건들의 결과들과 그 각각의 확률을 확정한 뒤 남은 것은 불확실성 하에서 행동방침을 선택할 수 있는 기준을 정하는 것이다. 일반적으로 편익이나 비용이 불확실한 경우의 선택은 기댓값(expected value)을 고려하여 결정한다. 즉, 기대편익(expected benefit)이 기대비용(expected cost)을 초과할 경우 선택을 한다. 기댓값(기대편익, 기대비용)은 어떻게 계산하나? 미래에 발생 가능한 각 상황별로 얻는 편익(또는 비용)을 그 상황이 발생할 확률로 가중 평균한 값으로 계산된다. 두 가지 상황 1과 2가 예상되는 경우 수익 S_1과 S_2가 각각 P_1, P_2의 확률로 실현된다면 위험한 프로젝트의 기대 화폐가치는 다음으로 계산된다:

$$EV = P_1 \times S_1 + P_2 \times S_2$$

앞의 석유 시추 사례의 기대 화폐가치 또는 기대이익은

$$0.4 \times 6{,}000\text{억 원} + 0.6 \times -2{,}000\text{억 원} = 1{,}200\text{억 원}$$

으로 계산된다. 기대이익은 가능한 이익의 가중 평균이며 각 이익의 가중치는 그 발생 확률을 사용한다. 각 이익의 확률이 높을수록 전체 기대이익을 결정하는 데 있어 더 큰 비중을 차지한다(기대 이익은 그 값으로 더 근접한다). 예를 들어 성공확률이 50%라면 기댓값은 가능한 이익과 손실의 평균값 또는 2천억 원이다. 시추 성공의 확률이 높아질수록 기대수익은 더 높아진다. 우리의 경우 기대이익은 1,200억 원이므로, 기댓값을 기준으로 할 때 시추를 하는 것이 적절한 선택이다.

기댓값 기준을 따라 시추에 착수하였다고 하자. 불행히도 시추 결과는 나빴고 결과적으로 2천억 원의 손실이 발생했다고 하자. 그렇다고 이것은 시추를 하기로 한 선택이 나쁜 결정이었다는 것을 의미하지는 않는다. 시추 전에 알고 있던 것을 감안하면 위험을 감수할 가치가 있었다. 대체로 매우 큰 이익을 얻을 가능성이 상당하지만 더 작은 손실의 가능성이 더 컸다. 시추는 (불행하게도) 나쁜 결과로 끝났지만 좋은 결정이었다는 것은 변함이 없다. 시추회사가 특정 공구가 아닌 다른 시추 공구를 선택했다고 가정하자. 두 번째 공구에서 성과는 각각 5천 5백억 원 및 −2천 2백억 원이며, 확률은 각각 30% 및 70%라고 하자. 두 번째 공구의 예상 수익은 1천 1백억 원으로 첫 번째 공구보다 낮다. 하지만 두 번째 공구를 실제로 시추한 결과가 성공적이었다고 하자. 그러나 이처럼 운이 좋은 시추결과를 얻어다고 하더라도 이것을 좋은 선택이었다고 볼 수 없다. 두 번째 공구는 첫 번째 공구보다 한결같이 더 나쁜 결과와 더 나쁜 확률을 가졌기 때문이다. 따라서 첫 번째 공구보다 먼저 선택해서는 안 된다. 핵심은 올바른 결정은 선택의 결과가 아니라 그 이전, 즉 선택을 해야 하는 시점에 가용했던 정보를 기준으로 판단해야 한다는 것이다. 나쁜 결과로 선택을 잘못한 것으로 평가하거나 좋은 결과로 선택을 잘한 것으로 평가하지 않아야 한다. 중요한 것은 선택 시점에서 예측 가능한 좋은 결과와 나쁜 결과의 가능성이다. 이 점은 극히 기초적인 논점이지만 자주 잊혀지고 있다.

기댓값을 기준으로 한 선택은 두 가지 특징을 갖는다. 첫째, 선택은 가능한 결과

집합뿐만 아니라 그러한 결과의 확률도 고려하여 이루어진다. 둘째, 기댓값은 무한하게 반복되는 경우의 평균적인 금전적 결과를 나타낸다.

2. 위험에 대한 태도와 위험관리

(1) 위험 기피의 태도

지금까지는 불확실한 상황에서 결정을 내리기 위한 지침으로 기대값의 개념을 사용했다. 기댓값 기준을 따르는 의사 결정자는 잠재적 손실 위험에 특별한 의미를 부여하지 않는다는 의미에서 위험 중립적(risk-neutral)이라 한다. 위험을 고려하지 않고 잠재 이익만을 평가하는 이러한 행동은 본질적으로 위험해 보일 수 있다. 위험을 원치 않는 투자자는 50의 이익을 얻을 가능성과 함께 1.000의 손실을 감수하는 선택이 50의 이익을 얻기 위해 100의 손실을 감수하는 선택과 동일하다고 생각하지 않을 것이다. 위험에 무감각한(또는 위험 중립적인 risk neutral) 사람은 동일하다고 생각할 것이다. 그러나 개인과 기업은 자신의 금융자원에 비하여 상대적으로 큰 위험에 직면할 경우 중립적이기 매우 어렵다. 즉, 돈을 버는 것에 대한 열망보다 돈을 잃는 것에 대한 두려움을 더 주의하게 될 것이다. 특히 개인과 기업은 중대한 위험에 직면하면 손실에 대해 보수적 태도를 취한다. 따라서 잠재 이익만을 고려하는 기댓값 기준은 수정되어야 한다.

이러한 위험에 대한 각별한 태도를 심리적 왜곡으로 가볍게 볼 수 있다. 그러나 그렇지 않다. 예를 들어 100만 원을 투자하였는데 손실이 50%가 난 경우 몇 %의 수익률이 생겨야 원금 100만 원을 회복할 수 있는가를 생각해 보자. 얼핏 보면 50% 손실이 났으니 50% 수익이 발생하면 될 것 아니냐고 볼 수 있다. 그렇지 않다. 50%가 아니라 100%의 수익이 나야 한다. 100만 원인데 50%의 손실이 났다면 원금은 50만 원으로 쪼그라들었는데, 이 금액 50만 원이 원금 100만 원이 되려면 50만 원이 증가하여야 한다. 즉, 원금 대비 수익으로 계산되는 수익률은 $\frac{50}{50} = 1$로 100%인 것이다. 마찬가지로 10% 손실을 회복하기 위해서는 11%의 수익을 내야 한다. 그래서 수학적으로도 일단 손실을 내지 않는 것이 중요하며 위험에 대한 각별한 태도가 나타나게 되는 것이다. 손실이 났을 경우 더 큰 금액을 투자에 쏟아붓는 것도 이런 이유 때문이다. 100만 원을 투자하여 손실이 50%가 발생한 뒤 남겨진 50만 원을 가지고 다시 원금 100만 원으로 되돌리는 것은 정말 버거운 일이다. 그래서 50만 원을 추가 투자금으로 더 밀어 넣어 100만 원을 투자한다. 100만 원으로 150만 원을 만드는 것은 좀 더 달성가능한 목표로 보일 수 있다.

동전 도박으로 다음의 선택을 할 수 있다고 하자 : 60만 원을 확실히 받거나 아니면 도박을 선택할 수 있다. 도박을 선택한 경우 공정한 동전을 던져 앞면이 나오면 400만 원을 얻으며 뒷면이 나오면 200만 원을 잃는다. 이 경우 도박에 뛰어들지 않고 가진 돈 60만 원에 만족하는 선택을 할 것인가 아니면 동전 던지기 도박을 선택할 것인가? 이러한 선택권이 주어지면 대부분의 사람들은 도박보다 확실한 60만 원을 선호한다. 동전 던지기와 관련된 위험의 크기를 고려할 때 이는 그리 놀랄 일이 아니다. 그러나 60만 원을 선택하는 것은 기대값을 극대화하는 것과 상충된다. 동전 던지기의 기대값은 $\frac{1}{2}\times(400)+\frac{1}{2}\times(-200)=100$만 원이다. 따라서 위험중립적 의사결정자는 확실한 60만 원보다 도박을 선호할 것이다. 대부분의 사람들이 도박을 거부하는 것은 이 정도 규모의 이익과 손실에 대해 위험 중립적이지 않다는 것을 보여준다.

동전 던지기(또는 위험한 선택)에 대한 평가를 표현하는 정확한 방법은 확실한 등가물을 지정하는 것이다. *CE*(확실성 등가, Certainty Equivalence)는 개인이 위험한 대안에 대해 무차별하게 만드는 확실한 금액이다. 동전 던지기 도박이냐 아니면 25만 원을 확실히 받는 선택이냐에 대해 무차별할 경우 동전 던지기에 대한 *CE*가 25만 원이라고 한다. 이 *CE*는 동전 던지기 도박의 기댓값인 100만 원보다 훨씬 작다. 이것이 사실이라면 위험 회피적(risk averse)이라고 할 수 있다. 일반적으로 주어진 위험한 선택에 대한 자신의 *CE*가 기대값보다 작은 경우 개인은 위험 회피적이라고 한다.

위험기피의 정도는 *CE*가 기대값보다 낮은 정도이다: 이 차이(위험 할인, risk discounting이라고도 함)는 위험으로 인한 (기대값을 밑도는) 가치 감소의 크기를 측정한다. 여기서 위험 할인은 100 − 25 = 75만 원이다. 할인은 개인의 선호도와 위험의 크기에 의존한다. 예를 들어, 두 번째 개인은 도박(동전 던지기)을 피하는 것을 선호할 수 있다. 즉, 도박과 확실하게 0을 받는 것 사이의 선택에서 이 개인은 0을 선호할 수 있다. 이 선호는 도박의 위험을 감수하고 싶지 않은 사람에게 적합하다. 이 개인이 특정 항목에 대해 20만 원을 지불하거나 동전 던지기 도박를 선택하는 옵션에 무차별하다고 가정한다. (그는 도박의 위험을 피하기 위해 20만 원을 기꺼이 지불한다) 여기서 *CE*는 −20이고 위험 할인은 100 − (−20) = 120이다. 분명히 두 번째 의사결정자는 첫 번째 의사결정자보다 더 위험 회피적이다.

위험관리를 위한 보험과 연금

위험 기피는 위험을 관리하기 위한 수단인 보험과 연금에 대한 수요를 설명한다.

보험사는 보험 가입자가 지불한 보험료를 모아서 보험 가입자가 실제 손실을 경험하게되면 그 손실을 보상해준다. 위험을 기피하는 개인은 위험을 피하기 위해 기꺼이 보험료 부담을 감수하며 보험을 구매한다. 집을 보호하기 위해 화재보험(15억 원 상당)에 가입하려는 경우를 생각해 보자. 화재로 인해 집이 파손될 위험은 매우 적다. 특정 연도에 300분의 1 정도다. 그럼에도 불구하고 화재로 집을 잃는 것은 재정적 파탄을 의미할 것이다. 따라서 화재보험에 가입하는 것이 현명하다고 할 수 있다. 연간 500만 원의 보험료를 지불하는 대가로 100% 보상해 주는 보험은 화재 발생 시 집을 재건하는 데 필요한 모든 금액을 지불할 것을 약속한다. 주택 소유자는 순전히 금전 측면에서 다음과 같은 선택에 직면한다. 보험에 가입하지 않은 경우 화재가 발생하지 않으면 연말에 재산이 15억 원이 되고(확률 300분의 299) 화재가 발생하면 0원이 된다(확률 300분의 1). 이 경우 기대재산은 14억 9,500만 원이다. 보험에 가입할 경우 그들의 순자산은 어떤 일이 생기더라도 연말에 15억 원 − 500만 원 = 14억 9,500만 원의 확실한 금액을 얻을 수 있다. 보험에 가입하면 화재 발생 여부와 상관없이 그들은 집을 유지할 수 있다. 보험가입 여부에 관계없이 기대 재산가치는 14억 9,500만 원으로 동일하다. 위험을 회피하는 경우에는 화재위험을 감수하는 것보다 보험에서 제공하는 14억 9,500만 원을 선호한다. 따라서 그들은 안전한 보험에 가입한다.

이 예에서 보험사는 "보험 수리적으로 공정한" 보험을 제공했다. 즉, 주택 소유자의 보험료(500만 원)는 보험사의 기대 지불액($\frac{1}{300}\times$15억 원 = 500만 원)과 일치한다. 규모가 크고 서로 다른 위험을 통합할 수 있는 능력 때문에 보험사는 일반적으로 위험 중립적인 것처럼 행동한다. 예를 들어 보험사가 특정 도시에 있는 300,000가구의 화재보험에 가입했다고 가정해 보자. 어떤 집이 불에 휩싸일지 예측하는 것은 불가능하지만 대수의 법칙(law of large numbers)에 따르면 총 1,000가구에 매우 근접한 화재 손실이 발생할 것이다. 따라서 총보험료는 회사의 실제 지급액과 거의 일치한다. 관리비용 때문에 보험사는 일반적으로 자신의 예상 손실을 초과하는 보험료를 청구한다. 그러나 보험료가 높다고 해서 보험 수요가 줄어들지는 않는다. 화재 보험료가 연간 1,000만 원이더라도 위험을 회피하는 사람들은 보험 가입없이 무방비로 가는 것보다 보험에 가입하여 안전을 도모하려 할 것이다.

보험은 위험을 이전하는 것이다. 화재위험을 생각해 보자. 개별 가구는 예측할 수 없는 특정 사건(예 : 화재)으로 말미암은 손실 위험을 개인에서 보험사로 이전하고 보험료를 지불한다. 특정 사건이 발생하면 개인은 보험사에 보상을 청구한다. 따라서 보험은 위험을 줄이는 수단으로 확정된 소액의 보험료를 지급하고 보험을 구매하면 더 큰 손실의 가능성이 제거된다. 보험가입자 집단 간에 보험료와 특정 사건을 합산함으로써 개별 보험가입자에게 재앙을 낳는 사건의 손실을 집단 전체가 함께 부담(풀링, pooling)한다. 풀링은 많은 가입자 간에 손실 비용을 분산시킨다. 화재 위험이 합산되면 화재로 고통받는 소수에게 발생하는 큰 비용의 부담이 집단의 모든 구성원에게 분산된다. 집단 성원의 평균비용(프리미엄)은 소수만이 손실을 입을 가능성이 높으므로 상대적으로 낮다. 이때 각 가입자가 집단에 가져오는 손실 위험에 따라 합당한 보험의 가격, 즉 보험료를 지불해야 한다. 보험사는 과거의 화재사건에 대한 경험치를 사용하여 정교한 확률계산을 할 수 있다. 우연이라는 속성 때문에 각 개인의 결과는 예측할 수 없더라도 집단 전체에 나타나는 결과는 예측할 수 있다. 대수의 법칙(law of large numbers)에 따라 가입자 집단이 클수록 위험 확률을 더 정확하게 계산할 수 있다. 부과되는 보험료는 이러한 계산을 기반으로 한다. 결국 보험은 집단 전체가 직면한 위험을 서로 공유하게 함으로써 모두가 함께 위험에 대처하는 것이다. 일단 무작위성을 수용하고 나면, 남는 과제는 세상을 이해하고 우리의 행동을 안내해 줄 수 있는 패턴(확률)을 찾는 것이다. 전적으로 확실한 것은 아무것도 없지만 확률적으로 세상에 접근할 수는 있다.

연금(annuity)은 보험의 반대이다. 보험 중 가장 대표적인 생명보험 또는 사망보험은 피보험자 사망 시 즉 가족의 가장이 요절할 위험을 관리하는 반면 연금은 수혜자가 생존할 위험을 관리한다. 즉, 수명 위험을 관리한다. 소비자는 자신의 저축액 중 일부를 보험회사에 제공할 수 있으며, 보험사는 보험 가입자의 남은 생애 동안 소득 흐름(계약에 명시됨)을 제공한다. 가입자가 오래 산다면 보험사에 지불한 것보다 더 많이 받을 것이지만, 젊은 나이에 죽으면 보험사가 이익을 얻는다. 65세에 은퇴하지만 95세까지 살 수 있을지 모른다는 두려움이 있는 중산층에게 연금은 큰 위안이 될 수 있다. 그러나 재산을 이미 충분히 축적하여 30년 동안 생활비로 쓸 수 있는 돈을 가진 사람들이라면 연금을 전혀 구입할 필요가 없다.

보험에 대해서는 다소 극단적인 두 가지 태도가 공존하고 있다. 투자와 보험은 서로 다른 종류의 사고에 기반을 두고 있기 때문에 사람들은 투자와 보험을 적절히 배합하지 못하고 다소 극단적인 태도를 보일 수 있다. 많은 소비자들이 보험료에 돈을 낭비하고 있다고 생각하며 보험을 기피하는 동시에 위험자산에 대한 투자에 치중한다. 위험을 감수하는 경향이 있는 사람들은 손실로 인해 자신이나 사랑하는 사람이 재정적 파탄에 이를 수 있는 항목에 대한 보험을 소홀히 하는 경우가 많다. 사망, 장애, 치명적인 의료비, 재산 피해 또는 자동차 사고로 인한 책임은 보험사에 비용을 지불하여 관리할 가치가 있는 위험이다. 그렇게 하면 가장의 때 이른 죽음으로 인해 유족이 육아에 몰두하며 무기력하게 되는 일이 없고 직장 사고로 인해 직업을 찾을 수 없게 되어 가족의 재정이 마비되는 일이 없게 된다. 반면 신중한 사람들은 보험에 과다하게 가입하여 우체국을 통해 보내는 편지부터 가전제품까지 모든 것을 보장받고자 한다. 그러나 소비자는 일반적으로 이러한 비용을 자기 돈으로 감당할 여유가 있으며, 특히 자산의 일부를 현금으로 유지하는 경우라면 보험료는 보험사에 지불하는 것보다 자신에게, 즉 자신의 자가보험기금에 지불하는 것이 현명할 것이다.

보험은 일반적인 소비재와 달리 최저 보험료를 지급하는 상품을 찾는 의미가 상대적으로 적다. 보험가입자가 지급했던 보험료는 결국 보험가입자끼리 나누어 가질 것이기 때문이다. 보험료를 지불하므로 손실이 발생하더라도 보험사가 가입자를 온전하게 해줄 것이다. 하지만 종종 보험사가 필요할 때 보험금을 지불하지 않는다는 불만을 자주 접한다. 결국 중요한 것은 최저 보험료가 아니라 보험사의 재무적 안정성과 보험금 지급실적이라고 해야겠다.

위험 기피자의 불확실한 결과의 평가 : 기대효용

위험에 대한 각별한 태도를 반영할 경우 선택을 안내하는 기준을 어떻게 공식화할 수 있을까? 이 질문에 대한 공식적 대답은 50년 전에 수학자이자 경제학자인 John Von Neumann과 Oscar Morgenstern에 의해 개발되었으며 기대효용(expected utility) 규칙이라고 한다. 기대효용 규칙은 기댓값 규칙과 거의 동일한 방식으로 접근한다. 즉, 관련 확률과 가능한 결과를 구성하여 선택의 대안을 평가한다. 그러나 한 가지 결정적인 차이점이 있다. 각 단계에서 금전적 가치의 기댓값을 구하는 위험중립적인 선택과 달리 위험회피적 개인은 금전적 가치가 낳는 효용의 기댓값(즉 기대효용)을 구하며, 개인은 기대효용을 최대로 만드는 대안을 선택한다.

(2) 위험과 그 측정

금융에서 위험은 기대한 것과 다른 수익을 얻을 가능성으로 정의된다. 따라서 결과(수익)가 확정되지 않고 두 가지 이상의 결과(수익)가 가능한 경우 투자는 위험한 것으로 간주된다. 모든 위험 투자에는 나쁜 위험(예상보다 낮은 수익을 낼 가능성)과 좋은 위험(예상보다 높은 수익을 낼 가능성)이 있다. 위험을 간단히 한 단어로 가변성(variability) 또는 변동성(volatility)이라고 정의할 수도 있다. 수익의 변동성이 더 큰 투자는 일반적으로 더 위험한 것이다. 보유자에게 30일 후 50만 원의 이자를 보장하는 액면가 1,000만 원의 국채는 수익과 관련된 변동성이 없기 때문에 위험이 없다. 반면 같은 30일 동안 가치가 크게 오르거나 내릴 수 있는 주식에 대한 1,000만 원의 투자는 수익의 변동성이 높기 때문에 위험한 것이다.

위험은 다양한 방식으로 측정된다. 시나리오 분석의 경우 수익의 변동성에 대한 감각을 얻기 위해 몇 가지 가능한 대체 상황을 사용한다. 일반적인 방법은 주어진 자산 가치에 있어 비관적(최악) 결과, 가장 가능성이 높은(예상) 결과, 그리고 낙관적(최상의) 결과 및 그와 관련된 수익을 고려하는 것이다. 이 경우 투자 위험의 척도는 가능한 결과의 범위로 낙관적 결과와 관련된 수익에서 비관적 결과와 관련된 수익을 빼서 구한다. 가능한 결과의 범위가 클수록 자산에 더 많은 변동성 또는 위험이 있다고 한다. 하지만 통계적으로 자산의 위험은 기대수익을 중심으로 한 수익의 변동성으로 측정된다. 투자의 기대수익은 해당 투자가 미래에 창출할 수 있는 모든 가능한 수익들의 가중 평균이며, 이때 가중치는 해당 수익이 발생할 확률이었다. 투자의 위험은 가능한 보수(수익)의 변동성에 의해 측정된다. 특히 기대수익을 중심으로 분산된 정도를 나타내는 표준편차를 사용하여 측정된다. 수익의 변동성, 특히 표준편차가 클수록 위험이 큰 것으로 판단한다. 투자자는 더 큰 위험을 감수하기 위해 더 높은 수익을 요구한다. 따라서 일반적으로 위험이 더 큰 투자는 수익도 더 높다. 기대수익과 위험이 다른 두 가지 투자 대안을 비교하기 위해서 표준편차를 기대수익으로 나눈 변동 계수(표준편차/기대수익, Coefficient of variation)를 이용한다. 이는 수익 한 단위당 위험을 나타낸다.

위험에 대한 태도와 요구수익률

인간은 위험에 대해 감정적 태도를 가져, 불확실한 상황에 놓인 미래 수익을 액면 금액 그대로 평가하지 않으며 그에 따라 기댓값만을 보고 선택하지도 않는다. 열심히 일해서 저축한 10억 원을 투자한다고 가정하자. 이 돈으로 10% 수익률을 보장하는 국채를 사면 1년 후 확실한 11억 원, 즉 원래 투자에 이자 1억 원을 더한 금액을 갖게 될 것이다. 이 돈으로 제약사 주식을 구입할 수도 있다. 제약사의 신약개발이 성공하면 주가는 22억 원으로 커지지만, 반대로 실패하면 주가는 0이 되어 무일푼이 된다고 하자. 신약개발의 성공확률과 실패 확률은 모두 50%라 하자. 이 경우 주식투자의 기대 가치는 0.5(0원) + 0.5(22억 원) = 11억 원이다. 10억 원의 주식 매입가격을 빼면 1억 원의 이익 또는 10%의 수익이 기대된다. 이 상황에서 국채의 확실한 1억 원의 이익(10% 수익률)과 제약사 주식에 대한 위험한 1억 원의 기대이익(10%의 기대수익률) 중에서 선택할 수 있다. 어느 쪽을 선택할까? 대부분의 투자자는 기대수익이 같다면 덜 위험한 국채 투자를 선택하여 위험을 회피하려 한다. 결과적으로 투자자는 위험 상황에서 발생하는 소득에 대해서는 각별한 태도를 가진다는 것을 알 수 있다.

이제 위험한 상황에서 발생하는 소득 $S_i (i = 1, 2)$에 대한 평가 또는 만족 수준이 달라지는 점을 소득에 대한 만족도 또는 효용(utility)이라는 의미에서 $U(S_i)$로 나타내보자. 위험한 상황이므로 결과가 불확실한 선택의 만족도는 발생 가능한 각 소득이 제공하는 효용에 각 소득이 발생한 확률을 곱해 합산한 기대효용으로 평가될 것이다.

$$EU = P_1 \times U(S_1) + P_2 \times U(S_2)$$

위험에 대한 감정적 태도는 사람마다 다르며 그에 따라 불확실한 소득을 평가($U(\cdot)$)하는 방법도 사람마다 다를 수 있다. 일반적으로 위험에 대한 사람들의 감정적 태도는 위험 회피, 위험 중립, 위험 선호로 나누어진다. 우선 **위험 회피자**는 기대 수익이 같다면 덜 위험한 투자, 특히 위험이 없는 투자를 선호한다. 즉, '확실한 소득'을 '확실한 소득과 기댓값은 같으나 변동 가능한 위험한 소득'에 비해 높게 평가하는 것이다. 이에 따라 추가로 부담하는 위험에 대해 더 높은 기대수익을 제공하지 않는다면 투자를 하지 않을 것이다. 또한 더 위험한 증권은 덜 위험한 증권보다 더 높은 기대수익을 제공해야만 투자가 이루어질 것이다. 위험투자자가 재산상의 손실이 발생할 경우 손실액 전부에 대해 보상을 약속하는 보험의 경우 위험 기피자는 지불하는 보험료가 손실(따라서 보험사가 지급할 보험금)의 기댓값과 일치하는 공정한 보험(fair insurance policy)이라면 적극적으로 가입할 것이다. 예를 들어 위험기피자가 재산 w_0을 가졌고, 화재 발생 확률이 p이고 화재 시 손실액이 l이라 하자.

표 9-2 화재 발생 여부의 확률과 그에 따른 재산의 크기

	화재 발생	화재 미발생
확률	p	$1-p$
재산	w_0-l	w_0

이 경우 재산 w_0를 가진 사람이 보험에 가입하지 않은 경우의 기댓값과 기대효용은 다음과 같이 계산된다:

- 재산의 기댓값 : $Ew = p(w_0 - l) + (1-p)w_0 = w_0 - pl$
- 기대 손실액 = 재산의 가치 − 재산의 기대치 = $w_0 - (w_0 - pl) = pl$
- 기대효용 : $EU(w) = pU(w_0 - l) + (1-p)U(w_0)$

pl의 보험료를 납부하면 손실 전액을 보장하는 보험을 가입하는 경우 화재 여부와 상관없이 재산의 가치는 $w_0 - pl$로 확정되며, 그에 따른 효용은 $U(w-pl)$이 된다. 이처럼 화재가 발생하더라도 손실액에 해당하는 보험금 pl을 주어 w_0의 재산을 유지하도록 하되, 기대손실액 pl만큼의 보험료를 내도록 하는 보험을 공정 보험(fair insurace)이라 하며, 보험료 pl을 공정 보험료라 한다. 기대보상액(기대손실액, 보험

금)과 일치하는 만큼 보험료를 내고 있기 때문이다(이 경우 보험사는 보험료 수입액과 보험금 지급액이 일치하므로 기대 이윤은 0이다). 이런 보험에 가입하면 미래소득의 기댓값 $w_0 - pl$은 보험이 없을 때의 소득의 기댓값 $w_0 - pl$과 일치하여 보험료만큼 소득은 감소하였지만, 소득의 불확실성은 완전히 제거된다. 공정한 보험에 가입함으로써 기대소득을 보험 가입 이전과 동일하게 유지하였지만 위험을 제거하였기에 위험기피자의 기대효용은 증가한다: $U(w_0 - pl) > E(U(w))$. 이러한 공정보험은 위험기피자에게 $U(w_0 - pl) - E(U(w))$만큼의 소비자잉여를 창출할 것이다.

위험기피적인 사람들은 미래 소득의 기댓값, 즉 미래 기대소득을 유지할 수 있다면 비용을 치르더라도 위험을 줄이는 선택을 할 것이다. 위험을 선호하거나 위험에 중립적인 사람이라면 이런 선택은 한결같이 거부할 것이다. 위험기피자가 공정보험에 가입하였을 때 기대소득이 이전과 동일한데도 기대효용이 증가하는 것은 한계효용 체감 때문이다: 재화처럼 소득이 증가할수록 그로 인해 추가되는 효용의 크기는 전에 비해 작아진다. 공정보험에 가입하면 화재가 나지 않을 경우의 소득은 감소하지만, 화재가 나는 경우의 소득도 그만큼 증가하게 된다. 그런데 한계효용이 체감하므로 전자의 소득 감소에 따른 한계효용 감소 규모에 비해 후자의 소득 증가에 따른 한계효용 증가 규모가 더 크다.

한 가지 주의할 점은 위험을 기피하는 사람은 공정보험료를 초과하는 보험료를 부과해도 보험에 가입할 것이라는 점이다. 특히, 보험에 가입하지 않았을 때의 효용 $E(U(w))$만 넘어선다면 공정보험료보다 더 높은 보험료를 부과하더라도 여전히 보험에 가입하려 할 것이다. 보험가입 이후 보장받는 재산이 낳는 효용이 보험에 가입하지 않았을 때의 기대효용 $E(U(w))$과 일치하게 되는 재산 수준은 이미 다루었던 확실성 등가 CE에 해당한다. 이러한 보험은 소비자잉여를 완전히 소멸시켜 모든 소비자잉여를 보험사의 이윤으로 이전시킨다. 이러한 현상은 제품에 대한 수리를 보증해 주는 보험에서 자주 나타난다. 고가의 소비재는 자주 보험상품과 함께 판매된다. 제품을 구입한 후 일정 기간 내에 문제가 발생하면 제조업자가 그 제품을 수리하거나 교환해 주겠다고 보장하는 것이 전형적인 형태이다. 수리 비용을 부담하는 보증보험의 보험료가 미래에 제품이 고장나 수리를 하게 되었을 때의 수리비 지출의 기댓값보다 더 높아도 소비자는 가입을 하게 되는데 이는 보증보험이 기대효용을 높여 주기 때문이다. 위험기피적 투자자는 100만 원을 땄을 때 느끼는 행복이 100만 원을 잃었을 때 느끼는 고통보다 작다. 또한 소득이 증가함에 따라 발생하는 한계효용은 점차 감소한다. 이에 따라 기댓값이 0원인 게임, 즉 공정한 게임을 마다한다.

위험에 대한 두 번째 태도는 **위험 중립**이다. 위험 중립적 투자자는 위험을 완전히 무시하고 기대 수익만을 기반으로 투자를 선택한다. 특정한 소득과 동일한 기댓값을 제공하는 불확실한 소득에 대해 아무런 차이도 느끼지 못한다. 이는 소득의 한계효용이 일정한 투자자로 볼 수 있다. 이들은 100만 원을 땄을 때 느끼는 행복과 100만 원을 잃었을 때 느끼는 고통이 일치한다. 그래서 게임을 해서 불확실하게 평균적으로 0원을 벌거나 확실하게 0원을 보유하거나 효용의 차이를 느끼지 않아 게임을 하든 안하든 개의치 않는다.

마지막으로, **위험선호**적 투자자는 위험이 더 큰 투자를 선호하고 그러한 위험한 투자를 위해 기대수익을 희생할 수도 있는 사람이다. 위험 선호자는 '확실한 소득'보다는 '동일한 기대가치를 주는 위험한 소득'을 선호한다. 위험 선호자는 소득의 한계효용이 체증하는 사람이다: 소득이 증가할수록 그로 인해 추가되는 효용의 크기는 전에 비해 커진다. 그래서 100만 원을 땄을 때 느끼는 행복이 100만 원을 잃었을 때 느끼는 고통보다 크다. 결과적으로 위험 선호자는 공정한 게임을 마다하지 않으며 의도적으로 복권을 사거나 카지노를 방문하여 위험을 추구하는 행동을 보인다.

3. 위험을 감수하는 투자와 위험관리 : 분산투자와 적정 주가

투자자에는 회사에 자본을 제공하는 주주와 채권자의 두 가지 유형이 있다. 주주는 회사의 소유자로 사업에 대한 지분을 가진다. 반면 채권자는 단지 회사에 돈을 빌려줄 뿐으로 채권이 사전에 정한 표면 이자율을 따라 정해진 이자를 받는다. 주주 역시 배당을 받을 수 있지만, 배당은 그 지급이 보장된 것은 아니며 일부 회사는 배당금을 전혀 지급하지 않기도 한다. 반면 채권자는 정기적으로 보장된 이자를 받는다. 그것도 기업의 소득세나 배당금이 지불되기 전에 지급된다. 채권자가 제때 이자를 받지 못하면 회사를 고소하고 회사 자산을 압류할 권리가 있다. 채권자는 또한 만기 시 채권의 액면가를 받는다.

주주들은 불확실한 배당이라는 현금 흐름에 의존하므로 더 많은 위험을 감수하고 있는 것이다. 대신 주주는 회사의 성장에 참여한다. 물론 어려운 시기에는 손실도 감내해야 하지만, 채권자는 회사의 성장에 전혀 참여할 수 없다. 기껏해야 이자와 채권의 액면가를 받을 수 있을 뿐이다. 주주는 기업을 지배하는데 이를 대신하는 이사회를 구성할 권리가 있다. 이사회는 사장 선임 등 회사의 주요 결정을 집행하는 역할을 한다. 이런 식으로 주주는 회사 경영에 참여할 수 있지만 채권자는 그렇지 못하다.

회사의 주인인 주주가 받는 보상은 창출한 수입에서 채권에 대한 원리금 상환을 포함한 모든 비용과 세금을 지불한 뒤에 남은 이윤이다. 하지만 모든 이윤이 당장 주주에게 지급되는 것도 아니며 그중 일부만이 배당으로 지급된다. 결국 이윤이 생기더라도 주주가 아무런 배당도 받지 못할 수 있다. 이는 주주가 누릴 수 있는 현금흐름이 부도위험과는 전혀 다른 종류의 위험에 놓여있음을 알려준다. 근본적으로 주식이 낳는 현금 흐름은 매우 무작위적이다. 모든 회사가 경제적 불확실성에 직면해 노사분규, 원자재 부족, 경쟁자의 예상치 못한 행동 등이 상존한다. 상황이 바뀔 때마다 회사의 수익을 예측할 수 없게 만들 수 있다. 주주들은 회사의 이러한 위험을 함께 부담하고 있다.

결국 주식의 가치는 판매량이나 종업원 수 등으로 측정되는 기업 규모가 아니라 그 주식의 소유자에게 가져다주는 미래의 기대 배당금의 현재가치에 의해 평가된다. 그러나 주식이 가져다주는 배당금은 불확실하므로 주식의 위험성은 궁극적으로 주식의 배당금이 얼마나 변동할 것인가에 달려 있으며, 현재가치를 구하기 위해서는 그 위험도를 반영한 이자율을 사용해 할인해야 한다. 할인율을 결정하고 배당금의 기대 현재가치를 취한 후에 평가한 주식의 가치가 시장의 주가보다 높다면 그 주식은 좋은 투자 대상이다. 이제 이 점을 염두에 두고 주식의 가치를 평가해 보자.

위험 프리미엄

투자자가 자산의 특성을 감안하여 얼마만큼의 투자수익을 합당한 것으로 보는가를 요구수익률(required return) 또는 기대수익률(expected return)이라고 한다. 사람들이 다른 투자 대신에 특정 투자를 선택할 때, 투자 여부는 자산의 특성 중 투자로 감수해야 할 위험 수준을 보상하기에 충분한 기대수익을 제공하는지 여부로 결정되는 경우가 많다. 100% 위험이 없는 자산은 없지만 각국 정부가 발행한 채권은 사실상 위험이 없는 투자로 간주된다. 정부가 채무를 불이행한다는 생각은 사실상 상상할 수 없기 때문이다. 이처럼 국채와 같은 무위험자산에 투자할 때의 기대 수익률을 무위험 수익률(risk-free rate)이라 한다. 위험자산은 무위험자산에 비해 추가위험을 감수한 대가로 무위험 수익률을 초과하는 초과 수익을 제공해야 하는데 이는 일반적으로 위험 프리미엄(risk premium)이라 불린다. 국공채가 제공하는 무위험 이자율이 i_e라면 위험자산에 대한 요구수익률은 무위험 이자율에 더해 위험프리미엄 x를 추가로 요구하므로 $i = i_e + x$이 될 것이다.

앞장에서는 무위험 영구채의 가격이 매년의 이자지급액을 무위험 이자율로 나누어 다음과 같이 구해진다는 것을 보았다.

$$B = \frac{C}{i_e}$$

이를 요구수익률이 $i_e + x$인 위험자산의 경우에 대해 적용하면 유위험 영구채의 가격은 매년의 기대 지급액을 위험프리미엄을 포함한 요구수익률로 나누어 다음과 같이 구해진다.

$$B = \frac{C}{i_e + x}$$

하나의 자산만 존재하는 경우의 적정 주가

1년 동안 채권이나 주식에서 택일하여 선택해야 하는 투자자를 고려하여 적정 주식가격을 추정해 보자. 무엇을 선택할지의 선택은 물론 (기대)수익에 의존할 것이다:

- 1년 만기의 채권에 1억 원을 투자 : 다음 해 수익은 $1 + i_{1t}$
- 주식에 1억 원을 투자 : 주가 P_t, 배당 D_t, 기대배당 D^e_{t+1}로 둘 때 1억 원을 투자하면 (1억 원)/P_t만큼의 주식을 가질 수 있으며, 각 주식에 대해 1년 뒤 D^e_{t+1}의 배당을 지급받고 P^e_{t+1}의 가격으로 매도가 가능할 것으로 기대되면, 수익률은 $\frac{D^e_{t+1} + P^e_{t+1}}{P_t}$로 계산된다.

그림 9-1 1년 채권의 수익과 주식 1년 투자의 수익

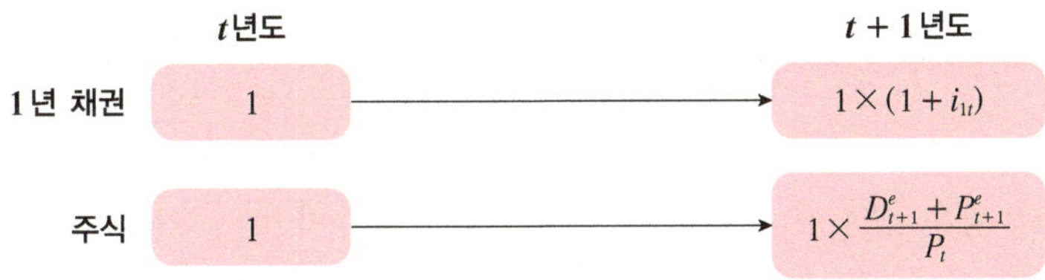

1년간 주식 수익률은 1년채 무위험 수익률에 주식 위험프리미엄 x를 더한 것과 같아야 한다.

$$\frac{D^e_{t+1} + P^e_{t+1}}{P_t} = 1 + i_{1t} + x$$

$$P_t = \frac{D^e_{t+1}}{(1 + i_{1t} + x)} + \frac{P^e_{t+1}}{(1 + i_{1t} + x)}$$

즉, 현재의 주가는 기대배당과 내년 기대주가의 현재가치의 합이다. 이때 내년 기대주가 P^e_{t+1}는 2년차 기대배당과 주가의 내년 기준 현재가치와 일치하므로

$$P^e_{t+1} = \frac{D^e_{t+2}}{(1 + i^e_{1t+1} + x)} + \frac{P^e_{t+2}}{(1 + i^e_{1t+1} + x)}$$

이고 이를 윗 식에 대입하여 정리하면

$$P_t = \frac{D^e_{t+1}}{(1 + i_{1t} + x)} + \frac{D^e_{t+2}}{(1 + i_{1t} + x)(1 + i^e_{1t+1} + x)} + \frac{P^e_{t+2}}{(1 + i_{1t} + x)(1 + i^e_{1t+1} + x)}$$

즉, 주가는 내년과 2년 뒤 기대배당의 현재가치와 2년 뒤 기대주가를 더한 것이다. 2년 뒤 기대주가를 다시 3년 뒤의 기대주가와 배당의 현재가치로 나타내고, 이러한 과정을 n년간 계속하면 다음을 얻는다.

$$P_t = \frac{D^e_{t+1}}{(1 + i_{1t} + x)} + \frac{D^e_{t+2}}{(1 + i_{1t} + x)(1 + i^e_{1t+1} + x)} + \cdots$$
$$+ \frac{D^e_{t+n}}{(1 + i_{1t} + x)\cdots(1 + i^e_{1t+n-1} + x)} + \frac{P^e_{t+n}}{(1 + i_{1t} + x)\cdots(1 + i^e_{1t+n-1} + x)}$$

식의 마지막 항은 n년 뒤 형성될 기대주가의 현재가치이다. 이제 같은 방식으로 P^e_{t+n}을 계속 대체해 갈 수 있고 n이 증가하여 분모가 커짐에 따라 마지막 항은 0으로 갈 것이다. 결국 주가는 매년의 배당을 매년의 이자율과 주식 프리미엄으로 할인한 현재가치를 계속 더해 간 값과 일치한다.

$$P_t = \frac{D^e_{t+1}}{(1 + i_{1t} + x)} + \frac{D^e_{t+2}}{(1 + i_{1t} + x)(1 + i^e_{1t+1} + x)} + \cdots$$
$$+ \frac{D^e_{t+n}}{(1 + i_{1t} + x)(1 + i^e_{1t+n-1} + x)} + \cdots$$

이제 투자자가 주식에서 요구하는 수익률이 i_e로 일정하다고 하면(즉, $i_{1t} = i^e_{1t+1} = \cdots = i_e$) 주식가치는 다음으로 추정된다.

$$\text{주식 가치} = P_t = \sum_{i=1}^{\infty} \frac{D^e_{t+i}}{(1+i_e+x)^i}$$

$t+1$연도에 지급된 배당금은 D이고 1년, 2년, 3년, … 후에 받을 것으로 기대되는 배당은 D_1, D_2, D_3, … 라고 가정하자. 배당금이 일정률로 증가하면 내년 배당금은 올해 배당금의 $(1+g)$배, 즉 $D_1 = D(1+g)$이고 2년 뒤의 배당금은 $D_2 = D_1(1+g)$이 되며, 3년차 배당금은 $D_3 = D_2(1+g) = D_1(1+g)^2$이 된다.

$$\text{주식 가치} = P = \sum_{i=1}^{\infty} \frac{D^e_{t+i}}{(1+i_e+x)^i} = \sum_{i=1}^{\infty} \frac{D(1+g)^{i-1}}{(1+i_e+x)^i} = \frac{D}{i_e+x-g}$$

한편 배당금의 증가율 g가 0이라면

$$\text{주식가치 } P = \frac{D}{i_e+x}$$

이다. 주어진 기대 배당의 현재가치는 주식의 기본적 가치(fundamental value) 또는 내재 가치(intrinsic value)로 이를 평가하는 목적은 현금흐름, 성장성, 위험 특성을 고려했을 때 저 평가된 자산을 찾아내기 위한 것이다.

포트폴리오를 보유할 경우의 적정 주가

이상에서는 투자자가 하나의 위험자산만 소유하는 경우에 대한 투자위험과 주식의 기본적 가치를 살펴보았다. 이제 투자자가 충분히 많은 수의 위험자산을 보유하여 포트폴리오를 구성할 경우의 투자위험과 주식의 기본적 가치를 분석해 보자. 대부분의 금융자산은 단독으로 보유되기보다는 포트폴리오의 일부로 보유되기 때문이다. 특히 은행, 연기금, 보험사, 뮤추얼 펀드, 기타 금융기관은 법률에 따라 다양한 포트폴리오를 보유하는 것이 의무로 되어있기도 하다. 따라서 투자자 입장에서 실제로 유의하는 것은 특정 종목이나 특정 자산의 가격 등락 위험보다는 포트폴리오 전체의 수익 변동위험이다. 논리적으로도 개별 자산의 위험과 수익은 따로따로 평가되기보다는 해당 자산이 보유된 포트폴리오의 위험과 수익에 미치는 영향을 고려하여 분석되어야 한다. 요약하면 어느 개별 주식이 갖고 있는 위험성은 그 주식 자체의 위험성이 아니라 선택한 포트폴리오에 그 주식이 미치는 위험성이다. 주목할 것은 다변화된 포트폴리오를 구성할 경우 위험이 분산되므로 다변화된 포트폴리오의 위험성은 특정한 개별 주식을 따로 떼어 놓았을 경우 갖게 될 위험성보다 작다는 점이다. 결국 포트폴리오를 구성했을 때 사용되는 할인율은 개별 주식의 위험성에서 얻어지는 할인율보다 낮아야 한다.

다수의 자산을 보유하는 경우의 수익률과 위험의 변화는 1억 원의 투자금으로 하나의 주식에만 투자할 경우와 주식과 현금에 동시에 투자할 경우를 비교하면 쉽게 찾아볼 수 있다. 아래의 예에서 주식에서의 투자수익률은 1년 차에는 100% 2년 차에는 −50%가 발생한다고 하자. 이때 투자의 결과는 다음과 같다.

▪ **대안 1** : 1억을 모두 주식에 투자한다.
 – 1년차 초에 1억을 투자하면 1년차 말에 2억 원으로 증가할 것이다.
 – 2년차 초에 2억을 투자하면 2년차 말에 1억 원으로 감소할 것이다.

▪ **대안 2** : 매년 말에 투자금액의 절반은 현금으로, 절반은 주식에 투자한다고 하자.
 – 1년차 초에 1억을 투자하되 주식에는 5천만 원 넣고 나머지 5천만 원은 현금으로 유지한다.
 – 1년차 말에 주식투자 5천만 원은 1억이 될 것이다. 현금과 합치면 모두 1억 5천만 원이다.
 – 2년차 초에 주식에 7천 5백만 원을 투자하고 나머지 7천 5백만 원은 현금으로 유지한다.
 – 2년차 말에 주식투자 7천 5백만 원은 3천 8백만 원이 될 것이다. 이를 현금과 합치면 1억 1,300만 원이다.

이상의 논의에 기초하면 대안 1은 투자액이 1억 원, 2억 원, 그리고 1억 원으로 변모하였으며 그에 따라 수익률은 100%, −50%의 변동을 보였으며 최종 수익률은

0%로 나타났다. 한편 대안 2의 수익률은 50%, −25%의 변동을 보였고 최종수익률은 13%이다. 결국 단순한 분산투자도 포트폴리오 수익의 변동성에는 큰 변화를 초래함을 알 수 있다.

(포트폴리오의 수익)

포트폴리오의 기대수익 r_p는 포트폴리오를 구성하는 개별 자산에 대한 기대수익의 가중 평균이며, 각 가중치는 각 자산에 할당된 전체 포트폴리오의 비율이다.

$$\text{포트폴리오 수익률} = r_p = w_1 r_1 + w_2 r_2 + \cdots + w_n r_n$$

여기서 r_j는 개별 자산의 기대수익률이고, w_j는 가중치이며, 포트폴리오에는 n개의 자산이 포함된다. w_j는 자산 j에 투자된 포트폴리오의 금액의 비율이며, 이는 자산 j에 대한 투자금액을 포트폴리오의 총금액으로 나눈 것과 같다. 물론 w_j를 모두 더하면 1과 같아야 한다.

(포트폴리오 위험)

수익률과 달리 포트폴리오의 위험도(σ_p)는 일반적으로 포트폴리오에 있는 개별 자산의 표준 편차의 가중평균이 아니다. 포트폴리오의 위험은 일반적으로 개별 자산의 표준편차의 가중 평균보다 작다. 사실 변동성이 높아 상당히 위험한 두 자산을 결합하여 위험이 완전히 제거된 포트폴리오, 즉 $\sigma_p = 0$인 포트폴리오를 형성하는 것이 이론적으로 가능하다. 예를 들어 두 자산의 수익률이 항상 반대 방향으로 움직인다면, 한 자산의 수익률이 낮으면 다른 자산의 수익률이 높고 그 반대의 경우도 성립한다면 가능해진다. 이 경우 완전한 위험분산 효과가 발생하였다 한다. 손실이 발생할 확률을 줄이는 방법으로 투자하는 전략을 **분산투자**(diversified investment)라고 부른다.

한편 두 변수 간의 관계를 상관(correlation)이라고 하는데, 상관계수 ρ는 두 변수 간의 관계의 방향과 강도를 측정한다. 통계 용어로 자산 *W*와 자산 *M*의 수익률의 상관계수가 $\rho = -1.0$이면 완전하게 음의 상관관계가 있다고 한다. 완전한 음의 상관관계의 반대는 완전한 양의 상관관계, 즉 $\rho = +1.0$이다. 완전한 양의 상관관계가 있는 두 자산에 대한 수익률은 항상 같은 방향으로 움직일 것이며, 그러한 두 자산으로 구성된 포트폴리오는 개별 자산만큼 위험하다. 이 경우 분산투자에 따른 위험경감 효과는 전혀 없다. 즉, 포트폴리오에 완전한 양의 상관관계가 있는 자산만 포함되어 있으면 위험이 전혀 감소하지 않는다. 반대로 두 자산이 완벽한 음의 상관관계를 가질 때에는 모든 위험이 분산될 수 있다. 실제로 대부분의 주식은 양의 상관관계가 있지만 완벽하지는 않다. 대부분의 주식들 간에는 상관계수가 +3.0에서 +0.6의 범위에 있으며, 평균적으로 약 +0.4로 알려져 있다. 이러한 조건 하에서는 주식이 포트폴리오로 결합되면 위험은 줄지만 완전히 제거되지는 못한다. 그래도 포트폴리오의 표준편차는 그것을 구성한 두 자산의 표준편차보다 작을 수 있다. 따라서 포트폴리오의 위험은 개별 주식 위험의 평균이 아니다. 그러나 음의 상관관계를 갖거나 상관관계가 낮은 자산을 결합하면 전반적인 위험을 줄일 수 있다. 즉, 자산 수익률 간의 상관관계가 낮을수록 투자자가 분산투자를 통해 얻을 수 있는 위험 감소는 더 커진다. 이는 위험을 회피하는 투자자들에게 좋은 소식이다. 좋아하는 것(수익)을 희생하지 않고 좋아하지 않는 것(위험)을 제거할 수 있기 때문이다. 자산 간에 양의 상관관계가 있더라도 자산 간의 상관관계가 낮을수록 분산을 통해 달성할 수 있는 위험감소가 커진다. 일부 자산은 상관관계가 없을 수 있다. 즉, 수익 간에 상호작용이 없다. 상관관계가 없는 자산을 결합해도 위험을 줄일 수 있는데, 이는 음의 상관관계가 있는 자산을 결합하는 것만큼 효과적이지는 않지만 양의 상관관계가 있는 자산도 결합하는 것보다 더 효과적이다. 상관관계가 없는 자산의 상관계수는 0에 가깝고 완전한 양의 상관관계와 완전한 음의 상관관계의 중간점 역할을 한다. 통계학에서는 서로 아무 연관이 없어 한 사건이 발생할 확률이 다른 사건이 발생하거나 발생하지 않거나에 관계없이 일정한 사건을 독립적 사건(independent events)이라 한다. 예측 불가능한 많은 사건들이 서로 독립적이다. 두 가지 독립적인 사건이 동시에 발생할 확률은 한 사건이 독자적으로 발생할 확률과 다른 사건이 독자적으로 발생할 확률을 곱하는 것이다. 동전을 한 번 던지면 앞면이 나올 확률이 0.5이다. 만일 동전을 두 번 던지면 두 번 모두 앞면이 나올 확률은 0.5 × 0.5 = 0.25가 된다. 카리브 해에서의 선박 손실(발생확률 50%)과 인도양에서의 선박 손실(발생확률 50%)이 독립적 사건이라면 선주는 카르브해나 인도양 중 하나에서만 운송업을 하기보다는 두 경로 모두에서 운송업을 하는, 즉 두 경로에 분산함으로써 운송 위험의 일부를 아무 노력없이 없앨 수 있다. 투자액 전체를 잃을 확률이 0.5 × 0.5 = 0.25, 즉 25%로 줄어들었기 때문이다. 기대보상은 똑같지만 전 재산을 잃을 확률은 훨씬 낮다. 따라서 분산투자(diversification)—손실 확률이 독립적인 여러 사업에 투자하는 것—를 통해 위험의 일부를 소멸시킬 수 있다.

기업 고유의 위험 대 시장 위험

기대수익률이 양의 상관관계를 갖지 않는 주식을 찾는 것은 쉽지 않다. 대부분의 주식은 국민 경제가 양호할 때 동시에 좋은 성과를 거두고, 부진할 때 동시에 저조한 경향이 있다. 따라서 대규모 포트폴리오는 단일 주식보다는 위험이 작지만 그래도 상당한 위험이 따른다. 일반적으로 단일 주식 포트폴리오의 표준 편차는 약 28%이며, 시장의 모든 주식으로 구성된 포트폴리오(이른바 시장 포트폴리오)는 약 15%의 표준편차를 갖는다. 평균적인 개별 주식에 내재된 위험의 거의 절반은 40개 이상의 주식으로 합리적으로 잘 분산된 포트폴리오에서 제거될 수 있다. 하지만 일부 위험은 항상 남아 있으므로 거의 모든 주식에 영향을 미치는 광범위한 주식시장 변동의 효과를 분산시키는 것이 사실상 불가능하다.

이상의 논의에서 제거할 수 있는 위험 부분을 분산 가능(diversifiable) 또는 회사 고유(firm-specific) 또는 비체계적(non-systematic) 위험이라고 하고, 제거할 수 없는 부분을 분산 불가능(non-diversifiable) 또는 시장(market) 위험 또는 체계적(systematic) 위험이라고 한다. 분산 가능한 위험은 소송, 핵심인력 손실, 파업, 마케팅 프로그램의 성패, 주요 계약의 성패 및 기타 특정 회사 고유의 사건과 같은 요인으로 인해 발생한다. 이러한 사건들의 실제 결과는 본질적으로 무작위(예측 불가능)하므로 포트폴리오에 미치는 영향은 분산투자를 통해 제거할 수 있다. 즉, 한 기업의 나쁜 상황은 다른 기업의 좋은 상황으로 상쇄된다. 반면에 시장위험 또는 분산 불가능한 위험은 전쟁, 인플레이션, 경기 침체, 높은 금리와 같이 모든 기업에 체계적으로 영향을 미치는 요인에서 비롯된다. 대부분의 주식은 이러한 시장 상황에 의해 유사하게(부정적인) 영향을 받는 경향이 있기 때문에 체계적인 위험은 포트폴리오 분산을 통해서도 제거할 수 없다.

투자자들은 일반적으로 위험 부담에 대한 보상으로 초과수익, 즉 위험 프리미엄을 요구한다. 결과적으로 증권이 더 위험할수록 투자자가 해당 증권을 구매(또는 보유)하도록 유도하는 데 필요한 기대수익이 높아진다. 그러나 투자자들이 실제로 포트폴리오에 있는 개별 증권의 위험보다 포트폴리오 위험에 주로 관심이 있다면 개별 주식의 위험을 어떻게 측정해야 할까? 해당 주식이 잘 분산된 포트폴리오의 위험도에 얼마나 영향을 미치는가로 측정되어야 한다. 해당 주식은 그 자체로 보유하는 경우 상당히 위험할 수 있지만, 그 위험의 상당 부분이 분산투자를 통해 제거될 수 있다면 관련 위험, 즉 포트폴리오 위험에 대한 기여도는 원래의 위험 또는 독립적 위험보다 훨씬 작다. 한편 위험을 고려한 요구수익률에 고려되는 위험 중에는 요구할 수 없는 프리미엄이 있다. 포트폴리오를 구성하면 제거할 수 있는 위험이라면 고려할 필요가 없는 것이다. 분산투자를 할 경우 각 증권을 개별적으로 보유할 때 발생할 수 있는 위험의 일부가 제거된다. 결국 요구수익률 $i = i_e + x$에서 x는 체계적 위험에 대한 리스크 프리미엄으로만 구성된다.

어떤 주식이 잘 분산된 포트폴리오에 추가될 경우 포트폴리오의 위험도에 미치는 영향은 주식마다 다르다. 이는 어떻게 측정할 수 있을까? 광범위한 시장 움직임과 관련된 위험을 제외한 모든 위험은 분산될 수 있으며, 아마도 분산될 것이다. 분산투자 후에도 남는 리스크는 시장 리스크(시장에 내재된 리스크)로, 주어진 종목이 시장과 함께 오르내리는 정도를 평가하여 측정할 수 있다. 이러한 분산의 논리가 적용된 가장 이른 사례는 초창기 해운이다. 해상 운송의 위험을 줄이려 화물을 여러 선박과 여러 항로로 나누어 실었다. 중세 영국의 개방 농지에서 농노들은 띠 모양의 긴 농지 여러 군데를 경작했다. 분산은 보험의 논리와 유사하다. 보험사는 개인들이 직면하는 위험을 한데 묶고, 그렇게 묶인 대집단의 규칙성에 의존하여 위험의 가격을 매긴다. 한편 분산은 전체 자산을 작은 단위로 세분해 여러 항로, 여러 농지로 흩어 놓는다. 분산에 따른 위험경감 효과로 말미암아 어떤 투자수단이든 그것 하나만 따로 떼어 놓고 리스크를 측정할 수는 없다. 폭넓게 분산된 포트폴리오(시장 포트폴리오, market portfolio)와 비교할 때 그 자산이 어떻게 움직이는지, 그리고 시장 포트폴리오에 그 자산이 어떻게 보탬이 되는지를 이해해야 한다. 어떤 자산이 시장 포트폴리오와 얼마나 긴밀하게 연동하는가를 나타내는 상관관계를 '**베타**(β)'라 부른다. 즉, 베타는 시장변동에 대한 주식의 민감도의 척도로서 시장과 동조되어 움직이는 경향으로 주식의 시장위험을 측정하는 지표이다. 이는 국민경제적 변화에 대한 기업성과의 민감도에 따라 달라질 것이다.

KOSPI나 S&P 500 지수와 같은 시장지수로 측정할 때 일반 시장에 발맞추어 오르락내리락하는 경향이 있는 주식을 평균(적인) 위험주식으로 정의하며, 정의상 베타는 1일 것이다. 이 값은 시장이 10% 상승하면 주가도 10% 상승하고, 시장이 10% 하락하면 주가도 10% 하락한다는 것을 나타낸다. 이러한 $\beta = 1$인 주식으로 구성된 포트폴리오는 광범위한 시장 평균을 따라 위아래로 움직일 것이며 시장 평균만큼 위험할 것이다.

시장 포트폴리오와 같은 방향으로 움직이지만 변동폭이 더 큰 자산(고베타 자산)은 위험 분산에 별 보탬이 되지 않기 때문에 높은 값을 받지 못한다. 실제로 고베타 자산은 투자자를 훨씬 더 심하게 시장 변동에 노출시킨다. 시장이 위축되면 이런 자산의 가격은 더 크게 내려간다. 고베타 자산의 가격이 낮은 것은 투자자가 그러한 자산에 기대하는 수익률이 높기 때문이다. 고베타 자산은 시장 포트폴리오의 분산경감에 별 도움이 되지 않으니 수익률이라도 높아야 한다. 투자자가 자산에 대해 높은 수익률을 요구하면, 그 요구를 들어줄 방법은 그 자산의 현재 가격을 그만큼 낮게 매기는 수밖에 없다. 요컨대 더 높은 수익률은 투자자가 고베타 자산의 위험을 떠안는 대가로 요구하는 보상이다. 베타 값이 2인 자산이 이에 해당한다. 베타가 2라는 것은 시장 포트폴리오가 10% 오르면 이 주식들은 20% 오르고, 시장 포트폴리오가 10% 내려가면 이 주식들은 20% 내려간다는 뜻이다. 해당 주식의 관련 위험은 시장보다 변동성이 2배 높으므로 그러한 주식의 포트폴리오는 평균 포트폴리오보다 2배 위험하다. 그런 포트폴리오의 가치는 단기간에 두 배로 증가하거나 절반으로 감소할 수 있다. 그런 포트폴리오를 가지고 있다면 금세 백만장자나 거지가 될 수 있다. 보유한 시장 포트폴리오의 성과가 나쁠 때 이런 고베타 주식은 성과가 더 크게 나빠지므로 더 높은 수익률로 투자자에게 보상해 줘야 한다. 이는 이런 주식이 그만큼 값어치가 떨어지는 자산이라는 뜻이다.

반면 시장 포트폴리오와 같은 방향으로 움직이지만 그 폭이 작은 자산(저베타 자산)은 수익률은 낮고 그만큼 가격도 더 높다. 베타가 0.5인 경우 해당 주식의 관련(체계적) 위험은 시장 변동성의 절반에 불과하며 이러한 주식의 포트폴리오는 베타가 1인 주식만 포함하는 포트폴리오의 위험도의 절반이 된다.

한편 '마이너스 베타 자산'은 시장 포트폴리오와 반대 방향으로 움직인다. 시장 포트폴리오가 좋은 성과를 보일 때는 성과가 부진하지만, 시장 포트폴리오의 가치가 폭락할 때 아주 좋은 성과를 보인다. 이런 이유 때문에 마이너스 베타 자산은 그 가격이 매우 높다. 투자자가 그 자산에 요구하는 기대수익률이 낮기 때문이다. 즉, 마이너스 베타 자산은 시장 포트폴리오에 효과적인 보험을 제공하므로 큰 수익률을 벌어 줄 필요가 없다. 이러한 자산은 시장 포트폴리오에 재앙이 일어날 때 좋은 성과를 보이는 보험이 되므로 그만큼 가격이 높은 반면 기대 수익률은 마이너스로 하락하기까지 한다. 반면 시장 포트폴리오의 위험성을 더 악화시키는 자산은 그에 대한 보상으로 높은 수익률을 벌어 주어야하며 이를 위해 가격이 높지 않아야 한다.[4]

대부분의 주식은 0.5～1.5 범위의 베타를 가지며 모든 주식의 평균 베타는 정의에 따라 1이다. 평균보다 높은 베타 주식(베타 > 1.0)을 평균 베타(베타 = 1.0)에 추

4. 금은 베타가 아주 낮거나 심지어 마이너스까지 내려가는 자산의 대표적 사례이다.

가하면 포트폴리오의 베타가 증가하고 그에 따라 포트폴리오의 위험도가 증가하고 반대로 평균보다 낮은 베타 주식(베타 <1)을 평균 위험 포트폴리오에 추가하면 포트폴리오의 베타와 위험도가 증가한다. 따라서 주식의 베타는 포트폴리오의 위험도에 대한 기여도를 측정하기 때문에 이론적으로 베타는 주식의 위험도에 대한 올바른 측정치라 할 수 있다.

위험과 수익률 간의 관계

베타가 주식의 관련 위험에 대한 적절한 척도라는 점을 감안하여, 이제 위험과 수익률 간의 관계를 살펴보자. 즉, 어떤 주식의 베타값이 주어졌을 때 투자자는 위험을 감수한 것에 대해 보상받기 위해 주식에 대해 요구하는 수익률은 얼마일까? 투자에 필요한 수익률을 결정하기 위해 CAPM(Capital Asset Pricing Model)이라는 이론적 모델을 사용하여야 한다. CAPM은 베타 계수로 측정한 투자위험이 투자의 적절한 요구 수익률을 결정하는 데 어떻게 사용되는지 보여준다. 용어를 정리하면서 논의하자.

- r_f = 무위험 이자율
- r_j = 투자자가 j주식에 투자하기 위해 요구하는 수익률. 요구수익률 r_j가 기대수익률 r_j^e보다 큰 경우 이 주식을 매입하지 않으며, 만약 이미 소유하고 있다면 매도할 것이다.
- $r_j^e = j$주식의 기대수익률 : 주식 수익률 확률분포의 기댓값으로 구해진다.
- $\beta_j = j$주식의 베타 계수. 주식 베타의 시장 전체의 평균은 1이다.
- r_M = 모든 주식으로 구성된 시장 포트폴리오에 대한 요구수익률이며, $\beta_A = 1.0$인 주식이라면 그 요구수익률은 시장포트폴리오와 같은 r_M이어야 한다.
- $x_M = r_M - r_f$ = 시장 위험프리미엄. 투자자가 시장의 평균적 위험을 떠맡은 것에 대해 보상하는 데 필요한 무위험 이자율을 초과하여 지급하는 추가 수익률
- $x_j = (r_M - r_f)\beta_j = j$주식의 위험프리미엄 $= x_M\beta_j$. 베타로 측정된 관련 위험이 시장평균보다 작으면 주식에 대한 평균 프리미엄보다 작다. $\beta_j = \beta_A = 1.0$

이면 $x_j = x_M$이다. $\beta_j > 1.0$이면 $x_j > x_M$이고, $\beta_j < 1.0$이면 $x_j < x_M$이다.

- 시장 위험프리미엄(x_M)은 위험기피 투자자의 위험기피 정도에 따라 달라진다. 현재 국채 수익률 $r_f = 5\%$이고 주식의 시장수익률이 $r_m = 11\%$이면 시장위험 프리미엄은 6% : $x_M = r_M - r_f = 11\% - 5\% = 6\%$

따라서 특정 주식이 다른 주식보다 두 배 위험하면 위험 프리미엄은 두 배 높아야 한다. 반대로, 위험이 다른 주식의 절반인 주식의 위험 프리미엄은 절반이 되어야 한다. 물론 이때 주식의 위험도는 베타계수로 측정할 수 있다. 결국 시장 위험 프리미엄 x_M을 알면 베타 계수 β_j로 측정한 주식의 위험에서 위험 프리미엄은 $x_M \times \beta_j$이다.

$$\text{주식 } j\text{의 위험 프리미엄} = x_M \times \beta_j = 6\% \times 0.5 = 3.0\%$$

이제 모든 투자 j에 대한 요구수익률은 다음과 같이 일반 용어로 표현될 수 있다.

$$\text{요구 수익률} = \text{무위험 수익률} + \text{체계적 위험에 대한 프리미엄}$$

$$r_j = r_f + x_j = r_f + x_M\beta_j = r_f + (r_M - r_f)\beta_j$$

가치 표준화와 투자 배수

비슷한 자산의 투자가치를 비교하려면, 어떤 방식으로든 투자가치를 표준화해야 한다. 투자가치를 표준화하는 기준은 회사의 이익, 보유자산의 장부가격이나 대체가격, 매출액이 될 수 있다. 이들 기준은 모두 널리 사용되고 있으며, 강력하게 지지받고 있다. 가격대비 수익, 가격대비 장부가격, 가격대비 판매와 같은 다양한 투자 배수는 투자와 관련하여 적은 비용을 지불하는 것이 가성비(bang for the buck)가 일반적으로 현명한 의사결정의 핵심이라는 점을 다시 보여준다.

이익기준 배수 : 자산의 가치를 직관적으로 파악하는 방법 하나는 그 자산이 창

출하는 이익의 배수를 보는 것이다. 주식을 매입할 때에는 흔히 주가가 그 회사가 벌어들인 이윤 또는 수익의 몇 배인지를, 즉 "주가-수익 비율(price-earnings ratio ; PER)"을 본다.

그림 9-2 자산의 가격과 투자 지표 : ERP, PER

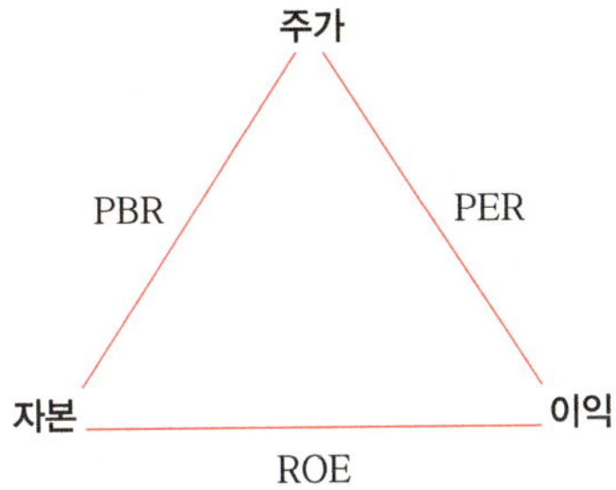

$$PER = \frac{P}{E} = \frac{\frac{D}{E}}{i_e - g} + \frac{\text{배당성향}}{i_e - g}$$

단, 여기서 P는 주가, E는 이윤 또는 수익, D는 배당

장부가격 기준 배수 : 투자자들은 흔히 주가와 그 주식의 장부가격(순자산가치)의 비율 $\frac{P}{B}$, 즉 주가순자산비율(Price Book Ratio)을 비교해 주식의 고평가 여부를 판단한다. 시장에서 평가하는 기업의 가치(주가)는 하나지만, 회계에서 평가하는 기업의 가치(장부가격)는 다양할 수 있다. 장부가격은 회계 규정에 좌우되며, 취득원가와 이후의 회계 조정(감가상각 등)으로부터 큰 영향을 받는다. 그러나 PBR은 업종에 따라 크게 달라질 수 있으며, 성장 잠재력과 투자의 질에 좌우되기도 한다. 장부가격이 자산의 진정한 가치를 측정하기에 적합한 척도가 아니라고 생각한다면 자산의 대체원가를 사용할 수도 있다. 회사의 가치를 대체원가로 나눈 비율을 토빈의 q라고 부른다.

$$PBR = \frac{P}{B} = \frac{\frac{E}{B}\frac{D}{E}}{i_e - g} = \frac{\text{자기자본이익률} \times \text{배당성향}}{i_e - g}$$

매출액 기준 배수 : 이익과 장부가격은 회계척도이므로, 회계 규정과 원칙의 영향을 받는다. 이런 영향을 크게 줄이는 방법 중 하나는 자산이 창출하는 매출액으로 자산을 평가하는 것이다. 이는 주가-매출액 비율(price-sales ratio ; *PSR*)로, 주가를 주당 매출액으로 나눈 비율이다. 이 비율도 업종에 따라 크게 달라질 수 있으며, 주로 이익률에 좌우된다. 그래도 이 배수는 회계시스템도 다르고 시장도 다른 기업들을 훨씬 쉽게 비교할 수 있다는 장점이 있다.

토라와 탈무드에서의 가치계산

이스라엘 백성에게 땅은 엄밀히 말하면 거래대상이 아니었다. 하나님은 "토지를 영구히 팔지 말 것은 토지는 다 내 것임이니라. 너희는 거류민이요 동거하는 자로서 나와 함께 있느니라"(레 25:23)고 선언하였다. 따라서 가족별로 할당된 조상의 땅은 팔 수 없으며, 그로부터의 수확물만을 팔 수 있었다. 결과적으로 토지의 경우 가치평가에 사용된 기준은 예상 생산성이었다. 이는 매매 가격이 예상 연간수익과 보유할 연수에 의해 결정된다는 것을 의미한다. 이러한 평가방법은 50년 단위로 토지를 원래 거주자의 후손에게 다시 귀속시키는 희년의 관습에서 명시적으로 나타난다.

▶ 네 이웃에게 팔든지 네 이웃의 손에서 사거든 너희 각 사람은 그의 형제를 속이지 말라. 그 희년 후의 연수를 따라서 너는 이웃에게서 살 것이요 그도 소출을 얻을 연수를 따라서 네게 팔 것인즉 연수가 많으면 너는 그것의 값을 많이 매기고 연수가 적으면 너는 그것의 값을 적게 매길지니 곧 그가 소출의 다소를 따라서 네게 팔 것이라(레 25:14-16).

생산성 기준은 토지 피해에 대한 보상에서도 나타난다.

▶ "사람이 자기 가축을 밭이나 포도원에 내어 주고 남의 밭에서 자기 짐승이 풀을 먹게 하였으면 그 밭에서 뜯긴 부분을 그 소출에 비례하여 배상하여야 한다. 그러나 만일 그가 밭 전체를 먹게 하였으면 그는 해를 입은 자의 밭이나 포도원에서 가장 좋은 소출에 따라 배상할지니라"(출 22:4-5).[5]

$$PSR = \frac{P}{S} = \frac{\frac{E}{S}\frac{D}{E}}{i_e - g} = \frac{\text{이익률} \times \text{배당성향}}{i_e - g}$$

투자배수로 평가되는 상대가치는 배당 성향이나 자기자본 이익률 또는 영업이익률을 추가로 고려하며 주식의 절대가치를 좀 더 깊게 평가하는 방법이라고 할 수 있다. 예를 들어 어떤 기업의 PER가 높은 것은 절대가치가 높아서 일수도 있고 단지 배당성향이 높아서 그럴 수도 있는 것이다.[5]

기업 가치의 평가

투자 배수에 기초해볼 때 투자자들은 특정 기업의 주식이나 채권에 대한 투자를 결정하기 위해 두 가지 정보가 필요하다. 첫째는 기업의 수입과 비용과 그에 따른 이윤이고, 둘째는 기업이 가진 각종 자산과 다른 개인이나 기업에 대한 부채이다. 기업의 수익성과 재무 상태는 주요 재무제표(주로 손익계산서와 재무상태표)에서 구할 수 있다. 대차대조표는 소유 자산과 빌려 쓴 채무의 가치를 매기는 데 사용되며, 손익계산서는 한 해 동안 이익이 얼마나 났는지 계산하는 데 사용된다. 회계는 기업의 수익과 재무 상태가 얼마나 좋은지를 파악하고 점검한다. 한편 금융은 앞날을 내다보고 어떤 회사나 투자가 미래에 어떤 결과를 산출할지 예측하고, 그렇게 예측한 미래의 수익을 현재 시점의 가치로 환산하여 회사가 현재 시점에서 얼마나 값이 나가는지, 진정한 가치를 도출한다. 이 값이 그 자산에 지불해야 할 시장가격보다 더 크면, 그런 자산의 취득은 좋은 거래다. 이러한 과정에서 가장 핵심적인 것은 역시 손익계산서와 대차대조표에 대한 이해이다.

손익계산서 기업의 손익계산서(〈표 9-3〉)는 일정 기간 동안의 경영성과를 요약한다. 손익계산서는 매출액(수입 또는 수익)에서 출발한다. 이어서 영업비용을 차

---

5. 도둑질한 것이 살아 그의 손에 있으면 소나 나귀나 양을 막론하고 갑절을 배상할지니라. 사람이 밭에서나 포도원에서 짐승을 먹이다가 자기의 짐승을 놓아 남의 밭에서 먹게 하면 자기 밭의 가장 좋은 것과 자기 포도원의 가장 좋은 것으로 배상할지니라(출애굽기 22:4–5).

표 9-3 손익계산서

내역	금액
매출액	1,665
매출원가(−)	1,344
매출총이익	321
판매비와 관리비(−)	221
영업이익	100
영업 외 수익(+)	79
(이자수익)	5
영업 외 비용(−)	77
(이자비용)	15
법인세비용 차감 전 순손익	102
법인세비용(−)	23
당기순손익	79

감하는데 이 중 가장 중요한 것이 매출원가이다. 매출원가는 판매된 제품을 생산하는 직접 비용으로 기술인력에 대한 급여를 포함한다. 매출원가를 매출액에서 차감한 것이 매출총이익이다. 매출총이익에서 광고선전비 및 최고경영자부터 영업사원까지 직원에 대한 급여 등 판매비와 관리비를 차감한 결과인 영업이익에서 영업외수익(영업활동과 직접 관련이 없는 활동. 예를 들어 금융투자 등으로부터 얻은 이자수익 등)을 더하고 영업외비용(차입에 따른 이자비용 등)을 차감하면 세전순이익이 계산되며, 세전순이익에서 법인세를 차감하면 당기순이익(net income, after-tax accounting profit)이 유도된다.

이처럼 수익에서 각종 비용을 차감해가며 손익을 보여주는 손익계산서는 손익이 어떤 경영활동에서 주로 발생하였는지를 보여준다. 생산, 판매 등 기업의 고유한 활동의 결과로 발생한 손익은 영업이익, 영업외적인 활동의 결과로 발생한 손익은 영업외손익으로 각각 구분하고 이러한 활동과 관계없이 일시에 발생한 손익을 특별손익이라 한다. 또한 기업이 얻은 모든 손익에서 기업이 지출한 모든 비용을 차감하여 순수하게 기업에 손익으로 남는 몫을 당기순손익이라 한다.

표 9-4 **재무상태표**

차변		대변	
유동자산	**784**	**유동부채**	**568**
당좌자산	616	매입채무	157
현금 및 현금성자산	103	단기차입금	177
매출채권	293	기타유동부채 등	234
기타당좌자산 등	220	**비유동부채**	**277**
재고자산	168	장기차입금	154
비유동자산	**1,120**	회사채	61
투자자산	344	기타비유동부채	62
유형자산	688		
건물 구축물	178	**자본**	**1,059**
기계	16	자본금	125
기타유형자산 등	314	자본잉여금	211
무형자산	44	이익잉여금	723
기타비유동자산	43		
자산 총계	**1,904**	**부채와 자본 총계**	**1,904**

재무상태표 손익계산서는 일정 기간 동안의 기업 활동을 보고하는 반면, 재무상태표는 일정 시점에서의 기업의 재무상태, 즉 자산, 부채, 자본의 내용을 기록한다. 재무상태표의 구성을 이해하려면, 먼저 자산은 기업이 소유한 가치 있는 모든 것이고, 부채는 기업이 진 채무나 의무라는 점을 상기하면 된다. 자산의 가치에서 부채 가치를 빼면 순자산(net worth)이 남는다. 순자산은 회사가 문을 닫고, 자산이 매각되고, 부채가 상환될 경우 회사 소유주에게 남게 되는 것이다. 주주는 기업의 소유주이므로, 순자산은 재무상태표에 (주주) 자본(stockholders' equity)으로 표시된다. 투자자는 대차대조표를 검토하여 기업의 순자산을 확인할 수 있다.

재무상태표는 기업의 자금 조달과 운용 상태를 한 표에 나타낸다고 해석할 수 있다. 기업은 주주가 출자한 자본금과 금융기관 등으로부터 차입한 부채를 재원으로 하여 건물과 기계장치 등 설비의 구입자금으로 사용하거나 현금이나 예금 등 유동자산 형태로 보유하면서 기업의 운영자금으로 사용한다. 자본과 부채는 재무상태표의 대변(credit)에 기록되어 자금의 조달원천을 나타내며, 자산은 차변(debit)에 기록[6]되어 자금의 운용상태를 나타낸다. 복식부기 원칙에 따라 대변항목인 자본과 부채를 합한 금액(총자본)과 차변항목인 자산총액(총자산)은 항상 일치하도록 되어 있다. 이를 다음과 같은 재무상태표 방정식(balance sheet equation, basic accounting equation)으로 나타낼 수 있다:

$$\text{자산} - \text{부채} = \text{주주 자본, 또는 자산} = \text{부채} + \text{주주 자본}$$

현대 부기가 시작된 15세기 이탈리아부터 계속되고 있는 중요한 회계 관습에 따르면 대차대조표는 자산을 왼쪽에, 부채와 순자산 또는 주주 자본을 오른쪽에 표시해야 한다. 이는 재무상태표의 좌변 값이 항상 우변 값과 동일해야 함을 의미한다.

자산 내역은 유동자산과 비유동자산으로 구분하여 기록되며, 유동자산은 당좌자산(현금 및 현금성 자산, 매출채권)과 재고자산으로 구분되고, 비유동자산은 투자자산, 유형자산(건물구축물, 기계), 무형자산으로 구분된다. 한편 부채 역시 유동부채와 비유동부채로 나누어 기록되는데, 유동부채는 매입채무와 단기차입금을 포함하고 비유동부채는 장기차입금과 회사채를 포함한다. 한편 자본은 주식발행으로 납입된 자본금과 구분하여 자본잉여금과 이익잉여금이 별도로 기록된다.

6. debit은 '빌린다' 또는 '가치 있는 것을 수령하다'의 의미를 credit은 '빌려준다' 또는 '가치 있는 것을 제공하다'의 의미를 갖는다. 자산 증가가 차변(debit)에 기록되는 것은 가치 있는 것을 수령한 결과이기 때문이다. 반대로 부채나 자본의 증가가 대변(credit)에 기록되는 것은 각각에 상응하여 채권과 주식이라는 가치있는 증권을 제공한 결과이기 때문이다.

거래 때마다의 차변과 대변의 분개에 기초

재무상태표와 손익계산서의 개별 항목들을 계정과목이라 하는데, 거래가 발생할 때마다 분개라는 회계처리를 하여 이들 계정과목에 금액이 기록된다. 모든 거래는 등가교환이므로 준 것이 있으면, 받은 것이 있고 그 금액은 같아야 한다. 따라서 분개는 거래 상대방에게 제공한 가치있는 것을 대변(credit)에 거래 상대방으로부터 수령한 가치있는 것을 차변(debit)에 따로 기록하는 과정이다.

예를 들어 다음과 같은 거래가 있다고 가정한다면

11월 1일 : 현금 1,000만 원을 출자하여 영업을 시작.

11월 2일 : 상품을 현금으로 매입. 매입 가격은 400만 원.

11월 4일 : 영업용 컴퓨터를 현금으로 구입. 구입 가격은 100만 원.

11월 7일 : 상품을 판매하고 대금은 현금으로 받음. 상품의 원가는 20만 원, 매출 가격은 25만 원.

11월 8일 : 상품을 매입하고 대금은 약속어음으로 지급. 매입가격은 200만 원.

11월 11일 : 상품을 판매하고 대금은 외상으로 처리. 상품의 원가는 130만 원, 매출가격은 165만 원.

11월 12일 : 매장 홍보용 현수막 설치비 5만 원을 현금으로 지급함.

11월 15일 : 상품 매입으로 발생한 어음대금 200만 원을 전액 현금으로 상환.

분개(journalizing)는 다음과 같이 이루어진다.

표 9-5 분개장

날짜	차변(받은 것)	금액	대변(준 것)	금액
11월 01일	현금	10,000,000	자본금	10,000,000
11월 02일	상품	4,000,000	현금	4,000,000
11월 07일	현금	250,000	상품	200,000
			상품매출이익	50,000
11월 08일	상품	2,000,000	지급어음	2,000,000
11월 11일	외상매출금	1,650,000	상품	1,300,000
			상품매출이익	350,000
11월 12일	광고선전비	50,000	현금	50,000
11월 15일	지급어음	2,000,000	현금	2,000,000

이처럼 거래가 발생한 순서대로 계정과목을 차변과 대변으로 나누어 기록하는 분개가 이루어진 뒤에는 계정과목별로 취합(전기(轉記) posting)하고 이를 다시 재무상태표로 종합한다.

[사례] 새로운 사업에 대한 투자 여부의 결정 : 순현재가치법

어떤 회사가 새로운 소비식품 산업에 진입할 계획을 가지고 있다고 하자. 적절한 규모의 경제를 달성하기 위해 하나에 100억 원의 비용이 드는 공장 3개를 3년에 걸쳐서 지어야 하며, 이 공장 건설에 이용할 생산공정 설계를 위해서는 연구개발이 필요하며 그에 따른 비용으로 50억 원이 지출되어야 한다.

이 공장들이 완전가동될 때 매년 500억 원(수량 개, 가격 원)의 수입이 발생한다. 이를 위해 연간 변동비용은 약 300억 원으로 예상되어 매년 200억 원의 순수입이 예상된다. 동시에 생산을 유지하고 생산공정을 꾸준히 개선하기 위한 연구개발비로 매년 40억 원이 지출돼야 한다. 또한 공장이 완전 가동되면 광고 및 마케팅에 매년 100억 원이 지출되어야 한다. 공장이 3년이 지나 완전 가동되면 영업이익은 매년 50억 원이 될 것으로 예상된다. 2015년과 2016년에는 각각 생산능력의 30%와 60%가 가동되고 공장이 완전 가동되기까지는 2년이 걸리며, 2017년부터 2030년까지 공장이 완전 가동된다. 공장은 15년간 사용되며 그 이후에는 폐기 처분된다. 이 투자는 할 만한 투자인가? 투자의 순현가를 구해 보자. 〈표 9-6〉은 앞에서 열거한 수치들을 요약해서 보여준다.

공장이 완공되는 표에 정리된 순현금흐름을 이용하여 이 투자안의 순현가를 구하면 다음과 같다:

$$NPV = -150 - \frac{180}{(1+R)} - \frac{120}{(1+R)^2} + \frac{60}{(1+R)^3} + \frac{60}{(1+R)^3} + \cdots + \frac{60}{(1+R)^{15}}$$

〈표 9-6〉은 할인율 5, 7, 10%를 사용했을 경우에 나타나는 순현가를 각각 보여주고 있다. 5%의 할인율에서는 순현가가 양(+)이지만 할인율 10%와 15%에서는 음(−)이 된다. 어떤 할인율이 맞는 할인율인가? 현금흐름이 불확실하고 이의 일부는

표 9-6 **순현가 계산** (단위 : 억 원)

	2015년 이전	2015년	2016년	2017년	…	2030년
매출액 (빼기)		150	300	500	…	500
변동비		90	180	300	…	300
연간R&D		40	40	40	…	40
판매, 광고, 마케팅		100	100	100	…	100
영업이익 (빼기)		−80	−20	60	…	60
공장건설비	−100	−100	−100			
초기 R&D	−50					
순현금 흐름	−150	−180	−120	60	…	60
	할인율 =	0.05	0.07	0.10		
	순현가 =	108.4	−95.8	−216.2		

분산 불가능하다. 위험프리미엄을 계산하기 위하여 베타 값으로 1을 사용(소비자 제품의 베타 값이 통상 1)한다. 무위험 이자율이 2%이고 주식시장 위험프리미엄이 6%이라면 사용해야 할 할인율은 $R = 0.02 + 1(0.06) = 0.08$이다. 이 할인율에서 순현가는 음(−)이 된다. 따라서 이 투자는 하지 말아야 하며, 이 산업에 진입하지 말아야 한다.

4. 비합리적 투자와 행동경제학

이상에서 다룬 합리적 선택이론을 따르는 투자이론은 투자자가 합리적이고, 시장은 완전 경쟁적이며 정보는 자유롭게 이용 가능하다는 가정에 기초한다. 이성적 투자자는 자산 가격이 기대되는 미래 현금흐름의 현재가치와 같아지도록 하며, 그렇지 않으면 차익을 획득하려는 거래로 수급이 조절되며 신속하게 오류가 제거되고 가격은 기본적 가치로 다시 결정될 것이다. 이러한 전통적 투자이론은 최소한의 가정 위에 구축되었지만, 금융 문제에 답하는 일관성 있는 이론으로서 설득력이 있다. 그러나 전통적 투자이론은 매력적으로 단순하지만 많은 금융 활동이나 금융 현상을 설명하지 못하는 어려움도 갖고 있다.

이러한 어려움에 대응하여 등장한 행동 금융(behavioral finance)론은 포트폴리오 형성과 관리에 있어서 투자자가 항상 합리적인 것은 아니며 과신, 손실 기피 등의 정서적 인지적 편향에 따라 결정을 내릴 수 있다고 설정하면 금융 현상을 더 잘 이해할 수 있다고 주장한다. 행동 금융론은 금융 현상을 설명하는 데 초점을 맞추며 개인이 실제로 어떻게 행동하고 결정을 내리는지 설명하는 데 중점을 둔다. 행동 금융에는 다양한 이론이 등장하지만, 그중 가장 두드러지고 단순한 이론이 전망 이론(prospect theory)이다. 전망이론은 위험한 대안 간의 평가와 의사결정을 설명하는 행동경제학의 하나이다. 여기서 전망은 로또나 도박의 동의어로 보면 된다. 전망이론은 전통적인 경제학과 심리학의 경계를 넘어 신경 경제학의 개념을 사용한다. 신경 경제학은 의사결정이 뇌의 합리적 영역과 감정적 영역을 모두 활용하는 방법을 이해하기 위해 뇌 화학(brain chemistry) 연구를 바탕으로 불확실성 하에서의 의사결정을 살펴보는 데 사용되었다. 행동 금융론은 정보가 제시되는 방식이 정서적 편향과 인지적 편향을 유발할 수 있음을 인식한다. 개인은 정상이며 위험회피 기대효용 극대화 방식으로 행동할 수도 있고 그렇지 않을 수도 있다. 예를 들어 투자자들은 투자 대상을 선별할 때 자신들의 능력을 과신하여 특정 주식에 과도하게 투자할 수 있다. 또한, 투자자는 손실 회피적이어서 잠재력이 있는 자산에 위험하다는 이유로 투자하는 것을 피할 수 있다. 그들의 투자 결정은 합리적인(전통적인 금융) 관점에서 차선책일 수 있다. 이로 인해 효율성에서 벗어나는 시장이 생길 수 있다. 행동 금융론은 미시와 거시의 두 가지 범주로 나눌 수 있다. 미시 행동 금융론은 개인의 의사결정 과정을 설명하며 전통적인 금융이론에서 이탈이 생겨나는 이유를 설명한다. 거시 행동 금융론은 시장이 전통적 금융에서 효율적이라고 부르는 것과 어떻게 그리고 왜 다른지 설명하는 데 중점을 둔다. 이 장에서는 미시 행동 금융론을 다루고 다음 장에서는 거시 행동 금융론을 다룬다.

1) 시스템 I에 과도하게 의존

두 시스템 이론은 투자자들이 정보를 처리하고 선택에 이르는 과정을 설명하는 데 사용된다. 투자자 대부분은 두 시스템이 균형을 맞추며 작동하여 의식적이고 효과적으로 결정하기보다는 직관과 시스템 I 사고에 주로 의존한다. 그에 따라 투자자는 감정과 본능에 의존하여 빠르게 대응하지만 그만큼 그 과정에서 다양한 편향적 투자행태를 보인다.

- 매수 후 보유(buy and hold)를 이어가는 가치투자자와 같은 일부 투자자들은 의식적으로 시스템 I을 피하고 시스템 II에 의존하여 좋은 주식을 찾는 사고 과정에 노력을 기울인다. 하지만 많은 투자자가 자신의 감정과 속단이 투자 결정과 성과에

부정적인 영향을 미칠 수 있다는 데 동의한다.

2) 프레이밍 단계

프레이밍 단계에서는 뒤에 이어지는 평가 단계에서 사용될 정보가 결정된다. 선택 문제가 구조화되며, 평가의 기준이 설정될 수 있다. 이에 따라 사람들의 투자 결정은 프레이밍 단계에서 투자 문제가 어떻게 구조화되었는가에 의존한다. 특히 투자 대상이나 시장의 펀더멘털과 관련이 없는 정보가 투자와 시장에 대한 견해를 바꿀 수 있다. 투자 문제가 긍정적으로 구조화(잠재 이익을 강조)되었는지 아니면 부정적으로 구조화(잠재 손실이나 잠재 위험을 강조)되었는지, 이익에 대한 것인지 아니면 손실에 대한 것인지에 따라 투자 결정이 영향받는다.

- 주식투자에서 긍정 프레임은 '성장성과 수익성을 추구하는 주식투자는 높은 수익을 가져다준다'라며 이익의 기회를 강조한다. 반면 부정 프레임은 '고수익은 고위험을 의미하므로 주식투자는 결과가 불확실하다'라며 손실의 위험을 경고한다.
- "일생에 한 번뿐인 기회"로 긍정적으로 포장된 부동산투자는 잠재적 위험을 간과하고 충동적 투자에 나서게 한다.

투자와 관련하여 가장 빈번하게 나타나는 편향성은 대부분 사람은 손실("위험한 투자")보다는 이익("성장 기회")을 강조하는 등 긍정적 언어로 소개되는 투자를 선호한다는 것이다. 낙관적으로 표현된 질문은 긍정적 답변을 얻을 가능성이 더 크고, 낙관적으로 표현된 대안은 비관적으로 표현된 대안보다 선택될 가능성이 더 크다. 두뇌가 긍정적 정보에 더 호의적으로 반응하기 때문이다. 특히 부정적 정보보다 투자를 덜 위험하다고 인식하게 된다. 손실을 낸 투자자는 더 위험한 투자를 선택할 가능성이 커지지만 수익을 실현한 투자자는 덜 위험한 대안을 선호하는 경향이 있다. 결과적으로 투자 전망을 이득 프레임으로 제시하느냐 아니면 손실 프레임으로 제시하느냐에 따라 각각 위험 회피 행동과 위험 추구 행동이 더 자극된다. 시간을 구성하는 방식도 투자에 영향을 미칠 수 있다. 투자자들은 이익을 실현하는 기간이 더 짧을수록 투자에 뛰어들 가능성이 커진다.

- ▶ 수익성만의 틀로 투자 권유를 하면 수익성과 위험성이 섞인 틀에 비해 투자자의 투자 가능성이 커진다. 금융기관이 투자 권유를 할 때 투자 거래에 '필연적으로 수반되는 위험성에 관한 올바른 인식 형성을 방해'하는 것은 불법이다. 불완전 투자 권유가 불법이지만 위험을 소홀히 한 투자자에게도 과실을 물어 손해배상액을 감액하는 것이 판례이다. 그래서 투자계약서 서명은 마치 보증을 서는 것처럼 대하라는 경고가 있다.
- ▶ "수익보장"으로 프레임 된 투자는 "기대이익"으로 프레임 된 투자보다 덜 위험한 투자로 인식된다.
- ▶ 주식투자의 실패 확률이 10%가 아니라 성공 확률이 90%라고 제시할 수 있다.
- ▶ "1개월 투자 시 10% 수익률"은 "1년 투자 시 10% 수익률"보다 투자자를 더 자극한다.

프레이밍 편향은 또한 좁은 프레이밍(narrow framing)으로 알려진 하위 범주를 포함한다. 이는 사람들이 다른 중요한 측면을 배제하고 상황의 한두 가지 측면에 너무 제한적으로 집중하여 의사결정을 왜곡한다.

- ▶ 좁은 프레이밍은 많은 문제를 초래한다. 첫째 위험을 너무 적게 감수하게 한다. 특히 장기적 투자 목표(예 : 편안한 은퇴)보다는 단기 손실에 초점을 맞추고 매일의 시장변동에 민감하게 반응한다. 이는 한편으로는 과도한 거래를 초래하며 다른 한편으로는 지나치게 안전한 투자를 선호하게 한다.
- ▶ 둘째, 자신도 모르게 너무 많은 위험을 감수한다. 우리 국민의 부동산에 과도하게 집중된 투자처럼 전체 포트폴리오에 대해 생각하지 않고 특정 자산에 과도하게 집중될 수 있다. 이러한 문제를 피하기 위해서는 자신이 보유한 포트폴리오를 덜 자주 확인하고 보유한 모든 자산을 통합하여 균형 있게 감시할 수 있도록 할 필요가

있다.

어떤 그리고 어떻게 통계를 제시하느냐도 투자 선택에 영향을 미친다. 과거 성과 통계가 대표적이다. 그런 데이터는 쉽게 이용할 수 있고 소비자가 사용할 수 있는 몇 안 되는 검색 속성(즉, 구매와 사용 전에 이용 가능) 중 하나이기 때문이다. 많은 사람이 백분율을 완전히 이해하는 데 어려움을 겪고 있다.

- ▶ 과거 성과는 미래 수익에 대한 절대적 지침이 되기 어려우며 과거 수익과 미래 수익 사이에 거의 관계가 없음에도 투자자는 과거 성과에 큰 관심을 기울인다.
- ▶ 백분율로 표현된 수수료나 수익률은 절대 금액으로 표현된 동일한 정보에 대해 상당히 다른 행동 반응을 유발할 수 있다. 투자자가 특정 투자상품에 10억 원을 투자할지를 결정할 때 비용 표시가 3천만 원이냐 아니면 3%냐에 따라 매우 다르게 반응한다(가격 책정 프레임).

(1) 심적 계정과 선택의 규격화

투자가 분류·평가되는 인지적 구조인 심적 계정을 따라 투자금이 배분되고 비용-수익 평가가 이루어진다. 투자 결정은 전체로써 결정되는 것이 아니라 다른 목표, 자산규모, 만기를 가진 작은 단위로 나누어져 이루어진다. 돈의 용도상의 특성(여가, 필수품, 교육, 저축 등)뿐만 아니라 획득된 방식(일, 상속, 도박, 보너스 등)도 투자 결정에 영향을 미친다.

- ▶ 심적 계정으로 인해 부에 대한 희망과 빈곤에 대한 방어가 한 사람에 의해 동시에 추구되는 것이다. 사람들은 복권을 사면서 동시에 보험에도 가입한다. 복권을 사는 사람들은 위험을 추구하는 사람으로, 보험에 가입하는 사람은 위험을 회피하는 사람으로 볼 수 있다.

심적 계정은 저축과 지출의 좋은 습관을 길러줄 수 있지만, 특정 방식에 과도한 애착을 갖게 하고 합리적 투자를 훼손할 수 있다.

- 통상 사람들은 각 투자를 별도의 독립된 계정으로 간주한다. 교육자금이나 은퇴자금이 그 예다. 별도의 투자목표가 지정된 심적 계정이 구성되면 다른 계정에 있는 돈과는 대체 불가능한 것으로 취급하므로 투자에 경직성이 생겨난다.[7]
- 한때 상당한 수익을 창출했지만, 시간이 지남에 따라 그 가치가 하락한 자산을 매도하는 것을 주저한다. 수확할 수 있을 때 수확하지 못한 것을 후회하며 별도로 취급한다. 이에 따라 호황 때 우량했던 투자가 가치 없는 투자로 바뀌었는데도 계속 보유된다.
- 때때로 근로소득과 자본이득을 달리 취급한다. 또 많은 원금을 보존해야 한다는 일념으로 소비가 이자소득 내에서만 이루어지도록 한다. 이자소득에 대한 과도한 관심은 원금을 위태롭게 하는 지나치게 공격적인 투자로 내몰 수 있다. 고수익 상품이나 비제도권 상품에 적극적으로 투자하지만 때때로 금리변동이나 파산으로 막대한 원금 손실을 볼 수 있다.
- 사람들은 재산 전체의 위험도를 조금 높이는 투자(A)보다는 재산 중 일부를 떼어내 위험도가 매우 높은 투자(B)에 할당하는 것을 선호한다. 전체 포트폴리오의 위험보다는 개별 심적 계정의 위험에 초점을 맞추고 있기 때문이다. 개별 심적 계정은 투자자의 특정 목표와 관련이 있으며 위험에 대한 태도는 계정마다 다르다. 한 계정은 투자자가 가난해지지 않도록 보호하도록 설계된 "핵심(하방 보호)" 계정일 수 있고 다른 하나는 "위성(상방 잠재)" 계정일 수 있다. 이에 따라 핵심 계정에 대해서는 위험을 기피하고, 위성 계정에 대해서는 위험을 추구한다. 즉, 투자자는 전액으로 약간 더 큰 위험을 감수하기보다는 일부, 즉 위성 계정의 돈으로 훨씬 더 큰 위험을 감수하려 한다. 여기에서 더 나아가 안정적 은퇴, 대학교육 또는 여행과 같은 다양한 목표에 따라 자산을 서로 구별되는 계정으로 나누고 그 투자 방식을

---

7. 종종 자신이 근무하는 회사의 주식을 보유하는 투자자는 주식에 과도한 투자를 할 수 있다. 주식과 채권 간의 배분에 있어 우리사주에 대한 투자를 주식에 대한 배분으로 포함하지 않고 별도의 심적 계정으로 간주하기 때문이다.

달리한다.

사람들은 심적 계정을 구성할 때 더 높은 만족감을 제공한다는 이유로 다른 프레임보다 특정 프레임을 선호(hedonic editing, 쾌락적 편집)할 수 있다.

▶ 손실을 보는 계좌를 청산할 때 증권사 직원은 고객에게 손실 때문에 (심적) 계정을 폐쇄하는 것이 아니라, 다른 심적 계정으로의 '자산 이전(transfer assets)'을 위해 계정을 청산하는 것이라고 표현한다.

전통적 모형에서 투자자들은 새로 참가하는 도박을 기존의 위험 투자와 통합하고 그 통합이 적절한지 평가한다고 한다. 그러나 사람들은 종종 새로 참가하는 도박을 독립적으로 평가한다(좁은 프레이밍). 즉, 투자자들은 개별 투자가 전체 투자에 이바지하는 간접적 효과보다는 개별 투자의 직접적 성과에 주의한다.

▶ 돈을 벌었는가 잃었는가와 같은 행위의 직접적 결과에 기초하여 투자를 평가한다. 즉, 행동의 직접적 결과만을 포함하는 심적 계정 관점에서 사건을 평가한다. 예를 들어, 도박을 하기로 한 결정과 관련된 심적 계정에는 해당 도박에서 따거나 잃은 돈만 포함되며 다른 자산이나 이전에 있었던 도박의 결과는 제외된다.

(2) 휴리스틱

투자 결정을 내리는 데 있어 가능성을 평가하고 편익을 예측하는 복잡성을 줄이기 위해 의사결정의 지름길로 휴리스틱이 사용된다. 그러나 이러한 휴리스틱 편향은 투자수익을 낮출 수 있다.

가용성 휴리스틱

가용성 휴리스틱은 선택에 필요한 모든 관련 정보를 고려하는 것이 아니라 쉽게 검색, 기억, 사용할 수 있는 정보를 기반으로 결정하는 것이다. 가장 빨리 떠오르는 그리고 최근의 예를 사용하여 중요성과 가능성이 판단된다.

- 투자자는 미래 주가에 어떤 일이 일어날지에 대한 실제 지식이 거의 없을 수 있으며, 제한된 정보 아래에서 시장 추세와 군중을 따르는 경험적 방법에 의존할 것이다. 시장이 상승하고 다른 사람들이 사고 있을 때 사고, 시장이 하락하고 다른 사람들이 팔고 있을 때 팔 것이다. 이에 따라 강세장에서는 주식투자가 급증하지만, 약세장에서는 너무 적게 투자된다.
- 또한, 투자자는 현재 일어나고 있는 일에 초점을 맞추는 경향이 있다. 대박의 백일몽이나 최근의 큰 손실은 강한 감정을 불러일으켜 투자에 큰 영향을 미친다. 방금 읽은 뉴스 기사나 분석가의 최근 추천에 크게 의존한다.
- 일련의 성공을 거둔 후 계속해서 성공할 가능성이 있다고 생각한다(hot hand).

가용성 편향에는 몇 가지 범주가 있으며 그중 투자자에게 가장 많이 적용되는 네 가지는 검색 가능성, 범주화, 좁은 범위의 경험, 공명이다.

- 검색 가능성 : 자신이 이용할 수 있는 정보(광고, 고문, 친구 등의 제안)를 기반으로 투자를 선택하고 선택한 투자가 좋은 것인지 확인하기 위해 연구나 실사에 참여하지 않는다.
- 범주화 : 투자자는 기억 속에 있는 범주별 목록을 기반으로 투자를 선택한다. 마음속에서 다른 범주는 쉽게 기억되지 않으므로 무시된다. 국내 투자자들은 대안으로 외국에 대한 투자를 무시할 수 있다. 외국은 쉽게 기억할 수 있는 범주가 아닐 수 있기 때문이다.
- 좁은 범위의 경험 : 투자자들은 자신들이 일하는 산업, 자신들이 사는 지역, 자신들이 사귀는 사람들과 같은 좁은 범위의 삶의 경험에 맞는 투자를 선택한다. 예를 들어, 기술 산업에 종사하는 투자자는 기술 투자만이 수익성이 있다고 믿는다.

- 공명 : 투자자는 자신의 성격에 공감하거나 자신의 행동과 관련될 수 있는 특성을 가진 투자를 선택한다. 이로 말미암아 해당 특성과 관련이 없거나 접할 수 없으므로 좋은 투자는 무시된다. 예를 들어, 검소한 사람들은 비싼 주식(높은 주가/수익 배수)을 무시할 수 있다.

대표성 휴리스틱

대표성 휴리스틱은 새로운 현상에 대한 이해를 기존의 무엇과 대표적 특징이 유사하냐에 의존한다. 선택이 이른바 사건 간의 허위 비교에 기초하는 것이다.

- 고급 의류를 만드는 회사는 '고급'이라는 이유만으로 양질의 투자로 간주할 수 있다. 즉, 바람직한 속성을 대표하는 주식을 매입한다.
- 투자 목적보다는 기업 실적이나 상품 판매담당자나 관리자의 인기 등 단일 기준으로 투자상품을 좋음, 나쁨으로 분류하는 경향이 있다.

대표성 휴리스틱은 사건 간의 잘못된 비교를 낳고 우연에 대한 판단 오류로 이어질 수 있다. 기저율 무시(base-rate neglect)와 표본 크기 무시(sample-size neglect)가 대표적이다. 확률이란 많은 시행을 전제로 했을 때 나타나는 현상인데 이렇게 구할 수 있는 확률(기저율)이 쉽게 무시된다. 통계적 확률보다는 고정관념과 가정된 관계에 과도하게 의존하기 때문이다. 기저율 무시에서 투자자는 친숙하고 이해하기 쉬운 분류체계로 투자처를 맥락화하여 투자의 수익성과 위험도를 결정하고 다른 변수나 관점은 무시한다. 이러한 분류체계는 실제로 요구되는 상세한 조사에 대한 효과적 대안으로 간주되기까지 한다.

- AAA 등급의 지방채 A(도심의 지역 갈등이 격심한 지자체에서 발행)를 평가하는 데 있어 역사적으로 AAA 채권의 부도율이 사실상 0이라는 기저율은 종종 무시된다. 투자자 대부분은 그룹 C(안전한 지방채)가 아니라 그룹 B(위험한 지방채)에 속할 확률만을 따진다, 특히 채권 A의 특성은 이것이 발행된 지자체의 "안전하지 않은" 평판

때문에 그룹 A(위험한 채권)를 대표하는 것으로 이해한다.

한편 표본 크기 무시에서 투자자는 투자 판단의 근거가 되는 데이터의 표본 크기를 충분히 고려하지 못하여 표본 크기가 작은 데도 모집단(또는 실제 데이터)을 대표한다고 잘못 가정한다(소수인데도 대표치가 된다는 의미에서 "소수의 법칙" law of small numbers). 사람들이 일련의 데이터에 반영된 최근의 현상을 이해하지 못하면 당장 사용 가능한 몇 개의 데이터 포인트에만 의존하여 해당 현상을 빠르게 규정한다. 계속된 도박에서 모두 같은 결과가 나왔을 때 무작위성에 대한 믿음으로 도박사는 다음번에는 반대 결과가 발생할 가능성이 더 크다고 판단한다(도박사의 오류).

- 초보 도박사는 잠시 나타난 결과가 앞으로도 계속되리라고 믿는다. 인기 있는 주식이 매수되고 최근 실적이 저조한 주식은 기피되며, 투자자들의 과잉 반응이 생겨난다.
- 룰렛 휠에 빨간색이 오래 지속한 경우 도박사는 종종 검은색을 예측한다. 빨간색이 많이 나왔으니 이제 검은색이 나올 때가 되었다고 생각하는 것이다. 각 도박이 다음 도박과 무관하다는 점을 무시하고 있다.

사람들은 과거의 좋은 사건과 관련된 사건에 더 많은 중요성을 부여한다.

- 회사 보고서가 최근 분기에 연속으로 수익이 증가하면 장기적으로 높은 수익 성장을 낳을 것이라고 믿어지고 주가 변화에 과잉 반응한다. 따라서 투자자들은 투자 판단을 위해 일부 대표종목의 추세분석에 의존한다. 마찬가지로 투자자는 펀드매니저(분석전문가)의 최근 실적만을 기초로 펀드(분석)의 성과가 운보다는 숙련된 운용능력(분석 능력)의 결과로 오해할 수 있다.[8]

---

8. 표본의 수가 적거나 시행 수가 적은 경우도 대표성을 가진다고 믿는 작은 수의 법칙이 시행 수가 많을 때의 확률로 잘못 적용하는 경우라면 독립적인 시행으로 이전의 결과와 앞으로의 결과가 무관한데도 시행 수가 많을 때의 확률을 적용하는 예도 있다. 예를 들어 "지금까지 졌으니 이젠 이기겠지!"라는 표현이

감정 휴리스틱

감정은 강력한 투자 결정 동인이 될 수 있으며 사람들이 충분히 생각하지 않고 결정을 내리게 한다. 좋고 나쁜 주관적 인상이 빠른 판단을 생성한다.

- 기분을 좋게 만드는 주식은 위험이 적고 수익이 크다고 판단되고, 기분을 나쁘게 만드는 주식은 수익이 작고 위험이 크다고 판단한다.
- 익숙하지 않은 주식의 경우 인지된 위험과 인지된 수익은 음의 상관관계를 보인다. 하지만 친숙한 주식의 경우 인지된 위험과 인지된 수익은 양의 상관관계를 보인다. 즉, 더 위험한 주식은 더 높은 수익을 낼 것으로 예상된다.
- 환경에 관심 있는 사람들은 테슬라 자동차와 같이 연관된 회사의 주식을 매입한다. 투자자문사는 복잡한 전문용어 대신 긍정적 감정을 불러일으키는 단어와 문구를 사용한다.

신뢰와 과신 사람들은 자신의 주관적 지식과 판단을 과대평가하고 정확하다고 생각한다. 예측하고 결정을 내릴 때 자신이 알고 있는 것과 안다고 생각하는 것의 차이를 고려하지 않고 자신의 지식과 개인적 경험을 과대평가한다. 자신의 능력에 대해 과신하고 자신의 미래에 대해 지나치게 낙관적이다.

- 사람들은 자신의 예측 정확도를 실제보다 더 높게 평가하고, 그에 따라 예상치 못한 상황에 대비해 자신을 보호할 기회를 포기한다. 이에 따라 보험은 사는 것이 아니라 팔아야 한다는 오래된 속담이 있다. 투자자는 펀드 선택에 대한 자신의 능력을 과신하여 지수연동형 펀드(Index Fund, 시장을 대표하는 특정 지수를 따라가도록 설계·운용되는 펀드)보다는 적극적으로 관리되는 펀드를 더 선호한다.

그것이다.

자신에 대한 과대평가는 투자를 위험하게 한다. 자신의 실패 확률이 실제보다 낮다고 생각하게 만들므로 투자위험을 과소평가하고 기대이익을 과대평가한다. 과신으로 말미암아 투자자들은 예상보다 더 자주 놀라게 된다.

- 당분간 주식 매입을 자제해야 한다는 정보나 이미 매입한 주식을 매각해야 한다는 정보를 가볍게 넘길 수 있다. 과거의 투자성과 통계를 이해하지 못하거나, 이해하더라도 그에 주의를 기울이지 않아 손실 위험을 과소평가할 수 있다.
- 남들이 갖지 못한 특별한 지식을 갖고 있다고 믿고 매매를 지나치게 자주 할 수 있다. 분산화가 미흡한 포트폴리오를 보유하여 과도한 위험을 감수하며 종종 자신이 과도한 위험을 감수하고 있다는 사실조차 모른다.
- 과신하는 투자자는 기본적 가치 결정요인을 무시하면서 주가 변동에 지나치게 초점을 맞추며 사적 정보가 있는 주식의 가격 변화에는 과잉 반응하지만, 공개 정보에는 과소 반응한다. 자신의 투자역량을 과신하고 인기 있는 성장주에 과도하게 집중하며 미래를 비현실적으로 낙관한다.

과신은 정보 부족, 통제 욕구와 더불어 투자자가 객관적으로 통제할 수 없는 것에 영향을 미칠 가능성을 과대평가하는 통제편향(illusion of control)으로 이어진다. 이로 말미암아 과도한 거래, 마켓 타이밍, 위험 부담이 나타나고 포트폴리오 다변화가 제한된다.

만족 휴리스틱

여유자금을 정부가 원금 상환을 보증하는 투자처에 집중하는 투자자는 직장에서 가장 가까운 은행을 방문하여 이율이 괜찮아 보이고 정부 보증인지 확인한 후 예치한다. 이러한 행동은 제한적 합리성과 만족을 보여준다. 요율도 적당하고 정부 보증 조건도 맞아서 받아들였겠지만 다른 모든 투자 대안을 조사하지 않았거나 완벽한 정보를 갖지 못했기에, 예치한 투자처가 최적이라고 기대할 이유가 없다.

(3) 최초 프레이밍·기준의 지속성

매매는 투자자의 전반적 투자계획이 아니라 임의로 주어졌던 기존 프레임이나 기준(즉, 앵커)에 지나치게 의존한다. 더 나아가 투자자는 새롭고 모순되는 정보보다 이전에 처음 얻었던 정보에 더 큰 비중을 두는 경향이 있다(앵커링).

▶ 처음 접한 호가나 기존에 알던 가격에 지나치게 의존하여 투자성과가 평가된다. 또한, 투자상품의 수익률이 먼저 제시될 경우 투자위험과 같이 다른 불편한 정보를 고려하지 않을 수 있다.

때때로 투자자들은 새로운 정보에 너무 보수적으로 반응할 수 있다. 기업의 수익 발표에 대한 분석가의 반응이 이를 잘 나타낸다. 새로운 정보를 반영할 만큼 충분히 수익 추정치를 수정하지 않는 것이다. 결과적으로 실제 이익이 전문가들의 예상보다 높게 나타나는 양(+)의 깜짝 실적(earning surprise) 뒤에는 더 많은 양의 깜짝 실적이, 반대로 실제 이익이 전문가들의 예상보다 낮게 나타나는 음(−)의 깜짝 실적 뒤에는 더 많은 음의 깜짝 실적이 뒤따르는 경향이 있다.

앵커링은 기존 아이디어를 뒷받침하는 정보를 선택적으로 찾거나 기존 아이디어를 지지하는 방식으로 해석하는 경향인 확증 편향(confirmation bias)과 관련된다. 기존 아이디어를 확인하려는 노력만으로도 이미 매우 벅차며, 기존 믿음이 정확하다 느낄 때의 자존감에 이바지하기 때문이다.

▶ 확증 편향으로 투자자는 반대 의견을 찾는 대신 자기 생각을 확인하는 정보만 선택적으로 찾고 그에 기초해 투자한다.

확증 편향은 투자 거품을 초래하는 원인일 수 있다. 자산 가격 거품을 경험하는 사람들은 이용 가능한 데이터에 기초하여 특정 사건의 발생이 예측될 수 있었다고 확신하게 된다. 과거 정보가 투자자에게 쉽게 영향을 미치기 때문에 예측을 식은 죽 먹기로 곧잘 간주한다.

최초로 얻었던 정보를 기반으로 결정을 내리는 앵커링 휴리스틱 하에서 투자자들은 매입했을 때의 주가를 오늘의 주가를 평가하는 기준으로 사용하여 기본적 정보나 주가 변화에 과소 반응한다. 투자자는 강세장에서는 낙관적 경향이 있고 약세장에서는 비관적 경향이 있다. 확실한 정보가 없는 경우 과거 가격에 기초하여 주식 가치를 평가한다. 따라서 이전에 시장에서 달성한 높은 수익률은 미래 투자수익률을 추정하는 기준이 되며 투자의 주요 동기가 된다. 한편 투자자들은 현재의 주가 수준에 너무 유사하게 미래 주가를 예측하는 경향이 있다. 또한 투자자(및 증권분석가)는 새로운 정보를 알게 된 뒤에도 원래 추정치에 너무 집착하는 경향이 있다.

- 투자자가 내년 예상 수익이 주당 2만 원이라고 판단한 후 회사가 흔들린다면 투자자는 2만 원이라는 수치에 고정되어 있어서 변화된 상황을 반영할 만큼 2만 원이라는 수치를 재조정하지 못한다. 하향 조정에서뿐만 아니라 상향조정에서도 같은 현상이 발생한다.
- 투자자들은 자산의 기대 수익률을 현재의 수익률 수준에 따라 예측하는 경향이 있다. 예를 들어 KOSPI가 작년에 10% 하락했다면 내년 예측은 이 수치에 고정되어 하락장을 예측할 것이다.
- 투자자는 특정 국가 또는 기업의 최근의 경제 상황에 고정될 수 있다. 예를 들어, 1980년대에 일본은 경제 강국이었고 많은 투자자는 일본이 수십 년 동안 그렇게 될 것이라고 믿었다. 그러나 일본은 1990년대 들어 오랜 침체 세를 이어갔다. 마찬가지로 IBM은 수십 년 동안 선두 기업이었다. 많은 투자자는 IBM이 항상 선두주자가 될 것이라는 생각에 닻을 내렸다. 불행하게도 IBM의 선두 위치는 그렇게 오랫동안 지속하지 못했다.

3) 평가 단계

(프레이밍 단계에서 결정된 정보를 기준으로) 다양한 결과와 손익이 평가되고 더 큰 유용성을 가진 대안이 선택되는 평가 단계에서도 편향적 투자가 생겨난다.

(1) 기준점과 손익의 설정

사람들은 절대 수준(부의 수준)보다 기준점으로부터의 상대적 변화(투자수익, 즉 손실과 이익)에 관심을 둔다.

- ▶ 10억 원 상당의 주식을 보유하고 있더라도 손실이 발생하면 10억 원을 가졌다는 사실보다는 손실이 나고 있다는 사실에 집중된다.

손익의 인식을 위해 기준가격이 설정되는데 이를 통해 투자안이 비교되고 선택이 이루어지므로 기준가격은 의사결정 과정에 영향을 미친다.

- ▶ 주식투자의 경우 매입가격이나 목표가격이 기준점으로 작용한다.
- ▶ 최근에 주당 5만 원의 가격으로 주식을 구매한 경우 5만 원 이상으로의 가격변동은 이익으로 간주하고 5만 원 미만으로의 가격변동은 손실로 간주한다. 매입가격인 5만 원을 기준점으로 사용하고 있기 때문이다.
- ▶ 매입가격 외에 중요한 기준점으로 이전 최고가도 자주 사용된다. 주가가 8만 원까지 올랐다가 다시 5만 원으로 하락했다고 하자. 현재의 5만 원이 아닌 8만 원의 더 높은 가격으로 매도할 수 있었기 때문에 투자자는 투자 손실을 보고 있다고 느낀다. 이 경우 5천 원의 매입가격이 아닌 이전 최고가 8천 원을 기준점으로 사용하고 있다.

투자 기준점은 의사결정자 자신의 경험과 기대 수준(매수가, 최근의 고가, 목표 매도가 등) 외에도 동료나 투자자 전체가 실현한 수익률과 같이 사회적 상호작용을 통해 형성되어 투자에 영향을 미친다. 예를 들어, 성공적 투자자들과 비교하여 기준점을 설정하면 유사한 성공을 달성하기 위해 유사한 자산에 투자할 가능성이 더 커진다. 기준점은 각 개인의 독특한 과거 경험을 통해 설정되기도 한다. 특히 이전 경험의 영향을 받아 과거의 성공을 강화하고자 한다. 예를 들어, 투자자가 특정 자산에 성공적으로 투자했다면 그 성공을 기준점으로 삼아 미래에 유사한 자산에 투자할 가능성이 더 커질 수 있다.

주식을 매입한 이후 주가가 변화하면 일반적으로 기준가격이 바뀌게 된다. 특히 손실보다는 수익이 발생할 때 기준가격이 바뀔 가능성이 크다.

▶ 주가가 기준가격보다 높게 형성되면 투자자는 자신이 이익을 얻을 위치에 있다고 생각하여 주식매도 욕구가 더 커진다. 반대로 기준가격 이하의 주가는 투자자에게 상실감을 주며 기준가격에 도달할 때까지 주식매도를 꺼린다.

(2) 손익의 비대칭성 : 성급한 익절매 및 지연된 손절매

사람들은 이득보다 손실에 더 민감하며, 이익을 추구하기보다 손실을 회피하는 데 치중한다. 손실은 같은 크기의 이득에서 오는 즐거움보다 (거의 두 배에 달하는) 더 큰 고통을 유발한다.

▶ 손실을 피하는 것이 이익을 얻는 것보다 더 시급한 문제이므로 주식투자처럼 원금 손실 위험을 수반하는 자산에 투자하는 것을 크게 꺼린다. 이에 따라 포트폴리오 다변화는 제한적으로 이루어지고 위험자산에 대한 투자 비중도 지나치게 적다. 이러한 태도는 투자설명서에 손실 가능성을 강조해야만 하는 의무적인 투자 경고 조치로 말미암아 더 심화된다.

투자가 잘 될 때는 서둘러 투자를 청산하고 현금을 회수하려 한다. 투자가 성공하기 시작하면 손실을 싫어하는 개인은 이익을 확보하기 위해 서두른다. 반면 투자가 잘되지 않을 때 반전의 전망이 없는데도 손실을 줄이기보다는 조만간 가격이 회복될 것이라고 투자를 유지한다. 또한, 손실을 복구하거나 현상 유지를 위해 더 큰 위험을 감수할 가능성이 더 크다.

- ▶ **보유 효과**는 투자에서도 나타나는데 매도자는 매수자보다 현재 시장 가격에서 더 괴리가 심한 호가를 하고, 한번 투자한 뒤라면 그 투자를 지속한다.
- ▶ **현상 유지 편향**은 투자 계약 체결 시 자신의 투자 목표, 위험 선호도 등을 고려하여 의식적인 선택을 하기보다는 제공된 기본옵션이 최초의 선택으로 이어지고 이후에도 고수된다. 아울러 현재 상황을 기준선으로 삼아 손익을 인식한다.

(3) 민감도 체감성 : 수익 구간에서의 위험 기피와 손실 구간에서의 위험 추구

투자자는 민감도 체감성으로 인해 수익이 나면 위험 기피적으로 변화하고, 손실이 발생하면 위험을 적극적으로 받아들이는 공격적 투자를 한다.

- ▶ 민감도 체감 하에서는 수익은 분리하고 손실은 통합하는 것이 투자 만족감을 높인다. 따라서 수익이 발생할 때는 기준가격이 높아진 주가로 변경되(어 수익이 분리되)지만, 손실이 발생할 때는 낮아진 주가로 변경되지 않(아 손실이 분리되지 않)을 것이다. 즉, 수익이 발생하면 매도를 서두르지만, 손실이 발생하면 매도를 주저한다(처분 효과, disposition effect).[9]
- ▶ 민감도 체감은 수익 변화를 인식하는 방식에 영향을 미친다. 수익률이 기대 수익률에 가까울수록 투자수익률의 변화에 더 민감해진다. 예를 들어 투자자가 투

---

9. 손실보다는 수익이 발생한 뒤에 매도를 서두르는 현상은 수익이 발생할 때 매도는 즉각적 만족을 낳지만, 손실이 발생할 때 매도는 즉각적 고통을 낳기 때문이기도 하다.

자 대비 10%의 수익을 기대하고 5%의 이익을 얻는다면 20%의 수익을 기대하고 15%의 이익을 얻는 것보다 예상 수익과 실제 수익의 차이에 더 민감하다.

- 민감도 체감은 자산 가격이 같은 방향으로 계속 움직이는 경향(가격 모멘텀, price momentum)을 시사한다. 투자자들은 장기 추세보다 최근의 가격변동에 더 민감하여 최근 가격이 상승한 자산을 매수하고 최근 가격이 하락한 자산을 매도하려 한다.

(4) 확률적 평가의 변형

불확실한 상황에서 각 대안은 속성별로 가능한 결과의 가치가 이득과 손실로 평가된 뒤 가중치에 따라 그 가치가 합계·비교된 뒤 선택 여부가 결정된다. 사람들은 현실 세계에서 확률의 의미를 이해·평가하는 데 어려움을 겪고 있다. 확률이 그 자체로 인식되지 못하고 변형되어 인식된다. 이렇게 변형되어 인식된 확률을 의사결정 가중치(decision weight)라 하는데, 이러한 변형 현상은 극단적 상황에서 더 자주 나타난다. 즉, 우리의 뇌는 0% 확률에서 1%로 조그만 가능성을 열어주는 경우(가능성 효과)와 99%의 확률을 확실하게 100%로 보장하는 경우(확실성 효과)를 과대평가한다. 이런 차이는 그러한 선택을 위해 지급할 돈의 액수로도 나타난다.

가능성(의) 효과

이길 확률이 0%인 도박에는 누구도 베팅하지 않는다. 가능성 없는 게임에 돈을 걸지 않을 테니까. 하지만 이길 확률이 1%만 올라가더라도 많은 사람이 베팅을 시작한다. 그래서 로또를 사고 승률 낮은 경마에 배팅한다. 0%에서 1%로 변하여 가능성이 생겨날 때 그 확률이 과장되는 현상을 **가능성(의) 효과**(possibility effect)라고 한다. 확률이 낮은 이득에 대해서는 위험 추구 경향이 커지며 큰 이득에 대한 희망으로 동기가 부여된다. 긍정적 성향은 왜 그렇게 많은 사람이 성공 가능성이 별로 없다는 것을 알면서도 사업을 시작하는지를 설명한다. 이는 또한 대부분이 실패할 텐데도 많은 투자자가 신생기업에 투자하는 이유를 설명한다.

- 기업은 꿈을 판다. 치른 비용 이상의 수익이 발생할 가능성이 거의 없는데도 제품의 잠재력에 기대어 물건을 홍보한다. 긍정적 측면에 초점을 맞추므로 너무나 많은 사업가가 성공 가능성이 적다는 것을 알면서도 사업을 시작하고 투자자는 신생기업에 투자한다.[10]
- 기업은 평화를 판다. 기업은 추가 비용을 내면 연장된 보증(또는 보험)을 제공한다고 약속한다. 사람들은 손실 위험을 줄이려 보험료를 적극적으로 내려 하기 때문이다. 마찬가지로 사람들은 보험이 제공하는 편익보다 훨씬 더 큰 보험료를 기꺼이 지급한다. 사람들은 예상 밖의 재난에 대비한 보호 이상의 것을 구매한다. 걱정을 없애고 마음의 평화를 얻으려 한다.

가능성이 크지 않은 사건이 마땅히 받아야 할 수준보다 더 중요하게 여겨진다. 예를 들어 생생하고 현저한 표현을 제공할 때 확률이 낮은 사건(비행기, 살인)은 더 중대하게 평가되고, 확률이 높은 사건(자살, 자동차 사고)은 더 낮게 평가된다. 이에 따라 가능성이 없다고 인식되는 것이 비정상적으로 선택에 더 큰 영향을 미친다. 이득의 확률이 낮음에도 도박에 뛰어들고, 사고 위험이 적은데도 보험에 가입한다. 반대로 실제 사건은 비정상적으로 선택에 큰 영향을 미치지 못한다. 이로 인해 총기 규제와 같은 정책이 두드러진 실패 사례가 표출될 때까지 추진되지 않는다.

가능한 것보다는 확실한 것을 중시하는 확실성 효과 때문에 사람들은 불확실한 이득보다는 확실한 이득을 선호하는 위험회피 성향을 보인다. 또한, 확실한 손실보다는 불확실한 손실을 선호하는 위험 추구 성향도 보인다. 우선 개인은 확실한 이득의 가능성이 있을 때 위험을 회피한다. 더 많은 것을 얻을 기회를 잡기보다는 확실하고 적은 승리를 원한다(하지만 아무것도 얻지 못할 위험도 있다). 수익의 높을 가능성에 대해서는 위험회피 경향이 더 커지며, 실망의 두려움이나 위험의 큰 가능성에 대

---

10. 복권은 꿈을 판다. 당첨금이 매우 크면 복권소비자는 당첨 가능성이 적다는 사실에 무관심한 것처럼 행동한다. 복권의 가능성 효과 때문이다. 복권 없이는 이길 수 없고, 복권이 있으면 기회가 있다는 것이다. 기회가 큰지 작은지는 중요하지 않다. 물론 사람들이 복권으로 얻는 것은 당첨 기회 이상이다. 기분 좋게 우승을 꿈꾸는 것은 권리다.

해서는 손실 회피 경향이 더 커진다. 결과적으로 확실한 이익에 지나치게 집착한다. 그래서 기업은 결과의 확실성을 판매해야 한다. 손실을 대할 때는 그 반대다. 더 큰 손실을 피하려고 위험을 감수한다. 손실의 큰 가능성에 대해서는 위험 추구 경향이 더 커지며 손실 회피의 희망으로 동기가 부여되므로 도박을 하려는 경향이 더 크다.

▶ 큰 곤경에 놓인 사람들은 작은 희망에 기대어 상황을 더욱 악화시킬 도박에 매달린다. 이러한 위험 감수는 종종 관리 가능한 실패를 재앙으로 바꾼다. 확실하게 큰 손실을 떠안아야 한다는 생각은 너무 고통스럽고 실낱같은 희망은 너무나 유혹적이어서 손실을 줄여야 하는 현명한 결정을 내리질 못한다. 같은 이유로 우수한 기술을 가진 신생기업의 등장으로 사업 기반을 잃게 된 기존 기업들이 따라잡기 위한 헛된 시도에 남은 자산을 낭비한다. 패배는 받아들이기 어려우므로 전쟁에서 지는 쪽은 상대방의 승리가 확실해진 시점을 한참 지나서까지 싸움을 벌이는 경우가 많다.

확실성(의) 효과[11]

확실해질 때에도 그 확률이 과장되는 때도 있는데 이를 **확실성(의) 효과**(certainty effect)라 한다. 1에 가까워지면서 결정 가중치의 값이 빠르게 증가한다. 0.69에서 0.7로의 0.01 변화보다 0.99에서 1로의 0.01의 변화가 심리적 영향이 훨씬 크다. 10억 원짜리 소송을 90% 승소를 할 수 있는 변호사는 변호 비용이 1억 원이고 100% 승소를 할 수 있는 변호사는 변호 비용이 5억 원인 경우, 많은 사람이 두 번째 제안을 선택한다. 앞 제안은 확률 격차가 10%지만 질 확률이 있어서 비용은 1억 원밖에 받지 않는다. 뒤 제안은 승소확률을 10%만 올릴 뿐이지만 확실하므로 비용이 4억 원이나 올라 승소하더라도 5억 원밖에 못 받지만, 그쪽을 선택한다. 확실

11. 이외에 사실상 불확실한 내용인데도 마치 확실한 것처럼 결과를 지각하는 가확실성 효과(Pseudo certainty Effect)가 있다. 기업은 확실하지 않은 결과에 대해 긍정적인 부분을 강조함으로써, 확실한 것처럼 믿게 만들려 한다. 선택할 때 가능한 결과보다 확실한 결과를 과대평가하도록 더 가중치를 두는 확실성 효과가 존재하기 때문이다.

성 효과에 따르면 환급 보증이나 무료 평가판 제공은 위험이 없거나 제한적이라는 메시지를 줌으로써 고객을 안심시켜 구매를 독려한다. 확실성 효과는 투자위험을 공개하는 것이 법적 요건인 투자에 적용하기 어려울 수 있지만 가능하다. 금융기관은 보증과 평가판 대신 콘텐츠를 사용하여 투자가 노출될 위험 수준에 대해 투자자의 마음을 안정시켜 투자로 이끈다.

- ▶ 큰 기업은 만족 보장을 약속할 수 있다. 100% 환급 보장을 제공하면 사용자의 구매를 안전하게 만든다. 기업은 보상금액이 더 크지만 확실하지 않은 소송보다 보상금액이 확실한 합의를 따른다.
- ▶ 큰 투자자들이 더 안전하다고 느낄수록 금융기관이 권하는 대로 투자를 따를 가능성이 더 커지기 때문이다. 기존 실적과 추세를 지적하기도 하고 담당 직원의 경험과 지식, 회사의 안정성 또는 특정 부문에 대한 유망한 전망을 강조할 수도 있다.

기업들은 소비자의 선택을 받으려 확실성 편향을 활용한다. 이러한 편향은 사람들이 종종 특정 제품, 서비스, 웹사이트에 충성도를 유지하는 이유를 설명할 수 있다.

- ▶ 보험 웹사이트는 보험에 가입하지 않을 때 발생할 가능성이 크지 않지만 큰 비용을 치를 결과에 대한 긴 목록을 자주 게시한다. 이 목록은 큰 손실을 피하는 데 도움이 되지만 무한정 정기적으로 지급해야 하는 소액을 잊게 만든다.

5. 탈무드와 투자의 지혜

고대 이스라엘에서 널리 사용되었고 오늘날에도 예배가 끝날 때 사용되는 다음의 축도는 위험을 감수(투자)하는 동시에 위험을 관리(보험)하는 것이 주된 관심사임을 요약한다.

▶ 여호와는 네게 복을 주시고(bless you) 너를 지키시기를 원하며(protect you)(민수기 6:24)

위험감수로서 투자와 탈무드

부자가 되는 것은 바람직하고 실현 가능하며 심지어 필요하다. 이를 위한 기본 전제 조건은 자신의 수입 범위 내에서 생활하는 것이다. 다음 단계는 획득한 자산의 질을 꾸준히 높이면서 지적 또는 노동 자본을 금융 자본과 교환하여, 즉 투자하여 부를 축적하는 것이다. 투자에 대해 이미 수많은 정보와 조언, 그리고 서비스가 넘쳐난다. 투자하면 흔히들 로켓 사이언스와 같은 치밀한 수리능력을 필요로 하는 것으로 인식된다. 그러나 모든 금융투자 광고물에는 최종 상환금액이 투자원금에 미치지 못할 수 있다는 위험성을 알리는 경고문구를 담도록 하고 있다. 즉, 투자는 과학이 아니며 그 누구도 수익성을 보장할 수 없는 것이다. 위험의 관점에서 보면 투자는 이익을 도모하지만 손실을 초래할 수 있는 방식으로 일정 기간 동안 자본을 위험에 빠뜨리는 것을 의미한다. 즉, 투자는 위험을 감수하는 활동인 것이다.

투자는 무엇보다도 주식, 채권 또는 현금과 같은 광범위한 자산 그룹별로 배분하는 자산배분(asset allocation)에서 출발한다. 월스트리트의 기본 자산배분 모델은 주식 60%와 채권 40%이지만 앞에서 다루었듯이 탈무드(Rabbi Yitzchak)는 1/3은 토지, 1/3은 사업, 그리고 나머지 1/3은 현금에 투자할 것을 권하고 있다. 즉, 순자산의 1/3은 생산적 토지에, 1/3은 사업소득이나 지분 투자에, 그리고 1/3은 현금 또는 금과 같은 현금 등가물과 같은 유동성 준비금으로 두어야 한다는 것이다. 탈무드에 대한 17세기 주석가인 마하르샤(Maharsha)에 따르면 토지는 "안전"하고 그 모든 가치를 잃을 수 없으므로 낮지만 지속 가능한 수익을 제공한다. 반면 사업은 높은 위험부담으로 인해 더 높은 수익을 제공하고, "보유 현금"은 예상치 못한 비용에 대한 유동성을 제공한다.

▶ Rebbe Yitzchak : 사람은 항상 자신의 돈을 3분의 1로 나누어야 한다. 1/3은 토지, 1/3은 사업, 1/3은 수중에 있다(Bava Metzia 42a).

탈무드가 권고하는 포트폴리오가 제공하는 시사점을 정리해 보자.

첫째, 탈무드(가 권고하는 포트폴리오)에 따르면 우리는 투자자가 되어야 한다. 즉, 다양한 자산을 구매하고 오랫동안 보유해야 한다. 집을 소유하고 있고, 하나 이상의 사업(예 : 자신과 배우자의 직업)과 관련이 있고, 약간의 현금이 있는 경우 노동소득에만 의존하는 것(즉, 투자하지 않는 것)은 질병이나 장애로 인해 일할 수 있는 능력이 정지된 경우 그 자체로 상당히 위험하다. 위험자산을 안정적으로 소유하지 않고 빈번하게 거래(예 : 뮤추얼 펀드를 들락날락) 하는 것은 안정적 자산 소유에 따른 이점을 없애버리는 도박과 지나치게 유사하다. 2/3가 투자되는 위험자산에는 들판(field 히브리어로 sadeh)과 동산(movable goods)을 포함한다. 여기서 들판은 개인 거주지(bayit, or home)라는 의미의 부동산이 아니라 상업 작물을 키울 수 있는 농지를 말한다. 현대적 용어로 생산적인 농지로 대변되듯이 정기적인 소득을 낳는 상업용 또는 주거용 임대 부동산을 의미한다. 동산은 이익을 목적으로 공급업체로부터 구매하여 지역시장에서 판매하는 상품뿐만 아니라 상품을 판매하는 기업의 주식을 포함한다. 지혜의 왕 솔로몬은 '일곱이나 여덟로 나누라. 이 땅에 어떤 재앙이 닥칠지 알지 못함이니라'라고 한 분산투자는 탈무드 포트폴리오에서 여러 차원으로 달성된다. 수익형 부동산의 실적이 나쁜 해에도 다양한 사업에 투자하였다면 적어도 그중 일부는 재해에도 불구하고 또는 재해로 인해 가치가 상승했을 것이다. 주식은 기업의 미래 성과에 대한 기대에 따라 거래되는 경우가 많으며 상품보다 변동성이 크지만 주식과 이 주식이 대표하는 상품 간에는 일정한 관계가 존재한다. 투자에는 소질이 있시난 주식종목 선택에 소질이 없는 사람은 인덱스 펀드를 구입하는 것이 유리할 수 있다. 변동성이 큰 소수의 주식에 위험이 집중되는 것을 피하고 포트폴리오 다변화를 손쉽게 달성할 수 있기 때문이다.

둘째, 탈무드 포트폴리오는 1/3의 현금을 요구한다. 자산 배분에서 현금을 피하고 대신 수익을 제공하는 채권을 추천하는 금융업계의 관행에 비추어보면 매우 보수적인 권고이다. 현금 보유 투자자가 지급 능력을 유지하기 위한 것이다. 현금 유동성이 없다면 재난이 닥칠 때 다른 자산들을 처분해야 하므로 부를 보존할 수 없다. 풍부한 현금은 투자에 필요한 자기 통제력을 제공한다. 현금이 없는 사람은 심각한 경기침체 속에서 손해를 보고 팔아야 한다는 압박을 점점 더 많이 느낄 것이고, 자신이 할 수 있는 유일한 일은 급격히 가치가 줄어드는 자산을 어떻게든 보존하는 것이라고 확신할 것이다. 이러한 압박을 견딜 수 있는 안정적인 사람도 직장을 잃으면 위험자산을 매각해 현금을 확보할 필요가 있는데 보유한 현금은 이를 피하는 열쇠이다. 결국 위험을 적극적으로 감수하는 투자를 하지만, 동시에 현금보유로 위험 관리가 자동적으로 이루어지도록 한다. 부를 늘리는 동시에 밤에도 숙면을 취할 수 있으며 그런 면에서 장기적으로 지속 가능한 포트폴리오이다. 그러나 탈무드 포트폴리오는 고전적인 월스트리트의 권고인 60% 주식투자보다 위험자산에 대한 투자가 2/3에 달해 훨씬 공격적이지만 동시에 더 안전하기도 하다. 채권은 명목상으로는 현금보다 더 높은 수익을 제공할 수 있지만 시간이 지나면서 가치를 잃게 된다. 이자는 받지만 시간이 흐르며 인플레이션이 발생하면 처음에 의도한 것보다 가치가 떨어진 현금으로 상환이 이루어진다. 인플레이션 면에서 현금이 더 나쁠 수 있지만, 현금은 토지가격이나 주식이 급락할 때 위험자산을 낮은 가격에 구매할 수 있는 투자자금으로 활용되기 때문이다. 채권은 그렇지 못하다.

셋째, 가치투자는 안전 마진(safety margin)을 강조한다. 안전마진은 시장가격이 내재가치보다 현저히 낮을 때만 증권을 매입하는 투자 원칙이다. 즉, 증권의 시장가격이 내재가치에 대한 추정치보다 현저히 낮을 때 그 차이는 안전 마진에 해당한다. 벤자민 그레이엄과 워렌 버핏이 대표 주자다.

▶ 사업이 취약할수록 (…) 더 큰 안전 마진이 필요하다. 1만 파운드를 견디는 다리를 건너는 9,800파운드의 트럭을 운전하는 경우 다리가 골짜기보다 6인치 위에 있다면 괜찮을지 모르지만 그랜드 캐년 위에 있다면 좀 더 큰 안전마진을 필요할 것이

다(워렌 버핏).

- ▶ J. 이스라엘스탐(J. Israelstam) : "토라는 정원이며, 그 율법은 그 위에 피어난 값진 식물이다. 정원은 식물의 손상을 막기 위해 둥근 울타리로 둘러싸여 있다. 마찬가지로, 토라의 교훈은 계명이 위반되지 않도록 추가 금지 조치로 '울타리'가 둘러싸여 있어야 했다."

안전마진이 필요한 것은 인간 지성의 한계와 세계에 어느 정도 어찌할 수 없는 불확실성이 존재한다는 것을 인정해야 하기 때문이다. 가치투자에서 내재가치에 미치지 못하는 가격으로 사업을 인수하면 예상치 못한 사건과 가치평가의 오류로부터 스스로를 보호할 수 있다.[12] 투자가치에 대한 평가와 판단이 맞다면 그 만큼 보상도 커질 것이다. 유대교에서의 포인트는 율법을 직접적으로 위반할 위험을 감수하는 것이 아니다. 규칙과 계명은 위반의 가능성을 줄이기 위해 의도적으로 과장되어 있다. 물론 이러한 접근방식이 적절한지에 대해서는 논란의 여지가 있지만 원칙은 동일하다.

안전 마진은 탈무드의 사례를 따라 종종 경제적 울타리 또는 해자(eocnomic moat)로 불린다.

- ▶ 우리가 "해자"라고 부르는 것은 다른 사람들이 경쟁 우위라고 부르는 것이다. … 이는 서비스, 낮은 비용, (…) 경쟁업체와 회사를 차별화하는 요소다. … 다양한 종류의 해자가 있다. 모든 경제적 해자는 눈에 보이지 않더라도 넓어지거나 좁아지고 있다(Outstanding Investor Digest, June 30, 1993).
- ▶ 투자의 핵심은 산업이 사회에 얼마나 영향을 미치거나 얼마나 성장할 것인지 평가하는 것이 아니라, 특정 기업의 경쟁 우위와 무엇보다도 그 우위의 지속성을 결정하는 것이다. 넓고 지속 가능한 해자를 갖고 있는 제품이나 서비스는 투자자에게

12. 물론 안전마진이 성공적인 투자를 보장하지는 않는다. 회사의 "진정한" 가치, 즉 내재가치를 결정하는 것은 매우 주관적이기 때문이다. 투자자와 분석가는 내재가치를 계산하는 데 다양한 방법을 사용할 수 있으며 정확한 경우는 거의 없다. 더욱이 회사의 수익을 예측하는 것은 매우 어렵다.

보상을 제공한다(Warren Buffett and Carol Loomis, "Mr. Buffett on the Stock Market," *Fortune*, November 22, 1999).

위험관리로서 보험과 탈무드

투자는 위험을 감수하는 것이고 보험은 위험을 관리하는 것으로 투자와 보험은 다르지만 보완적인 목적을 수행한다. 탈무드에는 보험에 대한 언급이 거의 없다. 분실된 당나귀나 배를 교체하기 위해 상호 보증을 하는 협회가 있었을 뿐이고 사막이나 바다 여행과 같은 특히 위험한 상황에서만 고려되는 드문 현상이었다. 탈무드는 수탁자가 손실 위험을 피해야 하는 의무를 산발적으로 제시하고 있다. 특히 고아 재산의 수탁자는 이익이 가능하고 위험이 최소화된 경우에만 투자할 수 있도록 하고 있다. 그러나 토라와 탈무드는 보험이라고 부르지 않을 수 있지만 보험의 기본원칙인 "위험 풀링"에 대해서는 많은 내용을 담고 있다.

여러분이 고대 유대인으로 살았다면 다른 사람들과 가까운 곳에서 공동체를 이루어 살았을 것이다. 그 공동체에서는 직업이 무엇이건 어떤 사람들은 부유할 것이고, 어떤 사람들은 가난할 것이고, 어떤 사람들은 중산층이었을 것이다. 그 공동체에서는 누군가가 가난, 질병, 흉작 등으로 위기를 겪으면, 공동체의 다른 사람들에게 책임이 있었다. 이러한 책임이 가능했던 것은 대부분의 경우 대부분의 사람들은 위기에 빠지지 않았을 것이므로 곤경에 빠진 사람을 지원하는 것이 가능했기 때문이다. 이것이 레위기(23:22)로 대변되듯이 토라와 탈무드에 기술된 사회복지의 가장 기본적인 원리이다.

- ▶ 너희 땅의 곡물을 벨 때에 밭 모퉁이까지 다 베지 말며 떨어진 것을 줍지 말고 그것을 가난한 자와 거류민을 위하여 남겨두라 나는 너희의 하나님 여호와이니라(레위기 23:22)
- ▶ 이웃의 피를 방관하지 말라(Don't stand idly by the blood of your neighbor : 레위기 19:16)

▶ 네 형제가 가난하게 되어 빈 손으로 네 곁에 있거든 너는 그를 도와 거류민이나 동거인처럼 너와 함께 생활하게 하되, 너는 그에게 이자를 받지 말고 네 하나님을 경외하여 네 형제로 너와 함께 생활하게 할 것인즉(레위기 12:35)

이들 사례에 있어 공통분모는 현재 잘 지내는 사람들이 그렇지 않은 사람들을 도와야 한다는 것이다. 이는 부분적으로는 그런 상황이 언제든지 쉽게 바뀔 수 있기 때문이다.

▶ 세계는 회전하는 바퀴와 같다(Shabbat 151b).

인생유전의 세계에서 상황이 좋아진 사람이 악화된 사람들을 지원하도록 사회가 구성되는 것이 합리적이라고 하겠다. 인생유전의 세계에서 이러한 지원은 선행과 관대함의 문제이기도 하지만 동시에 자기 이익의 문제이기도 하다. 현재 도울 처지에 있더라도 언젠가는 도움을 구할 처지에 있을 수 있기 때문이다.

이웃에 대한 지원은 단순한 생활 수준이 아니라 관습적 기준에 따라 '그에게 필요한 대로' 모든 종류의 필요에 대한 지원으로 확장된다.

▶ 네 하나님 여호와께서 네게 주신 땅 어느 성읍에서든지 가난한 형제가 너와 함께 거주하거든 그 가난한 형제에게 네 마음을 완악하게 하지 말며 네 손을 움켜 쥐지 말고 반드시 네 손을 그에게 펴서 그에게 필요한 대로 쓸 것을 넉넉히 꾸어주라(신명기 15:7-8)

▶ 그가 양모 옷을 입으면 그에게 양모 옷을 준다. 그에게 돈이 필요하면 돈을 준다. 반죽이라면 반죽을 주고, 빵이라면 빵을 준다. (장애로 인해) 음식을 입에 넣어줄 사람이 필요한 경우, 음식을 입에 넣어준다. 기록된 바와 같이 "그에게 필요한 대로"이다(Tosefta Ketubot 4:10).

탈무드에서는 사람의 필요에 주거, 기본적 가구, 결혼 능력을 포함한다(Ketubot 67b). 의학적 치료도 기본적 필요이므로 기본적인 공동 자선의무에 포함된다. 디아스포라의 유대인 공동체는 변함없이 공동자선기금을 가지고 있었다. 12세기에 마이모니데스는 "우리는 자선기금이 부족한 유대인 공동체를 본 적도 들은 적도 없다"고 썼다(Maimonides' Code, Matnot aniim 9:3). 탈무드는 이것이 실제로는 또 다른 종류의 기본적인 생계 수단일 뿐이라고 한다(Ketubot 52b).

이웃에 대한 지원을 세금과 같은 의무로 보아야 할까 아니면 보험 가입이나 친절함과 같은 신중하기 위한 선택일까? 즉, 일종의 세금일까 아니면 일종의 보험료일까 아니면 자선일까? 탈무드는 이러한 구별을 하지 않는다. 보통 "자선"으로 번역되는 히브리어 단어는 체다카(tzeakah)인데 이는 "정의"를 의미하며, 그 때문에 선택적인 것이 아니라 의무적인 것으로 여겨진다.

탈무드의 위험관리에 대한 접근방식은 사회적 보험을 넘어선다. 탈무드는 개인의 자구노력을 강조한다. 이는 탈무드가 권고하는 자산배분에 내장된 위험관리 기능을 보면 알 수 있다. 이는 대부분의 주식 뮤추얼 펀드가 펀드의 통상적인 헤징을 위해 적은 비율의 현금만 보유한다는 점과 잘 대비된다.

투자 조언과 소경 앞 장애물

시간이 갈수록 소비자들은 자신의 재정적 안녕과 관련하여 더 큰 책임을 지고 있다. 사회는 금융 문해력을 강조하며 스스로 금융관리를 할 수 있게 금융 문해력을 높이기 위한 교육과 훈련도 강조하며 그것도 빠르면 빠를수록 더 좋다고 하고 있다. 그럼에도 빠르게 변화하는 금융환경으로 인해 많은 개인들은 금융투자에 어려움을 가지며 이로 인해 자주 자산 관리와 같은 서비스에 대한 전문적인 조언을 구할지를 고민하고 있다. 사람들이 그러한 조언을 꺼려하는 주된 이유는 비용이다. 하지만 지식기반 사회로의 전환과 더불어 전문 자문이 없더라도 과거보다 온라인으로 투자를 조사하고 온라인으로 투자를 구매, 판매 및 보유하는 것이 현격하게 편리해졌다. 이에 따라 정말 똑똑한 전문 개인투자자를 자주 마주하게 된다. 성공적인 의사나 엔지니어는 주가수익 비율을 계산하고 비교하는 데 관련된 수학이 직업에서 습득한 기술보다 더 간단하다고 느끼고 투자가 비교적 쉽다고 생각할 수 있다.

하지만 전문 투자자들도 자주 고백하듯이 증권투자는 생각보다 훨씬 더 모호하고 예측할 수 없다. 전문 투자자들조차도 종종 파멸적인 거래를 하기 때문이다. 이를 피하기 위해 포트폴리오를 보다 객관적으로 관리할 수 있는 훌륭한 금융전문가를 이용할 수 있다. 분명히 금융전문가를 선호하는 이유는 금융전문가가 훌륭한 자산 관리자이기 때문이 아니라 개인투자자가 스스로 자해하지 않도록 미리 막아주는 뛰어난 관리자이기 때문이다. 요컨대, 자신의 금융문제, 특히 손실문제에 대해 냉정해지는 것은 매우 어렵다. 따라서 금융전문가에 의존할지의 여부는 개인투자자 스스로의 자기 규율 수준과 정서적 자기 통제 수준에 의존한다. 주식 시장이 인플레이션을 제외한 연평균 수익률이 7%이고 금융전문가에게 연 1%를 지불하더라도 6%를 매년 확보한다면 대부분의 개인투자자보다 앞서 나갈 가능성이 높다.

탈무드는 이와 관련하여 올바른 종류의 조언을 제공할 수 있는 사람들에게 조언을 구할 것을 권장한다. 르호보암(Rehoboam) 왕이 어리석은 친구들 대신 지혜로운 사람들의 조언을 들었다면 열 지파와 세리의 생명을 구했을 것이다(Melachim 12)라고 하고 있다. 하지만 전문가이든 아니든 찾는 조언자는 온전히 객관적이어야 한다. 탈무드 격언은 "자신의 목적을 위해 조언하는 사람을 조심하라"(Sanhedrin 76b)고 한다. 금융자문에 대한 비용을 지불하는 경우 그 비용이 자문을 제공하는 전문가의 유일한 수입원인지 확인할 필요가 있다. 판매하는 금융상품을 만든 금융기관의 보수와 같이 다른 수입원이 있는 전문가는 조언자가 아니라 고객에 대한 충성도나 조언의 객관성을 인정하기 어려운 영업사원일 뿐이다. 이는 맹인 앞에 걸림돌을 놓는 것을 금지한 토라에 반하는 사람이다.

▶ 너는 귀먹은 자를 저주하지 말며 맹인 앞에 장애물을 놓지 말고 네 하나님을 경외하라 나는 여호와이니라(레위기 19:14).

금융전문가가 고객을 위한 자문을 성실하게 노력한다 해도 금전적 이해관계가 있으면 이와 관련된 문제에 대한 판단력이 흐려진다. '뇌물은 현인의 눈을 어둡게 하고 의인의 말을 흐리게' 하기 때문이다.

▶ 너는 재판을 굽게 하지 말며 사람을 외모로 보지 말며 또 뇌물을 받지 말라 뇌물은 지혜자의 눈을 어둡게 하고 의인의 말을 굽게 하느니라(신명기 16:19).

사람이 뇌물을 받으면 판단이 뇌물을 제공한 자에 기울어져 자신의 잘못된 생각을 찾아내지 못한다(Ketubbot 105b). 특히 금융 문제에 관한 한 사람들은 근거가 합리적이든 비합리적이든 자신이 믿게 되는 이야기를 왜곡하는 경향이 있다. 정확하지 않은 믿음과 분석은 재정적 건전성에 상당한 피해를 야기할 수 있다. 결과적으로 이러한 성향을 가진 사람은 전문가의 도움을 구하는 것이 좋겠지만, 더 냉정하고 사려깊은 의사결정을 할 수 있는 사람들은 전문가의 도움 없이도 잘 할 수 있다고 하겠다.

| 참고문헌 |

미히르 데사이 저 · 김홍식 역(2018), 『금융의 모험』, 부키.

Gross, Jonathan(2016), *Value investing : An Omaha Rabbi Learns Torah from Warren Buffett*, CreateSpace Independent Publishing Platform.

Thaler, Richard H.(2005), *Advances in Behavioral Finance* Volume II, Princeton University Press.

Tu, Jun and G. Zhou(2011), "Markowitz meets Talmud : A combination of sophisticated and naive diversification strategies," *Journal of Financial Economics* 99(1).

금융 순환과 금융위기

10장

1. 효율적 시장 가설과 시사점 / 2. 시장 효율성을 제한하는 요인들 / 3. 시장 이상 현상과 시사점

4. 탈무드에서의 우상숭배와 투자

투자처 선별에 널리 사용되는 대표적인 분석 방법으로 기본적 분석과 기술적 분석이 있다. 기본적 분석(fundamental analysis)은 기업의 사업과 더불어 산업 및 경제의 상황을 검토하여 적정 가치를 추정하는 반면, 기술적 분석(technical analysis)은 미래의 시장가격 변화를 추정하여 투자를 선별한다. 기업의 근본적 가치보다는 현재의 시장가격과 미래 추정가격에 전적으로 의존하여 이루어지는 투자를 마켓 타이밍(market timing)이라 부른다. 사마천의 사기 화식열전에 가장 자주 등장하는 이재나 화식의 구체적인 방법론으로 널리 인용되고 있는 것도 마켓 타이밍이다. 화식열전에 따르면 중국인들부터 상신(商神)으로 추앙받고 있는 도주공 범려는 "시세의 흐름을 보고서 물자를 쌓아 두었다가 내다 팔"았다고 한다. 그래서 "비쌀대로 비싸지면 헐값으로 돌아오게 되고, 쌀대로 싸지게 되면 비싼 값으로 되돌아가게 된다. 값이 비싸면 오물을 배설하듯이 내다 팔고, 값이 싸지면 구슬을 손에 넣듯이 사들여야 한다"고 하였다. 또한 중국에서 사업가의 원조로 불리는 백규 역시 "시세의 변동을 살피기를 좋아"해서 "사람들이 버리고 돌아보지 않을 때에는 사들이고, 세상 사람들이 사들일 때에는 팔아 넘겼다." 그리고 사마천은 화식에 대한 대강의 이치를 다음으로 요약한다:

▶ 재물이 없는 사람은 열심히 일해서 돈을 벌어야 하고, 재물이 조금 있는 사람은 지혜를 잘 써서 돈을 벌어야 하며, 재물을 많이 가진 사람은 시기를 잘 봐서 돈을 벌어야 한다(無財作力 少有鬪智 旣饒爭時).

자산의 기본적 가치와는 무관하게 자산의 가격변화만을 살펴서 마켓 타이밍을 통해 부를 축적하는 것은 이재 또는 화식의 매우 자연스러운 대표적인 방법이라 할 수 있다. 그러나 부를 잘 관리하라 권하고 구체적인 방법까지 제시하는 토라와 탈무드에서 공교롭게도 시세 차익에 대한 이야기나 마켓 타이밍에 대한 이야기는 없다.

경제학자들은 투기가 중요한 경제적 기능을 수행할 수 있다고 지적한다. 반면 일반 대중은 투기꾼을 의심의 눈초리로 바라본다. 아무것도 생산하지 않고 가격이 어떻게 움직일지 추측하는 것만으로 돈을 버는 것이 정말 윤리적인가라는 문제 제기다. 다소 놀랍게도 유대 전통은 투기가 본질적으로 비윤리적인 것은 아니며 경제적으로 생산적인 활동일 수 있지만, 일반 대중이 가진 정서에도 진정한 윤리적 고려 사항이 있음을 보여준다.

투기는 자원의 효율적인 배분을 장려한다는 점에서 국민경제에서 중요한 역할을 한다. 예를 들어 투기꾼이 미래의 부족을 예상하여 상품을 사재기하면 공급 부족이 발생할 때 사용할 수 있는 적절한 비축이 가능할 수 있다. 이런 점에서 투기는 희소한 자원을 효과적으로 배분하는 데 기여한다. 하지만 이렇게 명백한 긍정적인 경제적 기능을 인식하였다는 것을 감안할 때 탈무드의 현자들이 투기적 활동을 의심하고 다양한 제한을 가한 것은 놀랍게 비추어질 수 있다. 예를 들어, 탈무드는 사재기를 생산자로만 제한하고 전문 투기꾼의 참여를 금지하고 있다. 왜 호혜적이고 중요한 경제 활동을 규제하기를 원했을까? 한 가지 분명한 이유는 경제적인 것이다. 경쟁 시장에서는 투기가 효율적이지만 시장이 항상 경쟁적이고 공정하지 않다는 점도 인정되어야 한다. 때로는 투기꾼들이 공모하여 시장을 장악하고 가격을 부풀리기 위해 인위적인 부족을 만들어낸다. 경제학자들조차도 이 경우 투기가 극도로 해롭다는 것을 알고 있다. 굶주림을 완화하는 대신 굶주림을 악화시킬 것이다. 그러나 유대인이 투기를 제한하는 데는 또 다른 더 심오한 이유가 있다. 유대 율법의 초점은 경제적 측면보다는 인간에 대한 고려에 있다. 이 때문에 아모스의 선지자는 사재기를 제한하고 있다.

▶ 궁핍한 자를 삼키고 땅의 학대받는 자를 멸하는 자여 이것을 들으라 그들이 말하기를 우리가 곡식을 팔고 안식년이 언제 지나서 우리의 곳간을 열겠느냐 하여 돈으로 가난한 자를 사며 신 한 켤레로 궁핍한 자를 사리라 하는도다(아모스 8장 4-5)

선지자가 가장 걱정한 것은 사재기의 경제적 결과가 아니라 비극적인 인간적 결과였다. 왜냐하면 사재기는 사회의 결속력을 파괴하기 때문이다. 투기꾼들은 구호에 대한 보편적 관심을 공유하기보다는 계속되는 고통에 사적인 이해관계를 가지며 그 고통이 그들을 풍요롭게 할 것이다. 투기꾼은 "한 달이 언제 지날까?"라고 묻는다. 중세의 토라 주석가인 라시(Rashi)는 투기꾼들이 추수철이 어서 지나가기를 초조하게 기다린다고 설명한다. 추수철이 지나면 시장에 곡물이 부족해지고 가격이 상승할 것이기 때문이다. 이를 넘어 투기꾼들은 금전적 풍요에 대한 욕망을 넘어 "돈으로 가난한 자를 살 수 있도록" 하면서 타인에 대한 지배를 노리고 있다. 이는 우리 모두를 하나님의 종으로 보는 토라가 반복적으로 정죄하는 태도이다. 이스라엘 자손은 다른 사람이 아니라 그분의 종이다. 투기와 관련된 이러한 윤리적 문제는 도박에 대한 우려와 매우 유사하다. 투기꾼은 상품의 합리적인 가격에 의존하는 근로자의 관심으로부터 멀어진다. 그 결과 보통 사람들은 착취당하고 학대받고 노예가 될 수 있는 것이다. 결론적으로 이득에 대한 욕망이 종교적 이상을 배신하지 않도록 경제적 이익과 인간적 이익을 통합하려 노력해야 한다는 것이 유대인들의 투자에 대한 근본적인 윤리적 사고로 볼 수 있다.

1. 효율적 시장 가설과 시사점

(1) 합리적 기대와 효율적 시장

효율적 시장 가설(Efficiency market hypothesis)은 자산 가격이 그 자산의 가치에 관한 모든 공개된 정보를 즉시 완전하게 반영한다고 주장한다.[1] 특히 자산의 미

1. 효율적 시장은 완전시장과 구분된다. 혼란을 최소화하기 위해 효율적 시장을 "정보 면에서 효율적인" 시장으로 부를 필요가 있다. 완전시장은 투자자들이 가진 정보가 모두 동일하며, 거래비용이 없으며, 수많은 판매자와 구매자가 있고 조세는 없다는 것을 상정한다. 한편 효율적 시장은 가격을 정확히 결정해주는 시장이다. 대부분의 사람들은 효율적 시장을 완전시장으로 생각한다. 그러나 완전 시장이라면 효율적

래 가격에 영향을 미치는 정보는 지금 당장 자산 가격에 반영된다. 결과적으로 주식 시장은 기업가치가 정확하고 효율적으로 평가될 수 있는 장으로 작용한다. 사업과 그 성과에 관한 새로운 정보가 시장에 나오면, 이는 신속하고 합리적으로 기업의 주가로 반영될 것이다.

현재 주당 1만 원에 주식거래가 이루어지고 있는 제약사가 실제 배당금과 기대 배당금 측면에서 회사 가치가 4만 원으로 높일 신약에 대한 승인을 받으면 주가는 시간이 지남에 따라 천천히가 아니라 즉시 4만 원으로 이동할 것이다. 4만 원 미만의 가격으로 저평가된 주식을 구매하면 즉각적인 이익을 얻을 수 있기 때문에 시장 참가자들이 지체 없이 최대 4만 원까지 가격을 매길 것을 기대할 수 있다. 따라서 투자자들이 비효율적으로 가격이 형성된 증권에서 이익을 얻으려고 시도함으로써 시장이 더 효율적으로 되도록 장려할 것이다.

물론 새로운 정보의 완전한 효과가 모든 시장 참가자에게 즉각적으로 명백하지 않을 수도 있다. 또한 추정된 매출과 이익은 정확하게 예측할 수 없으며 새로이 발견된 신약의 가치는 다양한 추정에 의존할 수 있다. 일부 시장 참가자는 새로 승인된 신약의 중요성을 과소평가할 수 있고, 다른 시장 참가자는 그 가치를 과대평가할 수 있다. 따라서 어떤 경우에는 시장이 유리한 뉴스에 과소 반응할 수 있으며, 다른 경우에는 시장이 과잉 반응할 수 있다. 그러나 뉴스에 대한 체계적인 과소 반응 또는 과잉 반응이 발생하지는 않는다는 것이다. 효율적 시장 가설은 투자자가 정보 이용에 있어 합리적이라는 가정에 의존한다. 즉, 투자자는 당시의 모든 이용 가능한 정보를 바탕으로 미래를 편향 없이 추정한다고 가정된다.

이상의 시장 효율성은 세 가지 수준에서 판단할 수 있다.

시장이지만, 효율적 시장이라고 완전 시장은 아닌 것이다. 시장참여자들이 멍청하지 않다면 완전 시장은 효율적이 될 것이다. 그러나 거래비용으로 인해 불완전한 시장이라 하더라도 가격을 옳은 수준으로 결정해낸다는 면에서 효율적일 수 있다.

기술적 분석과 약 효율성

기술적 분석 기술적 분석을 따르는 투자자들은 가격, 거래량 등 거래 데이터의 통계적 추세와 패턴을 분석하여 기업과 자산을 평가하고 미래의 가격 움직임을 예측하려 노력한다. 향후 가격 움직임을 나타낼 수 있는 패턴, 추세 및 기타 신호를 식별하기 위해 차트나 기타 기술 지표를 조사한다. 이들은 특정 자산의 가치와 관련된 모든 정보가 이미 가격에 반영되어 있으며 과거 가격 변동과 가격 추세를 연구함으로써 자산의 미래가격 변동에 대해 잘 알게 된다고 믿는다. 특히 확률이 높은 성과로 이어지는 특정 가격 패턴을 찾는다. 이러한 패턴과 양의 기대수익이 인식되면 시장에 진입하고 나중에 더 나은 가격으로 수익을 올릴 수 있다고 본다. 기술적 분석가는 미래의 가격 변동의 방향을 시사하는 특정 가격 패턴을 식별하는 데 중점을 둔다. 기술적 분석가는 패턴을 인식할 수 있어야 하고 충분히 자주 패턴이 나타나는 것을 발견할 수 있어야 한다. 현재 가격이 전부여서 기본적 분석에 비해 분석이 단순하다. 정보가 불완전하거나 불완전하게 이해될 경우 주식가격 변화의 주기나 패턴을 더 잘 이해하고 있는 사람들은 저점에서 주식을 매입하여 고점에서 매도함으로써 이익을 얻는다. 이들은 시장의 비효율성을 이용하고 있는 것이다.[2]

점점 더 많은 투자 분석가들이 기술적 분석을 사용하여 주식의 패턴을 추적하고 있다. 그렇게 함으로써 시장가격에 대한 지식이 더 완벽해짐에 따라, 시장은 더 효율적이 될 것이고 패턴은 사라지는 경향이 있다. 왜 그럴까? 주가가 저점을 향해 떨어지면서 더 많은 사람들이 주식을 구매함에 따라 추가 수요로 인해 지속되는 주가 하락을 막을 수 있다. 마찬가지로, 사람들이 주가가 정점을 향해 상승할 때 매도하기 때문에, 그로 말미암은 추가 공급은 지속되던 주가 상승을 막을 것이다. 이것은 투기

2. 기술적 분석은 더 높은 가격에 매도할 것이라는 기대를 가지고 낮은 가격에 자산을 매수하려 하는 마켓 타이밍(market timing)과 관련된다. 기본적 분석과 투자는 주가 뒤에 숨겨진 실제 사업을 파헤치는 재무분석으로 추정한 기업가치와 주가를 비교하여 이루어진다. 마켓 타이밍에 있어서 회사의 기본적 가치는 중요하지 않으며 중요한 것은 특정 시점에 주가가 어디에 있을지 추정하는 것이며, 주가 추정은 차트 패턴의 기술적 분석에 기초한다.

를 안정화시키는 예이다. 점점 더 많은 사람들이 이런 식으로 반응함에 따라, 패턴도 거의 사라진다. 이런 일이 발생하면 약형 효율성(weak form of efficiency)이 성립한다. 즉, 현재의 시장가격은 과거의 모든 가격정보를 반영하며, 새로운 주가의 움직임은 과거의 주가 정보와 무관하게 되며, 미래의 모든 주가 변화는 과거의 주가 움직임을 기반으로 예측할 수 없다. 약형 효율성이 성립하면 과거 가격과 이어진 가격 간에 상관관계가 존재하지 않게 된다. 따라서 기술적 분석은 약형 효율성을 가진 시장에 진입하면 결국 퇴출될 수 밖에 없는 비효율적인 투자방법론이 된다.

표 10-1 기본적 분석과 기술적 분석의 비교

구분	기본적 분석	기술적 분석
초점	회사의 기본 사업, 재무 건전성, 경영 및 경쟁 환경에 중점을 둔다.	증권의 가격 및 거래량 변동에만 초점을 맞춘다.
시계	기업의 기본적 가치에 관심이 있는 장기적인 안목을 가진 투자자가 사용한다.	단기적 가격 변동을 식별하는 데 관심이 있는 단기 트레이더가 자주 사용한다.
도구	재무제표, 경제 데이터, 산업 동향에 대한 이해가 필요하다.	차트 작성 도구, 기술 지표 및 가격 변화에 대한 지식이 필요하다.
가정	시장이 항상 효율적이지는 않으며 주식의 기본 사업 펀더멘털에 따라 가격이 잘못 책정될 수 있다고 가정한다.	모든 시장 정보가 가격에 반영되고 과거 가격 및 거래량 데이터가 미래 움직임을 예측하는 데 도움이 될 수 있다고 가정한다.
개관	증권의 내재 가치를 파악하여 시장주가와 비교하여 거래한다.	주가(의 변화)의 추정에만 관심을 두어 가격 및 거래량 데이터의 패턴과 추세를 파악하여 거래한다.

기본적 분석과 준강 효율성

기본적 분석 기본적 분석을 따르는 투자자들은 기업이나 자산의 성과에 영향을 미칠 수 있는 다양한 정성적, 정량적 요인을 분석하여 기업이나 자산의 내재가치를 측정하려 노력한다. 재무제표, 경제 상황, 산업 동향, 경영 및 미래의 성장과 수익성에 영향을 미칠 수 있는 기타 요인을 포함하여 기업 또는 자산의 다양한 측면을 살펴본다. 분석의 목적은 단기 시장 동향이나 추측이 아닌 기업의 기본 펀더멘털을 기반으로 장기적으로 좋은 성과를 거둘 수 있는 투자를 식별하는 것이다. 종종 단기적으로 시장가격이 부정확할 수 있지만, 장기적으로 결국 그 가치가 스스로 수정될 것이라고 가정한다. 이에 따라 기업이나 자산이 시장에서 가격이 잘못 책정된 자산을 매매하고 "잘못된" 현재 가격을 시장이 수정하기를 기다리면 이익이 발생한다고 본다. 기업, 산업, 경제에 대한 다양한 정보를 통합적으로 이해하고 항상 모니터링해야 하므로 매일매일 상당한 분석 노력이 요구된다.

준강 효율성(semi-strong form of efficiency)은 주가가 공개적으로 이용 가능한 정보에 따라 완전히 조정되고 공개된 모든 정보가 시장가격에 즉시 완전히 반영되므로, 공개된 정보에 기초한 기본적 분석은 초과 수익을 제공할 수 없다는 것이다. 물론 모든 투자자가 그러한 정보를 올바르게 해석하는 것은 아니다: 그들의 지식은 불완전하다. 그러나 점점 더 많은 조언이 주주들에게 제공되고 있으며(주식 중개인, 신문, 온라인 해설가, 재무제표 공시 등을 통해), 전문 펀드 매니저들이 더 많은 주식을 매입하고 있다. 그 결과 공공정보에 대한 해석은 보다 완벽해지고 시장은 준강하다는 의미에서 더욱 효율적이 된다. 시장이 준강의 의미에서 효율적이었다면, 이 정보는 이미 현재 주가에 반영되었을 것이기 때문에 기업의 실적과 전망을 연구해서 초과 이익을 얻을 수 없다. 신문의 금융 페이지를 핀으로 고정시키고 다트를 던져 주식을 고르는 것과 다를 것이 없다!

내부 거래와 강 효율성

내부 거래 주가는 공개 여부와 관계없이 이용 가능한 모든 정보를 즉시 완전히 반영할 것이다. 이를 위해서는 모든 '내부' 정보가 이용 가능해지는 순간 주가에 반영되어야 할 것이다. 만약 시장이 이 수준에서 효율적(**강 효율성**, strong efficiency)이지 않다면, 특권적 정보에 접근할 수 있는 사람들은 그러한 정보에 따라 행동함으로써 투자로부터 큰 이익을 얻을 수 있다. 기술적 분석과 기본적 분석 모두 유리한 정보를 제공하지 못하므로 무의미하지만, 내부 정보를 사용할 경우 비정상적인 수익을 올릴 수 있는 것이다. 예를 들어, 회사의 임원들은 회사가 곧 기대 이상의 이익을 발표할 것인지 알 수 있다. 한편 그들은 이익에 대한 정보가 공개되면 주가가 오를 것을 알고 회사 주식을 사들이면 이득을 볼 수 있다. 그러한 '내부 거래'에서 얻은 이익은 불법이다. 하지만, 개인이 이런 일에 가담하고 있는지를 증명하는 것은 매우 어렵다. 내부자 거래에 대한 처벌과 기업이 보유하고 있는 공개되지 않은 정보의 양을 고려할 때, 이러한 모든 정보가 주가에 반영될 가능성은 낮다. 그러므로 강형 효율성은 유지되기 어려울 것이다.

요약하면 주식시장은 비교적 효율적이라고 할 수 있다. 주식시장은 주가의 주기적인 움직임을 줄임으로써 약 효율성을 달성한다. 또한 주식시장은 주가가 공개적으로 이용 가능한 정보에 신속하고 완전하게 반영함으로써 준강형 효율성을 달성한다. 그러나 모든 정보(공개정보 또는 비공개 내부정보)를 반영하며 신속하고 완전하게 조정되어 강형 효율성을 달성하는지 여부는 의심스럽다.

표 10-2 효율시장 가설과 그 성과

구분과 정의	증권분석의 효과	실증분석 결과
강 효율성 : 가격은 모든 공개된 정보와 사적 정보를 반영한다.	내부자 거래가 작동하지 않는다.	시장가격은 모든 사적정보를 반영하지 못한다.
준강 효율성 : 가격은 모든 공개된 정보를 반영한다.	기본적 분석이 작동하지 않는다.	시장은 일반적으로 준강효율적이다(신흥시장 제외).
약 효율성 : 가격은 모든 과거 시장 데이터를 반영한다.	기술적 분석이 작동하지 않는다.	시장은 일반적으로 약효율적이다(신흥시장 제외).

전체 시장과 동일한 수익률을 제공하는 기초 자산을 단순히 반영하는 인덱스 펀드와 ETF(상장지수펀드, Exchange Traded Fund, 인덱스 펀드를 거래소에 상장시켜 주식처럼 거래할 수 있도록 만든 펀드)를 통한 패시브 투자의 인기 역시 효율적 시장 가설을 지지하는 증거로 자주 인용된다. 이론적으로 효율적 시장 가설이 부정확하고 시장이 비효율적이라면 액티브 펀드는 패시브 펀드보다 더 높은 수익을 내야 한다. 그러나 이는 종종 보다 장기를 고려하면 찾아보기 어려운 결과이다. Morningstar의

연구에 따르면 2019년 6월까지의 10년 동안 액티브 펀드의 23%만이 패시브 펀드의 평균수익률을 능가했다. 또한 시장에는 한 시장에서 자산을 구매하고 다른 시장에서 동일한 자산을 판매하는 중재자로서 차익거래자들이 존재한다. 이들 차익거래자는 가격이 예상과 일치하지 않는 자산을 찾아 실제 가치로 되돌아 가려는 시장의 변화를 활용한다. 자산을 기본적 가치로 이끄는 것은 바로 이들 차익 거래자들의 활발한 거래 때문이며, 이러한 거래전략이 바로 효율적 시장 가설을 뒷받침하는 전략이다.

(2) 효율적 시장 가설의 시사점

투자자는 효율적 시장 가설이 제공하는 다섯 가지 시사점에 유의해야 한다.

첫째, 주가의 변화는 랜덤워크(random walk)**를 따른다.** 랜덤워크는 무작위 보행 또는 취보라고 할 수 있다. 즉, 술 취한 사람이 비틀비틀 걸어가는 모습처럼 그 변화 방향을 예측할 수 없는 움직임을 보인다. 주식시장이 효율적이라는 것은 특정 기업에 대해 누구나 알 수 있는 모든 정보가 그 기업의 주가에 반영된다는 것을 의미한다. 그것이 사실이라면 이미 알려진 정보는 주가를 변동시킬 수 없으며, 알려지지 않은 새로운 정보만이 주가를 변동시킬 수 있다. 이때 새로운 정보는 그 기업에 긍정적인 정보일 수도 있지만 마찬가지로 부정적인 정보일 수도 있다. 따라서 내일의 주가는 상승할 수도 있고 마찬가지로 하락할 수도 있다. 이는 주가변동이 과거 주가변동과 상관없다는 의미이며, 과거 가격을 알아도 미래가격을 예측하는 데에 도움이 되지 못한다는 의미이다. 이러한 사실은 '주가가 랜덤워크를 한다'라고 표현된다. 결국 기본적 분석에 많은 시간을 들여서 주식을 선택하는 것이나 신문의 주식란에서 아무 곳이나 핀으로 찔러서 주식을 선택하는 것이 차이가 없음을 의미한다.

둘째, 주가가 항상 "정확"하다는 것을 주장하는 것은 아니다. 주가가 미래 현금흐름의 할인된 현재가치의 합으로 결정된다고 가정해 보자. 미래 현금흐름은 추정만 가능하며 확실하게 알 수 없다. 미래의 판매 및 수익 예측에는 항상 오류가 있다.

더욱이, 현금흐름을 할인하는 데 사용되는 주식 위험 프리미엄도 안정적이지 않다. 따라서 가격은 항상 틀릴 가능성이 있다. 효율적 시장 가설이 의미하는 바는 특정 시점에서 가격이 너무 높거나 너무 낮은지 결코 확신할 수 없다는 것이다. 물론 일부 투자자는 때때로 일부 가격이 너무 높고 다른 가격이 너무 낮은 경우를 제대로 바라볼 수 있다. 그러나 다른 때에는 그러한 판단이 잘못될 수 있다. 또한 판단을 제대로 해서 얻게 될 수익이라 하더라도 그것이 시장의 비효율적 작동으로 말미암아 생겨나는 것은 아니다.

셋째, 뛰어난 투자실적은 노력과 능력보다는 운에서 비롯한 것이다. 현대 투자이론의 관점에서 볼 때 투자실적은 두 가지로 나누어 볼 수 있다. 하나는 분산을 통해 제거할 수 없는 시장과 연동하는 만큼의 변동으로 감수할 수 밖에 없는 리스크를 부담한 결과로 이른바 베타에 대한 보상이다. 이러한 베타에 대한 보상은 펀드 메니져의 역할보다는 리스크 감수에 상응하여 주어지는 수익률이기 때문에 펀드 메니져가 기여한 바가 없고 그에 따라 상응하는 보수를 요구할 수도 없다. 만약 투자실적이 베타에 대한 보상을 초과할 경우 이는 펀드 메니져가 창출한 실적(이른바 알파의 창출)이라고 볼 수 있다. 그러나 효율적 시장 가설에 따르면 이러한 초과실적은 기술적 분석이나 기본적 분석에 따른 펀드 메니져의 노력과 능력보다는 운에 기초한 것으로 간주된다. 시장보다 높은 실적을 꾸준하게 달성하는 일이 불가능하지는 않더라도 대단히 어렵다. 따라서 시장에서 나온 결과를 가지고 그것이 노력과 능력을 분명히 보여주는 지표라고 주장하는 것은 곤란하다. 실제로 펀드 수익률에서 펀드 매니져가 가져가는 보수를 비용으로 빼고나면, 시장보다 높은 실적을 꾸준하게 달성하는 펀드가 거의 없다는 증거는 차고 넘친다.

주식시장이 효율적이라면 어떤 기법이나 모형을 사용하여도 저평가되거나 고평가된 종목을 찾아낼 수 없으며, 모든 주식투자에 따른 위험대비 기대수익률은 동일할 것이다. 효율적인 시장에서는 평균 이상의 위험을 감수하지 않고는 평균 이상의 수익을 얻을 수 없다. 위험을 고려할 때 특별한 이익 획득의 기회는 지속되지 않을 것이다.

넷째, 효율적 시장 가설을 어떻게 바라보느냐가 투자자가 주식시장을 이길 수 있는지의 여부에 대한 관점에 전적으로 달려있으며 그에 따라 투자방법도 달라진다.

- 소극적 투자자(passive investor)는 효율적 시장 가설을 지지하는 경향이 있어서 시장의 평균수익률을 실현하는 데 초점을 맞춘다. 본질적으로 시장은 효율적이고 현재 가격은 모든 정보를 반영하기 때문에 시장을 능가하려는 시도는 기술보다는 운이 좌우하는 게임이 된다. 투자자들이 체계적인 노력으로 시장을 이길 희망은 없다. 모든 투자자가 동일한 정보를 가져 확실한 이점을 갖지 못하므로 동일한 수익을 낼 수 있을 뿐이다. 전체 시장과 동일한 수익을 누리려면 시장 전체를 대상으로 하거나 또는 그를 모방할 수 있는 자산들에 투자하는 인덱스 펀드 또는 ETF에 집중해야 한다. 소극적 투자자는 기본적 분석이 되었건 기술적 분석이 되었건 시장의 평균수익을 초과하려는 무의미한 시도를 하지 않는다. 효율적 시장 가설을 믿는 투자자는 시장보다 더 많은 수익을 올릴 수 있는 유일한 방법은 그에 상응하는 더 큰 위험을 감수하는 것이라고 생각한다. 이러한 투자자는 시장을 능가할 수 있다고 믿지 않으므로 적극적 투자를 하는 펀드 매니저를 통해 투자할 가능성이 낮다.
- 적극적 투자자(active investor)는 효율적 시장 가설을 비판하며 금융시장에 비효율이 있기 때문에 자산가격이 실제 가치를 정확하게 반영하지 못하는 시장에 투자하여 시장의 평균수익률을 능가하는 것이 가능하다고 생각한다.[3] 공개적으로 이용 가능한 정보라도 현재 시장가격에 완전히 반영되어 있지 못하고 이로 인해 자산이 실제 가치에 비해 저평가 또는 고평가될 수 있다. 이러한 시장 비효율성은 정보 비대칭, 거래 비용, 시장 심리, 인간 감정으로 인해 발생한다. 따라서 비효율적인 시장에서 일부 투자자는 초과수익을 낼 수 있지만 다른 투자자는 위험 노출 수준을 고려할 때 예상보다 더 많은 손실을 입을 수 있다. 이들은 종종 잘 분산된 펀드에 전혀 관심을 두지 않고 개별 기업의 주식을 선별하여 적극적으로 거래하는 것을

3. 이들은 적극적 투자의 사회적 기능을 강조한다. 자본을 가장 생산적인 목적으로 인도하여 지속 가능한 일자리 창출과 총 생활 수준의 향상을 촉진한다는 것이다.

선호한다. 적극적 투자자에는 과거 가격변화와 단기 패턴에 초점을 맞추는 기술적 트레이더 뿐만 아니라 공개된 정보와 분석을 사용하여 과매도 또는 과매수되어 있는 주식에 투자하는 기본적 트레이더가 모두 포함된다. 이들은 주식이나 ETF에 투자하거나 파생 상품을 사용하여 상승장과 하락장 모두에 대해 추측함으로써 효율적인 시장을 활용할 것이다.

표 10-3 적극적 투자와 소극적 투자의 비교

	적극적 투자	소극적 투자
목표	시장의 평균수익률을 초과	시장의 평균수익률을 달성
관점	시장은 비효율적	특정 정보를 처리하고 그에 따라 행동할 때면 이미 시장에는 그 정보가 반영됨
기법	주식선별	지수를 구성하는 주식을 복제
의사결정 주체	펀드 메니저	시장지수
장점	전문성, 유연성	이해의 용이성, 낮은 운용비용
단점	펀드메니저(의 기술)에 대한 과도한 의존 높은 운용비용	수동적 투자로 선택의 여지가 없음

2. 시장 효율성을 제한하는 요인들

시장 효율성은 이론적으로 투자자의 합리성이나 차익거래의 어려움으로 말미암아 제한받을 수 있다.

▶ 시장은 당신이 지불 능력을 유지할 수 있는 것보다 더 오래동안 비합리적으로 남아 있을 수 있다(Markets can remain irrational longer than you can remain solvent)(J. M. Keynes).

1) 투자자의 비합리성

시장효율성은 모든 투자자가 항상 합리적일 것을 요구하지만 누구나 이를 인정하기는 쉽지 않을 것이다. 시장 참가자가 전반적으로 합리적이라는 생각은 행동경제학을 배경으로 심각한 비판에 직면하게 되었다. 최소한 일부 투자자는 충분히 합리적인 근거 없이 거래하고 있다고 할 수 있다. 심지어 전문 투자자들조차도 이 점에서는 자신들도 마찬가지로 비합리적으로 행동할 때가 있다고 실토한다. 1986년 Fischer Black은 미국 금융협회장 연설에서 다음과 같이 말하였다: "사람들은 때때로 통상적인 방식으로 정보에 기초하여 거래한다. 이런 거래에서 일정한 이익을 기대하는 것은 적절하다. 하지만 동시에 사람들은 때때로 노이즈(noise, 잡음)를 마치 정보인 것처럼 보고 그에 기초하여 거래한다. 노이즈 트레이딩으로 수익을 기대한다면 이는 잘못된 것이다." 이 연설문에서 언급된 노이즈는 증권의 가치평가와는 무관한 정보나 잘못된 정보에 기초하여 거래할 때 발생한다. 노이즈(와 그에 기초한 거래)는 시장에 유동성을 제공하므로 항상 역기능만 가진 것은 아니다. 실제로 노이즈가 없으면 정보를 가진 투자자의 거래에 응할 상대 투자자가 부족하고 현금이 필요한 때에만 거래하기 때문에 거래가 거의 없을 것이다.

사람들은 좋은 정보가 있다고 생각하거나 단순히 거래를 즐기기 때문에 노이즈에 따라 거래를 할 수 있다. 이런 거래는 이웃, 친구 또는 직장 동료가 주는 소문을 따라 이루어질 수 있다는 점에서 노이즈 트레이딩은 사회적으로 추동되어 집단적으로 나타날 수 있다. 투자자들은 심지어 다른 사람들의 거래를 보고 단지 뒤처지지 않으려고 거래할 수도 있다. 그러나 이런 거래들이 완전히 임의적으로 발생한다면 사려는 움직임과 팔려는 움직임이 서로 상쇄될 것이기 때문에 자산 가격에 미치는 영향은 미미할 것이고 시장 효율성에 대해서도 걱정할 이유가 없을 것이다. 그러나 사람들은 종종 똑같은 종류의 판단오류에 노출될 수 있다. 여기서 문제가 발생한다. 투자자들의 행동이 서로 상관관계가 있는 경우 자산가격은 기본적 가치에서 점점 더 멀어질 수 있다. 사회적 변화는 많은 사람들에게 동시에 영향을 미칠 수 있다.[4] 심리적 변화든 사회적 변화든 상관없이 많은 수의 투자자가 동시에 일부 또는 모든 증권을 같은 방식으로 잘못 평가하면 정서(sentiment)가 자산 가격을 주도한다고 한다. 따라서 정서는 많은 투자자들 사이에서 상관관계가 있는 소음이라고 할 수 있다. 그러한 투자자를 특징 짓기 위해 일반적으로 사용되는 용어가 '노이즈 트레이더(noise trader)'이다.

행동금융은 관찰되고 검증된 시장 이상 현상을 설명하려 노력한다. 행동금융은 투자자가 금융투자 결정에서 어떻게 실수하는지를 검토한다. 행동금융에 따르면, "군중심리(herd mentality) 편향"은 다른 투자자의 행동을 모방하려는 투자자의 성향을 말한다. 사회적 압력은 개인으로 하여금 비합리적인 결정을 내리게 하여 잘못된 거래를 하게 하며 과도한 위험을 감수하게 할 수 있다. 특히 개인이 신명나는 악대에 올라타는 현상을 묘사하는 허딩(herding) 현상은 모든 투자결정이 합리적이고 정보에 기반한 것은 아니라는 증거다. 투자자의 성격 특성이나 감정과 같은 요소조차도 그들이 행동하는 방식과 시장과 상호 작용하는 방식에 상당한 영향을 미칠 수 있다.

군중심리란 합리적인 투자자가 돈을 어떻게 투자할지 결정할 때 다른 투자자의 판단을 모방하며 비합리적으로 행동하는 현상을 말한다. 이는 투자자가 투자 결정을 내리도록 압력을 받을 때 발생한다. 군중심리는 대부분의 투자자가 내린 결정이 종종 영원히 정확하다고 가정하기 때문에 군중의 판단을 따르는 투자자의 경향이다. 이러한 경향은 잘못된 투자 결정으로 이어질 수 있다. 군중 투자자는 시장에서 대다수의 다른 투자자의 행동을 기반으로 주식 매매에 대한 판단을 내린다. 시장이 상승할 때

4. 투기자산에 투자하는 것은 사회적 활동이다. 투자자는 여가시간의 상당 부분을 투자에 대해 토론하고 투자에 대해 읽거나 다른 사람의 투자 성공 또는 실패를 험담하며 보낸다. 따라서 투자자의 행동(따라서 투기자산의 가격)이 사회변화에 영향을 받을 가능성이 있다. 태도나 패션은 음식, 의복, 건강 또는 정치와 같은 다른 많은 대화 주제에서 변화하는 것 같다. 이러한 태도 변화는 종종 전체 인구에 걸쳐 광범위하게 발생하며 명백한 논리적 이유 없이 발생하는 경우가 많다. 투자에 대한 태도나 유행이 돌발적으로 또는 일부 널리 알려진 사건에 대한 사회적 반응으로 변할 가능성도 있다(Robert J. Shiller(2000), *Irrational Exuberance*, Princeton University Press).

뿐만 아니라 하락할 때도 군중심리가 작용한다. 또한 군중심리는 시장의 규모와 변동성을 크게 증가시킨다. 투자 결정을 내릴 때 투자자는 일반 대중이 제공하는 정보를 심층적으로 분석하는 데 많은 노력을 기울인다. 투자자들은 종종 판단을 내릴 때 자신의 전문성이 아무리 정확하더라도 거부하고, 대신 무리가 틀렸을지라도 맹목적으로 무리를 따른다. 그들의 정보처리는 항상 무리를 따르며, 그렇게 되면 무리의 개별 구성원이 저지른 실수보다는 무리 전체가 저지른 실수를 만족해 할 것이다.

역마차(bandwagon) 효과는 시장 참여자의 정신 상태에 영향을 미칠 수 있다. 투자자들이 자신의 선택이 다른 사람들과 일치한다는 것을 알게 되었을 때 느끼는 감정을 "역마차 효과"라고 한다. 그러나 시류에 편승한 데 따른 결과가 이러한 행동의 동기가 되는 경우가 많다. 투자자들은 특정 기업의 주가가 오르는 것을 보면 자신들만 소외될까 봐 걱정한다. 결과적으로 회사의 펀더멘털에 집중하기보다 남들이 다 같은 일을 하고 있다고 생각해서 주식을 사기 시작한다. 투자자와 회사 사이에는 종종 개인적인 관계가 있다. 그들은 종종 다양한 사회 집단의 행동을 따라 결정을 내린다. 사회 환경은 투자 선택과 관련하여 투자자의 행동에 영향을 미친다. 전염성 있는 아이디어에 단 한 번 노출되는 것만으로도 투자자가 비합리적인 행동을 보여주고 그러한 행동과 일치하는 판단을 내리기에 충분하다.

2) 차익거래의 어려움

일부 투자자들이 비합리적으로 행동하고 이들의 행동들에 상관관계가 존재하더라도 잘못된 가격을 활용한 적극적인 차익거래는 시장 효율성을 회복시킬 수 있을 것이다. 상대적으로 고가의 주식과 상대적으로 저가의 주식 사이의 가격 차이가 활발하게 활용되기 때문이다. 차익거래에 상당한 한계가 있을 가능성이 있는 이유를 논의하기 전에 이른바 "교과서적 차익거래"를 간략하게 살펴보자. 교과서적 차익거래는 투자 자금도 필요하지 않으며 위험도 수반하지 않는다. 현실 세계에서 가장 가까운 것은 외환 시장에서의 삼각 차익거래이다.

2008년 5월에 달러, 유로, 엔 사이에서 다음 세 가지 환율이 관찰되었다고 하자.

관련 통화	¥/€	€/$	¥/$
환율	159.3403	0.6455	x

달러를 엔화로 환전하는 방법은 두 가지이다. x의 환율로 직접 변환하거나 아니면 간접적으로 유로를 중간에 매개 통화로 사용하는 것이다. 이때 매개 통화는 다음과 같이 작동한다. 우선 1달러는 0.6455€/$ 환율로 0.6455유로로 환전할 수 있으며, 이어서 이 유로는 다시 159.3403의 ¥/€ 환율로 102.8543엔(= 0.6455 × 159.3403)으로 환전할 수 있다. 즉, 간접적 환전방법을 따르면 1달러는 102.8543엔으로 환전할 수 있다. 이 수치는 유로를 경유하지 않고 달러를 직접 엔화로 환전했을 때 적용되는 ¥/€ 환율 x와 일치해야 한다. 일치하지 않다면 차익거래가 이루어져 이익을 얻을 것이다. 이를 확인하기 위해 ¥/$ 환율이 $x = 100$이면 어떻게 될까를 보자? 이 경우 어떤 투자자가 1달러를 은행에서 차입해 유로로 환전하고 다시 이 유로를 엔화로 환전한 뒤 다시 $x = 100$의 환율로 달러로 바꾸는 상황을 고려해 보자. 이 투자자가 1달러를 0.6455 €/$ 환율로 유로로 바꾸고 이어서 159.3403의 ¥/€ 환율로 102.8543엔으로 바꿀 수 있다. 달러와 엔 간의 직접적 교환에는 $x = 100$의 ¥/$ 환율이 성립하므로 102.8543엔은 1.02 달러 이상으로 환전할 수 있다. 이 경우 투자자는 은행에서 차입한 1달러를 상환하면 0.02 달러 이상의 수익을 얻을 수 있다. 물론 처음 차입한 금액이 1달러가 아니라 수백만 아니 수억 달러라면 수익의 규모는 어마어마하게 증가하며, 이 차익거래를 하는 사람은 누구나 부자가 될 수 있을 것이다.

불행하게도 차익거래는 이상의 외환시장 사례만큼 순조롭게 이루어지는 경우가 거의 없으며 상당한 제한이 있다. 효율적 시장 가설은 가격이 기본적 가치를 반영한다고 예측한다. 잘못된 가격 책정은 신속하게 이익을 낼 수 있는 현명한 투자자에 의해 즉시 수정되기 때문이다. 그러나 오늘날의 즉각 이용할 수 있는 정보, 슈퍼 컴퓨터, 전지구적으로 상호 연결된 시장의 세계에서 모든 거래관련 비용을 지불한 후 위험 없이 이룰 수 없는 진정한 차익거래는 거의 존재하지 않는다. 차익거래에는 기본적 위험, 노이즈 트레이더 위험, 실행 비용의 세 가지 주요 장애가 존재한다.

기본적 위험 : 차익거래에 뛰어든 후 투자자가 생각지도 못한 새로운 정보가 도착하면서 투자자산에 대한 합리적 재평가가 이루어질 가능성, 즉 기본적 위험이 늘 존재한다. 예를 들어 차익 거래자가 특정 주식이 미래 수익에 비해 시장가격이 과대평가되었다고 판단하였다고 하자. 차익 거래자라면 나중에 주식을 매수하여 포지션을 청산할 때 가격이 더 낮아질 것이라는 기대로 현재 시점에서 주식을 공매도할 수 있다. 현 시점에서 사용 가능한 모든 정보를 기반으로 한 이러한 믿음이 옳더라도 위험이 존재한다. 아무도 예상하지 못한 새로운 정보가 갑자기 생겨날 수 있다. 이것이 주가를 상승시키는 요인이면 공매도에서 손실이 발생한다. 또한 주식에 대한 배당금이 예상보다 높을 경우 이를 지급해야 하는 기업은 현금 경색에 직면할 수 있다. 주식을 공매도한 사람은 다른 투자자로부터 주식을 빌렸기 때문에 주식에 지급된 배당금을 감당해야 한다. 종종 차익 거래자는 위험 없는 차익거래를 가능하게 하는 완벽한 대체물이 없는 증권에서 잘못된 가격 책정을 식별할 수 있다. 나쁜 소식이 헤징과 관련된 대체 증권에만 영향을 미친다면 예상치 못한 손실을 입을 수 있다. 예를 들어 농심과 삼양은 동일 업종에 종사하는 기업의 주식이지만 같은 회사의 주식은 아니어서 완벽한 대체물이 될 수 없다.

노이즈 트레이더 위험 : 완벽한 대체 투자물이 있더라도 투자를 계속 이어나가는 것이 어려울 수 있다. 런던과 프랑크푸르트의 두 거래소에서 각각 거래되는 두 개의 독일 채권선물 계약은 모든 측면에서 완전히 동일할 수 있다. 하지만 런던 채권선물이 프랑크푸르트 채권선물보다 가격이 높다고 가정해 보자. 차익거래는 프랑크푸르트 채권선물을 매수하고 런던 채권선물을 매도하는 것이다. 표면적으로는 지금 당장 간단히 이익을 얻을 수 있겠지만 현실은 그렇지 못하다. 가장 큰 문제가 "잘못된" 가격이 단기적으로 훨씬 더 잘못될 수 있다는 점이다. 차익 포지션이 취해진 후 노이즈 트레이더가 가격을 기본적 가치에서 더 멀리 떨어뜨릴 수 있으며 이 경우 차익거래자는 예상하지 못한 추가자본을 투입해야만 생존할 수 있다. 이것이 노이즈 트레이더로 말미암은 위험의 본질이다. 선물 시장에서는 가격이 자신에게 불리하게 움직일 때 추가로 증거금을 납부해야 한다. 런던 채권선물 가격이 상승하고 프랑크푸르트 채권선물 가격이 하락한다면 투자자는 두 시장 모두에서 추가 증거금을 납부해야 한다. 자신의 자금에 여유가 있고 직접 관리하고 있다면 큰 문제가 아니지만, 그렇지 않다면 손실을 입고 포지션을 청산해야 할 수도 있다. 차익거래 포지션을 계속 유지하기만 한다면 결국에는 수익을 낼 것이 분명함에도 말이다.

실행 비용 : 작지 않은 거래 비용이 차익거래를 방해할 수 있다. 거래 비용은 거래가 실행될 때 발생하는 수수료, 스프레드, 시장 영향 비용으로 기관투자자가 아니라면 이러한 비용은 무시할 수 없는 금액이다. 특히 차익거래 과정에서 자주 사용되는 공매도의 경우 상황이 훨씬 더 복잡해진다. 앞서 보았듯이 두 가지 대체 증권 사이의 가격 불균형에 대한 차익거래의 한 쪽은 고가의 증권을 공매도하는 것이다. 하지만 이로 인해 두 가지 문제가 발생한다. 공매도 수익금에 접근할 수 없는 경우(이자를 받을 수 없음) 이는 거래 비용에 추가된다. 공매도할 주식을 차입해야하는 비용을 나타내는 공매도 리베이트로 인해 비용이 많이 들 수 있고 때때로 차입비용이 잠재 이익을 초과할 수 있다. 또 어떤 경우에는 공매도가 필요한 증권을 단순히 확보하지 못할 수도 있다.

3. 시장 이상 현상과 시사점

시장 효율성 가설은 등장한 이래 오랫동안 전성기를 구가하였지만, 연구자들은 이론적 및 실증적 근거 모두에서 점진적으로 그 체계를 무너뜨렸다. 시장 효율성 가설에 대한 초기 검증은 대체로 긍정적이었다. 하지만 보다 최근의 경험적 증거는 다양한 이상 현상을 보여주며 시장이 비효율적일 가능성을 보여준다. 시장 이상 현상(market anormalies)은 효율적 시장 가설이 설정한 주가의 궤적과 실제 주가의 궤적 사이에 차이가 있는 상황을 말한다.[5] 시장 이상 현상은 다양한 이유로, 시점을 달리 하며 나타난다. 이들은 모두 시장이 항상 효율적인 것은 아니라는 것을 드러낸다. 앞에서 다루었듯이 이는 비효율성을 활용해 차익을 확보하려는 차익 거래의 한계로 말미암아 잘못된 가격책정이 계속되기 때문일 수도 있고 투자자들의 심리적 사회적 편향성 때문일 수도 있다.

(1) 기본적 분석에서의 이상 현상(Fundamental Anomaly)

수익 발표를 포함하여 기업성과와 관련된 다양한 뉴스가 공개될 경우 시장은 어느 정도 긍정적인 충격과 부정적인 충격을 예상하는 가격변화를 보인다. 이는 뉴스가 기업 실적 발표 외에 다양한 형태로 공개되고 또 공개되는 수익 예측이 점진적으로 변경되기 때문이다. 또한 뉴스 발표 당일에 시장은 긍정적 충격에 긍정적으로 반응하고, 부정적 충격에 부정적으로 반응한다. 가장 주목할 점은 예상외로 매우 좋거나 매우 나쁜 실적 발표 이후에 가격이 지속적으로 이를 반영하며 변동하는 경향이 있다는 것이다. 이러한 변동 규모는 충분히 커서 거래비용을 충당하더라도 투기적 이익이 남을 것으로 보이므로 시장 효율성과 일치하지 않는다.

주가는 주가수익률(P/E)이나 배당 수익률과 같은 주식 펀더멘털과 관련되어, 준강형 효율성과 강형 효율성에 모두 위반되는 변화를 보인다. 즉, P/E가 높은 기업이 P/E가 낮은 기업보다 주가수익률은 낮았다. 관련된 이상 현상은 순자산주가 비율(B/P, Book to Market Price)이나 현금흐름주가 비율(CF/P, Cash Flow to Market Price) 비율에서도 나타난다. B/P 비율이 높은 회사가 위험을 통제한 후 B/P 비율이

---

5. 한 가지 주의할 점은 거의 모든 시장효율성 검증은 자산가격 결정 모델을 사용해야 하므로 시장효율성 검정은 본질적으로 시장 효율성뿐만 아니라 자산가격 모델도 동시에 검정한다. 이에 따라 시장효율성이 기각되어도 이는 실제로 시장이 비효율적인 데서 비롯할 수도 있지만 자산가격 모델이 부적절하기 때문에 생겨났을 수도 있다. 어느 쪽인지 말할 수 없기 때문에 효율성을 범주적으로 거부하는 것은 사실상 불가능하다.

낮은 회사를 능가하는 경향이 있으며, CF/P가 높거나 낮으면 미래 수익률이 높거나 낮아진다. 결과적으로 수익, 장부가, 현금흐름이라는 회계수치가 일정한 상황에서 주가가 낮아지면 미래 주가수익률의 상승이 나타난다는 것이다. 이는 낮은 P/E, P/B, P/S, 높은 E/P, B/P, 배당수익률을 가진 가치주가 (반대의 특성을 가진) 성장주를 능가한다는 해석도 가능하다.[6] 한편 시가 총액이 낮은 소형주에 대해 비정상적으로 높은 초과수익을 보이는 이상현상(small firm effet, 소기업 효과)도 존재한다.

(2) 기술적 이상 현상(Technical Anomaly) : 계열 상관과 가격패턴

많은 투자자들이 오늘의 주가 및 거래량 변동에 내일의 주가 변동에 대한 정보가 들어있다고 생각한다. 즉, 과거 주가에 미래 주가예측에 유용한 정보가 들어있다고 믿고 있다. 그래서 단기(1일, 2일 또는 5일) 이동평균 가격이 장기(50일, 150일 또는 200일) 이동평균 가격 위로(아래) 이동하면 매수(매도) 신호로 이해한다. 주가가 저항 수준 이상으로 상승하면 매수 신호를 보내며, 주가가 지지선 아래로 떨어지면 매도 신호로 해석된다. 기술적 이상 현상은 세 가지 형태의 효율성을 모두 위반한다.

시장에는 수익을 낳는 유의미한 가격패턴이 존재한다 : 모멘텀과 반전

약형 효율성은 기술적 분석에서 주장하는 것처럼 단순히 과거의 수익률 변화가 미래 수익률을 예측할 수 없어야 한다고 규정한다. 그러나 기술적 분석(차트 패턴)이 어느 정도 유의미한 예측을 제공한다는 증거는 풍부하다. 이전의 일정 기간의 가격 변동과 이후 일정 기간의 가격변동 간의 상관관계는 계열 상관(serial correlation)으로 정의된다. 계열 상관이 0이면 가격변동 사이에 상관관계가 없는 것이므로, 과

---

6. 가치주(value stock)는 수익, 현금 흐름, 장부가치와 같은 회계 수치에 비해 가격이 낮은 주식으로 정의되며, 반대로 성장주(growth stock)는 적어도 부분적으로는 시장이 높은 미래 성장을 예상하기 때문에 이익, 현금흐름, 장부가치에 비해 가격이 높은 주식이다. 가치투자는 자신의 포트폴리오에서 (성장주에 비해) 가치주에 비중을 두는 경향을 말한다.

거 주가로부터 미래 주가를 알 수 없다. 그러나 계열 상관이 유의한 양의 값이면 이전 기간의 수익률이 양이면 이후 기간의 수익률도 양이 되기 쉽다는 뜻으로 가격에 모멘텀(momentum)이 존재한다고 한다. 계열상관이 유의한 음의 값이면, 이전 기간 수익률이 양(음)이면 이후 기간의 수익률은 음(양)이 되기 쉽다는 뜻으로 가격에 반전(reversal)이 일어났다고 한다.

계열 상관은 초과 수익을 얻는 데 활용될 수 있다. 계열 상관이 양이면, 일정 기간 양의 수익률의 성과를 보인 주식을 사고, 일정 기간 음의 수익률을 보인 주식은 파는 것이다. 계열 상관이 음이면, 일정 기간 양의 수익률이 나온 다음에는 주식을 팔고, 일정 기간 음의 수익률이 나온 다음에는 주식을 산다. 단, 전략을 실행하는 과정에서 거래 비용이 발생하므로, 비용을 차감하고서도 이익이 나올 만큼 상관관계가 높아야 한다.

유의미한 예측력을 가진 가격 패턴에는 다양한 유형이 있다.

- 시간이나 일간 단위의 (초단기) 변동에서는 계열 상관이 나타난다. 그러나 주간과 월간 단위 (단기) 변동에서는 이를 되돌리는 반전 현상이 나타난다. 초단기의 과잉 반응이 단기에는 스스로 수정되는 과정을 거치는 것이다.
- 한 달을 넘어 몇 개월이나 1년의 (중기) 변동으로 옮겨가면 계열상관이 양이 되는 가격 모멘텀이 종종 발견된다.[7]
- 몇 년의 (장기) 변동으로 넘어가면 다시 시장이 수정되는 반전이 나타난다. 결과적으로 초단기에 생겨난 모멘텀은 단기에는 반전되고, 중기에 생겨난 모멘텀은 장기에 반전되는 것이다.
- 아울러 거래량에도 미래의 가격 정보가 담기기도 한다. 주가 상승이나 하락이 대량 거래를 동반할 때 다음 기간에도 이어지며 가격 모멘텀이 훨씬 커진다.

7. 자산 가격에는 계절 패턴과 일시적 패턴도 나타난다. 1월에 더 상승하며 여름에 약세를 보이는 것이 그것이다.

이상 현상에 대한 평가

주의해야 할 것은 수많은 가격 패턴들이 발견되었다고 하여서 그것들이 시장이 비합리적이라는 증거이거나 초과 이익을 제공하는 기회가 되는지는 분명하지 않다는 점이다. 찾아낸 가격 패턴이 오류일 수 있으며, 또한 잘못 이용될 수 있기 때문이다. 우선 방대한 금융 데이터에서 가격 예측을 위해 패턴을 찾아내는 것을 데이터 마이닝(data mining)이라 하는데 무작위한 데이터임에도 불구하고 정확도가 높은 것처럼 보이는 패턴에 손쉽게 사로잡힐 수 있기 때문이다.[8] 예를 들어 뉴질랜드의 양고기 생산량을 S&P 500 예측 모형에 포함할 때 S&P지수에 대한 예측력이 90% 이상으로 상승하는 사례도 있다.[9] 이는 표본이나 모집합에 비해 매개변수가 너무 많은 모델(통계적 과대적합)을 사용할 경우 생겨난다.

첫째, 차트로 미래 주가를 예상할 때 최근의 가격 추세의 모멘텀과 평균으로의 회귀 가능성, 즉 반전 가능성을 모두 감안하지만, 데이터가 해마다 추세를 이어가지도 평균으로 회귀하지도 않을 수 있다. 학계와 전문가 집단은 '평균회귀(mean reversion)의 오류'에 빠지기 쉬운 반면, 초보자들은 지금의 추세를 미래에도 그대로 투사하는 '핫 핸드(hot hand) 편향'에 빠지기 쉽다. 초보 투자자들은 기억하는 기간과 경험이 상대적으로 짧은 편이다. 따라서 이들 투자자들의 관심은 최근의 수익률에 집중되어 최근에 경험한 과거의 성과를 미래에 그대로 대입하게 된다. 다른 한편 현재의 주가가 과거 데이터와 비교했을 때 상대적으로 높거나 낮다면, 과거의 방대한 정보를 마주하는 전문가와 학자들은 평균회귀의 오류를 보인다. 장기 이동평균 추세[10]보다 높은 가격이나 낮은 가격으로 거래되면 미래에 주가는 다시 평균으로 회귀한다고 판단한다. 특히, 주가 차트에서 두드러진 고점이나 저점이 있으면 평균으

---

8. 언론은 종종 표본부족에도 불구하고 유의미하다는 듯이 기사를 작성하는 경우가 자주 발견된다. 예를 들어 신문기사는 종종 몇 차례의 사례만 제시한 뒤 "해외가 전쟁 중이어도 시장의 침착함은 유지된다"로 결론을 내린다. 이를 逆데이터 마이닝이라 한다.
9. David Leinweber(2007), "Stupid Data Miner Tricks : Overfitting the S&P 500," *The Journal of Investing* 16(1).
10. 5(3개월)일 이동평균선이란 직전 5일(3개월) 간의 주가 평균값을 선으로 이은 것이다.

로 회귀된다고 판단한다. 다만 전문가 집단에서도 장기 이동평균보다는 최근의 주가 추세가 투자결정에 더 큰 영향을 미치기도 한다. 즉, 추세가 짧으면 최근 추세가 계속될 것이라고 믿고, 추세가 길어지면 투자자들은 평균회귀가 일어날 것이라고 예상한다.

둘째, 차트를 읽고 기술적 분석을 할 때 파레이돌리아(pareidolia) 현상이 발생한다. 파레이돌리아는 환각이나 착시처럼 잘못 인식한 모호하고 임의적인 자극을 유의미한 것으로 인식하는 심리 현상을 말한다. 기술적 분석은 주관적 성격이 대단히 높아 과거의 주가 차트에서 기하학적 형태가 존재하는지 아닌지는 종종 보는 사람의 눈에 따라 달라진다.

(3) 과도하게 오랫동안 비합리성이 시장을 지배할 수 있다 : 자산 거품

가격 패턴은 모멘텀과 반전을 포함하는데, 모멘텀과 반전이 결합되면 일종의 거품(bubble)이 만들어지고 터지는 즉, 거품의 생성과 붕괴가 출현한다. 거품 현상은 증권, 상품, 주식, 주택을 포함하여 기본적 가치보다 훨씬 높게 시장가격이 형성되는 모든 자산들에 적용된다. 이론적으로 자산 가격이 진정한 경제적 가치를 반영하는 이상적으로 효율적인 시장에서는 거품과 붕괴가 발생하지 않아야 한다. 거품이 발생하면 자산 가격에 대한 합의가 없다는 의미가 아니라 합의가 잘못되었음을 의미한다. 하지만 거품이 발생하더라도 실시간으로 파악하기 어렵다. 투자자들은 시장가격이 미래가치에 대한 예측을 반영하는지 아니면 단순히 집단적 열광을 반영하는지 쉽게 판단할 수 없기 때문이다. 예를 들어 기업공개 후 처음 몇 년 동안 아마존 주식은 P/E의 100배 이상으로 거래되어 회사의 수익(및 그에 따른 가격 상승)이 500% 또는 그 이상 상승할 가능성을 예측했다. 많은 투자자들은 아마존 주식이 반드시 터질 거품이라고 생각했지만 실제로는 그렇지 못했다.

자산 거품은 수요 측면에서 주로 설명되는데, 의욕에 지나친 구매자로 하여금 가격을 빠르게 상승시켜 거품을 일으킨다는 것이다. 다양한 경제이론은 이러한 초과수요의 기원과 메커니즘에 대해 서로 다른 설명을 제시하고 있다. 케인지언 경제학자와 행동 경제학자들은 초기 가격 상승이 주목을 받고 그 결과 비합리적인 과열(Irrational exuberance)과 낙관주의가 더 많은 투기적 수요를 생성하는 심리적 요인을 지적한다. 한편 통화주의자나 오스트리아 경제학파들은 경제에서 통화 및 신용 공급이 크게 확장되는 동안과 그 이후에 거품이 발생하는 경향이 있다고 지적한다. 그러나 일부에서는 거품의 존재를 완전히 부인하고 투자자들이 거품이 계속해서 오를 것이라는 합리적 기대에 따라 단순히 가격을 올리는 경우가 있다고 생각한다.

또한 이러한 이론은 비합리적인 투자 심리, 거품 자체가 만들어내는 지속 불가능한 경제적 불균형, 부정적인 경제 충격 등 거품이 결국 터지는 이유에 대해 다양한 설명을 제시한다. 이유가 무엇이든 거품은 충분한 투자자들이 상황이 지속 불가능하다는 것을 깨닫고 매도하기 시작할 때까지 지속된다. 임계 수준을 넘어서면 그때까지와는 반대되는 역전된 거래가 이어진다. 예상할 수 있듯이 가장 높은 가격에 매수하는 사람들은 일반적으로 거품이 꺼질 때 최악의 손실을 입는다. 거품의 매력은 그들이 제공하는 이익과 개인의 부 창출을 위한 막대한 기회에 있다. 거품이 형성될 가능성을 인지한 투자자는 조기에 매수한 다음, 파열하기 전에 매도하여 막대한 수익을 얻을 수 있다. 그러나 거품을 발견하고 예측하는 데 어려움이 있고 거품이 터지는 데 수반되는 심각한 손실 위험이 존재한다. 자신 거품으로 상징되는 시장의 거대한 순환적 움직임에 대해 하이만 민스키, 찰스 킨들버거, 그리고 앙드레 코스톨리아니가 요약한 바를 검토해 보자.

강세장과 민스키 모멘트

시장, 특히 강세장에 내재된 불안정성에 주목해 온 하이만 민스키(Hyman Minsky)는 강세장이 거대한 붕괴로 이어지기까지 5단계를 거치는 것으로 파악한다.

① 첫 번째인 **변위**(displacement)는 수요 증가로 인해 시장이 자연스러운 성장 패턴을 벗어나는 기간이다. 경기가 확장되며 호황으로 전환하여 풍요감이 커지고 확산된다.

② 호황이 영구적인 성격을 가질 것으로 예상되는 경우 시장은 다음 단계인 **과잉 거래**(overtrading), 즉 지속 가능한 수준에 비해 지나치게 활성화된 투자활동으로 옮겨간다. 경기순환에 동조하는 신용 공급의 확대가 이루어지며 차입과 대여가 과도해진다. 투자자들의 미래에 대한 낙관적 태도가 증폭되고, 다양한 영역에서 투자에 대한 수익 추정치가 상향 조정된다. 따라서 투자자의 차입 의욕이 커진다. 동시에 대여자들은 개별적인 투자에 대한 위험 평가를 낮추고, 위험회피 성향도 줄어들어 자연히 돈을 빌려주려는 의욕이 증가하고, 이전에는 너무 위험하다고 판단했던 투자가 긍정적인 대출처로 바뀌는 경우도 생겨난다.

③ 신용에 대한 수요 증가와 신용을 공급하려는 의향으로 인해 과잉 거래는 세 번째 단계인 **신용 팽창**(credit expansion)을 촉진한다.

이 세 가지 단계는 금융 안정성의 훼손으로 인해 출현한다. 금융시장은 통화와 신용의 과잉 팽창으로 인해 더 이상 안전하지 않다. 경기순환에 동조하는 신용 공급의 확대가 금융 질서의 취약성을 초래한다. 민스키는 이들 3단계 각각에서 활성화되는 특징적인 금융 유형을 분류한다. 우선 금융시장이 안정적인 단계(1단계)에 투자자금을 조달하는 가장 일반적인 방법은 기본적으로 사업에 따른 흑자와 정상적인 차

그림 10-1 시간 흐름에 따른 신용팽창의 변화

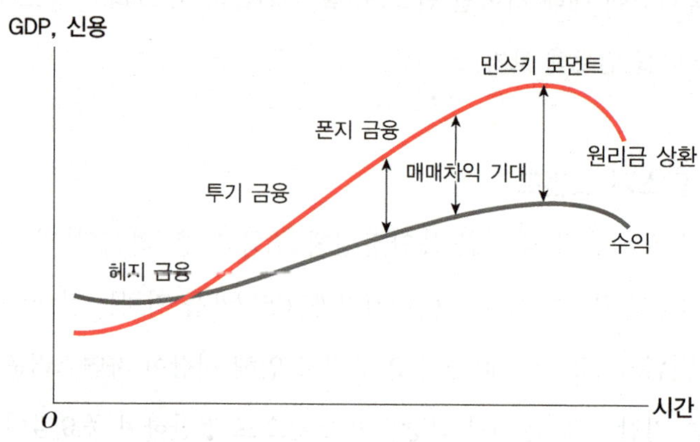

자료 : MSIM, Global multi asset team analysis.

입을 활용하는 **헤지 금융**(hedge finance)이다. 즉, 예상 영업이익이 이자와 원금 상환액보다 큰 기업을 중심으로 신용이 이루어진다.

그러나 급속한 통화팽창과 신용 증가가 이루어지는 2단계에서는 미래의 자산가격 상승에 근거하는 **투기 금융**(speculative finance)이 보다 일반적이다. 예상 영업이익이 이자 상환에는 충분하지만, 잔존 채무의 원리금의 일부나 전부를 상환하려면 신규 차입에 의존해야만 하는 상황이 생겨난다. 풍요감에 들뜬 기간에는 자산의 생산적 활용에서 비롯하는 투자소득보다는 자산가격의 단순한 상승에서 발생하는 단기 자본이득을 추구하는 투자자들이 점점 늘어난다.

마지막 3단계에서는 이른바 **폰지 금융**(Ponzi finance)이 더 보편화되어 추가 성장을 위해서는 신규 자본의 차입이 필요하다. 예상 영업이익으로 이자 상환도 부족한 경우, (원금은 차치하고) 이자상환을 위해서는 차입을 늘려 채무를 늘리거나 보유자산을 매각해야 한다.

이상의 변위, 과잉거래, 신용팽창의 3단계를 거쳐갈수록 차입의 금융 안정성이 감소해 간다. 결국 통화팽창은 과열된 경제와 자산 거품으로 금융시장을 최대로 팽창시킨다. 그러나 시장 기대치가 반전되면 시장과 자산 가격이 하락할 것이다. 신용활동이나 경제활동의 순환에 있어 성장기를 종식시키는 자산 가격의 중대한 붕괴가 발생하는데 이를 **민스키 모멘트**(Minsky moment)라 한다.[11] 자산 가격의 하락이 시작되면 불안 국면이 뒤따르기 쉽다. 따라서 새로운 단계인 **돌변**(revulsion) 단계에

그림 10-2 민스키의 자산거품 메커니즘

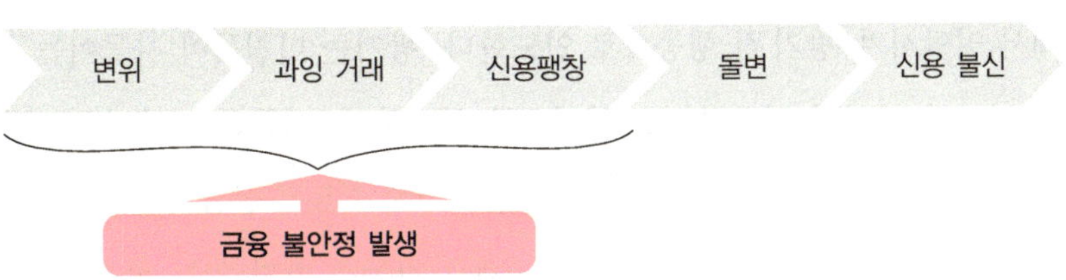

11. 경제가 둔화하면, 수익성 악화로 인해 헤지금융으로 운영되던 집단의 일부가 투기금융 집단으로 떨어지고, 투기금융으로 운영되던 집단의 일부는 폰지금융 집단으로 전환한다.

도달한다. 부정적 기대와 수정이 지배적이며 **신용 불신**(discredit)이라 불리는 위기 단계가 뒤따를 것이다. 이어 공황이 발생할 확률이 높고 다음에는 붕괴, 그리고 현금 확보를 위한 쇄도를 동반하는 금융위기가 뒤따를 수도 있다.

광기, 공황, 그리고 붕괴

우리 시대의 뛰어난 금융경제사가인 찰스 킨들버거(Charles P. Kindleberger)는 민스키로부터 영감을 받아 광기, 공황, 붕괴 또는 "광기(과잉거래) → 불안 → 공황(급반전)과 붕괴(신용경색)"로 구성되는 자산 거품 모형을 제시하였다.

첫째, 우선 외생적 충격은 금융시장이 감당할 수 없는 통화팽창을 야기한다. 외부적 충격으로 인한 변위(displacement)에 따른 합리적 활력이 생겨난다. 즉, 돌발적 충격으로 이익과 기대이익이 증가하여 투자 확대, 경제 성장, 투자 확대의 선순환이 발생하며 차입이 증가한다. 경제적 풍요감을 동반하여 실질 이익 증가에 대한 낙관에 이어 투자자는 자본이득을 낙관하고 금융기관의 위험회피 성향이 완화되며 투자가 증가한다. 합리적 활력은 비이성적 과열로 변이를 일으키며 투기적 광기와 거품을 초래할 수 있다.

둘째, 감당할 수 없는 통화팽창을 배경으로 금융시장에 대한 과도한 투자와 함께 첫 단계인 **광기**(mania)가 이어지며, 이는 희락적인(euforistic) 자산 거품의 생성을 낳는다. 이 단계는 투기 → 광기(과잉거래) → 거품으로 요약된다. 여기서 투기란 실질소득이 아니라 매각차익(자본이득)을 한 목적으로 자산을 매수하는 것으로 가격이 상승할 것이라는 기대가 투자의 모든 이유가 된다. 투기는 결국 사람들을 합리적 행동에서 일탈시켜 '광기'적 행동으로 인도한다. 광기는 미친듯이 사들이는 구매 유형으로 과도한 차입에 의존하는 과잉거래를 동반한다. 거품은 기본적 가치로 설명할 수 없는 현재 가격의 괴리를 말한다. 과잉거래에 연료를 공급하는 것은 신용팽창이다. 금융기관의 여신을 통제하더라도 규제와 감독을 받지 않는 방식으로 신용이 증가한다. 경제에 무언가 이례적 현상이 발생하고 있음을 인식하지만 이전에 있었던 광기를 충분히 인식하고 있으면서도 "이번엔 다르다"고 판단하며, 그 다른 점에

대한 광범위한 설명이 등장한다.[12]

셋째, 버블은 **공황**(panic)으로 이어진다. 광기와 공황은 모두 금융 안정성의 훼손으로 인해 발전한다. 이 단계에서 시장은 자산가격이 기본적 가치 아래로 급격하게 떨어지는 세 번째 단계로 전환된다. 버블에서 공황으로의 전환은 불안기를 경유한다. 이는 풍요감에 들뜬 시기가 끝나고, 급반전과 신용경색(붕괴와 공황)이 시작되기까지의 과도기이다. 상승하던 자산가격이 멈추고 하락이 나타나며 불안 국면이 생겨난다. 매수 세력보다 매도 세력의 의욕이 강해지고 이익률 급락으로 이자 지급 능력을 상실하며, 기업들이 파산하는 상업 불안과 은행들의 자본 보강이 필요하게 되는 금융불안이 생겨난다.

넷째, 공황은 네 번째 단계인 **신용경색**(credit crunch)과 **위기**(crises)로 이어진다. 공황은 "이유 없이 엄습하는 공포"로 청산 과정이 질서있게 진행되지 못하고 급반전되는 것이다. 소수의 투자자들만 정점의 최고가에서 매도할 수 있다는 인식이 확산되기 때문(출입구 폐쇄 공황, Torschlusspanik ; door-shut-panic)이다. 붕괴란 충격으로 위험자산에서 현금과 안전자산으로 쇄도가 생기고 그에 따른 자산가격의 폭

그림 10-3 킨들버거의 자산 거품 메커니즘

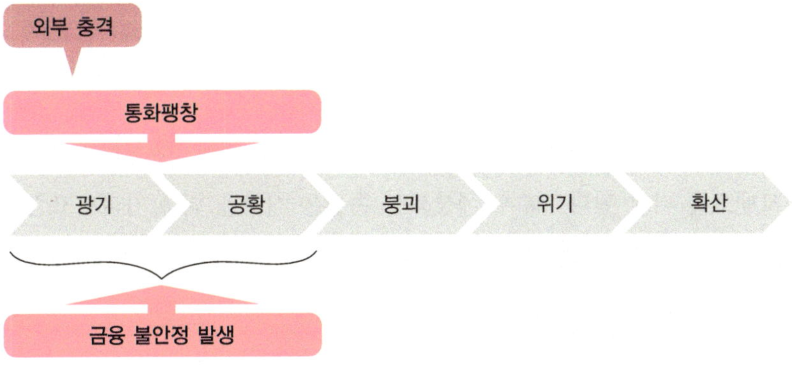

12. 그린스펀 FRB 의장은 1996년 미국의 주식시장 과열에 처음 우려를 표명한 지 약 1년 만에 생산성의 급격한 증가를 발견했다; 생산성의 증가는 기업이익이 이전보다 더 빠르게 증가할 것임을 의미한다는 점에서, 현재의 기업이익과 비교해 주가 수준이 높아졌다 해도 결코 불합리해 보이지 않는다는 설명이 생겨난 것이다.

락을 말한다. 붕괴가 공황을 뒤따를 수도 있고 반대 순서로 진행될 수도 있다. 한편 상품 또는 금융자산을 담보로 대출하는 금융기관의 위험 기피가 확연히 커짐에 따라 '신용경색'이 발생한다.

다섯째, 위기가 지속되면 다른 시장으로 위기가 전염되며 5단계 **확산**(Diffusion)에 도달한다.

민스키와 킨들버거는 버블과 금융 위기가 일반적으로 금융 불안정에서 시작된다고 주장한다. 금융시장은 지속 가능한 균형을 잃을 수 있는 교란에 노출되어 있다. 따라서 이들 접근 방식은 종종 **금융 불안정성 가설**(The Financial Instability Hypothesis)로 불린다. 킨들버거(1996)는 금융 불안정성이 일반적으로 상당한 외생적 충격을 통해 발생할 수 있으며 확장된 신용이 경제를 과도하게 팽창시킨다. 반면 민스키(Minsky, 1982, 1986)는 금융시장의 교란에 대처하는 내생적 시스템의 결함에 더 주목한다. 금융 시스템의 결함이 단기적 균형과 장기적 균형이 일치하지 않는 시기에 금융 불안정을 발전시킨다는 것이다.[13]

두 사람 모두 공통적으로 금융 안정이 훼손되며 신용 거품이 발생한다. 이어서 지나치게 커진 통화량 증가로 인해 금융시장과 전체 경제가 과열된다. 투자수익이 너무 커지면 자산 거품이 발생한다. 자산가격의 지속적 상승에 대한 투기는 거품을 더욱 증폭시킨다. 자산 가격보다 더 높아질 것이라는 기대는 가격을 더욱 상승시킨다. 갈수록 더 높아지는 가격이 계속 실현됨에 따라 가격이 더욱 더 높아질 것이라는 기대가 강화되는 선순환이 계속된다. 그러나 금융시장 상황은 급반전하며 민스키 모멘트를 겪게 된다. 그 후 예상되는 손실은 시장을 더욱 가파르고 깊게 만든다. 경제, 특히 자산시장은 신용 위기, 붕괴, 그리고 경기 침체에 직면하게 될 것이다(Kindleberger and Aliber 2015, pp. 33～76).

---

13. 다음과 같은 상황을 참고할 수 있다. 경기순환은 기술혁신과 연결되어 기술혁신은 새로운 기회와 투자를 촉진하며 그에 따라 경제가 확장되지만, 기술이 성숙하고 시장이 포화되면 확장이 느려진다. 경기침체는 과잉 투자와 생산능력을 해소하는 정상적 과정이다. 그러나 경기 침체에 직면해서 이루어지는 중앙은행의 단기적 안정을 위한 통화개입은 장기적 불안정을 야기할 수 있다.

민스키와 킨들버거를 포함한 거품 국면의 변화에 대한 다양한 설명은 Rodrigue(2020)에 의해 다음과 같이 요약되었다.

- **잠복기**(stealth) : 새로운 기본 원칙을 이해하는 사람들은 새로운 기회를 깨닫지만 이들의 추정이 아직 입증되지 않았기 때문에 높은 위험에 처해 있다. 따라서 새로운 투자기회에 조용하고 조심스럽게 투자하는 이른바 스마트 머니(smart money)라는 범주의 투자자는 정보에 더 쉽게 접근할 수 있고 자산가격 상승을 촉발할 수 있는 더 넓은 경제상황을 이해하는 능력이 더 큰 경향이 있다. 물론 이들의 활동은 추정에 근거할 뿐으로 아직 입증되지 않은 가정에 의존할 수도 있다. 자산가격은 점차 상승하지만 일반 대중이 전혀 눈치채지 못하는 경우가 많다. 기본적 요인이 탄탄하고 이들 자산들이 향후 상당한 가치 재평가를 경험할 가능성이 있다는 점을 스마트 머니가 더 잘 이해하기 시작하면서 투자규모가 점점 더 커진다.
- **인식**(awareness)**단계** : 많은 투자자들이 모멘텀을 느끼기 시작하여 추가 자금이 유입되어 가격이 더욱 높아진다. 소수의 투자자가 실현된 이익을 현금화하면서 단기적인 매도 단계가 발생할 수 있다(각각 이전 단계보다 높은 수준에서 시작하는 여러 매도 단계가 있을 수도 있다). 스마트 머니는 이 기회를 이용하여 기존 투자규모를 더 강화한다. 이 단계의 후반에 들어서면 언론은 이 새로운 투자붐이 부를 창출하여 경제에 어떻게 도움이 되는지에 대한 긍정적 보도를 하며 주목을 끌며, 그에 따라 새로이 투자하는 사람들은 점점 더 정교하지 않은 투자를 한다.
- **광기**(mania) **단계** : 모두가 자산가격이 상승한다는 것을 알아차리고, 대중은 이 일생일대의 투자 기회에 뛰어든다. 미래의 가격 상승에 대한 기대는 부정할 수 없는 현실이 되고 선형적인 사고방식이 시작된다: 미래 가격은 과거 가격 상승을 단순히 연장하여 추정한 것이며, 이는 물론 전통적인 투자상식에서 벗어난 것이다. 하지만 이 단계는 논리에 관한 것이 아니라 대부분 심리에 관한 것이다. 엄청난 자금이 유입되어 더 큰 기대를 불러 일으키고 가격을 성층권 수준으로 끌어올린다. 가격이 오르면 오를수록 더 많은 투자가 쏟아진다. 이러한 새로운 열광에 사로잡힌 일반 대중의 눈에 띄지 않게 스마트 머니는 물론 많은 기관투자자들이 조용히 자

산을 빼내 매각한다. 많은 투자자가 이미 막대한 투자를 하였고 자산가격 급등세의 지속에 관심을 집중하고 있기 때문에 자산의 펀더멘털에 대한 편견 없는 의견을 찾기가 점점 더 어려워진다. 일반 투자자가 문서상의 대박을 경험하여 시장은 더욱더 열광하고 탐욕이 확산된다. 모두가 시장에 뛰어들려 하고, 신규 투자자는 시장과 시장의 역동성, 기본 여건을 전혀 이해하지 못한다. 가격은 가능한 모든 금융 수단, 특히 레버리지, 즉 부채를 통해 매입된다. 거품이 허술한 신용팽창과 연결되어 있다면 많은 분석가들이 예상하는 것보다 훨씬 오래 지속될 것이기 때문에 거품 상황이 지속 불가능하다는 많은 합리적 평가가 무시된다. 일정 시점에서는 미래의 가격 상승을 정당화하기 위해 자산의 가치가 이전과는 차원이 다른 새로운 수준에 도달했음을 암시하는 완전히 새로운 기본적 요인에 대한 설명이 제시된다. 이때 곧 거품이 붕괴될 것이다.

- **붕괴**(blow off) : 깨달음의 순간은 다가오고, 모든 사람은 대체로 동시에 상황이 바뀌었다는 것을 깨닫는다. 자신감과 기대의 패러다임 변화에 직면하지만, 많은 사람들이 이는 단지 일시적 조정일 뿐이라고 대중을 안심시키려 노력하는 현실부정

그림 10-4 거품 국면의 변화

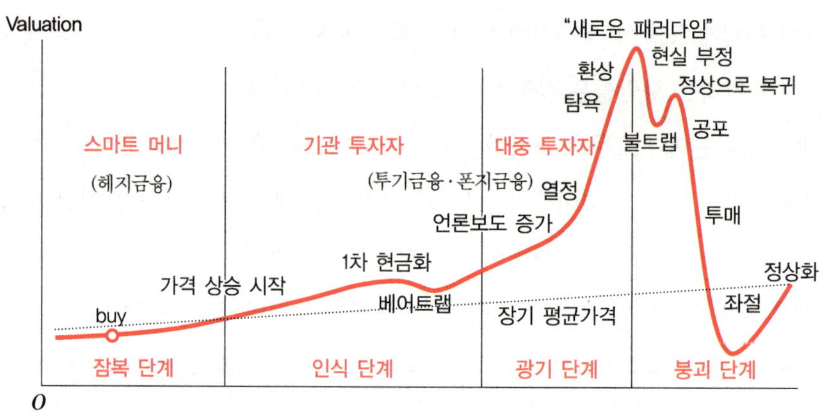

주 : 스마트 머니의 헤지금융은 수익력(배당)을 갖춘 자산을 저평가(시세 차익과 위험 관리)되었을 때 투자한다. 그러나 대중투자자의 투기금융 또는 폰지금융은 수익력(배당)으로 뒷받침되지 않는 자산으로 고평가(고위험 상태)되었지만 시세차익을 기대하며 투자한다.

자료 : Jean-Paul Rodrigue(2020), *The Geography of Transport System*, Routledge, pp. 456.

의 단계가 생겨난다. 일부는 속지만 오래 가지 않는다. 많은 사람들이 자산을 처분하려 노력하지만, 이를 인수하는 사람은 거의 없다. 모두가 추가 가격 하락을 기대하게 된다. 모래성은 그 자체의 무게로 붕괴되고, 스마트 머니가 오래 전에 발을 뺀 뒤에 후발 투자자(주로 일반 대중)는 가치가 하락하는 자산을 보유하게 된다. 자산가격은 거품이 부풀린 것보다 훨씬 빠른 속도로 급락한다. 과도한 레버리지를 보유한 투자자 중 상당수가 파산하고 추가적인 매각 물결이 촉발된다. 심지어 자산가격은 장기적인 평균을 하회하여 상당한 매수 기회를 시사할 가능성도 있다. 그러나 이런 상황이 되면 일반 대중은 이 분야를 "최악의 투자"라고 간주한다. 하지만 스마트 머니는 이 상황을 이용하여 저가로 자산을 획득하기 시작하는 시기이기도 하다.

코스톨라니의 달걀 : 시장순환 모형

이상의 시장변동 양상은 헝가리 유대인으로 유럽의 워렌 버핏이라 불리는 앙드레 코스톨라니(André Kostolany)에 의해 계란 모양으로 단순화된 바 있다. A1(조정)은 자산 가격의 조정이 이루어지며 거래량도 적고 주식투자자 수도 적다. 소수의 사람이 주식에 투자를 하고 있는 것이다. A2구간(동행)에 들어가면 주가가 빠르게 상승하면서 거래량과 투자자가 많아진다. 이어 A3(상방 과장)구간에 들어서면 거래량이 급증하고 투자자 수는 증가하여 에서 최대점을 이룬다. 이어 B1(조정)에서 주가가 조정되며 거래량이 감소하고 주식투자자가 서서히 줄어든다. B2구간(동행)에서는 거래량이 증가하지만 주식투자자는 계속 줄어든다. 마지막으로 B3구간(하방 과정) 국면 : 거래량은 급감하고 주식투자자는 감소하여 *y*에서 최저점을 이룬다. 코스톨라니는 주변의 모든 사람이 주식을 소유(*x*)하면 매도 신호이고 주식투자자를 찾아보기 어려우면(*y*) 매수신호로 간주한다. 즉, 가격이 낮은 하단 A1과 B3에서 매수하고, 낙관론이 지배적인 A3과 B1에서 매도해야 하고 그 사이인 B2의 하락 단계와 A2의 가격 상승 기간 동안 보유 상태를 유지해야 한다.[14]

14. 한편 코스톨라니는 시장 상황을 이자율에 의해 활황과 침체로 구분하여 포트폴리오의 구성을 변경할

그림 10-5 코스톨라니의 달걀 : 시장순환 모형

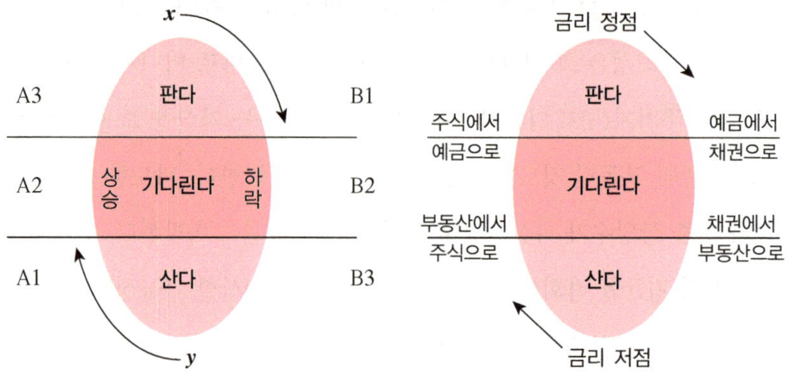

4. 탈무드에서의 우상숭배와 투자

1) EMH와 가치투자

현실 세계에서 자산의 시장 가격이 자산의 실제 가치에 대한 불편 추정치라는 효율시장 가설을 믿지 않는 투자자들이 많다. 많은 유대인이 공유해 온 가치투자도 이에 포함되며 특히 벤자민 그레이엄과 워렌 버핏이 대표적이다. 가치투자에 관한 고전적 논문에서 벤자민 그레이엄(1949, The Intelligent Investor, Harper & Brothers)은 두려움과 탐욕으로 추동되는 비합리적인 주식 시장을 설명하는 데 유용한 변덕스러운 친구인 **미스터 마켓**(Mr. Market)을 소개한다. 그레이엄의 학생이었던 워렌 버핏은 주주에게 보낸 서한에서 이 개념을 가격은 당신이 [미스터 마켓에] 지불하는 것이고, 가치는 당신이 [미스터 마켓으로부터] 얻는 것이라며 자세히 소개한다[Buffett's

---

것을 권하고 있다. 이자율이 정점을 치고 하락할 때 채권에 투자하며, 이자율이 저점에 접근하면 부동산에 투자한다. 그리고 이자율이 저점을 이루고 상승하면 주식에 투자하며 마침내 이자율이 정점에 근접하면 현금으로 전환한다(Chae-eun Park, Dong-seok Lee, Sung-hyun Nam, Soon-kak Kwon(2021), "Implementation of Fund Recommendation System Using Machine Learning," J Multimed Inf Syst 8(3):183-190).

letters to shareholders (1977～present)] : 어떤 기업을 당신과 함께 소유한 미스터 마켓은 하루도 빠짐없이 찾아와 가격을 제시하면서 당신의 지분을 팔거나 자신의 지분을 사라고 제안한다. 회사 실적은 안정적이지만 그가 제시하는 가격은 그의 조울증 때문에 들쭉날쭉이다. 기분이 들뜰 때면 사업의 긍정적 요소만 보며 아주 높은 가격을 부른다. 자신의 지분을 헐값에 사들여 막대한 이익을 빼앗아갈까 두렵기 때문이다. 반면 기분이 가라앉을 때면 사업의 문제점만 지적하며 아주 낮은 가격을 부른다. 당신이 지분을 자신에게 떠앉길까 두렵기 때문이다. 미스터 마켓은 무시당해도 개의치 않는 호방한 성격도 가졌다. 그가 제시한 호가에 무관심해도 그는 내일이면 어김없이 다시 와 새로운 호가를 제시한다. 결국 거래 여부는 전적으로 당신의 선택에 달렸다. 이런 상황이라면 그의 조울증이 심할수록 당신에게 유리할 것이다. 그러나 당신도 조심해야 할 구석이 있다. 그를 무시하거나 이용하는 것은 당신의 자유지만 그에게 휩쓸리면 재앙이 닥칠 것이다. 그러니 당신이 미스터 마켓보다 기업을 훨씬 더 잘 안다는 자신이 없다면 그와 거래해서는 곤란하다. 포커에는 30분 동안 게임을 하고서도 누가 봉인지 모른다면 자신이 봉이라는 말이 있다.

앞서 언급했듯이 효율적 시장 가설은 시장가격이 항상 정확하다는 것을 시사하는 것은 아니다. 사실 가치투자자들은 이른 시기부터 효율적 시장 가설에 문제를 제기해 왔다. "시장이 자주 효율적이라는 사실을 정확하게 관찰한 그들은 시장이 항상 효율적이었다고 잘못된 결론을 내렸다. 이러한 시사점은 밤과 낮만큼 다르다"(Buffett, 1988)[15] 일부 랍비는 효율시장 가설을 둘러싼 오해를 두고 지혜에 대한 대중의 맹목적 믿음을 나타낸다고 비판한다. 다른 사람들이 뭔가를 하고 있다면 그것은 틀림없이 옳을 것이라는 것이 그것이다. 효율시장 가설에 따르면 시장은 믿을 만한 것이며, 시장에서 회사의 가치가 *X*라고 말하면 회사의 가치는 *X*라는 것이다.

---

15. 아울러 그는 CAPM에 대해서도 비판한다. "…. 학계에서는 주식의 "베타"(과거의 상대적 변동성)를 정확하게 계산한 다음 이 계산을 중심으로 신비한 투자 및 자산배분 이론을 구축한다. 그러나 위험을 측정하기 위한 단일 통계에 대한 갈망으로 인해 그들은 기본 원칙, 즉 정확히 틀린 것보다 대략적으로 옳은 것이 낫다는 것을 망각한다"(Buffett, 1993).

모든 이용 가능한 정보를 활용하는 현명한 증권 분석가가 있기 때문에 저평가된 주식은 없을 것이다. 하지만 그렇지 않다. 주식의 시장가격이 항상 잘못되었다는 말은 아니며 주가가 기업의 실제 가치를 반영하는 경우는 분명 많지만 그렇지 않은 경우 역시 많다는 점에 주의해야하는 것이다. 대중은 때때로 주식시장과 같은 인공 구조물을 의인화하여 스스로를 표현하는 실체가 있는 것처럼 대하며 때로는 우상시한다. 그러나 시장은 단지 우리의 감각과 정신을 적용하여 그것이 실제로 무엇을 의미하는 가를 이해하도록 요구하는 매개물일 뿐이다. 시장 뿐만 아니라 회사, 유대교, 그리고 심지어 신과 같은 개념도 속이 비어있는 빈 그릇, 무의미한 우상 숭배와 어리석은 추측의 대상으로 만들어질 수 있다.

▶ **그릇을 보지 말고 그 안에 담긴 것을 보라**(피르케이 아보트 4:20).

유대교에서는 맹목적 신앙을 우호적으로 보지 않으며, 독립적인 비판적 사고를 적용한 사람만이 참된 경건을 얻을 수 있다고 강조한다. 그래서 탈무드는 "무식한 사람은 경건할 수 없다"고 말한다. 유대교의 창시자인 아브라함은 예언을 통해서가 아니라 이성을 통해서 믿음을 갖게 되었다. 아브라함은 어렸을 때부터 자연계를 관찰하고 신정론에 대한 질문을 숙고했다. 수십 년이 지난 후 그는 세상에 안내자가 없다는 것은 상상할 수 없는 일이라는 결론을 내렸다. 그는 자신의 관찰을 바탕으로 하나님에 대한 이해를 발전시켰다. 그제서야 하나님께서 그에게 말씀하셨다. 더욱이 아브라함은 자신의 비판적 본성을 후손에게 물려주었고 이것이 유대교를 독특하게 만들었다. 아브라함의 후손들은 너무 회의적이어서 소문에 근거한 사람을 따를 수 없었고, 결국 하나님은 유대인들을 다른 사람이 자신들을 대신하여 생각하도록 허용하지 않는다는 의미에서 목이 곧은 백성이라고 부르게 되었다. 다른 사람들의 눈에 호의를 구하거나 이성의 사용을 버리고 대중의 변덕을 무비판적으로 따르지 않는다.

▶ 너희는 목이 곧은 백성인즉 내가 길에서 너희를 진멸할까 염려함이니라(출 33:3).

온전한 세계는 "그 날에 내가 이 땅에서 우상의 이름을 말살하여 그것을 기억하는 자가 없게 하고 거짓 예언자와 더러운 귀신을 이 땅에서 제거"(스가랴 13:2)할 때에만 도래할 수 있다. 자산매매를 포함한 인생의 모든 선택에는 정보를 수집하기 위한 감각의 사용과 정보를 처리하기 위한 마음의 적용이 필요하다. 철저하게 분석한 후 자신의 결론이 확실하다면 다른 개인이나 집단의 무조건적이거나 자의적 합의는 아무런 의미가 없어야 한다.

▶ 그러나 너희는 스스로 조심하고 잘 살펴서 너희가 본 것을 잊지 않도록 하고 그것이 너희가 사는 동안 마음에서 사라지지 않도록 하라(신명기 4:9-10).

2) 우상 숭배와 투기

가치투자의 주요 아이디어는 주식을 투기 수단이 아니라 기업에 대한 소유권으로 간주한다는 점에서 기존 통념에 어긋난다. 이는 태도의 문제다. 가치투자자들은 투자 태도에서 자산 자체를 이익의 주요 원천으로 보는 경향이 있다. 예를 들어, 농장이나 제조업체를 구입할 때 주요 관심사는 농업 생산이나 제품 판매 형태로 사업을 통해 창출되는 현금의 크기다. 사업 전체를 매매하기로 결정한 경우를 제외하고 단기의 주가변동은 관심 사항이 되기 어렵다. 반면, 투기할 때는 사업의 기본 원칙이나 투자처에 대한 이해에는 관심이 없지만, 자신이 치른 값보다 더 높은 가격으로 매입하려는 구매자를 찾기를 희망하면서 어떻게든 짧은 기간 내에 신속하게 이익을 얻으려 분투한다. 투기의 성공은 건전한 분석이 아니라 시장 분위기를 정확하게 예측하는 능력에 달려 있다. 투기는 비윤리적일 필요는 없지만, 금전적으로 보상이 없는 경향이 있다. 오히려 건전한 가치투자는 시간이 지나면서 이 원칙을 철저하게 적용한 것만으로 워렌 버핏처럼 놀라운 부를 만들어냈다.

유대교에서는 비판적인 검토가 결여된 맹신을 우상 숭배로 간주한다. 벤자민 그레이엄과 워렌 버핏은 이를 투기라고 부른다. 투기꾼은 자신의 투자를 이해하는 데 관심이 없다. 그는 미래에 다른 사람들이 그 가치를 더 높이 평가할 것이라는 희망으로 다른 사람들의 가치 평가를 바탕으로 자신의 투자에 대한 가격을 지불한다. 투기는 나쁜 회사에 투자하는 데에만 적용되는 것이 아니다. 사람들은 주식이 부풀려진 가격으로 거래되던 시기에 기존 우량기업에 투자하여 돈을 잃기도 한다. 우상 숭배 여부를 결정하는 것은 숭배의 대상이 무엇인지가 아니며, 투기 여부를 결정하는 것은 어떤 투자 유형인지가 아니다. 독립적이고 비판적인 사고가 부족한 행동이라면 그것이 우상 숭배와 투기인 것이다.

- 만약 예상 가격변동에 초점을 맞추어 구매하려한다면 투기를 하고 있는 것이다. 여기에 잘못된 것은 없다. 그러나 성공적 추측을 할 수 없으며, 그렇게 하는 데 지속적으로 성공한다고 주장하는 사람들이 의심스럽다(Annual letter, 2013).
- 투자와 투기의 늘 불분명한 경계는 대부분의 시장 참여자들이 최근에 승리를 거두어었을 때 더 모호해진다. 큰 노력 없이 횡재하는 것만큼 합리성을 가라앉히는 것은 없다. 그런 황홀경 뒤에는 냉정한 사람들도 무도회의 신데렐라처럼 행동한다. 축제를 너무 오래 머무르면, 즉 미래의 기대수익에 비해 엄청난 가치를 지닌 기업에 계속해서 투기하면 결국 호박과 쥐를 낳을 것임을 알고 있다. 그럼에도 불구하고 그들은 끔찍한 파티의 단 1분도 놓치지 않으려 한다. 따라서 멍해진 참가자들은 모두 자정 몇 초 전에 떠나려 계획한다. 하지만 문제가 있다. 바늘 없는 시계 밑에서 춤 추고 있는 것이다(Annual letter, 2000).

투기꾼은 자신의 투자를 이해하는 데 관심이 없다. 그는 미래에 다른 사람들이 그 가치를 더 높이 평가할 것이라는 희망으로 다른 사람들의 가치 평가를 바탕으로 자신의 투자에 대한 가격을 지불한다.

유대교는 맹목적인 신앙을 우호적으로 보지 않으며, 독립적인 비판적 사고를 적용한 사람만이 참된 경건을 얻을 수 있다. 현자들은 "무식한 사람은 경건할 수 없다"

고 말했다.

금융 순환과 시장 변동에서의 역발상 투자

워렌 버핏은 "남들이 탐욕스러울 때 두려워하고, 남들이 두려워할 때 탐욕스러워라"라고 말했다. 이 원칙은 적어도 장로 힐렐의 이름으로 기록된 바빌로니아 탈무드만큼 오래되었다. "다른 사람이 축적할 때 너는 분산시켜야 하고, 다른 사람이 그들의 물건을 분산시킬 때 너는 축적해야 한다(When others are hoarding you should disperse, and when others are dispersing their goods you should hoard)." 많은 사람들이 힐렐이 지혜와 지식을 언급한 것으로 이해했지만, 그의 동시대인 바르 카파라(Bar Kaparah)는 "상품이 싸면 돈을 모아서 사라"고 말하면서 이를 상업에 직접 적용했다.

순환성과 변동성에 대한 현명한 태도는 가치투자의 핵심이며 성경에서도 옹호되었다. 좋은 시절에 지나치게 탐닉하다가 보호 없이 피할 수 없는 위기에 직면하는 인간의 자연스러운 경향에 저항한다는 개념이다. 가치투자와 성경은 모두 번영과 행복감 속에서 이익을 얻고 위기 상황에서는 잉여금을 활용하는 보다 냉정하고 심지어 역발상의 접근 방식을 제안한다.

- 시장 변동을 적이 아닌 친구로 생각하라. 어리석은 일에 참여하기보다는 그로부터 이익을 얻으라(워렌 버핏).
- 애굽 온 땅에 일곱 해 큰 풍년이 있겠고 그 후에 일곱 해 흉년이 들리라. … 풍년 칠년 동안 애굽에서, 그리고 그들로 장차 올 풍년의 모든 양식을 거두어 바로의 권위 아래 각 성읍에 먹을 곡식을 저장하여 보관하게 하라. 그 곡식을 이 땅에 저장하여 애굽 땅에 일곱 해 흉년이 들 때를 대비하여 땅이 이 흉년으로 말미암아 망하지 않게 하라(창세기 41).

| 참고문헌 |

로버트 J. 실러 저 · 이강국 역(2014), 『비이성적 과열』, 알에이치코리아.

미히르 데사이 저 · 김홍식 역(2018), 『금융의 모험』, 부키.

앙드레 코스톨라니 저 · 한윤진 역(2023), 『돈, 뜨겁게 사랑하고 차갑게 다루어라』, 미래의 창.

찰스 P. 킨들버거 저 · 김홍식 역(2006), 『광기 패닉 붕괴: 금융위기의 역사』, 굿모닝북스.

Ackert, Lucy & R. Deaves(2009), Behavioral Finance : Psychology, Decision–Making, and Markets, South–Western Cengage Learning.

Friedman, H. H. and L. W. Friedman(2009), The Financial Meltdown of 2008 : The Perspective of Jewish Law(https://ssrn.com/abstract=1419537).

Grytten, O. H.l and V. Koiloa(2019), "The Financial Instability Hypothesis and the Financial Crisis in Eastern European Emerging Economies, NHH Dept. of Business and Management Science Discussion Paper No. 08/2019.

Shleifer, Andrei(2000), *Inefficient Markets : An Introduction to Behavioral Finance*, Oxford University Press.

제4부 사업과 기업

11장

기업과 경영 : 사업영역의 선택

1. 기업과 그 선택 문제 / 2. 기업 이윤과 그 구성 : 수입과 비용 / 3. 이윤극대화와 사업 규모 및 영역의 결정
4. 사업과 탈무드의 교훈 / 5. 동양의 사업관

1. 기업과 그 선택 문제

오늘날 기업가 정신에 대해 이야기하지 않는 사람을 찾기 어렵다. 민간부문을 넘어 정부와 대학에서도 혁신, 기업, 또는 기업가 정신이 유행어로 자리잡고 있다. 이러한 흐름의 가장 큰 수혜자 중 하나가 사회적 기업이다. 일반 기업과 달리 사회적 기업은 상업 활동을 통해 단순한 이윤극대화가 아닌 인간 복지라는 더 광범위한 목표에 초점을 맞춘다. 이 때문에 정부, 언론, 그리고 사회는 사회적 기업을 호의적으로 보는 경향이 있다. 그러나 사회적 기업이 가치를 창출하는 것은 분명하지만 이윤보다 "사회적" 목표를 강조하는 것은 오해의 소지가 있다. 이윤을 추구하는 전통적 기업은 많은 사람들에게 사회적 혜택을 제공하지 못한다는 것을 암시할 수 있기 때문이다. 실제로 대부분의 문화권에서 이익은 일부 개인이 다른 개인에 의해 착취된 결과로 간주된다. 따라서 이익을 위해 노력하는 것은 비난받아야 하고 사회의 적으로 간주되며 피해를 입히지 않도록 제때 막아야 한다.

사회적 기업을 전통적 기업과 다른 것으로 보게 되면 이윤 추구가 인간 복지의 향상과 양립할 수 있을 뿐만 아니라 인간복지를 개선할 수 있는 강력한 동력이라는 중요한 측면을 모호하게 만들 수 있다. 사실 이런 측면이 자유 기업의 핵심이다. 명시적인 사회적 목표를 추구하는 것과 관련 없이 기업은 본질적으로 사회적이다. 의도가 좋은 정책이 반드시 좋은 결과를 낳는 것은 아니다. 유사하게 기업이 구체적인 사회적 목표를 갖지 않는다고 반사회적인 것은 아니다. 상업과 기업은 숭고한 목표를 갖기 때문이 아니라 상호이익이 되기 때문에 사회적인 것이다. 사업은 누군가에게 도움이 될 것이라는 판단에서 시작된다. 소비자에게 유용한 재화와 서비스를 제공하기에 그에 합당한 대가를 받는 것이다. 보수를 받고 재화와 서비스를 제공할 경우 거래의 당사자가 모두 이득을 본다. 물론 이처럼 협력하며 거래에 참여하는 대신 각자 독립적으로 스스로 필요한 것을 충족하는 것도 가능하다. 그러나 그럴 경우 홀로 끊임없이 일하지만 그 효율성은 떨어지며 시간이 모자라 사람들로부터 더욱더 고립될 가능성이 크다.

이런 면에서 모든 기업은 사회적 기업이며 그 반대도 마찬가지다. 기업은 그 활동이 자유로운 만큼 사회적이라고 할 수 있다. 인간은 관계를 자유롭게 선택하거나 거부할 수 있을 때 진정으로 사회적이다. 시장은 인간의 가장 근본적인 사회적 본능이 표현되는 곳이다. 시장은 구매자와 판매자가 끊임없이 서로를 이롭게 만드는 정교한 자발적 교환 네트워크다. 이것이 바로 처음부터 사업을 하는 이유이다. 가게나 시장은 사람들이 자발적으로 자신이 가진 것을 교환하고 상호작용하여, 이전보다 더 큰 만족감을 얻어 더 나은 형편을 꾸리는 장소이다. 이런 점에서 시장에서 사회적 기업이라는 용어가 불필요한 측면도 있다고 하겠다. 사고파는 것은 우리에게 상호 이익을 위한 상호 작용에 대해 가르쳐주고 우리 자신의 복지가 다른 사람을 이롭게 하는 우리의 헌신에 얼마나 크게 좌우되는지를 보여준다.

사업에 대한 태도의 서구적 전통

자유 시민의 공동체인 도시국가 그리스에서 활성화된 시장을 배경으로 공동생활의 기본단위이자 생산·소비의 단위였던 가정(oikos)을 관리하는 것은 그리스 시민의 중대사였으며 그러한 가정의 보존은 시민공동체의 존립을 위한 국가의 본질적 의무였다. 플라톤은 시민이 폴리스에서의 행복한 공존을 위해 이윤 추구를 제한할 것을 제시하였다. 아리스토텔레스 역시 가정과 국가의 관리 목표를 모두 도덕적 삶 또는 훌륭한 삶의 달성에 두어, 자연스런 욕구를 충족하는 행위인 가정관리와 구분하여 이윤 추구의 상업이나 축재술(chremastike 또는 kapelike, 교환술)에 윤리적 정당성을 부여하지 않았다. 가정관리는 가축에 관한 지식, 농업, 어업을 포함하며, 축재술은 배에 의한 수송, 매매, 금전의 대여, 기계의 대여 등이 포함된다. 인간이 다른 사람을 희생함으로써 이윤을 낳는 것은 자연과 맞지 않는 방식이며, 이자 대부 역시 부자연스러운 증오의 대상이었다. 상업화되는 민주정을 비판하고 도덕적 삶을 도모하는 정치체계를 꿈꾸었던 것이다.

유럽의 속담에 교환하다(tauschen)와 속이다(täuschen)의 낱말을 모아 만든 '교역하고 싶다고 생각하는 자는 속이고 싶다고 생각하는 자이다(Wer Lust zu tauschen hat, hat Lust zu täuschen)'가 있다. 중세유럽에서 농업은 덕으로 하는 직업으로 찬양되었지만 '상인은 대부분 신을 기쁘게 하지 않는다'는 교회법이 존재하였고, 교회는 기독교인이라면 상인이 되어서는 안 된다고 가르쳤다. 예수가 성전에서 상인을 쫓아버린 예(누가복음 19:45-46)는 상인의 탐욕의 죄를 힐난하는 소재가 되었다. 이에 따라 중세 유럽은 상업을 도덕적 목적과의 연관 아래 통제·억압하고자 하였다. 금욕, 선의 등의 도덕적 개입이 희소성과 불평등 등의 경제 문제를 근본적으로 해결할 수 있다고 믿어졌다. 시장에서의 이윤 추구를 부정적으로 보는 아리스토텔레스의 관점 역시 이를 강화시켰다.

11세기 이후 유럽에서 마침내 상업과 도시시장이 착실한 성장을 이어가고 종교개혁으로 이윤 추구가 윤리적 정당성을 부여받게 되었다. 이에 따라 토마스 아퀴나스는 기본적으로 자급자족이 최선이지만 어떤 국가도 모든 재화를 자급자족하는 것이 실제로는 불가능하다고 하였다. 또한 스콜라 학자들은 창고업도 정당한 직업의 하나로 인정하기에 이르렀으며, 정치사상가 몽테스키외에 이르러서는 상업이 꼼꼼한 정의감을 발생시켜 사회의 안녕에 기여한다며 상업의 필요성과 중요성이 적극적으로 인정되기 시작하였다. 더 나아가 상업의 전면적 상실은 강도 행위의 만연을 낳을 것임이 예상되었다. 상업에 대한 윤리적 견해의 변화와 더불어 일국의 경제에서의 중농주의적 전통을 극복하려는 상업 옹호론 또는 자유무역론(J. S. Mill)도 전면화되었다.

사업과 이익에 대한 유교의 태도

유교에서는 전통적으로 사·농·공·상의 사회계층 중에서 상을 가장 낮게 평가한다. 도덕적 수양과 덕의 계발에 초점을 맞추는 대신 이익 추구에 매우 부정적 태도를 취하기 때문이다. 우선 공자는 이익 추구를 철저히 부정하지는 않았지만 공익을 뒤로하고 사익을 앞세우는 것을 경계하였다. 즉, 사람의 행동은 이익을 동기로 삼아서는 안 되었다. 공자가 군자와 소인을 구별하는 데 사용하는 주요 기준 중 하나가 이익에 대한 태도였다. 군자는 정의를 알기 위해 애쓰지만, 소인은 자신에게 이익이 되는 것이 무엇인지 알기 위해 애쓴다. 하지만 동시에 공자는 부와 높은 지위를 올바르게 얻기만 하면 아무런 문제가 없다고 보기도 하였다. 사람이 미덕을 추구하는 한 이익 추구에 있어 아무런 잘못도 추구하지 않을 것이다. 즉, 이익의 추구는 남에게 해를 끼치지 않는 것을 넘어 의로움이 지배하고 있어야 한다.[1] 유교 윤리는 이익 추구 동기에 반대하고 결과적으로 그러한 동기에 기초한 행위에도 반대한다.

- ▶ 의롭지 않은 부귀는 나에게 뜬구름과 같다(논어 술이편).
- ▶ 이익되는 것을 보면 먼저 의에 합당한가를 생각하라(논어 헌문편).
- ▶ 군자는 의에 밝고, 소인은 이에 밝다(논어 이인편).
- ▶ 부귀는 사람들이 원하는 바이지만, 도로써 그것을 얻지 않았다면, 처하지 않는다(논어 이인편).
- ▶ 백성들이 이롭게 여기는 것에 의거하여 그들을 이롭게 해주니, 이 또한 은혜롭되 낭비하지 않는 것이 아니겠는가(논어 요왈편).

그러나 맹자는 이익 추구에 대해 공자보다 훨씬 더 부정적인 견해를 제시하였다. 사람의 행위는 이익으로 동기가 부여되어서는 안 되며, 가족이나 심지어 국가에 이익이 되는 것에서 동기를 부여받아서도 안 된다. 즉, 맹자는 이익추구 동기에 기초한 모든 행위를 반대한다. 이익추구 동기는 본질적으로 인과 양립할 수 없다.

- ▶ 신하된 자가 이익을 생각하여 군주를 섬기고, 자식된 자가 이익을 생각하여 아버지를 섬기고, 동생된 자가 이익을 생각하여 형을 섬긴다면, 이것은 군신과 부자와 형제가 끝내는 인과 의를 버리고 이익을 생각해서 서로를 대하는 것이니, 그렇게

---

1. 사업가는 사업이 사람들의 생활 환경을 개선하는 데 도움이 되고 동시에 사업이 자신에게 이익을 가져다 줄 것이라고 예상한다는 근거로 사업을 운영하기로 결정할 수 있다. 이 경우 사업가가 결정을 내릴 때 사업이 자신에게 이익을 가져다 줄 것이라는 사실을 예상했을 뿐 동기부여가 되지 않았다고 할 수 있다. 이는 이익에 동기를 부여하지 않고도 사업을 결정할 수 있음을 시사하며, 이런 면에서 사업 결정이 반드시 이익 지향적일 필요는 없다.

하고서도 망하지 않은 자는 아직까지 있지 않았다(맹자 고자장구 하).

▶ 하필 이익을 말씀하십니까? 인과 의가 있을 뿐입니다(맹자 양혜왕 상).

왜 유학은 이익추구에 대해 그렇게 부정적 태도를 취했을까. 위의 인용구에 기초해 보면 공자는 이익 추구를 하면 많은 악의를 갖게 될 것이며 이는 사회의 조화를 위태롭게 할 것이라고 보았다. 맹자는 사람들의 행위가 이익추구 동기에 기반을 두면 사회의 조화를 해칠 뿐만 아니라 사회 질서를 파괴하기까지 할 것이라고 보았다. 모두가 이익에 초점을 맞추면 위와 아래가 모두 서로를 희생시키면서 이익을 얻으려고 할 것이며, 그러면 사회가 위험해질 것이다.

▶ 이익을 쫓으면 원망이 많이 생긴다(논어 이인편).

▶ 위 아래가 서로 이익을 취하게 된다면, 나라가 위태로워진다(맹자 양혜왕 상).

사업에 대한 탈무드의 태도

탈무드는 사업에 대해 매우 호의적인 태도를 보인다. 일반적으로 상업은 농업보다 더 나은 수익을 창출한다고 여겨졌다. 부의 추구가 잘못된 것은 그 잘못된 방법에 있는 것이지 부의 획득 그 자체는 아니었다. 청지기로서 일하고 행동하는 것은 신의 뜻을 따르는 것으로 사업을 포함하여 모든 경제적 활동을 비난하는 것은 신의 뜻을 뒤로 하는 것이다. 돈이 사람들을 타락시키는 것은 오직 돈이 사람들의 유일한 동기가 될 때였다. 자신의 공동체를 돌보고 정당하게 행동하기만 한다면 사업은 장려되었다.

▶ R. Elazar : 넓은 밭을 갈아도 사업을 하는 것이 더 이익이 될 것이다(Yebamoth 63a).

▶ Raba : 사업에 투자한 백 주즈(바빌론 동전)는 매일 고기와 포도주를 먹게 하고, 땅에 백 주즈를 투자하면 매일 소금에 절인 채소만 먹을 수 있다. 더구나 땅을 가진 사람은 자주 땅에서 잠을 자야 하고, (이웃 밭의 주인들과) 끊임없이 다투어야 한다

(Yebamoth 63a).

탈무드의 많은 현자들은 그들 스스로가 사업가였다. 대표적인 직업으로는 대장장이, 제화공, 상인, 재단사, 제빵사, 건축업자, 목수, 맥주 양조업자 등이 있었다. 물론, 많은 수의 사람들이 농부이자 노동자였다.

탈무드는 사업상의 조언으로 가득하다. 중국인의 상술과 가장 대비되는 유대인 상술 중의 하나로 자주 제시되는 것이 후리소매(厚利小賣, 적게 팔지만 이윤을 크게 남긴다)이다(자오모, 자이레이 저 · 김정자 역(2020), 『인생에 한번은 유대인처럼』, 누리미디어). 탈무드는 "박리다매(薄利多賣, 이윤은 작지만 많이 판다)는 자신의 목에 자물쇠를 거는 것이고, '후리소매'야 말로 영원히 번성하는 방법이다"라고 한다. 유대인은 상품 하나를 판매해서 버는 이윤이 3개의 상품을 판매해서 버는 이윤과 같아야 장사의 고수로 친다. 반대로 상품 3개를 팔아 번 돈이 상품 하나를 판 돈과 같다면 그는 장사의 하수다.

랍비 아이작(Rabbi Isaac)은 자신의 부를 항상 세 가지 유형의 자산으로 균등하게 나누어야 한다고 제안했다. 1/3은 토지에 투자하고, 1/3은 사업에 투자해야 하며, 1/3은 수중에 유동자산으로 준비해 두어야 한다. Rab이 아들 Aibu에게 한 사업상의 조언에는 가능한 한 빨리 상품을 판매하라는 제안과 대금을 받기 전에 상품을 배달하지 말라는 훈계도 포함되어 있었다. Rab 자신의 말로는, "모래가 아직 발 위에 있을 때 물건을 팔아라. … 지갑을 풀고 자루를 열어라"(Pesachim 113a)

사업 추구가 매우 긍정적으로 간주되었지만, 그래도 공부와 자기 계발에 시간을 할애하지 않고 돈을 버는 데 너무 집착해서는 안 된다고 제한하였다. 힐렐은 사업에만 몰두하는 사람은 결코 학자가 될 수 없다고 생각했다(피르케이 아보트 2-5). 랍비 메이어는 "사업 활동을 제한하고 토라를 공부하라"고 간명하게 말했다(피르케이 아보트 4-10).

기업과 그 목표

우리는 소비자에 대해 이야기할 때 우리 자신이 주도적인 역할을 하고 있다고 상상하기 쉽다. 그러나, 대화가 기업으로 전환되면 종종 그것이 무엇인지, 또는 누구에 대해 이야기하고 있는지를 시각화하는 것이 어렵다. 기업은 다양한 사람들에게 많은 것을 떠올리게 할 수 있다. 기업은 동네의 가게일 수도 있고, 다국적 기업일 수도 있다. 규모에 관계없이 기업은 다음과 같이 정의된다: 고객을 염두에 두고 그로부터 보수를 받아 이윤을 창출할 목적으로 제조, 서비스, 상업 활동에 종사하는 조직이나 개인. 간단히 말해 보수를 받기 위해 일하는 모든 것이 기업이며 사업이다. 운수업체에서 여러분에게 버스를 몰게 하고 보수를 지급할 경우 여러분은 단순히 기업의 고용인에 머무는 것이 아니다. 여러분은 운수회사와 함께 사업을 하는 것이다. 당연히 여러분의 고객은 운수회사 하나뿐이겠지만, 어쨌든 사업을 한다는 점만은 변함이 없다. 여러분의 취미가 이모티콘 만들기라고 해 보자. 친구들이 몇천 원 정도 주고 이모티콘을 만들어 달라고 했고, 여러분이 그에 동의해서 시간을 들이기로 했다면, 여러분은 친구들을 대상으로 이모티콘 사업을 하는 것이다. 결국 이미 누군가를 위해 일하거나 서비스를 제공하고 있다면, 우리는 모두 항상 사업을 하고 있는 것이다. 이렇게 우리가 지식과 지혜를 교환하고 거래와 사업을 하는 것은 우리가 서로 다르기 때문이다. 서로 할 수 있는 일과 할 수 없는 일을 교환해 채워주면서 풍족함을 누릴 수 있다. 우리는 이렇게 우리 자신을 도우면서 남도 도울 수 있는 것이다.

이 장에서는 선택의 일반이론에 기초하여 기업이 직면한 선택 문제를 분석한다. 사업은 소비와 달리 버튼 몇 번만 누른다고 척척 진행되는 것이 아니다. 미국의 경우 매년 결혼하고 아이를 갖는 사람들보다 더 많은 이들이 사업을 시작한다. 이들 중 무려 90% 이상은 몇 년안에 투자금의 일부나 전부를 날려버린다. 소수만이 그런대로 재미를 보고 또 그중 극소수만이 엄청난 성공을 거둔다. 사업의 복잡함과 어려움은 장사와 사업을 구분하라는 기업 컨설턴트들의 주장에 귀 기울이다보면 쉽게 드러난다. 이들에 따르면 근로자로 일하다 사업을 시작하게 되면 직업이 변화한다. 제품을 잘 만들거나 훌륭한 서비스를 제공하는 직업에서 사업체를 경영하는 직업, 즉 사업가 또는 기업가로 변화한다. 물론 제품을 잘 만들거나 훌륭한 서비스를 제공할 재능이 있다는 것이 사업에도 재능이 있다는 것을 의미하지는 않는다. 컨설턴트들은 전자를 장사, 후자를 사업이라 규정한다. 사업을 하게 되면 자신이 좋아했던 일들은 줄어들거나 사라지고 경영이라는 새로운 일을 하게 된다. 사업체를 경영한다는 것은 신규 고객을 유치하기 위해 마케팅하고, 직원들을 관리하고, 장부 정리를 하고, 수요처나 공급업체와 협상하며, 새로운 분야나 지역을 개척하며 다른 사업을 인수하는 등의 많은 일을 포함한다. 헤어 드레서가 미용실을 열면 직접 손님 머리를 만지는 시간은 줄어든다. 신규 고객을 유치하기 위해 마케팅을 하고, 물품을 주문하며, 다른 헤어드레서도 충원하고, 장부 정리를 하느라 바쁘다. 사업가는 머리를 만지는 일을 하는 사람이 아니며 사업체를 경영하는 것이다. 더 나아가 사업가는 아이디어로 돈을 벌기 위해 조직을 구축하고 시스템과 절차를 마련해서 누구라도 경영의 일부나 전부를 담당할 수 있게 해야 한다. 그렇게 만드는 것조차 모두 사업가의 임무다. 따라서 사업가는 경영의 모든 사항에 본인이 직접 돈, 시간, 노력을 투입할 이유도 없고 그 모든 일에서 다 잘할 필요도 없다. 근로와 장사에서는 당사자 자신이 사업이고 그 사업을 위해 자신이 직접 일하는 것이며 그 과정에서 개인적 성취감을 이루어낸다. 하지만 진정한 사업에서는 그 사업이 특정 개인의 재능에 의존하지 않으며, 사업이 당신을 위해 일하도록(!) 만들어야 한다. 결과적으로 사업가는 특정 사업에 직접 개입하지 않아도 그 사업은 굴러가야 하는 것이며 때에 따라서는 사업에서 쉽게 손을 떼거나 사업체를 매각할 수도 있다.

▶ 어떤 사업의 기술적 업무를 이해하는 것이 곧 그 사업을 이해하는 것이라는 생각은 오해이다. (…) 모름지기 사업이란 누구나 버튼 하나만 누르면 자동으로 작동해서 발전되는 것이 아니다. 사업을 궤도에 성공적으로 안착시키려면 사업운영을 자동화하는 시스템을 만드는 데 주력해야 한다(Michael E. Gerber(2015), 『사업의 철학(The E-Myth Revisted)』, 라이팅하우스).

기업가가 직면한 선택 문제는 매우 다양할 수 있는데, 이를 보다 구체적으로 파악하기 위해 현대의 대기업이나 기업집단에서 쉽게 찾아볼 수 있는 사업부제 조직이 갖는 3대 경영의사결정 문제에 초점을 맞추어보자. **사업부제 조직**(divisional organization)은 General Motors와 DuPont의 선도로 1960년대 미국에서 대중화되었고 현대의 대기업의 가장 보편적 조직형태로 자리잡고 있다. Walt Disney Company는 사업부제 조직의 대표적인 예이다. 이 기업은 방송, 테마파크, 리조트, 소비재, 출판, 미디어스트리밍, 국제영업 등 여러 사업을 동시에 운영하고 있다. 다양한 사업이 단일 기업에 의해 동시에 운영되는 경우 운영과 조직의 복잡성이 매우 커진다. 기업은 각기 다른 접근방식이 필요한 다양한 사업을 다루므로 너무 많은 일상적 업무들에 짓눌려 중요하고 전략적인 의사결정에 집중하지 못할 수 있다.[2] 이 경우 회사를 기본적으로 사업단위로 나누되, 다양한 개별 사업들의 운영과 이들 사업 전체의 총괄을 분리하여 각각 사업부와 중앙으로 그 역할을 명확하게 분리하는 사업부제 조직은 도움이 된다. 중앙은 조직 전체의 성과에 초점을 맞추고 개별 사업부는 개별 사업의 성과에 초점을 맞추는 것이다. 이러한 역할 분담을 보이는 사업부

그림 11-1 사업부제 조직의 전형적 형태와 기업의 선택 문제

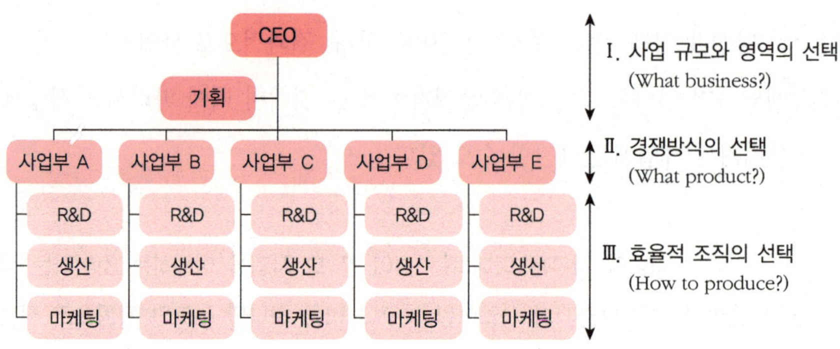

2. **기능적 조직**(functional organization)으로는 빠르게 진행되는 시장 변화의 속도를 따라잡지 못하게 되어 기업이 고객으로부터 외면을 당하게 되자, 그 경직성을 해소하기 위한 대안으로 사업부제가 떠오르게 된 것이다. 사업부제는 주로 제품별로 R&D·생산·판매·A/S 등의 기능을 함께 묶어, 기능 간 의사소통을 원활하게 할 수 있다는 장점을 지니고 있다. 사업부제가 도입된 후에는 각 사업부장 하에서 어느 정도 기능 간 원활한 의사소통과 신속한 의사결정으로 시장 대응 능력이 향상된 게 사실이다.

제 조직은 그만큼 기업의 선택문제를 보다 명쾌하게 드러나게 한다. 즉, 기업의 선택문제는 중앙의 "어떤 사업을 할 것인가?(What business?)", 사업부의 "주어진 사업에서 어떻게 우위에 설 것인가?(What product?)", 그리고 사업부 내부를 구성하는 개별 기능부서의 "어떻게 생산할 것인가?(How to produce?)"의 3가지 경영의사 결정 문제로 나누어 볼 수 있다.

중앙의 사업영역 선택 문제 기업의 사업영역은 기업의 활동영역을 결정해준다. 기업은 어떤 사업을 해야 하는가, 그리고 어느 정도로 커져야 하는가? 사업영역은 수직적, 수평적, 복합적이라는 세 측면에서 살펴볼 수 있다. 수평적 사업영역은 해당 기업이 시장에서 얼마나 팔고 있는가, 즉 얼마나 큰 몫을 차지하고 있는가이다. 수직적 사업영역은 기업이 직접 담당하는 활동과 외부 전문기업으로부터 구매하는 것을 포함하는 일련의 활동들을 말한다. 복합적 사업영역은 기업이 하고 있는 다양한 서로 다른 사업을 의미한다. 흔히 본사라 불리는 중앙과 그 최고경영자, 그리고 이들을 지원하는 기획부서는 개별 사업단위의 일상적 운영보다 전략적 측면에 중점을 둔다. 어떤 사업을 어떤 규모로 할지를 선별하고 그에 맞추어 (주로 재무) 자원을 할당함으로써 기업 전체의 성장전략을 개발·구현하고 이들을 감독한다. 이에 따라 중앙의 활동은 재무조달 비용을 절감하고 개별 사업단위에 대한 재무 통제에 중점을 둔다. 중앙은 일반적인 조직 방향, 특히 각 단위의 재무 목표를 제시하고 이를 제어한다. 본사는 개별 사업부에 목표를 설정·제시하고, 이에 부합하는지 각 사업부의 성과를 평가하고 지도하며, 각 사업부의 상대적 성과에 따라 자본을 할당한다.

개별 사업부의 경쟁방식 선택 문제 개별 사업부는 특정 산업에서 활동하며 (단일 기업에 속하지만) 서로 독립적이다. 개별 사업부의 관리자인 사업부장은 개별 사업단위의 일상적 운영을 책임진다. 즉, 중앙의 최고경영자에 의해 선별된 사업단위에서 활동하는 개별 사업영역에서 자율적으로 전략을 선택하여 경쟁 우위를 추구한다. 사업부장이 사업부 내의 모든 경영 의사결정을 담당하는 이른바 자율 경영 혹은 책임 경영이 이루어진다. 개별 사업부는 맡겨진 사업영역에서 제품 개발부터 판매 후 서비스까지 자기 완결적 구조를 가지므로, 기업 내의 작은 기업인 셈이다. 사업부는 중앙보다 비즈니스 환경에서 기회와 위협에 더 가깝게 위치하므로 시장 변화에 보다 빠르고 정확하게 의사결정을 내리고 담당하는 사업영역에서 독자적인 전략을 개발할 수 있다.

개별 기능 단위의 조직 선택 문제 또는 **생산방법의 선택** 사업부 각각은 그 하부조직이 R&D, 생산, 마케팅, 인사, 재무와 같이 기능적으로 분화되어 완전한 사업기능을 가지고 있다. 기능적 전문화로 분업을 하여 개별 기능의 성능을 향상시켜 관리능력을 높임으로써 사업부장 역시 최고경영자처럼 보다 중요한 전략적 문제, 즉 경쟁 우위를 확보하는 문제에 집중하도록 하는 것이다. 개별 기능단위 조직에서의 초점은 내부의 업무효율에 있다고 할 수 있다. 효율적인 R&D, 효율적인 생산, 효율적인 마케팅이 이루어져야 하는 것이다. 그러나 기능부서는 각자의 영역을 효율적으로 운영하는 데 초점을 맞추기 때문에 더 넓은 사업전략에 대해 덜 생각하는 경향이 있다. 즉, 각 기능부서는 독립적 운영 결정을 내릴 수 없으며 사업부장이 각 기능부서의 활동을 상호조정하여 사업전략에 부합하도록 중앙집중적으로 관리하는 책임을 갖게 된다.

2. 기업 이윤과 그 구성 : 수입과 비용

이상의 기업의 3가지 선택 문제 중 우선 중앙의 "어떤 사업을 할 것인가" 문제, 즉 사업영역 선택의 문제를 다루어보자. 사업 규모와 영역 선택의 목적은 이윤(profit) 추구에 있다. 사업에 따른 이윤은 수입(revenue)과 비용(cost)의 차이이며, 사업가는 어떻게 생산하느냐를 넘어 벌어들이는 돈과 지출하는 돈에 동시에 주의해야 한다. 버는 것보다 쓰는 돈이 많으면 손실이 생기며, 손실이 장기간 계속되면 사업을 계속할 수 없다. 사업가가 직면하는 문제를 이해하기 위해 수입, 비용, 그리고 그에 따른 이윤의 속성을 순서대로 검토하자.

1) 수입

이윤을 구성하는 첫 번째 요소인 판매수입은 매출(sales) 또는 총수입(total revenue ; TR) 또는 수입으로 불리며 기업이 제품을 판매하여 받는 금액으로 가격에 판매량을 곱한 것으로 정의된다:

$$\text{총수입} = TR = P \times Q, \text{ 단 } P\text{는 가격, } Q\text{는 판매량}$$

수입은 고객으로부터 받는 금액인데 이는 기업의 판매량과 제품가격에 따라 변동한다. 기업의 판매량 변화는 수입에 어떤 영향을 미칠까? 판매량이 증가할 때 가격이 일정하다면 총수입도 그에 비례에 증가할 것이다: $TR(Q)$. 그러나 기업은 더 많이 팔겠다고 다 팔 수 있는 것은 아니다. 수요의 법칙에 따르면 더 많이 팔려면 당연히 가격을 낮추어야 할 것이다. 가격을 얼마나 낮출지는 소비자가 증가한 판매량을 살 것인가에 의존하는데, 이 정보는 수요곡선으로부터 구할 수 있다. 수요곡선은 기업이 특정 수량을 판매할 때 책정할 수 있는 가장 높은 가격 $P(Q)$를 알려준다. 이에 따라 총수입은 $TR(Q) = P(Q)Q$로 나타낼 수 있다. 판매량 Q가 증가할 때 단위당 가격 $P(Q)$는 점점 더 하락하므로 $TR(Q)$의 변화방향은 모호하다고 할 수 있다.

가격을 하락시켜야만 더 많은 상품을 판매할 수 있다는 것은 자동차 한 대를 더 판매함으로써 늘어난 수입이 더 이상 판매한 자동차의 가격이 아님을 시사한다. 즉, 자동차 한 대를 더 판매하려면 가격이 낮아져야 하는데, 추가로 판매하는 한 대 외의 다른 자동차들에서도 가격 하락에 따라 수입의 손실이 발생한다. 판매량 변화에 따른 수입의 변화규모는 평균수입(Average Revenue ; AR)과 한계수입(Marginal Revenue ; MR)으로 파악할 수 있다. 평균수입은 제품 한 단위당 수입이고 한계수입은 제품의 추가 판매에 따른 총수입의 변화 크기이다.

$$AR = \frac{TR}{Q} = \frac{P \times Q}{Q} = P$$

$$MR = \frac{\Delta TR}{\Delta Q} = \frac{TR(Q + \Delta Q) - TR(Q)}{\Delta Q}$$

수요의 법칙에 따라 생산자가 제품을 추가로 판매하려면 제품 단위당 가격을 낮추어야 한다. 따라서 판매량이 증가할 때 평균수입은 감소한다. 한편 평균수입이 감소할 때 한계수입은 평균수입보다 더 감소해야 하는데 이를 자세히 보자. 우선 판매량이 증가할수록 총수입은 증가할 것이므로 *MR*은 항상 양(+)의 값을 갖는 것으로 생각하기 쉽다. 그러나 수요곡선이 우하향한다면 그렇지 않다. 추가 단위를 판매하기 위하여 추가 판매 단위뿐만 아니라 기존에 팔던 모든 단위의 가격도 낮춰야 한다. 따라서 더 낮은 가격에 추가로 판매함으로써 추가 판매량으로부터 수입이 창출되기는 하지만 가격을 인하하기 전에는 보다 높은 가격에서 판매했던 판매량에 대해서도 전보다 낮아진 새로운 가격으로 판매해야 하므로 이들로부터의 수입은 전보다 줄어든다. 예를 들어 1그릇당 11,000에 110그릇의 팥죽을 하루 동안 판매할 수 있고 9,000원의 가격으로는 120그릇을 팔 수 있는 팥죽집의 경우를 보자. 이 집은 더 낮은 가격인 9,000원에 판매함으로써 10그릇의 팥죽을 더 팔 수 있으며 그로 인해 하루에 90,000의 판매수입을 추가할 수 있다. 하지만 이제 팥죽을 9,000원에 팔

그림 11-2 판매량 증가에 따른 수입의 변화 1

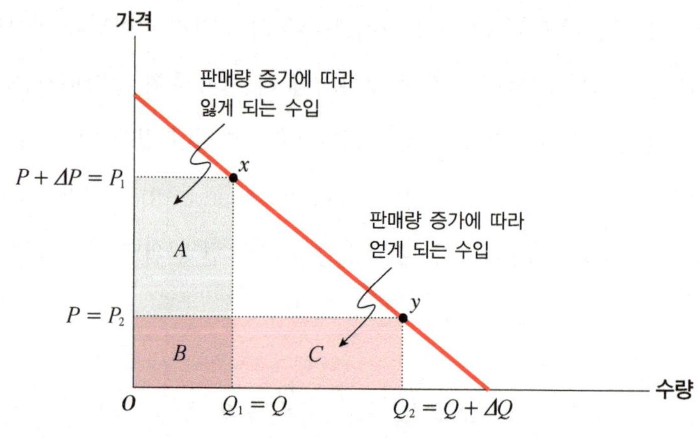

주 : 기업이 가격을 인하하면 제품을 더 많이 판매하여 수익이 증가(*C*)하지만 각 단위를 더 낮은 가격에 판매하여 수익이 감소(*A*)한다.

아야 하므로 11,000원의 가격으로 2,000원 높게 팔 수 있었던 110그릇에 대해서는 22,000원의 판매수입의 감소를 감수해야 한다. 이 경우 한계수입은 −130,000원/10, 즉 −13,000원이다. 가격을 11,000원에서 9,000원으로 인하하여 판매할 때 이 집은 추가로 판매되는 한그릇당 13,000원의 판매수입 감소를 경험한다.

한계수입은 추가 판매로 증가한 수입의 증가에서 모든 이전 단위를 더 낮은 새 가격으로 판매하여 생겨나는 손실을 뺀 값으로 나타난다. 이를 좀 더 명확하게 보자. 수요곡선 상의 x점에서 y점으로 판매량을 Q_1에서 Q_2로 증가시키려 한다면 가격은 P_1에서 P_2로 하락해야만 한다. 처음의 총수입 $P_1 \times Q_1$은 $A+B$ 영역과 같다. 새로운 판매점 y에서의 총수입 $P_2 \times Q_2$는 $B+C$ 영역과 같다. 기업의 한계수입은 원래 총수입과 새로운 총수입의 차이 $C-A$와 같다.

판매량 증가는 두 가지 효과가 있다. 첫째 효과는 시장가격 P에 한 단위 더 판매함으로써 발생하는데 C 영역이 이에 해당한다: $P \times (Q_2 - Q_1) = P \cdot \Delta Q$. 둘째 효과는 추가 판매로 말미암아 이전에 판매했던 모든 단위에 대한 가격을 낮추기 때문에 발생한다. 먼저 가격변화를 ΔP로 두자. [그림 11−2]에서는 가격 하락의 경우를 보이므로 $\Delta P < 0$이다. 추가판매가 있기 전의 판매량을 Q, 추가된 판매량을 ΔQ로 두자. 그러면 추가 판매에 따른 손실은 $\Delta P \cdot Q$이다. 즉, 추가판매에 따른 가격 변화에 기존 판매량을 곱한 것이다. 이것이 A영역이다. 물론 판매량이 증가하려면 가격이 떨어져야 하므로 ΔP는 음수이다. 추가 판매를 하려면 기존 판매 단위들에 대해서도 전보다 낮은 가격에 판매해야 하기 때문에 수입 감소가 발생한다. 두 효과를 더하면 추가 판매(ΔQ)에 따른 수입의 추가분, 즉 한계수입을 얻게 된다.

$$MR = P \cdot \Delta Q + \Delta P \cdot Q = \Delta Q\left(P + \frac{\Delta P}{\Delta Q} Q\right)$$

이제 추가 판매 $Q_2 - Q_1 = \Delta Q$을 1단위로 정의한다면

$$MR = P + \frac{\Delta P}{\Delta Q}Q < P = AR$$

이 식을 [그림 11-2]에 대응하여 보면 앞부분 P는 가격 P에 1단위 판매하는 데 따른 추가 수입(C)이고, 뒷부분 $\frac{\Delta P}{\Delta Q}Q$은 A영역이다. 두 번째 부분이 음수라는 사실은 MR이 항상 $AR = P$보다 작을 것임을 시사한다. 결과적으로 판매량이 증가할 때 평균수입, 즉 가격은 하락하며, 한계수입은 평균수입보다 더 크게 하락할 것이다. 특히 한계수입은 총수입이 감소하는 순간 음의 값을 갖게 될 것이다. 판매량이 증가함에 따라 총수입이 증가하다가 감소하는 것에 대응하여 한계수입이 양의 값으로 점차 감소하다가 음의 값으로 전환한다.

판매량 증가와 가격 하락이 이어진다고 할 때 초기에는 판매량 증가에 필요한 가격 하락폭이 크지 않아 수입 감소는 크지 않을 것이다. 그러나 가격이 더 낮아짐에 따라 판매량 증가에 필요한 가격 하락폭이 더 커져야 할 것이다. 수요의 가격탄력성(ε_D)은 가격에 대한 수요량의 민감도를 알려줌으로써 이러한 효과를 요약한다. 수요의 가격탄력성은 가격이 1% 변할 때 수요량이 변하는 %를 나타낸다. 수요의 가격탄력성은 1보다 작을 수도 클 수도 있다. 1보다 작다면 수요가 비탄력적(inelastic)이라 하고, 1보다 크다면 수요가 탄력적(elastic)이라 한다. 수요탄력성을 이용해 한계수입을 나타내면 다음과 같다.

$$MR = P - \frac{\Delta P}{\Delta Q}Q = P - \frac{\Delta P}{\Delta Q}\frac{P}{P}Q = P\left(1 - \frac{\Delta P}{\Delta Q}\frac{Q}{P}\right) = P\left(1 - \frac{1}{\frac{\Delta Q/Q}{\Delta P/P}}\right) = P\left(1 - \frac{1}{\varepsilon_D}\right)$$

결국 가격 하락의 초기에는 가격 변화에 따른 수요량 변화를 나타내는 수요 탄력성이 커서(1보다 커서) 수입의 감소는 크지 않겠지만, 가격이 낮아짐에 따라 수요 탄력성이 더 작아져서(1보다 작아져서) 수입의 감소는 더 커질 것이다. 결국 수요의 가격

탄력성과 한계수입의 일반적 관계는 다음과 같다.

- 수요가 탄력적일 때, 즉 $\varepsilon_D > 1$일 때는 $MR > 0$이다. 이 경우, 가격 인하로 인한 손실폭은 작아 판매량 증가는 총수입 증가로 이어진다.
- 수요가 비탄력적일 때, 즉 $\varepsilon_D < 1$일 때는 $MR < 0$이다. 이 경우, 가격 인하로 인한 손실폭이 커져 판매량 증가는 총수입 감소로 이어진다.

위 식은 $MR < P$임을 알려주고 있다. 가격은 1단위를 더 판매할 때 얻는 추가적인 수입이다. 그러나 1단위를 더 판매할 때 나타나는 총수입의 전체적 변화에는 가격을 인하하기 전에는 보다 높은 가격에 판매했던 종전의 판매수량을 이제는 인하된 가격으로 판매해야 하므로 이로부터 감소하는 총수입이 반영되어야 한다. [그림 11–3]은 수요곡선과 그에 따른 한계수입곡선을 보여준다. $MR < P$이므로 한계수입은 각 수량에서 수요곡선이 나타내는 가격보다 아래에 있고, 수요곡선을 따라 감소하며 결국 음으로 변화한다.

그림 11–3 판매량 증가에 따른 수입의 변화 2

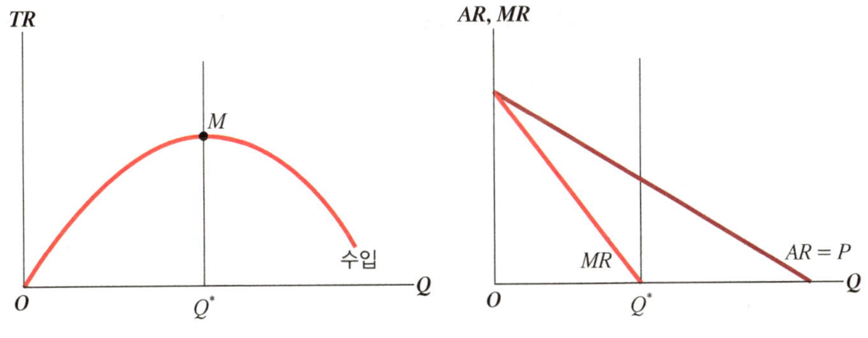

(a) 총수입 (b) 평균수입과 한계수입

주 : 첫 단위가 판매되면 AR과 MR이 동일하므로 모두 같은 점에서 시작한다. MR이 양수인 한 TR은 계속 증가한다. 판매량이 증가하면 MR은 하락하고 TR은 감소율로 증가한다. MR이 0이 되면 TR은 최대값에 도달하며, MR이 0보다 작아지면 TR은 감소한다. 판매량이 증가함에 따라 $AR = P$가 하락하고 MR도 함께 하락하지만, MR의 감소율은 AR보다 훨씬 크다. MR은 양수, 음수 또는 0일 수 있지만 AR은 항상 양수다

이상의 논의에서 얻을 수 있는 시사점 중의 한가지는 판매량을 늘리더라도 그것이 수입 증가로 이어지는 데는 한계가 있다는 것이다. 대량판매가 능사는 아닌 것이다. 이는 비용 면에서 보아도 마찬가지다.

2) 비용

이윤을 구성하는 두 번째 요소는 비용이다. 비용은 기업이 상품을 생산 또는 판매할 때 원자재, 임금, 전기요금, 지대, 이자, 각종 조세 등의 명목으로 지불하는 금액이다. 제품에 책정할 수 있는 가격에 비해 비용이 너무 높다면 결국 폐업으로 이어질 수 밖에 없다. 기업은 각종 비용 항목에 익숙하며, 생산비용을 측정하고 억제하려하며 비용을 줄이는 일에 노심초사한다. 매출은 고객이 결정하지만 비용은 기업이 통제할 수 있는 것처럼 생각되기 때문이다. 사업가는 가격, 특정 업무의 외부위탁, 실적 평가, 투자계획 등의 의사결정을 할 때에도 비용에 대한 정보를 가져야 한다.

기회비용 : 경제적 비용과 이윤

제3장에서는 합리적 선택에서 고려해야 할 비용이 기회비용(opportunity cost)—어떤 것을 하기 위해 포기되어져야 하는 그 무엇—이라는 사실을 알았다. 이 개념은 기업에도 적용된다. 일정 산출량을 생산하는 데 들어가는 기업의 비용은 곧 기회비용, 즉 그 산출량만큼을 생산하기 위해 포기해야 하는 어떤 것이다. 기업이 의사결정을 내릴 때 어느 비용이 중요하고 또 중요하지 않은 가를 이해할 때 기회비용 개념이 큰 도움이 된다.

(명시적 비용 외에 암묵적 비용도 포함) 경영의사 결정은 비용의 측정을 요구한다. 회계보고 특히 손익계산서와 대차대조표는 채권자나 주주들처럼 기업 외부의 투자자들을 위해 작성된 것으로, 회계수치는 객관적이고, 증명 가능하므로 신뢰할만한 비용을 알려준다고 생각할 수 있다. 그러나 회계보고에 나타나는 비용들은 기업 내 구성원들이 의사결정을 하기 위해 사용하는 비용으로서 항상 적절한 것은 아니

다. 경영상의 의사결정을 할 때 사용되는 비용은 항상 기회비용으로 측정되어야 한다. 어떤 활동의 기회비용은 어떤 자원을 어떤 특정 활동에 사용하는 경우에 발생하는 비용으로 그 활동을 하기 위해 포기해야 하는 활동 중에서 가장 높은 가치를 가지는 차선(next-best) 활동의 가치이다.

회계사들이 기업의 이윤을 계산할 때 기회비용 대신 명시적 비용만이 비용으로 기록되며 그런 이유로 명시적 비용은 회계적 비용이라고도 불린다. 동시에 회계적 이윤(accounting profit)은 다음과 같이 총수입에서 명시적 비용을 뺀 값이다.

$$\text{회계적 이윤} = \text{총수입} - \text{명시적 비용}$$

명시적 비용은 최선의 기업 의사결정에 필요한 비용의 전부는 아니다. 경영자가 사업장이 위치한 건물의 주인이더라도 그것을 직접 사용하면 비용, 즉 그 건물을 다른 누군가에게 임대할 수 없는 데서 오는 기회비용이 발생한다. 그리고 경영자가 사업장을 경영하는 데 자신의 시간과 열정을 투입한다면 차선의 일을 하지 못하는 데서 오는 기회비용을 야기한다. 이러한 기회비용이 암묵적 비용(implicit costs)의 예이다. 암묵적 비용은 직접적인 돈의 지불을 필요로 하지 않지만 사실상 지급된 것으로 간주되어야 하는 비용이다. 암묵적 비용은 통상적으로 이미 소유하였던 것에서 비롯하는 것으로 직접적인 현금지불이 이루어지지 않아 쉽게 무시될 수 있다.[3] 하지만 경제학자들은 이윤을 계산할 때 명시적 비용과 암묵적 비용을 모두 고려한다. 사업가는 사업의 시작 여부를 결정하기 전에 경제학자처럼 명시적 비용과 암묵적 비용을 모두 고려해야 한다. 이때 경제적 이윤(economic profit)은 다음과 같이 총수입에서 총비용을 뺀 값으로 정의되며, 총비용에는 두 종류의 비용이 모두 포함된다.

3. 어떤 암묵적 비용은 직접적인 돈의 지불로 이어질 수 있다. 자기가 가지고 있던 돈을 쓰는 것도 그 돈을 다른 데 쓸 기회를 포기하는 것이기 때문에 기회비용이 된다.

경제적 이윤 = 총수입 − 기회비용 = 총수입 − (명시적 비용 + 암묵적 비용)

경제적 비용은 명시적 비용과 암묵적 비용 모두를 포함한 비용으로, 진정한 기회비용의 개념에 해당하며, 이에 기초하여 유도되는 경제적 이윤은 기업이 어떻게 운영되고 있는지에 대한 보다 완전한 평가를 제공한다. 이를 보다 확실히 하기 위해 자신이 이미 소유하고 있는 빌딩의 일부 면적을 이용해 식당을 개업한다고 하자. 이 경우 임대료를 지불할 필요가 없기 때문에 명시적인 임대료 지불은 없다. 돈의 실제 지불에 초점을 맞추는 회계사에게는 빌딩사용이 공짜가 된다. 그러나 기회비용을 염두에 둔다면 절대 공짜일 수 없다. 자신의 식당을 위해 자기 소유의 건물의 일부를 사용하면 다른 사람에게 받을 수 있는 건물 임대료 수입을 포기한 셈이며, 이렇게 포기된 임대료가 암묵적 비용이다. 자기 건물을 직접 사용하였다면 자기 건물의 일부를 자신이 직접 사용하지 않고 다른 사람에게 가게로 임대했다면 마땅히 벌어들일 수 있는 임대료에 상응하는 만큼 생산비용이 발생한 것으로 간주되어야 한다. 또한 개업하는 데 필요한 물품을 구입하기 위해 은행에서 돈을 빌리는 대신 자신이 가진 여유자금을 사용할 수 있다. 물론 이 돈에 대해서는 이자를 지급할 필요가 없다. 이 돈은 은행에 예금했을 수도 있고 그 결과 투자소득을 얻었을 수 있다. 사업에 투자한 여유자금의 기회비용은 여유자금을 달리 투자했을 때 벌 수 있는 소득이 되며, 이 역시 사업을 하는 암묵적 비용에 포함되어야 한다. 마지막으로 사업을 본인이 직접 관리한다고 하자. 그러면 명시적으로는 관리자를 고용하는 비용을 피할 수 있을 것이다. 하지만 암묵적 기회비용으로 평가하면 관리비용을 부담하는 셈이다. 자신이 직접 관리하는 데 사용한 시간을 다른 일에 쓸 수 있기 때문이다. 기업 관리에 투입된 시간의 가치는 그 시간을 달리 투입했을 때 벌 수 있는 소득으로 측정된다. 이 포기되어진 노동소득이 직접 관리에 따른 암묵적 비용이며 기회비용의 일부로 포함되어야 한다.

(매몰비용은 의사결정과 무관하므로 무시) 어떤 의사결정과 관련된 비용을 고려할 때 경영자는 그 의사결정에 의해서만 영향을 받는 비용들을 고려해야 한다. 일

부 비용들에는 해당 의사결정에 관계없이 발생하는 피할 수 없는 비용이 있다. 아무리 지출을 많이 했더라도 그것을 반납하고 환불받을 수 없다면 그러한 비용은 매몰비용(sunk cost)라고 한다. 매몰비용의 반대는 피할 수 있는 비용이다. 의사결정과 관련된 비용을 판단할 때 매몰비용은 무시되어야 하며 피할 수 있는 비용만을 고려해야 한다. 많은 채용 및 훈련비용을 들여 양성된 기술자가 있는데 현장에 투입되고 나서보니 일을 더 잘하는 기술자를 같은 임금으로 더 쉽게 구할 수 있음을 알게 되었다고 하자. 채용 훈련에 이미 많은 돈을 썼기 때문에 계속 고용을 유지할 것인가? 그래서는 안 된다! 최선은 그 동안의 채용 및 훈련비용 지출을 완전히 무시하고 고용을 중단시키고 새 기술자를 채용하는 것이다. 여기서 채용 및 훈련비용은 이미 지불되었고 피할 수 없고 회수할 수 없는 매몰비용이다. 마찬가지로 신제품 개발에 많은 돈을 썼는데 그 제품이 고객에게 인기가 없는 것으로 판명되었다면, 생산중단 여부를 결정할 때 이미 매몰된 개발비용은 무시되어야 한다.

매몰비용은 전략 특히 기업 간 경쟁, 시장진입 및 퇴출, 새로운 기술의 채택 등을 분석하는 데 있어 유의해야 할 매우 유용한 개념이다. 기업들은 새로운 기술을 개발한 뒤에도 많은 고민을 해야 한다. 새로운 기술을 개발해 낸 것과 그 기술을 이용해 신제품을 생산하는 것은 전혀 다른 문제이기 때문이다. 특히 신제품의 판매 전망이 너무 비관적일 경우 문제가 된다. 이러한 문제에 직면했을 때 어떤 사람들은 신제품 판매를 중지해야 한다고 주장한다. 신기술 개발에 막대한 자금을 투자했는데 시장규모도 크지 않은 신제품의 판매에 나서는 것은 바람직하지 않다고 한다. 그러나 다른 사람들은 그럼에도 불구하고 신제품을 판매해야 한다고 주장한다. 판매하지 않으면 막대한 기술개발을 위한 투자를 허비하기 때문이다. 하지만 두 가지 주장이 다 옳지 않다. 왜냐하면 양측이 결론을 내리는 데 모두 기술개발 비용을 전제하고 있기 때문이다. 그러나 이미 이루어진 기술개발 비용은 신제품의 판매 여부에 대한 의사결정과 완전히 무관하다. 신제품을 개발하는데 이미 지출한 개발비용은 일종의 매몰비용이다. 매몰비용은 미래의 어떤 행동과 무관하게 이미 지불된 혹은 지불되어야 하는 비용이다. 신제품 개발비용은 이미 지불된 비용이다. 새로이 개발된 신제품을 판매하건 판매하지 않건 그 돈을 다시 회수할 수 없다. 매몰비용은 두 선택 중 어느 한 선택의 기회비용—그 선택을 위해 포기되어져야 할 어떤 것—의 일부가 아니기 때문에 의사결정에 반영되어서는 안 된다. 고려되어야 하는 것은 신제품 생산에 대한 의사결정과 관련된 비용 즉 신제품을 실제로 제조하고 또 그것을 시장에 판매하기 위해 들여야 하는 마케팅 비용 등이다. 신제품 판매에 따른 신규 수입이 이들 비용을 초과하면 회사는 그 신제품을 생산해야 한다.

현실적으로 매몰비용을 무시하지 못하는 현상은 기존에 이미 구기술을 사용하여 철을 생산하고 있는 기존 철강사가 신기술을 사용하는 제철공장에 새로운 투자를 꺼려하는 반면 새롭게 세워지는 신설 철강사는 그러한 신기술을 사용하는 제철공장에 적극적으로 투자하는 현상을 설명하는 데 도움을 준다. 신기술은 구기술에 비해 더 높은 고정비용을 발생시키고 더 낮은 변동비용을 발생시킨다. 기존의 기존 철강사의 경우 구기술의 채택으로 발생하고 있는 고정비용은 매몰비용이다. 따라서 이미 투자되어 다시 취소하여 회수될 수 없는 비용이다. 신기술을 채택하는 시설을 새롭게 갖추어야 하는가를 판단하는 의사결정에서는 이러한 비용을 무시되어야 한다. 다시 말해, 매몰비용은 경제적 비용이 아니다. 그러나 이 회사는 워낙 큰 비용이 이미 투자되었기 때문에 신기술의 채택 여부를 판단하는 경우에 이 비용이 신기술의 채택 여부와 관련하여 발생하는 비용으로 간주하여 이미 일정한 고정비용이 발생하는 상황을 전제로 하기 때문에 신기술 채택 여부를 판단할 때보다 낮은 운영비용을 발생시키는 신기술의 채택으로 절약되는 운영비용이 신기술 채택으로 지불해야 하는 고정비용보다 큰 경우에만 신기술을 채택하려고 할 것이다. 그러나 새롭게 설립된 철강사는 신기술을 채택함으로써 구기술의 고정비용을 피할 수 있다. 따라서 신설 철강사는 절약되는 운영비용이 신기술과 구기술의 고정비용의 차이보다 큰 경우에 신기술을 채택할 것이다. 따라서 기존에 이미 구기술을 사용하고 있는 기존 철강사는 이미 발생한 피할 수 없는 비용이지만 그 비용을 해당 의사결정과 관련하여 발생하는 비용이라고 잘못 판단하여(워낙 큰 비용이 투자되었으므로 이를 무시하기 어려운 현실적 상황이 존재하지만) 신기술을 사용하는 제철공장을 건설하지 않을 것이다. 실제로 미국의 오래된 기존 철강사는 그대로 구기술을 사용하고 그에 따라 일본의 신설 철강사보다 높은 평균생산비용을 발생시켜 결국 장기적으로 경쟁력을 잃게 되어 미국 철강산업의 쇠퇴를 가져왔다.

때때로 매몰비용과 고정비용이 혼동될 수 있지만, 이 두 개념은 동일한 개념이 아니다. 특히 어떤 고정비용은 매몰비용이 아니다. 예를 들어, 서울에서 부산까지 고속버스를 운행하는 데는 고속버스와 운전기사가 필요하다. 이 경우, 버스 구입비용은 고정비용이다. 그러나 이 비용이 모두 매몰비용인 것은 아니다. 만약 이 버스 회사가 운행을 포기한다면 이 회사는 가지고 있는 버스를 다른 회사에 팔아 적어도 그중 상당 부분은 회수할 수 있다. 이렇게 회수 가능한 금액은 매몰비용에서 제외되어야 한다.

요약하면 매몰비용은 이미 지불되었기 때문에 회수할 수 없는 비용이다. 일반적으로 경영자는 매몰비용을 무시하고 회수 가능한 비용만을 고려해야 한다. 매몰비용은 일단 지불하고 나면 가격이나 투자, 또는 여타의 기업 의사결정에 더 이상 관련이 없다. 매몰비용을 고려한 경영자는 중대한 실수를 저지를 수 있다. 선견지명이 있는 경영자는 회수할 수 없는 매몰비용에 대해서는 발생 전에 신중하게 결정해야 한다.

[그림 11-4]는 비용을 분석하는 기본적인 접근방법을 요약한다. 첫째, 비용은 우선 매몰비용과 회수 가능 비용으로 구분된다. 이를 구분하는 기준은 공약과 계획기간이다. 경영자는 계획기간 동안의 매몰비용은 경영의사결정에 고려하지 않아야 한다. 다음으로 회수 가능한 비용을 가변비용과 고정비용으로 구분한다. 이 구분은 기술에 의하여 결정된다. 고정비용의 크기가 크면 규모의 경제가 발생한다. 이 경우

그림 11-4 비용의 구분

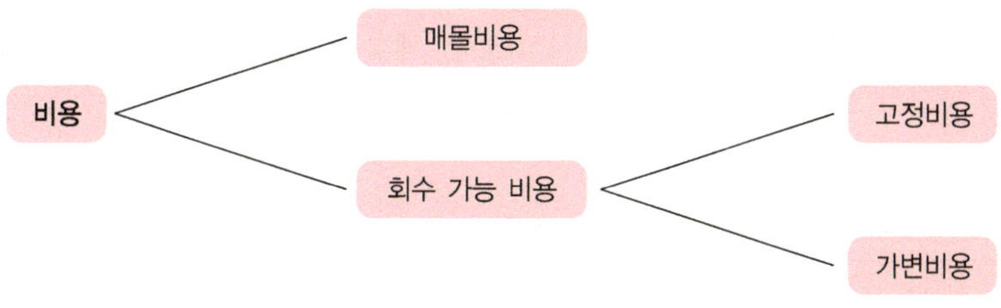

경영자는 전략적으로 대량생산을 하는 것이 필요하다.[4]

단기와 장기, 그리고 고정요소와 가변요소

회계 보고서에 포함되어 있는 정보는 어떤 특정 생산량에 따른 총비용을 알려주지만 총비용함수를 보다 완전히 이해하기 위해서는 단기와 장기, 고정요소(fixed factor)와 가변요소(variable factor), 고정비용(fixed cost)과 변동비용(variable cost)을 구별해야 한다.

기업이 생산 규모를 변화시키면 투입해야 할 생산요소 양도 역시 변할 것이다. 노동과 같은 생산요소는 비교적 즉각적으로 조정될 수 있으나, 자본설비와 같은 생산요소들은 변화하는 데 오랜 시간이 걸린다. 새로운 장비를 구입하거나 기존 장비를 처분하는 데는 시간이 필요하다. 또는 약정 때문에 일정 기간 동안 임대료를 계속 지불해야 하므로 자본설비 변경이 곤란해진다. 기업의 의사결정은 우선 자신이 소유한 모든 투입요소에 관해 선택을 할 수 있는 상황에서 의사결정이 이루어질 수도 있지만, 일부 투입요소를 변경할 수 없는 상황에서도 많은 의사결정을 해야만 한다. 이에 따라 기업의 의사결정은 두 가지 시간 범주로 나누어 생각하는 것이 필요하다 : 단기(short run) 결정과 장기(long run) 결정.

단기는 제품 수요 변화에 대응하기 위해 적어도 하나의 생산요소 투입량이 고정되어 변경할 수 없는 시기이다. 예를 들어 식혜를 판매하기 위해 가게 자리를 2년간 임대하였다고 하자. 이 경우 식혜 가게는 문을 닫아도 임대료를 계속 내야 하고, 2년 내내 공휴일 없이 일하더라도 임대료를 더 내지 않아도 된다. 이 경우 장기는 2년이다. 반면 이 가게는 엿기름, 컵 또는 설탕을 더 많이 구매할 수 있고, 식혜를 더 많이 팔면 보조 인력을 고용할 수도 있다. 이는 모두 단기적인 결정이다. 보통 단기에서는 기업이 사용하는 기술, 물리적 시설(공장, 매장, 사무실 등)은 모두 고정되어 있지만 고용하는 근로자 수는 변화시킬 수 있는 것으로 상정한다. 휴가철 동안 지역의

4. 물론 대량생산이 유리할지의 여부를 판단하려면 후술하듯이 가변비용을 고려되어야 한다.

식혜 가게는 근무시간을 연장하고 고용된 근로자를 늘린다. 변경하기 훨씬 더 어려운 것은 가게의 규모이다. 가게 규모는 단기적으로는 고정되어 있지만, 충분한 시간이 지나면 바뀔 수 있다. **장기**는 가게 규모를 변경하는 데 필요한 시간이다. 즉, 모든 생산요소 투입량은 장기적으로 가변적이다. 장기는 기업이 자신이 사용하는 모든 생산요소의 양을 마음대로 변화시킬 수 있고, 새로운 기술을 채택할 수도 있고, 시설의 크기도 확대하거나 축소할 수 있는 상황을 말한다. 단기는 공장 규모를 변경하기에는 너무 짧은 기간이다. 단기적으로 변경될 수 없는 생산요소를 고정요소라 한다. 단기에 기업들은 제품 수요의 변화에 따라 생산을 조정할 수 있다. 단기적으로 변경될 수 있는 생산요소를 가변요소라 한다.

단기란 경영자가 하나 이상의 생산요소를 양적으로 고정된 것으로 간주해야 하는 계획 기간이다. 레스토랑 운영에 관한 결정은 건물이 변경되지 않는다는 가정 하에 이루어져야 한다. 다른 생산요소는 연중 변경될 수 있지만 건물의 크기는 일정한 것으로 간주해야 한다. 장기에는 노동자수와 자본설비 규모를 모두 조정할 수 있어 가장 낮은 비용으로 다양한 산출 수준을 생산할 수 있다. 기업은 언제든지 단기 및 장기 선택을 모두 할 것이다. 경영자는 앞으로 몇 주 동안, 그리고 앞으로 몇 년 동안 무엇을 할지 계획할 수 있다. 앞으로 몇 주 동안 그들의 결정은 단기적인 선택일 가능성이 높다. 어느 특정한 날에 고객 수에 따라 노동자들에게 초과 근무나 조기 퇴근을 요청할 수 있다. 필요하다면 노동자를 매우 신속하게 고용하거나 해고할 수도 있다. 경영자는 다음 해 운영에 대한 선택을 하는 동시에 더 긴 기간을 계획한다. 향후 몇 년 동안 운영에 영향을 미칠 결정은 경영자가 운영의 모든 측면을 변경하는 것을 고려하는 장기적인 선택일 것이다. 경영자는 건물 개조, 새 시설 건설 또는 건물 매각 및 사업 중단과 같은 폭넓은 대안을 고려할 수 있다.

앞으로의 논의에서는 기업이 노동과 자본의 두 가지 생산요소만 사용하여 생산을 하며, 노동은 단기적으로 변경 가능하지만 자본(즉, 공장 규모)은 고정되어 있다고 가정한다. 기업들이 단기 의사결정을 내릴 때 고정요소에 대해 할 수 있는 것은 아무것도 없다. 고정요소는 생산량이 얼마든 일정하게 고정된 상태로 있다. 그러나 가변요소에 대해서는 신축적으로 선택을 할 수 있다. 이러한 단기적 의사결정의 예는 자주 접할 수 있다. A사는 이번 달에 버스 생산을 5% 줄이고 수천 명의 근로자를 해고할 의사결정을 내릴 수 있다. 물론 이 상황에서도 공장건물과 자본설비는 변화시킬 수 없다. A사의 경우 1년 미만의 기간 동안 노동은 가변적인 반면 공장과 설비는 고정된다.

표 11-1 단기와 장기

	공장규모(자본)	고정비용	가변 비용	기업의 진입
단기	고정	일부	일부	불가능
장기	가변	무	전부	가능

(1) 단기에서의 생산과 총비용함수

기업가라면 기업 경영에 있어 생산량 수준과 다양한 비용 사이의 관계를 모니터링하고 이해하는 것이 필수적이다. 비용 분석은 제품 가격을 결정하고 전반적 사업 전략의 다양한 측면에 기여한다.

단기에서의 생산의 변화 : 생산함수

기업 활동은 많은 생산자원 또는 투입요소를 한데 모으는 데서 끝나지 않는다. 다양한 방식으로 생산자원을 결합할 때의 이점과 이러한 결합에 따른 산출량 변화와 그에 따라 비용에 미치는 영향을 파악해야 한다. 투입요소 변화가 산출물에 어떤 변화를 초래하는가를 생산함수(production function)를 중심으로 살펴보자. 기업이 상품을 만들기 위해 노동과 자본(설비)를 두 가지 생산요소로 사용한다고 가정해 보자. 기업은 수요 증감에 대응하여 언제든지 고용된 근로자 수를 늘리거나 줄일 수 있다. 노동자 수는 어느 시점에서나 쉽게 변하기 때문에 가변요소이고, 자본설비는 그렇게 쉽게 바꿀 수 없기 때문에 고정요소이다.

생산함수는 가변요소를 변화시킬 때 산출물이 어떻게 변하는지 보여준다. 예를 들어 직원을 두 명 더 고용하면 회사에서 얼마나 많은 제품을 만들 수 있을까? 생산함수가 이 질문에 답한다. 생산함수는 노동투입 변화에 따른 영향을 보여주는 그림으로 설명된다. 특히 생산함수는 생산 일정에서 작업자가 추가될 때마다 생산량의 변화를 확인하게 한다. 투입 노동 단위의 추가로 인한 산출량의 추가 증가 규모는 노동의 한계생산(marginal product of labor ; MP_L)이라고 한다. 일반적으로 노동이 계속 증가함에 따라 산출물이 증가하며 그 증가폭이 커지는 단계(1단계), 산출물이 증가하지만 그 증가폭이 감소하는 단계(2단계) 산출물이 감소하는 단계(3단계)의 생산의 3단계를 거친다. 세 단계는 한계생산 증가, 한계생산 감소, 음의 한계생산으로 각각 특징지어진다.

한계생산 증가 단계는 고정요소인 자본설비는 존재하지만, 가변요소인 근로자가 전혀 없는 상태에서 출발한다고 하자. 이 상황에서 근로자가 추가될 때마다 추가되는 생산규모, 즉 한계생산은 커질 것이다. 예를 들어 한 명의 작업자가 5개의 공예품을 생산(근로자의 한계생산은 5)하지만 두 명의 작업자는 함께 15개의 공예품을 생산(새로운 근로자의 한계생산은 10)할 수 있다. 이 단계에서 가변요소에 비해 고정요소는 지나치게 많으며, 여기에 가변요소가 추가되며 증가함에 따라 한계생산이 증가하는 것이다. 이러한 한계생산의 증가는 추가된 작업자로 말미암아 회사의 장비가 보다 효과적으로 사용할 수 있기 때문에 생겨나는 것이다. 작업자들은 한 활동에서 다른 활동으로 전환하는 데 잃어버리는 시간을 줄일 수 있고 여러 작업자 간의 효과적 분업을 통한 특화가 심화된다. 또한 특화에 따라 각자의 일을 좀 더 빠르고 잘하게 되는 학습효과도 한계생산을 증가시키는 데 기여할 것이다. 한계생산의 증가는 노동자 1명이 모든 일을 하지 않고 더 많은 노동자가 서로 다른 업무를 하는 특화로부터 온 것이다. 이 단계라면 회사는 매번 직원을 추가함으로써 큰 이익을 얻고 있기 때문에 더 많은 직원을 계속 고용할 것이다. 이렇게 근로자의 추가를 이어나가면 마침내 최적의 생산능력에 도달한다. 이 단계에서는 한계생산이 계속 증가해가므로 한계생산은 평균생산보다 크다.

그림 11-5 총생산, 평균생산, 한계생산

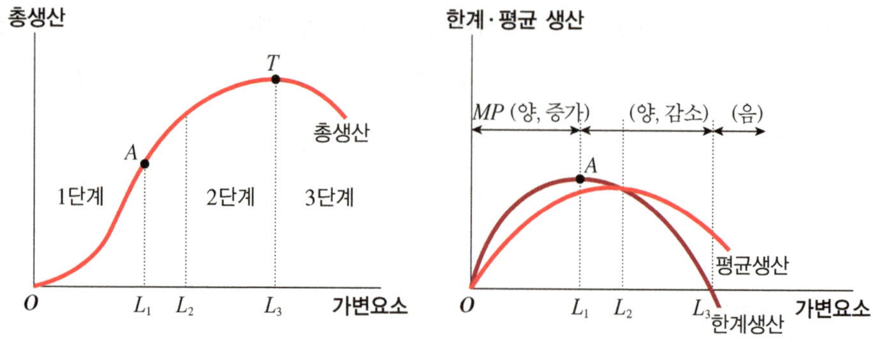

(a) 총생산

(b) 평균생산과 한계생산

주 : 생산은 총생산, 한계생산, 평균생산 곡선의 기울기, 모양, 상호관계로 특징지어진다. 1단계는 평균 생산 곡선의 양의 기울기가 특징이며, 평균생산 곡선과 한계생산 곡선 사이의 교차점에서 끝난다. 2단계는 총생산 곡선의 정점에서 한계생산이 음수가 되는 지점까지 계속된다. 3단계는 총생산 곡선이 음의 기울기를 갖는다. 1단계에서는 평균생산이 양이고 증가한다. 2단계에서는 한계생산이 양지만 감소한다. 3단계에서는 총생산이 감소한다.

1단계는 생산의 "비합리적인" 단계이다. 생산자가 사용되는 투입량을 늘리면 더 효율적이 될 수 있기 때문이다. 1단계의 평균생산 곡선은 이를 보여준다. 평균생산 곡선은 생산공정의 평균생산성을 나타낸다. **평균생산성이 증가**하고 있기 때문에 생산자는 투입물 사용 수준을 높임으로써 생산성을 더 높일 수 있다. 그러므로 합리적인 생산자는 결코 1단계에 머물러 있으려 하지 않을 것이다.

그러나 최적의 생산능력 A점 L_1을 넘어서면 노동자가 추가되어도 최적의 생산능력을 넘어서는 것이기 때문에 **한계생산의 감소**가 생겨난다. 산출은 여전히 증가하지만 추가된 근로자의 한계생산은 이전 근로자의 한계생산보다 적다. 고정된 공간과 자본 설비에 근로자가 더 많이 투입됨에 따라, 새로운 특화의 기회는 점점 줄어드는 반면 작업시간 증가나 작업강도의 무리한 증가에 따른 혼잡과 중복으로 인해 결국 새로운 직원은 이전 직원보다 기여도가 떨어지게 된다. 앞에서 한 작업자가 제품에 10개의 공예품을 추가하고 다른 작업자가 8개의 공예품을 생산하는 경우 회사의 총생산은 여전히 상승하지만 한계생산은 모두 떨어진다. 한계생산 감소의 원리는 희소성에서 비롯된다. 다른 투입이 고정된 상태에서 특정 투입을 더 추가한다는 것은 추가를 효과적으로 활용하기에는 다른 투입이 충분하지 않다는 것을 의미한다. 화분에 심은 식물에 비료를 너무 많이 투입하면 별 효과가 없다. 식물 성장에는 이미 충분한 비료 자원이 있다. 희소성이 존재하지 않는다면 투입물을 추가하면 점점 더 많은 상품을 생산할 수 있을 것이다. 유럽 정착민들이 북미에 도착했을 때, 가장 생산적인 땅이 가장 먼저 개간되고 식재되었다. 그런 땅이 가장 많은 양의 식량을 생산했기 때문이다. 더 많은 면적의 토지가 생산에 활용됨에 따라 새로이 사용되기 시작한 토지의 품질이 좋지 않아 단위면적 당 생산성이 떨어졌다.

한계생산 감소는 단기 프로젝트가 갖는 가장 중요한 특징이다. 2단계는 회사가 1단계에서 직원을 계속 추가로 고용하면서 발생한다. 한계생산이 감소할 때 흔히 저지르는 오판은 한계생산이 감소하기 시작하자마자 기업이 생산을 중단해야 한다는 것이다. 그러나 반드시 그런 것은 아니다. 감소는 음(−)을 의미하는 것은 아니다. 한계생산이 감소하고 있지만 여전히 상대적으로 높은 경우가 많다. [그림 11−5]에서 2단계는 L_2 명의 추가 직원으로 끝난다. 이 단계에서 산출은 여전히 증가하고 있으므로 회사는 고용을 중단할 이유가 없지만, 근로자가 더 증가시키면 곧 회사는 3단계에 들어간다.

3단계는 **음의 한계생산**이 나타나는 단계로 생산요소가 추가되더라도 득이 없고 오히려 총생산은 감소할 뿐이다. 회사가 계속 고용을 늘려감에 따라 회사에 직원이 너무 많아질 것이다. 예를 들어, 2명의 작업자만 있어도 기계 한 대를 작동할 수 있는데 작업자가 4명이라면 농담과 담소로 다른 작업자들의 주의를 분산시키고 작업 속도를 늦추는 추가 작업자 2명이 있음을 의미한다. 따라서 회사는 음의 한계생산을 경험하기 시작한다. 이는 [그림 11−5]에서 L_3를 넘어선 직원을 추가하면서 시작된다. 3단계 역시 비합리적인 생산 단계이다. 3단계에는 한계생산이 음이 되는 지점보다 큰 모든 투입 수준이 포함된다. 이 단계에서는 생산자가 너무 많은 투입량을 사용하고 있다. 투입량을 한 단위 더 사용할 때마다 전체 생산성이 감소하기 때문이다. 이 상황까지 이르면 거꾸로 투입량을 감소시키는 것이 오히려 총생산량을 증가시킬 수 있다(주방에 요리사가 너무 많으면 요리 횟수가 줄어든다). 즉, 투입물 사용 수준이 낮을수록 더 높은 수준의 생산성이 가능하다. 1단계와 3단계 사이에 놓인 2단계는 생산의 "합리적" 단계이다. 생산자가 가장 생산적인 투입물 사용 영역에서 작업하고 있기 때문이다. 최적인 투입물 사용의 정확한 지점, 즉 이윤극대화는 투입물의 가격이나 생산자원을 획득하는 비용에 따라 달라지는데 이는 후에 살펴본다. 역시나 대량생산이 능사는 아니다.

단기에서의 비용의 변화 : 단기비용함수

기업의 생산량(Q 또는 TP, total production)과 총비용(TC, total cost)의 관계를 총비용함수라 한다. 총비용함수는 기업이 현재에 주어진 기술로 가장 효율적으로 생산을 한다는 가정 하에서의 생산량과 총비용의 관계를 나타낸다. 단 여기서 다루고 있는 것은 **단기** 상황이라는 점을 기억해야 한다. 단기에서 고정요소든 가변요소든, 모든 고용된 생산요소는 비용을 야기한다. 다만 산출량이 얼마가 생산되든 고정요소의 양은 계속해서 동일하며, 그에 따른 비용도 고정된다. 반면 다른 가변요소들은 산출량에 따라 변화하며, 그에 따른 비용도 변화한다. 기업이 단기에 이들 두 형태의 생산요소를 모두 가지므로 비용 역시 두 개의 다른 형태를 가진다.

① 단기에 생산을 늘리더라도 고정요소는 변화시킬 수 없다. 결국 고정요소에 지출하는 금액은 산출량에 관계없이 일정하고, 이로 인해 고정요소 비용은 즉 고정비용(fixed cost ; FC)이 된다. 즉, 기업의 고정비용은 고정 투입요소에 대한 비용이다.[5] 고정요소 그 자체처럼 고정비용은 단기에 생산량이 변하여도 동일해야 한다. 심지어 생산량이 0일 때도 지급되어야 한다. 건물이나 장비, 보험 또는 면허에 대한 임대료가 그 예이다. 대개 고정비용은 간접비용(overhead cost) 혹은 간

---

5. 자본장비 투자가 커질수록 고정비용이 증가할 경우 생산량 증가에 따른 평균고정비 감소효과가 커져 생산단가를 낮출 수 있다. 그러나 손실을 피하기 위해 필요한 최소판매 수준, 즉 손익분기점[= 고정비용/(가격 − 가변비용)]이 높아진다. 또한 생산 수준과 무관하게 항상 지출되어야 하는 고정비 지출 규모가 커지는 만큼 현금흐름에 경직성을 낳고 재무 안정성이 쉽게 훼손된다.

단히 오버헤드 비용(overhead cost)이라 부른다.

② 단기에 생산량을 늘리려면 가변 투입요소의 사용을 늘려야 한다. 예를 들어 근로자를 더 많이 고용하거나 기존 근로자의 작업시간을 늘리거나 할 수 있다. 이것이 장기적으로 생산물을 가장 저렴하게 생산하는 방법이 아닐지 모르지만, 그렇게 하면 기존의 자본설비로 더 많은 생산할 수 있을 것이다. 단기에 노동량을 늘려 산출을 늘린다면 노동에 대한 지출은 가변비용(variable cost ; *VC*)이다. 기업의 가변비용은 노동과 같이 산출을 변화시키기 위해 단기에 사용량을 바꿀 수 있는 모든 가변요소의 비용이다. 가변요소 그 자체처럼 이들 가변비용은 생산 수준에 따라 변화하는 비용이다. 생산량이 0이면 총가변비용도 0이다. 이에는 재료, 연료, 전력, 운송 서비스, 대부분의 인건비와 유사한 비용이 포함된다.

③ 생산에 사용되는 모든 생산요소에 드는 비용을 총비용(total costs ; *TC*)이라 하는데 모든 비용은 고정비용 아니면 변동비용이므로 각 생산량 수준에서 총비용은 총고정비용과 총가변비용의 합이다:

$$\text{총비용} = \text{고정비용} + \text{가변비용}$$
$$TC \quad = \quad VC \quad + \quad FC$$ [6]

한편 기업의 총비용을 산출량으로 나누면 평균총비용(average total cost ; *ATC*)을 구할 수 있다: 평균총비용 = 총비용/산출량. 평균총비용은 기업에게 중요한 기준이다. 제품 1개를 만드는 평균총비용이 판매 가격보다 낮다면 이윤을 얻을 수 있기 때문이다.

[그림 11-6]은 기업이 각 생산량 수준에 대한 총비용의 크기를 알려주는 세 가지 비용함수를 보여준다. 더 많은 생산을 위해서는 더 많은 생산요소(노동, 기계, 원

---

6. 총비용함수 $TC(Q)$는 주어진 생산량(Q)을 생산할 때 기업에게 발생하는 총생산비용을 나타내준다. 총비용함수는 해당 기업의 기술력과 노동과 자본과 같은 생산요소의 가격이 주어졌을 때 그 기업이 특정한 생산량을 생산하기 위해서 지불해야 하는 최소의 총비용을 나타낸다.

그림 11-6 **총비용, 평균비용, 한계비용**

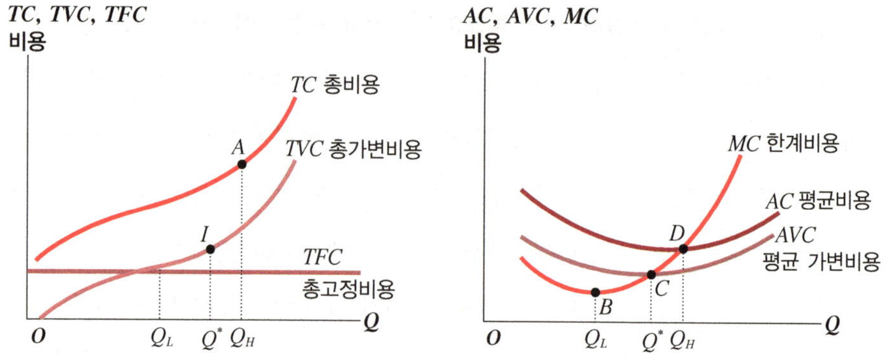

(a) 총비용 (b) 평균비용과 한계비용

주 : (a) **고정비용, 가변비용, 총비용** : 고정비용은 모든 산출량에 대해 불변이므로 고정비용곡선 *FC*는 높이가 일정한 수평선이다. 기업이 산출량을 늘리기 위해 노동과 다른 가변투입 요소에 돈을 더 많이 지출함에 따라 가변비용은 증가한다. 생산량이 적을 때는 증가 속도가 낮지만 생산량이 많아지면 증가 속도가 높아진다. 총비용 *TC*곡선은 *FC*곡선과 *VC*곡선의 합이며, *VC*곡선과 평행하는데 *TFC*만큼 *VC*곡선보다 더 높다.

(b) **평균비용과 한계비용** : 생산량이 증가하면 단위당 고정비용, 즉 평균고정비용 *AFC*는 감소한다. 평균가변비용 *AVC*는 처음에 감소하다가 일정 수준을 넘어서면 증가한다. *ATC*는 *AFC*와 *AVC*의 합으로서 U자형이며, *AFC*의 크기만큼 *AVC*로부터 떨어져 있다. *MC*곡선이 *AC*보다 아래에 있을 때에는 *AC*는 감소한다. 생산량이 많아져서 *MC*곡선이 *AC*보다 위에 있게 되면 *AC*는 상승한다. 그러므로 *MC*곡선은 *AC*곡선 및 *AVC*곡선의 최저점에서 교차하게 된다. 한계비용은 이 점부터 평균비용을 높이게 된다.

료)를 사용해야만 하고 그에 따라 총비용도 증가하므로 총비용함수의 그래프는 우상향한다. 그러나 모든 생산 수준에서 고정비용은 일정하다. 변동비용은 처음에는 천천히 상승하다가 어느 순간을 넘어서면 빠르게 상승하게 된다. 총비용은 모든 생산 수준에서 *TFC*와 *TVC*의 합계이므로 *TVC*와 평행하다. 따라서 *TC*와 *TVC* 사이의 수직 거리는 *TFC*와 같다.

한계비용과 평균비용

총비용함수와 관련된 두 개의 다른 비용함수가 있다 : 한계비용함수 *MC*(*Q*)와 평균비용함수 *AC*(*Q*).

① 한계비용(marginal cost)은 생산량이 변할 때 변화하는 총비용의 크기를 알려준다. 이는 생산물을 한 단위를 더 생산하는 데 추가되는 비용(additional cost)이다:

$$MC(Q) = \frac{TC(Q + \Delta Q) - TC(Q)}{\Delta Q} = \frac{\Delta TC}{\Delta Q}$$

산출이 늘어날 때 한계비용이 어떻게 변하는지 더 잘 이해하기 위해, 노동 고용량이 늘어날 때 노동의 한계생산이 어떻게 되는지 생각해 보자. 노동의 한계생산은 보통 처음 몇 명의 노동자에 대해서는 증가하지만, 그 이후 중복과 혼잡으로 인해 감소한다. 노동의 한계생산이 증가함에 따라 산출량을 1단위 늘리는 데 드는 추가적 노동이 감소하고, 따라서 한계비용이 감소한다. 그리고 노동의 한계생산이 감소함에 따라 산출량을 1단위 늘리는 데 필요한 노동 증가분이 더 커진다. 이처럼 노동량 증가분이 커지면서 총비용도 더 크게 증가하고, 따라서 한계비용이 증가한다. 그러므로 한계비용은 노동의 한계생산이 감소하면 증가하고, 노동의 한계생산이 증가하면 감소한다. 생산량 수준에 따라 변동되는 비용은 TVC뿐이므로 한계비용도 $MC = \frac{\Delta TC}{\Delta Q}$로 계산된다. 한계비용은 총비용 곡선이나 총변동비용곡선의 기울기에 해당한다.

② 평균고정비용(AFC)은 총 고정비용을 생산량으로 나눈 값, 즉 생산량 1단위당으로 표현된 기업의 고정비용이다: $AFC = \frac{TFC}{Q}$. 생산량이 증가함에 따라 평균고정비용은 계속 하락한다. 연간 비용으로 표현된 공장설비 자체의 비용에 보험, 재산세처럼 생산량과 함께 변하지 않는 비용들을 더한 것이다.

③ 평균가변비용(AVC)은 총 가변비용을 생산량으로 나눈 값으로 생산량 1단위당으로 표현된 가변비용이다: $AVC = \frac{TVC}{Q}$. 이에는 임금과 원재료비 등이 있다.

④ 평균총비용(ATC)은 총비용을 생산량으로 나눈 값이다: $ATC = \frac{TC}{Q}$

$ATC = AFC + AVC$에 유의한다.

한계비용은 처음에는 전문화로 인해 하락한다. 생산량이 적은 수준에서는 고정요소와 변동요소 간 사용량에 있어서 균형이 잘 이루어지지 않기 때문에 가변비용이 크다. 생산량이 증가할수록 전문화가 발생하며 가변요소와 고정요소 간 사용량에 균형이 잘 이루어지므로 가변비용은 적게 들고 한계비용은 하락한다. 하지만 계속해서 생산량이 증가하면 한계비용은 곧 상승하기 시작한다. 가변요소의 사용량이 증가함에 따라 다시 고정요소와 가변요소 간 사용량에 있어서 균형이 이루어지지 않음으로써 가변요소에 대한 한계비용이 증가한다. 이것이 한계비용 체증의 법칙이다.

한편 한계치(한계비용)와 평균치(평균비용)의 수학적 관계를 이해하면 한계비용의 모양에서 평균비용의 모양을 얻을 수 있다. 비용이든 점수든 그 어떤 것이든 기존의 평균보다 더 작은 추가분(한계치)이 새롭게 포함되면 그 평균은 이전의 평균보다 감소할 것이다. 반대로 기존의 평균보다 더 큰 추가분(한계치)이 새롭게 포함되면 그 평균은 이전의 평균보다 증가할 것이다.[7] 한계비용이 감소하다가 증가한다면 결국 평균비용 역시 (뒤늦게까지) 감소하다가 증가할 것이다.[8] 한편 기존의 평균과 같은 크기의 추가분이 새롭게 포함되면 그 평균은 변화하지 않을 것이며, 이는 평균비용이 최소가 되는 점에서 발생할 것이다.

결과적으로 평균 가변비용과 한계비용은 모두 처음에는 하락하고 최소점에 도달한 후 상승하기 시작하므로 셋 다 U자형 곡선을 보인다. [그림 11-6] (b)는 이를 보여준다. 한편 평균총비용은 *AFC*의 크기만큼 *AVC*보다 수직으로 더 높다. 평균비용은 평균가변비용과 평균고정비용의 합이다. 평균고정비용은 생산량이 증가하면 고정비용이 더 많은 단위에 대하여 분배되므로 평균고정비용은 생산량이 증가할수록 감소하게 된다. 이러한 현상은 생산량이 증가함에 따라 평균비용을 감소하게 만드는 요인이 된다. 이처럼 평균고정비용은 생산량이 증가함에 따라 항상 감소하지

---

7. 시험을 하나 더 본 후 평균 점수가 어떻게 되는지 생각해 보라. 추가 점수가 평균보다 낮다면 평균은 감소할 것이다. 추가 점수가 평균보다 높다면 평균은 올라갈 것이다.
8. 이런 의미에서 평균은 항상 한계를 쫓아다닌다. 평균비용이 감소하는 경우 한계비용 곡선은 평균비용 곡선 아래에 위치한다.

만, 평균가변비용은 감소하다가 증가한다. 따라서 평균가변비용이 증가하는 구간에서 생산량과 평균비용 사이의 관계는 감소하는 평균고정비용과 증가하는 평균가변비용 중에서 어느 것이 더 큰가에 의해 결정된다. 만약에 고정비용이 크지 않고 평균가변비용이 많이 증가한다면 평균비용은 처음에 감소하다가 증가하게 된다. 모든 생산수준에서 총비용, 한계비용, 평균비용은 생산자의 개별적인 생산기술 별로 달라진다. 즉, 고정비용과 가변비용 간에 차이가 있을 수 있으며, 기술적 우위를 가지고 있는 기업은 상대적으로 적은 비용을 갖게 된다. 생산자의 기술이 변함에 따라 비용곡선은 변한다. 예를 들어 생산자가 고정비용이 적게 소요되는 기술을 개발하면 평균비용 곡선이 아래로 이동한다. 반면에 가변비용이 적게 소요되는 기술을 개발하면 평균비용은 물론, 평균가변비용과 한계비용 곡선이 모두 아래로 이동한다.

한계비용과 평균가변비용 및 평균총비용의 관계는 한계생산의 평균생산과의 관계와 거의 같다. 식혜를 한 잔 더 생산하는 한계비용이 현재의 평균비용을 초과하면 평균비용이 상승한다. 식혜를 한 잔 더 생산하는 한계비용이 현재의 평균비용 아래로 떨어지면 평균비용은 하락한다. 따라서 한계비용은 *ATC*의 최소값에서 평균총비용과 같고 *AVC* 최소값에서 평균가변비용과 같다.

(2) 장기에서의 생산과 비용

대부분의 기업들은 오랫동안 살아남을 계획을 하므로 단기뿐만 아니라 장기에 대해서도 계획을 가지고 있다. 성공적 경영자는 현재의 공장, 사무실, 매장 규모를 그대로 둔 채 어떻게 운영하면 이윤을 극대화할 수 있는가를 생각할 뿐만 아니라, 장기적으로는 현재의 생산 규모(공장, 사무실, 매장 규모)를 더 늘리는 것이 더 높은 이윤을 가져다줄 것인지, 현재의 생산 규모를 줄이는 것이 더 높은 이윤을 가져다 줄 것인지에 대해서도 고민한다. 피자가게 사업주라면 두 개의 오븐을 갖고 운영하는 현재의 피자가게를 어떻게 운영해야 이윤이 극대화되도록 운영할 수 있을까에 대해 생각해야 할 뿐만 아니라 은행 빚을 다 갚고 가게의 임대기간도 끝났을 때 어떻게 할 것인지에 대해서도 계획을 세워야 한다. 오븐을 더 많이 구입해야 하는가? 더 큰 가게를 임대해야 하는가? 아니면 새로운 가게를 추가로 시작해야 하는가?

단기비용에서 장기비용으로

이에 대한 답을 구하려면 지금까지 단기에 대해서만 다루었던 비용 개념을 장기로 확장하여야만 한다. 장기에 기업들은 자신이 원하는 방법대로 모든 생산요소를 조정할 수 있으므로 장기비용은 단기비용과 다르다 : 장기에는 고정요소나 고정비용이 존재하지 않으며 모든 요소와 비용은 다 가변적이다. 모든 생산요소가 가변적이므로 생산 규모를 결정하는 문제는 시간당 또는 일일 생산량에 대한 것이 아니라 공장 규모나 용량에 대한 문제가 된다. 단기적으로 기업은 "현재의 공장 규모에서 오늘 얼마나 생산해야 할까?"라고 묻는다. 장기는 공장규모를 조정할 수 있을 만큼 긴 기간이기 때문에 문제는 규모의 문제가 된다. 기업은 스스로에게 "어떤 규모로 운영하는 것이 좋을까?"라고 자문해야 한다. 일단 특정 규모의 시설이 채택된 경우에 생산량을 변화시키기 위해서는 이 기업은 공장규모를 제외한 다른 생산요소(예 : 근로자)의 양을 변화시켜야 한다. 기업이 생산시설의 크기를 변화시킬 수 없는 기간을 단기라고 한다. 각 크기의 공장에 대해서 그에 해당하는 단기 평균비용 함수([그림 11-7]에서 *SAC*로 표시된 그래프)가 있다. 이 단기 평균비용 함수들은 모든 가변비용과 고정비용을 포함한다. *SAC*곡선은 항상 생산시설의 특정 규모를 기준으로 그려진다. 즉, *SAC*곡선은 기업이 주어진 규모의 생산시설을 사용할 때 단기에 평균비용이 산출량에 따라 어떻게 달라지는가를 나타낸다. 기업이 다른 규모의 생산시설을 갖는다면 그것은 다른 *SAC*곡선을 따라 움직인다는 것을 의미한다. 기업은 각각의 다른 시설에 대응해 다른 *SAC*곡선을 가진다. 장기에도 기업은 최소비용으로 가동되는 생산시설을 선택할 것이고, 이는 장기에 기업의 선택은 어떠한 곡선을 선택할 것인가에 대한 것임을 말한다. 이러한 사실은 우리가 기업의 장기 평균비용(Long-Run Average Cost ; *LAC*)곡선을 어떻게 그릴 수 있는지 알려준다. [그림 11-7]은 단기 평균비용과 장기 평균비용 간의 연관성을 보여준다.

그림 11-7 단기 평균비용함수와 장기 평균비용함수

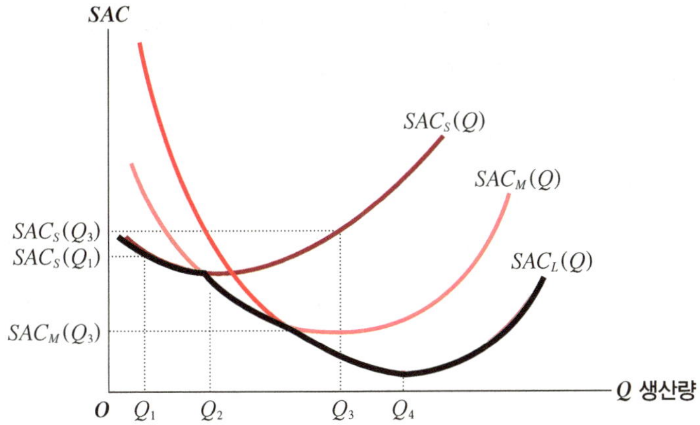

주 : 장기평균비용함수는 단기평균비용함수들을 싸고 있는 것이며, 검정색 선으로 표시되어 있다. 이 곡선은 기업이 공장 규모를 최적의 규모로 자유롭게 조절할 수 있을 때 주어진 생산량을 생산하는 데 발생하는 최저의 평균비용을 나타내 준다.

어떤 기업이 소규모 공장(SAC_S), 중규모 공장(SAC_M), 대규모 공장(SAC_L) 중 어떤 규모로 공장시설을 세울지 결정해야 한다고 하자. 공장을 짓기 전에 연간 얼마만큼의 생산량을 생산해야 할 것인지를 안다면 생산비용을 최소화시키기 위해서 계획된 생산량에서 최저의 단기 평균비용을 발생시키는 공장 규모를 선택하여야 한다. 예를 들어, [그림 11-7]에서 생산량 Q_1에 대한 최적 규모의 공장은 소규모 공장이 된다. 생산량 Q_2에 대한 최적 규모의 공장은 중규모 공장, Q_3에 대해서는 대규모 공장이 된다. Q_1규모의 시장에서 활동하는 작은 회사는 소규모 공장을 지어 제품 한 단위당 가장 낮은 평균비용인 $SAC_S(Q_1)$에 제품을 제작할 수 있다. 이는 그림에서 가장 왼쪽에 있는 $SAC_S(Q)$곡선에 의해 표현된다. 이런 회사는 단기에 매출이 증가하여 Q_3까지 높아지면 가변요소인 노동자수나 노동시간 증가를 통해 대응할 것이다. 이때 단위당 평균생산비는 $SAC_S(Q_3)$이 될 것이다. 그러나 만약 이 기업이 공장을 중간 규모의 M규모(단기 평균비용 $SAC_M(Q)$)로 확장한다면 단위당 평균생산비는 $SAC_M(Q_3)$로 낮출 수 있다.

이상의 논의로부터 특정 규모의 산출량 생산을 위해 기업은 직면하는 모든 SAC

곡선 중에서 가장 낮은 평균총비용으로 생산하게 하는 *SAC*곡선을 선택할 것임을 알 수 있다. 이러한 사실은 기업의 장기 평균비용(*LAC*) 곡선이 어떻게 나타날 수 있는지 알려준다. 즉, 장기 평균비용 함수는 단기 평균비용 함수를 아래로부터 감싸고 있는 함수이며 [그림 11-7]의 굵은 선이 이를 나타낸다.[9] 단기적으로 기업은 생산설비가 고정된 상태에서 운영해야만 하기 때문이다. 장기비용은 단기에서처럼 기업의 산출 수준, 요소 비용, 각 산출 수준에 필요한 요소의 양에 따라 달라지지만, 고정된 요소는 없고 그에 따라 고정비용을 포함하지 않는다는 점에서 단기와는 다르다. 장기 평균비용은 모든 생산요소가 가변적이어서 공장 규모를 최적 규모로 조절할 수 있을 때 특정 생산량을 생산하는 데 드는 최소의 단위당 비용을 나타낸다. 이는 기업이 특정 규모의 공장을 확정하기 전에 직면하는 평균비용이라 할 수 있다. 단기는 적어도 하나의 투입요소의 규모가 변할 수 없는 기간으로 산출량은 단기에 조정될 수 있지만, 생산비용은 하나 이상의 투입요소가 너무 많거나 너무 적어 최소화될 수 없을 것이다. 장기에는 가장 낮은 비용에 여러 산출 수준을 생산할 수 있도록 노동자 수와 자본설비 규모가 조정될 수 있다.

규모의 경제, 규모의 불경제, 규모에 대한 수확불변

단기 평균비용 곡선으로 이어진 울퉁불퉁한 장기 평균곡선을 좀 더 매끄럽게 바꾸어주면 장기 평균비용 곡선에는 몇 가지 중요한 단계가 존재할 수 있음을, 즉 생산량 증가를 공장 규모 증가로 대응할 경우 평균비용에는 몇 가지 중요한 단계가 존재할 수 있음을 확인할 수 있다.

규모의 경제(economies of scale) 우선 생산규모가 증가하면 장기 평균비용이 하락할 수 있다. 이는 코스트코나 월마트와 같은 '창조 상점'의 아이디어로 더 큰 공장은 더 작은 공장보다 더 낮은 평균비용으로 생산할 수 있다. 예를 들어 코스트코

9. 그러나 이것이 각 곡선의 최소점이 *LAC*곡선에 있다는 것을 의미하지는 않는다는 점에 유의해야 한다.

의 화장지가 동네 슈퍼의 화장지보다 훨씬 저렴하다.[10] 기업은 여러 가지 이유로 규모의 경제를 경험한다.[11]

- 첫째, 생산기술은 규모가 커질 경우 적어도 하나의 생산요소를 덜 사용하게 하면서 생산량을 증가시킬 수 있게 해준다. 예를 들어 생산량 증가에 따라 가변비용이 감소할 수 있다. 파이프라인이 필요한 산업에서는 규모의 경제가 크게 나타난다. 가스관을 생산할 때 소요되는 재료의 양은 관의 원주에 의하여 결정되는데, 원주는 단면의 지름이 클수록 커진다. 중요한 것은 관의 용량을 10% 증가시키기 위해서 관의 원주는 10%보다 적게 증가시키면 된다는 점이다.
- 둘째, 생산량에 무관하게 고정적으로 투입되는 요소의 양이 많기 때문이다. 특히 많은 시설과 설비는 작게 나누어 점차 증가시킬 수 없고 큰 덩어리 단위로만 증가시킬 수 있다. 이 경우 생산량이 증가하면 고정비용이 더 많은 재화에 분배되므로 평균고정비용이 감소한다. 생산량이 증가할 때 평균가변비용이 일정하거나 빠르게 증가하지 않으면, 평균비용은 감소할 것이다. 제품 디자인, 연구개발 등이 중요하여 고정 투입요소의 비중이 큰 산업에서는 규모의 경제가 나타난다. 예를 들어 신약개발 비용은 몇 개를 생산하느냐에 관계없이 일정하며, 소프트웨어에 필요한 프로그램의 개발비용도 소프트웨어를 1개를 생산하든 만 개를 생산하든 일정하다.
- 셋째, 근로자들이 더 세분화된 분업을 통해서 더 전문화되면서 더 생산적으로 되고 기계도 전보다 더 전문화되어 더 효율적인 기계를 사용할 수 있게 된다(생산 전문화로부터의 이득, gains from specialization). 매우 낮은 산출 수준에 근로자들이 다양

10. 생산 증가에 따라 평균비용이 감소하는 규모의 경제 개념은 한계비용이 증가함에 따른 한계수익 체감이라는 개념과 충돌하는 것처럼 보일 수 있다. 그러나 한계수익 체감은 자본과 같은 다른 투입이 고정된 상태에서 노동과 같은 하나의 요소투입이 증가할 때의 단기 평균비용 곡선만을 의미한다. 규모의 경제는 모든 투입이 함께 증가하도록 허용되는 장기 평균비용 곡선을 나타낸다. 따라서 하나의 투입요소만 변경될 때 한계수익이 감소하는 동시에 더 큰 규모의 생산을 위해 모든 투입물이 함께 변경될 때 규모의 경제가 증가하거나 수확이 일정한 산업을 갖는 것이 가능하고 일반적이다.
11. 단기에는 공장 규모가 고정되어 있으므로 규모에 따른 수확체증의 혜택을 누리는 기업도 수확체감의 법칙에 직면한다. 따라서 수확체감의 법칙은 규모에 따른 수확체증이 있더라도 여전히 유효하다.

한 일을 수행해야 하므로 일의 속도도 느리고 그만큼 생산성이 떨어진다. 그러나 생산규모가 증가하고 근로자가 더 투입됨에 따라, 근로자들은 역할을 분담하여 각자 특정 업무에만 전문화할 가능성이 커진다. 각 근로자의 생산성이 커지기 때문에 산출량은 비용보다 비례 이상으로 증가할 수 있다.

- 넷째, 대기업들은 생산 요소들을 소기업들보다 더 싼 가격에 구입할 수 있다. 또한 기업 규모가 커지면 보다 싼 이자율로 필요한 자금을 빌릴 수 있게 되며 그에 따라 평균비용을 낮출 수 있다.

규모의 비경제 어떤 경우에는 산출량이 증가함에 따라 장기 평균비용이 산출량 증가보다 더 빠른 속도로 증가할 수 있다. 산출량 수준이 커짐에 따라 기업의 장기 평균비용이 증가하면 기업이 규모의 비경제(diseconomies of scale) 또는 수확체감을 겪는다고 한다. 산출량이 계속 증가하면 대부분의 기업들은 비대화가 문제가 되는 상황까지 치달을 수 있다. 대기업들은 많은 층의 경영진을 필요로 하고 그것이 의사소통과 의사결정을 더디게 하며 비용을 추가시킨다. 미국의 거대 기업들은 몇백 명의 고위층 경영자들과 수천 명에 달하는 하위직 관리자들을 갖는다. 또한 대기업들은 새로운 근로자 가운데서 부적격자를 식별하고 또 기존의 근로자들을 모니터링하고 동기 부여하는 데 중소기업보다 더 큰 어려움을 가질 수 있다. 따라서 실수, 책임회피, 심지어 절도 등이 많을 수 있다. 이는 가변비용의 증가로 이어진다. 평균고정비용이 감소하기 때문에 고객 수가 증가함에 따라 평균비용이 감소한다. 하지만 마침내 가변비용은 고객 수보다 더 빨리 증가하기 때문에 평균가변비용이 증가하게 된다.

규모에 대한 수확불변 규모의 경제가 영원히 계속되는 것은 아니다. 특히 생산규모가 커지더라도 상당한 범위에서 평균비용(= 총비용/산출량)은 동일 수준에서 머물 수 있다. 즉, 산출량과 총비용이 거의 같은 비율로 증가할 수 있다. 많은 산업들에서 장기 평균비용 곡선은 상당한 범위의 생산량 수준에서 평평한 부분을 갖는다. 이 범위의 생산량에서는 규모에 대한 수확불변(constant returns to scale)을 경험한다. 이 범위에서 기업들의 생산량은 공장 규모와 근로자 수를 증가시키는 것과 비례하여 증가한다. 규모의 경제 효과가 모두 사라지는 생산규모는 최소효율 규모(minimum efficient scale)라고 불린다. 기업은 왜 규모에 대한 수확불변을 경험할까? 산출량이 증가할 때 전문화로부터의 비용절감과 덩어리 생산요소의 효율적 이용은 결국 사라진다. 그러나 생산에는 규모의 비대화 문제가 생기기 시작하기 전까지 확장될 여지가 여전히 존재한다. 그때 기업은 생산이 증가함에 따라 평균비용이 상승하지도 않고 하락하지도 않는 일정 범위의 산출량을 가지게 될 것이다. 규모에 대한 수확불변이 나타난다면 어떤 중간범위의 산출량 수준에서 발생할 가능성이 크다는 것을 유의해라.

요약하면 *LAC*는 다음과 같은 전형적 패턴으로 요약된다: 비교적 낮은 산출량 수준에서는 규모의 경제가 나타나고(*LAC*가 하락), 중간 수준의 산출량에서는 규모의 대한 수확불변이 발생하며(*LAC* 일정), 높은 산출량 수준에서는 규모의 불경제가 존재한다(*LAC*가 상승). 이러한 이유로 *LAC*곡선은 전형적으로 U자 모양을 가진다. 물론 U자 모양의 *LAC*곡선도 산업에 따라 다른 모습을 띨 것이다. *LAC*곡선의 이러한 차이는 경제에 관해 많은 것을 시사한다.

전략적 시사점 규모의 경제는 낮은 산출량 수준에서 나타날 가능성이 큰 반면, 규모의 불경제는 높은 산출량 수준에서 나타날 가능성이 크다. 이 경우 평균비용은 최소점을 통과한 후 판매량이 증가함에 따라 함께 증가한다. 따라서 평균비용 곡선은 자 모양을 하게 된다. 평균비용과 생산량의 관계는 산업 구조에 영향을 미친다. 규모의 경제가 있으면 동일한 양의 제품을 생산할 때 대량생산을 하는 대기업의 평균비용은 소량생산을 하는 중소기업보다 평균비용이 더 적게 소요된다. 따라서 대량생산은 매스 마케팅, 그리고 상대적으로 저렴한 가격을 의미한다. 개별 공급자가 규모의 경제를 가지고 있는 산업은 몇 개의 기업들에 의해서만 집중적으로 생산하는 모습을 보이게 된다. 오직 하나의 공급자만이 남는 경우 독점이라는 극단적 상황이 생겨난다. 한편, 규모의 비경제가 있는 산업의 경우 기업들은 소량생산을 하게 된다. 소량생산은 틈새시장 마케팅과 상대적으로 높은 가격을 시사한다. 규모의 비경제를 가진 산업에서는 많은 수의 중소기업들이 나누어서 생산한다. 이의 극단적 예가 완전경쟁에 해당한다. 완전경쟁은 산업에서 활동하고 있는 기업이 무수히 많아 개별 기업이 시장수요에 전혀 영향을 미치지 못하는 경우를 말한다.

범위의 경제

기업들이 고민해야 하는 또 다른 사안은 한 개의 제품만을 집중적으로 생산할 것인지 아니면 여러 개의 상이한 제품을 다양하게 생산할 것인지 하는 것이다. 이 질문은 평균비용과 생산의 범위 사이에 어떠한 관계가 있는지를 알아야 답할 수 있다. 만약 두 개의 재화를 따로 생산할 때보다 같이 생산할 때 평균비용이 적게 소요된다면 두 개의 재화 간에 범위의 경제(eocnomies of scope)가 있다고 한다. 반대로 두 개의 재화를 같이 생산할 때 평균비용이 더 많이 소요되면 범위의 비경제가 있다고 한다. 두 개의 재화를 같이 생산할 때 공동비용(joint cost)은 생산 범위에 의하여 변하지 않는 비용이다. 범위의 경제는 공동비용의 크기가 클 때 발생한다.

두 개의 재화 간에 범위의 경제가 있게 되면, 재화를 동시에 생산함으로써 더 적은 비용이 소요된다. 따라서 두 개의 재화를 동시에 생산하는 공급자는 한 개의 재화만을 생산하는 공급자보다 총비용이 적게 소요된다. 이렇게 범위의 경제가 있는 경우에는 시장수요와 경쟁의 정도에 따라서 여러 개의 재화를 동시에 생산함으로써 더 많은 이윤을 얻을 수 있기 때문에 다양한 제품을 동시에 생산하는 기업이 많게 된다.

통신과 방송 산업은 범위의 경제가 있는 대표적인 산업이다. 유선통신 서비스를 제공하기 위해서는 모든 가입자에게 전화선이 매설되어 있어야 한다. 마찬가지로 유선방송의 경우에도 모든 가입자에게 케이블망이 매설되어 있어야 한다. 이 경우에 동일한 망을 가지고 통신과 방송 서비스를 동시에 제공할 수 있다면 망을 설치하고 유지하는 데 소요되는 비용은 공동비용이 된다. 따라서 통신과 방송 간에는 범위의 경제가 존재한다. 두 서비스를 동시에 제공하는 기업은 한 서비스만을 제공하는 기업보다 더 적은 비용으로 서비스를 제공할 수 있다. 이것이 통신회사와 유선방송회사들이 상대방 시장에 참여하고자 하는 이유를 설명하여 준다.

브랜드 광고비용은 동일 브랜드를 가지고 있는 제품판촉을 위한 공동비용이 된다. 이러한 공동비용은 광고와 판촉에 있어서 범위의 경제가 발생하도록 한다. 브랜드 확장을 통하여 소비자들이 이미 인식하고 있는 브랜드를 가지고 있는 기업은 그렇지 않은 기업보다 더 적은 비용으로 새로운 제품을 출시할 수 있다. 범위의 경제는 핵심역량(core competence)이라는 전략적 개념의 근간이 된다. 핵심역량은 동일하거나 관련된 기술을 사용하는 제품의 디자인, 생산, 마케팅에서의 전문성이다. 예를 들어서 소형 액정화면에 핵심역량이 있는 기업은 이것을 디지털 시계는 물론 소형 계산기를 제조하기 위한 기반으로 사용할 수 있다. 기본적으로 핵심역량은 범위의 경제를 발생시키는 공동비용이다.

범위의 비경제

만약에 두 개의 재화를 따로 생산할 때보다 같이 생산할 때 평균비용이 많이 소요된다면 범위의 비경제(diseconomies of scale)가 있는 것이다. 범위의 비경제는 공동비용이 중요하지 않고 한 개의 재화를 생산하면서 동일 설비를 이용하여 다른 재화를 추가로 생산할 때 비용이 더 많이 소요되는 경우 발생한다. 범위의 비경제를 설명하기 위하여 의류 매장과 패스트 푸드 음식점의 두 가지 소매업을 생각해 보자. 두 업종은 모두 유사한 고객을 목표로 하고 있다. 그렇다면 왜 한 기업이 한 매장에서 의류와 음식을 동시에 판매하지 않는가?

두 사업을 동시에 하는 경우에 규모의 비경제가 발생할 수 있기 때문이다. 두 제품 간에는 큰 규모의 공동비용이 없다. 또한 음식을 구입한 사람들이 의류 매장을 돌아다니다 보면 음식물을 옷에 묻힐 수도 있다. 따라서 의류 매장에서 패스트 푸드를 팔게 되면 오히려 비용이 증가 할 수 있다. 이러한 어려움 때문에 두 사업은 각기 다른 장소에서 하는 것이 좋다.

규모의 비경제가 있는 경우에는 다양한 제품을 별도로 생산하는 것이 바람직하다. 즉, 전문화된 생산업체에서의 생산비용이 다양한 제품을 생산하는 업체의 생산비용보다 낮다. 이러한 상황에 처한 기업은 특정 제품에 특화하는 것이 좋다.

3. 이윤극대화와 사업 규모 및 영역의 결정

우선 기업이 특정 사업영역에서 어떤 규모로 사업을 전개하고 그것을 넘어 어떻게 사업영역을 결정하는지를 다루기 위해 기업의 생산량 결정 문제를 살펴보자.

1) 최적 생산량의 결정

기업은 어떻게 최적 생산량 및 판매량을 결정할까? 기업의 궁극적 목적은 가능한 한 큰 이윤을 내는 것이다. 기업이 판매량을 변화시키면 수입과 비용 양자가 모두 변동할 수 있다. 기업은 제품을 생산 판매하는 데 따라 늘어나는 수입이 그에 동반하여 늘어나는 비용을 초과하는 한 제품을 계속 생산한다. 이러한 상황 하에서만 추가 생산이 이윤을 증가시키기 때문이다. 이윤을 수입과 비용의 차이라고 정의하고 나면 생산이 비용보다 수입을 더 증가시키는 한 생산을 증가함에 따라 이윤도 증가한다. 이윤은 총수입(TR)과 총비용(TC)의 차이로 정의된다: 이윤 $= TR - TC$.

그림 11-8 기업의 이윤극대화 결정

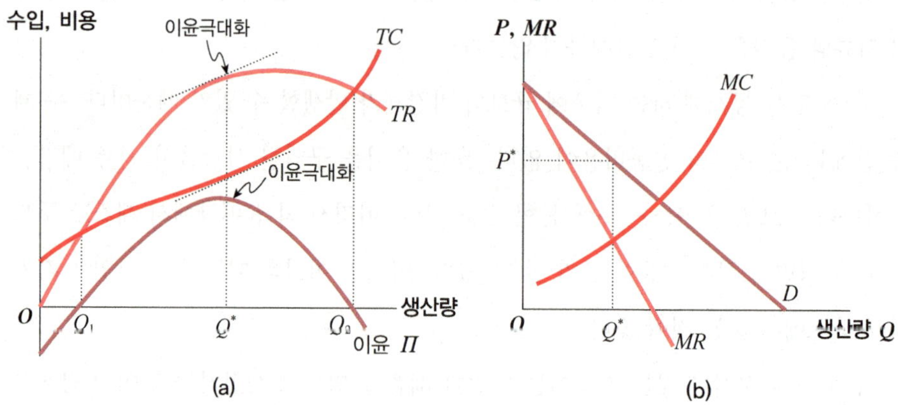

주 : (a) 총수입 TR과 총비용 TC의 차이가 최대가 될 때 이윤은 최대가 된다. 이는 'TR곡선의 기울기 = TC곡선의 기울기'인 생산량 Q^*에서 이루어진다.
(b) 최적 생산량(판매량)은 MR(TR곡선의 기울기)과 MC(TC곡선의 기울기)곡선이 만나는 점에서의 생산량 Q^*이다. Q^*에 상응하는 가격은 수요곡선상의 가격 P^*이다.

따라서 총수입과 총비용의 차이가 가장 클 때 이윤이 극대화된다. [그림 11-8] (a)는 *TR* 및 *TC*곡선을 사용하여 기업의 이윤극대화 생산량을 보여준다. 그림에서 *TR*은 총수입곡선, *TC*는 총비용곡선이다.[12] Π는 *TR*과 *TC*곡선의 차이에서 유도되는 이윤곡선이다. 두 곡선의 차이가 최대가 될 때 이윤은 최대가 된다. 총수입과 총비용의 차이는 '*TR*곡선의 기울기 = *TC*곡선의 기울기'인 생산량 Q^*에서 최대가 된다. Q^*의 오른쪽이나 왼쪽으로 이동하면 *TR*과 *TC* 사이의 수직 거리가 감소하고 이윤이 감소한다.

이윤극대화는 한계수입과 한계비용을 비교하여 파악할 수도 있다. 기업은 재화의 추가 생산·판매 ΔQ로 인한 추가 수입($MR \times \Delta Q$)이 추가 생산으로 인한 추가 생산비($MC \times \Delta Q$)보다 크다면 추가로 이윤($(MR - MC)\Delta Q$)이 증가하므로 계속해서 생산량을 늘릴 것이다. 결국 이윤을 극대화하는 기업은 $MR > MC$면 더 많은 양을 팔아 이윤을 증가시킬 수 있으며 이를 위해 가격을 인하한다. 반대로 $MR < MC$면 더 적은 양을 팔아 이윤을 증가시킬 수 있으며 이를 위해 가격을 인상한다. $MR = MC$면 더 많은 양을 판매하든 더 적은 양을 판매하든 이윤을 증가할 수 없으므로, 현재의 가격과 판매량이 이윤을 극대화하는 최적 수준의 가격과 판매량이 결정된다. 더 많은 양을 판매하려면 가격을 낮추어야 하는 이상, 생산량 결정 규칙은 곧 한계수입과 한계비용이 일치하는 수준에서 결정하는 것이다. 한계수입이 가격보다 낮아지므로 이윤이 극대화되는 생산 수준이 제한된다.

[그림 11-8] (b)는 *MR* 및 *MC*곡선을 사용하여 기업의 이윤극대화 생산량을 보여준다. 그림에서 기업의 수요곡선은 *D*이며, *MR*은 한계수입 곡선, *MC*는 한계비용곡선이다. 최적 생산량(판매량)은 $MR = MC$가 되는 *MR*곡선과 *MR*곡선이 만나는

12. 총비용 곡선은 비용이 감소하는 비율로 증가한 다음, 이후 증가하는 비율로 증가하는 전형적인 모양을 갖는다. 단기에는 공장 규모와 그 공장에서 생산할 수 있는 생산량이 제한된다. 공장 규모가 단기에 고정되어 있는 경우 생산량이 일정 수준을 넘어서게 되면 결국 한계비용이 상승하게 된다(수확체감의 법칙). 작업 시간을 확장하거나 가동 중인 설비에 좀 더 많은 사람을 투입함으로써 작업의 강도를 높이면 결국 한계생산이 감소하고 한계비용이 증가하게 된다. 단기에는 공장 규모가 고정되어 있으므로 규모에 따른 수확체증의 혜택을 누리는 기업도 수확체감 또는 비용체증의 법칙에 직면하게 된다.

점에서의 생산량 Q^*이다. Q^*에 상응하는 가격은 수요곡선상의 가격 P^*이다.

한편 한계수입(MR)을 수요의 가격탄력성(ε_D)으로 나타내면 이윤극대화 조건은 $P\left(1-\frac{1}{\varepsilon_D}\right)=MC$이 된다. 여기서 수요의 가격탄력성이 높다면 이윤을 극대화하는 기업은 가격을 낮추어 더 많은 양을 판매하려 할 것이다. 반대로 수요의 가격탄력성이 낮다면 이윤을 극대화하는 기업은 가격을 높여 더 적은 양을 판매해야 할 것이다.

2) 사업영역 설정 : 한계수입의 균등화

한 가지 재화를 생산하는 간단한 경우, 생산자는 재화 X의 마지막 단위의 한계수입이 한계비용과 일치하는 지점까지 재화를 생산하여 이윤을 극대화한다. 하지만 대부분의 기업들은 다양한 재화를 생산한다. 따라서 기업들은 최적 생산규모뿐만 아니라 최적 생산조합에 대해서도 고민한다. 이를 보기 위해 두 재화 X재와 Y재를 동시에 생산하는 기업을 고려하자. 이런 기업이 이윤을 극대화하려면 X재 생산에 따른 한계편익과 한계비용을 비교하여 일치할 때까지 생산을 늘려가야 한다. X재를 ΔX만큼 추가로 생산할 경우, X재 1단위당 MR_X만큼의 추가수입을 얻는다면, ΔX를 추가로 생산하는 판매자가 누리는 한계수입은 다음이다.

$$\text{한계수입} : \Delta X \times MR_X$$

한편 X재 1단위당 MC_X의 비용을 부담해야 하므로, X재를 ΔX만큼 추가로 생산할 경우 생산자가 추가로 부담하는 기회비용, 즉 한계비용은 $\Delta X \times MC_X$이다. 한편 생산자는 $\Delta X \times MC_X$의 금액을 X재 생산이 아닌 Y재 생산에 투입하는 대안을 생각할 수 있다. Y재 1단위를 생산하는 데 소요되는 추가 비용이 MC_Y라면 $\Delta X \times MC_X$의 소득자원으로 소비자가 추가로 구매할 수 있는 Y재 수량은 $\frac{\Delta X \times MC_X}{MC_Y} = \Delta X \times \frac{MC_X}{MC_Y}$단위가 된다. 이제 이러한 Y재의 추가적 생산이 MR_Y만큼의 한계수입을 제공한다면, X재 한 단위를 증산한 데 따른 기회비용을 Y재가 제공하는 수입으로 평가해 보면 다음과 같다.

$$한계비용 : \Delta X \times \frac{MC_X}{MC_Y} \times MR_Y$$

결국 이윤을 극대화하는 다음의 경우 생산조합의 변경이 중단된다.

$$\Delta X \times MR_X = \Delta X \times \frac{MC_X}{MC_Y} \times MR_Y$$

즉,

$$MR_X = \frac{MC_X}{MC_Y} \times MR_Y$$

또는

$$\frac{MR_X}{MC_X} = \frac{MR_Y}{MC_Y}$$

여기서 좌변은 화폐 한 단위를 X재에 투입할 때의 한계수입이고, 우변은 화폐 한 단위를 Y재에 투입할 때의 한계수입이다. 즉, 화폐 1단위가 낳는 수입 증가의 이득이 모든 재화에 대해 일치하도록(한계수입의 균등화) 재화 생산조합이 선택된다. 이를 화폐 1단위당 한계수입 균등의 원칙이라 한다. 결국 생산자는 생산된 1원당 한계수입이 두 재화에 대해 동일하도록 재화 X와 Y의 양을 생산할 때 이윤을 극대화한다. 즉, 1원의 가성비(bang for their bucks)가 모든 재화에 대해 동일한 수량을 찾는 것이다. 이 조건에서 X와 Y의 다른 조합은 더 큰 이윤을 제공하지 않는다. 이 문제를 해석하는 또 다른 방법은 이 비율을 다음과 같이 재정렬하는 것이다:

$$\frac{MC_Y}{MC_X} = \frac{MR_Y}{MR_X}$$

즉, 두 재화의 한계비용 비율이 두 재화의 한계수입 비율과 일치하도록 생산하고 있다면 생산자는 이윤을 극대화하는 것이다.

4. 사업과 탈무드의 교훈

상업 활동의 중시

유대교에는 물질적 재화와 상업 생활에 대한 불신이나 금욕주의의 전통이 없다. 특히 농업과 비교하더라도 사업 추구에 대해 매우 호의적이다. 랍비 엘라자르(Rabbi Elazar)는 폭을 가로질러 쟁기질한 토지를 보고 다음과 같이 선언했다. "사업에 투자하면 매일 고기와 포도주를 먹을 수 있다. 땅에 투자하면 소금과 야채만 매일 먹을 수 있다. 더구나 땅을 소유한 사람은 땅에서 잠을 자야 하는 경우가 많으며, 주변 밭의 주인과 끊임없이 다투게 된다." 경제활동을 세속적 존재의 필수 불가결한 측면으로 간주했으며 이윤 동기의 중요성과 정당성을 인식했다. 경제활동에 있어 금전적 유인의 힘과 정당성을 인식하여 "무료로 치료하는 의사는 아무 가치가 없다"고 판단했다.

▶ 이익을 남기지 않고 사고팔면서 상인이라고 할 수 있는가?(Bava Batra, 90a)

경제적 부도덕은 욕망과 경제적 불확실성에 대한 두려움에서 비롯한다. 욕망은 곧잘 탐욕과 시기심으로 변모하여 절도와 불의 심지어 유혈 사태로 이어진다. 시장 동향, 정치적 변화, 개인 건강 등에 대한 불확실성에 대한 두려움 속에서 인간은 저축, 투자, 보험을 통해 정당한 보호를 추구한다. 그러나 동시에 미래에 충분하지 못할 것이라는 동일한 두려움 속에서 경제적 안정을 달성하고자 절도, 사기, 부패, 착취를 통해 보호를 추구하며 부도덕한 행태로 우리를 이끈다. 그러나 욕망과 미래에 대한 두려움 없이는 인간의 경제활동도 불가능하다. 따라서 유대교는 부에 대한 무한한 욕망(Yetzer Harah)을 훈련하거나 교육하여 시장 활동과 소비 패턴이 하나님이 주신 도덕 안에서 작동하도록 한다.

경제활동과 종교활동의 병행

사업 추구는 매우 호의적으로 여겨졌지만 여전히 학습과 자기 계발에 시간을 할애하지 않고 돈 버는 데 집착해서는 안 된다고 느꼈다. 힐렐(Hillel)은 사업 추구에 몰두하는 사람은 결코 학자가 될 수 없다고 생각했고, 랍비 메이어(Meir)는 "사업 활동을 제한하고 토라를 공부하라"고 말했다. 학습을 위한 시간할당은 경제활동에 사용할 수 있는 시간을 제약하고 있다. 마이모니데스는 시간을 세 부분으로 공평하게 나누어야 한다고 판결했다: 토라 연구 시간, 생계 유지를 위한 시간, 먹고 자는 시간. 유대의 달력은 경제활동을 완전히 금하는 것이 주요 준수 사항인 의무적인 날들로 가득하다. 또한 종교 학습의 의무는 사제, 랍비, 학자뿐만 아니라 모든 사람을 구속한다. 나이, 지식, 경제적 지위에 관계없이 모든 사람은 학습에 시간을 할애하여 죽을 때까지 공부해야 한다. 이 때문에 학습시간 할애가 용이한 직업이 선호되었고 상업이 그중 하나였다.

기업 활동 : 거룩함

모든 부가 신으로부터 비롯하고 신에게 속하며, 인간은 이를 돌보는 청지기라는 개념은 경제 활동의 절대적 자율성을 거부하고 사업 활동을 제한하는 일련의 규칙을 낳았다. 우선 상업 활동은 거룩하게 하는 데 목적을 두고 있다. 비유대인 사회에 살고 있는 유대인들이 기업활동을 어떻게 전개하느냐가 하나님의 이름의 거룩함을 드러낼(Kiddush Hashem) 수도 있지만 동시에 하나님의 이름을 모독(Hillul Hashem)할 수도 있다.

- ▶ 너는 이스라엘 자손의 온 회중에게 말하여 이르라 너희는 거룩하라. 이는 나 여호와 너희 하나님이 거룩함이니라(레위기 19:2).
- ▶ 너희는 내 거룩한 이름을 욕되게 하지 말라 그리하면 내가 이스라엘 자손 중에서

거룩함을 얻으리라 나는 너희를 거룩하게 하는 여호와이니라(레위기 22:32).

유대인의 믿음과 윤리는 이를 중심으로 전개된다. 공동체의 이익을 위한 윤리를 지키는 것은 쉽지 않다. 공동체의 복지와 안전을 생각하는 것보다 즉시 누릴 수 있는 것이 훨씬 쉽기 때문이다. 윤리(에 대한 욕망)는 (인간의) 이성과 논리에서 오는 것이 아니라 인간에게 간직된 신성성에서 비롯하는 것이다. 특히 성서에서 랍비들이 식별한 613개의 신성한 계명 중 100개가 훨씬 넘는 계명이 경제생활의 문제를 다루고 있다.

탈무드는 이웃에 대한 범죄가 어떤 의미에서는 신에 대한 범죄보다 더 심각하다고 말한다(Yoma, 85b). 사람이 하나님께 죄를 지은 후에 회개하면 하나님은 그를 용서하신다. 그러나 그 죄가 이웃에게 있는 것이라면, 죄인이 회개한다 해도 그 사람의 마음을 달래기 전에는 용서받을 수 없다. 이는 Shabbos(31a)에서 힐렐이 언급한 다음 말을 뒷받침한다.

▶ 당신이 미워하는 것을 이웃에게 하지 마라. 이것이 토라의 전부이며 나머지는 단지 주석이다(Shabbos, 31a).

"너는 주님 보시기에 의롭고 선한 일을 행하라"라는 성서의 선언에서 탈무드가 법의 요구 사항을 넘어서도 윤리적으로 노력해야 한다는 교리를 이끌어낸다. 율법의 엄격한 요구 사항이 무엇이든 유대교의 가르침에는 법률의 문자를 넘어서 행동하라는 Li-fenim mi-shurat ha-din으로 알려진 광범위한 행동 범주가 있다. 구체적으로 Li-fenim mi-shurat ha-din의 범주는 두 가지 별개의 행동 범주가 포함된다.[13] 첫째는 따르지 않더라도 도덕적으로 비난받을 만한 것은 아니지만 그 실천이 칭찬받는 윤리적 행동을 포함한다. 둘째는 윤리적으로 적절한 행동을 포함하며, 위반 행

13. 유대 종교 윤리의 대부분의 요구 사항은 랍비 법정(beth din)이 통치하는 자치적 유대 공동체 내에서 강제되는 법적 규범으로 운영된다.

위는 법적으로 처벌될 수는 없지만 무례하게 여겨져서 "천국"의 승인을 받지 못하는 것으로 간주된다. 현대적 용어로 상법과 대비되는 기업윤리(business ethics)의 영역을 가리킨다. 법으로 시행할 수 없지만 규범으로 규정된 상업 행동의 영역이다.

일은 아담과 그의 모든 후손에게 부과된 신성한 명령이다: "네 이마에 땀을 흘려야 빵을 먹을 것이다." 모든 인류에게 있어 일은 우리의 생존을 도모하고 또한 우리 고유의 재능을 창의적으로 표현하기 위해 해야만 하는 것이다. 그러나 특히 유대인들에게 일은 신성한 봉사의 한 형태이다. 다시 말해, 그것은 토라의 전승자로서 우리의 고유한 역할과 모순되지 않으며 오히려 그것을 가능하게 한다. 이 점은 아마도 욤 하딘(심판의 날)에 이 세상에서의 우리 삶의 절정을 바라봄으로써 이 점을 가장 즉각적으로 파악할 수 있다: 탈무드는 이 멋진 행사에서 여섯 가지 질문을 받게 된다고 가르친다.

▶ 사업을 정직하게 수행했습니까? 토라 공부시간을 정했습니까? 출산을 하였습니까? 구원을 기대하였습니까? 지혜로 마음을 날카롭게 했습니까? 다른 문제에 기초해 어떤 문제를 이해했습니까?(Shabbat 31a)

이 질문 중 절반은 토라 학습과 관련이 있으며, 첫 번째 질문(비즈니스 거래를 정직하게 수행했습니까?)만이 비즈니스 행동과 관련이 있다. 질문의 순서는 무작위가 아니다. 사업은 정확히 토라의 한 형태이므로 토라가 요구 목록의 선두에 선다. 사업은 실제로는 토라의 구현이다. Ba'al Shem Tov을 따르면 "우리는 Bava Metzia(상법에 초점을 맞춘 탈무드 소책자)를 배워야 할 뿐만 아니라 실제로 행동에 옮겨야 한다"는 것이다. 사업이 그렇게 중요한 이유는 사업만큼 우리를 그토록 철저하게 시험하는 것이 거의 없기 때문이다. 613개의 미츠보트 중 약 100개는 경제문제와 관련이 있다. 이 계명은 유대인을 진정한 유대인으로 정련하며, 사업 세계에서 유대인의 거래는 명백히 그러한 정련의 정도를 더 많이(따라서 미츠보트를 더 많이) 요구한다.

유대인의 행동이 유대인이 진정으로 얼마나 정직한지를 드러내는 곳이 바로 이 사업분야이다. 까다로운 상사의 요구에 우리가 어떻게 반응하는지; 우리의 거래나 직업에서 탁월함을 달성하기 위해 얼마나 많은 노력을 기울이는지; 우리가 고객에게 얼마나 잘 서비스를 제공하는지, 심지어 어려운 고객에게도 얼마나 잘 서비스를 제공하는지; 공급업체에게 얼마나 책임감 있게 대금을 지불하는지; 우리가 고객일 때 상인을 짓밟지 않도록 얼마나 조심하는지. 요컨대, 사업의 세계에서 우리의 기록은 우리의 정직성, 신뢰성 및 타인에 대한 우리의 대우 수준을 분명히 증명한다. 탈무드는 시편 기자의 문구 '산 자의 땅' 또는 '생명이 있는 땅'을 시장에 대한 은유로 바라본다(Yoma 71a).[14]

▶ 내가 생명이 있는 땅에서 여호와 앞에 행하리로다(시편 116:9).

심판의 날에 우리가 받게 되는 여섯 가지 질문 중 절반은 토라의 중요성을 강조한다. 생계를 유지하고 가족을 부양하는 것은 다른 두 가지에서 나온다. 우리가 이 모든 일을 행한다면 우리는 확실히 구원을 기대하게 될 것이다. 그러나 이들 모든 문제는 상호 의존적이다. 토라의 끊임없는 인도와 그 거룩함에 몰입하지 않고는 우리는 아무것도 제대로 할 수 없다. 그러나 우리의 도전은 단순히 몰입하는 것이 아니라 가치 있는 것을 전달하는 것이므로 물질세계를 고양시키기 위해 우리가 하는 일이 우리 생에 대한 심판의 시험을 통과했는지를 결정적으로 보여줄 것이다.

정직한 상업활동은 토라 전체를 준수하는 것

사업에서 마주하는 시장 상황은 끊임없이 변화한다. 그러나 예기치 않은 비용 상승이 있어도 판매 또는 서비스를 계속하는 것은 정직과 믿음을 모두 확인시켜준다. 전자는 사업가로서의 신뢰성을 확립하고 후자는 부의 궁극적 원천인 절대자에

---

14. "내가 산 자의 땅에서 주님 앞에서 걸으리이다"(시편 116:9) 구절과 관련하여 랍비 예후다(Yehuda)는 산 자의 땅이란 음식과 필요한 것을 쉽게 구할 수 있는 시장이라고 말했다.

대한 그의 신뢰를 확립한다. 유대인 사업가는 하나님께서 손실을 보상해 주실 것임을 안다. 탈무드에서 정직은 자신에게는 엄격해야 하지만 상대방에게는 관대해야 하는 것이다. 도덕적 책임이 없더라도 구두약속을 지키지만 법적 책임이 있는 상대방이라도 관대하게 대하는 것이다. 또한 보증을 서서 갚을 수 없는 빚을 책임져서는 안 되며, 채권 추심자 역할도 하지 않아야 한다.

- 토라 학자는 사업 거래를 정직과 믿음으로 수행해야 한다. 자신의 "아니오"는 "아니오"를 의미하고 자신의 "예"는 "예"를 의미한다(Deot 5:13).
- 자신의 회계에 엄격하고 구매대금은 즉시 지불하지만, 다른 사람에게서 물건을 살 때에는 그들에게 양보하고 (빚진 것을) 요구하지 않는다. 토라에서 책임을 묻지 않는 일이라도 구두 약속을 지키고 의무로 받아들인다. 상대방에게 책임이 있어도 연장을 허락하고 용서하며 꾸어주고 관대하게 대한다. 다른 사람의 직업을 침해하지 않고, 폐를 끼치지 않는다. 보증인 역할을 하지 않으며 채권 추심자 역할도 맡지 않는다. 박해자가 아니라 박해받는 자가 되어야 하고, 굴욕을 받아들이는 자여야 하고, 모욕하는 자 중에 있어서는 안 된다는 것이 일반적 원칙이다. 이렇게 행동하는 사람에 대해 성경[이사야 49:3]은 이렇게 말한다. "그리고 그가 나에게 이르시되 너는 나의 종 이스라엘이라 나로 말미암아 내가 영광을 얻을 것이라 하셨느니라"(Deot 5:13)

윤리와 비즈니스가 항상 양립할 수 없다는 것은 더 이상 세상의 비밀이 아니다. 사실, 이들은 종종 모순되게 들린다. 실제로 Ben Sira가 2,200년 전에 "장사꾼은 악행을 면하기가 어려우며 가게 주인은 면죄 받지 못할 것이다"고 했다. 비슷한 생각이 1,000년 후에도 나타난다. Massekhet Kallah Rabbati는 "여행하는 상인들과 상인들에게서 토라는 찾을 수 없지만 간교함은 찾을 수 있다"고 하였고 유명한 유대 작가 Y. L. Peretz는 "상인이 클수록 유대인은 작아진다!"라고 말하였다. 이러한 문제에도 불구하고 탈무드의 많은 현자들은 기업윤리의 중요성을 강조했다.

▶ 인격은 사업을 통해 시험을 받는다(Avot D'rabi Natan, ed. Schechter).

▶ 너희가 여호와께 귀를 기울이고 그 보시기에 의를 행하면"(출애굽기 15:26)-이것은 사업 거래에 대한 것으로, 자신의 사업 거래를 정직하게 수행하는 사람은 토라 전체를 준수하는 것으로 간주된다(Mekhilta (Vayassa, ed. Lauterbach, vol. 2, p. 96).

탈무드는 부자가 되는 열쇠는 사업에서 정직함이라고 말한다(Niddah 70b). 탈무드는 대중에게 "너희 돈을 소중하게 여기듯, 네 이웃의 돈도 소중하게 여기라. 토라 연구에 전념하라. 상속으로 얻은 것이 아니기 때문이다. 무든 일이든 하늘을 위하여 하라"(피르케이 아보트 2:12)고 권고한다. 이것은 비즈니스 및 기타 문제에서 정직의 중요성을 강조하는 또 다른 문구이다. 탈무드는 또한 지역 사회 내에서 정직하고 신뢰할 수 있는 봉사에 참여하는 지도자 또는 관리자가 부의 신성한 보상을 받는다고 믿는다(Yuma 22b). "그의 왼손에는 재물과 존귀가 있느니라"(잠언 3:16). 선지자 예레미야는 "불의로 그 집을 짓고 불의로 그 위층을 건축하는 자에게는 화 있을진저 … 오직 네 눈과 네 마음은 오직 네 이익만을 바라보느니라"(예레미아 22:13, 17)고 단언했다.

하지만 탈무드는 이상적인 유토피아에 대한 경건한 언어로 권위적인 진술로만 국한하지 않고 있다. 탈무드의 현자들은 우리의 일상생활을 지배하는 구체적인 법률과 법적 원리를 제시하려고 노력했다. 특히 탈무드는 대중을 이용하는 사람들에게 민감하게 반응했다. 영리한 사업가의 오래된 개념(싸게 사서 물건을 쌓아둔 다음 가능한 한 가장 높은 가격에 파는 사람)과는 대조적으로 탈무드는 더 높은 가격에 되팔려고 음식을 쌓아 두거나, 도량형을 속이고, 부당하게 가격을 인상하는 사람들을 꾸짖었다.(Baba Batlma 90b). 토라와 탈무드는 사업에서의 기만에 대해 매우 엄격했다.

▶ 너희는 도둑질하지 말며 속이지 말며 서로 거짓말하지 말며(레위기 19:11)

▶ 네 이웃에게 팔든지 네 이웃의 손에서 사거든 너희 각 사람은 그의 형제를 속이지 말라(레위기 25:14).

▶ 너희 각 사람은 자기 이웃을 속이지 말고 네 하나님을 경외하라 나는 너희의 하나님 여호와이니라(레위기 25:17).

특히 약하고 힘없는 사회 구성원은 경제활동에서 보호받아야 한다. 다음은 기만으로 간주된 사업 관행에 관한 탈무드 법률의 예이다.

(도량형의 규율) 상거래를 할 때는 가장 작은 세밀한 사항까지 정직해야 하며 특히 정직한 측정이야말로 일상적인 사업에서 반드시 지켜야 할 기본이다. 부정확한 저울을 소지하는 것은 허용되지 않는다. 토라 자체가 부정직한 도량형을 사용하는 것을 금지한다. 도량형에 대한 처벌은 음란 행위에 대한 처벌보다 더 가혹했다. 간음은 피해자는 명확하여 완전한 회개가 가능하지만, 부정직한 도량형의 피해자가 불특정 다수여서 그렇지 못하기 때문이다. 측정 방법, 저울의 청소, 도량형 감독까지 세세히 규정하였다.

▶ 너는 정확한 저울과 정확한 저울과 올바른 마른 저울과 올바른 액체 저울을 가지고 있을 것이다(레위기 19:35).
▶ 너는 주머니에 같지 않은 저울추 곧 큰 것과 작은 것을 넣지 말 것이며, 집에 같지 않은 되 곧 큰 것과 작은 것을 두지 말 것이요, 오직 십분 공정한 저울추를 두며 십분 공정한 되를 둘 것이라(신명기 25:13-15).

(판매되는 상품의 품질) 탈무드는 판매되는 상품의 품질에 대해 상당히 엄격했다. 그렇지 않다면(누락에 의한 기만에 의해 이루어진) 판매는 무효가 된다. 특정 밭의 농산물을 판매하기로 합의한 경우에는 품질이 같더라도 다른 밭의 농산물을 섞는 것이 허용되지 않는다. 상자의 내용물을 재배열하여 상품이 균일하고 고품질인 것처럼 보이도록 하는 것도 마찬가지였다. 동물이나 도구를 칠하여 그것이 더 새롭게 보이도록 하는 것은 허용되지 않는다. 상품의 장점을 부각시키는 것과 마찬가지로 단점이나 결함에 대해서도 이를 알릴 의무가 있다. 품질이 좋은 것으로 판매했는데 좋

지 않은 것으로 판명되면 구매자는 구매를 철회할 수 있다. 확실히 "구매자가 조심하라"는 경고의 원칙을 엄격하게 따르지 않는다. 다만 모든 사람이 그 사실을 이미 알고 있고 관습적으로 받아들이고 있다면 충분히 허용 가능하다고 보았다.

(기만의 금지) 가격을 속이고 고객의 눈을 멀게 하는 것은 허용되지 않는다. 이러한 행동은 금전적 기만(on'at mamon)으로 불렸다. 과잉 청구에 대해 초과 요금이 6분의 1 이상인 경우 판매가 무효가 되었고, 6분의 1이라면 초과 가격은 반환되어야 했다. 미쉬나(Bava Metzia 4:10)는 "사고 파는 데 속임수가 있는 것처럼 말에도 속임수가 있다"며 금전적 기만뿐만 아니라 언어적 기만도 있다고 한다. 예를 들어, 구매할 의사가 없으면서 가격을 묻는 경우가 그것이며, 이는 진실로 관심 있는 고객에게 사용해야 할 판매자의 귀중한 시간을 낭비하게 만들고 헛된 희망, 그리고 결국에는 좌절을 야기한다. 판매할 의사가 없으면서 미끼 상품의 가격을 제시하는 것도 마찬가지다. 언어적 기만(ona'at devarim)은 금전적 기만보다 더 심각한 위반이다. 금전적 기만은 돈에만 영향을 미치지만, 언어적 기만은 육체적 정신적 고통을 야기하기 때문이다. 전자는 배상할 수 있지만, 후자는 배상할 수 없다. 다른 구절에서 금전적 기만을 명시적으로 언급하고 있으므로 랍비들은 다음 구절을 언어적 기만으로 해석한다.

▶ 서로 속이지 말고 오직 너희 하나님을 경외하라 나는 너희 하나님 여호와임이니라 (레위기 25:17).

(절도) 절도는 피해자나 관련 당사자의 경제적 지위에 미친 피해를 훨씬 뛰어넘는다. 절도는 피해자에게 가해진 정신적 피해 때문에 금지된다. 절도와 관련하여 토라에는 "도둑질하지 말라"(출애굽기 20:13 ; 레위기 19:13)와 같은 많은 금지 사항이 언급되어 있다.

▶ 인간에게서 훔치는 것은 [Beis HaMikdash에서 사용하기 위해] 축성된 것을 훔치는 것보다 더 나쁘다(Bava Basra, 88b).

경제적으로 하찮은 물건도 절도죄는 심각하다.

▶ 누구든지 남의 것을 훔치는 자는 프루타(prutah)에 불과한 [무언가]라도 자기 목숨을 앗아간 것과 같다(Bava Kamma, 119a).

▶ Midrash(Leviticus Rabbah 63, 33:3): "[그 속에] 허물이 가득한 광주리 중에 어떤 죄가 가장 죄가 되겠습니까? 절도죄!"(Taanit 7b)

절도는 복잡하게 정의된다. 사업과 관련된 모든 유형의 속임수는 금지되었는데, 이들은 재화나 서비스에 대한 잘못된 인상을 만들어 다른 사람의 마음을 훔치는 것이기에 "생각의 도용(gneivat da'at)"이라 불렸다. 상점에서 나쁜 과일 위에 좋은 과일을 올려 놓아 거짓으로 포장하거나 라벨링하거나, 잘못된 저울을 사용하는 것이 이에 해당한다. 시장의 당사자는 상품과 서비스의 가격, 품질 및 가용성을 알게 하여야 한다. 사기의 의도가 없더라도 허위사실 기재는 금지되며, 법적으로 거래가 취소되는 사유가 된다. 신체적 결함이나 금전적 의무에 대한 완전한 공개는 의무적이다.

(수뢰와 부패) 뇌물은 다양한 직업에서 윤리를 회피하기 위해 전문적인 금전이나 기타 호의를 제공하는 행위로 부패의 한 형태이다. 성서는 뇌물이 죄인을 만든다고 규정한다. 뇌물은 또한 양심을 부패시킨다.

▶ 너는 재판을 굽게 하지 말며 사람을 외모로 보지 말며 또 뇌물을 받지 말라 뇌물은 지혜자의 눈을 어둡게 하고 의인의 말을 굽게 하느니라(신명기 16:19).

▶ 너는 뇌물을 받지 말라. 뇌물은 밝은 자의 눈을 어둡게 하고 의로운 자의 말을 굽게 하느니라(출애굽기 23-8).

뇌물 수수와 마찬가지로 다른 형태의 부패도 부도덕한 것으로 간주된다. 이것은 족벌주의, 권력 남용, 지위를 이용한 개인적 이득이나 횡령, 기타 권력이나 지위의 남용으로 확장된다.

▶ 그때에 온 땅이 하나님 앞에 부패하여 포악함이 땅에 가득한지라. 하나님이 보신즉 땅이 부패하였으니 이는 땅에서 모든 혈육 있는 자의 행위가 부패함이었더라. 하나님이 노아에게 이르시되 모든 혈육 있는 자의 포악함이 땅에 가득하므로 그 끝 날이 내 앞에 이르렀으니 내가 그들을 땅과 함께 멸하리라(창세기 6:11-13).

(맹인 앞에 걸림돌을 놓는 것)

▶ 너는 귀먹은 자를 저주하지 말며 소경 앞에 걸림돌을 놓지 말고 오직 너희 하나님을 경외하라 나는 여호와이니라(레위기 19:14).

부동산 중개인은 거래를 늘려 돈을 빨리 벌기 위해 구조적 결함이 있는 주택을 구입하도록 속여서는 안 된다. 주식 중개인은 수수료를 위해 잘못된 투자 상품을 판매해서는 안 된다. 영업사원은 고객에게 전혀 쓸모가 없는 값비싼 물건을 사도록 설득해서는 안 된다. 이것들은 모두 "맹인 앞에 걸림돌을 놓는 것"으로 간주되며, "너희는 너희 하나님을 경외하라 나는 여호와이니라"라는 경고를 받는다.

(탈세)

1800년 전 Amora Shmuel은 민사 문제에서 dina d'malkhuta dina 즉, "땅의 법이 곧 법"이라는 법적 원칙을 확립했다(Bava Kama 113a). 이는 유대인들에게 그들이 살고 있는 나라의 민법의 순종을 종교적으로 명령된 의무로 간주하며 불순종은 유대법을 위반한 것으로 간주한다. 준수해야 할 세속법에는 과세제도가 포함된다. 나라의 민법이 곧 율법이기에 세금을 꼼꼼하게 납부할 것이 요구된다.

법 문구를 넘어서

이상의 율법 외에도 사업가에게 기대되는 다양한 윤리적 원칙이 있다. 그중 하나는 법의 문구를 넘어설 것을 의미하는 lifnim mishurat hadin이다. 구매자가 구매하려는 품목을 물리적으로 "들어 올릴" 때까지는 구매가 완료되지 않는다(Bava Metzia 4:2). 이러한 율법에도 불구하고 이를 넘어서는 윤리가 존재한다. 대표적인 예가 와인을 판매하던 랍비 Safra의 이야기 이다. Safra가 쉐마를 낭송하는 동안 손님이 와서 고객은 "이 와인을 이 가격에 팔아주세요"라고 말했다. Safra는 [쉐마를 방해하지 않기 위해] 대답하지 않았다. 손님은 제안된 가격이 거절되었다 생각하고 가격을 더 높여 불렀다. 하지만 Safra는 여전히 대답하지 않았다. (이후 이 상황이 반복되며 가격이 계속 높아졌다) 쉐마를 마친 후 Safra는 "당신이 처음 제안했을 때 당신에게 팔기로 내심 결심했다. 따라서 당신의 첫 제시가격보다 더 많은 금액을 받을 수 없다"(Sheiltot Vayehi, No. 38, ed. Mirsky, Vol. 2). 둘째, 신뢰받는 위치에 있는 사람들은 의심을 받을 일을 해서는 안 된다는 것을 명한다. 이는 민수기(32:22)의 V'heyitem nekiyim meihashem umeiyisrael, 즉 "너희는 여호와 앞과 이스라엘 앞에서 떳떳하리라"에서 비롯한다. 이에 따라 탈무드 시대에는 자선 수집가들이 수집한 구리 주화를 자신 소유의 은화로 교환하는 것이 허용되지 않았다. 그리하면 부적절하다는 인상을 줄 수 있기 때문이다. 마찬가지로 무료 급식소에 잉여 식량이 쌓이면 감독자는 그 식량을 자신이 직접 사지 못하고 다른 사람들에게 팔아야 했다(Bava Batra 8b).

생명의 보호와 보존

모든 경제생활을 신성한 의도의 틀 안에서 바라보므로 인간 생명의 신성함, 그리고 그 보호와 보존이 우선시되었다. 이에는 인간의 생명을 불필요하게 위험에 빠뜨리는 경제활동의 금지(Pikuach nefesh)를 넘어 다른 사람에게 해를 끼치는 것을 방지(Lo ta'amod)할 것을 요구하였다. 살아있는 영혼을 구한다는 의미의 Pikuach nefesh는 누군가의 생명이나 건강을 위험에 빠뜨리는 모든 활동에 대한 금지로 타인뿐만 아니라 자신에게도 해당된다. 살아있는 사람의 사망이나 상해를 막기 위해 필요한 경우라면 613개 계명(살인, 우상 숭배, 간음 및 근친상간을 금지하는 계명 제외) 중 어떤 계명도 무시하도록 허용했다. Lo ta'amod 요구 사항은 레위기 19:16의 "네 형제의 피가 흘릴 때까지 가만히 있지 말라"는 명령에서 파생되어 죽음의 예방에 적용되었지만, 심각한 고통의 예방으로 일반화되었다. 이 두 가지 요구 사항은 재산 관계와 상업활동의 영역에도 그대로 적용되었다. 신명기 22:8의 가르침과 결합하여, (누군가가 넘어지는 것을 방지하기 위해) "네 지붕에 울타리를 쳐" 소유주나 고용주가 관련된 사람들이 신체적 상해를 입는 것을 방지하기 위해 투자할 의무를 낳았다. 현대적 용어로 작업장 및 제품 안전 규정은 모두 이러한 지침 원칙을 따르며, 최근에는 환경적 책임으로까지 확대되고 있다. 즉, 타인의 신체 또는 재산에 위해를 가하거나 피해를 입힐 수 있는 방식으로 재산을 사용하는 것은 허용되지 않는다. 또한 피해를 예방할 의무가 있다. 따라서 예방이 보상보다 비용이 더 많이 드는 경우에는 비용을 지불할 의도로 피해를 입히는 것은 허용되지 않다. 공해, 소음 및 그와 관련된 인적 교통을 통한 특정 산업 및 직업은 다른 사람의 조용함, 건강, 평화 및 신선한 공기를 훔치므로 특정 지역으로 제한되거나 금지된다.

생명에 대한 즉각적 위협 외에도 생명의 원칙(Lifnei ivver)으로 불리는 금지된 행동 범주를 발전시켜 고객에 대한 판매자의 의무를 일반화했다. Lifnei ivver는 원래 현명하지 못한 사업상의 조언을 제공하는 또는 조언자의 이익을 드러내지 않는 조언을 하는 것을 금지하는 것이었다.

▶ 네가 나귀를 사서 밭을 팔고자 할 때에 나귀를 팔고 밭을 사라 하여 남에게 이르지 말라.

Lifnei ivver는 합법적이라도 구매자의 복지에 신체적 또는 도덕적으로 해로운 상품의 판매를 금지하도록 확장되었다. 이에 따라 폭력적 개인에 대한 총기 판매가 금지된다. 사람들이 자신의 신체나 건강을 해치는 것이 허용되지 않아 담배 판매가 금지된다. "너는 눈먼 자의 길에 걸림돌을 두지 말라"는 Lifnei ivver는 caveat emptor(매수자 위험부담원칙, 구매 물품의 하자 유무에 대해서는 매수자가 확인할 책임이 있다)이라는 로마식 개념을 받아들이지 않으며, 시장에서 정보가 자유롭고 완전하게 유통된다는 가정도 받아들이지 않는다. 대신 그것은 완전한 지식을 소유한 당사자에게만 허위 진술, 손해 및 손실을 방지할 책임을 둔다. 예를 들어, 판매자는 그러한 취지의 명시적 진술 없이도 자신이 판매하는 상품을 보증한다고 가정하고, 피해를 입은 당사자는 경과 시간이나 거래 가치에 관계없이 사기에 대한 배상을 청구할 수 있다. 이 역할은 물리적 상품뿐만 아니라 서비스 및 재무 보고에도 적용된다. 또한, 완전한 공개의 의무는 구매자와 판매자 모두에게 있다. 결함을 덮는 것이 금지될 뿐만 아니라 이를 공개할 의무가 있다. 특히 약하고 힘없는 사회 구성원은 경제활동에서 보호받아야 한다. 그들은 법률에 대한 완전한 지식이 없을 수도 있고, 자신의 권리를 획득하는 데 필요한 자금이나 지식이 없을 수도 있으며, 그러한 권리가 알려진 곳에서도 그러한 권리를 주장하는 것을 두려워할 수 있다. 그러므로 과부와 나그네와 가난한 자와 고아는 유대 율법에 의해 보호를 받기 위해 선택된다. 이러한 보호는 성차별이나 인종차별 또는 낙인의 문제가 아니다.

권한의 위임

비즈니스는 다수가 함께 협력하며 진행된다. 협력의 과정에서 노동은 먼저 무엇을 어떻게 할지를 결정하는 노동 단계(선도 노동, directing labor)와 그 다음에 이 결정대로 실제로 몸을 움직이는 노동 단계(추종 노동, directed labor)로 나누어 질 수 있다(J. A. Schumpeter). 토라는 선도 노동의 권한 위임 방식을 기준으로 다양한 리더십 유형을 구분한다. 아브라함은 새로운 유일신의 종교를 전파하는 데 있어 자신의 권위를 위임하지 않고 모든 것을 혼자 스스로 하였고 다른 사람의 도움을 받지 않았다. 토라(창세기 18:3-8)에 따르면, 아브라함은 99세에도 모든 것을 엄격하게 통제하고 자신(과 동갑내기 아내)이 직접 하려 했다. 그러나 종교가 번창하는 데 필요한 조직이나 시스템과 네트워크를 만들지는 못했다. 이러한 리더십 유형은 "milmatah lemalah"(아래에서 위로)라 불린다.

아버지와 달리, 이삭은 "milmatah lematah"(위에서 아래로)의 리더십 유형을 가졌다. 그는 문제를 조사하고 해결책을 시작했으며, 그런 다음 다른 사람이 실행하게 하고 자신은 손을 대지 않는 접근 방식을 취했다. 예를 들어 이삭은 결혼할 때가 되었을 때 배우자 찾기를 종에게 위임하였다. 토라(창세기 26:18)에는 이삭이 우물을 판 것이 언급되어 있고 토라 주석가들은 이삭을 우물 파는 사람이라고 불렀다. 우물은 처음 파낸 후에는 자체 압력에 의해 물이 나오므로 유지관리가 거의 불필요하다. 우물을 파는 것처럼, 이삭은 사업을 시작하고, 적합한 사람들을 배치한 다음 스스로 성장하도록 두었다. 이삭은 업무를 위임하고 사업을 시작하는 데 능숙했지만 지나치게 손을 데지 않는 경영 스타일에는 단점이 있었다. 아내와 작은 아들의 재치가 없었다면 그는 무관심한 에서에게 최고의 장자 축복을 주었을 것이다.

야곱은 아버지나 할아버지의 두 가지 관리 스타일 사이의 적절한 균형을 찾으며 더 강력한 리더십 모드로 결합하여 수천 년을 견뎌낼 견고한 종교의 기초를 완성했다. 주요 사업 파트너인 라반과 함께 하는 동시에 자신만의 사업을 성장시켜야 했던 환경이 바로 야곱의 리더십을 낳은 토양이 되었다. 비즈니스나 프로젝트가 시작되고 실행된 뒤에도 그 자체로 집행되도록 놔두었던 것이 아니라 적절한 지식을 가지고 지속적으로 참여하고 관리하였다. 야곱은 많은 일꾼들에게 위임하고 감독하였지만 동시에 농업 생산의 힘든 실무 작업에도 참여했다. 자신의 비즈니스 메커니즘과 기술에 대한 상세하고 지속적인 이해를 통해 불리한 상황을 헤쳐나갈 수 있었다. 삼촌의 계략과 평생의 사랑을 잃을 수도 있는 상황에 직면하여 야곱은 수년 동안 가축 떼와 함께하며 얻은 깊은 지식을 이용하여 라반의 탐욕을 자신의 이익으로 바꾸었고, 거짓말을 하거나 어떤 죄도 짓지 않고 엄청난 부자가 되었다. 유대교에 대한 야곱의 가장 큰 공헌은 그가 개인적으로 한 일을 통해서만 이루어진 것이 아니다. 그것은 또한 그의 열두 아들의 노력을 통해서였으며, 그들 각자는 새로운 지파, 즉 이스라엘의 열두 지파를 번성시켰다. 야곱은 아들들의 교육과 지도에 적극적으로 참여하는 길을 선택했다. 창세기 끝 부분의 큰 부분은 그가 임종 때 아들들에게 한 연설을 묘사하고 있으며, 그들에게 국가와 새로운 신앙을 이어가기 위한 조언과 지혜를 전하고 있다. 책임을 위임하는 것이 중요하지만 감독을 결코 포기하지 않아 전체 프로세스를 "위에서 아래로, 아래에서 위로" 감시하는 것이 중요한 것이다(Brackman and Jaffe, 2008).

겸손

기업 성공에 대한 엄밀한 연구가 부족하여 좌절한 Deloitte의 컨설턴트인 Michael Raynor와 Mumtaz Ahmed는 경영학과 교수인 Andrew Henderson과 협력하여 어느 회사가 충분한 시간 동안 우수한 성과 수준을 달성했는지 확인하기 위한 통계 연구를 수행했다. Raynor와 Ahmed는 기업 성공과 관련하여 대중 서적에서 모범 기업으로 칭찬받은 회사가 단순히 행운의 결과물일 가능성을 확인했다. 이들은 19권의 베스트 셀러에 등장하는 699개 회사를 조사하고 얼마나 많은 회사가 실제로 훌륭한지 검증했는데, 이 중 단 12%만이 기준을 충족했다. 그들은 다음과 같이 썼다. "연구 결과는 무작위성에 속기 쉽다는 것을 보여준다. 5~10년의 기간을 기준으로 지속적으로 우수한 성과를 낸 기업으로 식별된 다수의 기업이 무작위의 결과로 의심된다. 뛰어난 자원을 소유한 기업이 아니라 운의 결과물로 이해될 수 있다는 것이다."

탈무드의 현자 힐렐은 "죽는 날까지 자신을 의지하지 말라"(피르케이 아보트 2:5)고 했다. 분명한 질문은 자신이 언제 죽을지 어떻게 알 수 있느냐는 것이다. 모른다는 것이며, 그 점이 핵심이다. 오늘이 마지막 날일 수도 있고, 백 년을 더 살 수도 있다. 살아있는 한 겸손하게 집중력을 유지해야 한다. 이 점을 설명하기 위해 탈무드는 요하난 코헤인 가돌(Yochanan Kohein Gadol)의 이야기를 전한다. 오랫동안 성인이고 경건한 사람으로 명성을 쌓은 그는 나이 여든에 추락하여 이단자가 되었다(Babylonian Talmud Brachot 29a). 집중하기 가장 어려운 때는 상황이 좋을 때이다. 사람들은 모든 것을 당연하게 여기고 자신의 성공을 자신의 노력으로 돌린다. 어떤 것도 당연하게 여겨서는 안 된다. 누구나 자신이 해야 할 일을 제대로 하고 있는지 정기적으로 평가해야하며 어떤 결과도 불가피한 것은 없다.

▶ 내 후계자에게는 또 다른 특별한 힘이 필요할 것이다. 바로 비즈니스 부패의 ABC, 즉 오만, 관료주의, 안주(arrogance, bureaucracy, complacency)에 맞서 싸울 수 있는 능력이다. 이러한 기업의 암이 전이되면 가장 강력한 기업이라도 흔들릴 수 있다(워렌 버핏).

5. 동양의 사업관

유교와 도교의 가장 큰 차이 중 하나는 상업활동에 대한 관점으로 볼 수 있다. 초창기 유교는 당시 발전하는 상품 경제를 수용하였지만, 도교는 경제활동 전반에 대해 도피적 태도를 취하며 상품경제의 발전에 반대하고 자급자족적 삶을 지향하였다. 상품의 교환과 유통이 자연 법칙을 위반하는 행위라고 판단해 회피적 태도를 취했고 사실상 아무 말도 하지 않았다. 한편 법가는 기본을 중시하고 불필요한 것을 억제(혹은 농업을 중시하고 상공업을 억제)할 것을 천명하였고, 후에 유가와 법가가 융합하면서 일부 유학자들은 이러한 태도를 이어갔다. 그러나 법가와 유가 사이에는 큰 차이가 있었다. 법가들은 민간기업 활동이 국가 이익에 미치는 부정적 영향을 우려하고 그러한 활동을 적극적으로 제한하려 했다. 부유한 사업가들의 권력 확장을 억제하고, 민간 기업을 공영 기업으로 대체하려 했다. 그러므로 법가의 공상억제책의 실제 대상은 상업이라기보다는 민간사업 활동이었다고 할 수 있다. 유교 역시 농업을 중시하고 상공업을 억제할 것을 주장했지만, 그들의 관심은 주로 사농공상 사이의 계층질서 또는 이해관계의 균형에 있었다. 농업을 사회 발전의 기초로 보고 사업을 필수적이지 않은 활동으로 분류했지만, 사업활동을 완전히 거부하지는 않았다. 일부 유학자들이 불필요한 것을 억제하고 기본을 중시한다고 할 때, 그 의미는 국가가 기업 활동에 관여해서는 안 된다는 것, 즉 개인에게 맡겨야 하는 불필요한 이익을 위해 앞다투어 나서서는 안 된다는 것이었다. 따라서 동일한 슬로건에도 전혀 다른 의미가 부여되었다.

유가의 시조인 공자는 사회에 다양한 직업이 존재한다는 것을 인식했다. 그는 육체노동을 경시했지만 상품유통과 교환을 반대하지는 않았다. 제자 자공은 위나라의 대상이었으며 공자의 명성은 상당 부분 부유한 자공 덕분이었고 공자의 천하주유도 자공에 힘입은 바 컸다. 공자는 상업에 반대하지 않았을 뿐만 아니라 지지하기까지 하였다. 그는 자공의 상업적 재능을 높이 평가했다. 그는 또한 상업을 통제하는 6관을 설정하는 정책에 대해 자비롭지 않다고 주장했다. 공자가 자신을 상품에 비유한 점도 흥미로우며, 논어에서 교환과 유통을 반대한다는 표현을 찾아볼 수 없다.

▶ 자공이 말했다. "여기에 아름다운 옥이 있는데, 포장하여 상자에 담아 보관합니까, 아니면 좋은 가격을 받고 팔겠습니까?" 스승님은 말씀하셨다. "당연히 팔아라, 당연히 팔아라! 나는 가격[즉, 제안]을 기다리는 사람이다"

맹자는 상업에 대해 훨씬 더 긍정적이었고 그 중요성을 분명히 인식하고 있었다. 분업 사회에서는 상품 교환을 통해서만 사람들이 서로 이익을 얻을 수 있다는 것을 깨달았다. 또한 상품에 무엇인가가 포함되어 있으며, 바로 이 '무엇인가'가 다양한 상품의 가격을 수십, 수백, 심지어 수천 배까지 달라지게 한다는 것을 깨달은 것으로 보인다.

▶ 사람들이 서로의 필요를 충족시키기 위해 노동의 잉여물을 교환할 수 없다면 농부에게는 잉여 곡물이 남고 여자에게는 잉여 천이 남게 될 것이다. 물건을 교환하면 목수와 마차 제작자에게 먹이를 줄 수 있다(맹자).

▶ 사물이 불평등하다는 것은 자연의 일부다. 어떤 사람은 다른 사람보다 두 배, 다섯 배, 열 배, 백 배, 심지어 천 배, 만 배의 가치가 있다. 같은 수준으로 줄이면 제국에 혼란만 가져올 뿐이다(맹자).

순자는 농업을 장려하고 상업을 억압하는 것을 주장하지만 상업의 사회적 기능과 역할을 분명히 이해하고 있다. 그에 따라 "장벽과 시장에서 관리들은 물품을 검사하되 세금을 부과하지 않아야 한다"고 제안했다. 더욱이 법이 공정하고 모든 사람이 "규칙과 규정에 따라 행동하면 부와 재화가 늘어나고 국가는 자동으로 부유해질 것"이라며 상업이 국내 사회경제에 필수 불가결하다고 생각했다.

▶ 농부들은 조각하거나 끌거나 불을 피우거나 단조할 필요가 없지만 필요한 모든 도구와 도구를 갖추고 있다. 장인과 상인은 밭에서 일할 필요가 없지만 채소와 곡식이 풍부한다.

사마천의 사업경영론

진나라 이전에 도주공과 백거이가 세운 상인들의 "재산론"은 대상을 제한하여 다루지 않았으며 이론적 탐구로까지 나아가지도 않았다. 그들은 기업 경영이 개인의 풍요를 위한 주된 방법 또는 수단이라고 당연하게 여겼다. 마침내 사마천은 '화식열전'에서 적극적으로 이익을 도모하는 사업을 전면에 내세우고 연구한 최초의 인물이 되었다. 사마천은 농업, 임업, 가축, 산업, 상업을 경영하는 것이 가족과 국가를 풍요롭게 하는 올바른 방법이라고 믿었다. 그는 사례분석을 통해 몇 가지 결론을 제시하였다. 우선 봉건적 소유의 토지를 운영하고 소작료를 징수함으로써 부자가 되는 것이 안정적이고 믿음직했다. 또한 사회적 정치적 지위에는 더 많은 영예와 영광이 있는 반면, 산업과 상업의 경영은 상대적으로 더 높은 위험과 낮은 사회적 지위를 겪게 될 것임도 인식하였다. 그러므로 다음과 같이 말하였다.

▶ 생활을 꾸려 나감에 위태롭게 하지 않으면서 수입을 얻으려고 하는 것은, 현명한 사람이 힘쓰는 바이다. 그렇기 때문에 농업으로 부를 얻는 것을 으뜸이라 하고, 상업으로 부를 얻는 것은 그 다음이며, 간사하고 교활한 수단으로 부를 얻는 것이 가장 저급한 것이다(사마천, 『사기』 화신열전).

그렇지만 농업에 종사하는 것보다 상업 또는 서비스 산업, 특히 사업을 운영함으로써 부자가 되는 것이 더 빠르고 효과적이었다. 사마천은 이를 바탕으로 사업과 농업을 연결하고 "농업에 투자하여 부업으로 부를 축적하고 유지한다"는 관점을 제시했다.

▶ 상업으로 재물을 쌓고, 농업으로 부를 지켰다(사마천,『사기』화신열전).

동양에서는 상공업 발전이 지연된 만큼 경제적 사고 역시 오랫동안 자연경제에 초점을 맞춘 봉건주의 틀에서 벗어나지 못하였다. 상인들은 봉건적 경제에 편입되어야 했다. 상인은 지주에 종속된 계층으로서 사업을 통해 얻은 부로 토지를 매입하여 지주로 편입되는 경우가 많았다. 그래서 사마천은 상업으로 재물을 쌓고, 농업으로 부를 지켰다고 기록하였다. 하지만 사마천이 검토한 것은 지주의 생계론이 아니라 상인의 생계론이었다. 즉, 사마천은 사업대상 선정에 있어 사업경영을 배제하지 않았을 뿐만 아니라 오히려 산업과 상업을 '화식' 활동에서 중요 대상이나 수단으로 인정하고 강조했다.

사마천의 관점에서 산업 및 상업 경영에서 부자가 되기 위해 근면에만 의존할 수는 없다. "사업을 해서 먹고살기"에는 높은 위험과 치열한 경쟁, 시시각각 변하는 시장환경이 있기 때문에 '고정관념에서 벗어난 생각'이 더 중요하게 강조되었다. 다른 사업 기술과 파격적인 아이디어가 없으면 시장 경쟁은 실패를 가져올 것이다.

▶ 대체로 아껴쓰고 부지런한 것은, 생업을 다스리는 바른 길이다. 그렇지만 부자가 된 사람은 반드시 기이한 방법을 사용하였다(사마천,『사기』화신열전).

사마천은 전국시대 초기 사업가 백규가 채택한 적절한 시기 선택을 강조하였다. 사마천은 백귀의 사업방식을 다음과 같이 전한다.

▶ 무릇 풍년이 들면 곡식은 사들이고, 실과 옻은 팔아 넘겼으며, 흉년이 들어 누에고치가 나돌면 비단과 풀솜을 사들이고, 곡식을 내다 팔았다. … 때를 보아 나아가는 데는 마치 사나운 짐승이나 새처럼 재빨랐다(사마천, 『사기』 화신열전).

사업가 범려(范蠡)는 "부 축적"을 위해 다양한 기술을 채택했는데, 이 중 "적절한 시기 선택"과 "희소성에 대처하는 것"은 후대에 전해지는 두 가지 중요한 원칙이다.

▶ 물자를 축적하는 원칙은, 물건을 온전한 채로 보존하는 데 힘써야 하는 것이지, 물화를 오래 쌓아두는 것이 아니다. 이로써 물자를 서로 교역하게 되는데, 상하기 쉬운 것을 팔지 않고 남겨 두어서는 안 되며, 물건을 쌓아 두고 비싸질 때까지 오래 기다려도 안 된다. 물건이 남아도는지 모자라는지를 살펴보면, 그것이 귀한지 천한지를 알 수 있다. 비쌀대로 비싸지면 헐값으로 돌아 오게 되고, 쌀대로 싸지게 되면 비싼 값으로 되돌아가게 된다. 값이 비싸면 오물을 배설하듯이 내다 팔고, 값이 싸지면 구슬을 손에 넣듯이 사들여야 한다. 물건과 돈은 흐르는 물처럼 원활하게 유통시켜야 한다.. 가뭄이 든 해에는 미리 배를 준비해 두고, 수해가 있는 해에는 미리 수레를 준비해 두는 것이, 사물의 이치다(사마천, 『사기』 화신열전).

지주들의 생계론 : 가사협의 제민요술

중국 봉건시대에 있어 가장 성공적인 지주는 관료적 지주로서 그 소득은 봉건왕조가 보상하는 봉급, 지위에 따른 선물 등의 보상, 토지 지대의 세 부분으로 구성되었다. 이들은 대규모 토지를 소유하여 임대 수입을 얻었지만, 관료의 직함과 급여를 통해 부와 명성을 모으는 것이 더 쉬웠다. 신분과 지위가 높은 관료 지주에게 있어 본분은 '상식·도덕·정의를 탐구'하는 것, 즉 정치에 입문하여 백성을 다스리는 일이었다. 토지 관리와 소작료 징수 같은 식량을 위한 노동 활동은 하인이 수행했다. 관료적 지주들은 그런 현실적 문제에 전혀 관심이 없어 "농업으로 생계를 꾸려나가는 것"에 대한 탐구는 고사하고 "조상으로부터 물려받은 재산을 관리하고 늘리는 것" 조차 경멸했다.

하지만 정치적 권력과 지위가 없는 민간 지주들은 농업 생산을 더 높이 평가했고 가족의 경제와 경영 문제에 더 많은 관심을 기울였다. 그들은 어떻게 하면 농업으로 생계를 꾸릴 것인가, 특히 토지 개발 운영을 통해 수확량과 소득을 늘리고 궁극적으로 개인의 부를 실현하는 방법에 대해 자주 생각했다. 이런 상황에서 지주들의 '생계론'이 생겨났다. 현존하는 가장 오래된 종합 농서로서 중국 남북조 시대에 태수를 지낸 가사협(賈思勰)이 편찬한 『제민요술』(齊民要術)은 지주의 생계론을 검토하였다. 생계를 꾸리는 직업에 대한 논의 또는 사업대상 선택을 위해 가사협은 봉건적 주장을 전개하였다. 그의 주요 발언인 "농업을 모르면 고단한 삶을 살게 된다"는 "생계를 위한 직업"이 다른 선택의 여지가 없는 정치적 지위나 농사가 될 것이라는 것이었다. 제민요술은 "생계를 위한 직업"의 사업대상을 정치와 농업과 연관시켰다. 그는 정치와 농업이 개인의 부를 획득, 유지, 확장할 수 있는 유일한 합법적 방법이라고 생각했다. 한편 그는 농업 생산의 중요성을 무시하거나 봉건적 재산 관리에 주력하지 않으면 빈곤에 빠질 수 있다고 강조했다.

사마천의 사업 대상론이 상인의 부자론에서 지주의 생계론으로의 전환을 대변했다면, 가사협의 '정치 아니면 농사' 제안은 생계를 위한 직업에서 기업 경영을 배제했다. 지배층이 농업을 버리고 장사를 하는 것은 말이 안 된다고 생각했다. 농업을 포기한다는 것은 한동안 부유하다가 연말에는 가난해진다는 것을 의미하며, 굶주림과 추위는 일시적으로만 완화될 것이다. 따라서 장사를 하는 것은 바람직하지 않았다. 『제민요술』에서는 상인들의 부자론이 완전히 사라지고 지주들의 생계론에 전적으로 의지하고 있다.

중국 봉건시대에 관리가 되면 명성과 부를 동시에 얻을 수 있었다. 영예로운 지위는 백성들에게 칭송을 받았고, 봉건 신사들은 고정급 외의 특권적 소득을 향유하고 꿈꿨다. 그들이 일생 동안 고군분투한 것은 관직을 얻어 높은 연봉과 부를 얻는 것이었다. 따라서 제민요술이 관료가 되는 것을 생계를 위한 직업의 주요 방법으로 간주하였다. 그러나 정계에 입문하거나 관료가 되어 부자가 되는 방법은 "농업으로 생계를 꾸린다"는 이론적 설명 외에는 가사협의 주장에는 포함되지 않았다.

가사협은 농업이 서민의 식량과 의복의 원천이며 사람들의 생존과 발전을 위한 기본 조건이라고 지적했다. 농업생산 관리를 강화하고 강조하여 나라를 잘 운영하고 백성에게 평화와 안전을 안겨주는 것이 무엇보다 중요하였다. 그는 이렇게 썼다. "음식은 사람의 기초다. 사람이 나라의 근본이다. 나라는 주인의 근본이다. 그러므로 하늘과 땅과 사람의 상호 협력이 사회를 번영하게 할 수 있다" 그러나 제민요술의 설명에는 새로운 것이 없었다. 농업 문제는 자신의 논의와 기존 문헌의 인용 모두에서 거시적 관점 또는 국가경제의 관리 관점에서 강조되었다. 즉, '농사로 먹고 살자'가 아니라 '농사로 나라를 부강하게 한다'는 논리였다. 제민요술은 국가적 관점의 부국론에서 농업 문제를 개인의 생계론으로 통합하기 위해 중간 고리로 "국가는 가족과 같은 의미를 가진다"는 주장을 내세웠다. 가사협은 개인 지주에 의한 관리와 봉건적 국민경제 관리에는 다양한 규칙과 원칙을 포함하여 공통점이 있다고 믿었다: 가족은 국가와 같고 그 반대도 마찬가지다. 가정이 가난하면 정숙한 아내가 가정을 도와야 한다. 국가가 혼란에 빠졌을 때 충직하고 유능한 총리가 국가를 관리하는 데 도움을 줄 것으로 기대된다. 그러므로 가정을 다스리는 것은 나라를 다스리는 것과 같다. 이 중간 고리를 통해 가사협은 거시 농업 문제를 생계 이론에 이식하고 도입하여 농업으로 생계를 유지하는 이론적 기반을 제공했다.

가사협은 농업 관리의 다양한 특성에 따라 농업으로 생계를 유지하는 데 있어 절약의 중요한 기능을 강조했다. 봉건 사회에서 농업 생산성은 매우 낮았다. 사람들은 자연에 맞서고 자연을 통제할 힘이 거의 없었다. 중소지주 가정에서도 잉여 생산물은 제한적이었다. 이러한 상황에서 고된 농사와 철저한 절약의 결합만이 부를 늘리는 유일한 안전한 방법이었다. 따라서 가사협은 생계를 유지하는 중요한 원칙으로 근면과 절약을 제안했다. 그래서 생계를 위한 원칙으로 기회 포착보다는 근면과 절약, 임차인과 종업원의 효율적 감독과 엄격한 관리, 자연 환경과 그 변화를 고려한 효율성 추구가 강조되었다. 생계를 위한 전략으로 집중 경작, 환금작물을 포함한 다중 작업, 도구 개선 및 직원 관리를 통한 물적·인적 자원의 합리적 사용을 권하였다.

| 참고문헌 |

가사협 저 · 최덕경 역(2018),『제민요술 역주』, 세창출판사.

다니엘 라핀 저 · 조상연 역(2014),『유대인 비즈니스의 성공 비결 40가지』, 북스넛.

Besanko, D. 저 · 박원규 번역(2007),『전략경제학』, 시그마프레스.

Brackman, Levi and Sam Jaffe(2008), *Jewish Wisdom for Business Success*, AMACOM.

Chan, Gary Kok Yew(2008), "The Relevance and Value of Confucianism in Contemporary Business Ethics," *Journal of Business Ethics* 77(3).

Dunn, S. L. and J. D. Jensen(2018), "Judaism and Jewish Business Practices," *International Journal of Business Administration* 9(4).

Green, Ronald M.(1997), "Guiding Principles of Jewish Business Ethics," *Business Ethics Quarterly* 7(2).

Friedman, Hershey H.(1980), "Talmudic Business Ethics : An Historical Perspective," *Akron Business and Economic Review* 11.

________________(1984), "Ancient Marketing Practices: The View from Talmudic Times," *Journal of Public Policy & Marketing* 3.

________________(1985), "Ethical behavior in business: A hierarchical approach from the Talmud," *Journal of Business Ethics* 4.

________________(2001), "The impact of Jewish values on marketing and business practices," *Journal of Macromarketing* 21.

________________(2018), "Talmudic Ethics and its Reliance on Values Rather than Rules", (https://ssrn.com/abstract=3221295).

Ivan Png 저 · 고동희 역(2004),『관리경제학』, 경문사.

Pava, Moses L.(1998), "The Substance of Jewish Business Ethics," *Journal of Business Ethics*, 17(6).

Quddus, Munir(2009), "Business ethics: Perspectives from judaic, Christian, and

Islamic scriptures," *Journal of Management Spirituality & Religion Spirituality and Religion* 4.
Tamari, Meir(1997), "The Challenge of Wealth : "Jewish Business Ethics," *Business Ethics Quarterly* 7(2).

시장과 경쟁 : 경쟁방식의 선택

12장

1. 경쟁우위 / 2. 시장구조와 기업의 이윤 / 3. 시장 경쟁과 탈무드의 지혜

특정 산업에 있는 기업의 이윤 수준은 그 산업의 여건과 기업이 가진 경쟁우위에 의해 결정된다. 기업의 이윤수준이 산업 여건에 따라 체계적으로 다르게 나타난다. 예를 들어 제약업종의 기업들은 소매업종의 기업들보다 항상 좋은 경영성과를 보인다. 특히 장기적으로 기업 수익성은 기업이 경영되고 있는 시장구조에 의해 결정된다. 경쟁이 치열한 시장에서는 경쟁의 힘으로 인해 장기적으로 이윤이 감소할 것이다. 반면 경쟁이 덜한 시장에서는 장기적으로도 큰 이윤의 지속이 가능하다. 단기적으로는 어떤 결과도 가능하다. 동시에 서로 다른 시장구조로 인해 기업 경영자가 직면하게 되는 선택 사항은 다양해지기 때문에 시장구조를 이해하는 것은 기업의 가격 및 생산 책정, 차별화, 광고 등에 도움을 준다. 따라서 시장구조 뒤에 숨은 힘을 이해하는 것은 기업에 대한 평가나 경영의사결정에 도움이 될 것이다. 한편 기업의 이윤 수준은 산업이나 시장구조에 따라만 변하는 것이 아니고, 동일 산업 내에서도 기업마다 달리 나타날 수 있다. 한 기업(또는 다각화된 기업 내의 한 사업단위)이 같은 시장(산업)에서 경쟁기업보다 더 높은 이윤을 얻을 때 그 기업은 그 시장에서 경쟁우위(competitive advantage)를 갖는다고 한다.

그림 12-1 기업의 이윤을 결정하는 분석틀[1]

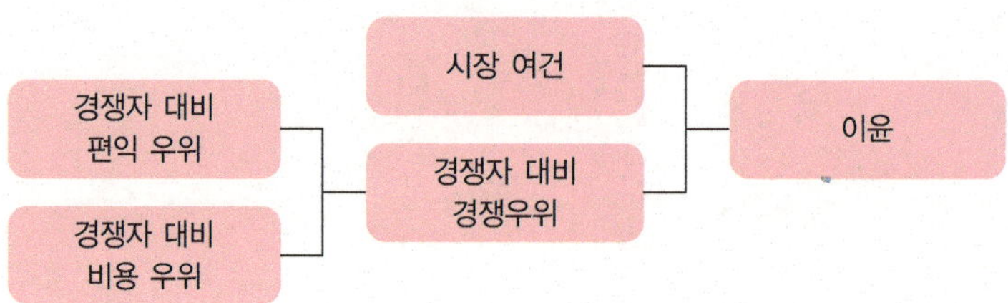

출처 : Besanko(2007).

1. 기업의 이윤성은 그 기업이 속해 있는 시장여건과 경쟁자들보다 더 높은 가치창조라는 두 가지에 의하여 결정된다. 경쟁자들과 비교한 가치창조의 상대적 크기는 기업이 경쟁기업들과 비교하여 상대적으로 갖고 있는 혜택 위치와 비용 위치에 의해 결정된다.

특정 산업의 시장구조는 오래전부터 그 산업에 종사하는 기업뿐만 아니라 일반 시민 또는 정부의 관심을 받아왔다. 특히 경제학자들이 요약한 바에 따르면 시장구조가 (평균)생산비용을 최소화하는 방식(배분 효율성)으로 자원을 사용하는지 또는 (한계)생산비용과 일치하는 가격을 부과하는 방식(생산 효율성)으로 가격이 책정되고 있는지가 중요하다. 기업이 가격을 통제할 수 있는 시장 지배력을 누릴 수 있는 시장구조로 말미암아 기업이 평균 생산비용을 최소화하지 않거나 한계비용과 동일한 가격을 부과하지 않는다면 사회적으로 바람하지 못하다고 할 수 있다. 특히 시장가격은 누군가가 지불할 의사가 있는 금액으로 구매할 경우 사회가 얻는 이익의 규모를 나타내는데 만약 가격이 그 재화를 생산하는 한계비용을 초과한다면 이는 그 재화를 더 생산함으로써 사회가 이득을 볼 수 있다는 것을 말한다.

전근대 사회에서 가장 일반적인 반독점 정책은 가격을 인상시키는 경향이 있는 것으로 간주되는 매점(forestalling), 사재기(에 의한 독점)(hoarding), 가격 담합(price fixing)을 비난하고, 곡물과 같은 필수 식료품의 소매거래를 집중적으로 단속하는 데 있었다. 공정가격을 확립하고자 하는 반독점 법률은 역사를 통해 반복되어, 불공정하거나 과도한 가격을 금지하는 규칙이 자주 시행되었다. 그러나 담합을 금지하는 법률에 비해 독점 또는 남용 행위를 금지하는 법률은 분명하지 않았다. 현대적 경제 분석이 부재한 상태에서 이러한 법률이 집행된 원리에는 경제적, 사회적, 도덕적, 정치적 목표가 혼재되어 있었다. 한편 제품 품질, 소비자 기만, 허위 표시에 관한 법률 역시 전근대 사회에서도 흔히 볼 수 있었다. 이러한 소비자 보호 조치는 공정거래와 정의의 개념에 기반을 두었지만, 비대칭 정보, 불완전 정보, 거래비용 등에 대한 현대경제학의 성과와도 관련된다.[2]

근대 사회에 들어 각국 정부는 경쟁을 유지하고 촉진하는 데 관심을 가져왔다. 미국의 경우 셔먼 반독점법(Sherman Anti-trust Act) 및 클레이튼법(Clayton Act)을 포함하여 경쟁을 약화시키거나 독점을 만드는 관행을 금지하는 다양한 법률을 성립

2. Hawk, Barry E.(2018) "Antitrust in History," *The Antitrust Bulletin.*

시켰다. 동시에 경쟁이 너무 치열하여 많은 중소규모의 약한 기업들이 폐업하는 것을 막기 위한 조치도 있어 왔다. 경쟁을 어느 정도 통제하여 꼬맹이를 보호하여 경쟁이 장기적으로 지속되도록 함으로써 소비자에게 도움이 된다는 주장이 그것이다. 로빈슨-패트먼법(Robinson-Patman Act)은 그 목적이 대규모 체인업체에 유리한 가격 차별로부터 중소기업을 보호한다는 점에서 본질적으로 반경쟁적이다.

이러한 딜레마, 즉 자유롭고 무제한적인 경쟁을 허용해야 하는 동시에 경쟁을 어느 정도 통제해야만 하는 딜레마는 탈무드 시대에도 존재했다. 탈무드는 건전한 경쟁을 유지하는 데 관심이 컸지만 사업가가 다른 사업가를 파산시키는 일이 없도록 하는 데도 큰 관심을 기울였다. 랍비들은 누군가를 사업에서 몰아내는 것은 악한 일이며 어떤 대가를 치르더라도 이를 피해야 한다고 생각했다. 다음 성경 구절은 동료 장인의 생계를 방해하는 사람을 가리키는 것으로 해석되었다.

▶ 동료에게 악을 행하지 아니하며(시편 15:3)

1. 경쟁우위

편익인가? 비용인가?

기업이 경쟁우위를 확보하는 방법은 크게 혜택우위와 비용우위의 두 가지로 나뉜다. 기업의 경쟁우위란 다른 기업에 비해 소비자의 선택을 먼저 받게 되는 상황이라고 할 수 있으므로 기업의 경쟁우위의 원천을 파악하려면 소비자가 어떻게 선택을 하는지를 파악해야만 한다. 이미 다루었듯이 효용을 극대화하는 소비자는 화폐 1단위가 낳는 효용 증가의 이득이 모든 재화에 대해 일치하도록 재화를 선택(화폐 1단위당 한계효용 균등의 원칙). 즉, 1원의 가성비가 모든 재화에 대해 동일하도록 선택한다.

$$\frac{\Delta U_X}{P_X} = \frac{\Delta U_Y}{P_Y}$$

이러한 상황에서 기업이 소비자의 선택을 받으려면 1원당 한계효용을 높이는 노력이 필요함을 알 수 있다. 이때 1원당 한계효용을 높이기 위해서는 ① 제품의 효용 수준을 높이거나 아니면 ② 가격을 낮추는 것이 필요하다. 즉, 제품의 편익을 높이거나 비용을 낮추는 것이 기업 경쟁우위의 근본적 원천인 것이다.

한편 기업 경쟁우위의 원천은 사회적 잉여의 관점에서도 파악할 수 있는데, 이는 소비자잉여와 생산자잉여로 나누어 볼 수 있다. 즉, 기업은 경쟁기업들에 비해 더 높은 편익(B)을 제공하여 소비자에게 우선적으로 선택받거나 아니면 경쟁기업들에 비해 더 낮은 비용(C)으로 공급함으로써 더 높은 이윤을 확보할 수 있다.

- 혜택 우위는 소비자잉여의 관점에서 볼 수 있다. 소비자잉여는 제품에 대한 소비자들의 편익(B)과 제품가격(P)의 차이이다. 소비자는 특정 판매자가 경쟁판매자보다 더 높은 소비자잉여를 가져다 주는 제품을 우선적으로 구입할 것이다.
- 비용 우위는 생산자잉여의 관점에서 볼 수 있다. 생산자잉여는 제품가격(P)와 제품의 평균비용(C)의 차이이다. 제품에서 발생하는 생산자잉여가 더 큰 생산자일수록 더 높은 이윤의 확보가 가능해진다.

표 12-1 **가격경쟁을 통한 경쟁우위의 활용**

		경쟁우위의 원천	
		비용 우위 C	편익 우위 B
수요의 가격탄력도	고	▪ 가격 인하로 시장점유율을 크게 높인다. ▪ 비용우위를 시장점유율 확대에 이용	▪ 가격 인상은 시장점유율을 크게 감소시킨다. ▪ 경쟁자들과 유사한 가격을 유지하여 혜택우위를 시장점유율 확대에 이용
	저	▪ 가격 인하는 시장점유율에 미미한 영향 ▪ 경쟁자들과 유사한 가격을 유지하여 비용우위를 더 높은 이윤을 얻는 데 이용	▪ 가격 인상은 시장점유율에 미미한 영향 ▪ 경쟁자들보다 가격을 높게 설정하여 편익우위를 더 높은 이윤을 얻는 데 이용

자료 : D. Besanko(2007).

기업이 자신이 가진 경쟁우위의 활용방식, 특히 가격설정 방식은 수요의 탄력도에 의존한다. 우선 특정 기업이 가진 비용 우위는 경쟁 기업에 비해 가격을 낮출 수 있는(그에 따라 시장점유율을 확대하는) 기반이 되지만 수요의 가격탄력도가 높을 경우에만 이러한 전략이 이윤확대에 유리하게 작용할 것이다. 만약 수요의 가격 탄력도가 낮다면 가격 인하를 통한 시장점유율 상승효과가 미미할 것이다. 따라서 이 경우에는 가격을 경쟁기업과 유사하게 유지하고 대신 비용우위를 높여 이윤을 확보하는 방향으로 이용하는 것이 적절하다.

한편 특정 기업이 가진 편익 우위는 경쟁기업에 비해 가격을 높일 수 있는(그에 따라 이윤을 높일 수 있는) 기반이 되지만 수요의 가격탄력도가 낮을 경우에만 이러한 전략이 이윤확대에 유리하게 작용할 것이다. 만약 수요의 가격 탄력도가 높다면 가격 인상은 시장점유율(그에 따라 이윤)을 하락시킬 것이다. 따라서 이 경우에는 가격을 경쟁기업과 유사하게 유지하고 대신 편익우위를 통해 시장점유율을 확대하는 수단으로 활용한다. 만약 수요의 가격탄력도가 낮다면 가격 인상을 통해 더 높은 이윤을 확보하는 것이 적절하다.

본원적 전략

비용우위 전략과 편익우위 전략은 이른바 기업 경영의 본원적 경쟁전략(Generic Competitive Strategy)에 속한다. 본원적 전략이라는 표현은 M. Porter가 처음 소개한 것으로 넓은 의미에서 자신이 속하는 시장에서 기업이 경쟁을 위해 자신을 어디에 위치시키는가를 표현하는 용어이다. 기업의 제품이 어떻게 가치를 창조하는가는 소비자 혜택을 발생시키는 것이 무엇이며(예 : 한 기업의 제품이 다른 잠재적 대체재들보다 어떻게 소비자 욕구를 더 잘 만족시키는가), 또한 비용을 발생시키는 것이 무엇인가(예 : 생산량에 민감한 비용은 어떤 비용인가, 판매나 마케팅과 같은 직접적인 생산활동이 아닌 활동에 따라 비용이 어떻게 변하는가, 축적된 경험에 따라 비용이 어떻게 변하는가)에 대한 이해를 필요로 한다.

순편익 $B-C$가 양(+)의 값을 가질 때 기업은 생산요소 공급자들로부터 생산요소를 구입한 뒤 이들을 최종제품으로 전환하여 소비자에게 판매함으로써 이윤을 낼 수 있다. 순편익이 존재할 경우에는 기업은 생산요소 공급자 및 소비자와 상생의 거래를 하는 것이 가능하다. 기업이 하는 활동은 거래에 참가하는 모든 사람들을 그들이 서로 거래하지 않는 경우보다 더 나은 상태에 도달하게 해주는 거래다. 하지만 어떤 제품의 순편익이 음(−)이라면 그 제품을 만들기 위해서 희생된 자원에 들어간 비용을 보상해 줄 수 있게 소비자들이 지불하고자 하는 가격은 존재하지 않는다. 따라서 생산자나 생산요소 공급자는 이윤을 낼 수 없다. 진공관, 회전식 다이얼 전화, 타자기 등은 한동안 양(+)의 순편익을 창출했던 제품들이다. 그러나 소비자들의 기호 변화와 기술 발전으로 인해 이제는 더 이상 이들 제품의 생산을 정당화할 수 있는 혜택을 소비자들에게 주지 못하고 있다.

비용우위와 편익우위의 추구는 기업이 경제적 가치를 어떻게(how) 창조할 것이냐 하는 문제와 관련있다. 본원적 전략에는 이 외에 사업영역 설정 문제와 관련 있는 집중화 전략도 포함된다. 이는 기업이 어느 곳(where)에서 가치를 창조할 것이냐 하는 것이다. 보다 구체적으로 보다 넓은 시장을 대상으로 하여 가치를 창조할 것인

그림 12-2 포터의 본원적 전략[3]

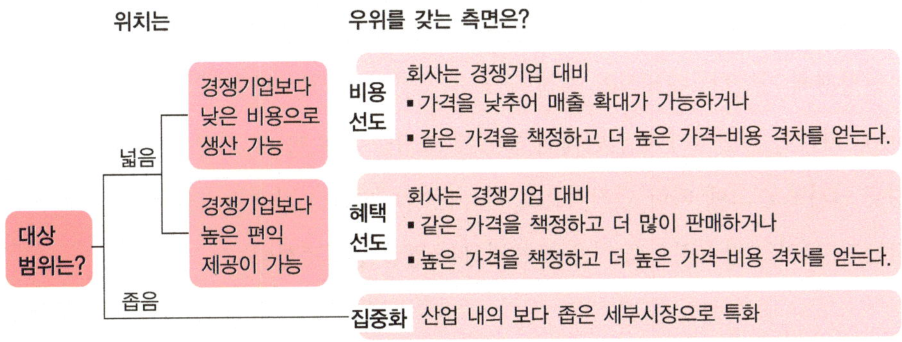

자료 : D. Besanko(2007).

3. [그림 12-2]는 혜택선도, 비용선도, 집중화로 구별되는 Porter의 본원적 전략(generic strategy)을 보여준다. 전략의 이러한 구분은 기업이 대상으로 하는 시장이나 소비자들의 범위, 낮은 평균비용을 가지고 경쟁우위를 확보하려고 하는지, 고객에 대한 보다 나은 혜택의 제공을 가지고 경쟁우위를 확보하려고 하는지에 따른 구분이다.

가(광역화 전략, broad coverage strategy), 아니면 보다 좁은 시장에 초점을 맞출 것인가(집중화 전략, focus strategy)이다. 후자는 누구보다 더 나은 서비스를 제공할 수 있는 좁은 범위의 제품이나 고객 또는 지역을 목표로 삼는 것이다. [그림 12-2]는 포터의 본원적 전략들인 편익우위 전략, 비용우위 전략, 집중화 전략을 각각에 대한 간단한 경제적 논리와 함께 보여주고 있다.

2. 시장구조와 기업의 이윤

산업조직이라고도 불리는 시장구조는 시장에서 판매되는 상품의 가격과 수량에 큰 영향을 미치고 그에 따라 기업이 창조한 가치 중 얼마를 자신의 이윤으로 가져가는가를 결정하는 중요한 요소이다. 일반적으로 한 업계의 판매자 수는 시장구조를 나타내는 중요한 지표이다. 이윤극대화 결정은 기업이 활동하는 시장구조에 크게 의존한다. 한 산업에 소수의 기업만 있다면 그들의 행동과 사업 전략은 수많은 경쟁자가 있는 산업에 속한 기업의 행동과 전략과 상당히 다를 것이다. 시장구조의 한 극단에는 시장가격에 영향을 미치기에는 너무 작은 완전경쟁 기업들이 있다. 또 다른 극단에는 가격과 생산량을 절대적으로 통제하는 독점기업이 있다. 그 사이에는 각 극단의 다양한 음영이 있으며, 일부(과점)는 독점에 가깝고, 일부(독점적 경쟁)는 완전경쟁에 가깝다. 대표적인 시장 구조라는 것은 없다는 점을 인식하는 것이 중요하다. 따라서 일단 4가지 일반적인 모형에 초점을 맞추어 각 시장구조의 구조적 특성을 살펴보고 그에 따라 단기적으로 이윤을 극대화하는 가격과 수량이 어떻게 결정되는지, 그리고 장기적으로 이윤을 유지하는 방법을 검토한다.

경쟁의 측정

경쟁을 분석하는 출발점은 경쟁자를 확인하는 것이다. 대부분의 경영자들은 자신이 경쟁하고 있는 상대를 바로 알 수 있다. 그래도 경쟁자를 확인하는 방법은 경쟁하는 시장의 특성을 밝히는 데 도움이 될 수 있다. 일반적으로, 두 판매자의 제품이 서로 매우 유사한 용도와 기능적 특징을 갖는 대체품이라면 이 두 기업은 경쟁자들이다. 이에 더해 제품들이 같은 지역시장에서 판매될 때에만 의미있는 대체품이 될 수 있다.

특정 시장이 갖는 경쟁성을 빠르고 정확하게 판단하기 위해 시장구조를 측정하는 척도들은 다양한데 그중 대표적인 것이 상위 N기업 집중률이나 허핀달 지수이다. 상위 N기업 집중률(N-firm concentration ratio)은 한 시장에 있는 가장 큰 N개 기업들이 차지하는 시장점유율의 합계를 나타낸다. 예를 들어 미국 청량음료시장에서 상위 4기업 시장집중률은 약 0.9이며, 이는 청량음료를 생산하는 기업 중 가장 큰 4개의 기업들이 차지하는 시장점유율을 모두 합하면 약 90%가 된다는 것을 의미한다. 시장점유율은 각 기업의 매출액이나 생산능력으로 측정된다.

허핀달 지수(Herfindahl index)는 시장 내에 있는 모든 기업들 각각의 시장점유율을 제곱한 것의 합이다 : $\sum_1^N (S_i)^2$. 따라서 한 시장에서 두 기업이 동일한 시장점유율 50%씩을 차지하고 있다면 허핀달 지수의 값은 $(0.5)^2 + (0.5)^2 = 0.5$가 된다. 동일한 시장점유율을 갖는 N개의 기업이 시장에 있다면 각 기업의 시장점유율은 $\frac{1}{N}$이며, 이 시장의 허핀달 지수의 값도 $\frac{1}{N}$이 된다. 이 때문에 허핀달 지수의 역수는 동등기업수(numbers-equivalent of firms)로 불린다. 따라서 허핀달 지수가 0.125인 경우, 동등기업수는 $\frac{1}{0.125} = 8$이 된다. 허핀달 지수의 값을 계산할 때 일반적으로 시장점유율이 1% 이상인 기업만을 가지고 지수의 값을 구해도 충분하다. 왜냐하면 이보다 작은 기업의 점유율을 제곱하더라도 그러한 수치가 전체적인 허핀달지수의 값에 거의 영향을 주지 않기 때문이다.

허판달 지수는 상위 N기업 집중률보다 더 많은 정보를 전달한다. 상위 N기업 집중률이 갖는 문제 중 하나는 상위 N기업 내에서 기업 규모가 변해도 시장집중률이 변하지 않는다는 것이다. 예를 들어, 상위 4기업 시장집중률은 가장 큰 기업의 시장점유율이 10% 증가하고 두 번째로 큰 기업의 시장점유율이 10% 감소하더라도 변하지 않는다. 그러나 이러한 변화가 있을 때 허핀달지수는 증가한다. 만약 가장 큰 기업들 간의 상대적 규모가 시장에서 나타나는 기업들의 행위와 그로 인해 나타나는 시장성과에 중요한 영향을 미친다면 허핀달지수가 주는 정보가 더 나은 정보가 된다고 할 수 있다.

시장구조와 경쟁

시장구조는 종종 그 시장에 있는 기업들의 행동과 성과와 관련을 갖는다. 이러한 특성은 무엇보다도 단기적으로 이윤을 극대화하는 가격과 수량, 그리고 이윤의 장기적 지속 여부를 결정한다. 기업들 간의 경쟁적 상호작용은 완전경쟁, 독점적 경쟁, 과점, 독점에 이르기까지 다양하게 나타난다.

완전경쟁 기업은 가격을 고정되어 있고 주어진 것으로 간주하여 이윤을 극대화하려 노력한다. 독점기업은 제품의 가격을 선택하고 조작하여 이윤을 극대화한다. 독점과 경쟁의 양극단 사이에 위치한 기업은 좁은 범위 내에서 가격에 영향을 미칠 수 있는 능력을 어느 정도 가지고 있다. 생산량의 가격을 설정하는 능력을 시장지배력(market power)이라고 한다. 개별 완전경쟁 기업은 시장 지배력이 없지만 독점기업은 완전한 시장 지배력을 갖다.

〈표 12–2〉는 네 종류의 시장 형태들을 간단히 요약하며 각 시장의 경쟁상황에서 일반적으로 나타나는 허판달 지수의 값들을 보여주고 있다. 제시된 허핀달 지수값은 일반적인 경우로 절대적인 기준은 아니다. 예를 들어, 한 시장에 두 개의 기업만이 존재하는 경우에 이들은 경쟁적으로 행동하지 않을 수도 있지만, 시장에 따라 2개의 기업만이 존재하는 경우에도 격렬한 가격경쟁이 나타날 수 있다. 또한 시장에 하나의 기업만이 존재하는 경우에도 경쟁시장과 같은 수준의 가격이 나타날 수 있다. 따라서 기업들 간의 가격 경쟁이 어느 정도로 강하게 나타날 것인가를 판단하는 데에는 허핀달 지수의 값이나 시장집중도를 나타내는 다른 척도들을 단순히 살펴보는 것보다는 기업들 상호 간의 경쟁행동에 영향을 미치는 시장환경을 살펴보는 것이 중요하다.

표 12-2 네 종류의 시장과 기업들 간의 가격경쟁 정도

시장	허핀달 지수의 값	가격 경쟁의 강도
완전경쟁	일반적으로 0.2보다 작음	치열함
독점적 경쟁	일반적으로 0.2보다 작음	제품 차별화 정도에 따라 다름
과점	0.2에서 0.6 사이	기업 간 경쟁(rivalry)에 따라 다름
독점	0.6 이상	새로운 기업의 진입위협에 따라 다름

1) 완전경쟁

완전경쟁의 시장구조에서 업계에는 동일한 제품을 생산하는 수많은 회사가 있는데 일반적으로 네 가지 특성으로 설명된다.

- **수많은 판매자와 구매자** : 각 기업은 산업의 전체 규모에 비해 너무 작아 어떤 기업도 투입물 가격이나 산출물 가격에 영향을 미치지 못한다. 어떤 기업도 공급을 제한함으로써 가격을 올릴 수 없고, 생산량을 시장에 넘치게 하여 가격을 낮출 수 없다. 어떤 구매자도 그가 소비하는 상품의 양을 변화시킴으로써 가격에 영향을 미칠 수 없다. 쌀, 밀, 면화와 같은 농산물 대부분은 판매자도 다수이고 소비자도 다수이다.
- **동질적 제품** : 기업은 모두 동일하거나 동질적인 제품을 생산한다. 특정 기업의 제품과 다른 기업의 제품 사이에는 실질적 차이가 없으므로 소비자는 제품을 보고 어느 회사 제품인지 확인할 수 없으며 특정 기업에 다른 기업보다 더 높은 가격을 지불할 이유가 없으며 최저가로 판매하는 판매자에게서 제품을 구매하게 된다. 기업은 고객을 확보하기 위해 서로 격렬하게 투쟁하지 않으며, 고객은 상품 가격에만 집중한다.
- **완전정보** : 구매자와 판매자는 제품과 가격에 대한 모든 정보를 아무 비용도 들이지 않고 충분히 얻을 수 있다. 산업에는 비밀이 없고 기업들에게는 공평한 경쟁의 장이 있다.

▪ **제한 없는 진출입** : 완전경쟁산업에 종사하는 기업은 언제든지 해당 산업에 진입하거나 퇴출할 수 있다. 잠재적 진입자는 진입 및 퇴출에 대한 장벽 없이 업계에 진입할 수 있다.

가격 결정

완전경쟁 시장에서 가격은 공급곡선과 수요곡선이 만나는 시장균형에 의해 결정된다. 균형가격이 P^*라고 하자. 그러면 가격 P^*에서의 수요량은 그 가격에서의 공급량과 Q^*로 같다.

완전경쟁 상황에 놓여있는 각 기업은 시장의 매우 작은 부분만을 차지하므로 시장가격에 영향을 미칠 수 없다. 시장균형 가격을 주어진 것으로 받아들이는 가격 수용자(price taker)가 된다. 가격을 변경할 수 있다고 해도, 그렇게 하지 않을 것이다. P^*보다 높은 가격에서는 이 기업의 제품에 대한 수요가 없다. 특정 기업이 시장가격보다 1원이라도 더 높은 가격을 책정한다면, 구매자는 다른 많은 판매자들이 P^*에 팔 것임을 알기 때문에 구입을 거절하고 이 기업은 자신의 제품을 하나도 팔 수 없다. 이 기업은 자신의 제품을 시장가격 P^*보다 낮게 팔 이유도 없다. P^*에 판매하여도 모든 제품이 다 팔리기 때문이다. 결국 완전경쟁 시장에서 각 기업은 시장균형 가격에서 원하는 만큼 팔 수 있지만 더 높은 가격에서는 하나도 팔 수 없고, 더 낮은 가격에서는 팔지 않을 것이다. 요약하면 완전경쟁시장에서 각 기업은 시장의 가격을 받아들이며, 각 기업이 해야 할 유일한 결정은 주어진 가격에서 자신이 얼마만큼을 생산하여 판매할 것인가 하는 결정이다. 기업은 단순히 현재의 시장 균형가격에서 원하는 만큼 얼마든지 생산하여 판매할 뿐이다.

생산량 결정

선택에 관한 일반원칙을 따른다면 기업이 이윤을 극대화하려면 생산 증가분의 추가적 편익이 추가적 비용보다 작아질 때까지 생산량을 늘려야 한다. 얼마나 많이 생산할지 결정하는 기업에게 추가적 편익은 한계수입(marginal revenue)이며, 추가적 비용은 그 재화를 만드는 데 드는 한계비용(marginal cost)이다. 따라서 기업은 추가적 생산으로부터의 한계수입이 한계비용보다 작아질 때까지 생산량을 늘려야 한다. 한계수입과 한계비용이 같은 점에서 이윤을 극대화할 수 있는 생산량을 찾을 수 있다. 완전경쟁 기업의 한계수입은 가격과 같으므로, 가격과 한계비용이 같은 점에서 최적수량을 찾을 수 있다고 말해도 된다. 예외는 기업의 손실이 너무 커서 이윤, 즉 손실을 극소화하기 위해서는 완전히 조업을 중단해야 하는 경우인데, 이러한 선택은 이 절의 뒷부분에서 논의할 것이다.

P^*의 가격에서 Q^*보다 작게 생산하는 상황에서는 생산을 늘리면 그에 따른 추가수입이 생산의 한계비용보다 클 것이고 이윤을 증가시킬 것이다. Q^*를 초과하는 수준으로 생산을 늘리면 그에 따른 추가수입(P^*)은 생산의 한계비용보다 작을 것이고 이윤을 줄일 것이다. 따라서 Q^*를 생산하는 것이 이윤을 극대화하는 최적 생산량이며 이보다 많거나 적은 생산량은 피해야 한다.

완전경쟁 기업의 손익 수준 이 기업의 최적산출량을 찾았는데 이윤 수준은 얼마일까? 이윤(Π)은 총수입(TR)에서 총비용(TC)을 차감한 것으로

$$\Pi = TR - TC = Q \times P - TC$$

평균총비용은 $\dfrac{TC}{Q} = ATC$로 정의되므로

$$\Pi = QP - QATC = Q(P - ATC)$$

$P - ATC$는 기업이 각 단위의 판매에 따른 가격과 그 단위를 생산하는 평균비용의 차이로 단위당 이윤이다. 단위당 이윤을 생산량(Q)으로 곱하면 총이윤이 된다. 이에 따라 $P > ATC$이면 이윤이 발생하고, $P = ATC$이면 손익분기점(총수입 = 총비용)에 있고, $P < ATC$이면 손실이 발생한다. 평균 총비용은 생산량에 따른 각 단

위 생산의 평균비용을 보여준다. 이윤극대화 수량인 Q^*에서 가격 P^*가 평균총비용 ATC보다 크면 기업은 이윤을 얻는다. 가격에서 평균총비용을 뺀 $P^* - ATC$는 단위당 평균이윤을 보여준다 : 이윤 $= \Pi = QXP - QXATC = Q(P - ATC) = Q \times$ 단위당 평균이윤.

가격이 평균비용(AC)보다 높으면 회사는 단기적으로 이익을 얻을 것이다. 가격이 평균비용과 일치하면 이윤이 0이 된다. 가격이 평균비용보다 낮지만, 평균 가변비용보다는 높아 손익분기점과 생산중단 점 사이의 영역에서 떨어지면 회사는 단기적으로 손실을 보지만 가변비용 충당을 넘어 고정비용의 일부도 벌어들이고 있으므로 단기적으로는 계속 운영하는 것이 손실을 최소화하는 것이 된다. 회사가 즉시 문을 닫는 경우보다 손실이 적다. 가격이 평균 가변비용 아래로 떨어져 가변비용을 감당하지 못하여 차라리 문을 닫는 것이 손실을 최소화할 수 있기 때문에 회사는 즉시 문을 닫는다.

단기손실 하의 완전경쟁 기업

완전경쟁 시장의 기업들은 단기에 이윤을 얻을 수 있다. 하지만 이러한 단기 이윤은 신규 기업이 이윤을 좇아 시장에 진입할 유인을 만들어낸다. 신규 기업의 증가는 공급곡선을 오른쪽으로 이동시켜 시장가격을 떨어뜨린다. 기업수는 이윤의 유혹이 제거될 때까지 증가하며 그에 따라 시장가격이 떨어져 각 기업이 비용을 충당할 정도로만 돈을 벌어 손익분기점 또는 0의 이윤의 상황이 되면 다른 기업이 새로이 시장에 진입할 유인이 없다. 만약 진입기업이 과도하면 시장가격은 평균 총비용보다 낮아질 수 있다.

완전경쟁 시장의 기업들은 단기에 손실을 경험할 수도 있다. Q'가 단위당 P'에 팔리고 이 생산량에서 단위당 평균 총비용이 ATC'라고 하자. 이때 단위당 평균손실로 $ATC' - P'$이고 총손실은 $Q' \times (ATC' - P')$이다. 손실이 지속되면 몇몇 기업은 기업활동을 포기할 것이다. 그에 따른 기업 수 감소는 공급곡선을 왼쪽으로 이동시키고 시장가격을 상승시킬 것이다. 기업의 탈퇴와 그에 따른 가격 상승은 남아 있는 기업들이 더 이상 손실을 겪지 않게 될 때까지 계속된다.

이처럼 완전경쟁 시장에서는 이윤이 존재하면 결국 더 많은 기업들이 시장에 진입하고, 이에 따라 시장가격이 낮아지고 모든 기업의 이윤이 작아진다. 반대로 손실이 발생하면 기업들이 시장을 떠나게 되고, 이에 따라 시장가격이 오르고 남아 있는 기업의 손실이 낮아진다. 장기적으로 기업이 시장 조건에 대응하여 들어오거나 나갈 시간이 지난 후에는 이윤과 손실은 모두 소멸되고 각 기업이 0의 이윤을 얻게되어 어떤 기업도 시장 진입이나 탈퇴의 유인을 갖지 않는 장기균형(long-run equilibrium)에 도달한다. 대표 기업이 이 장기균형에서 최적 수량인 Q^e를 생산하면, 시장가격인 P^e가 기업의 평균 총비용 *ATC*와 같아져 이윤이나 손실은 더 이상 발생하지 않는다.

생산중단과 공급곡선

기업의 이윤이 마이너스라면 기업은 무조건 문을 닫아야 한다고 주장할 수 있다. 그러나 가격이 *ATC*곡선 아래로 떨어지더라도 회사가 생산을 계속할 충분한 이유가 있다.

기업은 분명히 손해를 보고 생산하는 것을 즐길 수 없으며, 시장가격이 상승하여 이익으로 바뀌길 간절히 바란다. 그러나 손실을 입고 있다면 생산을 중단하는 것이 경제적으로 합리적인지 판단해야 한다. 단기적으로 생산을 중단하는 결정이 때때로 최적의 전략일 수 있다. 그러나 생산을 중단한다고 하더라도 단기에는 고정비용을 계속 지불해야 하는 경우가 대부분이다. 예를 들어, 건물 임대계약을 하고 건물주에게 매달 임대료를 내고 있다고 하자. 생산활동을 전혀 하지 않더라도 임대료는 지불되어야 하므로 생산을 중단하면 임대료만큼의 손실을 보게 된다. 이 손실은 기업이 받아들일 수 있는 최대 손실액이다. 만일 생산을 계속할 때 이 고정비용보다 더 많은 손실이 발생하면 생산을 중단해야 할 것이다.

이유를 보다 자세히 보기 위해 기업이 생산을 시작할 때 어떤 일이 발생하는지 보자. 완전경쟁 기업은 0보다 큰 생산량을 생산하기로 결정하면 두 가지 일이 발생한다.

- 총수입(TR) $= P \times Q_e$이 얻어지고,
- 변동 비용(TVC)이 발생한다. 물론 고정비용도 발생하지만, 이는 생산량 수준과 상관없이 발생하는 비용이다.

기업은 간단하고 직관적인 규칙을 사용하여 영업을 유지할지 폐쇄할지를 결정할 수 있다. 즉, 영업을 유지하는 것보다 폐쇄를 통해 손실이 더 적다면 기업은 폐쇄되어야 한다. 비용은 고정비용과 가변비용의 두 부분으로 나누어진다. 기업은 단기에 생산함으로써 적어도 변동비용보다 더 큰 총수입을 얻을 수 있다면 손실을 감수하더라도 생산을 계속한다. 기업은 자신이 얻는 수입으로 변동비용을 커버할 수 있을뿐만 아니라 고정비용의 일부도 커버할 수 있으므로 생산을 계속함으로써 손실 규모를 (고정비용보다) 작게 만들 수 있기 때문이다. 조업을 계속하여 고정비용 일부를 회수하는 것이, 조업을 중단해 고정비용을 전혀 회수하지 못하는 것보다 나은 것이다. 기업의 조업중단 결정은 시장가격이 변동비용을 회수할 수 있는지 여부에 달려 있다. 어떤 기업이든, 단기에 생산을 중단할지 계속할지를 결정할 때 확인해야 할 핵심사항은 총수입이 변동비용보다 더 큰가 아니면 더 작은가 하는 것뿐이다. 고정비는 사업 개시 여부와 관계없이 지불되어야 한다. 가변비용은 사업을 할 때에만 발생하므로 가변비용을 충당할 수 있을 만큼 충분히 벌 수 있다면 영업을 계속하기로 선택할 것이다. 가변비용을 감당할 수 있으면 경영해야 하고, 감당할 수 없으면 문을 닫아야 한다. 가변비용이 충당되면 그것을 넘어서는 추가 수입은 고정 비용을 지불하는 데 사용된다. 기업이 발생시기고 있는 총수입이 변동비용보다 더 크다면 고정비용이 얼마가 되든 단기적으로 기업은 생산을 계속해야 한다. 기업이 모든 비용을 충당하지 못하면 손실을 입게 되지만, 단기적으로 고정비용은 매몰비용이다. 조업중단 여부를 결정할 때는, 더 많이 생산할수록 증가하는 비용인 가변비용만이 고려되어야 한다. 시장가격이 가변비용을 충당하지 못하면 즉시 조업을 중단해야 한

다. 즉, 생산으로 얻는 수입보다 더 많은 변동비용이 든다면 손실을 보고 있는 것이므로 0단위를 생산하는 것이 기업에게 최선이다. 즉, 공장을 폐쇄하고, 더 나은 상황이 생겨나길 기대하며, 총고정비용과 동일한 손실을 입는 것이 손실을 더 줄일 수 있다. 근로자에게 임금(가변 비용)을 지불할 수 없으면 공장문을 닫아야 한다.

이상의 비교는 단기의 공장폐쇄를 결정하는 규칙을 제공한다.

- $TR > TVC$ 이면, $P = MR = MC$ 인 Q_e 를 생산한다.
- $TR < TVC$ 이면 회사는 사업을 그만두고 $Q = 0$ 이다.

위의 결정규칙을 단위당 비교로 변환하여 [그림 12-3]에서 생산중단 지점을 확인할 수 있다. 총 수입과 총 가변비용을 Q 로 나누었을 때 $P < AVC$ 이면 중단하라는

그림 12-3

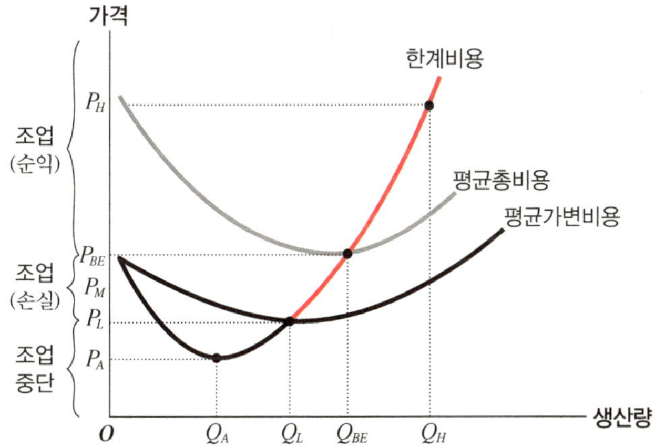

주 : 기업은 가격과 한계비용이 같아지는 점에서 생산활동을 하므로 한계비용곡선이 공급곡선이 된다. 그러나 가격이 평균총비용을 넘어서야만 이윤이 발생하므로 평균총비용이 손익분기점이 된다. 그러나 손실이 발생한다고 해서 조업을 중단할 필요는 없다. 기업은 시장가격이 P_l 이하이면 손실을 감안해 즉시 조업을 중단해야 한다. 가변비용이 수입보다 크기 때문이다. 시장가격이 P_{be}와 P_l 사이에 놓일 때 조업하면 가변비용 전부뿐만 아니라 고정비용도 일부 충당된다. 조업 중단으로 고정비용을 조금도 충당하지 못하기 보다는 조업을 하여 고정비용의 일부라도 갚도록 해야 한다. 시장가격이 P_l 이상이면 이윤이 발생하므로 조업을 해야 한다. 결국 한계비용곡선 중 평균가변비용을 넘어서는 한계비용곡선만이 기업의 진정한 공급곡선이 된다.

뜻이다. 이는 앞과 동일한 결정 규칙이다. 수입과 변동 비용을 단위당으로 비교한 것이다.

- $P > AVC$이면, $P = MR = MC$인 Q_e를 생산한다.
- $P > AVC$이면 문을 닫고 더 이상 생산하지 않으므로 $Q = 0$이다.

장기에는 모든 비용이 가변이므로 공장은 모든 투입요소 비용을 충당하지 못하면 조업을 중단해야 한다.

[그림 12-3]에는 네 가지 가격이 표시되어 있다.

- **P_H가 가장 높은 가격** : Q_h에서 모든 비용을 감당할 수 있을 만큼 총수입을 올린다. 이윤 $\Pi > 0$.
- **P_{BE}는 조업중단 가격** : Q_{PB}에서 수입은 가변비용을 상회하고 기업은 조업중단 지점에 있다. 가격이 더 떨어지면 기업은 생산을 더 이상 하지 않는다.
- **P_M은 중간 가격** : Q_M에서 TR은 TVC를 초과하지만 TFC의 일부만 포함한다. 이윤 $\Pi < 0$.
- **P_A는 가장 낮은 가격** : Q_A에서 수입은 가변비용을 충당할 수 없으므로 기업은 문을 닫는다. 이때 고정비용만큼 손실이 발생한다.

단기 공급

한 기업의 공급곡선은 주어진 가격에서 그 기업이 판매할 의지가 있는 수량을 보여준다. 완전경쟁 시장에 있는 기업의 한계비용 곡선이 바로 이를 보여준다. 기업은 $MR = MC$가 되는 생산량을 생산한다. 완전경쟁 시장에서 활동하는 기업의 경우 이윤을 극대화하기 위해 가격 P가 한계수입 MR과 일치하도록 하기 때문에 그 기업은 $P = MC$가 되는 생산량을 생산하려 할 것이다. 어떤 가격에서든 한계비용 곡선으로 기업이 공급하려는 양을 알 수 있다. 따라서 완전경쟁 기업의 한계비용 곡선은 기업의 공급곡선이기도 하다.

그러나 여기에는 한 가지 중요한 제한이 있다. 기업이 손실을 발생시키고 있고, 총수입이 변동비용보다 적다면, 기업은 생산을 중단해야 한다.

$$총수입 < 변동비용$$

양변을 Q로 나누면, 다음과 같이 될 때 기업은 생산을 중단한다.

$$P < AVC$$

가격이 평균변동비용 아래로 떨어지면, 생산을 중단하여 생산량을 0로 하는 것이 손실을 더 적게 하는 선택이다. 따라서 가격이 평균변동비용 이상이 될 경우에만 기업의 한계 비용곡선이 그 기업의 공급곡선이 되는 것이다. 즉, 완전경쟁 기업은 시장가격을 확인한 다음 한계비용을 확인하고 생산량을 결정하고 가격이 최소 평균 가변비용보다 큰지 확인한다.[4] 결과적으로 한계비용 곡선은 기업이 상품을 공급하려는 의지를 보여준다. MR곡선이 AVC곡선의 최소점 아래에 있을 때 회사가 문을 닫고 생산을 중단한다. 그러나 기업이 생산 중단 없이 운영될 때에는 한계비용을 기준으로 생산량 결정이 내려진다. 즉, 기업은 생산량을 결정하기 위해 이윤극대화 규칙, 즉 $MR = MC$를 사용한다. 따라서 한계비용 곡선은 기업이 운영되는 동안의 단기 공급곡선이다.

4. 이윤극대화는 한계비용과 한계수입이 일치하는 생산 수준을 찾는 것을 의미하므로 생산량에 따라 변동하는 가변비용의 변화와 달리 고정비용의 변화는 곧바로 생산량 결정에 어떠한 영향도 미치지 않는다. 그러나 고정비용의 변화는 기업이 고정된 생산요소를 조정할 수 있는 장기에는 영향력이 있다. 고정비용이 높아지면 신생 기업은 이 산업에 진입하기를 꺼리게 되고 기존 기업은 이 산업에서 이탈하게 된다.

기업의 장기공급

단기적으로 기업은 고정비용의 일부를 회수하기 위해 손실을 감수하고 운영하는 것을 선택할 수 있다. 그러나 장기적으로 기업은 자본 규모를 유연하게 조정할 수 있기 때문에 모든 비용은 가변적이다. 결과적으로 기업의 장기 공급곡선은 기업이 총생산비용을 충당할 것으로 예상되는 경우에만 존재한다. 그렇지 않으면 기업이 폐업, 즉 시장에서 퇴출될 것이기 때문이다. 장기적으로 고정비용은 없으므로 기업은 자신이 부과하는 가격이 총생산비용을 충당할 것으로 예상되는 경우에만 기꺼이 운영할 의향이 있다. 장기적으로 시장에 자유롭게 진입하거나 퇴출할 수 있기 때문에 가격이 평균총비용보다 낮으면 어떤 기업도 시장에서 기꺼이 생산하지 않을 것이다.

완전경쟁의 효율성

생산 효율성 시장을 통해 소비자들은 자신이 원하는 양 만큼의 제품을 얻으며 그 제품은 가장 낮은 비용으로 생산된다. 경쟁압력은 기업들의 최소 평균비용 수준과 같아질 때까지 시장가격을 낮춘다. 생산 효율성이란 제품이 가장 낮은 비용(최소비용)으로 생산되는 상황을 말한다. 따라서 완전경쟁 시장은 생산 효율성을 달성한다. 모든 경영자들은 생산비용을 낮추어 이윤을 높이려는 노력을 끊임없이 기울인다. 그러나 완전경쟁 시장에서는 다른 기업들이 비용을 낮추는 방법을 금방 따라하게 된다. 따라서 장기적으로는 소비자들만이 비용 감소로 인한 혜택을 가져간다.

배분 효율성 완전경쟁 시장에 있는 기업들은 재화와 서비스를 가장 낮은 비용으로 생산할 뿐만 아니라 소비자들이 가장 원하는 재화나 서비스를 생산한다. 기업들은 한 단위를 더 생산하는 데 지불해야 하는 한계비용이 소비자들이 그 한 단위를 소비할 때 얻는 한계편익의 크기와 같아질 때까지 생산한다. 달리 말해, 기업들은 소비자들이 얻는 한계편익이 적어도 한계비 용과 같은 재화나 서비스들을 생산한다. 이러한 결과가 나타나는 이유는 다음과 같다.

- 시장가격은 판매되는 재화의 마지막 한 단위를 소비자가 소비할 때 얻는 한계편익

을 나타낸다. P = 한계편익 MB

- 기업은 시장가격이 마지막 한 단위를 생산하는 데 드는 한계비용과 같아지는 점까지 생산한다. P = 한계비용 MC
- 따라서 기업들은 마지막 한 단위가 소비자들에게 가져다주는 한계편익이 그 단위를 생산하는 데 드는 한계비용과 같아지는 점까지 생산한다. $MB = MC$

이러한 설명은 시장에 있는 기업들이 소비자들의 욕구를 가장 잘 만족시키는 제품을 생산하기 위해서 노동, 기계, 기타 생산요소들을 효율적으로 배분하고 있다는 것을 달리 표현한 것뿐이다. 이렇게 한다는 것은 완전경쟁 시장이 배분 효율성도 달성한다는 것을 의미한다.

완전경쟁 시장에서 기업들은 자신의 가격을 한계비용에 일치시킨다. 한편 장기에서 완전경쟁은 재화 가격이 재화 생산의 평균총비용과 같아지도록 한다. 생산비를 극소화하는 투입요소와 방법을 쓰지 않는 기업들은, 비용을 최소화해 가격을 낮추고 더 많은 고객을 끌어들이는 기업들로 말미암아 문을 닫게 될 것이다. 이러한 비용 최소화 유인은 완전경쟁 시장의 기업들이 생산의 효율성을 달성하는 데 도움이 된다. 즉, 자유로운 진입과 퇴출이 이루어지는 상황에서 가격은 최저 평균비용과 같은 수준으로 하락하여 이윤 발생의 모든 기회가 사라진다. 경쟁에 자극받아 조면기, 에어제트 직기, 저비용 데님 마모를 위한 생물효소 같은 기술혁신이 면직물 의류 생산비용을 낮췄다. 새로운 생산공정에 따른 비용 절감으로 몇몇 기업들은 적어도 단기에 이윤을 얻을 수 있게 된다. 하지만 장기에는 결국 경쟁자들이 비용을 절감시키는 공정을 복제할 수도 있다. 그러나 기업이 특허, 자원 통제, 혹은 다른 장벽을 이용해 경쟁자들이 우월한 방법을 채택하는 것을 막으면, 그 기업은 다음 절에서 설명하는 것처럼 독점을 구축해 장기에서도 이윤을 얻을 수 있다.

완전경쟁기업을 위한 전략

완전경쟁 기업은 가격 수용자이므로 정교한 가격책정 전략을 개발하는 것은 경영자의 자원을 낭비하는 것이다. 시장은 수요와 공급 상황에 따라 가격을 결정하기 때문에 가격은 개별 경쟁기업의 통제 범위를 벗어난다. 마찬가지로, 경쟁기업이 생산하는 상품은 동질적이므로 품질 차이나 브랜드화를 통한 경쟁 역시 경쟁기업에게 중요하지 않다. 이는 광고 및 기타 마케팅 활동이 경쟁기업에게는 수익성이 없다는 것을 의미한다.

이러한 상황은 생산자와 소비자의 삶을 단순하게 만드는 데 도움이 된다. 생산자는 광고와 마케팅에 돈을 낭비하지 않고, 소비자는 상품을 생산하고 유통하는 데 드는 비용만 지불한다. 가격과 품질이 기업의 통제 범위를 벗어나면 경쟁력 있는 기업이 장기적으로 수익을 극대화하기 위해 무엇을 할 수 있을까? 비용 최소화에 집중하는 것이다! 경쟁이 치열한 기업의 최선의 전략은 기회가 있을 때마다 생산비를 낮추는 것이다. 여기에는 새로운 기술을 채택하거나 가능한 최저가격으로 투입물을 구매하는 것이 포함된다. 경쟁이 치열한 산업에서 기업은 계속해서 다른 기업을 따라잡아야 사업을 계속할 수 있다. 다른 회사가 비용을 절감하면 해당 회사는 이러한 비용 절감에 부응해야 하며 그렇지 않으면 향후 이익이 감소할 것이다. 이는 생산자들이 새로운 장비, 새로운 경영방식, 새로운 생산방식 등의 형태로 끊임없이 새로운 기술을 찾는 이유를 설명한다.

2) 불완전 경쟁

이제 불완전 경쟁시장을 살펴보자. 불완전 경쟁시장은 산업에 기업 수가 너무 적어 각 기업이 시장에 출시하는 상품의 수량을 변경하여 제품가격에 영향을 줄 수 있을 때 생겨난다. 이 경우 자유시장은 효율적인 결과를 낳지 못할 수도 있고 그럴 가능성이 높은 상황으로 바뀐다. 효율성이 없으면 소비자는 생산자가 제품을 만드는 데 지출한 비용보다 더 높은 가격을 제품에 지불한다. 또한 잠재적 진입자는 해당 산업에 진입하는 것이 어렵거나 불가능할 수도 있다. 우선 시장지배력을 검토하자. 시장 지배력은 기업이 생산비보다 더 높은 가격을 책정할 수 있는 능력이다. 시장 지배력을 가진 기업은 제품의 시장가격에 영향을 미칠 수 있다. 한 산업에 수많은 기업이 있을 때 가격경쟁으로 인해 각 기업은 경쟁적인 시장가격을 부과하게 된다($P = MC$). 완전 경쟁적인 기업이 판매제품의 가격을 올리면 고객은 즉시 더 낮은 가격에 동일한 제품을 판매하는 다른 기업으로 구매를 옮기기 때문에 아무 것도 팔지 못할 것이다. 한 산업에 소수의 기업만 있는 경우, 개별 기업은 경쟁 가격보다 높은 가격을 청구할 수 있으며, 이로 인해 소비자는 제품의 생산 비용보다 더 많은 비용을 지불하게 된다. 이 결과는 비효율적이기 때문에 각국 정부는 시장 지배력을 사용하는 것을 금지하는 법률을 발전시켜 왔다.

(1) 독점

반독점 경제학자인 피셔(Frank Fisher)는 가격을 인상한다거나 질을 저하시키는 것과 같이 "제약받지 않는 행동을 할 수 있는 능력"을 독점력(monopoly power)이라고 표현했다. 서로 경쟁하고 있는 회사들은 그들의 행동에 제약을 받는다. 독점력을 갖고 있지 않는 어떤 기업이 가격을 인상하거나 품질을 저하시킨다면 소비자들은 그 기업에서 이탈하여 그 기업의 경쟁기업과 거래한다.

한 기업이 자신이 생산하는 제품시장에서 자신과 경쟁하는 기업을 거의 또는 전혀 갖고 있지 않을 때 그 기업은 공급독점(monopolist)이 된다. 전체 산업에 하나의 기업만이 존재하며, 다른 기업에서는 동일하거나 유사한 제품을 생산하지 않는다. 경쟁이 존재한다면 그러한 경쟁은 주변 기업(fringe firm)들로부터의 경쟁이며 그러한 기업들은 전체적으로 시장의 약 30 ~ 40%를 차지하는 소기업들로서 독점자의 시장점유율을 잠식할 정도의 위협을 주지 않는다.

어떤 기업이 투입물을 구입하는 생산요소 시장에서 자신과 경쟁하는 기업을 거의 또는 전혀 갖고 있지 않을 때 그 기업은 수요독점(monopsonist)이 된다. 공급독점에 대한 분석과 수요독점에 대한 분석은 서로 밀접한 관계를 갖는다. 이하에서의 독점에 대한 논의는 공급독점 기업을 중심으로 살펴보지만 그러한 문제들은 모두 수요독점과 관련해서도 똑같은 중요성을 갖는다. (공급)독점에 대한 논의는 기업이 생산물의 가격을 올릴 수 있는 능력을 갖느냐에 초점을 맞추고 있는 반면에 수요독점에 대한 논의는 기업이 생산요소의 가격을 내릴 수 있는 능력을 갖느냐에 초점을 맞추고 있을 뿐이다.

독점의 구조적 특성

독점은 가까운 대체품이 없는 상품의 단일 판매자만이 있는 시장조직의 형태로 완전경쟁과 정반대로 구조적 특성도 상당히 다르다.

- **단일 생산자** : 그 산업에 다른 회사가 없다.
- **가까운 대체품이 없다** : 소비자들은 다른 시장에서 유사한 제품 또는 대체품을 찾을 수 없다. 반면 경쟁기업은 모든 면에서 다른 수많은 기업의 제품과 동일한 상품을 생산한다.
- **진입장벽** : 경쟁적 기업은 산업에 자유롭게 진입하고 퇴출할 수 있다는 특징이 있는 반면, 독점 산업에 진입할 가능성이 있는 기업은 기업이 기존 독점기업과 동일한 제품을 생산하고 판매하는 것을 곤란하게 하는 법적 또는 기술적 장벽에 직면한다.
- **정보** : 독점은 다른 사람들로부터 시장 정보를 차단할 수 있다. 완전경쟁의 경우 모든 기업은 기술과 가격에 대한 모든 것을 알고 있다고 가정한다.

처음 세 가지 특성의 결과로 독점기업은 시장 지배력을 갖는다. 경쟁도 없고 진입장벽도 없는 규제되지 않는 독점기업은 시장지배력, 즉 모든 고객을 잃지 않고 가격을 올릴 수 있는 가격책정 능력을 갖는다. 독점의 모든 특성을 만족시키는 기업은 찾기 어렵지만, 드비어스(DeBeers)는 전 세계 다이아몬드 생산에서 거의 독점적인 위치를 차지하고 있다. 작은 마을에 있는 유일한 주유소나 은행 역시 지역 독점으로 볼 수 있다.

진입 장벽

독점은 진입장벽의 결과이다. 진입장벽은 다양한 이유에서 비롯한다.

- **법적 진입장벽** : 특정 상품을 생산하는 데 있어 다른 기업을 배제할 수 있다면 독점이 생겨난다. 지역 케이블 시장에서 오직 한 기업만이 특정 주파수로 방송할 수 있는 권리를 부여받는다. 법적 진입장벽에는 발명과 지적 재산권을 보호하기 위한 특허, 상표, 저작권법이 있다.
- **규모의 경제** : 기업 규모가 커질수록 평균비용이 감소하여 대기업이 소기업보다 비용 우위를 갖게 된다. 자연독점(natural monopoly)은 규모의 경제가 매우 광범위해서 단일 기업이 전체 수요를 공급하는 것이 비용이 덜 드는 경우이다. 규모의 경제가 충분히 크면 둘 이상의 기업보다 하나의 기업만 있는 것이 단위당 생산비용이 더 낮게 되고 산업에는 오직 하나의 거대한 생산자만 남게 될 것이다. 발전소는 지역 내 자연독점의 좋은 예이다.
- **주요 자원의 통제** : 기업이 제품생산에 사용 가능한 생산요소의 대부분을 통제한다면, 경쟁자가 시장에 진입하는 것은 매우 어렵다. 예를 들어, 과립 설탕 기업이 사탕수수 농장을 모두 통제한다면 과립 설탕 시장을 독점하게 된다.

[그림 12-4]는 완전경쟁 기업과 독점기업이 직면하는 수요곡선, 그리고 그에 따라 판매수입이 어떻게 다른지 보여준다. 완전경쟁 기업은 자신이 생산하는 생산량에 관계없이 얼마든지 팔 수 있지만, 가격 수용자로서 주어진 시장가격으로만 팔 수 있다. 생산량 결정은 시장가격에 아무런 영향도 미치지 못한다. 이 경우 완전경쟁 기업은 수평의 수요곡선을 마주하며 완전 탄력적 수요를 갖는다고 한다([그림 12-4]의 (a)). 완전경쟁 기업은 판매를 늘려도 가격을 낮출 필요가 없으므로 각 단위를 추가로 팔 때 기업이 얻는 추가적 수입, 즉 한계수입은 가격과 일치한다 : $MR = P$.

[그림 12-4]의 (b)는 독점기업의 우하향하는 수요곡선을 보여준다. 독점기업은

그림 12-4 완전경쟁 기업과 독점 기업의 수요곡선과 수입변화

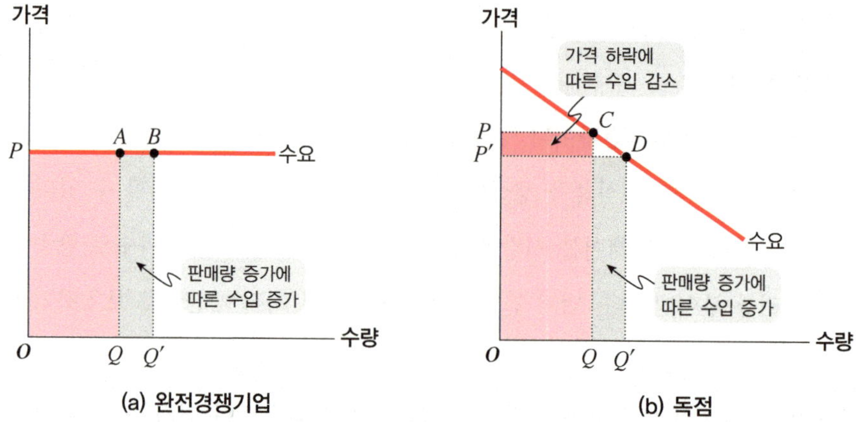

주 : 완전경쟁 기업이 직면한 수요곡선은 완전 탄력적이다. 즉, 원하는 모든 생산량을 현재 시장가격으로 판매할 수 있다. 독점이 직면하는 수요곡선은 시장수요이다. 부과하는 가격을 낮추면 더 많은 생산량을 판매할 수 있다. 독점적 경쟁 기업이 직면하는 수요곡선은 그 사이에 위치한다.

그 재화의 유일한 공급자로서 독점기업이 곧 산업이 된다. 독점기업은 가격 결정자라 불리지만 자기 제품의 가격을 완전히 통제하지는 못한다. 독점의 가격 결정은 소비자가 제품을 구매하려는 의지와 능력에 의존하기 때문이다. 특히 독점기업이 더 많이 판매하려면 가격을 낮춰야 한다. 반대로 가격을 올려도 고객들은 다른 경쟁자로 옮겨갈 수 없으므로 독점기업은 가격결정력을 갖지만 그렇다고 가격을 너무 높이 설정하지 않도록 주의해야 한다. 가격이 올라감에 따라 소비자의 수요량은 감소하기 때문이다. 결과적으로 독점기업은 우하향하는 수요곡선에 직면하는데 이 산업에는 독점기업만이 존재하므로 이 수요곡선은 시장수요곡선이기도 하다. 가격을 결정하면 그 가격에 따라 결정되는 수요량만큼만 시장에서 소화되므로 독점기업은 가격이나 생산량 중 하나만 결정할 수 있다. 즉, 독점기업은 ① 가격을 설정하고 소비자가 해당 가격으로 구매할 금액을 결정하도록 하거나, ② 수량을 설정하고 소비자가 가격을 결정하도록 할 수 있다. 다시 말하면, 소비자가 수요곡선의 기울기와 위치를 통제하기 때문에 독점기업은 가격이나 수량 중 하나만 조작할 수 있을 뿐이며 둘 다 조작할 수는 없다.

우하향하는 수요곡선의 어느 점에서 시작하든, 독점기업은 가격을 낮춰야만 더 많은 단위를 팔 수 있다. 따라서 1단위를 더 판매하여 얻는 추가적 수입은 단순히 그 단위로부터 받는 전보다 낮아진 새로운 가격이 아니다. 그 결과 한계수입은 더 높은 가격에서 팔 수 있었던 단위로부터의 판매수입 감소를 새로운 가격에서 뺀 값이다. 독점기업이 [그림 12−4] (b)의 C점에서 Q를 갤런당 P의 가격에 팔고 있다고 하자. 1단위를 더 팔려면 D점처럼 가격을 P'로 낮춰야만 한다. 이 기업은 새로이 판매된 제품에 대해 P'를 얻는다. 하지만 한계수입은 P'보다 작다. 추가 판매를 위한 가격 인하로 인해, 소비자에게 더 높은 가격인 P에 팔 수 있었던 첫 Q에 대한 판매수입이 $Q \times (P - P')$만큼 감소하기 때문이다. 이 손실은 [그림 12−4] (b)에서 진한 붉은색 음영 직사각형으로 나타난다. 따라서 새로이 파는 제품이 낳는 한계수입은 $P' - Q \times (P - P')$이다. 독점기업은 판매를 늘리려면 가격을 낮춰야 하므로 상품 판매를 늘릴 때 발생하는 한계수입은 가격보다 작다: $MR < P$.

이윤극대화와 독점기업의 가격 결정

독점기업의 이윤극대화 행동은 완전경쟁 기업의 행동과 상당히 다르다. 하지만 완전경쟁기업처럼 독점기업의 목표도 이윤을 극대화하는 것이다. 독점기업은 때때로 사회에서 다른 기업과 다르게 행동하는 기업으로 인식된다. 그러나 다르게 행동할 수 있지만 이익을 극대화하는 기본 목표는 동일하며, 이윤극대화 메커니즘 역시 완전경쟁 기업과 동일하다: 독점기업은 마지막 1단위로부터 발생하는 수입인 한계수입이 그 단위를 생산하기 위해 추가 적으로 드는 비용인 한계비용과 일치하도록 가격과 판매량을 책정해야 한다.

$$MR = MC$$

$MR > MC$인 독점기업은 생산량과 판매를 확장할 것이다. 그렇게 하면 총비용 TC보다 총수입 TR에 더 많은 것을 추가하고 이익이 증가하기 때문이다. $MR < MC$

일 때는 그 반대이다. 따라서 $MR = MC$일 때 이윤이 최대화되는 생산량(Q_M)이 결정되며, 이 생산량을 소화해 낼 수 있는 가격(P_M)이 설정된다. 독점기업의 가격은 그 한계비용보다 훨씬 높으며, 독점기업의 생산량 수준은 경쟁시장의 생산량보다 훨씬 적다. 이 생산량 수준에서 가격 P와 평균비용 AC 수준에 따라 독점기업은 단기에 이윤을 얻거나 손실을 경험할 수 있다. 독점기업의 경우 단기에 이윤을 내는 것이 일반적이지만, $P < ATC$가 되어 손실이 발생하는 지점까지 수요가 급감하거나 생산비용이 증가하는 경우를 상상할 수 있다. 지속적인 손실이 발생할 경우, 독점기업은 그 산업을 탈퇴할 것으로 예상된다. 장기적으로 독점자는 공장 규모를 조정할 수 있으며 진입이 차단되거나 제한되어 이윤이 지속될 수 있다.

효율성과 시장지배력

시장이 사회에 부담시키는 한계비용(MC)이 사회가 얻게 되는 한계 편익(P)과 정확히 일치하는 수준의 생산량을 생산할 때 배분 효율성이 달성된다. 이때 사회에 대한 총후생이 극대화되므로, 이 생산량 수준에서 벗어나면 후생 손실이 발생한다. 한편 사회가 가능한 가장 낮은 비용으로 생산량을 생산했다면 생산효율성이 달성된다. 완전경쟁에서 장기적으로 시장에서는 $P = MR = MC$가 나타나기 때문에 배분 효율성이 발생하고, 기업은 최소 ATC에서 생산하기 때문에 생산 효율성이 발생한다. 그러나 독점기업은 $MR = MC$ 및 $P > MR$인 규모로 생산하므로 동일한 비용구조를 가진 완전경쟁 기업보다 더 적게 생산하고 그에 따라 소비자에게는 더 높은 가격을 청구한다. $P > MC$이므로 독점기업은 배분효율성을 만족하지 못하며 그만큼 후생 손실을 야기한다. 생산량을 제한함으로써 독점기업은 자신의 제품을 더 가치 있게 만드는 것이다. 독점기업이 설정한 가격 수준에서 $P >$ 최소 ATC이어서 생산량은 ATC가 최소화되는 지점에 있지 않으므로 독점기업은 생산 효율성도 만족하지 못한다. 독점기업이 얻는 이윤 $\Pi > 0$은 손실된 소비자잉여가 소비자로부터 기업으로 이전된 것이다.

아울러 독점기업은 소비자가 선택할 수 있는 폭을 축소시키며, 지대추구로 알려진 건전하지 못한 형태의 경쟁을 촉진한다. 우선 독점기업은 대체재가 거의 없는 상품을 판매하기 때문에 시장지배력을 활용하여 소비자 선택을 제한하면서 자신에게만 이익이 되는 제품 기능을 제공할 수 있다. 독점기업의 경우 소비자 입장에서 구매처는 단 하나뿐이다. 제공된 제품의 디자인, 기능, 가격 또는 기타 측면이 마음에 들지 않더라도 다른 대안이 전혀 없다. 한편 독점력을 얻으려는 시도는 독점권을 확보하기 위해 정치 로비에 자원을 사용할 때 발생하는 지대추구를 조장한다. 지대추구는 바람직하지 않은 결과를 낳는 경쟁의 한 형태이다. 새 공장을 짓는 것보다 정치 로비가 비용이 적게 든다면 기업은 로비를 선택할 것이다! 정치인이 굴복되어 독점화를 위한 로비가 성공하면 사회 전체가 교환으로 누릴 수 있는 이익이 줄어들기 때문에 사회에 부정적 영향을 미친다. 지대추구는 지대 추구자에게 이익이 되지만 사회에 직접적인 이익은 거의 제공하지 않는다.

효율성을 고려하여 정부는 종종 자연독점(예 : 공익시설)의 운영을 허용하되 규제에 나설 수 있다. 예를 들어 자연독점 기업이 지출한 투자에 대해 정상적이거나 공정한 이윤만을 얻도록 가격을 제한할 수 있다. 그러나 이러한 규제는 자원의 오배분이라는 더 심각한 문제를 부분적으로만 시정할 뿐이다. 그럼에도 불구하고 자연독점의 경우 경쟁의 이점을 활용하는 것은 실용적이지 못하다. 규모의 경제가 존재하는 공익시설 기업, 예를 들어 용수, 가스, 전기를 공급하는 기업을 분할하면 오히려 생산비용이 높아질 수 있다. 예를 들어, 두 번째 용수 회사도 지역의 각 거주지나 사업체에 용수를 공급하려면 일정 수준 이상의 기반 시설(예 : 송수관)을 구축해야 한다. 결국 중복된 기반시설으로 말미암아 용수 공급비용이 극도로 높아져 경쟁이 있더라도 소비자가 받는 최종 가격은 더 높아질 것이다. 따라서 독점을 그대로 유지하는 것이 최선의 선택이다. 이 상황에서 정책당국은 독점기업의 가격을 규제함으로써 효율성을 높이고 사회후생을 극대화할 수 있다.

자연독점이 존재하는 경우, 정부는 사회후생을 극대화하기 위해 가격과 한계비용을 일치시키는 규칙 $P = MC$를 사용할 수 있다. 가격은 수요곡선을 따라 결정되기 때문에 $P = MC$로 가격을 설정하면 수요자의 지불의지가 추가 생산비용을 초과하는 한 생산이 이루어질 것이다. [그림 12-5]는 규제된 독점과 규제되지 않은 자연 독점의 가격과 이윤의 차이를 보여준다.

그림 12-5 독점의 규제

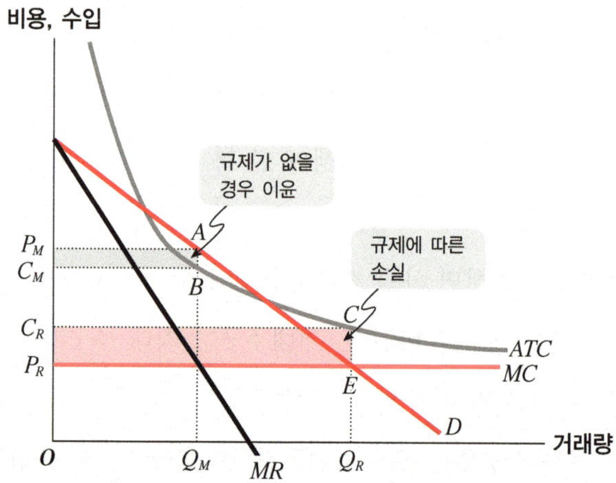

주 : 규제받지 않는 독점기업은 이윤극대화 규칙 $MR = MC$를 따르고 회색 음영 직사각형에 해당하는 작은 이윤을 얻는다. 독점기업이 한계비용을 따라 가격을 책정하도록 하는 규제를 따를 경우 붉은색 음영 직사각형에 해당하는 손실을 경험할 것이다.

규제되지 않은 독점기업은 이윤을 극대화하기 위해 $MR = MC$를 만족시키는 P_M의 가격을 설정하고 Q_M을 생산한다. P_M은 Q_M을 생산하는 평균한계비용 C_M보다 크기 때문에 독점기업은 직사각형 P_MC_MBA에 해당하는 이윤을 얻는다. 기업이 규제되어 가격을 한계비용과 일치하도록($P = MC$) 설정하고 생산량은 Q_R로 증가시킨다(아래 첨자 R은 규제된 독점기업을 나타낸다). 이 예에서 생산비용은 규모의 경제에 영향을 받기 때문에 비용은 C_M에서 C_R로 감소하고 효율성이 크게 향상된다. 규제된 가격인 P_R은 규제되지 않은 독점기업의 가격인 P_M보다 낮으며 생산량은 증가한다. 결과적으로 소비자는 더 개선된다.

하지만 독점기업은 어떻게 될까? 가격이 한계비용으로 책정될 때인 평균총비용 C_R이 정부에서 허용하는 가격 P_R보다 높으므로 직사각형 C_RP_REC만큼 돈을 잃는다. 손실을 입은 기업은 폐업하고 소비자는 더 이상 이 제품을 소비할 수 없다. 이에 대해 세 가지 해결책을 고려할 수 있다. 첫째, 더 많은 소비가 이루어지도록 C_R에서 발생하는 손실의 보상을 위해 정부가 보조금을 지급한다. 둘째, 규제 가격을 Q_R에서 $P = ATC$가 되는 수준으로 설정하여 독점기업의 이윤이 이 되도록 한다. 셋째, 민간기업 대신 정부가 사업을 소유하고 운영할 수 있다.

수요 탄력성에 따른 가격 차별

독점기업은 시장 지배력과 그에 따른 가격 결정력을 이용해 가격을 차별함으로써 더 높은 이윤을 얻을 수 있다. 가격 차별은 동일한 재화를 고객집단별로 다른 가격에 판매하는 것이다. 예를 들어, 미국의 경우 많은 식당에서 저녁을 일찍 먹는 사람들에게 '얼리버드 스페셜'이라 하며 저녁을 저렴한 가격에 제공한다. 식당들의 목표 고객은 퇴직자나 자녀가 있는 가족 등 예산이 제한된 사람들이다. 가격 차별의 일반적인 예는 다음과 같다.

- 영화관이나 식당에서 어린이 및 고령자 할인
- 1주 전에 예매한 항공권보다 3달 전에 예매한 항공권
- 가격에 민감한 소비자(쿠폰 사용자)와 가격에 덜 민감한 소비자를 구분하는 할인 쿠폰
- 대량구매 시와 소량구매 시의 가격 차이

모든 고객에게 동일한 가격을 부과하던 기업이라도 수요가 탄력적인 고객에게는 가격을 낮추어 이윤을 높일 수 있다. 기업은 낮은 가격에 상품을 제공하기 위해서가 아니라 이윤을 얻기 위해 사업을 하는 것이다. 가격 인하에 따른 수입 감소보다 판매량 증가에 따른 수입 증가가 크기 때문이다. 반대로 수요가 비탄력적인 고객에게는 가격을 높여 이윤을 높일 수 있다. 가격 인상에 따른 수입 증가가 판매량 감소에 따른 수입 감소보다 크기 때문이다. 가격 차별이 일어나기 위해서는 두 가지 조건이 충족되어야 한다. 첫째, 수요의 가격 탄력성이 서로 다른 구매자 집단을 구별할 수 있어야 한다. 가격 차별은 수요탄력도의 차이에서 비롯한 것이지 비용 격차와

는 아무런 관련이 없다는 점에 주의하여야 한다. 독점기업은 소비자마다 그의 수요탄력도에 따라 가격을 달리함으로써 동일한 생산량과 비용으로 더 높은 수입과 이윤을 확보할 수 있다. 둘째, 가격 차별이 지속 가능한 전략이 되려면 기업은 제품의 재판매를 막을 수 있어야 한다. 수요가 탄력적이어서 저렴한 가격에 제품을 구입한 소비자가 그 제품을 수요가 비탄력적인 소비자에게 되팔 수 있다면 가격 차별은 무의미해질 것이다.

가격을 얼마나 낮출지 아니면 얼마나 높일지는 고객의 수요탄력도에 의존한다. 고객별로 수요탄력도를 더 잘 파악할수록 가격차별은 그만큼 더 정교해질 수 있다. 극단적으로 고객마다 전부 다른 가격을 부과할 수도 있는 것이다(완전가격차별, perfect price discrimination). 이렇게 서로 다른 고객별로 서로 다른 가격을 부과하는 것은 전체적으로 단일 가격을 부과하는 것보다 더 많은 경제활동을 가져오고 그에 따라 사회의 사중손실은 감소하고 시장은 더 효율적으로 변모한다. 그러나 완전가격차별에는 각 구매자별로 각자가 지불할 용의가 있는 최고가격을 책정하므로 구매자는 지불용의 금액과 지불하는 가격의 차이, 즉 소비자잉여는 0이 된다. 또한 완전가격 차별을 하고 있는 기업은 더 많이 팔기 위해 다른 단위의 가격을 낮출 필요가 없기 때문에 판매자는 각 단위의 가격이 그 단위의 한계수입과 같아진다. 사회적 관점에서 가격이 한계비용과 일치하면 배분 효율성을 달성한다. 독점기업은 한계수입이 한계비용과 일치하는 수량에서 생산하여 이윤을 극대화하는 일반 기업의 행태에서 한발 더 나아가 완전가격차별을 한다면 한계수입은 다름 아닌 가격이 된다. 따라서 한계수입이 한계비용과 일치하고 가격도 한계비용과 일치하므로 독점기업은 사회적으로 효율적 수량을 생산하게 된다.

(2) 독점적 경쟁

구조적 특성

독점적 경쟁은 비슷하지만 동질적이지 않은 제품을 판매하는 많은 회사가 있는 경우이다. 독점적 경쟁은 다수의 산업에서 발견된다. 우선 이는 소매업에서 가장 널리 퍼진 시장조직 형태로서 서로 가까이 있는 수많은 식료품점, 주유소, 세탁소 등이 좋은 예이다. 신발 시장은 독점적 경쟁에 대한 설명과 잘 맞는다. 모든 신발이 동일한 기본적 목적을 만족시키지만, 발을 덮고 보호하는 데 있어 런닝화, 등산화, 샌들은 매우 다르며 많은 다국적 대기업들에 의해 만들어지고 있다. 출판시장 또한 독점적 경쟁시장이다. 차별화된 제품의 예로는 수많은 브랜드의 두통 치료제, 비누, 세제, 담배 등이 있다. 완전경쟁시장과 마찬가지로 기업의 수가 많아 각 기업은 시장의 작은 일부만을 대표하며 기업 간 상호의존성은 없다. 특히 특정 기업의 가격 전략이 다른 기업에 미치는 영향이 너무 작아 고려의 대상이 되지 않는다. 그럼에도 불구하고 각 기업이 제공하는 제품의 속성이 달라 다른 기업보다 더 높은 가격을 책정할 수 있는 시장지배력을 갖는다.

독점적 경쟁은 경쟁과 독점의 혼합으로, 기업의 수가 많고 진입이 용이하기 때문에 경쟁적 요소를 가지지만, (유사하지만 동질적이지 않은) 차별화된 제품 또는 서비스는 독점적 요소를 제공한다. 제품 차별화는 실제일 수도 있고 가상의 것일 수도 있으며 광고를 통해 창출될 수도 있다. 가까운 대체품의 가용성은 각 기업의 독점력을 심각하게 제한한다.

독점적 경쟁의 시장구조는 다음과 같은 구조적 특징을 갖는다.

- **상대적으로 많은 수의 생산자** : 완전경쟁적인 수천 개의 기업이 아니라 수십 개의 기업이 있으며, 각 기업은 전체 시장에서 상당히 작은 점유율을 차지한다. 각 판매자는 자신의 행동이 다른 판매자에 큰 영향을 미치지 않을 것이라고 예상한다. 특정 판매자가 가격을 낮춘다 해도 다른 판매자들이 이에 대응하는 행동을 할 것이라고 기대하기 어렵다. 다른 기업의 행동을 계속 주시하기에는 너무나 많은 판매

자들이 있다. 일부 판매자들이 판매량 감소를 경험하더라도 특정 경쟁판매자에 대응하려 가격을 변화시키지는 않을 것이다.

- **차별화되었지만 유사한 대체품이 있는 상품** : 독점적 경쟁의 핵심 요소는 제품 차별화, 즉 (동종)업계 기업이 생산하는 다른 제품과 구별되는 상품을 만들어 고객을 유인하는 경쟁이다. 주유소, 치약, 우유, 비누, 청량음료 등 거의 모든 소비재가 이러한 형태의 시장구조에 속한다. 차별화는 기업이 잠재 고객에게 제품을 더 매력적으로 만드는 절차로 소비자 선택은 가격 이외에 이들 차별적 요인에서도 비롯한다. 스타일이나 유형, 위치, 품질 등 다양한 방식으로 차별화가 발생할 수 있다. 동일한 재화가 거래되는 완전경쟁 시장과 달리, 차별화된 판매자는 자신의 가격을 올리더라도 자신의 고객 모두를 잃어버리지는 않는다. 이 특성은 기업이 가격을 경쟁 수준 이상으로 설정할 수 있는 능력을 부여한다. 제품이 매우 유사하기 때문에 광고 및 마케팅 활동은 독점적 경쟁의 주요 특징이 된다. 독점적 경쟁에서는 기업 간 상품의 특성이 다르지만, 유사한 상품 간의 가격은 크게 다르지 않다. 가격 차이가 커지면 소비자는 경쟁 기업이 제공하는 가까운 대체품으로 전환하게 된다. 즉, 독점적 경쟁에서 기업은 가격에 대해 큰 통제력을 갖지 못한다.
- **진출입이 용이** : 독점적 경쟁에는 진입장벽이 거의 없으며, 가장 큰 장벽이라면 새로운 기업의 제품을 기존 경쟁제품과 차별화할 수 있는 충분한 마케팅을 제공해야 한다는 것이다.
- **지식 및 정보의 일부 가용성이 존재** : 소비자는 구매하는 각 제품에 대해 완벽한 지식을 갖지 못한다. 완전경쟁에서는 모든 제품이 동일하므로 고객이 상대적으로 쉽게 정보를 수집할 수 있다. 동시에 독점에서 정보를 수집하는 데 드는 비용은 회사가 하나뿐이므로 상대적으로 낮다. 대조적으로 독점적 경쟁에서는 많은 기업이 약간 다른 제품을 제공하므로 정보 수집에 더 많은 시간과 비용이 소요된다. 보험이 대표적이어서 수많은 보험비교 사이트가 존재한다. 기업은 고객의 지식 부족을 마케팅 도구로 활용한다. 기업은 자신의 행동이 다른 기업에 영향을 미치지 않을 것임을 알며 자신에 대한 수요과 비용 구조를 확실하게 이해한다.

단기에서의 독점적 경쟁

이상의 시장구조는 독점적 경쟁시장에 다른 시장구조가 혼합된 특징을 부여한다. 독점적 경쟁시장에서 기업이 판매하는 제품은 차별적이기 때문에 독점기업과 같이 우하향하는 수요곡선에 직면한다. 독점적 경쟁기업은 독점적 요소를 가지고 있어 한계수입과 한계비용이 일치($MR = MC$)하는 지점에서 이익을 극대화하는 생산량을 결정하고 이 생산량을 소화해 낼 수 있는 수준에서 가격을 부과한다. 독점적 경쟁기업은 독점기업과 마찬가지로 가격이 추가적 생산 및 판매에 따른 한계수입을 상회하므로 사회적 최적 산출량보다 적게 생산하는 셈이 된다. 이때 고객이 충분히 많아서 가격을 충분히 높게 설정할 수 있고 그에 따라 가격이 평균총비용보다 높다($P > ATC$)면 단기에 경제적 이윤을 얻지만, 수요가 너무 낮아 충분히 높은 가격을 설정할 수 없어 가격이 평균총비용보다 낮다($P < ATC$)면 단기에 손실을 경험한다.

장기에서의 독점적 경쟁과 초과 설비

독점적 경쟁시장에 신생기업이 쉽게 진입할 수 있다는 사실은 이윤이 조금이라도 발생하면 새로운 경쟁자가 이에 이끌려 진입할 것임을 의미한다. 새로운 기업들이 이 산업에 진입함에 따라, 기존의 모든 기업들의 수요와 시장점유율이 떨어지고 결국 가격이 평균총비용과 같아지는 수준까지 하락한다. 물론 단기에 손실을 겪고 있는 시장의 경우 반대 과정이 전개된다. 이 경우 일부 기업은 업계에서 퇴출되고 그에 따라 소비자는 선택할 수 있는 대체품이 줄어들고 잔존 기업은 더 이상 손실을 경험하지 않는 지점까지 수요가 증가한다. 결과적으로 장기적으로 독점적 경쟁시장의 가격(P)은 이윤극대화 생산량(Q)에서 평균 총생산비용(ATC)과 일치하고 0의 이윤을 얻는데, 이는 완전경쟁 시장에서도 일어나는 일이다. 그러나 독점적 경쟁기업들은 어느 정도 시장지배력을 누리고 있는데, 이는 결정적 차이를 낳는다. 이제 이 두 시장구조의 가격 결정과 생산량 결정을 비교하고. 이어서 효율성 문제를 살펴보자. 결론부터 말하면 독점경쟁은 경쟁시장보다 더 높은 가격과 더 작은 생산량을 생산하며 이는 비효율을 초래한다.

배분 비효율성 독점적 경쟁기업은 차별화된 제품을 생산하고 그에 따라 어느 정도 시장지배력을 갖고 있다. 따라서 경쟁시장의 기업이 청구하는 한계수입보다 더 높은 가격을 청구할 수 있어($P > (MR =)MC$) 소비자는 더 높은 비용을 지불하고 배분효율성이 달성되지 못한다. 자유로운 진출입은 가격과 평균총비용이 일치하도록 하지만 최저가격을 보장하지는 않는다. 기업이 부과하는 가격 P와 한계비용 MC의 차이를 마크업(mark-up)이라 한다. 기업이 차별적 제품으로 어느 정도 시장지배력을 누리고 있기 때문에 마크업이 가능한 것이다. 그만큼 소비자는 더 많은 가격을 지불하고 후생 손실을 경험한다. 하지만 이러한 배분 비효율성은 일반적으로 독점경쟁자가 직면한 매우 탄력적인 수요 때문에 그리 크지 않다. 완전경쟁 시장에서 가격은 MC와 일치하고 동시에 항상 최소 ATC이지만 독점적 경쟁에서는 그렇지 못하다. 독점적 경쟁기업이 청구하는 가격은 항상 한계비용보다 높아 최소ATC보다 높게 나타난다. 독점적 경쟁에서 이렇게 높아진 가격은 차별적인 품질을 반영하는 경우가 많다. 싼 음식은 이유가 있다.

생산 비효율성 기업은 손익분기점을 넘어서 활동하지만, 최소 ATC에서 운영되지 않고 있어 생산 효율성 또한 달성되지 못하고 있다. 독점적 경쟁기업의 ATC는 완전경쟁 기업의 ATC(최소 ATC)보다 높다. 독점적 경쟁의 생산량 Q_{MC}와 최소 ATC에서의 생산량의 차이를 초과 설비(excess capacity)라 한다. 시장은 장기적으로 손익분기점에 도달할 만큼 충분히 생산하는 업체들로 넘쳐나지만, 기업이 최대생산 능력 이하로 생산한다는 것을 의미한다. 완전경쟁 시장에서 이윤을 극대화하는 생산량은 가장 효율적인 생산 규모와 동일하다. 각 기업은 동일한 제품을 판매하므로 가격을 평균 총비용 곡선의 최소점과 동일하게 설정해야 하기 때문에 이러한 결과가 보장된다. 예를 들어, 옥수수 농부가 수확물을 현재 시장가격보다 더 높은 가격에 팔려 한다면 고객을 찾지 못할 것이다. 대조적으로, 독점적 경쟁업체는 일부 고객이 자신의 제품을 선호하기 때문에 시장지배력을 누리며, 이로 인해 판매자는 최저 평균총비용보다 더 높은 가격을 청구할 수 있다. 따라서 독점적 경쟁 하에서 이윤을 극대화하는 생산량은 최소효율 규모보다 작다. 즉, 독점적 경쟁기업은 더 낮은 비용으로 더 많은 생산량을 생산할 수 있는 능력을 가지고 있다. 그러나 더 많이 생산한다면 가격을 낮춰야 할 것이다. 가격이 낮아지면 기업의 한계수입이 감소하므로 기업은 독점적 경쟁기업이 과잉 생산능력을 가지고 운영하는 것이 수익성이 더 높다.

독점적 경쟁시장은 비록 비효율적이지만 그와 동시에 제품의 다양성과 선택의 폭을 넓혀 소비자에게 이익이 된다는 점도 기억해야 한다. 높은 수준의 차별화는 매력적인 위치, 스타일, 유형 또는 제품 품질에서 비롯한다. 패션이 스타일에 들어오고 나가는 한 가지 이유는 소비자가 자신의 개성을 표현하려는 욕구 때문이다. 따라서 소비자는 다른 사람과 다르게 보이기 위해 제품 다양성에 조금 더 많은 비용을 지불할 의향이 있다. 따라서 독점적 경쟁기업이 부과하는 가격을 낮추어 비효율성을 줄이려는 모든 정책적 노력은 시장의 제품 다양성을 제한하는 의도하지 않은 결과를 초래할 수 있다.

독점적 경쟁기업의 경쟁전략

독점적 경쟁기업은 이윤을 늘리기 위해 두 가지 주요전략을 가지고 있다.

첫째, 기업은 비용을 절감할 수 있고 이를 기반으로 가격 경쟁에 나선다. 이는 완전경쟁기업이나 독점기업의 경우와 동일한다. 새로운 기술 채택, 새로운 제품 라인 추가, 더 낮은 가격의 투입물 구매 등 생산 비용을 낮추기 위해 모든 조치를 취한다. 둘째, 독점적 경쟁기업은 자신의 제품이 다른 제품보다 얼마나 더 나은지를 보여주는 광고 및 마케팅 노력을 통해 수요에 영향을 미치려고 시도할 수 있다. 이 전략을 '비가격 경쟁'이라고 한다. 비가격 경쟁은 가격 이외의 품질, 수량, 서비스, 색상, 맛 등 좋은 특성을 놓고 경쟁하는 시장 상황을 말한다. 고객을 특정 브랜드로 끌어들이기 위한 경쟁이 치열한 경우가 많다. 독점적 경쟁은 시장 자본주의에 대한 비판으로 자주 사용되어 왔다. 이러한 유형의 시장구조에서는 광고와 마케팅에 많은 자원이 낭비된다는 것이다. 수많은 제품을 홍보하기 위해 연예계 및 스포츠 업계의 유명 인사들에게 수억 원이 지급된다. 1950년대 중국과 같은 명령 경제는 한 가지 유형의 의류만 생산했으며 시장경제가 광고 및 마케팅에 사용하는 자원을 사용하여 다른 상품을 생산했다. 많은 사람들은 시장경제에서 제공되는 다양한 상품이 낭비가 아니라 오히려 소비자에게 구매하려는 상품에 대한 정보와 선택권을 제공한다고 믿고 있다. 소비자가 광고에 대한 비용을 지불하고 관심을 기울이지 않는다면 광고 산업은 시장 시스템에서 살아남을 수 없을 것이다.

이윤을 유지하기 위한 광고는 도움이 되나?

경쟁업체의 용이한 진입은 이윤을 손익분기점 수준으로 떨어뜨리기 때문에, 독점적 경쟁기업은 일반적으로 시장점유율 하락을 늦추거나 심지어 역전시키기 위해 광범위한 광고(비가격 경쟁)에 참여하여 제품을 차별화하려 노력한다. 회사나 문구에 관계없이 광고의 목표는 제품에 대한 추가 수요를 유도하는 것이다. 광고는 수요를 자극하기 위해 다양한 기법을 사용한다. 광고가 성공적이면 추가수요가 생겨나 수요곡선은 오른쪽으로 이동하며, 동시에 더욱 비탄력적으로 변하거나 약간 더 수직화된다. 이에 따라 광고 후에 수요는 더 비탄력적으로 변하기 때문에 기업은 시장지배력을 높이고 가격을 인상할 수 있다.

광고는 시장점유율을 높이기 위한 것이지만, 동시에 기업의 비용도 높인다. 특히 완전경쟁 상황에서 기업은 같은 제품을 같은 가격에 판매하므로 광고는 매출에 직접적 영향을 주지 않으면서 기업의 비용을 증가시킨다. 이 시장에 광고를 하는 개별 기업은 소비자에게 전가할 수 없을 만큼 더 높은 비용을 부담하게 되므로 경쟁에서 불리하게 된다. 다만 차별화되지 않은 상품에 대한 광고는 업계 전체를 위한 공공재와 같은 기능을 한다. 즉, 제품에 대한 시장수요 증가를 통해 혜택이 시장의 모든 기업에 전달된다. 한편 독점적 경쟁 하에서 광고는 기업이 차별화된 제품을 보유하는 데서 비롯한다. 제품마다 조금씩 다르므로 각 기업의 광고는 해당 제품에 대한 수요를 실제로 증가시키고 이윤을 높이는 데 기여한다. 모든 기업이 같은 생각을 하므로 독점적 경쟁기업에서는 광고가 표준이 된다. 독점기업은 가까운 대체재 없이 독특한 제품을 판매한다. 소비자가 상품 구매를 결정할 때 좋은 대안이 거의 없으므로 독점기업은 독점 경쟁자보다 광고할 가능성이 적다.

광고의 이점을 확인했지만 단점도 있다. 가장 중요한 두 가지 단점은 광고로 인해 비용이 증가하고 사기성도 존재한다는 것이다. 독점적 경쟁 하에서 각 기업은 다소 다른 제품을 판매하는 많은 다른 기업과 경쟁한다. 경쟁업체도 광고로 대응할 것이고, 결국 독점적 경쟁에서 광고는 표준이 된다. 각 기업은 새로운 고객을 확보하고 기존 고객을 유지하기 위해 경쟁적인 광고에 참여한다. 결과적으로 광고가 각 개별기업의 수요에 미치는 영향은 서로 상쇄될 것이고 더 높은 비용이 야기될 것이다. 이 경우 광고로 어떤 기업도 쉽게 시장점유율을 얻을 수 없지만, 고객 기반을 보호하기 위해 광고를 해야 한다고 느끼는 부정적인 비즈니스 탈취 외부효과(business-stealing externality)를 유발하는 것으로 생각할 수 있다. 광고는 생산자의 비용을 증가시킬 뿐만 아니라 소비자 가격도 인상시킨다. 실제로 특정 브랜드의 제품을 꾸준히 선호하는 소비자는 다른 제품으로 쉽게 바꿔치기하는 소비자보다 더 비탄력적인 수요를 갖는다. 따라서 브랜드 충성도는 종종 더 높은 가격을 의미한다. 마지막으로, 많은 광고가 정보를 제공할 뿐만 아니라 심리적 반응을 일으키도록 설계되고 있다. 광고가 소비자를 특정 방식으로 구매하게 하거나 행동하도록 유도한다면 조작적이라고 할 수 있다. 광고는 고객에게 다가가는 강력한 방법이므로 제품에 대해 거짓말을 하고 싶은 유혹이 늘 존재한다고 할 수 있다.

(3) 과점

과점(oligopoly)은 산업 내에 소수의 기업만이 활동하는 시장이다. 시장에 있는 기업의 수가 얼마되지 않으므로 기업들이 상호의존적인 그룹을 형성하더라도 경쟁관계에 놓이고, 어느 한 기업의 가격 정책이나 생산 정책이 산업 전체의 가격이나 생산량에 상당한 영향을 미친다. 과점 기업의 대표적인 경우의 하나가 복점(duopoly)으로 두 기업에 의해서만 지배되는 시장이다. 컴퓨터 운영체제 시장의 마이크로소프트와 애플, 콜라 시장의 코카콜라와 펩시콜라가 그런 예이다. 따라서 과점기업들은 다른 기업의 행동을 고려해야 한다. 과점기업은 시장지배력을 갖고 있는 것으로 간주되며, 기업의 가격결정은 자신의 행동과 업계 내 다른 기업의 행동(및 반응)에 의존한다. 과점기업 간에는 많은 상호의존성이 존재하고 가격 경쟁과 비가격 경쟁이 모두 널리 퍼져 있다.

어떤 면에서 과점시장은 경쟁이 매우 치열하다. 예를 들어 통신시장에는 소수의 통신사가 존재하지만 광고를 경쟁적으로 실시하며 다양한 음성 및 데이터 요금제를 제공한다. 그러나 겉모습에도 불구하고 통신사들은 완전경쟁적이거나 독점적 경쟁적인 시장에서 사업을 하는 것은 아니다. 진입비용이 매우 높기 때문이다. 결과적으로 과점산업은 경쟁과 독점의 특징을 모두 가진다. 이런 점에서 과점산업에서는 경쟁이 치열하긴 하지만 신생기업의 진입과 경쟁은 쉽지 않다.

과점기업은 종종 차별화된 제품을 판매한다는 점에서 독점 경쟁자와 같다. 하지만 순수 독점기업처럼 과점 기업도 상당한 진입장벽을 갖는다. 과점기업은 진입장벽이 높고 경쟁자가 적은 시장에서 판매한다. 따라서 과점기업은 독점적 경쟁 하에서 운영되는 기업보다 더 큰 시장지배력을 갖는다. 그러나 과점 시장에는 판매자가 둘 이상 있으므로 어떤 단일 과점기업도 독점기업만큼 큰 시장 지배력을 갖지 못한다.

독점기업은 우하향하는 수요곡선에 직면하지만, 다른 기업들이 어떻게 대응할 것인가에 관계없이 자신의 가격을 책정할 수 있다. 하지만 과점기업은 우하향하는 수요곡선을 가지면서도 자신의 결정에 대해 경쟁자들이 어떻게 대응할 것인가를 항상 염두에 두어야 한다. 과점시장에는 경쟁이 있지만 기업의 시장지배력을 없앨 만큼 충분하지는 않다. 예를 들어 과점시장에는 동일한 제품을 파는 기업이 무수히 많은 것이 아니므로 몇몇 과점기업은 다른 기업보다 높은 가격을 책정할 수 있다.

구조적 특성

과점은 독점과 더 많은 특성을 공유하지만, 매우 다양한 산업들을 묘사할 수 있을 만큼 충분히 유연하다.

- **소수의 대규모 생산업체** : 미국의 자동차 산업이나 담배 산업은 3개의 대기업이 지배한다. 한 산업에서 시장점유율이 몇몇 대기업에 집중되어 있다면 해당 산업은

과점 산업으로 설명된다.

- **차별화 또는 표준화된 제품** : 과점 산업은 두 가지 형태로 나타날 수 있다. 제품이 균질하면 순수한 과점이라 하며, 제품이 차별화되면 차별화된 과점이라 한다. 순수한 과점은 시멘트, 알루미늄, 원유 및 사실상 표준화된 기타 많은 산업 제품은 대규모 생산업체들에 의해 과점되고 있다. 차별화된 과점의 예는 자동차, 담배, PC 및 대부분의 전기 제품을 생산하는 산업으로 3～4개의 대기업이 시장을 지배한다.
- **진입장벽** : 이러한 산업들이 진입하기 상당히 쉽다면, 소수의 거대 기업들에 의해 지배되는 것을 볼 수 없을 것이다.

산업은 어떤 경우에 과점으로 분류되는가? 경제학자들은 가장 큰 기업이 얼마나 많은 시장점유율을 차지하고 있는지 또는 얼마나 집중되어 있는지를 측정하는 방법을 개발해 '소수의 대규모 생산자'라는 표현을 더 구체화하려고 노력해 왔다. 가장 큰 기업이 얼마나 강력한지를 측정하는 한 가지 방법은 상위 4개 또는 8개 또는 12개 기업의 시장 점유율을 합산하고 집중율을 계산하는 것이다. 식혜 산업에서 상위 4개 기업의 시장 점유율이 85%라면 4개 기업의 집중도는 85라 한다. 일부 경제학자들은 40%라는 4개 기업 집중 비율을 과점기업을 식별하기 위한 대략적 지침으로 사용한다. 이러한 집중 비율이 높아질수록 독점적 가격결정력이 커질 것으로 예측된다.

과점과 상호의존성 : 게임 이론과 죄수의 딜레마

과점산업은 소수의 대형 기업들이 산업을 통제하기 때문에, 한 기업의 행동(가격 설정 또는 광고)이 다른 기업들에 영향을 미치고 대응을 촉발할 가능성이 크다. 즉, 기업은 상호 의존적이다. 상호 의존성 때문에 한 회사가 가격을 낮추면 다른 회사의 매출 대부분을 빼앗을 수 있다. 이에 대한 좋은 예는 지역 휘발유 시장이다 : 한 주유소가 가격을 낮추면, 다른 주유소들은 빠르게 따라가며 보복하고 가격전쟁을 시작할 가능성이 있다. 그 결과 과점업체들이 가격을 바꾸지 않고 품질, 제품 디자인, 고객서비스, 광고를 기반으로 경쟁해야 한다는 강한 강박이 있다.

두 주유소에 의한 과점(이중 독점)이 매일 가격을 결정해야 한다고 하자. 경쟁사보다 가격을 높게 책정하면 매출이 줄어들지만, 낮게 책정하면 매출을 가로챌 수 있다. 과점기업의 전략은 자신의 선택에 따른 결과가 상대 기업들의 선택에 의해 영향을 받으므로 상대 기업의 선택을 예측하며 선택해야만 하는 게임의 상황을 연구하는 게임이론을 이용해 분석할 수 있다. 이제 두 주유소의 주인이 혼잡한 교차로의 반대편 모퉁이에서 영업을 하고 있다고 하자. 매일 아침, 각 주유소의 주인은 간판으로 가서 휘발유 가격을 높이거나 낮춘다. 소비자들은 가장 저렴한 휘발유 가격에만 관심이 있다. 〈표 12−3〉의 이른바 보수행렬은 각 주유소의 일일 수입을 요약한다. 보수행렬은 가격을 인상하거나 인하하는 각 주유소의 전략에 따라 *X*주유소와 *Y*주유소가 받을 이윤을 나타낸다. 두 기업 모두 높게 책정하면 모두 일일 이윤으로 2천만 원을 벌 수 있지만, 모두 낮게 책정하면 모두 일일 이윤으로 1천만 원 밖에 벌 수 없다. 그러나 두 주유소 모두 일일 이윤으로 2천만 원을 벌 수 있도록 유가를 높게 책정하고 싶어할 것이다. 하지만 경쟁자가 낮은 가격을 책정한다면, 높은 가격대의 주유소는 이윤이 500만 원으로 고정되고, 다른 주유소는 3,000만 원으로 정리된다.

- 자신은 가격을 인상했는데 다른 주유소는 인하하면, 자신은 5백만 원, 다른 주유소는 3천만 원을 벌 수 있다.
- 자신은 가격을 인하했는데 다른 주유소는 인상하면, 자신은 3천만 원, 다른 주유소는 5백만 원을 벌 수 있다.

표 12−3 **이웃하는 두 주유소의 전략 선택에 따른 보수 행렬**

		*X*주유소의 선택	
		인상	인하
*Y*주유소의 선택	인상	*X* : 2,000 *Y* : 2,000	*X* : 3,000 *Y* : 500
	인하	*X* : 500 *Y* : 3,000	*X* : 1,000 *Y* : 1,000

이러한 상황에서 *Y*의 결정이 무엇이든 *X*는 인하하여야 한다. *X*는 *Y*가 인하할 거라고 생각할 수 있다. 그 상황에서 *X*가 인상하면 수입이 5백만 원이 될 것이기 때문에 인하해야 한다. *X*는 *Y*가 인상할 거라고 생각할 수 있다. 그 상황에서 인상과 인하 중 하나를 선택할 수 있다. *X*는 인하하는 게 현명할 것이다. *Y*가 무엇을 하든, 인하는 항상 인상하는 것보다 낫기 때문이다. *Y*도 마찬가지로 인하하는 것이 현명한 선택일 것이다. 이것은 확실히 딜레마이다. 둘 모두 인상을 하면 둘 다 2,000만 원의 수입을 얻을 수 있는데 이는 500만 원의 수입보다 훨씬 낫기 때문이다.

*X*에게 인하는 다른 경기자들이 무슨 선택을 하든 상관없이 자신이 항상 선택하는 전략이라는 의미에서 우월전략이라고 한다. 가격 인하는 *Y*에게도 마찬가지로 우월전략이다. 우월전략의 경우 상대방이 어떤 선택을 하든 상관하지 않는다. 왜냐하면 상대방이 무엇을 선택하든 간에 자신이 선택할 것은 (우월전략으로서) 바뀌지 않을 것이기 때문이다. 죄수의 딜레마가 나타나는 이유는 '가격 인하'라는 전략이 두 주유소 모두에게 우월전략이기 때문이다. 우월전략을 선택하면 상대방이 무엇을 하든 간에 더 많은 이윤을 얻는다. 상대방도 마찬가지가 된다. '가격 인상' 전략은 결코 최선의 전략이 될 수 없다. 즉, 그것은 열등 전략이다. 두 주유소 모두 '가격 인상'을 선택해서 '가격 인하'를 선택하는 것보다 더 큰 이윤을 얻는 상황은 존재하지 않는다. 결국 두 회사 모두 낮은 가격을 매기는 것이 우월전략이라는 것을 인식하기 때문에, 두 회사 모두 매일 1,000만 원만 번다.

열등전략의 개념은 최적 전략을 찾는 데 매우 유용하게 사용될 수 있다. 열등전략은 어떤 상황에서도 최선의 선택이 되지 못하므로 게임의 해를 구할 때 가장 먼저 할 일은 모든 경기자에 대해 모든 열등 전략을 배제하는 것이다. 열등 전략을 배제하고 나면 게임은 더 적은 선택들로 이루어진 작은 게임으로 줄어든다. 주유소는 '가격 인하'를 함으로써 항상 더 높은 보수를 얻을 수 있어 '가격 인상'을 선택하지 않을 것이므로 가격 인상을 배제한다. 마찬가지로 상대방에 대해서도 역시 '가격 인상'

전략을 지운다. 일단 열등전략을 배제하고 나면 최적 전략을 찾는 것이 쉬워진다.[5] 이 게임에서 열등전략을 배제하고 나면 주유소들이 선택할 전략은 단 한가지만 남는다: 두 주유소 모두 가격 인하를 한다. 두 주유소가 동시에 선택하더라도 결과는 마찬가지다. 상대방이 어떤 선택을 할지 모른 채 선택해야 하지만, 경쟁자가 합리적이면 결코 인상과 같은 열등전략을 사용하지 않을 것임을 예상할 수 있기 때문이다.

게임 상황에서는 개별 기업의 가격 및 생산량 선택이 경쟁자들의 이윤에 영향을 미치기 때문에 최적 선택은 경쟁자들의 선택이 주어져 있을 때 어떤 기업도 자신의 결정을 변경하지 않을 것을 요구한다. 경쟁자들의 전략이 주어져 있을 때 아무도 자신의 전략을 바꾸지 않는 경우를 내쉬 균형(Nash equilibrium)이라 한다.[6] 모든 경기자가 다른 경기자들의 행동이 주어져 있을 때 자신의 최선을 하고 있기 때문에 자신의 전략을 바꾸지 않을 것이다. 자신의 전략을 바꿀 기회가 있더라도 그렇게 하는 것이 오히려 자신의 이익을 낮추기 때문이다. 이러한 안정성은 왜 내쉬균형이 게임의 결과를 예측하는 데 유용한지에 대한 이유가 된다.

담합 가격

이처럼 과점시장에서 기업들은 종종 가격이나 생산량 결정을 할 때 딜레마 상황에 직면한다. 그래서 어떤 과점기업은 가격경쟁을 회피하고, 대신 서비스나 입지와 같은 다른 영역에서 경쟁한다. 그러나 이러한 딜레마 상황은 제한적이다. 대부분의 기업들은 가격과 생산량을 단 한 번만 결정하고 마는 것이 아니라 반복적으로 계속 결정하고 그에 따라 보수를 얻는 일이 반복되는데 이를 반복 게임(repeated game)이라 한다. 반복 게임에서 기업이 취할 수 있는 전략은 더 복잡해진다. 예를 들어 죄수

---

5. 물론 상황별로 최선의 전략이 바뀌는 경우라면 우월전략은 존재하지 않는 것이며 동시에 열등 전략이 존재하지도 않을 수 있다.

6. 우월전략은 상대방이 무엇을 하든지 상관없이 항상 나에게 최선의 선택이다. 그러나 내쉬균형은 상대방이 선택한 행동에 대해서만 최선의 선택일 뿐이다. 그러므로 우월전략이나 열등전략이 존재하지 않더라도 내쉬균형은 존재할 수 있다. 우월전략을 선택하는 것은 내쉬균형이지만, 모든 내쉬균형이 우월전략을 내포하고 있는 것은 아니다.

의 딜레마 게임이 매번 반복되면서 각 기업은 자신의 행동에 대한 평판을 쌓아갈 수 있으며 경쟁자의 행동도 분석할 수 있다. 일회성 게임의 근본적 딜레마는 서로 합의에 이른다면 두 기업 모두 더 큰 이익을 얻을 수 있음에도 어떤 기업도 상대방과 협력할 유인을 갖지 못한다는 것이다. 만일 경기자들이 똑 같은 상황을 반복해서 마주할 것을 안다면, 서로 이익이 되는 방향으로 행동을 통일할 가능성이 더 높아질 것이다.

과점기업들이 함께 뭉쳐 독점기업처럼 행동하는 카르텔은 조직적 담합이다. 카르텔은 가격, 생산 또는 다른 차원에 기초하여 서로 경쟁하지 않기로 공식적으로 합의하는 회사들의 집단이다. 카르텔은 개별 이익을 극대화하기 위해 독립적으로 행동하기보다는 공동 이익을 극대화하기 위해 집단적으로 독점기업으로 행동하는 것이다. 카르텔은 불법성 외에도 다른 문제점도 안고 있다.

- 생산량을 제한하는 합의에 도달하는 데 어려움이 있다.
- **처벌 메커니즘** : 카르텔이 생산량을 제한하고 가격을 완전경쟁 수준 이상으로 올릴 수 있다면, 카르텔 회원들은 할당량보다 더 많이 생산하는 속임수를 쓸 동기가 있다. 부정행위에 대한 일종의 억제수단이 있어야 한다.
- **새로운 기업의 진입** : 카르텔 회원들이 독점이윤을 창출하는 데 성공한다면 진입을 열망하는 신생 회사들을 마주하게 될 것이다. 진입이 발생하면 카르텔은 시장 지배력과 독점이윤을 상실한다.

경쟁사 간의 직접적인 담합은 불법이므로 때때로 은밀하게 성사(암묵적 담합)되기도 한다. 기업들은 법을 피해 아무런 논의 없이도 동일한 전략을 무언의 암묵적 협정의 일부로 따를 수 있다. 시간이 지남에 따라 두 경쟁사는 가격 인하 시도가 역효과를 낳지만 가격을 함께 높게 책정하면 서로에게 모두 이익임을 배우게 된다. 이에 따라 과점기업은 종종 가격선도자(price leader) 역할을 하는 기업의 선도에 따라 가격을 높인다. 이렇게 극대화된 공동 이익은 각 회원에게 분배된다. 그러나 담합 협정은 항상 몰래 위반될 유인을 안고 있다. 독점기업의 이윤극대화 가격이 한계비용보다 높은데, 이는 추가적 단위가 이윤극대화 가격보다는 낮지만 이 단위 생산에

드는 비용보다는 높은 가격에 팔릴 수 있음을 의미한다. 위반 유인으로 인해 다수의 카르텔 회원이 비밀스럽게 생산량을 늘려 카르텔이 독점적 산출 수준을 유지할 수 없게 되고 결국 가격과 이윤의 폭락을 낳고 카르텔 계획의 붕괴를 초래할 수 있다. 그러나 한쪽이 이 암묵적 협정을 이탈하면 다른 쪽은 보복적인 가격 인하로 처벌한다. 이에 따른 결과를 반복게임의 상황을 중심으로 살펴보자.

게임이 반복되면 경기자가 선택 가능한 전략이 확대되어 다른 경기자의 과거 전략에 대한 대응을 포함할 수 있다. 죄수의 딜레마 상황에 놓인 기업 *X*의 입장에 서보자. *X*와 경쟁사 *Y*가 모두 높은 가격을 책정한다면 둘 다 낮은 가격을 책정할 때보다 높은 이윤을 얻는다. 그러나 *X*는 높은 가격을 책정하는 것을 망설일 수 있는데, 만약 경쟁사 *Y*가 낮은 가격을 책정하면 *X*는 피해를 보며 경쟁사 *Y*는 많은 돈을 벌기 때문이다. 그러나 이 게임이 계속 반복된다고 하자. 예를 들어 기업 *X*와 경쟁사 *Y*가 매달 1일에 가격을 동시에 공시한다고 하자. 그렇다면 *X*의 행동은 달라져서 시간이 지남에 따라 경쟁사 *Y*의 행동에 반응하면서 자신의 가격을 변경하겠는가?

반복 게임의 상황에서는 단순한 맞대응 전략(tit-for-tat strategy)이 가장 좋은 성과를 내는 것으로 알려져 있다. 맞대응 전략은 매번 상대방이 직전에 취한 행동과 동일하게 행동하는 전략이다. 상대방이 가장 최근에 보여준 결정을 모방하여 상대방이 하는 모든 것을 나도 따라하는 전략이다. 이전 기에 상대가 배신(가격 인하)했다면 나 역시 이번 기에 배신(가격 인하)으로 대응하고, 이전 기에 상대가 협력(가격 인상)했다면 나 역시 이번 기에 협력(가격 인상)으로 대응하는 것이다. 상대방이 배신을 한 기간 동안 응징하는 것이다. 맞대응 전략의 성과가 가장 좋은 이유는 무엇일까? 이 전략을 사용한다면 경쟁사의 협력을 유도할 수 있을까? *X*의 맞대응 전략은 *Y*로 하여금 다음 번에 *X*가 낮은 가격을 책정하여 처벌하는 것을 피하기 위해 협력하여 높은 가격을 책정하도록 장려한다. 게임이 무한대로 반복된다고 하자. 즉, 경쟁사와 나는 매달 영원히 반복하여 가격을 책정한다고 하자. 이 경우 협력(높은 가격의 책정)은 맞대응 전략에 대한 합리적 대응이다. 어떤 달에 경쟁사가 낮은 가격을 설정하여 나보다 저가로 공급한다고 하자. 그 달에는 경쟁사는 높은 이윤을 얻을 것이다. 그러나 경쟁사는 내가 다음 달에 낮은 가격을 책정함에 따라 자신의 이윤은 감소하며, 둘 다 낮은 가격을 책정하는 한 낮은 이윤이 지속될 것임을 알고 있다. 게임이 무한대로 반복되므로 낮은 가격으로 인해 누적될 손실은 첫 달에 가격을 낮추어 얻었던 어떤 단기적 이윤보다 훨씬 클 것이다. 따라서 가격을 낮추는 선택은 합리적이지 않다.

맞대응 전략은 참가자의 유인을 바꾸고 협력을 장려한다. 참여자가 반복적인 상호작용을 기대할 경우 배신의 모든 노력은 다른 기업에 의해 즉각 배신으로 응징될 것이라는 점을 과거 경험을 통해 배울 수 있다. 기업들은 서로의 움직임에 동일하게 반응하기 때문에 우월전략을 활용하려는 모든 노력은 결국 실패할 것이다. 이러한 역학은 기업이 장기적으로 직면하는 유인구조를 변경하고 상호이익이 되는 행동을 취하게 만들 수 있다. 죄수의 딜레마는 단기적으로 협력이 왜 그토록 어려운지를 잘 포착하고 있다. 그러나 삶에 있어 대부분의 상호작용은 장기간에 걸쳐 발생한다. 예를 들어, 사기꾼과 유령회사가 단기적 기회를 악용하는 행동은 지속 가능하지 못하다. 기업이나 개인의 장기적 관계는 상호신뢰를 필요로 하기 때문이다. 상대방이 당신과의 관계에 투자하고 있다는 것을 알기 때문에 협력이 우선적으로 선택할 대안이다. 이러한 상황에서는 맞대응 전략이 효과적이다.

특히 무한반복 게임에서 만일 기업들이 미래에 대해 걱정을 충분히 한다면 맞대응 전략은 협력을 내쉬균형으로 만들 수 있다.[7] 죄수들의 딜레마에서 협력이 내쉬균형이 되도록 만드는 요인은 경기자들이 언제 게임이 끝날지 알 수 없으며, 미래의 보수에 대해 걱정을 충분히 해야 한다는 것이다.

한편 두 경기자가 모두 협력하는 한 나도 협력하지만 누군가가 배신을 하면 그

7. 길을 사이에 둔 2개의 주요소는 종종 어떤 주유소가 가격을 인하하면 다른 주유소도 즉시 동일하게 반응하는 가격경쟁을 한다. 이러한 상황은 반복적인 죄수들의 딜레마에서의 비협력적인 몰락과 유사하다. 주유소들은 높은 가격으로 협력하는 것을 선호하지만 각 주유소는 더 많은 양을 팔기 위해 가격을 인하할 유인을 갖는다. 그러나 한 주유소가 약해져서 다시 협력하기 위해 가격을 높인다면 다른 주유소 역시 낮은 가격을 유지하는 전략을 고집하지 않고 역시 가격을 높이는 일은 흔하다.

때부터는 결코 협력하지 않는 전략은 방아쇠 전략(grim trigger strategy)이라 불린다. 협력에서 이탈하는 것에 대해 다시는 협력하지 않겠다는 응징은 두 경기자 모두에게 영원하며 그만큼 상대방의 배신을 강하게 억제할 수 있지만 화해와 협력의 가능성이 완전히 배제된다. 사실 게임이 무한반복된다면 나의 경쟁자는 내가 맞대응 전략을 취하여 자신으로 하여금 협력하는 것이 합리적 선택이 되도록 유도하고 있다는 점을 확실하게 알릴 필요도 없다. 나의 경쟁자는 내가 맞대응전략을 쓸 가능성이 적다고 생각한다해도 자신이 높은 가격을 책정하고 내가 그에 따라 높은 가격을 유지하는 한 자신도 계속 높은 가격을 유지하는 것이 합리적이라고 생각하게 된다. 그것은 게임이 무한 반복된다면 협력으로 인한 기대이익이 낮은 가격을 책정함으로써 얻는 기대이익을 압도하기 때문이다. 이는 내가 맞대응전략을 취할(그리하여 계속 협력할) 가능성이 낮다고 하더라도 마찬가지다.

유한 반복게임

이제 게임이 반복되는 회수가 무한하지 않고 유한한 *N*개월 차에 종료된다고 하자. 경쟁사 *Y*가 합리적이며 또한 *Y*가 *X*를 합리적으로 믿는다면 다음처럼 생각할 것이다. 기업 *X*가 맞대응전략을 취하므로 기업 *Y*는 적어도 마지막 달 직전까지는 낮은 가격을 책정할 수 없다. *X*는 마지막 달에는 가격을 낮추어야 한다. 그렇게 함으로써 마지막 달에 많은 이윤을 얻을 것이며, 그 후에 게임이 끝날 것이므로 기업 *Y*가 나에게 보조를 할 수 없기 때문이다. 따라서 *X*는 마지막 달 직전까지 높은 가격을 유지하다가 마지막 달에 들어서는 가격을 낮출 것이다.

그러나 기업 *Y*도 경쟁자가 이런 식으로 생각할 것임을 알고 있으므로 역시 마지막 달에는 가격을 낮출 것이다. 물론 기업 *Y*도 마찬가지로 내가 마지막 달에는 낮은 가격을 부과할 것을 알고 있다. 그렇다면 마지막 달 바로 직전 달에는 어떻게 될까? 마지막 달에는 협력이 불가능하므로 기업 *Y*는 마지막 달 바로 직전 달에는 낮은 가격을 책정해야 한다. 그런데 *X*도 마찬가지로 마지막 달 바로 직전 달에는 낮은 가격을 책정할 것을 계획한다. 이와 동일한 추론이 계속해서 이전 달들에 적용되므로 게임의 유일한 합리적인 결과는 두 기업 모두 처음부터 매달 낮은 가격을 책정하는 것이다.

우리는 누구나 영원히 살 것으로 기대하지 않기 때문에 맞대응 전략은 유용성이 별로 없다고 볼 수 있으며, 따라서 다시 죄수의 딜레마에 빠진다. 그러나 실제로는 맞대응 전략이 종종 잘 작동하여 서로 간의 협력이 이루어질 수 있다. 대부분 경쟁기업과 얼마나 오랫동안 경쟁을 하게 될지 알지 못한다. 반복게임이 끝나는 시점을 모른다면 마지막 달을 알 수 없고 따라서 마지막 달에 가서 가격을 낮출 것이라는 기대를 할 수 없다. 그러나 수요나 비용 조건이 빠르게 변화하여 불확실한 경우 기업들은 협력이 가져다주는 이익에 대해 서로 암묵적으로 이해를 공유하는 것이 어렵다. 예를 들어 비용 차이 또는 수요 예측의 차이로 인해 기업마다 협력 가격을 달리 생각할 수 있다. 이 경우 상대방이 선택한 더 낮은 가격을 자신의 시장을 뺏기 위한 행위로 간주하고 맞대응 전략 차원에서 더 낮은 가격으로 대응할 수 있다. 그 결과 가격경쟁이 촉발될 수 있다.

순차 게임과 선제적 행동

지금까지는 게임의 두 참여자가 선택을 동시에 한다고 가정하였다. 모든 게임에서 모든 참여자의 결정이 동시에 이루어지는 것은 아니다. 때로는 한 쪽이 먼저 움직여야 하고 다른 쪽은 이 움직임에 반응해야 하는 경우도 있다. 경기자들이 교대로 움직이는 게임을 순차게임(sequential game)이라고 한다.

순차게임의 경우 첫 번째 참여자가 이른바 역진 귀납(backward induction)을 활용하여 가능한 최상의 결과를 얻도록 선택을 하는 것이 가능하다. 역진 귀납은 게임의 (시나리오)별 최종 결과에서 역으로 추론하여 최적의 선택을 추론하는 것이다. 순차 게임들은 일반적으로 보수행렬보다는 게임트리로 설명된다. 이전 게임을 *X*주유소가 먼저 결정하는 순차 게임으로 전환해 보자. *Y*주유소는 *X*주유소의 선택을 보고 가격을 높이거나 낮춘다. 보수는 트리의 끝에서 결정된다. 이 게임은 어떻게 진행될까? *X*주유소는 경쟁사인 *Y*주유소가 여전히 가격을 낮게 책정하는 우월전략을 가지고 있다는 것을 알고 있다. X주유소의 초기 결정이 무엇이든, Y주유소는 항상 낮은 가격이 높은 가격을 선택할 것이라는 것을 알 수 있다. X주유소는 경쟁사에 대해 알고 있기 때문에 게임 초반에 낮은 가격을 선택할 것이다.

그림 12-6 이웃하는 두 주유소의 전략 선택에 따른 보수 행렬 : 순차게임

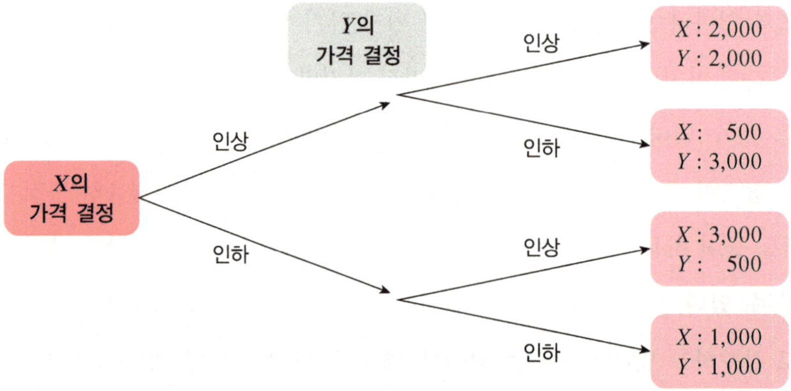

인생에는 순차적 게임의 예가 많이 있다. 체스와 체커는 역진 귀납을 활용하는 두 가지 인기 있는 보드게임이다. 마찬가지로 많은 경영의사결정도 본질적으로 순차적이므로 특정 경로를 선택하면 향후 결정이 어떻게 전개될지 예측하기가 더 쉬워진다. 예를 들어, 회사가 새로운 광고 캠페인을 시작하기로 결정하면 의사결정 트리에 따라 남은 선택 사항을 검토하여 경쟁사가 어떻게 반응할지 예측하기가 더 쉽다.

순차게임에서는 어떤 경기자는 의사결정을 하기 전에 다른 경기자들의 행동을 관측하지만 어떤 경우에는 먼저 행동하는 경기자가 우위를 점할 수 있다. 따라서 각 경기자는 경쟁자들이 행동하기에 앞서 자신이 선제적으로 먼저 어떤 특정한 행동을 취할 유인을 가질 수 있다. 헛된 위협이란 실행할 하등의 유인이 없는 위협을 말한다. 경쟁자가 합리적인 경우에는 헛된 위협은 가치가 없다. 위협이 신빙성이 있으려면 자신의 추후 행동을 스스로 제한하는 전략적인 행동이 필요하다. 행동의 제한이 위협을 실행에 옮길 유인을 만들기 때문이다.

게임이 후반으로 가면 두 사람 모두 큰 이익을 얻을 수 있지만, 각 경기자는 오직 자신만의 이익을 추구하므로 결국 균형은 한 사람은 매우 작은 이익만을 얻고 다른 사람은 큰 손해를 본다. 바로 끝나버리는 균형이 낳는 이러한 불만스런 결과를 고려할 때 경기자들은 모두 게임을 끝까지 진행할 유인을 가지고 있을 것으로 생각할 수 있다. 이런 상황에서 게임의 최종결과를 자신에게 유리하게 만들기 위해 게임의 초반에 행하는 행동을 전략적 행동이라고 정의한다(Thomas Schelling(1960), *The Strategy of Conflict*, Harvard University Press). 전략적 행동에는 다음이 포함될 수 있다.

- **추가 보상**(side payments, 뇌물) : 상대방의 선택에 따라 한 경기자가 상대방에게 보상을 약속하는 것으로, 그에 따라 상대방으로 하여금 나에게 가장 이익이 되는 전략을 선택하도록 유도하는 것이다. 추가보상은 계약이 이행되게 해달라고 법에 호소하는 것이 어렵거나 혹은 바람직하지 않을 수 있다.
- **신뢰할 수 있는 공약**(credible commitment) : 만일 게임이 달라질 어떤 조건들이 발생할지라도 특정한 미래의 행동이 이행될 것임을 보장하는 선택이다. 경쟁기업이 진입할 경우 가격전쟁이 발생할 것이라는 위협에 신뢰성을 부여하기 위하여 기업은 경쟁기업이 시장에 진입할지를 결정하기에 앞서 과감하게 과잉설비에 투자할 수 있다. 자신의 미래행동을 제한하는 자기구속을 하는 것이 핵심이다. 그렇게 함으로써 경쟁기업의 행동을 제한한다. 진입을 저지하기 위해 기존 기업은 잠재적 경쟁자에게 진입이 수익성이 없을 것이라는 점을 확신시켜야 한다. 진입하는 경우에는 가격전쟁을 피할 수 없을 것이라는 위협을 상대방이 믿을 수 있도록 하기 위해 투자를 해야 할 수도 있다. 글로벌 경쟁 속에서 정부에 의한 전략적 무역정책은 종종 이러한 목적을 지닌다.
- **평판**(reputation) : 경쟁기업의 시장 진입을 저지하기 위해 시장에서 뛰어난 평판을 구축하는 방법이 있다. 특정 기업이 모든 시장에서 모든 신규 진입기업과 공격적으로 싸운다는 평판을 구축함으로써 이익을 얻을 수 있다. '미쳤다'는 평판조차도 유리하게 작용할 수 있다. 미친 경쟁기업과의 가격경쟁을 피하는 것이 자신의 진입에 대해 합리적 대응을 기대하는 것보다 덜 위험한 선택이 될 수 있다.

협상과 게임이론

앞에서 논의한 위협이나 약속이 신빙성을 주는 어떤 행동과 결합된다면 잘 작동할 수 있다. 그러한 행동은 내가 약속을 지킬 수 밖에 없도록 나의 융통성을 줄이는 것(나의 선택을 제한시키는 것)이어야만 한다. 신빙성 있는 공약은 협상 문제에도 적용된다. 협상의 결과는 협상에 있어서 자신의 상대적 위치를 변경시키는 행동을 할 수 있는 협상 당사자의 능력에 달려있다. 나의 융통성(선택 가능성)을 줄이는 것은 협상력을 높이는 역할을 할 수 있다. 경기자들은 때로 자신이 취할 수 있는 선택을 제한함으로써 전략적 우위를 점할 수 있다.

3. 시장 경쟁과 탈무드의 지혜

진입과 경쟁

현대의 경쟁법은 경쟁이 소비자 후생을 증진하고 경제적 효율성으로 이어진다는 명제에서 출발한다. 진입의 용이성은 경쟁 시장의 기본적 요소이다. 경쟁법의 목적은 경쟁자가 아닌 경쟁을 보호하는 것이다.

유대교는 일반적으로 경쟁에 대해 호의적인 견해를 가졌다(Tamari, 1987, p.86). 율법은 가격이 자유롭게 변동하는 경쟁시장이 존재한다는 가정을 하고 있으며 일상적으로 거래되는 재화와 서비스에 대해 고정된 가격구조를 설정하려는 시도는 없었다. 시장에 대한 명시적 요구사항은 단순히 시장을 거래하는 사람들이 온전하고 공평한 저울을 사용하는 관행을 고수하는 것이었다.

그러나 탈무드는 경쟁의 중요성을 인정하면서도 그것을 탁월한 가치로 여기지 않는다. 이에 따라 여러 경우에 적극적으로 진입과 경쟁을 제한했다. 일반적인 진입제한은 종종 이웃의 랜드마크를 제거하는 것(hasagat g'vul, 용납할 수 없는 경쟁)을 금하는 것에서 출발한다. 랍비들은 다른 사람의 사업에 대한 침해를 다루기 위해 이러한 hasagat g'vul의 개념을 확장했다. 이는 탈무드 Bava Batra 21b의 진입제한 분석에서 잘 드러난다. 보호주의적 태도를 보인 R. Huna는 도시에서 특정 골목에 사업체를 가진 골목 거주자는 같은 도시의 다른 골목 거주자가 자신의 골목에 진입하여 경쟁 사업을 하는 것을 막을 수 있다고 한다. 새로운 가게가 고객을 뺏어가 기존 기업의 생계에 지장을 초래할 것이기 때문이었다. 그러나 R. Huna ben R. Joshua는 진입기업이 이미 같은 골목에 거주하고 있는 경우라면 경쟁을 막을 수 없다고 하며 경쟁을 허용할 것을 주장하였지만 진입하는 기업이 다른 도시의 거주자라면 막을 수 있다고 하였다. 하지만 동시에 진입하는 기업이 다른 도시의 거주자이고 이 도시에 세금을 내고 있다면 진입을 막을 수 없다고 주장하였다. 이는 지역 사업을 보호하기 위해 외부경쟁, 그리고 그에 따라 진입 제한이 필요하다고 주장하는 셈이다.[8] 일반적으로 R. Huna ben R. Joshua의 의견이 우세하다. 하지만 같은 도시의 다른 골목 주민이 특정 골목으로 들어가는 것이 허용되는지 여부는 여전히 결론이 불확실하다.

경쟁 제한에 대한 이후의 결정에서 R. Huna ben Joshua의 자유진입 견해가 항상 존중되었던 것은 아니다. R. Moses Isserles는 Bonn의 R. Eliezer ben Joel ha-Levi의 보호주의적 판결에 대한 승인 토론에서 생계 파탄이 진입 제한을 정당화할 수 있음을 표명하였고 이는 파괴적 경쟁원리(ruinous competition principle)라 부를 수 있다고 하였다. 그러나 다른 곳에서 R. Moses Isserles는 보호주의적 견해를 거부한 것으로 보인다. R. Moses Sofer는 재정 파탄이 진입 제한을 정당화할 수 있다는 견해를 채택하였다. 이에 따라 같은 골목에 있는 거주자라도 기존 기업에 재정 파탄을 야기하면 경쟁사업에 진입할 수 없다. R. Moshe Feinstein은 이에 동의하고 더 나아가 기존 기업의 수입이 동료 집단의 평균 이하로 감소하면 진입 제한을 정당화할 수 있다고 덧붙였다. 보호주의적 견해에 따르면 재정 파탄이 기존 기업이 효율성을 높이려는 의지가 없는 경우에는 이러한 진입제한이 적용되지 않는다. 그러나 기존 기업이 더 효율적이 될 수 있는 능력이 부족하면 보호가 허용된다. 즉, 보호주의 체제 하에서는 기존 기업의 재정파탄이 초래될 경우 우수한 기술을 보유한 기업

8. 여러 도시를 포함한 지역 전역의 주민들이 시장에 오는 큰 장이 서는 경우 도시 외부 사람들도 물건을 팔 수도 있는데, 이는 추가 구매자를 끌어들일 수 있기 때문에 추가 판매자가 있는 것이 적절하기 때문이다. 그러나 지역 주민만 오는 작은 장의 경우 도시 외부 사람들의 시장 진입은 제한된다.

의 진입을 막을 수 있다. 이 외에도 다양한 변주가 있는데, 신규 진입 기업이 가격조건이나 품질이 좋거나 기존 사업체가 경쟁에 저항할 수 있는 능력이 있는 경우 진입이 가능하며, 진입을 하더라도 고객을 유인하는 광고를 할 수 없다거나 하는 조건이 따라 붙는다.

이러한 보호주의적 판결은 현대에 있어서 종종 특수 이익단체의 지원을 받는 많은 진입 제한조치에서도 찾아볼 수 있다. 그러나 이러한 보호주의적 견해의 주요 근거가 기존 기업의 재정파탄에 있다는 점에 주목해야 한다. 한 가지 해석은 기존 기업의 재정파탄이 그 지역사회에 어려움을 낳기 때문이라는 것이다. 거주자는 지원이 필요할 수도 있고 아니면 나태로 인해 공동체에 문제를 야기할 수도 있는 것이다. 이러한 우려는 노동 이동성과 사회 복지망이 모두 갖추어진 현대 경제에서 타당성이 줄어들었다고 볼 수 있다. 그 경우 경쟁에 대한 제한은 특수이익을 보호하는 입법이 된다. 이러한 입법조치는 유대법에 대한 보호주의적 관점에서 보아도 그 기반이 약한 것으로 보인다.

- 생계를 꾸릴 수 있는 개인의 능력을 제거하는 것은 살인과 같다(Yevamot 78b).
- David HaMelech에 따르면, halachic 삶의 11가지 원칙 중 하나는 다른 사람의 사업과 경쟁해서는 안 된다는 것이다(Makot 24a).

동업조합의 허용과 한계

유대인들에 있어 동업조합의 역사는 오래되었으며, 탈무드에서는 동업조합이 노동자의 권위 있는 대표자로 인식되고 있다. 거래의 모든 구성원이 모이면 집단으로 협상하고, 새로운 거래자를 강제로 참여시키고, 파업 위반자를 방지할 수 있는 권한이 있다. 그러나 소수가 단결하더라도 상호 구속력 있는 합의에 도달할 수 있다. 이 규칙에 대한 경고가 중요하다. 게마라는 공동체에서의 최고의 토라 학자, 즉 아담 차슈브(adam chashuv)에게 우선적인 권한을 부여하고 있다. 그는 예를 들어 가격을 시장 가격보다 높게 인상하여 대중에게 피해를 주는 동업조합의 결정을 무효화하는 공익 옹호자 역할을 한다. 대중은 재정적 피해를 야기하는 동업조합 결정을 무효화할 수 있다. 아담 차슈브가 존재하지 않는 시기와 장소에서는 대중이 동업조합이 책임감 있게 행동하도록 보장하기 위해 자체 감독 위원회를 임명할 수 있다.

교육에서의 경쟁 원리

하지만 이런 유대인의 경쟁법의 원리, 특히 파괴적 경쟁원리는 교육의 경우 매우 제한적으로 적용되었다는 점에 주의할 필요가 있다. 탈무드는 "학자들 사이의 질투는 지혜를 높인다"(Jealousy among scholars increases wisdom. Bava Batra 21a)고 인정하였다. 유대인들은 토라에 흩어져 있는 가르침을 생존 전략으로 삼아야 했다. 지식을 가르치고 전파하는 데 높은 가치를 두었던 것이다. 토라의 가르침은 처음부터 가족의 의무가 되었고 나중에는 공동체의 의무가 되었다. 희생과 달리 가르침은 선택된 소수의 영역이 아니었다. 특정 이익 집단이 토라의 교육을 자신만의 일로 제한하고 격하시키지 못하도록 한 태도는 탈무드 시대와 그 이후까지 이어졌다. 일반 경쟁에 대한 제한이 일반화되었음에도 불구하고 토라 교사는 일반적으로 그러한 제한이 없었다. 유대인의 법을 상당 부분 통제했던 학자들이 일반적으로 진입 제한을 제정하지 않고 경쟁이 계속 번성하도록 선택했다는 점은 특히 주목할만하다. 교육에 대한 이러한 강조로부터 유대교의 생존과 영속을 위한 토대가 마련되었다고 볼 수 있다.

▶ 어린이 교사가 있는데 더 나은 사람이 오면 더 나은 교사가 기존 교사를 대신해야 한다(Yorah Deah : 245:18, 유대 법전 Shulkan Aruch, 16세기 중반).

유대 사회는 오래전부터 높은 가격과 낮은 임금을 유지하기 위해 시장지배력을 사용할 수 있는 강력한 기업과 비교할 때 소비자는 종종 약하고 무력하다는 것을 인식해 왔다. 이에 따라 가격 안정과 공정한 인상이 이루어지도록 하는 노력이 유대 율법에서 중요한 부분을 차지하였다. 특히 위기의 상황에서 위기 상황을 부당하게 이용하는 것을 막고 적정한 가격이 책정되도록 규정하였다. 그러나 생활필수품이 아닌 경우 판매자는 원하는 가격으로 원하는 만큼의 이윤을 취하도록 하였다.

기원전 750년경 쓰여진 아모스서에서, 아모스는 (에바를 작게 하고 세겔을 크게 하여) 부당하게 밀의 가격을 인상하고 (거짓 저울로 속이는) 사기를 통해 부가 소수의 손에 불공정하게 집중되는 것을 비난하였다. 탈무드는 아모스 8:7을 매점에 대한 금지로 인용하고 있다.

▶ 가난한 자를 삼키며 땅의 힘없는 자를 망하게 하려는 자들아 이 말을 들으라. 너희가 이르기를 월삭이 언제 지나서 우리가 곡식을 팔며 안식일이 언제 지나서 우리가 밀을 내게 할꼬 에바를 작게 하고 세겔을 크게 하여 거짓 저울로 속이며 은으로 힘없는 자를 사며 신 한 켤레로 가난한 자를 사며 찌꺼기 밀을 팔자 하는도다. 여호와께서 야곱의 영광을 두고 맹세하시되 내가 그들의 모든 행위를 절대로 잊지 아니하리라 하셨나니(아모스 8:4-7)

그럼에도 카르텔이나 독점과 같이 인위적으로 가격을 올렸을 때 현자들이 카르텔을 깨고 정상적인 가격으로 회복되도록 하였다. 탈무드 중 출산 제물로 사용된 비둘기의 가격(미슈나, Kerisus 1:7), 유월절 이후의 냄비 판매(Pesachim 30a) 등에서 이를 찾아볼 수 있는데, 필요한 경우 가격을 인상한 카르텔을 해체하기 위한 생선구매 금지 등과 같은 극단적인 조치도 정당화되었다(Mishna Berura 242, 2). 한편 유대 법률은 길드나 장인 등 생산자 단체들이 공동 가격을 설정할 가능성을 인정하였지만 공동체의 수장이나 현자의 승인을 받아야 할 것을 강제하였다.

▶ 특정 직종의 구성원이 마을 사람들의 허가 없이 작업에 대한 가격을 책정하는 것이 허용되지 않아야 할 것으로 보인다. 그렇지 않으면 마을 사람들이 부당한 손실을 입게 될 것이기 때문이다(Bet Ha-behira[Ha-me'iri의 탈무드 해설]에서 BT Bava Batra 9a까지).

지적재산권 보호

현대 기업의 가장 중요한 경쟁우위 요소 중 하나가 '지적재산'이다. 지적재산은 특허공정이나 저작권을 가진 글, 소리, 영상자료, 또는 특허, 소프트웨어, 공식, 디자인, 상표 등을 말한다. 랍비들은 아이디어나 개념과 같은 무형의 자산을 포함한 지적재산의 가치를 높게 평가하고, 지적재산권의 보호를 매우 중요한 일로 인식했다.

유대 율법은 현대 법률보다 지적재산권에 대해 훨씬 엄격한 기준을 적용하고 있다. 예를 들어 랍비 아론 레빈(Aron Levine)의 『경제정책과 유대율법(Economic Policy and Jewish Law)』(1987)에 의하면, 미국의 경우 특정 교육·연구 목적 등에 한해 최소한의 복제를 허용한 반면, 유대 율법은 어떠한 경우에도 이를 금하고 있다: "불법복제 문제에서 유대 율법이 미국 법률보다 지적재산 소유자를 더욱 철저히 보호하고 있음을 알 수 있다"

레빈을 포함한 일부 사람들은 미국 법률이 제한적인 복제행위(예를 들어 개인적인 용도로 쇼를 녹화해 복사하는 행위)를 허용함으로써, 노골적으로 자행되는 불법복제에 대한 단속을 더욱 어렵게 만들고 있다고 비난한다. 아무리 작은 분량이라도 복제가 허용되기 시작하면 사람들은 점점 더 많은 불법복제를 하기 마련이다. 사람들은 흔히 복제를 절대 해서는 안 되는 불법행위라고 여기기보다는, 정도의 문제라고 생각한다. 탈무드는 도둑질에 정도의 차이를 인정하지 않는다. 랍비들은 작은 잘못을 눈 감다보면 점점 커져서 언젠가는 통제 불능의 상태에 이르게 된다고 믿었다. 탈무드는 지적재산에 관한 절대적인 권리는 소유자에게 있으며, 그 재산의 사용과 처분에 따른 이익도 독점적으로 소유자에게 귀속돼야 한다고 밝히고 있다.

| 참고문헌 |

Besanko, D. 저 · 박원규 역(2007), 『전략경제학』, 시그마프레스.

Calance, Madalina(2012), "Free economy in a Jewish perspective," Munich

Personal RePEc Archive.

Carlton, D. W. and Avi Weiss(2000), "The Economics of Religion, Jewish Survival and Jewish Attitudes Toward Competition in Torah Education," *NBER Working Paper* No. 7863.

Gerber, Michael E.(2015), 사업의 철학 The E-Myth Revisted, 라이팅하우스.

Hawk, Barry E.(2018), "Antitrust in History," *The Antitrust Bulletin* 63(3).

Ivan Png 저 · 고동희 역(2004), 『관리경제학』, 제13장, 경문사.

Levine, A.(1980), *Free Enterprise and Jewish Law*, Ktav Publishing.

Makovi, Michael(2016), "New Wine in Old Flasks : the Just Price and Price-Controls in Jewish Law," *MPRA Paper* No. 69987.

__________________(2016), "Price-Controls in Jewish Law," *MPRA Paper* No. 72821.

Ohrenstein, Roman A.(1968), "Economic Thought in Talmudic Literature in the Light of Modern Economics," *The American Journal of Economics and Sociology*, Vol. 27, No. 2.

Tamari, M.(1987). *With All Your Possessions*, The Free Press.

기업의 조직운영 : 조직의 선택 문제

13장

1. 개별 기능 단위의 선택 문제 / 2. 생산-구매 선택 : 수직적 사업영역의 설정 / 3. 탈무드와 기업 조직

기업이 사업영역을 결정하고, 그 사업이 속한 시장의 성격을 파악하고, 또한 무엇을 기반으로 어떻게 경쟁할 것인가를 결정한 뒤에는 선택한 전략을 실행하기 위해서 기업 내외에 걸쳐 조직을 어떻게 구성할지를 결정해야 한다. 조직은 자원을 어떻게 배분할지 또는 투입을 어떻게 관련지을지를 결정한다. 또한 조직은 기업 내의 각 담당자의 목적이 기업 전체의 목적과 얼마나 서로 잘 조화되는가를 결정해준다.

기업을 구성하는 사업부 각각은 그 하부조직이 R&D, 생산, 마케팅, 인사, 재무와 같이 다양하게 기능적으로 분화되어 각기 독립적인 완전한 사업기능을 가지고 있다. 각 개별 기능단위 조직에서의 초점은 각 단위조직 내부의 업무효율에 있다. 효율적인 R&D, 효율적인 생산, 효율적인 마케팅이 이루어져야 하는 것이다. 그러나 기능부서는 각자의 영역을 효율적으로 운영하는 데 초점을 맞추기 때문에 더 넓은 사업전략에 대해 덜 생각하는 경향이 있다. 이에 따라 사업부장이 각 기능부서의 활동을 상호조정하여 사업부 전체의 전략에 부합하도록 중앙집중적으로 관리하는 책임을 갖게 된다.

탈무드도 생산에서 요소투입의 최적 조합에 대해 주의를 기울일 것을 조언한다. 즉, 생산함수는 가변 비율의 법칙에 따르므로 다음과 같이 관찰된다.

▶ 소가 없으면 구유는 깨끗하려니와 소의 힘으로 얻는 것이 많으니라[1](잠언 14:4).

소는 농부에게 없어서는 안 될 자산이며 소 없이는 그의 노동이 비생산적이라고 말했다. 소가 소비하는 곡식과 그 생산능력 사이의 균형을 확인해야 한다. 소는 경제적으로 사용되어야 하는 일종의 자본 설비다. 너무 적거나 너무 많은 것이 아니라 최저 비용으로 최대 생산량을 보장하는 수를 사용하는 것이 중요하다.

1. Where there are no oxen, there is a crib of grain, but crops are increased by the strength of an ox.

1. 개별 기능 단위의 선택 문제

단기에서의 최소비용 고용 규칙

기업이 생산비용을 최소화하거나 생산량을 최대화하기 위하여 생산요소를 어떻게 조합해 생산하는 것이 적절할까? 우선 단기에서는 한가지 생산요소(예를 들어 노동)만 가변적이고 다른 생산요소들(특히 자본 설비)은 모두 고정적이라고 가정하므로 어떻게 한가지 생산요소의 투입을 최적화하는가가 초점을 맞춘다. 이때 투입량의 최적 사용이란 주어진 비용 수준에서 생산량을 최대화하거나 주어진 생산량 수준에서 총비용을 최소화하기 위해 자원배분을 결정하는 것을 의미한다. 이는 생산자가 이윤을 극대화하는 생산요소 조합을 고용하기 위해 희소한 예산을 배분하는 지침을 제공한다.

자본은 고정되어 있고 노동량만을 변경시킬 수 있는 단기에 있어서 산출은 오직 노동 고용량을 변화시킴으로써만 변경 가능하다. 즉, 생산자는 얼마의 노동을 고용하여야 이윤을 극대화할 수 있는가라는 문제를 풀어야 한다. 합리적 선택이론에 따르면 투입을 늘려갈 때 추가 투입의 편익이 비용보다 큰지 확인하여 최적(이익 극대화) 지점을 찾는 것이다. 이는 가변 생산요소의 추가 고용으로 얻을 수 있는 수입의 증가분과 추가 고용에 동반되어 추가로 지출되어야 하는 (기회)비용을 일치시켜야 할 것을 요구한다. 생산요소를 한 단위 추가로 고용할 경우 생산량이 증가하는데 이는 노동의 한계생산(marginal product of labor ; MP_L)으로 불린다. 이렇게 증가한 제품을 시장에 추가로 판매할 경우 그에 따라 수입이 증가하는데 이는 한계수입(marginal revenue ; MR)이라 한다. 결국 가변 생산요소를 한 단위 추가로 고용하여 생산에 투입할 때 발생하는 편익은 가변 생산요소 투입에 따른 한계생산과 한계수입을 곱한 $MP_L \times MR$인데 이는 통상적으로 한계수입생산(marginal revenue product ; MRP)이라 불린다. 한편 가변 생산요소인 노동을 한 단위 추가로 고용할 때 드는 비용은 추가로 고용한 근로자에게 지불해야 하는 임금 P_L이다. 따라서 기업의 이윤극대화를 위한 최적 고용조건은 한계수입생산과 임금이 일치해야 한다는 것이다:

$$P_L = MP_L \times MR$$

즉, 이익극대화 조건이 수익 증가($MP_L \times MR$)가 투입비용의 증가(P_L)가 일치할 때 생겨난다.

장기에서의 최소비용 고용규칙

장기에 기업은 모든 생산요소의 투입 규모를 변경할 수 있다. 따라서 기업은 장기에 이윤을 극대화하는 특정 수준의 산출을 얻기 위해 다양한 생산요소의 조합, 특히 노동과 자본의 조합에 의존할 수 있다. 이 경우 기업은 실제로 어떤 생산요소 조합을 선택하고 생산요소 투입이 서로 어떻게 관련되게 할까? 대부분의 생산공정에서는 동일한 생산수준을 다양한 요소조합으로 달성 가능하다. 예를 들어 제품은 거의 전적으로 자본 설비에만 의존하여 생산할 수도 있고, 또 오직 사람의 손에만 의존하여 생산할 수도 있다. 기업은 자본 설비를 줄이고 근로자를 늘릴지, 아니면 자본 설비를 늘리는 대신 근로자를 줄일지 고민해야 한다. 이제 이익을 극대화하는 최적의 투입물 조합을 선택하는 방법을 검토하자.

기업의 궁극적 목적은 가능한 한 가장 큰 이윤을 얻는 것이다. 그렇게 하려면 기업은 최소비용원칙(least cost rule)을 따라야 한다 : 일정 규모의 산출을 최소 비용을 가진 생산요소의 조합을 선택하여 생산하는 것이다. 기업의 목적은 이윤을 극대화하는 데 있고 최소비용 원칙은 기업이 그렇게 하도록 도와준다. 앞에서 소비자들이 지출된 각 달러로부터 최대한의 효용을 얻음으로써 효용을 극대화한다는 것을 배웠다. 기업은 같은 방법으로 비용을 극소화할 수 있다 : 최소비용을 낳는 투입요소 조합은 비용 대비 각 투입요소의 생산성에 달려 있다. 노동 1단위의 비용은 임금이다. 자본 1단위의 비용은 생산에 사용되는 건물이나 장비를 임차하기 위해 매기 지불해야 하는 임차율(rental rate)이다.

노동을 추가로 투입할 경우 최적 노동투입은 $MP_L \times MR = P_L$일 때 달성된다고 하였다. 이제 노동을 고용할 때 소요되는 P_L의 임금을 노동 대신 자본 고용에 투입한다고 하면 어떤 편익이 생겨나는지를 계산해 보자. 임금 P_L을 자본가격 P_K로 나누면 노동 대신 몇 단위의 자본을 추가로 고용 가능한지가 계산된다. 그렇게 추정된 자본을 투입하여 제품을 생산한 뒤 판매하면 자본 1단위당 $MP_K \times MR$의 편익이 얻어질 것이다. 즉, 노동 L의 가격은 P_L이고 자본 K의 가격은 P_K이다.

$$MP_L \times MR = P_L$$

$$MP_L \times MR = \frac{P_L}{P_K} \times MP_K \times MR$$

이를 정리하면

$$MP_L = \frac{P_L}{P_K} \times MP_K$$

$$\frac{MP_L}{P_L} = \frac{MP_K}{P_K}$$

즉, 생산비용을 최소화하는 생산요소의 조합은 모든 생산요소에 대해 1원당 한계생산물이 일치하여야 한다는 것이다. 이 결론은 위 등식이 유지되지 않으면 어떤 일이 발생할지 보면 쉽게 이해할 수 있다. 1원당 자본의 한계생산물이 1원당 노동의 한계생산물보다 크다고 가정하자 : $\frac{MP_L}{P_L} < \frac{MP_K}{P_K}$. 이 경우 노동투입에 사용된 1원을 줄여 노동 투입을 낮추고(MP_L 상승—한계생산 체감의 법칙) 그 돈을 대신 자본 투입을 증가시키는 데 사용할 수 있다(MP_K 하락). 이렇게 하면 증가된 자본에 지출된 추가적 1원의 추가 생산량이, 감소된 노동으로 인한 손실된 생산량보다 더 커야하기 때문에 전체 생산량이 증가해야 한다. 따라서 순 효과는 전체 생산이 증가하는 것이다. 즉, $\frac{MP_L}{P_L} < \frac{MP_K}{P_K}$인 경우 L에 대한 지출을 줄이고 K에 대한 지출을 늘리는 것이 최선이다. 반대로 $\frac{MP_L}{P_L} > \frac{MP_K}{P_K}$인 상황에서 L에 대한 지출을 늘리고 K에 대한 지출을 줄이는 것이 최선이다. 한계생산 체감의 법칙은 L이 증가할수록 MP_L이 하락할 것을 예측한다. 그리고 K를 줄이면 MP_K도 증가한다. 1원당 한계생산이 다시 일치하는 L과 K의 조합에서 자본과 노동을 더 이상 대체할 필요가 없다.

비용을 극소화하는 투입요소 조합을 찾으려면 기업은 1원당 생산 증가량이 가장 큰 투입요소를 더 고용해야 한다. 생산비용을 최소화하려면 기업은 지출된 1원당 생산량을 가장 많이 늘리는 투입요소를 더 사용하고 지출된 1원당 생산량을 가장 적게 늘리는 투입요소를 덜 사용해서, 결국에는 지출된 1원당 한계생산이 두 투입요소에 대해 같아지도록 해야 한다. 이 과정은 희망하는 수량만큼 생산되고 각 투입요소의 1원당 생산 증가량이 동일할 때까지 계속된다.

$$\frac{\text{자본의 한계생산}}{\text{임차료}} = \frac{\text{노동의 한계생산}}{\text{임금}}$$

한계생산 체감으로 인해, 자본의 한계생산은 자본을 더 사용할수록 감소하고 노동의 한계생산은 노동을 덜 사용할수록 증가한다. 자본과 노동에 지출되는 1원당 한계생산이 같을 때까지 각 투입요소 수량을 계속 조정하라. 그러면 비용을 극소화하는 투입요소 조합을 얻게 될 것이다. 즉, 임의의 산출량에 대해 각 투입요소에 지출된 1원당 한계생산이 같을 때 생산비용이 최소가 되므로, 주어진 산출량 수준에 대한 비용극소화 조건은 다음과 같다. 투입요소 수가 얼마든 같은 조건이 적용된다.

빵 가게를 고려하자. 빵 가게가 지불하는 임금이 시간당 12,500원이라고 하자. 노동을 1시간 더 고용할 때 빵 가게의 빵 생산이 25개 늘어난다면, 노동의 한계생산은 25이고 추가적 노동 1시간에 지출된 1천 원당 빵 25/12.5 = 2개를 얻게 될 것이다. 다른 선택은 자본을 더 많이 임차하는 것이다. 이 논의에서 자본은 오븐으로 대표된다. 오븐 임차율이 시간당 2만 원이라고 하자. 오븐을 1시간 더 임차하면 빵 생산이 50개 증가할 것이고, 자본에 지출된 1천 원당 빵 50/20 = 2.5개를 얻게 될 것이다. 이 경우 자본의 1천 원당 한계생산(2.5)이 노동의 1천 원당 한계생산(2) 보다 크기 때문에 오븐을 더 많이 임차하고 노동을 덜 고용해야 한다. 투입요소에 지출된 1천 원당 생산량을 높이기 위한 이러한 조정은 주어진 어떤 생산량에 대해서도 그 생산비용을 감소시킬 것이다. 더 일반적으로 말하면, 기업은 1원당 한계생산이 가장 높은 투입요소를 더 고용하고 1원당 한계생산이 가장 낮은 투입요소를 덜 고용함으로써 비용을 낮출 수 있다. 기업가로서 비용을 극소화하는 비결은 소비자로서 효용을 극대화하는 비결과 같음에 주목하자. 그것은 1원당 편익, 즉 가성비를 극대화하는 데 초점을 맞추는 것이다.

결론적으로 기업은 상대 가격 또는 가성비를 기준으로 생산요소의 투입을 선택하고 그에 따라 완전히 다른 유형의 기술을 사용한다. 동일한 제품을 생산하더라도 노동력이 자본보다 저렴한 저소득국에서는 기업들이 노동집약적인 생산과정을 사용하는 경우가 많지만, 자본보다 노동력이 비싼 고소득국에서는 기업들이 기계가 노동을 대체하는 자본집약적인 생산과정을 사용한다. 미국 대평원 지역의 농업 생산방식과 아프리카의 농업 생산방식을 비교하자. 대평원에는 크고 값비싼 기계들이 땅을 경작하고, 작물을 심고, 수확을 한 뒤 시장으로 운송한다. 아프리카에서는 육체노동이 이와 동일한 활동을 수행하는 경우가 많다. 두 지역의 농장은 생산과정이 외견상 크게 다르지만 두 지역의 노동력과 기계 가격을 고려하면 합리적인 생산 결정을 내리고 있다. 더 저렴한 방법으로 생산하기 위한 것이다. 여러 가지 요인이 기업의 생산요소 조합을 변경하게 한다. 재원이 부족한 경우 노동력이 늘어나고 기계는 줄어들며, 기술 발전이 진행되면 최신 기계의 채택이 장려된다.

경쟁우위의 원천

더 많은 가치를 창조하기 위해, 기업은 경쟁기업들에게는 없는 자원과 역량을 갖고 있어야 한다. 만약 기업이 그러한 자원과 역량을 갖고 있지 않다면, 우월한 경제적 가치를 창조하는 어떠한 전략도 경쟁기업들에 의해서 곧바로 복제될 수 있을 것이다. 빌딩, 원재료, 비숙련노동과 같이 전문화되지 않은 자산이나 생산요소와 더불어 다른 기업들이 쉽게 복제하거나 획득할 수 없는 자원(resource)은 특허, 상표, 브랜드 명성, 설치기반(이미 확보하고 있는 소비자수), 조직문화, 기업에 특화된 전문기술이나 노하우를 갖고 있는 근로자와 같은 해당 기업에 특화한 자산으로 다른 기업들이 쉽게 확보할 수 없는 자산을 말한다. 자원은 다른 기업들보다 더 많은 가치를 창조하는 기업의 능력에 직접적인 영향을 미칠 수 있다. 예를 들어, 대규모의 자본설비 기반이나 품질에 대해 확립된 명성은 기업이 제공하는 혜택을 경쟁기업의 혜택보다 더 큰 것으로 만들 수 있다.

역량은 한 기업이 경쟁자들에 비해 특별히 잘하는 활동을 의미한다. 자원은 명사로(기업이 "가진 것"), 역량은 동사로(기업이 "하는 것") 생각할 수 있다. 역량은 기업의 특정한 사업기능에 내재할 수도 있으며(예 : Procter & Gamble의 브랜드 광고 기술, American 항공사의 수익률 관리능력, 패션구두 사업에서 Nine West가 가진 외주 및 구매 관리능력), 또한 특정한 기술이나 생산능력에 내재할 수도 있다.(예 : DuPont이 나일론 생산에서 가진 뛰어난 능력, Honda가 소형 내 연기관 및 동력전달시스템에서 갖고 있는 기술).

재화가 생산을 위한 수직적 연결고리를 따라 이동하면서 가치가 새로이 창조된다. 따라서 수직적 연결고리(vertical chain)를 가치사슬(value chain)이라고 부르기도 한다. 가치사슬은 기업을 생산, 마케팅과 판매, 물류 등과 같은 가치창조 활동들의 집합체로 본다. 가치사슬에 있는 각 활동은 소비자가 기업의 제품으로부터 얻는 혜택(*B*)과 기업이 제품의 생산과 판매를 위하여 지불하는 비용(*C*)을 증가시킬 수 있

그림 13-1 마이클 포터(Michael Porter) **가치사슬**

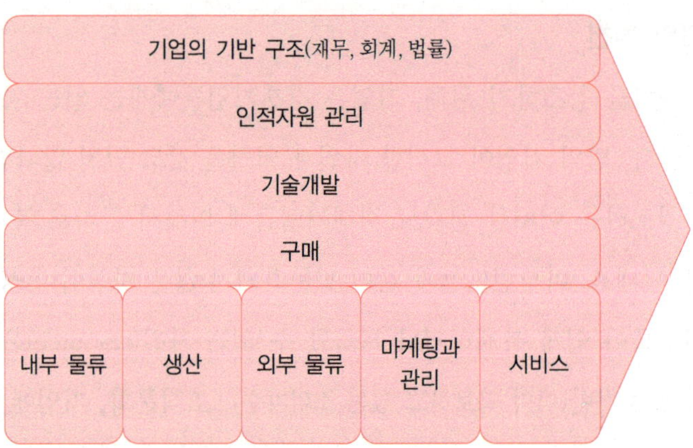

주 : 포터는 가치창조 활동들을 다섯 가지의 주요 활동(내부 물류, 생산, 외부 물류, 마케팅과 판매, 서비스)과 네 가지의 지원활동(재무와 회계, 인적자원관리, 기술개발, 구매 등의 기업의 기반 구조 활동)으로 구분하고 있다.

다. 역량은 가치사슬상에 있는 각 요소들의 연결을 관리하거나 여러 요소에 걸친 활동들을 조정하는 기업의 능력에 내재해 있을 수도 있다(예 : 개인용 컴퓨터산업에서 Dell사가 IBM이나 Compaq에 대해 갖고 있는 비용우위는 주문접수, 부품조달, 생산, 발송 등을 부품 및 최종생산물의 재고유지 비용을 최소화하는 방식으로 잘 통합하는 능력에서 발생하고 있는 것이다). 이상에서는 전통적인 생산요소인 자본과 노동을 중심으로 어떻게 최적의 요소조합으로 생산에 나설 것인가를 살펴보았다. 전통적인 생산요소의 최적 조합논리는 자본과 노동을 넘어 보다 일반적이고 다원적인 생산요소라 할 수 있는 자원과 역량의 최적 조합논리로까지 확대할 수 있다. 즉, 각 자원과 역량의 1원당 편익, 즉 가성비를 극대화하는 것이 그것이다.

2. 생산-구매 선택 : 수직적 사업영역의 설정

1) 직접 생산할 것인가 구매할 것인가?

기업은 수직적 가치사슬을 어떻게 조직해야 할지를 결정해야 한다. 가치 활동 중에서 어떤 가치 활동을 기업이 직접하고, 어떤 활동을 시장에 있는 다른 독립기업에게 맡길 것인가를 결정해야 한다. 이러한 문제를 '생산-또는-구매(make-or-buy)' 문제라고 한다. 외부 구매(buy)는 어떤 일을 외부의 다른 독립기업에게 맡기는 것으로 가격 신호가 자원배분에 영향을 미친다. 자체 생산(make)은 어떤 일을 기업 자신이 자체적으로 하는 것으로 기업가의 지시에 따라 자원이 배분된다. 외부 구매(시장)와 자체 생산(기업)은 생산을 구성하는 대안적 방법이다. 기업의 수직적 사업영역(vertical boundary)은 기업이 스스로 해야 하는 활동과 시장에 있는 다른 기업들로부터 구매해야 하는 것을 구분해 준다. 일부 회사는 고도로 통합되어 IBM의 경우 많은 부품과 소프트웨어를 직접 생산하고 메인프레임 컴퓨터에 대한 자체 영업인력을 유지한다. 다른 회사들은 훨씬 더 전문화되어 있다. Dell Computer는 거의 모든 하드웨어 및 소프트웨어 구성 요소를 아웃소싱하여 카탈로그와 웹 사이트를 통해 최종 사용자에게 직접 판매하는 반면, 신발 회사인 Reebok은 생산 공장을 소유하지 않고 외부 공급업체로부터 제품을 공급받는다. 미국의 생산 및 서비스 회사는 컴퓨팅 및 데이터 웨어하우징 요구사항을 위해 전문 정보통신기술 회사와 점점 더 많은 계약을 맺고 있다.

생산-또는-구매 판단에 있어 다양한 잘못된 주장이 있다. 첫째, 기업이 자체 생산 관련 비용을 피하기 위해 시장에 있는 독립기업으로부터 구매해야 한다는 것이다. 그렇지 않다. 시장의 독립기업 역시 생산관련 비용을 부담하며 당연히 그에 따른 가격을 구매기업에게 요구한다. 둘째, 기업이 시장에 있는 독립기업들이 벌어가는 이윤을 자신이 가져가기 위해서 구매하기보다는 자체 생산해야 한다는 것이다. 그러나 그러한 이윤은 기업이 직접 생산하든, 시장에 있는 독립기업으로부터 구매하든, 해당 투자가 이루어지기 위해 주어져야 하는 수익을 의미할 뿐이다. 셋째, 수직통합된 기업은 생산요소를 원가에 생산할 수 있으므로 생산요소를 시장가격으로 구매해야 하는 수직통합되지 않은 기업보다 비용우위를 갖는다는 것이다. 그렇지 않다. 이는 수직통합된 기업에게도 암묵적 기회비용이 발생한다는 점을 무시하고 있다. 필요한 생산요소를 생산하여 직접 사용하는 것은 그 생산요소를 시장에 파는 경우에 얻는 수입을 포기하는 것이다.

수직통합과 시장을 통한 거래만이 거래를 조직하는 유일한 방법은 아니다. 기업은 필요한 생산요소의 일부를 기업이 자체적으로 생산하고 나머지 부분은 시장에서 구매하여 조달한다. 기업들은 전략적 제휴나 합작에도 의존할 수 있다. 전략적 제휴와 합작에서는 거래 당사자들이 독립성은 유지하지만 독립된 기업들 간의 시장 거래보다 훨씬 더 가까운 협력과 조정이 기업들 간에 이루어진다. 기업들은 또한 일본의

그림 13-2 생산활동을 조직하는 여러 가지 방법들

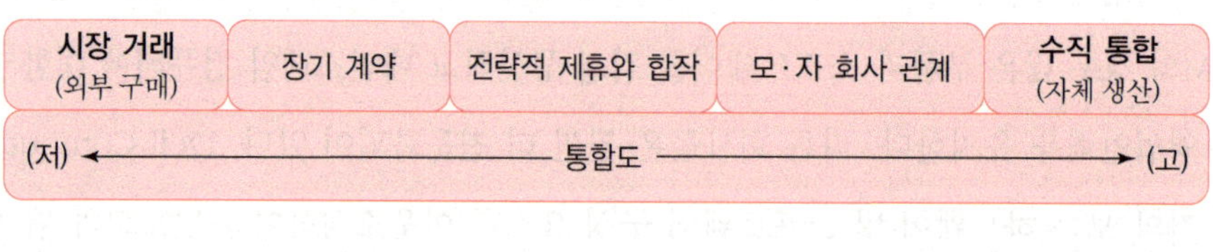

게이레츠와 같이 장기적으로 유지되는 모·자 회사나 계열사 네트워크 속에서 서로 협력할 수 있다.

2) 생산·유통 비용과 거래 비용, 그리고 관리 비용

수직적 연결고리상에 있는 기업활동들을 어떻게 조직할 것인가는 기업이 자주 접하는 일반적인 조직 선택 문제의 하나이다. '자체 생산 또는 외부 구매'에 대한 선택은 어느 쪽이 더 효율적인 생산을 낳느냐에 달려 있다. 그리고 이는 직접 생산할 경우에 얻는 혜택과 그로 말미암은 비용과 시장을 이용할 경우에 얻는 편익과 그로 말미암은 비용을 비교함으로써 결정된다. 특정 활동을 시장을 통한 거래로 하는 비용 대비 편익보다 내부조직을 통해서 하는 비용 대비 편익이 더 높을 때 시장거래보다 수직통합이 선택되어야 할 것이다. 물론 편익이 동일하다면 조직의 가성비는 비용에 의해서만 결정될 것이다. 거래비용 접근법에 따르면 '자체 생산 또는 외부 구매'에 따른 비용은 생산기술에 의존하는 직접적 생산비용뿐만 아니라 거래비용도 포함한다. 시장 메커니즘에 의존하려면 적절한 가격을 발견하고 계약 협상하고 집행하는 데 따른 다양한 거래비용을 감수하여야 한다. 회사 내에서 생산과 조정이 이루어진다면 이러한 거래비용을 줄일 수 있다. 그러나 내부조직은 다른 종류의 거래 비용(이른바 대리비용(agency cost)), 즉 유인 및 감시와 성과평가 문제를 가져온다.

기업이 가장 적은 비용이 지출되는 생산방법을 사용하고 있는 경우 기술적 효율성(technical efficiency)을 갖는다고 한다. 기업은 그 재화를 시장기업을 통해 또는 기술을 자체적으로 개발하는 데 투자함으로써 기술효율성을 달성할 수 있다. 대리 효율성(agency efficiency)은 기업의 생산 및 관리비용이 시장을 통한 거래로 인해 발생하는 거래비용에 의해 또는 조직 내부의 대리비용에 의해 상승하는 정도에 관한 것이다. 거래비용 접근법을 선도한 로널드 코즈(Ronald H. Coase)는 조직의 경계가 생산기술뿐만 아니라 거래비용에도 의존한다고 처음으로 설명했다. 즉, 시장을 통하지 않고 회사 내에서 거래를 조직하는 결정은 자체 생산과 구매의 상대적 비용에 따라 달라진다. 따라서 기업의 경계는 자체 생산과 구매의 상대적 거래 비용에도 의존한다. 즉, 기업의 경계는 기술뿐만 아니라 조직적 고려 사항에도 의존한다.

거래란 교환하기로 하는 경제주체 간의 합의이다. 거래비용은 시장을 이용할 때 수행되어야만 하는 모든 활동들의 비용이다. 생산자의 경우 거래비용에는 잠재적 공급자 범위와 제품 사양 및 가격을 파악하고 계약조건을 협상하며 성과를 감시하고 계약조건의 집행을 하는 데 따른 비용이다. 한편 기업 내부에서 동일한 거래를 구성하는 데 발생하는 비용을 "기업 거래비용" 또는 "관리비용 또는 거버넌스 비용"이라 할 수 있다. 이러한 비용은 회사 내 생산조직과 그 관리에서 파생된다. 이는 자원 사용을 의식적으로 관리하기 위해 수행되는 모든 활동의 비용을 포함한다.

표 13-1 **경제적 비용**

구분	내역	원인
생산·유통 비용	생산에 따른 비용 : 노동비용, 자본비용, 원자재비용	기술, 생산함수
거래비용	▪ 시장 사용의 비용 : 가격 발견, 계약의 협상, 계약의 감시 ▪ 조정 비용(coordination cost) ▪ 부당 요구(holding-up)	제한적 합리성, 관련 특수 자산
관리비용	특화한 대리인들의 행위 조정 : 정보획득 비용, 생산에서의 투입요소의 조정비용, 성과평가 비용	제한적 합리성
동기비용	주인과 대리인의 이해관계 정렬 : 기회주의적 행동의 비용, 대리인 비용	정보비대칭성 하의 도덕적 해이

거래비용은 불완전한 시장의 결과이다. 완전경쟁 시장의 세계에서는 소비자 선호와 생산 기능과 함께 모든 제품 및 생산요소의 가격이 의사결정자에게 모두 완전하게 알려지기 때문에 거래 및 관리 비용이 모두 0이 될 것이다. 불완전한 시장에서는 이러한 가정이 성립하지 않기 때문에 거래 비용이 존재한다. 완전 시장은 제한없는 합리성을 가정하는 것이 특징이다. 이는 의사 결정자가 모든 관련 정보를 완전히 알고 있고 이 모든 정보를 걸러내고 처리할 수 있기 때문에 항상 최적의 거래 결정을

내린다고 가정한다. 결과적으로 실수는 절대 발생하지 않는다. 불완전한 시장은 제한된 합리성을 특징으로 한다. 이는 의사결정자가 합리적으로 행동하기를 원할 수 있지만, 정보를 흡수하고 처리하는 능력이 제한되어 있기 때문에 그렇게 할 수 있는 능력이 제한된다는 것을 의미한다. 불완전한 시장에서 의사 결정자는 완전한 정보를 얻지 못하거나 결정을 내리는 데 필요한 정보의 일부만 사용할 수 있다. 의사결정권자는 자신이 가지고 있는 정보의 질이나 가지고 있지 않은 정보의 중요성을 알지 못할 것이다. 또한 일부 정보는 획득하기 어려울 수 있으며 다른 사람에게 판매하거나 전달하기를 꺼릴 수 있는 소수의 사람들에게만 알려질 수 있다. 미래의 가격이나 비용에 대한 모든 정보는 불확실하다. 합의에 도달하려는 당사자에게 정보가 동일하지 않게 제공되는 경우 이를 비대칭 정보 상황이라고 한다.

(1) 직접 생산에 따른 거래비용 : 정보비대칭성과 도덕적 해이

기업의 내부조직에서 발생하는 문제는 주인-대리인(principal-agent) 문제로 분석된다. 주인-대리인 모형의 핵심 아이디어는 주인이 일을 모두 하기에는 역부족이어서 대리인을 고용하지만, 대리인을 충분히 감시하는 능력이 미흡할 수 있다는 것이다. 따라서 주인은 대리인에게 동기를 부여하는 다양한 방법을 시도한다.

① 주인과 대리인은 대리인이 어떻게 보상을 받을지를 계약한다. 보상 W는 기본급 S에 성과 Y에 비례하는 성과급 bY(b는 상수)로 결정된다 : $W = S + bY$

② 대리인은 행동 수준(A)을 선택하지만 주인은 이 선택을 관찰할 수 없다.

③ 대리인의 노력에 대리인이 통제할 수 없는 사건(ε)이 발생하여 성과 Y가 결정된다 : $Y = A + \varepsilon$

④ 본인과 대리인 (및 필요한 경우 법원)은 성과를 관찰하고, 주인은 대리인에게 계약서에 명시된 보상 W를 지급한다.

⑤ 대리인의 만족 수준은 보상 W에 더해 노력 A에 의존하는 비용 $C(A)$가 차감되어 결정된다 : $U = W - C(A)$

⑥ 주인의 만족 수준은 성과에서 보상을 차감하여 결정된다 : $\Pi = Y - W$

유인 문제의 본질은 대리인의 활동 수준을 관찰하기 곤란한 상황에서 U를 증가시키려는 대리인의 유인과 Y를 증가시키려는 주인의 유인 간에 갈등이 존재한다는 것이다.

사업부제 조직에서의 생산, 마케팅, 재무 등의 기능별 조직이 잘 보여주듯이 현대 기업의 내부에서 최고경영자나 사업부장은 많은 다양한 업무에 대한 권한과 책임을 하위 부서나 하위사자에 위임하고 있다. 의사결정의 책임이 관련 정보가 존재하는 곳에서 이루어지도록 할당(분권화)하는 것이다. 특정 지역에서의 마케팅, 생산, 가격결정은 그 지역에 대해 많은 경험을 가진 영업 관리자가 담당하는 것이 합당하기 때문이다. 그러나 정보 격차에 기초하여 권한과 책임의 배분이 이루어질 경우 비효율성이 야기될 수 있다. 종업원이 스스로 결정하는 것이 많고 종업원의 노력 수준은 고용주의 이익에 영향을 미친다. 그러나 고용주가 종업원의 행위와 업무태도를 충분히 관찰하는 것이 어려울 수 있다. 종업원은 기업에 도움이 되는 지식과 능력을 갖지만 기업이 추구하는 목표와 다를 수 있는 자신만의 요구와 욕구도 가지고 있다. 따라서 종업원은 고용주가 바라는 대로 최선을 다하기 보다는 가급적 덜 힘들게 일하고 삶을 더 즐기기를 원할 수 있다. 이처럼 한 쪽에서 이루어지는 행위를 다른 쪽이 관찰하기 어렵고 이 행위가 다른 쪽의 이익에 영향을 미치며 양자 간 이해관계가 충돌하는 경우 행위의 당사자는 도덕적 해이(moral hazard)의 상황에 놓이게 된다.

종업원이 기존보다 더 많이 노력할 경우 여러 가지 변화가 생겨난다. 우선 이는 종업원에게 추가적으로 비용(종업원의 한계비용)을 발생시킬 것이다. 종업원이 기울이는 노력은 고용주의 수익에도 직접적 영향을 미친다. 종업원이 기존보다 더 많이 노력할 경우 고용주의 수익이 추가(고용주의 양(+)의 한계수익)되는 것은 분명하다. 하지만 고용주의 수익이 증가한다고 해서 그것이 모두 종업원의 수익으로 귀속되는 것은 아니다. 따라서 종업원은 자신의 노력수준을 결정할 때 고용주의 한계이익보다는 자신이 얻게 되는 한계이익을 고려할 것이다. 즉, 종업원은 자신의 한계비용과 자신의 한계수익이 일치할 때까지만 노력하며, 자신의 노력으로 말미암아 고용주가 누리게 될 수익의 증가(고용주의 한계수익)는 고려하지 않을 것이다. 결과적으로 종업원의 활동수준은 고용주 입장에서 본 경제적으로 효율적인 수준, 즉 종사자의 한계비용과 고용주의 한계편익이 일치하는 수준에는 미치지 못하게 된다([그림 13-3] 참조).

그림 13-3 경제적으로 효율적인 노력의 정도

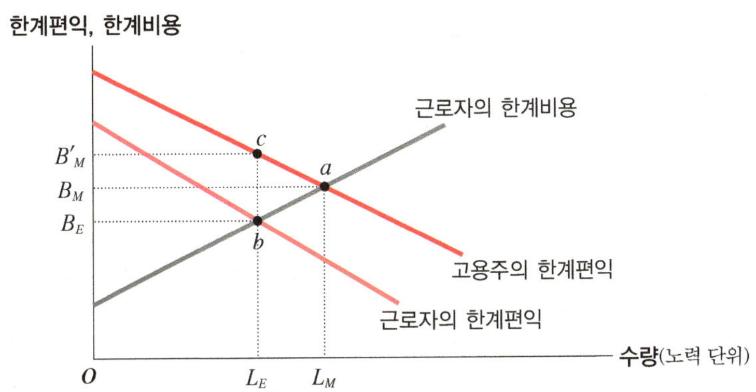

주 : 경제적으로 효율적 노력수준인 L_M단위에서 고용주의 한계편익과 근로자의 한계비용이 균형을 이룬다. 근로자가 L_E단위의 노력을 할 경우 한계편익과 한계비용은 균형을 이루게 된다. 고용주에 비해 근로자의 한계편익이 낮을수록 효율적 수준에 비해 근로자가 선택하는 노력은 적다.

도덕적 해이의 문제는 감시와 보상을 통해 기업(주인)이 근로자(대리인)가 고용주의 이익을 위해 일하도록 동기를 부여함으로써 해결할 수 있다. 도덕적 해이를 일으키는 당사자의 행위를 일일이 감시, 감독함으로써 행위에 대한 정보를 수집하여 정보 비대칭성을 완화하는 한편 보상을 통해 도덕적 해이를 일으키는 당사자의 이해관계를 정보를 적게 가지고 있는 쪽의 이해관계와 일치하도록 하는 것이다. 보상은 감시체계를 통해 얻어지는 업무성과 측정치와 연계하여 종업원에 대한 보상수준을 결정하는 것이다. 몇 가지 주의 사항이 있다.

- 첫째, 감시의 경우 모든 종업원에 대하여 계속하여 업무수행 상태를 관측하도록 하는 것은 너무나 많은 비용이 소요된다. 따라서 감시는 무작위로 불시에 이루어져야 한다.

- 둘째, 보상이 강력할수록 종사자의 노력도 커지겠지만 그만큼 지불해야 할 임금도 커진다. 이를 위해 최소 업무량을 정하여 이보다 적게 수행하는 경우 승진 누락, 감봉, 해고 등의 불이익을 주는 목표 할당제를 고려할 수 있다. 목표 할당제는 종업원으로 하여금 경제적으로 효율적 수준의 노력을 기울이도록 하는 비용 효율적인 방법이다. 경제적으로 효율적인 수준보다 낮거나 높은 노력에 대해서는 보상하지 않기 때문이다.
- 셋째, 정보비대칭 상황에서 보상체계는 보상을 관측할 수 없는 행위를 잘 나타낼 것으로 예상되는 관측 가능한 지표와 연계시킨다. 관측 가능한 지표가 관측할 수 없는 행위 이외의 다른 요소에 의하여 영향을 받거나 아니면 바람직한 행위의 특정 측면만을 관측한다면 보상체계는 왜곡을 초래할 수 있다. 한 가지 행위만을 고려한 보상체계가 있다고 하자. 이는 해당 행위에 대해서는 좋은 성과를 유도하지만 다른 행위에 대해서는 도덕적 해이문제가 더 심각해질 수 있다. 예를 들어 공장에서는 목표량을 생산하고 품질을 일정 수준 유지하기를 원한다. 생산량을 측정하기는 쉽다. 하지만 품질의 측정은 상대적으로 어렵다. 만약 공장에서 생산량에 대해서 엄격한 보상체계를 채택하면, 감독관은 생산량에 초점을 맞추게 되며, 품질은 떨어질 수 있다. 보상체계는 정확하게 성과를 측정할 수 있는 지표가 있는 행위에 초점을 맞추되, 성과를 측정하기 어렵지만 중요한 행위의 경우에는 상대적으로 약한 보상체계를 수립하는 것이 요구된다.

그 외의 고려요인도 있다. 자체 생산은 규모와 범위의 경제를 제한하거나 내부 공급부서가 독점력을 발휘함으로써 비용을 높이는 요인으로 작용할 수 있다. 규모의 경제는 생산량이 증가할수록 평균비용이 감소하는 것으로, 자체적으로 생산하는 기업보다 외부 공급업체의 생산규모가 더 크다. 두 제품 간에 범위의 경제가 있다면 두 제품을 같이 생산하는 것이 따로 생산할 때보다 비용이 적게 소요된다. 기존에 한 개의 제품을 생산하던 기업은 다른 제품을 생산함으로써 총비용을 절감할 수 있다. 내부의 공급자는 독점력을 발휘하여 생산량을 제한하고 가격을 인상함으로써 생산비용을 높일 수 있다.

(2) 외부 구매에 따른 거래비용 : 자산특화성과 부당요구

내부의 공급자는 공급에 필요한 필수적 자산을 볼모로 부당요구를 할 가능성이 적지만, 외부의 독립적인 공급기업은 계약의 불완전성을 악용하여 부당한 요구를 할 수 있다. 상대방이 나에게 의존하고 있다는 사실을 이용하여 자기 자신의 이익을 증가시키는 행위를 부당요구(holdup)라 한다. 부당요구는 계약서에 미리 명시하였다면 피할 수 있는 문제이기도 하다. 거꾸로 부당요구는 계약서로 충분히 명시될 수 없는 경우에 발생한다. 가능한 모든 상황 하에서 가격과 당사자가 해야 할 일을 명시할 수 있는 계약을 완전 계약(complete contract)이라고 한다. 한편, 모든 상황을 다 고려하지 않고 일부의 상황에서의 의무와 금액을 명시하지 못한 계약을 불완전 계약이라 한다. 상대방이 부당요구를 할 여지가 있는 경우에는 지나치게 상대방에게 의존하는 것을 피하기 위하여 행위를 신중하게 하여야 한다. 이러한 행위는 상대방과의 관계에서 얻을 수 있는 이익을 감소시키거나 비용을 증가시킬 수 있다. 따라서 부당요구 문제로 인하여 협력에 따른 순이익이 감소할 수 있다.

특정 독립기업과의 거래를 위해서 이 기업과의 관계에서만 유효하고 다른 목적으로는 사용될 수 없는 투자(관련 특수 투자, specific investment)가 필요한 경우가 있다. 관련 특수 자산은 공장이나 기기와 같이 물질적인 것일 수도 있고 인적자원일 수도 있다. 부당요구가 예상되는 경우에는 관련 특수 자산에 대한 투자를 기피하는 등 신중한 행동을 취하게 된다. 이러한 신중한 행동은 다른 집단과의 교환에서 생길 수 있는 이익을 줄이는 효과가 있다. 한편 시장기업을 이용할 때에는 거래비용이 발생할 수 있으며, 생산요소들이 서로 간에 세심한 접합(fit)이 요구되는 경우 조정 비용이 발생할 수 있다.

3) 조직 구조의 결정

요약하면 조직구조는 규모와 범위의 경제, 조정비용, 내부 독점, 부당요구, 도덕적 해이에 의존하여 결정된다. 외부구매 시 야기되는 비효율성은 '자체 생산'을 선호하도록 한다. 부당요구가 자세한 계약으로 해결되지 못하는 데 따른 거래비용이나 조정비용이 과도할 경우 외부구매는 비효율적이다. 반대로 자체 생산 시 야기되는 비효율성은 '외부 구매'를 선호하도록 한다. 도덕적 해이의 문제가 감시체계나 성과급제를 통하여 해결되지 못하거나, 내부 독점력이 과도하거나 규모나 범위의 경제가 결여되면 자체 생산은 비효율적이다.

기업이 시작되는 이유는 기업이 생산을 조직화하는 보다 효율적인 방법이고 익명의 시장거래에는 작지 않은 비용이 수반되기 때문이다. 기업가가 자원배분을 직접 지시하는 기업 내부에서 생산을 조직함으로써 이러한 거래비용을 피하거나 줄일 수 있다. 따라서 기업 내에서 자원을 의식적으로 조정하는 데 드는 비용이 시장 이용에 따른 거래 비용보다 적을 때 기업이 존재하게 된다.

그림 13-4 자체 생산과 외부 구매의 결정

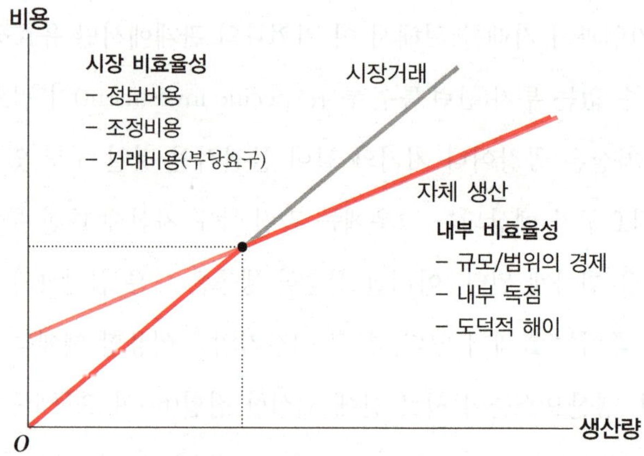

주 : 시장거래(외부 생산)에서는 일반적으로 변동비만 발생한다. 자체생산에는 고정비용이 추가된다. 생산량이 사소하여 변동비용의 비중이 큰 경우 시장거래가 자체생산보다 경제적이고, 생산량 증가로 고정비용의 비중이 커지면 자체 생산이 경제적이다.

특정 제품의 생산을 조직화하려는 기업가는 필요한 작업을 수행하도록 다른 사람과 계약을 체결하여 시장에서 조달하거나 아니면 최종 제품을 생산하도록 생겨난 기업 내부에서 이러한 작업의 일부 또는 전부를 수행하는 것 중에서 선택할 수 있다. 주어진 활동에 대해 이러한 결정을 내릴 때 기업가는 시장거래를 하는 데 드는 한계비용과 회사 내에서 거래하는 것의 한계비용을 비교할 것이다. 따라서 비교우위를 따라 특정 활동은 시장거래에 의존하고 다른 활동은 기업 내부에서 수행할 수 있다. 일부 기업은 광고를 기획하고 집행하기 위해 외부 에이전시를 고용할 수 있지만 다른 기업은 기업 내부에서 해당 활동을 수행할 수 있다. 따라서 어떤 기업이라도 기업 내부에서 할 활동과 시장을 통해 조직할 활동이 무엇인가를 결정하여야 한다. 로날드 코즈에 따르면 결정의 핵심은 시장거래의 한계비용과 기업 내부에서 수행되는 동일한 거래의 한계비용을 비교하는 것이다. 한계편익이 동일할 때 시장의 한계 거래비용이 기업 내부의 한계거래비용보다 작으면 거래는 시장에서 발생한다. 그 반대라면 거래는 기업 내부에서 발생한다.

4) 관계 계약

공식계약과 관계계약

시장 계약은 거의 항상 불완전하여 부당요구 문제를 야기하게 마련이다. 예상하지 못한 불리한 상황이 발생하면 계약을 재조정하는 것이 모두에게 도움이 될 수 있다. 하지만 상대방이 자신에게 의존하고 있다는 사실을 이용하여 자신의 이익을 높이려는 부당요구가 생겨날 수 있다. 독립적인 공급기업의 부당요구에 대항하여 구매기업은 자체 생산 외에 관계계약(relational contract, 법원의 판결에 의존하지 않는 비공식계약)도 대안으로 사용할 수 있다. 관계계약은 새로운 우발상황에서 계약이 재해석되고 수정되어 모두에게 유리한 적응이 이루어지도록 한다. 공식계약에 비해 관계계약은 중요한 이점을 제공하지만, 위반에 취약하다는 단점을 가지고 있다. 관계계약의 준수 여부는 당사자들의 선택에 전적으로 의존한다. 관계계약이 유지되려면 각 당사자가 약속을 존중하는 것이 파기하는 것보다 유리해야 한다는 점에서 "자기 강제적(self-enforcing)"이어야 한다. 당사자들의 이해득실에 의존하는 관계계약이 과연 지속될 수 있을까가 의문시될 수 있지만, 기업 간 거래는 관계계약으로 가득 차 있다. 공급망은 종종 예측하지 못하거나 계약되지 않은 상황이 발생할 때 당사자들이 협력하여 문제를 해결하는 장기적이고 긴밀한 공급업체 관계를 포함한다. 전략적 제휴, 합작 투자, 기업집단의 계열사 네트워크와 같이 유사한 관계가 수평적으로도 존재한다. 수직적이든 수평적이든 이러한 관계계약은 다른 기업과의 거래에서 기업의 행동에 영향을 미친다.

거래뱅킹과 관계뱅킹

거래뱅킹(transactional banking)은 비용과 가격 면에서 매우 효율적이고 매일 많은 사람들에게 서비스를 제공하는 이발소에 해당한다. 이러한 사업은 거래량이 중요한 사업이다. 각 거래는 간소하지만 일정한 이익마진을 제공한다. 하지만 이발소가 제대로 수익을 내려면 매일 많은 사람들이 이발소 문을 통과해야 한다. 이발소의 의자 수는 고정되어 있으므로 최적화할 유일한 변수는 이발사가 각 이발에 소비하는 시간이다. 제공되는 서비스는 제한적인 맞춤성, 도움, 권장 사항을 포함하는 기본 서비스이다. 마찬가지로 거래뱅킹은 낮은 수준의 맞춤화를 포함하는 표준화된 제품을 판매한다. 그렇다고 이것이 반드시 은행이나 고객에게 나쁜 것은 아니다. 은행은 높은 고객 회전율을 갖게 되며 특정 고객계좌로 인한 사업위험을 최소화할 수 있다. 또한 더 많은 거래가 성사됨에 따라 총수수료 액수도 더 커질 수 있다. 고객 입장에서는 은행의 도움이 크게 필요하지 않고 비용을 최소화하려는 경우 거래기반 접근방식을 선호할 수 있다. 물론 거래뱅킹은 은행가가 특정 고객에게 서비스를 제공하는 시간이 제한적이기 때문에 더 경제적인 것이다.

반면 관계뱅킹(relational banking)은 가격이 아주 높은 헤어 스타일리스트에 비유될 수 있다. 하루에 더 적은 인원만이 서비스를 받지만, 찾아오는 고객들은 정말 특별하게 대우 받는다. 그리고 이들은 더 많은 비용을 지불할 의사가 있는 프리미엄 고객이므로 스타일리스트의 시간을 투자할 가치가 있다. 헤어컷을 하기 전에 스타일리스트는 최신 패션 트렌드에 대해 이야기를 나누고 함께 최적의 해결책을 찾아낸다. 뿐만 아니라 때때로 스타일리스트는 가장 잘나가는 클럽에 대한 자신의 의견을 기꺼이 공유하고 고객을 대신하여 전화를 걸어 예약도 한다. 고객은 보통 수년간 스타일리스트와 함께하며 훌륭한 서비스에 대해 훨씬 더 높은 가격을 지불하면서 그 관계에 기꺼이 투자한다. 관계뱅킹은 중요한 경영진과 연락을 취하고 사업 성공을 위해 수년에 걸쳐 그 관계를 육성한다. 헤어 스타일리스트 사례에서 간과된 한 가지 측면은 관계뱅킹이 은행가가 수익을 얻기에 앞서 상당한 시간투자를 포함하는 경우가 많다는 점이다. 그들은 사업을 성사시키기 전에 많은 노력을 기울여 통화, 회의, 만찬을 준비하고 귀중한 조언을 제공해야 한다. 따라서 거래뱅킹은 오늘날 대부분의 은행이 선호하는 사업방식이다. 많은 투자 은행가들은 당연히 관계뱅킹에 대한 향수를 가지며 이는 관계뱅킹과 유사한 방식으로 고객에게 서비스를 제공하는 데 초점을 맞춘 부티크 자문 회사를 설립하는 이유 중 하나이기도 하다. 관계뱅킹이라는 개념은 낭만적이며 아마도 훌륭한 은행가가 고객에게 자신의 가치를 증명할 수 있는 가장 좋은 방법이기도 할 것이다. 수년 동안 임원과 함께하고, 그들의 이야기를 알고, 회사가 어떻게 작동하는지 알고, 업계를 이해하고, 고객의 사고 과정을 관찰할 수 있으면 은행가는 회사가 위기에 처할 때 필요한 귀중한 조언자가 될 수 있다.

관계계약과 신뢰게임

관계계약을 다른 사람의 손에 자신의 운명을 맡기는 신뢰게임(trust game, Kreps(1990))에 기초하여 분석해 보자. 먼저 두 당사자 갑과 을 간의 일회성 상호작용을 설명한 다음 그러한 상호작용이 반복적으로 발생하는 지속적 관계를 분석하자. 신뢰게임은 갑의 을에 대한 신뢰나 불신의 선택 문제에서 시작한다. 갑이 신뢰를 선택한 뒤에는 갑의 신뢰에 대해 을이 존중할지 아니면 배반할지 선택하게 되는 문제가 이어진다. 갑이 불신을 선택하면 을과의 관계는 종료된다. 게임 트리의 각 트리 끝에서 갑과 을의 보수가 확정된다. 갑이 관계의 종료를 선택하면 갑과 을의 보수는 모두 0이다. 그러나 갑이 을을 신뢰하기로 선택하고, 을이 갑의 신뢰를 존중하면 갑과 을의 보수는 1이지만 을이 갑의 신뢰를 배신하면 갑은 −1을 받고 을은 2를 받는다. 이러한 신뢰게임의 해는 게임 트리의 끝에서 출발하여 한 번에 한 노드씩 거꾸로 작업하는 역진 귀납(backward induction)으로 구해진다. 을에게 선택의 순간이 주어지면(즉, 갑이 을을 신뢰하기로 선택한 경우) 을은 갑의 신뢰를 존중하여 1의 보상을 받거나 갑의 신뢰를 배반하여 2의 보상을 받을 수 있다. 2는 1보다 크므로 을은 갑의 신뢰를 배신할 것이다. 이를 알면 갑의 최초 선택은 관계를 끝내거나(그래서 0의 보수를 받음) 아니면 을을 신뢰(따라서 을이 갑의 신뢰를 배반한 후 −1의 보수를 받음)하여야 한다. 0이 −1을 초과하므로 갑은 관계를 종료해야 한다.

그림 13-5 신뢰게임의 구성

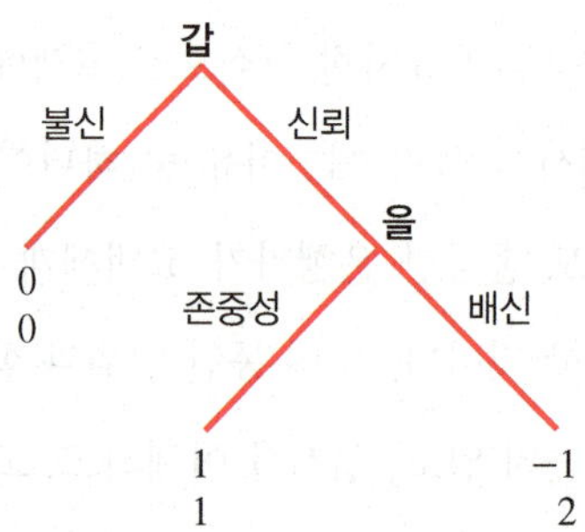

주 : 신뢰게임은 갑의 을에 대한 신뢰나 불신의 선택 문제에서 시작한다. 갑이 신뢰를 선택한 뒤에는 갑의 신뢰에 대한 을의 존중이나 배반의 선택 문제가 이어진다.

이제 일회성 상호작용에 머물지 않고 갑과 을이 신뢰게임을 반복하고 다음 회의 신뢰게임이 실행되기 전에 두 당사자가 직전에 치러진 신뢰게임에 따른 모든 결과를 관찰한다고 가정하자. 이 경우 을이 취했던 오늘의 행동은 내일 을이 취할 행동에 대한 갑의 기대에 영향을 미칠 수 있고, 이는 내일 취할 갑의 행동에 영향을 미칠 수 있으며, 이는 내일 을에게 주어질 보상에 영향을 미칠 수 있다. 따라서 을의 단기 편익(현재의 그의 보수)에 반하는 행동은 을의 총편익(시간 경과에 따른 총보수)과 일치할 수 있다. 무한반복 게임에서 다음과 같은 방아쇠 전략을 고려할 수 있다.

- **갑** : 첫 기에 신뢰를 선택한다. 이후에는 앞선 기간의 모든 선택이 신뢰와 존중이었다면 신뢰를 선택하고, 그렇지 않으면 불신을 선택한다.
- **을** : 갑이 첫 기에 신뢰를 선택하면, 이전 모든 기간의 모든 선택이 신뢰와 존중이었다면 존중을 선택하고, 그렇지 않으면 배신을 선택한다.

이러한 방아쇠 전략은 만약 을이 충분히 인내심을 갖는다면(미래의 편익을 중요시한다면) 무한반복 게임의 내쉬 균형이 된다. 갑이 방아쇠 전략을 따라 첫 기에 신뢰를 선택한다고 가정하자. 이 경우 을은 딜레마에 직면한다. 일회성 상호작용에서처럼 배신을 선택하면 을의 단기보수가 극대화된다. 그러나 반복되는 게임에서 갑이 방아쇠 전략을 사용하는 경우 을의 배신은 갑의 영원한 불신 선택을 야기하며 모든 후속 기간에서 을의 보수는 0이 된다. 따라서 핵심 질문은 을이 단기이득(현재의 1이 아닌 2의 보상)과 장기비용(영원히 1이 아닌 0의 보상)을 어떻게 교환하는가이다. 답은 미래에 발생한 편익에 대한 을의 평가에 달려 있다. 미래의 편익을 중시한다면 을은 단기 유혹을 포기하는 것을 선호한다. 물론 미래의 편익에 대한 평가에 의존하는 협력은 변질되기 쉽다고 볼 수 있다. 그러나 때에 따라 변절이 처벌로 이어질 수도 있다. 따라서 잠재적인 배신자는 배신으로 인한 단기적 이득과 처벌로 인한 장기적 손실을 지속적인 협력의 가치와 비교하여야 한다.

기업 간 거래와 관계계약

이상의 신뢰게임 분석 결과에 의존하여 기업 간 거래에 있어서의 관계 계약을 검토하자.

- **일회성 공급관계** : 공급자는 특화자산을 사용하여 수요자의 생산과정에서 사용할 수 있는 상품을 생산한다. 수요자에 대한 이 상품의 가치는 Q이지만, 이 상품은 R의 가치를 가진 대체 용도도 가진다고 하자. 시장 상황이 우발적으로 변화하여 R이 Q보다 커질 경우 이 상품의 판매 협상에서 공급자는 이 상품을 수요자에게 팔지 않겠다고 부당한 요구를 하며 위협할 수 있다.
- **지속적 공급관계** : 거래가 발생하기 전에 양 당사자가 과거 거래의 결과들을 관찰

하면서 거래가 무기한 반복된다고 가정한다. 수요자에게 Q의 가치를 전달하겠다는 공급자의 약속은 회사 간의 관계계약으로 약속이 지켜질 수도 있고 그렇지 않을 수도 있다. 돌발상황이 발생하면 공급자는 수요자의 요구에 따라 계약을 합리적으로 수정한다. 상당한 수정이 이루어질 수도 있지만 거래관계가 지속될 뿐만 아니라 공정한 보상도 기대할 수 있다. 다만 공급자의 기대가 실제로 실현되는 가는 전적으로 수요자의 선택에 의존한다.

미래의 그림자가 현재의 유혹을 이기는가에 대한 이런 추론은 관계를 망치는 배반이 반복되는 신뢰게임에서 방아쇠 전략을 사용하여 이해될 수 있다. 이 경우 공급자의 선택 대안은 협력 또는 배반으로, 배반이 선택되면 영원히 처벌을 받게 되는 반면, 협력이 선택되면 내일의 또 다른 협력과 배반의 선택을 마주하게 된다. 협력으로 인한 현재 및 미래 편익의 현재 가치가 배반에 따른 높은 현재 편익과 처벌로 인한 미래 편익의 현재 가치를 초과하는 경우 협력이 최적의 선택이 된다.

자체 생산과 관계계약

공급기업의 부당요구에 대한 수요기업의 본능적 반응은 필요한 중간재를 직접 자체적으로 생산하는 것이다. 이러한 수직적 통합은 실제로 부당요구가 발생하는 것을 방지할 수 있다. 그러나 부당요구 문제를 제거하기 위해 수직적 통합에 의존하면 (기업 내부에서) 또 다른 부당요구 문제가 발생할 수 있다.

수요기업이 공급업체를 인수하여 하나의 회사가 되어 중간재 생산에 긴요한 특화자산을 소유하게 되었다고 하자. 이제 중간재의 공급자는 외부 공급업체가 아닌 내부 공급부서가 되었지만 기업 내부에서 새로운 부당요구 문제가 생겨난다. 기업 내의 구매부서는 고품질의 중간재를 확보하는 데 관심이 있다. 구매부서는 충분히 높은 Q값을 얻을 수 있다면 공급부서에게 보너스를 지급하겠다고 약속함으로써 공급부서가 고품질의 중간재를 제공하도록 유인을 만들려고 할 수 있다.

기업 내부에서 중간재가 자체 제작될 경우에도 모든 관계계약이 그렇듯이 부당요구 문제가 발생한다. 특화자산을 공급부서가 소유하느냐 아니면 구매부서가 소유하느냐에 따라 부당요구의 당사자가 달라지면서 새로운 상황이 전개될 수 있다. 우선 특화자산을 공급부서가 소유하는 경우 공급부서가 부당요구를 할 수 있다. 이 경우 공급부서와 구매부서 간에 공급기업과 수요기업 간에 발생했던 반복적 신뢰게임이 다시 재현되고 방아쇠 전략이 생겨난다. 한편 특화자산을 구매부서가 소유하는 경우에는 공급부서가 부당요구를 할 수 있다. 구매부서는 양질의 중간재를 확보한 뒤 당초의 약속을 저버리고 공급부서에게 아무 것도 보상하지 않을 수 있다. 자산을 소유한 구매부서의 배신의 가능성은 공급부서에게 신뢰문제를 야기하며, 구매부서와 공급부서의 관계는 주인과 대리인 관계로 변화한다. 이는 도덕적 해이문제를 다루었던 반복적 신뢰게임에 해당하며 당사자들은 방아쇠 전략을 사용하게 된다.

기업 내부는 이러한 관계계약으로 가득 차 있다. 직장 동료들 사이에는 종종 비공식적인 대가성 거래가 있을 뿐만 아니라 작업 할당, 승진, 해고 결정에 대해 상사와 부하 직원 사이에 서면으로 합의되지 않은 암묵적 합의가 있다. 보상, 내부 감사, 예산 책정과 같은 겉보기에 공식적인 업무절차조차도 관련 비공식 계약을 고려하지 않고는 이해하기 어려운 경우가 많다.

지금까지의 논의를 요약하면 거래비용과 정보 비대칭성을 고려할 때 기업의 경계에 대해 다음을 말할 수 있다.

- 공식계약(법원에 집행할 수 있는 계약이나 기업의 공식적 조직과 절차)에 대한 의존은 완전할 수 없다.
- 불완전 계약에서는 상대방이 나에게 부당요구를 할 수 있을 것이라는 가능성은 상대방에게 부당요구의 동기를 부여한다.
- 소유권의 확보는 이러한 부당요구를 멈출 수 있다.
- 하나의 부당요구 문제를 막기 위해 공식적 수단(예 : 공식계약의 체결이나 자산 소유권의 확보)을 사용하면 다른 부당요구 문제가 생겨난다.
- 시장이 공식계약에 의존하는 반면, 기업은 공식계약의 일부 어려움을 극복하기 위해 비공식의 "관계계약"을 사용할 수 있다.

- 비공식의 관계계약은 기업 간 계약뿐만 아니라 기업 내에서의 계약에서도 성립할 수 있다. 기업 간 관계계약의 예로는 전략적 제휴와 합작투자가 있으며, 기업 내 관계계약의 예로는 공식적인 조직구조와 절차를 벗어난 조직 내 비공식적 합의가 있다.
- 신뢰게임의 딜레마나 죄수의 딜레마는 게임이 반복적일 경우 그 극복의 가능성이 생겨난다. 반복적인 상호작용은 서로 협력하도록 자극하는 방식을 모색할 수 있고, 상대방과 더 생산적인 상호작용에 이르는 평판을 쌓을 수 있는 가능성을 높인다.
- 어느 한쪽이나 공정한 상대방 또는 충실한 상대방으로서 충분한 평판을 가지는 경우 더 많은 협력을 기대할 수 있다. 따라서 평판은 가치 있는 무형의 자산이 될 수 있으며, 그에 따라 평판에 투자하는 것이 가능하다.

3. 탈무드와 기업 조직

1) 공동체로서의 기업 조직

탈무드의 두드러진 특징에서 신을 인간의 삶에 있어 궁극적인 가치의 원천으로 본다는 것 외에 공동체 중심적이라는 점을 빼놓을 수 없다. 유대 윤리는 "하나님이 우리에게 무엇을 하라고 명하시는가?"라며 '나'가 아닌 '우리', 즉 공동체를 대상으로 한다. 신의 종교적이고 윤리적인 계명은 먼저 공동체를 향하고 이어서 공동체의 개별 구성원에게 적용된다. 랍비 조셉 B. 솔로베이치크(Joseph B. Soloveitchik)가 지적했듯이, 개인으로서의 인간은 그분과 언약을 맺지 않았다. 유대의 언약을 받아들일 때, 그는 유대 공동체의 일원으로만 들어간다. 공동체와 공동 생활은 유대인의 가치를 실천하는 장이다. 무엇보다도 유대교는 공동체 안에서 도움이 필요한 사람들에 대한 다양한 수준의 책임을 인식한다. 탈무드는 자신의 가족 구성원의 필요를 충족시켜야 하며 이후 자신이 속한 도시, 그리고 이어서 다른 도시의 요구를 충족시켜야 할 의무를 갖는다. 공동체가 중심적 위치를 차지하는 환경으로 말미암아 기업에

▶ 이스라엘 자손은 [하느님의] 종이며 종의 종이 아니다(b. Bava Kamma 117b).

성경은 고용주와 피고용인 사이의 본질적인 권력과 부의 불균형을 인식하고 있다. 근로자는 고용주에게 의존할 가능성이 더 높으며 따라서 착취의 위험에 처해 있다는 것이다.

▶ 네 이웃을 압제하지 말고 그의 것을 빼앗지 말라. 품꾼의 품삯을 아침까지 간직하지 마라(레위기 19:13).

▶ 궁핍하고 궁핍한 품꾼은 네 백성이든지 네 땅 성문 안에 우거하는 객이든지 그를 압제하지 말라 그에게 낮에 그의 삯을 주고 해가 지도록 두지 말라. 그는 가난하고 그의 생명이 그것들에 달렸음이니 그가 너를 위하여 하나님께 부르짖을까 두렵건대 이것이 네게 죄로 여겨질까 하노라(신명기 24:14-15).

이처럼 탈무드는 고용주와 피고용자 사이의 본질적인 권력 불균형에 대한 이해를 반영하여 고용주의 책임을 크게 강조하고 고용주와 피고용인 사이의 균형 잡힌 관계를 만들기 위한 노동법을 정의하는 데 상당한 에너지를 쏟았다. 이상의 배경 속에서 성경과 탈무드는 다양한 노동권을 구체적으로 규정하고 있다.

주요 노동권의 이른 율법화

- **신속한 지급에 대한 권리** 성경의 계명(신명기 24:15)은 즉시 임금을 지불할 것을 요구하며, 탈무드는 "고용인의 임금을 주지 않는 자는 그에게서 생명을 빼앗는 것과 같다"고 경고한다. 임금 체불 분쟁에 있어 계약법에 따른 입증 책임을 뒤집어 채권자(근로자)가 아니라 채무자(고용주)가 입증의 책임을 가졌다. 다른 부채는 현물로 지불할 수 있었지만 급여는 현금으로 지불하도록 하였고, 다른 채무가 탕감되는 안식년에도 임금 채무는 탕감되지 않았다.
- **작업을 중단할 권리** 자유 노동자는 노예가 될 수 없으므로 일용 노동자라 하더라

도 고용주에게 돌이킬 수 없는 피해를 입히지[3] 않는 한 언제든지 일을 그만두고 독립할 수 있었다. 반면 고용주는 노동계약을 파기할 수 없었으며, 계약기간 중 해고가 되어 임금이 낮은 일자리를 찾을 경우 기존 고용주에게 임금손실의 보상을 요구할 수 있고, 일자리를 찾지 못할 경우 유휴 임금을 요구할 수 있다. 일정 기간 고용되었지만 일을 일찍 마친 노동자는 남은 기간동안 유사하거나 가벼운 업무만 부여받을 수 있다. 작업이 더 쉬운 경우에도 다른 일을 하도록 강요할 수 없다. 폭우, 질병과 같은 외부 요인 때문에 할당된 작업을 완료하지 못하는 경우 작업자는 대부분의 경우 하루 전체에 대해 보상을 받는다.

- **근로시간 제한** 근로자에게 안식일 즉, 휴식일을 부여해야 한다는 요구사항은 당시로서는 혁명적인 조치였다. 안식일은 인류에 대한 유대교의 가장 중요한 공헌 중 하나이며, 개인이 단순히 착취당하는 도구 이상이라는 생각을 보여준다. 노동시간과 관련하여 근로자는 직장까지 걸어가는 시간에 대해 급여를 지급받도록 하였고, 주간 교대 근무 후에는 야간근무가 이어지는 것을 금지하였다.
- **먹을 권리** 유대 율법에서 보장하는 한 가지 중요한 부수 혜택은 수확물을 먹을 수 있는 권리다. 신명기(23:25)는 "네 이웃의 곡식밭에 들어갈 때에는 네가 손으로 그 이삭을 따도 되느니라 그러나 네 이웃의 곡식밭에 낫을 대지는 말지니라"라고 하고 있다. 농업은 성서 시대와 탈무드 시대에 지배적인 경제 활동으로 수확한 음식을 먹을 수 있는 권리는 상당한 혜택이었다. 근로자가 노동의 결실을 향유한다는 원칙은 오늘날의 우리 사주 제도나 이익공유제를 앞서는 것으로 볼 수 있다.
- **질병 및 장애 수당** 탈무드 판결은 최대 3년 동안 병에 걸린 유대인 노예가 손실된 근무 시간을 보충할 필요가 없다고 함으로써 초보적 형태의 병가급여를 실시하였다. 고용주의 부주의로 말미암아 직업 중 부상을 입은 근로자에게는 추가 보호가 제공되었으며, 합의나 관례 이상의 수고를 요구하는 경우 고용주는 근로자가 입은 손해에 책임을 져야 했다.

3. 예를 들어 그날 수확하지 않으면 작물이 손실되고 다른 일꾼이 없는 경우

앞의 신명기(24:14)에서 보듯이 토라는 동족이나 이방인에게 모두 동일한 노동법을 적용하라고 한다. 성경은 낯선 사람을 학대하거나 억압하는 것을 금지한다(출애굽기 22:20, 23:9). 더욱이 토라는 낯선 사람을 사랑할 의무를 부여한다(레위기 19:34 ; 신명기 10:19). 낯선 사람을 돌보는 이 개념은 성경(선지자–예레미야 22:3 ; 스가랴 7:10에도 있음)에 끝없이 언급되어 있다.[4]

▶ 거류민이 너희의 땅에 거류하여 함께 있거든 너희는 그를 학대하지 말고 너희와 함께 있는 거류민을 너희 중에서 낳은 자 같이 여기며 자기 같이 사랑하라 너희도 애굽 땅에서 거류민이 되었었느니라. 나는 너희의 하나님 여호와이니라(레위기 19:33–34).

근로자를 존엄하게 대우하고 적시에 급여를 지급해야 하는 고용주의 책임을 강조하고 있지만 적절한 임금 수준에 대해서는 구체적인 율법 조항이 없다. 그러나 탈무드의 많은 구절들은 임금이 제때 지급되면 노동자를 부양하기에 충분할 것이라는 가정을 암시하고 있다. 예를 들어 탈무드는 자신의 가족을 부양할 수 없는 사람은 불안감 때문에 또는 생계를 유지하기 위해 부업을 해야 할 필요가 있기 때문에 유능한 일꾼이 될 수 없다고 하고 있다. 또한 마이모니데스는 영구적인 직장을 가지고 있거나 사업을 공유하는 사람은 체다카를 요구할 필요가 없다고 판단하고 있다.

3) 법조문을 넘어서는 책임성

의인의 길

고용주는 근로자와의 관계에서 단순히 그들에 대한 계약의무의 이행이나 법의 문구를 뛰어넘을 것이 요구되었다. 준법이 대부분의 경우 합당하지만 어떤 경

4. 탈무드에 따르면, 낯선 사람을 적절하게 대우하라는 계율은 구약 성경에서 36번 언급되고 있다.

우에는 엄격한 법집행이 오히려 불공평하고 사실상 법의 정신에 위배될 수 있다. 유대 율법에는 율법의 글자를 넘어서는 것을 의미하는 리프님 미슈랏 하딘(lifnim mishurat hadin)이라는 개념이 있다. 이 원리는 신명기(6:18)와 잠언(2:20)에서 비롯하는 것으로 고용주는 "의인의 길을 걸을 것"이 권고되었다. 의인의 길을 걷는 것은 단지 계약상의 의무를 만족하는 것을 넘어 자신의 우월적 지위를 인식하고 근로자의 복지에 대해 책임을 가지고 근로자의 이익을 보호하는 방식으로 행동하는 것이다. 특히 엄격한 법조항이 자신의 편이 되는 상황에서도 타협을 모색하는 것이다.

- ▶ 여호와께서 보시기에 정직하고 선량한 일을 행하라(신명기 6:18).
- ▶ 지혜가 너를 선한 자의 길로 행하게 하며 또 의인의 길을 지키게 하리니(잠언 2:20).

예를 들어 부유한 고용주는 최소한 직원이 통제할 수 없는 상황으로 생겨난 손실에 대해 직원에게 벌금과 손해 배상을 청구하지 않을 것으로 기대된다. 토라가 무엇이 옳고 무엇이 좋은지에 대한 명시적인 지침을 제공하고 있지만 여전히 모든 사람들을 위해 공정하고 공평하게 행동하기 위한 일반적인 지침이 필요한데 그것이 바로 의인의 길인 것이다.

품위있는 대우

피고용인은 능력이 닿는 한 최선을 다하고 시간을 낭비하지 않을 의무가 있는 것으로 간주되었지만, 그렇다고 고용주가 근로자를 남용할 권리를 준 것은 아니다. 채무변제나 범죄 등으로 보수를 받고 일을 해야만 하는 하인(eved ivri)에 대해서조차도 고용주에게 광범위한 책임을 부과하고 품위 있게 대우할 것을 요구한다. 성경(레위기 25:53)은 "엄하게 부리지 말지니라"라고 하는 동시에 과로하게 하거나 비천한 일을 시키며 "그를 종으로 부리지 말"(레위기 25:39) 것을 명한다. 탈무드는 금지되는 비천한 작업의 예를 제공한다. 고대에 노예는 종종 의자를 들고 주인을 따라

갔고, 주인의 옷을 가지고 목욕탕에 갔고, 주인의 발에 신발을 신겨주기까지 했다. 이러한 굴욕적인 유형의 작업은 금지되었다. 마이모니데스는 이들과 함께 작업할 때 삼가야 할 사항을 열거했다: "노예에게 손을 흔드는 등 수치심을 유발하는 행위를 해선 안 된다. 노예를 무시하거나 모욕해서도 안 된다. 함부로 소리치거나 화를 내지 말며 되도록 점잖은 목소리로 말해야 한다." 더 나아가 탈무드는 위의 레위기(25-43)를 목적 없는 노동이나 기한이 없는 일을 금지하는 것으로 해석하였다. 예를 들어 주인은 종에게 필요하지 않을 때 컵을 데우라고 말하거나 그가 돌아올 때까지 포도원에서 괭이질을 하라고 종에게 요구하는 것이 허용되지 않았다. 작업은 그 범위가 명시적으로 지정되어 있어야 하며 주인은 특정 시간까지 또는 특정 장소까지만 작업을 할당할 수 있다. 무의미한 과업을 하게 하거나 모호하고 불특정한 직무를 요구하는 것은 일의 의미를 앗아가므로 허용되지 않는다. 분명히 성서에서는 어느 정도 본질적인 만족을 주지 못하는 일을 주는 것을 부적절하다고 생각하는 것으로 보인다.[5]

또한 탈무드는 "종이 만일 너와 네 집을 사랑하므로 너와 동거하기를 좋게 여겨"라는 구절(신명기 15:16)을 종이 주인과 동일한 생활 수준 또는 최소의 생활 수준을 가져야 함을 의미하는 것으로 해석한다.

▶ 노예가 거친 빵을 먹고 있다면, 당신도 질 좋은 빵을 먹지 않는 것이 좋다. 노예가 갓 빚은 포도주를 마신다면, 당신도 오래된 포도주를 마시지 않는 것이 좋다. 노예가 짚더미 위에서 잔다면, 당신도 푹신한 침대에서 자지 않는 것이 좋다. 말하자면 노예를 사게 되면 노예 스스로 주인이 된 것처럼 느끼게 해야 한다(Kddushin, 22a).

---

5. 이는 심리학의 연구결과와 일맥 상통한다. Hackman and Lawler(1971)는 근로자가 전체 작업을 수행하고 자신이 의미 있는 일을 한다고 생각할 때 더 잘 수행한다는 것을 보이고 있다. Hackman, Richard and E. E. Lawler(1971), "Employee reactions to job characteristics," *Journal of Applied Psychology*, Vol. 55.

노예기간이 끝난 후 떠나는 노예에게는 퇴직금이 지급될 것이 요구되었다. 신명기(15:13-14)는 "그를 놓아 자유하게 할 때에는 빈 손으로 가게 하지 말고 네 양 무리 중에서와 타작 마당에서와 포도주 틀에서 그에게 후히 줄지니 곧 네 하나님 여호와께서 네게 복을 주신 대로 그에게 줄지니라"라고 한다. 많은 학자들은 노예에게 적용되는 규칙이 일반 근로자에게도 분명히 적용될 것이라고 언급했다. 따라서 근로자를 함부로 대하는 것은 금지된다.

4) 지역 관습과 공동체의 역할

지역 관습의 존중

탈무드는 모든 것은 지역적 관행 또는 관습을 따라야 한다는 원칙을 확립한다. 탈무드는 지역에 따라 달리 나타나는 고유 관습이 노동자의 임금과 기타 근로조건을 결정(minhag hamacom)하도록 하고 있다. 마을 사람들과 상인이 적절한 규정을 결정한 다음 공동체와 당국의 공식 승인을 구하도록 암묵적으로 권장하였다. 탈무드에서 노동권에 대한 성경적 명령 및 기타 탈무드 원칙은 "기반"으로 간주된다. 유대율법의 요구사항을 능가하는 모든 세속적인 복지제도는 "관습"으로 간주되며 사실상 종교법 지위를 갖는다. 따라서 유대종교의 노동법에는 성경과 탈무드에 명시된 특정 노동권과 모든 관례적인(정부 명령이나 기타 관습에 기초한) 노동 관행이 모두 포함된다. 근로계약에 명시되지 않은 모든 조건의 경우 현지 관습을 준수해야 한다.

▶ 어떤 사람이 노동자를 고용하고 그들에게 일찍 일하거나 늦게 일하라고 명령했다면, 그는 그들에게 일찍 일하거나 늦게 일하지 않는 관습이 없는 곳에서 그렇게 하도록 강요할 권리가 없다. 음식을 주는 것이 관례인 곳에는 그것을 주어야 하고, 단 것을 주는 것이 관례인 곳에는 그것을 주어야 한다. 모든 것은 현지 사용을 따라야 한다(Baba Metzia 7:1).

공동체의 노동조건 결정권과 노동조합

개별 공동체는 공익을 위해 도량형이나 가격 외에 임금과 노동조건을 결정하고 규칙 위반에 대해 벌칙을 부과할 권한을 가졌다. 율법은 상인, 푸줏간 주인, 선원 등 특정 직종에 종사하는 사람들이 교섭에 기초하여 규정이나 정관을 만들었으며 이들의 결정은 구속력을 가졌다. 이에 따라 다양한 장인 단체나 노동자 단체가 등장하였다. 노동조합은 유대인 공동생활에서 오랫동안 지속된 제도였다. 중세 유럽에서 율법에 기반하여 많은 유대인 공동체에 노동자 길드가 설립되었다. 탈무드에 등장하는 노동 율법은 노동 조건을 다루며 많은 경우 현대 노동조합이 추구해 온 노동권을 오래 전부터 확립하였다. 탈무드가 성문화된 기간 동안 이미 노동자 단체가 존재했으며[6] 탈무드는 현대의 단체협상이나 노동조합과 거의 같은 방식으로 노동자 단체가 임금을 규제하고 조합원에 대한 구속력 있는 규칙과 규정을 만들 수 있는 권리를 명시적으로 인정했다. 예를 들어 계약된 직무에서만 일할 수 있는 권리는 고용주가 근로자에게 이웃의 밭에서 일하도록 강요하는 것을 금지한 데서 이미 나타났으며, 특정 과업 수행을 위해 고용된 직원에 대해 그 업무의 성격을 변경하는 것을 금지하였다. 노동자 단체는 작업을 배분하거나 직종 가입을 제한하는 권리를 가졌다. 근로자가 불이익을 받지 않고 언제든지 작업을 중단함으로써 근로자의 독립성을 주장할 수 있는 권리는 현대의 단체교섭 및 파업에 대한 권리와 일관성이 있으며, 분쟁 해결을 위해 구속력 있는 중재를 지지하는 전통 역시 발전시켰다. 동료 노동자들의 생계를 위협하는 것을 금지하는 탈무드의 정신에 비추어 현대의 랍비들은 파업을 분쇄하는 활동을 비난한다.

유대교는 필요한 경우 파업을 포함하여 노동조합을 결성하고 단체로 교섭할 수 있는 노동자의 권리를 지지하는 오랜 전통을 가지고 있다. 동시에 노조가 일반 대중의 복지가 아닌 조합원만을 옹호한다는 한계도 인식하고 있다. 그에 따라 노사는 노

---

6. 상인, 푸줏간 주인, 선원 등 한 직업에 종사하는 사람만 규정이나 정관을 만든다 해도 그들의 결정은 구속력이 있다.

조가 조합원을 보호하려는 열의로 인해 일반 경제에 피해를 주지 않도록 해야 할 것이 요구된다. 만약 노사가 이런 노력에 실패하면 대중은 더 넓은 공동체를 보호하기 위해 노조를 통제할 권리를 주장할 수 있다.

| 참고문헌 |

Michael Porter 저 · 미래경제연구소 번역, 『마이클 포터의 경쟁우위』, 프로제.

Ivan Png 저 · 고동희 역(2004), 『관리경제학』 제13장 "동기와 조직", 경문사.

D. Besanko 저 · 박원규 번역(2007), 『전략경제학』 제3장 "기업의 수직적 사업영역," 시그마프레스.

Jewish Association for Business Ethics, Jewish Principles in the Workplace : A Money and Morals Guide, https://www.scojec.org/resources/files/workplace_ethics.pdf

Friedman, Hershey H.(1985), "Ethical Behavior in Business : A Hierarchical Approach from the Talmud," *Journal of Business Ethics*, Vol. 4, No. 2.

Gerber, Michael E.(2015), 『사업의 철학(The E-Myth Revisted)』, 라이팅하우스.

찾아보기

ㄴ

ㄷ

ㅅ

ㅇ

ㅈ

ㅎ

숫자 및 영문

최희갑(崔熙甲)
서강대학교 경제학과
미국 컬럼비아대학교(뉴욕) 경제학 석사
미국 컬럼비아대학교(뉴욕) 경제학 박사
삼성생명 증권사업부/삼성금융연구소
삼성경제연구소
현재 아주대학교 사회과학대학 경제학과 교수

경제학에 기댄 탈무드

초판 1쇄 인쇄 2024년 6월 10일
초판 1쇄 발행 2024년 6월 17일

지은이 최희갑
펴낸이 박기남
기획 · 영업 박정헌
펴낸곳 율곡출판사
08590 서울시 금천구 가산디지털1로 84(에이스하이엔드 8차), 803호
전화 (代) 02) 718-9872/3
팩스 02) 718-9874
홈페이지 http://www.yulgokbooks.co.kr
이메일 yulgokbook@naver.com
등록 1989.11.10. 제2014-000031호
ISBN 979-11-91812-72-5 93320

정가 35,000원